Erich Oese

Zweispännigfahren

Anschirren · Anspannen · Fahren

Sportverlag Berlin

Oese, Erich:
Zweispännigfahren / [Ill.: Helga Klein]. – 2., bearb. Aufl. –
Berlin : Sportverl., 1991

ISBN 3-328-00494-7

© Sportverlag GmbH Berlin 1991

Zweite, bearbeitete Auflage
Illustrationen: Helga Klein
Einbandgestaltung: Theodor Bayer-Eynck
Einbandfoto: Jean Christen
Satz: Sportverlag GmbH
Druck und Bindung: Leipziger Verlags- und
Druckereigesellschaft mbH
Printed in Germany

Inhalt

Einführung 8

**Leitgedanken
und Zielsetzung** 9

**Hilfsmittel
für den Fahrunterricht** 15
Das Fahrlehrgerät 15
Die Vorteile des Fahrlehrgerätes 15
Bauweise des Fahrlehrgerätes 16
Die Verwendung des Fahrlehrgerätes im
Unterricht 18
Die Gespannattrappe für Peitschen-
übungen 21
Die Holzleine 23

**Die theoretischen Grundlagen
des Achenbach-Systems** 24
Erster Hauptgrundsatz 24
Zweiter Hauptgrundsatz 25
Dritter Hauptgrundsatz 28
Nachbemerkung zu den theoretischen
Grundlagen 30

Die Leinenführung 31
Die Leinenhaltungen 31
Die Grundhaltung 32
Die Gebrauchshaltung 36
Die Dressur- oder Arbeitshaltung 38
Sonderfälle der Leinenhaltung 42
Die Leinengriffe 44
Das Verlängern beider Leinen 45
Das Verkürzen beider Leinen 47
Das Verlängern und Verkürzen einzelner
Leinen 53
Nachgeben und Annehmen der Leinen .. 54
Grundsätzliches zur Leinenführung ... 57
Leinenführung in den Wendungen 58
Unterschied zwischen Links- und Rechts-
wendung 58
Leinenführung mit beiden Händen in den
Wendungen 60
Leinenführung mit beiden Händen in der
Linkswendung 60
Leinenführung mit beiden Händen in der
Rechtswendung................. 63
Leinenführung mit einer Hand in den
Wendungen 68
Leinenführung mit einer Hand in der
Linkswendung 69
Leinenführung mit einer Hand in der
Rechtswendung................. 70
Leinenführung mit der rechten Hand in
den Wendungen 71
Die Umkehrwendungen 72
Linksumkehrwendung (Leinenführung
mit beiden Händen) 72
Rechtsumkehrwendung (Leinenführung
mit beiden Händen) 74
Leinenführung mit einer Hand in den Um-
kehrwendungen 76

Die Fahrleinen 80
Die alte deutsche Kreuzleine 80
Die ungarische oder Wiener Leine 82
Die Achenbach Leine 83
Die Konstruktion der Achenbach-Leine . 83
Das Verschnallen der Achenbach-Leine . 87
Leinen für die Arbeitsanspannung 96
Die verschnallbare Ringleine 96
Die Dreischeerleine 98
Die einfache Ackerleine 98
Nicht verschnallbare Kreuzleinen 98
Das Verschnallen der Leinen für die
Arbeitsanspannung 99
Die Verbesserung fehlerhafter Leinen ... 100

Geschirrkunde 102
Die Teile des Geschirrs und ihr Sitz am
Pferd 103

Der Fahrzaum 103
Gesichtspunkte für die Zäumung von Fahrpferden 114
Das Kumtgeschirr 120
Das Sielengeschirr 134
Zweckmäßige Arbeitsgeschirre 136
Behandlung der Geschirre 141
Aufbewahrung der Geschirre 141
Reinigung und Pflege der Geschirre 143

Wagenkunde 148
Allgemeines 148
Die Arten der Wagen 150
Coach und Drag 150
Char-à-bancs und Break 151
Phaetons 153
Vierrädriger Dog Cart (Four Wheeled Dog Cart) 158
Victoria, Mylord 161
Vis-à-vis, Landauer, Landaulette, Berline, Coupé 163
Landwagen 166
Marathonwagen 168
Vielseitigkeitswagen 170
Haltung der Wagen 171
Unterbringung der Wagen 171
Pflege der Wagen 172

Zusammenstellung von Gespannen (Stilkunde) 178
Allgemeine Regeln 178
Sonderregeln 180

Das Anschirren 183
Die Vorbereitung 183
Das Auflegen des Kumtgeschirrs 184
Das Auflegen des Sielengeschirrs 188
Das Auflegen der Leinen 189

Das Anspannen 192
Die Vorbereitung des Wagens 192
Das Herausführen der Pferde aus dem Stall 194
Das Anspannen 195
Das Abspannen 198

Das Aufnehmen der Achenbach-Leine 199

Auf- und Absitzen, Verhalten des Beifahrers 204

Anfahren und Anhalten 208
Das Anfahren 208
Das Anhalten 209

Zurücksetzen und Einschlagen 210
Das gerade Zurücksetzen 210
Wenden durch Zurücksetzen mit Einschlagen der Deichsel 211
Zurücksetzen in eine Parklücke 211
Zurücksetzen eines Wagens mit Langbaum 212
Wenden eines Wagens durch Zurücksetzen in einen Seitenweg 213
Ganze Wendung durch Zurücksetzen . . . 214

Der Gebrauch der Zweispännerpeitsche 215
Allgemeine Gesichtspunkte 215
Peitschenhaltung 215
Einwirkung mit der Peitsche 216
Treibende Hilfen 217
Versammelnde Hilfen 217
Strafen mit der Peitsche 218

Die Ausbildung des Wagenpferdes 220
Die Gewöhnungsarbeit 220
Gewöhnungsarbeit mit zweijährigen Pferden 221
Gewöhnungsarbeit mit dreijährigen Pferden 228
Die Arbeit mit der Doppellonge 231
Die Ausrüstung zur Doppellongenarbeit . 231
Gewöhnung an die Doppellongenarbeit . . 232
Hilfengebung bei der Doppellongenarbeit 233
Übungen an der Doppellonge 234
Die Doppellonge als Korrekturmittel . . . 236
Das Anlernen zum Ziehen 237
Einfahren vor dem Wagen 239
Der weitere Ausbildungsverlauf 245
Belastungsgestaltung 245
Das Prinzip der mehrjährigen kontinuierlichen Belastung 245
Das Prinzip des planmäßigen Wechsels von Belastung und Erholung 246

Das Prinzip der individuellen Belastung . . 246
Das Prinzip der steigenden Trainingsbelastung 247
Weitere Ausbildungsaufgaben 247
Die Gesundheitspflege während der Ausbildung 249

**Fahrprüfungen
und ihre Anforderungen** 251
Grundsätzliches 251
Bestimmungen für die Ausrüstung von
Gespannen in Pferdeleistungsprüfungen . 251
Allgemeine Bestimmungen 252
Anforderungen an die Pferde 256
Anforderungen an den Fahrer 257
Leinenführung 257
Sitz und Haltung des Fahrers und Beifahrers 257
Der Anzug von Fahrern und Beifahrern . . 258
Eignungsprüfungen für Fahrpferde und
-ponys 261
Gebrauchsprüfungen für Fahrpferde und
-ponys 263
Gespannkontrollen 266
Dressurprüfungen für Fahrpferde 267
Allgemeine Zielstellung 267
Der Wettkampfort 268
Ausrüstung, Zäumung, Vorbereitung . . . 269
Die Dressuraufgabe und ihre Ausführung 269
Bewertung der Lektionen 270
Das Tempo 270
Halten und Stillstehen 270
Der Schritt 270
Der Trab 271
Der Galopp 272
Die Übergänge 272
Wendungen in der Bewegung 272
Rückwärtstreten 273
Hindernisfahren 273
Allgemeines 273
Die Hindernisbahn 274
Die Hindernisse 277
Bewertungsverfahren 282
Geländefahrten, Gelände- und Streckenfahrten 291
Allgemeines 291
Gestaltung der Strecke und Ablauf der
Prüfung 291

Hindernisse der Geländetrabstrecke 296
Zeitwertung in einer Gelände- oder Gelände- und Streckenfahrt 299
Fehlerwertung in einer Gelände- oder
Gelände- und Streckenfahrt 300
Vielseitigkeitsprüfungen und Kombinierte Fahrprüfungen 302
Veterinärkontrollen und Verfassungsprüfungen 303
Distanzfahren 304
Fahrerwettbewerbe 304
Deutsches Fahrerabzeichen 305
Fahren außerhalb von Wettkämpfen 307

**Training von Fahrern
und Pferden** 308
Training der Fahrer 308
Training der Pferde 309
Hinweise zur Vorbereitung auf Fahrprüfungen 311
Vorbereitung der Gespannkontrolle 311
Vorbereitung auf Dressurprüfungen 312
Langfristige Vorbereitung 312
Unmittelbare Wettkampfvorbereitung . . 316
Vorbereitung auf das Hindernisfahren . . 316
Langfristige Vorbereitung 316
Unmittelbare Vorbereitung 318
Vorbereitung auf die Marathonfahrt 319
Konditionelle Vorbereitung 319
Technische Vorbereitung 321

Schlußwort 324

Literatur 325

Sachwortverzeichnis 327

Einführung

Die alte Kunst, einen Zweispänner zu fahren, reizt eine zunehmende Zahl von Pferdefreunden. Fahrsportler zeichnen sich durch hohes Engagement für ihren Sport aus. Mit Fleiß und Ausdauer, Sorgfalt und unermüdlichem Streben nach Verbesserung ihrer Gespanne in Aussehen und Leistung bemühen sie sich um ein hohes Niveau des Fahrsports. Ihnen dies zu erleichtern, sie vor Fehlern zu bewahren und ihnen zu sicheren Erfolgen zu verhelfen, ist eine wesentliche Aufgabe dieses Buches.

Es gibt einen großen Fundus an Erfahrungen und auch an neuen Erkenntnissen, die Fahrsportler, vor allem Zweispännerfahrer, benötigen, um sowohl im Freizeit- und Breitensport als auch turniermäßig fahren zu können. Grundlage des behandelten Lehrsystems ist das Deutsche Fahrsystem nach Benno v. Achenbach. Dieses System wird höchsten Anforderungen an Sicherheit, Leistungsfähigkeit und Schonung von Pferd und Material gerecht. Gründliche Kenntnisse des Anschirrens und Anspannens sowie der Gespannführung sind für Fahrsportler wie auch für alle, die das Führen eines Gespannes erlernen wollen, dringend erforderlich. Außerdem brauchen turniersportlich engagierte Fahrer neben Kenntnissen der Fahrlehre und hochentwickelten Fertigkeiten in der sportlichen Technik auch einen Einblick in die Trainingsmethodik, das Leistungsprüfungswesen u. a. Dazu will das vorliegende Buch Antworten geben.

In den letzten beiden Jahrhunderten hat sich die sportliche Betätigung mit Pferd und Wagen entwickelt. Am Anfang des Jahrhunderts noch exklusiver „Herrensport", hat sie in den letzten 60 Jahren einen weltweiten Aufschwung erfahren. Während noch in der Mitte unseres Jahrhunderts turniersportliche Prüfungen mit Pferd und Wagen in erster Linie „Pferdeleistungsprüfungen" waren, traten danach die sportlichen Aspekte immer mehr in den Vordergrund. Seit 1924 gewann der Fahrsport mit Vierspännern unter dem Einfluß der Aachener Turniere in Europa an Bedeutung. Aachen war auch 1929 der Ausgangspunkt für Marathonfahrten. Aus dem europäischen Ausland fanden sich Teilnehmer aus England, Jugoslawien, den Niederlanden, der Schweiz und Ungarn ein, mitunter sogar aus Amerika. Zaghafte Anfänge zeigten sich auch im Fahrsport mit Zweispännern, nachdem schon viel früher Einspänner in Eignungsprüfungen ein hohes Niveau nachgewiesen hatten.

Einen bemerkenswerten sportlichen Auftrieb gab es ab 1979, dem Jahr, in dem zum ersten Mal der von Dr. Heinrich Lehrner initiierte Donau-Alpen-Pokal auf der Grundlage schon einige Zeit vorher festgelegter FEI-Regeln ausgetragen wurde. Seitdem geht es international und auch in deutschen Landen mit dem Sport hinter zwei Pferden aufwärts. So beginnt das Zweispännigfahren in die Rolle eines Familiensports hineinzuwachsen, zumal es inzwischen auch die Möglichkeit gibt, mit Ponys zu fahren.

Mit diesem Buch möchte der Autor den Freunden des Fahrsports Ratgeber sein, vielen Menschen die Schönheit des Fahrsports nahebringen und so dazu beitragen, weit zurückreichende Traditionen zu pflegen und zu beleben. Ebenso ist es seine Absicht, Aspekte der Trainingsmethodik und des pferdeschonenden Fahrens breiter bekanntzumachen. Gerade letzteres soll dem pferdefreundlichen und pferdegerechten Verhalten dienen, das den Fahrern in ihrer tierschützerischen Verpflichtung oberstes Anliegen ist.

Leitgedanken und Zielsetzung

Während man früher in den Kreisen der Pferdesportler wohl kaum jemanden finden konnte, der sich nicht zutraute, auch mit Pferden fahren zu können, hat sich dies grundlegend gewandelt. Je mehr Abstand die Menschen vom täglichen Umgang mit dem Pferd gewonnen haben, je mehr sie sich in ihrer pferdesportlichen Betätigung spezialisierten, um so seltener trifft man einen Reiter, der sich zutraut, auch fahren zu können. Das ist eine bedauerliche Erscheinung, zumal sie in vielen Fällen die Nutzungsmöglichkeiten des vorhandenen Pferdebestandes ebenso einschränkt, wie es die fehlende Jugendausbildung des Pferdes vor dem Wagen tut. Sportler und Pferd zögen aus dieser Ausbildung Gewinn, zumal sie auf den gleichen Grundsätzen beruht wie die Reitausbildung. Umgekehrt wird das noch deutlicher: Ein Pferd, das vor dem Wagen gute Leistungen vollbringen soll, muß auch unter dem Reiter geschult werden, und der Fahrer muß dazu reiten können.

Aus dieser Sicht ist es richtig, wenn die Ausbildungskonzeption für die Pferdesportler die Fahrausbildung als einen Teil der Grundausbildung des Pferdesportlers betrachtet. In dieser Hinsicht bestehen gegenwärtig aber noch viele Lücken und Versäumnisse, deren Beseitigung eine kontinuierliche Arbeit in den Reitvereinen erfordert. Zunächst sind jedoch noch wesentliche materielle Voraussetzungen zu schaffen, was zeit- und arbeitsaufwendig ist. Sicher ist, daß der allseitig ausgebildete Pferdesportler auch Kenntnisse und Fertigkeiten im Fahren haben muß, ohne daß er deshalb gleich zum Turnierfahrer wird. Diese Grundkenntnisse und -fertigkeiten im Fahren lassen sich – wie beim Reiten – nur durch gründliche Ausbildung erwerben.

Der an Wettkämpfen im Fahrsport interessierte Pferdesportler muß genauso ernsthaft, beharrlich und systematisch trainieren wie der Reiter, um sportlichen Lorbeer zu ernten. Doch der hängt für ihn oft noch höher, weil Pferde, Geschirre und Wagen ein größeres Maß an Arbeit und Zeit erfordern.

Natürlich besteht ein grundlegender Unterschied zwischen Reiten und Fahren. Nicht hinsichtlich der Grundsätze der Arbeit mit dem Pferd. Der Unterschied zwischen beiden Disziplinen des Pferdesports liegt in der Verschiedenartigkeit der Mittel, die Reiter und Fahrer zur Verfügung stehen, um auf das Pferd einzuwirken und es zu Leistungen zu veranlassen.

Reiter wie Fahrer brauchen auch theoretische Kenntnisse: hippologische und tierpsychologische, Kenntnisse über die Ausrüstung des Pferdes, Kenntnisse in Trainingsmethodik und Wettkampflehre. Besonders wichtig sind Kenntnisse der Bewegungsabläufe, nicht nur beim Tier, sondern auch beim Menschen. Auf dieser Grundlage entwickeln sich die Bewegungsvorstellungen, die zur Ausformung einer optimalen sportlichen Technik unerläßlich sind.

Beim Reiten öffnet die Verfeinerung des reiterlichen „Gefühls" den Weg zur Vervollkommnung des reiterlichen Könnens. Der enge körperliche Kontakt zwischen Reiter und Pferd gewährleistet unmittelbare Reaktionen des einen auf den anderen. Die Entwicklung der sportlichen Technik des Fahrens kann nicht auf diesem unmittelbaren physischen Kontakt aufbauen. Die relativ lose Verbindung durch die langen Leinen, das Fehlen direkter Einwirkungen, beispielsweise mit den Schenkeln, die Tatsache, daß meist mehrere Pferde an miteinander verbundenen Leinen geführt werden, und schließlich der Wagen selbst, der den Fahrer weit von den Pferden und ihren Bewegungen entfernt, erschweren die Aufgabe des Fahrers gegenüber der des Reiters. Der Fahrer ist deshalb auf die vorausschauende Erfassung des Verhaltens der Pferde angewiesen, um so mehr, als seine Reaktion darauf bei den Pferden später wirksam wird als die direkte Reaktion des Reiters durch seine Körpereinwirkungen. Aus diesen Gegebenheiten erklärt sich die Notwendigkeit, daß der Fahrer die Zusammenhänge aller in seiner Tätigkeit vorkommenden Erscheinungen, ihre Ursachen und Wirkungen, ergründet. Davon wird in den Kapiteln dieses Buches häufig die Rede sein. Unter Nutzung dieser Erkenntnisse muß der Fahrer seine Beobachtungsfähigkeit und sein Reaktionsvermögen in der praktischen Arbeit ständig üben und weiterentwickeln, so daß er die zu erwartenden Reaktionen der Pferde rechtzeitig, d. h. in ihrem Ansatz, erkennen und die erforderlichen Maßnahmen treffen kann, ohne daß dem Betrachter Unregelmäßigkeiten in der Bewegung der Pferde sichtbar werden. Wer das kann, wird die in den Besonderheiten des Fahrens liegenden Schwierigkeiten meistern.

Glücklicherweise brauchen wir bei der Suche nach Erkenntnissen und Methoden, nach denen wir erfolgreich arbeiten können, auf unserem Gebiet nicht Neuland urbar zu machen. Wir können sowohl auf den Erfahrungsschatz von berühmten Meistern ihres Fachs zurückgreifen als auch die sich aus der sportlichen Entwicklung des Fahrens ergebenden Erkenntnisse, angereichert durch die der Sportwissenschaft, für unsere Arbeit nutzen.

Von den zahlreichen Fachleuten, die in der Mehrzahl im ersten Viertel des 20. Jahrhunderts wirkten, sei hier nur der Name Benno von Achenbach genannt, dem der deutsche Fahrsport sein festes Fundament verdankt. In jahrzehntelanger Forschungsarbeit in vielen Ländern – auf dem Wagen, mit Zeichenstift und Fotoapparat sowie am Schreibtisch –, nach unzähligen Beobachtungen und Versuchen auf zahlreichen Turnierplätzen hat dieser Altmeister des Fahrsports ein System geschaffen, das sich wegen der ihm innewohnenden Logik und geradezu mathematischen Exaktheit, wegen seines Grundprinzips der Pferdeschonung bei Erzielung maximaler Leistungen und wegen seiner vielseitigen Verwendbarkeit in kurzer Zeit die Turnierplätze vieler Länder erobert hat. Unter den Bezeichnungen *Deutsches Fahrsystem* oder *Achenbach-System* hat es Eingang in die Reit- und Fahrschulen gefunden. Dazu heißt es in den Anforderungen an das Fahren auf Pferdeleistungsschauen (s. Aufgabenheft gem. LPO, S. 224): „Die Leinenführung verlangt . . . eine schulmäßige Ausbildung des Fahrers nach dem System Achenbach."

Die Grundprinzipien des Achenbach-Systems machen es über den Rahmen des Fahrsports hinaus überall dort verwendbar, wo Pferde zur Arbeit genutzt werden. So wird in der Berufsausbildung auf dem Gebiet der Pferdezucht und -haltung zu fordern sein, daß die Ausbildenden mit den Grundlagen des Achenbach-Systems vertraut gemacht werden. Diese Aufgabe verdient es, von den Ausbildungsbetrieben und den Lehrausbildern ernst genommen zu werden.

Die zahlenmäßige Verringerung des für den Fahrsport und zur Arbeit genutzten Pferdebestandes erfordert dessen zweckmäßigen Einsatz. Bedenken wir nur, daß die Art der Führung des Gespannes von beträchtlichem Einfluß auf die von den Tieren geforderte Anstrengung und damit auch auf die unerläßliche Futteraufwendung ist. Denn unbestritten ist: durch Erlernen sehr guter Gespannführung wird man die Gesundheit schonen und die Dauerleistungsfähigkeit der Pferde beträchtlich erhöhen. [4] Die Optimierung des Verhältnisses von Energieaufwand und Leistung wirkt letzten Endes auch kostensparend.

Achenbach hat sein Fahrsystem auf dem englischen Fahrsystem aufgebaut, wie es der in Paris lebende englische Fahrlehrer Edwin Howlett lehrte. Das Achenbach-System weist demgegenüber Verbesserungen im logischen Aufbau und eine vereinfachte Leinenführung auf, Ungenauigkeiten wurden beseitigt. Als notwendiges „Handwerkszeug" hat er in jahrelangen wissenschaftlichen Untersuchungen und praktischer Erprobung die Achenbach-Leine (für Zweispänner und auch für Vierspänner) geschaffen. Die alte englische Leine, wie sie bei den Postillionen auf der britischen Insel seit mehr als 200 Jahren im Gebrauch war, verwandelte sich durch die von Achenbach eingeführten Verbesserungen in ein Instrument, daß allen Ansprüchen des Fahrers an eine zweckmäßige Leine in höchstem Maße gerecht wird. Diese Leine ist auch für das sportliche Fahren die einzige wirklich geeignete Fahrleine, ihre richtige Benutzung vorausgesetzt.

Aufgabe des vorliegenden Buches ist es, die vorhandenen Kenntnisse und Erfahrungen – das theoretische Rüstzeug des Fahrers – darzustellen. *Gelesen* aber ist noch lange nicht *gewußt* und *gewußt* noch lange nicht *gekonnt*. Was hier zusammengetragen wurde, muß jeder Fahrer für sich „erarbeiten" – in der Studierecke, in der Geschirrkammer und Wagenremise, am Fahrlehrgerät und auf dem Wagen.

Aus langjähriger Erfahrung, die in der Tätigkeit als Richter in Fahrprüfungen gewonnen wurde, sei an dieser Stelle eine Warnung ausgesprochen: Die Theorie sollte nicht geringgeschätzt werden. Nur wer sich bemüht, die Lehren aus den Erkenntnissen der Entwicklung des Fahrens zu ziehen, wird Fehler vermeiden, die andere vor ihm gemacht haben.

Auch der Fahrer, der sich mit einem guten Gespann auf dem Wege zur sportlichen Meisterschaft befindet, ja gerade er, wird die Bedeutung solider theoretischer Grundlagen schätzen, weil sie ihm die Möglichkeit geben, seine Fertigkeiten immer feiner zu entwickeln.

Bevor wir uns jedoch an die Arbeit machen, wollen wir uns über die Ziele klarwerden. Von ihnen hängen schließlich auch die Voraussetzungen ab, die geschaffen werden müssen. In manchen Fällen werden wohl die Ziele auch umgekehrt durch die vorhandenen Voraussetzungen (Pferde, Geschirre, Wagen, Fahrlehrer u. v. a.) bestimmt.

Solche klaren Zielvorstellungen helfen, den Weg zu erkennen und vorausschaubaren Schwierigkeiten rechtzeitig zu begegnen. Sie helfen aber auch, Strebsamkeit, Geduld und Beharrlichkeit aufzubringen, ohne die alle Bemühungen erfolglos bleiben würden.

Welche Ziele sind für die Grundausbildung des Fahrers gestellt?

■ Der Fahrer soll – in gleichem Umfang wie der Reiter – Grundkenntnisse auf allen Gebieten der Pferdekunde besitzen und die Pferdepflege gründlich verstehen. [12]

■ Der Fahrer muß die Gesetze des Tierschutzes kennen und ständig danach handeln.

■ Der Fahrer soll die sichere und korrekte Führung eines Ein- und Zweispänners nach dem Achenbach-System erlernen und in der Lage sein, sein Gespann im Schritt und im Trab auf Wegen und Straßen wie auch in Eignungs- und Dressurprüfungen richtig zu fahren bzw. arbeiten zu lassen.

■ Der Fahrer soll die Achenbach-Leine und ihre Konstruktion kennenlernen. Er soll Sicherheit im zweckmäßigen Verschnallen der Kreuzleine erwerben und ihre Pflege erlernen.

■ Der Fahrer soll die landesüblichen Kutsch- und Arbeitsgeschirre und ihre einzelnen Teile kennen und beurteilen lernen. Er soll sich Kenntnisse im Verpassen dieser Geschirre sowie ihrer Pflege erwerben.

■ Der Fahrer soll die gebräuchlichsten Sport-, Kutsch- und Arbeitswagen, ihre Konstruktion und ihre Pflege kennenlernen.

■ Der Fahrer soll alle für das Führen von Gespannen im öffentlichen Verkehrsraum geltenden Bestimmungen und Vorschriften kennen und richtig anwenden lernen, so daß er mit seinem Gespann sicher am Straßenverkehr teilnehmen kann (Kenntnis der StVO).

■ Der Fahrer soll lernen, längere Fahrten richtig vorzubereiten und umweltverträglich durchzuführen.

■ Der Fahrer soll die für die Teilnahme an Fahrerprüfungen und Eignungsprüfungen erforderlichen Regeln, Bestimmungen und taktischen Überlegungen kennenlernen (Kenntnis der einschlägigen Bestimmungen der LPO).

■ Der Fahrer soll in die Lage versetzt werden, plötzlich auftretende Schäden an Geschirren und Wagen beurteilen und provisorisch beheben zu können.

Ein Gespannführer, der diese Ziele erreicht, kann schon mit Recht Fahrer genannt werden. Er verfügt über die erforderlichen Grundkenntnisse, -fähigkeiten und -fertigkeiten eines Sportfahrers. Wer jedoch auf dem Wege des sportlichen Fahrens weiter vorankommen will, der muß seine Ziele höher stecken. Er muß sich darüber hinaus folgende Aufgaben stellen:

■ die theoretischen Grundlagen des Achenbach-Systems eingehend studieren und lernen, sie in der Praxis immer korrekt und sicher anzuwenden;

■ die Anspannungsgrundsätze und die Technik der Leinenführung bei Ein-, Zwei- und Mehrspännern sich umfassend aneignen, und zwar sowohl in der Theorie als auch in der Praxis, wobei selbstverständlich die Vervollkommnung der Leinenführung des dem Fahrer zur Verfügung stehenden Gespannes besonderes Gewicht hat;

■ umfassende Kenntnis der verschiedenen Arten von Geschirren und Leinen, ihrer Konstruktion und besonderen Merkmale sowie ihrer Vor- und Nachteile im Gebrauch erwerben;

■ die Zäumungslehre, besonders für Wagenpferde, einschließlich der Verwendung erlaubter Hilfszügel in Theorie und Praxis beherrschen lernen;

■ sich eingehende Kenntnisse über die verschiedenen Arten von Kutsch- und Sportwagen, einschließlich von Spezialfahrzeugen, über ihre Konstruktions- und Unterscheidungsmerkmale sowie über die Pflege der Wagen aneignen;

■ die Grundsätze für das Zusammenstellen von Gespannen (Stilkunde) kennenlernen;

■ die bei der Ausbildung von Wagenpferden anzuwendenden Methoden und Hilfsmittel, vom Anlernen des jungen Pferdes zum Ziehen bis zur Herausarbeitung der maximalen Gang- und Gehorsamsleistungen, einschließlich der Arbeit mit der Doppellonge, beherrschen und ständig vervollkommnen;

■ die für alle Arten von Fahrprüfungen geltenden Regeln und Anforderungen kennen sowie die bei der Teilnahme an solchen Prüfungen erforderlichen technischen Fertigkeiten und taktischen Verfahren beherrschen lernen;

■ den Aufbau und die Methoden des systematischen Trainings für die Teilnahme an allen Arten von Fahrprüfungen kennen und in der Praxis unter ständiger Vervollkommnung anwenden können;

■ seine Kenntnisse auf allen Wissensgebieten der Pferdekunde, soweit sie seine Aufgabe berühren (Anatomie, Exterieurlehre, Physiologie, Psychologie, Fütterungslehre, Hufbeschlagungslehre usw.), sowie seine trainingsmethodischen Kenntnisse ständig zu erweitern.

Diese bloße Aufzählung der Ziele läßt erkennen, wie umfassend die mit dem Fahren in Verbindung stehenden Aufgaben sind. Sie sind nicht alle in gleichem Umfang realisierbar. An ihrer Erfüllung aber muß ständig gearbeitet werden, um das Niveau der fahrerischen Leistung kontinuierlich heben zu können.

Im gesamten Prozeß der Ausbildung, ja während der ganzen Dauer der Beschäftigung mit dem Fahrsport begegnet dem Fahrer immer wieder die Möglichkeit, sein Auge an anderen Gespannen zu erproben, sein Wissen zu überprüfen. Er wird nicht selten auf Mängel stoßen, aus denen er Schlußfolgerungen ziehen kann.

Die jahrhundertelange Entwicklung des Fahrsports hat zu einer großen Vielfalt, besonders bei Geschirren und Wagen, geführt. Arbeiter und Handwerksmeister haben ihr Schöpfertum zu zahllosen Verbesserungen und Modifizierungen eingesetzt. Die daraus im Verlaufe der Zeit entstandenen unterschiedlichen Produkte, welche vom Stand der Handwerkskunst, von den sich wandelnden Ansprüchen und individuellen Wünschen der Auftraggeber künden, spiegeln ganze Epochen der Kultur- und Landesgeschichte wider. Sie gehören zum nationalen Kulturerbe und sind deshalb erhaltungswürdig. Dieser Auffassung schließen sich auch die Prüfungsreglements der fahrsporttreibenden Länder an, indem sie bei Wagen und Geschirren auf die Vereinheitlichung der Sportgeräte, wie sie für die meisten Sportarten durch genormte Wettkampfgeräte erfolgt, absichtlich verzichten und sich auf das Ausgleichen wesentlicher leistungsbeeinflussender Unterschiede (z. B. das Gewicht des Wagens, die Spurbreite der Räder) beschränken oder den Ausgleich durch Anpassen von Wettkampfanforderungen an die Eigenheiten der Gespanne suchen (z. B. Veränderung der Durchfahrbreite von Hindernissen entsprechend der Spurbreite des Wagens in Fahrerwettbewerben).

Die historisch gewachsenen Merkmale der Wagen und Geschirre sowie die damit entstandenen Grundsätze für die Zusammenstellung von Gespannen führen in der Gegenwart häufig zu Schwierigkeiten bei der Beschaffung des erforderlichen Materials, was meist erhebliche Anschaffungskosten zur Folge hat. Daraus ergeben sich hohe Ansprüche an Enthusiasmus, Fleiß, Beharrlichkeit und Erfindungsgeist der Fahrer. Nicht immer aber gelingt es, die gegebenen Regeln ganz exakt einzuhalten. Das darf aber keine Veranlassung dazu sein, den Fahrsport an den Nagel zu hängen. Abweichungen von den Regeln müssen nicht gleichbedeutend mit einer Verletzung der Grundsätze sein. Diese muß der Fahrer genau kennen und verstehen. Dann wird es ihm nicht schwerfallen, Fehlerhaftigkeit oder Vertretbarkeit einer Abweichung richtig zu beurteilen. Bestimmende Prinzipien bei dieser Beurteilung sind

▌ die Zweckmäßigkeit der Abweichung in jeder Lage, in die der Fahrer mit seinem Gespann kommen kann, und

▌ die Erhaltung des dem Anspannungsstil gemäßen Gesamteindrucks des Gespanns unter Berücksichtigung seines Verwendungszwecks und seiner Einsatzart.

Die Einheitlichkeit der Beschirrung der Pferde verträgt allerdings keine Abstriche.

Bei einer wenn auch gedrängten Darstellung des Achenbach-Systems darf die Auseinandersetzung mit einigen Argumenten nicht fehlen, die – meist aus Unkenntnis oder Bequemlichkeit – gegen die Forderung nach allgemeiner Anwendung dieses Systems ins Feld geführt werden. Dazu wird die Meinung vertreten, das Achenbach-System sei in seiner Anwendungsmöglichkeit beschränkt. Es sei für Lastfuhrwerke nicht zu gebrauchen, aber auch bei den im Gelände- und Hindernisfahren gestellten Anforderungen nicht zweckmäßig – eine Kritik, die durch zwei extreme Fälle entkräftet werden soll.

Was die Anwendbarkeit des Achenbach-Systems für Lastfuhrwerke betrifft, so soll für diesen – heute zu den Ausnahmen gehörenden – Fall nur gesagt werden, daß beim Führen eines solchen Gespannes nicht die subtile Leinenführung und mit Millimetergenauigkeit ausgeführte Veränderungen der Leinenlänge das Wesentliche sind. Um so mehr kommt es auf die richtige Verteilung der Last auf beide Pferde durch zweckentsprechendes Leinenverschnallen, auf die rationelle Einteilung der Kräfte der Pferde, auf pferdeschonendes Anfahren und Anhalten sowie richtige Bemessung der Größe der Wendung an. Vermeiden jeglichen Rückwärtsschiebens des belasteten Wagens, rechtzeitiger und wirkungsvoller Gebrauch der Bremse sowie zweckmäßig verpaßtes Geschirr gehören auch dazu – wie es das Achenbach-System fordert. Natürlich ist auch eine prinzipiell korrekte Leinenführung unter Beachtung der Hauptgrundsätze (s. S. 24 ff.) nicht ohne Bedeutung.

Einwände, die von Sportfahrern gegen das Achenbach-System gemacht werden, richten sich in den meisten Fällen gegen die Forderung nach Einhaltung der Leinenführungsregeln. Dafür gibt es jedoch keinen akzeptablen Grund, weil Schwierigkeiten bei der Leinenführung immer und ausschließlich auf ungenügender Übung beruhen. Selbstverständlich verlangen schwierige Aufgaben, wie sie in dem schnelleren Tempo beim Hindernisfahren oder durch die Art der Hindernisse in Fahrbahnen und auch auf Geländestrecken entstehen können, nicht nur einen höheren Grad an Beweglichkeit und Gehorsam der Pferde, sondern auch eine vervollkommnete Technik der Leinenführung beim Fahrer. Die Griffe und sonstigen Veränderungen der Leinen, die zur Führung der Pferde in solchen Situationen erforderlich sind, müssen unter Beibehaltung optimaler Korrektheit besonders schnell und präzise ablaufen. Im Verlaufe der Ausbildung des Fahrers sind sie zu automatisierten Handlungsabläufen zu vervollkommen, die auch unter Wettkampfbedingungen den rasch wechselnden Situationen angepaßt werden können.

Wie geht die Vervollkommnung der Technik der Leinenführung vor sich? Der Fahrer lernt zunächst, die Leinen richtig zu halten, ihre Länge, einzelner und mehrerer Leinen zugleich, in kleineren und größeren Abständen zu verändern, übt danach das Zusammenspiel der Leinengriffe bei der Ausführung von Wendungen und lernt schließlich im Verlaufe längerer und die Grundforderungen streng beachtender Praxis, sicher, rasch und gefühlvoll mit den Leinen einzuwirken. Was für den Musikvirtuosen das Instrument, ist für den Fahrsportler das Pferdemaul. Es reagiert ebenso unterschiedlich auf die Einwirkung des Fahrers wie der Flügel auf den Anschlag des Pianisten. Dementsprechend müssen auch die Fertigkeiten des Fahrers bei der Leinenführung ausgebildet sein.

Mängel, die dem Fahrer in dieser Hinsicht anhaften, werden gern dem System der Leinenführung angelastet, ähnlich wie manche Reiter die Ursachen für Fehlleistungen des Pferdes viel lieber bei dem Tier als in ihrer falschen Einwirkung suchen. Und so, wie die Erkenntnis gilt, daß wenigstens neunzig Prozent der Fehler durch den Reiter verschuldet werden, gilt in gleicher Weise, daß in neunzig von hundert Fällen die Bedenken gegenüber der korrekten Achenbach-Leinenführung auf ungenügende Beherrschung der richtigen Technik zurückzuführen sind.

Die Praxis des Fahrsports unterstreicht diese Feststellung insofern, als ein erheblicher Teil unserer Fahrer die Technik der Leinenführung in Fahrprüfungen und in Dressurprüfungen, auch noch beim Streckenfahren durchaus anwendet und damit die Kenntnis der Grundforderungen an sie nachweist. Immer dann aber, wenn im Wettkampf überraschende, unübersichtliche oder gar gefährliche Situationen auftreten, erweist sich die Technik als nicht ausreichend wettkampffest, und es kommt zu einem Rückfall in längst überwunden geglaubte technische Fehler. Müssen wir abschließend noch darauf hinweisen, daß bei den Gedanken über die Leinenführung auch immer die Handhabung der Peitsche mit eingeschlossen ist?

In der Technik der Leinenführung ist eine entscheidende Reserve für die weitere Steigerung der Leistungen zu sehen, eine Reserve, deren Erschließung keinerlei materiellen oder finanziellen Aufwand erfordert, sondern lediglich konsequentes Wollen und Üben voraussetzt.

Alle Fahrer machen sich unsäglich viel Mühe bei der Beschaffung und ständigen Verbesserung an Geschirren und Wagen. Nicht minder streben sie nach guter Ausbildung ihrer Pferde. Die Technik der Leinenführung als die dritte Komponente ihres Erfolgs sollte nicht geringer geschätzt werden!

Das weiter zunehmende Interesse am Fahren und am Fahrsport als einer interessanten und sinnvollen Freizeitbeschäftigung macht es erforderlich, über eine weitere Verbesserung des Angebotes sowie die weitere Entwicklung der fahrsportlichen Disziplinen und Prüfungen nachzudenken. Es ist an der Zeit, die Basis des Fahrsports kontinuierlich zu verbreitern, die Anzahl der Fahrprüfungen aller Arten in den Programmen der Pferdeleistungsschauen aller Kategorien, besonders aber im Juniorenbereich und bei Breitensportveranstaltungen, zu vergrößern, die Ausbildung von Fahrern und Gespannen in allen Vereinen zu betreiben, in denen die Voraussetzungen (materielle und personelle) vorhanden sind oder geschaffen werden können.

Schließlich und endlich gilt es auch, die weitere leistungssportliche Entwicklung im Fahrsport zu unterstützen und damit das Leistungsniveau dieser Disziplin des Pferdesports kontinuierlich weiter zu heben, um den erreichten hohen Leistungsstand im Vergleich mit den Weltspitzenfahrern auf dem Dressurviereck, im Gelände und in der Hindernisbahn immer wieder zu beweisen.

Hilfsmittel für den Fahrunterricht

Fahren muß genauso erlernt werden wie Reiten. Auch dafür erweist sich der Unterricht in Theorie und Praxis als das zweckmäßige Verfahren zum Erwerb der Grundkenntnisse, der praktischen Fertigkeiten und der erforderlichen Fähigkeiten. Für den Unterricht stehen dem Fahrausbilder einige Hilfsmittel zur Verfügung, die er vor Beginn der Fahrausbildung beschaffen und während des Unterrichts zielgerichtet einsetzen muß. Diese Hilfsmittel sind:
▍ das Fahrlehrgerät zum Erlernen der Technik der Leinenführung,
▍ die Gespannattrappe zum Erlernen der Technik des Peitschengebrauchs,
▍ die Holzleine zur Veranschaulichung der Wirkung des Leinenverschnallens.

Das Fahrlehrgerät
Die Vorteile des Fahrlehrgerätes

Schon vor Achenbach hat es eine Reihe von Fahrausbildern (damals oft Stallmeister genannt) gegeben, die, von pädagogischen Erkenntnissen ausgehend, auf systematisches und methodisch richtiges Vorgehen bei der Anfangsausbildung des Fahrers besonderen Wert legten.

Von der Bedeutung der Leinenführung für das Können des Fahrers überzeugt, verlangten sie von ihren Fahrschülern die korrekte Aneignung bestimmter Grundtechniken der Leinenführung, bevor sie ihnen die Leinen des Gespannes zu praktischen Fahrübungen in die Hand gaben. Diese Art des „Trockentrainings", bei dem gleichsam handwerkliche Fertigkeiten der Leinenführung erworben werden mußten, lädt zum Vergleich mit dem Longieren als Anfangsstufe in der Sitzausbildung des Reiters ein. Hier wie da werden die Risiken vermieden, die mit der Führung der Pferde verbunden sind, um ein ungestörtes Erarbeiten der Technik zu ermöglichen.

Als Hilfsmittel wurden Vorrichtungen gebaut, an denen alle Elemente der Leinenführung geübt werden konnten. Sie erhielten die Bezeichnung Fahrlehrgerät. Ihr Zweck bestand darin, dem Fahrer den Erwerb von Fertigkeiten zu erleichtern und – in gewissem Grade – die Grundlagen des fahrerischen „Gefühls" (korrekt müßte man von Empfinden sprechen) herauszubilden.

Die Verwendung solcher Vorrichtungen ergab weitere Vorteile, von denen wir die wichtigsten nennen wollen:
▍ Es entfällt das Risiko, ein gut gefahrenes Gespann einem noch nicht ausgebildeten Pferdesportler in die Hand zu geben, der durch ungeschicktes Handhaben von Leinen und Peitsche die Pferde verwirrt und zu falschen Reaktionen veranlaßt, d. h. sie verdirbt, wie es in der Fachsprache heißt. Gleichzeitig wird dadurch die Gefahr umgangen, daß als Folge Schäden an Geschirr und Wagen, in schlimmeren Fällen vielleicht sogar an Mensch und Tier entstehen.
▍ Der Fahrschüler kann alle Elemente der Leinenführung ohne störende äußere Einflüsse korrekt erlernen und unter Aufsicht des Ausbilders so gründlich üben, daß er sie sicher und ohne Genauigkeitsverlust ausführen kann. Dabei kann die Fertigkeit so entwickelt werden, daß die Handhabung der Leinen immer rascher erfolgen kann, bis schließlich die einzelnen Handgriffe automatisiert sind. Neurologisch gesehen, erfordert das einen gewissen „Drill" im positiven Sinne, der zur Festigung der für diese Bewegungen erforder-

lichen Nervenverbindungen unumgänglich ist. Der Fahrer, welcher über eine auf die geschilderte Weise erworbene und automatisierte Technik verfügt, wird auch in schwierigsten Situationen nicht von der erlernten Technik der Leinenführung abgehen. Er tut „automatisch" das Richtige, ohne erst nachdenken oder gar hinschauen zu müssen.

■ Für die Herausbildung des eingangs erwähnten fahrerischen „Gefühls" wirken bei der Technikausbildung am Fahrlehrgerät drei Faktoren zusammen:
a) das Üben der Fingerfertigkeit,
b) die Kontrolle durch das Auge,
c) die Kontrolle durch die Gewichte.

Für die Praxis ist es wichtig, daß der Übende anfangs die Tätigkeit seiner Hände beobachten und dabei am Stand der Gewichte kontrollieren kann, ob seine Griffe zweckentsprechend gewesen sind. Dieses Mittel der Kontrolle hat sich sehr bewährt bei der Herausbildung des speziellen Bewegungsgedächtnisses, für die Reaktion der Hände und Finger bei den verschiedenen Anforderungen an die Leinenführung. Die optische Kontrolle ist demzufolge eine wichtige Bedingung für die Automatisierung der Technik der Leinenführung. In dem Maße, in dem sich die erforderlichen Bewegungsabläufe stabilisieren und schließlich automatisiert werden, kann die Beobachtung der Hände entfallen.

Die Hand des Fahrers muß auch die Verbindung mit den Pferdemäulern erfühlen lernen. Während die Hand des Reiters in der Lage ist, die Bewegungen der Zunge zu spüren (zu fühlen, daß das Pferd „kaut"), kann der Fahrer dies nicht – wegen des großen Gewichts der langen Leine und der Tatsache, daß mit jeder Leine immer beide Pferdemäuler verbunden sind. Ihm ist es nur möglich, Veränderungen im Druck der Pferdemäuler auf die Gebisse über die Hand zu empfinden. Aber auch das „Gefühl" dafür muß entwickelt werden. Ausgehend von der Beobachtung, daß ein in richtiger Anlehnung an das Gebiß gehendes Fahrpferd einen Druck von etwa 1 kp auf die Hand des Fahrers ausübt, sollen die Gewichte am Fahrlehrgerät dem entsprechen. Der Fahrer kann auf diese Weise das Empfinden für korrekte Anlehnung nehmende Pferde erwerben, das er benötigt, um Fehler zu erkennen.

■ Die Gewichte bewirken noch einen weiteren Trainingseffekt: Der lang andauernde Druck auf die Hand führt anfangs zu einer raschen Ermüdung der Hand- und Armmuskulatur. Die Muskelschmerzen, die sich nach den ersten Stunden am Fahrlehrgerät einstellen, sind so wenig vermeidbar, daß sie den Fahrern unter der Bezeichnung Fahrschmerzen vertraut sind. Im Verlaufe des Übens wird die Hand- und Armmuskulatur in der erforderlichen Weise gekräftigt und damit ihrer Aufgabe angepaßt.

■ Die zur Verfügung stehende Ausbildungszeit kann bei der Ausbildung am Fahrlehrgerät rationeller genutzt werden, weil diese in einem Raum und damit unabhängig von Wetter- und Lichtverhältnissen durchgeführt werden kann und weil der Fahrlehrer in die Lage versetzt wird, mehrere Fahrschüler gleichzeitig zu unterrichten und zu beaufsichtigen. Auch die Tatsache, daß die Übenden sich gegenseitig beobachten können, erweist sich als Vorteil, denn Korrekturen, die bei einem der Fahrschüler vorgenommen werden, fordern gleichzeitig die Selbstkontrolle der übrigen heraus.

Die besprochenen Vorteile lassen das Fahrlehrgerät als unentbehrliches Hilfsmittel zum Erlernen einer korrekten Technik der Leinenführung erscheinen.

Bauweise des Fahrlehrgerätes

Die Konstruktion eines Fahrlehrgerätes ist relativ einfach. Mit wenig Aufwand ist es in jedem Verein mit etwas handwerklicher Fertigkeit und geringem Materialaufwand herzustellen. Von einem alten Tisch wird die Platte abgenommen, so daß die Querverbindungen der Tischbeine sichtbar sind. So kann der Fahrlehrer die an drei Seiten des Tischgestells sitzenden Fahrschüler von der vierten aus beobachten.

In die Querverbindungsbretter werden von unten Haken eingeschraubt, deren Öffnung

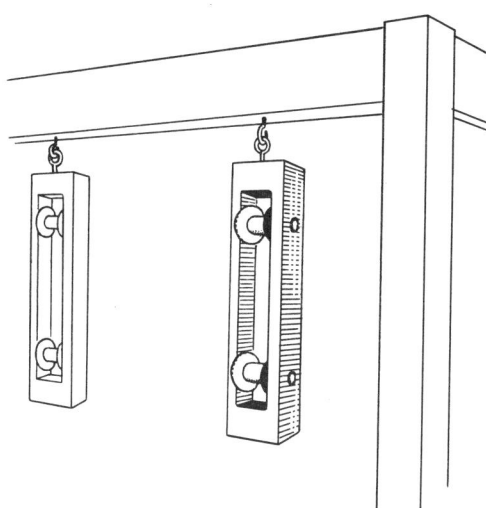

Abb. 1 Fahrlehrgerät: Anbringung am Tisch

Abb. 2 Holzklotz für Fahrlehrgerät
links von vorn
rechts von der Seite

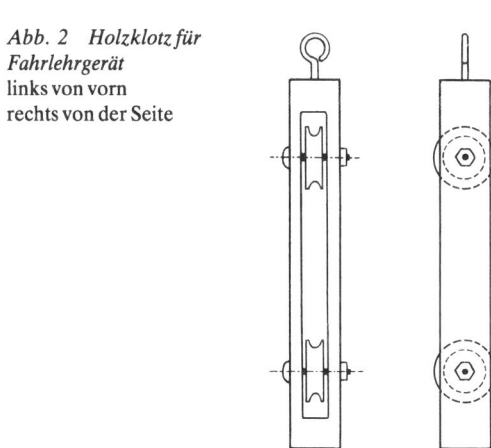

nach der Tischmitte gerichtet ist. Diese Haken werden paarweise angebracht mit etwa 40 cm Abstand zwischen den beiden Haken eines Paares (Abb. 1) und – je nach der Länge der Tischseite – einem etwas größeren von Paar zu Paar.

An jedem der Haken wird ein etwa 20 cm langer Holzklotz von quadratischem Querschnitt mit einer Seitenlänge von 2 bis 3 cm mittels einer am oberen Ende des Klotzes befindlichen Öse eingehängt. (Abb. 2) Für den Holzklotz empfiehlt sich die Verwendung von Hartholz.

In diesen Holzklotz sind zwei Schlitze (oder auch ein durchgehender Schlitz) eingeschnitten, in denen Rädchen laufen sollen. Diese Rädchen von etwa 4 cm Durchmesser und 1 cm Stärke drehen sich auf einer Achse. Sie sind auf ihrer „Lauffläche" ausgekehlt (wie die Felgen eines Rades) und gewährleisten so einem darüberlaufenden Bindfaden die nötige Führung. Die Schlitze müssen weit genug sein, um den Rädchen ein ungehindertes Drehen zu gestatten. Andererseits dürfen sie seitlich nicht mehr Spiel als nötig haben, damit sich der Bindfaden nicht verklemmen kann, wenn er einmal aus der Führung herausrutschen sollte. Er muß eine Länge von 80 bis 100 cm besitzen. Sie reicht aus, um alle Elemente der Leinenführung üben zu können. Für jeden Übungsplatz am Fahrlehrgerät werden zwei derartige Holzklötze mit Bindfäden benötigt.

An dem dem Fahrschüler zugewandten Ende des Bindfadens ist ein Handstück befestigt, welches die Leine darstellt. Für das Handstück kann man Gurtband verwenden, wie es zur Herstellung von Longen gebraucht wird. Es soll in seiner Breite möglichst der der Achenbach-Leine entsprechen (27 mm). Notfalls läßt sich jedoch auch Jalousiegurt von 25 mm Breite verwenden.

Hinsichtlich der Länge des Handstückes hält man sich am besten wiederum an die Maße der Achenbach-Leine, deren Handstück eine Länge von 2,8 m aufweist. Da man an jedem Ende des Handstücks noch 5 cm benötigt, um die Ringe einnähen zu können, in denen die Bindfäden befestigt (am besten ebenfalls eingenäht) werden, hat man dann ein Handstück, bei dem die gleichen Längenverhältnisse vorhanden sind wie bei der richtigen Leine: auf jedem Leinenteil (linke und rechte Leine) je 1,40 m = 2,80 m.

Ist der Raum, in dem das Fahrlehrgerät aufgestellt wird, nicht sehr groß, so daß die Fahrschüler relativ nahe an dem Tischgestell sitzen müssen, genügt auch eine Länge von 2,0 m für das Handstück. Diese Länge sollte jedoch nicht unterschritten werden, weil sich sonst nicht mehr alle Leinengriffe korrekt ausführen lassen.

An dem der Hand des Fahrschülers abgewandten Ende des Bindfadens wird ein

Abb. 3 Gewichte für das Fahrlehrgerät: gerade Unterkante, unterschiedliche Farbgebung

Gewicht von 1 kp befestigt. (Abb. 3) Alle Gewichte müssen die gleiche Form, z. B. ein Sandsäckchen o. ä., aufweisen und eine gerade untere Kante besitzen, damit Verschiebungen in der Höhe sofort ins Auge fallen. Durch den infolge der Gewichte simulierten Druck auf die Leinenhand kann der Schüler die Technik der Leinenführung stets unter Bedingungen üben, wie sie bei gut an den Gebissen gehenden Pferden bestehen.

Zur Verwendung des Fahrlehrgerätes im Gruppenunterricht werden jeweils zwei Holzklötze mit einem Handstück zur Leine verbunden, für die eine Leine werden die beiden oberen, für die andere die beiden unteren Schlitze verwendet. Die nach vorn auseinanderlaufenden Leinen erleichtern die Ausführung der Griffe. (Abb. 4)

Gleichzeitig gestattet es diese Anbringung, das Fahrlehrgerät zum Üben der Leinenführung bei Vierspännern zu verwenden, indem man die durch die oberen Schlitze laufenden Leinen als Vorderleinen, die durch die unteren Schlitze laufenden als Hinterleinen benutzt.

Soll die Leinenführung für Zweispänner geübt werden, so erfaßt der rechts sitzende Fahrschüler die obere, der links sitzende die untere Leine.

Für beide Verwendungsarten ist es recht praktisch, wenn die jeweils zusammengehörenden Gewichte an den oberen bzw. unteren Leinen unterschiedliche Farben aufweisen. Sie lassen sich dadurch leichter vergleichen.

Das beschriebene Fahrlehrgerät gestattet das Erlernen und Üben der Technik der Leinenführung für Ein-, Zwei- und Vierspänner sowie der Spezialgriffe für das Tandemfahren. Zum Üben der Leinenführung von Sechsspännern und Randoms benötigt man längere Holzklötze mit drei Rädchen.

Die Verwendung des Fahrlehrgerätes im Unterricht

Der Fahrunterricht findet am besten in einem Raum statt, dessen Größe es gestattet, die

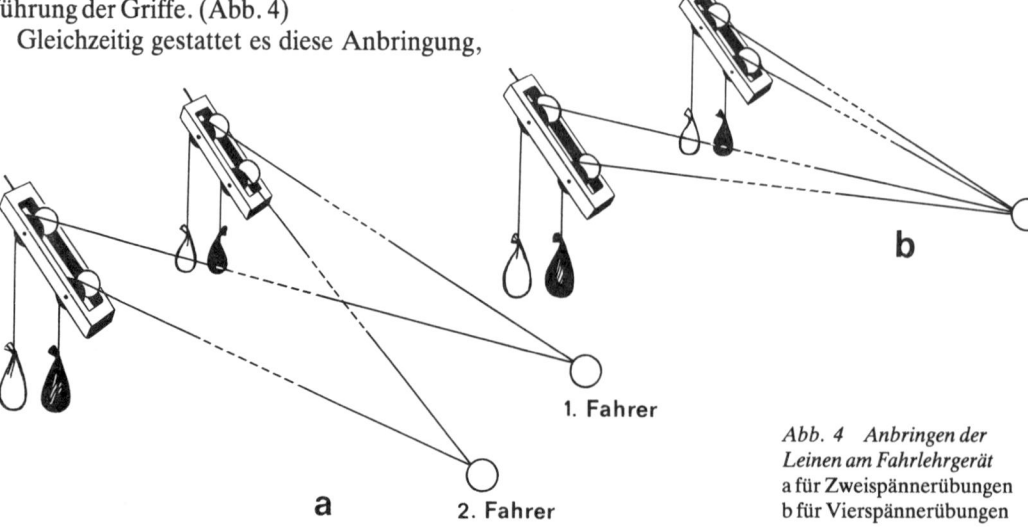

Abb. 4 Anbringen der Leinen am Fahrlehrgerät
a für Zweispännerübungen
b für Vierspännerübungen

Fahrschüler auf Stühlen oder Hockern etwa 1 m vom Tischgestell entfernt Platz nehmen zu lassen. Wenn möglich, sollten die Schüler nicht zu niedrig sitzen, so daß die Leinen zwischen der Hand des Fahrers und den Holzklötzen leicht abwärts laufen. Will der Ausbilder im Unterricht demonstrieren – für die ersten Übungsstunden ist das unbedingt zu empfehlen (didaktisches Prinzip der Anschaulichkeit) –, so steht er am günstigsten vor einer *kurzen* Seite des Fahrlehrgerätes, während die Fahrschüler die übrigen drei Tischseiten besetzen. Von dieser Position aus hat er einen guten Überblick, und alle Schüler können seine Demonstration genau verfolgen.

Von vornherein sollte auf den *richtigen Sitz des Fahrers* schon am Fahrlehrgerät geachtet werden. Dazu gehört auch die richtige Haltung von Arm und Händen (s. S. 32 ff.). Ebenso haben der aufrechte Oberkörper, die geschlossenen Knie, der in Fahrtrichtung weisende linke und der um etwa 30° abgewinkelte rechte Fuß sowie die leicht vorgenommene linke Schulter und der geradeaus gerichtete Blick Bedeutung für die Entwicklung der fehlerfreien Technik der Leinenführung.

Von besonderer Wichtigkeit ist es, daß der Fahrschüler bereits von der ersten Übung an mit der Haltung der Peitsche in der Hand vertraut gemacht wird. Da er diese später während des praktischen Fahrens nicht aus der Hand legen darf, muß er rechtzeitig sowohl an ihr Gewicht als auch daran gewöhnt werden, die gesamte Leinenführung mit der Peitsche in der rechten Hand zu erlernen. Wer daran von der ersten Fahrstunde an gewöhnt wird, hat später keine Schwierigkeiten, die Peitsche während aller Griffe in der vorgeschriebenen Haltung zu tragen.

Ein Stock von etwa 1 m Länge und der Stärke eines Besenstiels ist zum Üben gut geeignet. Da er etwas stärker als der normale Peitschenstiel ist, erscheint dieser dem Fahrer dann handlicher, wenn er ihn beim praktischen Fahren mitführen muß.

In allen Fahrprüfungen muß der Fahrer Handschuhe tragen. Verzicht darauf führt in manchen Prüfungen (Dressurprüfungen, Hindernisfahren) zum Ausschluß. Da man in Handschuhen zu fahren gewohnt sein muß, ist es zweckmäßig, nach Erreichen eines bestimmten Grades der Fertigkeit in der Ausführung der technischen Elemente, diese in Handschuhen so lange zu üben, bis derselbe Fertigkeitsgrad wieder erreicht ist.

Der Unterricht am Fahrlehrgerät muß mit dem theoretischen Unterricht verbunden werden. Größter Wert ist immer auf die Begründung aller Forderungen zu legen. Es kommt nicht nur einfach darauf an zu lernen, wie ein Griff oder eine Reihe von Griffen ausgeführt werden. Vielmehr muß in jedem Falle einleuchtend begründet werden, warum gerade die geforderte und keine andere Ausführung den beabsichtigten Zweck am besten erfüllt. Der Fahrschüler muß davon überzeugt sein. Dann wird auch seine Selbstkontrolle geweckt.

Eine der wichtigsten Aufgaben des Fahrausbilders ist die Erziehung der Fahrer zum umsichtigen und logischen Denken, denn es ist, wie in anderen Anforderungsbereichen, Voraussetzung für den Erfolg. Erkenntnisse, die der Fahrschüler bei solcherart Unterricht findet, motivieren ihn besser zur Mitarbeit und Selbstbeobachtung.

Nichts wirkt mehr abstumpfend im Unterricht als bloßes Vor- und Nachsagen von Regeln und Bestimmungen, vielleicht gar noch mit der Forderung verbunden, sich streng an festgelegte Formulierungen zu halten. Erfolgreiche Fahrausbilder begründen auch für die einzelnen Elemente der Leinenführung deren Zweckmäßigkeit und verlangen, daß die Fahrschüler mit eigenen Formulierungen antworten und dabei das erworbene Verständnis nachweisen.

Zunächst müssen natürlich die Grundelemente der Leinenführung (Haltung, Griffe) gezeigt, erklärt und langsam geübt werden. Das ist eine außerordentlich wichtige Stufe, weil dabei die korrekten Bewegungsabläufe gelehrt und von den Schülern angeeignet werden. Das Interesse der Fahrschüler wachzuhalten ist nicht sonderlich schwierig, weil Neues geboten wird. Ganz bedeutsam für die weitere Entwicklung der korrekten Technik ist es, wenn gerade in dieser Phase schlüssige Begründungen gegeben werden und streng korrigiert wird.

In diesem Ausbildungsabschnitt wird sich der Fahrausbilder immer wieder vom Stand des Erkenntniserwerbs bei den einzelnen Fahrschülern überzeugen, indem er sich die Haltungen und Griffe von den Übenden mehrfach zeigen und erklären läßt. Fehler, die dabei auftreten, müssen mit Begründungen korrigiert werden. Auch die häufige Aufforderung zur Selbst- und gegenseitigen Kontrolle ist unerläßlich.

Sind die geforderten Haltungen und Griffe herausgearbeitet und werden sie von den Fahrschülern in langsamem Ablauf beherrscht, beginnt die nicht weniger wichtige Phase der Stabilisierung und Automatisierung dieser Handlungen. In dieser Phase kommt man um ausgiebige Übungen nicht herum. Leider läßt dieses nur in bescheidenen Grenzen Abwechslung zu. Es hat sich als günstig erwiesen, die einzelnen Elemente in langen Serien, d. h. sehr oft hintereinander, und mit sich steigernder Geschwindigkeit üben zu lassen. Das ist sicher anstrengend und eintönig. Deshalb muß den Schülern erklärt werden, warum sie sich diesem „Drill" unterziehen müssen. Das *bewußte* Mitmachen ist auch hier ein Schlüssel zum Erfolg. Die Abwechslung, die in diesem Stadium möglich ist und unbedingt genutzt werden sollte, besteht im Wechsel der Serien zwischen den bereits erlernten Elementen.

Wenn die erforderliche Präzision und ein ausreichendes Maß an Sicherheit und Geschwindigkeit bei der Ausführung der Haltungen und Griffe sowie den Übergängen zwischen ihnen erreicht ist, geht man zum Kombinieren mehrerer Elemente über, die man in der Weise aneinanderreiht, wie dies beim Fahren einer Wendung erforderlich wird. (s. S. 58 ff.) Hierbei sollten sowohl die Peitsche als auch die Bremse einbezogen werden. Dasselbe gilt für die Winkerkelle zur Anzeige von Fahrtrichtungsänderungen. Die Benutzung dieser Einrichtungen muß in die Bewegungsabläufe bei der Leinenführung integriert sein; damit wird die Palette der dem Fahrer zur Verfügung stehenden stabilen Bewegungsabläufe wesentlich erweitert.

Nach dem Erlernen der Technik der Leinenführung in den Wendungen sind noch die technischen Besonderheiten der Leinenführung in den Umkehrwendungen zu vermitteln und zu üben. Ihnen folgen Wendungen und Umkehrwendungen mit einer Hand, Anfahren, Anhalten, Zurückschieben, Rechts- und Linksheranfahren (Spurwechsel) und Wechsel der Gangart – alles praktische Aufgaben, zu deren Ausführung bestimmte technische Abläufe der Leinenführung erforderlich sind.

Es empfiehlt sich, beim Üben dieser Techniken die Fahrschüler zu veranlassen, sich den praktischen Ablauf einer Fahrt vorzustellen, indem man ihnen die Aufgabe stellt, z. B. an einer bestimmten, allen Fahrschülern bekannten Stelle im Straßenbild eine Wendung zu fahren, anzuhalten u. a. Auf diese Weise können sowohl das Verhalten in Verkehrssituationen als auch Lektionen von Fahrprüfungen und Dressuraufgaben geübt werden. Es können damit ähnliche Wirkungen erreicht werden wie mit dem Fahrtrainer in der Autofahrschule.

Zur Vorbereitung des nun bald bevorstehenden Übergangs zum praktischen Fahren auf dem Übungsplatz und auf wenig befahrenen Wegen und Straßen geht der Fahrausbilder zu schwereren Aufgaben über. Er beschreibt beispielsweise eine Strecke, welche die Fahrschüler mit ihrem Gespann durchfahren sollen. Tempo- und Gangartveränderungen, Wendungen u. a. sind in die Streckenbeschreibung „einzubauen". Die Fahrschüler müssen die zur Bewältigung der Aufgaben erforderlichen Techniken der Leinenführung auswählen und ausführen. Das fördert das „fahrerische Denken".

Neben der Kontrolle der korrekten Ausführungen der Haltungen und Griffe ist es notwendig, bei ihrer Kombination auch auf eine praxisnahe Ausführung zu achten, z. B. daß die Paraden weich und unter Benutzung der Bremse gegeben werden, daß es den Pferden erlaubt wird, nach der Parade wieder „in die

Geschirre zu treten", daß der Unterschied zwischen Links- und Rechtswendung deutlich wird usw.

In allen diesen Situationen darf die Technik keine Einbuße an Genauigkeit erleiden, auch dann nicht, wenn das Tempo erhöht wird. Es besteht sonst die Gefahr, daß der Fahrschüler es sich angewöhnt, in komplizierten Situationen zu „schummeln", d. h. mit unkorrekter und letztlich unzweckmäßiger Technik den Erfolg zu suchen. Das wirkt sich auf die Dauer negativ aus, nicht nur, weil dadurch die Stabilität der erworbenen Technik zerstört wird, sondern auch, weil unkorrekte Technik den Weg zur Meisterung schwierigerer Anforderungen versperrt.

Mit dieser ziemlich umfangreichen Darstellung der Methoden zur Gestaltung des Unterrichts am Fahrlehrgerät sollen die Möglichkeiten dieses Unterrichts nicht überschätzt werden. Wirklich fahren lernen kann man nur mit einem gut ausgebildeten Gespann. Dort wird „Gefühl" für die Pferde, Augenmaß und zweckmäßiges Reagieren geschult. Nach dem Erlernen der Technik am Fahrlehrgerät gibt es für den Fahrschüler noch viel zu lernen, ehe er im Straßenverkehr und in Wettkämpfen die Technik der Leinenführung korrekt und situationsgerecht beherrscht.

Eine Gefahr besteht darin, daß fehlende Kontrolle und Geringschätzen der Selbstkontrolle in der Praxis der Nachlässigkeit immer wieder eine Hintertür öffnen. Aus diesem Grunde sollte auch der erfahrene Fahrer nach Möglichkeiten suchen, die Korrektheit seiner Technik häufig zu überprüfen. Das kann durch eine Lehrkraft oder einen anderen erfahrenen Fahrer erfolgen, man kann dazu an Fahrerprüfungen teilnehmen oder auch – sich hin und wieder ans Fahrlehrgerät setzen. Das ist für die Fahrer das gleiche wie für den Reiter die Korrektur des Sitzes an der Longe oder beim Reiten ohne Bügel. Korrekte Leinenführung ist für den Fahrer ebenso Grundvoraussetzung wie der korrekte Sitz für den Reiter. Wer es mit seiner Aufgabe ernst meint, muß viel dafür tun.

Die Gespannattrappe für Peitschenübungen

Außer der korrekten Technik der Leinenführung muß der Fahrschüler auch lernen, die Peitsche richtig zu gebrauchen. Was er dabei zu beachten hat (s. S. 215 ff.), ist schnell gesagt. Viel mehr Schwierigkeiten bereitet der Erwerb der praktischen Fertigkeiten. Besonders die Treffgenauigkeit sowie die Dosierung der Stärke der Einwirkung bedürfen ausgiebiger Übung.

Während der praktischen Fahrstunden ist das Üben des Peitschengebrauchs nur in sehr beschränktem Maße möglich. Die Pferde würden wohl solche Versuche nicht vertragen. Es empfiehlt sich daher, nach einem Hilfsmittel Umschau zu halten, an dem man derartige Übungen durchführen kann. Wir können es uns mit geringem Aufwand selbst herstellen.

Wir stellen dazu einen Wagen mit Deichsel auf. Zu beiden Seiten der Deichsel, in etwa 50 bis 70 cm Entfernung von ihr, schlagen wir je zwei Pflöcke so in die Erde, daß sie 1,2 bis 1,4 m aus dem Boden ragen. Die der Deichselspitze näheren Pflöcke werden etwa 30 cm vor der Stelle eingeschlagen, an der sich beim Gespann die Pferdeschultern befinden, die beiden anderen Pflöcke kommen in gleichem Abstand hinter die Stelle, an der sich die Kammdeckel der Pferde befinden müßten. Die beiden Pflöcke jeder Deichselseite werden mit einem Brett verbunden, auf dem Schulter und Kammdeckel der Pferde markiert sind. (Abb. 5)

Der Fahrschüler kann sich nun vom Fahrersitz aus im Peitschengebrauch üben. Zur besseren Kontrolle wird der Peitschenschlag mit Kreide eingerieben, so daß man die Stelle seines Auftreffens genau erkennen kann. (Niemals vergessen, den Peitschenschlag nach den Übungen wieder zu säubern und einzufetten!)

Wer diese Anlage an verschiedenen Stellen benutzen möchte, verwendet anstatt der eingeschlagenen Pflöcke solche mit Fußkreuzen (vgl. Abb. 6). Dem Ideenreichtum der Fahrausbilder und ihrem handwerklichen Geschick ist noch viel Spielraum gelassen, so daß sie das

21

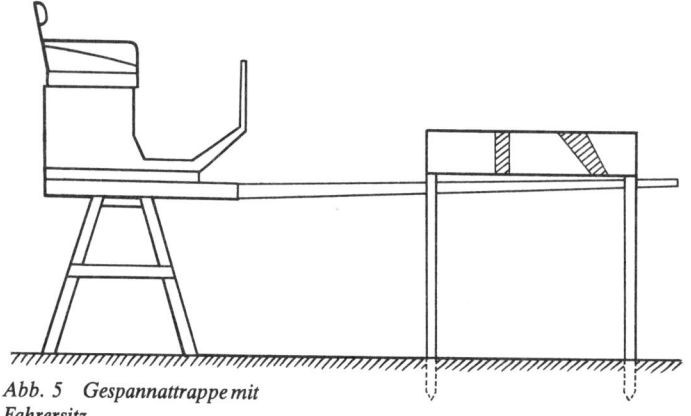

Abb. 5 Gespannattrappe mit Fahrersitz

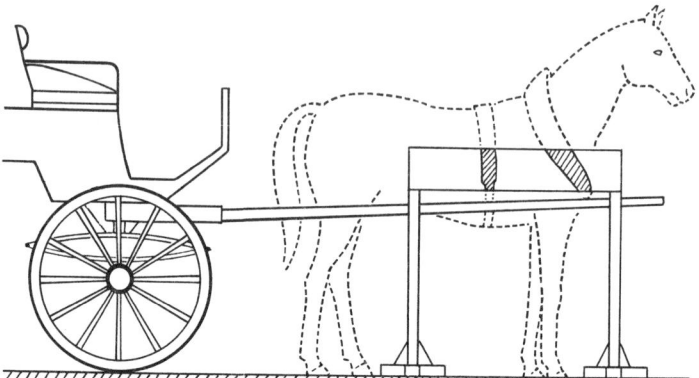

Abb. 6 Gespannattrappe für Peitschenübungen
Die Zeichnung zeigt auch die Möglichkeit, die Aufsteller mit Füßen zu versehen. Damit wird die ganze Anlage beweglich, ihre Verwendung von Witterungs- und Lichtverhältnissen unabhängig.

Äußere dieser Vorrichtung noch beliebig der Natur annähern können.

Bei stationären Anlagen, die sich allerdings nur dort lohnen, wo ständig Fahrausbildung betrieben wird, kann der Wagen auch durch die Attrappe eines Fahrerbocks ersetzt werden, an der sich Tritte zum Besteigen des Bocks befinden. Damit kann dann auch das Auf- und Absitzen geübt werden. (Abb. 5)

Bringt man an den Kammdeckelmarkierungen Haken an, auf denen die zusammengeschlagenen Leinenenden abgelegt werden können, läßt sich auch das Leinenaufnehmen (s. S. 189 ff.) und Leinenablegen an dieser Vorrichtung üben. Dazu befestigt man in den Gebißschnallen der Leine Bindfaden und Gewichte eines Fahrlehrgerätes, nachdem man die Bindfäden durch die Deichselbrille gezogen hat. So kann man auch das Herstellen der Fühlung mit den Pferdemäulern beim Leinenaufnehmen imitieren und an den Gewichten kontrollieren, ob sich die Leinen beim Aufnehmen, beim Besteigen des Bockes, beim Eindecken und beim Niedersetzen nicht verändern, die Pferde also geradeaus antreten würden. Der Fahrschüler soll sich daran gewöhnen, diese Kontrolle selbst auszuführen. Er wird dann auch später die Forderung erfüllen, die Pferde während des Aufsitzens stets im Auge zu behalten.

In Anbetracht dessen, daß nicht wenige Fahrer beim raschen Leinenaufnehmen mit der Korrektheit der Ausführung Schwierigkeiten haben, ist die Verwendung einer solchen Vorrichtung in der Grundausbildung zu empfehlen, weil damit die richtigen Bewegungsabläufe stabilisiert werden können.

Außerdem läßt sich das Verschnallen einer

Achenbach-Leine (s. S. 87 ff.) an der Gespannattrappe üben, bis die nötige Fingerfertigkeit erreicht ist und die Pferde beim Verschnallen der Leinen nicht mehr gestört werden.

Die Holzleine

Als ein weiteres Hilfsmittel für den Fahrunterricht kann die Holzleine empfohlen werden.

Zur Herstellung dieses bisher leider noch nicht sehr verbreiteten Unterrichtsmittels verwendet man dünne Holzleisten mit einem Querschnitt von 20 mm × 10 mm.

Die „Holzleine" soll die Achenbach-Leine (vgl. S. 83 ff.) imitieren und wird am besten im Maßstab 1:2 hergestellt, also in halber Größe. (Abb. 7)

Mit der Holzleine läßt sich bei Veränderungen der Leinen auch zeigen, wie sich die Lage des Gebisses im Pferdemaul ändert. Vor allen Dingen aber läßt sich die Wirkung des Leinenverschnallens demonstrieren und die Richtigkeit der Grundsätze des Leinenverschnallens anschaulich beweisen. Die Starrheit der Holzleisten imitiert die Spannung der Leine bei steter Verbindung zwischen Pferdemaul und Fahrerhand. Deshalb lassen sich die Wirkung des richtigen Verschnallens und die Auswirkung von Fehlern sehr viel deutlicher veranschaulichen, als dies mit Lederleinen am Gespann möglich wäre, wo der Ungeübte diese Wirkungen nur schwer erkennen kann.

Man kann die Anschaulichkeit der „Holzleine" noch dadurch vergrößern, daß man die verschiedenen Teile der Leinen (Handstück, Verschnallstück, Kreuzstück) in unterschiedlichen Farben hält.

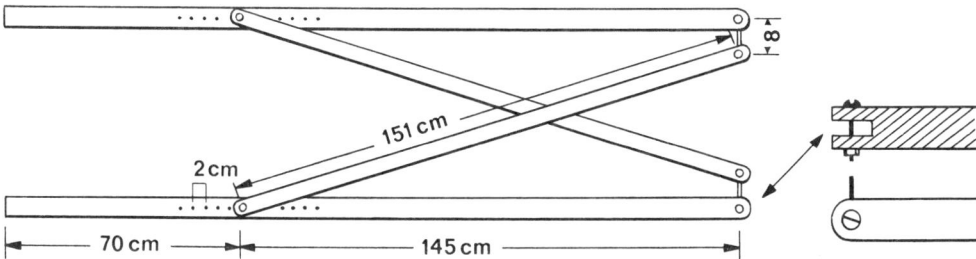

Abb. 7 Holzleine

Die theoretischen Grundlagen des Achenbach-Systems

Das Achenbach-System stützt sich auf drei Hauptgrundsätze. Von ihnen leiten sich alle anderen Regeln ab.

Das Verständnis dieser Hauptgrundsätze ist die Voraussetzung für richtiges Fahren. Ein Fahrer, der sie konsequent berücksichtigt, kann keinen groben Fehler machen.

Kenntnis und Verständnis der drei Hauptgrundsätze ist daher auch eine unerläßliche Forderung an den Fahrschüler. Sie steht am Anfang des theoretischen Fahrunterrichts, in dessen Verlauf immer wieder auf die bestimmende Rolle der Hauptgrundsätze verwiesen werden sollte.

Erster Hauptgrundsatz

Beide Leinen liegen abgemessen in der linken Hand. Dadurch wird die rechte Hand frei zur Unterstützung der linken, zum Geben von Verkehrszeichen, zum Benutzen der Peitsche, zur Betätigung der Bremse und zu anderen notwendigen Tätigkeiten.

Erläuterung
Hat der Fahrer die Leinen aufgenommen (s. S. 189 ff.), so führt er sie, von wenigen Ausnahmen abgesehen, stets in der linken Hand. Nun wird zwar in der Praxis auch die rechte Hand des Fahrers häufig mit den Leinen zu tun haben, aber dies wird grundsätzlich als die oben erwähnte Unterstützung der linken Hand angesehen.

Auch wenn in der Praxis häufig in der Gebrauchshaltung – beide Hände führen die Leinen – gefahren wird, entsteht daraus kein Widerspruch zu der Forderung des ersten Hauptgrundsatzes. Bei abgemessenen Leinen in der linken Hand kann die rechte zu jeder Zeit wieder aus den Leinen herausgenommen werden, ohne daß sich dies in der Bewegungsrichtung des Gespannes bemerkbar macht, denn es hat keine Auswirkung auf die Pferdemäuler. Die Länge der Leinen zwischen Pferdemäulern und Fahrerhand darf sich nicht verändern.

Die beim Leinenaufnehmen abgemessenen Leinen werden normalerweise während der gesamten Fahrt in unveränderter Länge in der linken Hand geführt, welche sie mit den unteren Fingern festhält. Änderungen der Länge der Leinen werden mit der rechten Hand vorgenommen. Damit weiß der Fahrer, um welches Stück er die Länge der Leine verändert hat, und ist in der Lage, sie um das gleiche Stück auch wieder zu verlängern bzw. zu verkürzen, womit die Leinen nach wie vor abgemessen bleiben. Als *eine Grundforderung der Leinenführung* ergibt sich daraus: *Die Leinen dürfen nicht unkontrolliert durch die Finger gleiten.* Das erfordert einerseits, daß die linke Hand die Leinen wirklich festhält, und andererseits, daß der Fahrer darauf achtet, auch geringfügige Änderungen der Leinenlänge so bald wie möglich zu korrigieren (s. S. 53ff.).

Die Führung beider Leinen in der linken Hand ist deshalb sehr zweckmäßig, weil – bei der üblichen Sitzposition des Fahrers auf der rechten Bockseite – vorwiegend die rechte Hand zur Ausführung anderer Tätigkeiten benötigt wird und dabei für die Leinenführung nicht zur Verfügung steht. In erster Linie ist die *Betätigung der Handbremse* zu nennen, die dem Fahrer jederzeit möglich sein muß. Die Handbremsen befinden sich bei allen Kutsch- und Sportwagen an der rechten Seite.

Als nächstes folgt der *Gebrauch der Peitsche*. Dazu muß die rechte Hand von den

Leinen genommen werden. Anderenfalls würde sich jede Bewegung der Peitsche auf die Pferdemäuler auswirken. Das aber muß gerade vermieden werden.

Aus der Forderung, beide Leinen ständig in der linken Hand zu führen, ergibt sich andererseits, daß dem Fahrer für sonstige Tätigkeiten nur die rechte Hand zur Verfügung steht. Bestimmte, wiederkehrende Aufgaben, wie das Eindecken nach dem Aufsitzen, sollte er deshalb ohne Gebrauch der linken Hand ausführen können.

In einigen Fällen ist der Fahrer jedoch gezwungen, die linke Hand aus den Leinen zu nehmen und diese für einige Zeit mit der rechten Hand zu führen. Das wird z. B. zum Anzeigen der Fahrtrichtungsänderung nach links erforderlich, denn die Straßenverkehrsordnung schreibt dafür die Benutzung der Winkerkelle zwingend vor.

Pferdebespannte Wirtschaftswagen sind in der Regel mit linksseitiger Bremse ausgestattet, damit ein eventuell neben dem Gespann zu Fuß gehender Gespannführer die Bremse vom Boden aus erreichen kann. Wird jedoch ein solcher Wagen vom Bock gefahren, so ergibt sich außer der durch den Linkssitz des Fahrers verursachten Modifizierung des Leinenaufnehmens (s. S. 202) besonders die Notwendigkeit, die linke Hand zum Betätigen der Bremse frei zu machen. Dasselbe ist in diesem Fall auch zum Anzeigen der Fahrtrichtungsänderung erforderlich.

Diese Leinenführung in der rechten Hand ist jedoch nicht als Verstoß gegen den Sinn des ersten Hauptgrundsatzes anzusehen, weil auch dabei die Leinen abgemessen bleiben. Außerdem handelt es sich stets um eine vorübergehende Maßnahme, die wieder rückgängig gemacht wird, sobald keine Notwendigkeit mehr dafür besteht.

Aus alldem läßt sich erkennen, daß der Fahrer in vielen Situationen nicht beide Hände für die Leinenführung zur Verfügung hat. Er muß also in der Lage sein, das Gespann auch mit einer Hand, vorzugsweise mit der linken, in den genannten Ausnahmefällen aber auch mit der rechten, sicher fahren zu können. Die Leinenführung in der linken und der rechten Hand allein muß daher schon am Fahrlehrgerät geübt werden.

Zweiter Hauptgrundsatz

Alle Wendungen werden durch Nachgeben mit der Außenleine eingeleitet. Das darauf folgende Annehmen der inneren Leine bewirkt die Stellung der Pferdeköpfe nach der Wendungsseite.

Das äußere Pferd zieht den Wagen an der festen Bracke in die Wendung, und das innere Pferd zieht ihn durch die Wendung.

Erläuterung

Das Achenbach-System unterscheidet sich von allen anderen Systemen, über die schriftliche Aufzeichnungen vorhanden sind (z. B. der alten deutschen Fahrart, der ungarischen Fahrweise, der alt- und neuenglischen Fahrweise, dem Hamelmannschen System), unter anderem dadurch, daß es im Gegensatz zu den genannten Systemen das Nachgeben mit der äußeren Leine zur Einleitung aller Wendungen fordert.

Abgeleitet ist dieses Prinzip von den Erfahrungen der Reiter, die vor einer Wendung durch Vorrichten ihrer äußeren Schulter den äußeren Zügel ein wenig nachgeben und damit der äußeren Halsseite des Pferdes die Streckung ermöglichen, welche der Biegung des Pferdes vorausgeht.

Das Nachgeben der äußeren Leine beim Fahren von Wendungen bewirkt, daß das äußere Pferd mehr „in den Zug kommt". Da Bracke und Deichsel mit dem Vorderwagen starr verbunden sind, wird letztere nach der Wendungsseite geschoben. Das ist einer der Gründe dafür, daß beim Fahren nach dem Achenbach-System stets mit fester, d. h. mit dem Vorderwagen starr verbundener Bracke gefahren wird.

Leitet der Fahrer eine Wendung durch Zug an der inneren Leine ein, so wird das Hineintreten des inneren Pferdes in die Wendung gebremst. Gleichzeitig muß es aber noch die

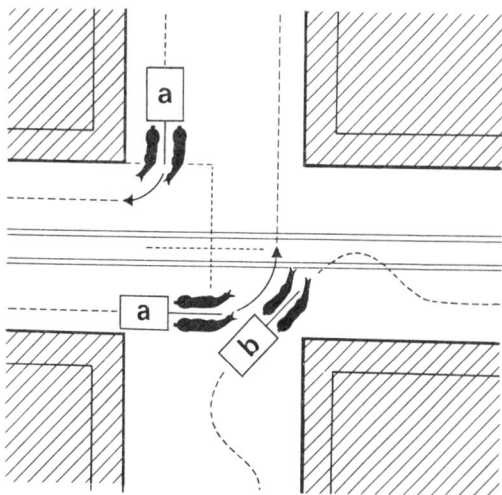

Abb. 8 Auswirkung des 2. Hauptgrundsatzes
a richtig: Nachgeben der äußeren Leine
b falsch: Herumziehen der Deichsel, Werfen in die Wendung
c Spielwaage mit durch Kettenstücke begrenztem Spielraum

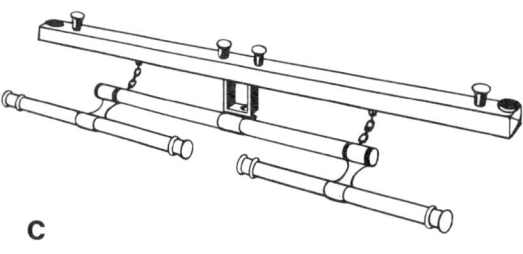

Deichsel an den Aufhaltern nach der Wendungsseite ziehen. Dabei kommt es in aller Regel zum Verlust des Gleichgewichtes und dazu, daß sich das Pferd über die Schulter in die Wendung wirft, also falsch gestellt und gebogen durch die Wendung geht. Zur Angewohnheit geworden, sind diese Fehler nur sehr schwer zu korrigieren. Überdies besteht die Gefahr, daß die Pferde sich Kronentritte zuziehen.

Das Annehmen der inneren Leine erfolgt nach dem Nachgeben mit der äußeren und dient lediglich dazu, den Pferden eine deutliche Kopfstellung nach der Wendungsseite zu geben. Die Größe der Wendung wird durch das Maß des Nachgebens mit der äußeren Leine, nicht durch das Annehmen der inneren Leine bestimmt. Das ist ein Grundsatz, gegen den oft verstoßen wird. (Abb. 8 b)

Hat das äußere Pferd der Deichsel die Richtung gegeben und sind danach beide Pferde richtig gestellt und mit gleicher Belastung durch den nächsten Teil der Wendung gegangen, so übernimmt nun das innere Pferd die Aufgabe, die Deichsel wieder geradezurichten. Dazu muß es etwas mehr Last übernehmen, als dies am Anfang der Wendung das äußere Pferd getan hat – es zieht den Wagen durch die Wendung. Bei der Besprechung der Leinenführung in den Wendungen werden wir erfahren, daß auch das innere Pferd mehr Leine erhält, wenn es die Deichsel wieder geraderichten muß. (Abb. 8 a)

Der zweite Hauptgrundsatz gilt übrigens auch, wenn sich nach Beginn einer Wendung herausstellen sollte, daß sie zu eng oder zu weit zu werden droht. In diesem Falle wird auch die Korrektur durch Nachgeben eingeleitet: Befürchtet der Fahrer, daß die Wendung zu weit gerät, hat er die Außenleine nicht genug nachgegeben. Er muß also dem äußeren Pferd ein weiteres Stück Leine geben, damit es weiter vorgehen und die Deichsel noch mehr in die Wendung ziehen kann. Befürchtet der Fahrer hingegen, daß die Wendung zu eng wird, bringt er das innere Pferd mehr in den Zug, indem er die Innenleine etwas nachgibt und gegebenenfalls das Pferd mit der Peitsche anregt, stärker zu ziehen.

Wenn – wie wir oben festgestellt haben – das Maß des Nachgebens die Größe der Wendung bestimmt, so gehört dazu als Voraussetzung die feste Bracke. Nur wenn der Wagen eine feste Sprengwaage besitzt, kann auch geringes Nachgeben zum Erfolg führen. Die feste Sprengwaage ist daher bei Sportanspannung unverzichtbar. Nur sie gestattet genaues Fahren.

Für das Arbeitsgespann ist die Anspannung der Pferde an einer festen Sprengwaage oft nicht günstig, besonders dann, wenn der betreffende Gespannführer nicht in der Lage ist, beide Pferde gleichmäßig arbeiten zu lassen, damit nicht eines durch ständige Überlastung ruiniert wird. Man muß zugeben, daß die völlig gleiche Lastverteilung auf beide Pferde ein Können voraussetzt, das nicht von jedem Gespannführer erwartet werden kann. Der Ausbildungsstand vieler Gespannführer reicht sicherlich auch nicht aus, um sie die Notwendigkeit des für die Schonung der Pferde erforderlichen Lastausgleichs erkennen zu lassen. Oft ist aber auch Bequemlichkeit im Spiel.

Die Spielwaage gleicht die Belastung einigermaßen aus und verteilt die Last auf beide Pferde. Auch werden die Stöße, die der Wagen beim Überwinden von Bodenunebenheiten (Steine, Wasserrinnen u. a.) erhält und die sich den Pferden über Rad – Vorderachse – Zugwaage – Ortscheit – Stränge – Kumt (Siele) mitteilen, bei Verwendung der Spielwaage zweimal gebrochen, nämlich im Drehgelenk des Waagebalkens und an der Befestigungsstelle des Ortscheites. Das ist bei schwerem Zug sehr wichtig, denn diese Stöße behindern das schwer ziehende Pferd erheblich, besonders vor einem Wagen mit relativ kleinen Vorderrädern.

Bei Anspannung an der festen Sprengwaage hingegen werden die Stöße nur einmal gebrochen, nämlich an der Befestigungsstelle des Ortscheites. Auf diese Weise wirken sie stärker. Da jedoch die höheren Räder der Sportfahrzeuge schon die Stöße mildern und die Fahrzeuge leichter und gefedert sind, bleibt die Belästigung der Pferde geringer.

In den letzten Jahren hat die Anzahl der schweren Fahrzeuge zugenommen, die im Tourismusbetrieb eingesetzt sind. Dabei ist besonders an die Kremser und andere für eine größere Anzahl von Personen eingerichtete Fahrzeuge zu denken, deren Fortbewegung erhebliche Zugkraft erfordert.

Auf diese Fahrzeuge treffen fast alle die Bedenken zu, die gegen die Anspannung an fester Bracke vorgebracht werden. Andererseits muß ein gewisses Maß an Genauigkeit des Fahrens ermöglicht werden, das mit der Spielwaage schwer zu erreichen ist. Eine Lösung des Problems läßt sich durch den nachstehenden Kompromiß erreichen (Abb. 8 c):

Mit Hilfe von zwei gleich kurzen Kettenstücken, die am Untergestell des Vorderwagens und an den Enden des Waagebalkens der Spielwaage befestigt sind, läßt sich deren Spielraum einengen, ohne daß der Vorteil der zweiten, stoßmildernden Gelenkverbindung verlorengeht. Auf gerader Strecke ist die Ausgleichswirkung der Spielwaage bei der Lastverteilung uneingeschränkt gegeben, sofern sich der Fahrer bemüht, beide Pferde im Zug zu halten. Der durch die Ketten noch gewährte Spielraum darf auch aus einem anderen Grunde nicht zu groß sein: Die Achenbach-Leine, deren volle Wirksamkeit die Anspannung an der festen Sprengwaage voraussetzt, würde ihre Wirkung bei nicht in Grundschnallung (s. S. 89 ff.) gefahrenen Pferden völlig verlieren.

Soll nun mit einem Wagen, der mit einer solchen Spielwaage mit eingeschränktem Spielraum ausgerüstet ist, eine Wendung gefahren werden, ist der Unterschied zur gleichen Wendung mit einem Wagen mit fester Bracke zu beachten: Mit der äußeren Leine muß mehr nachgegeben werden, weil das äußere Pferd mehr vorgehen muß, um den Wagen in die Wendung zu ziehen. Die Länge des nachzugebenden Stückes ergibt sich theoretisch aus

▎ dem Stück der Leine, das in allen Fällen zum Einleiten der Wendung nachgegeben werden muß, und

▎ dem Stück der Leine, das in seiner Länge der Strecke entspricht, die die Spielwaage von ihrer Ausgangsstellung bei Einleitung der Wendung bis zum Erreichen der durch die Ketten bestimmten Begrenzung ihres Spielraums zurücklegt. Das innere Pferd bleibt dabei etwas zurück. Da schwere Fahrzeuge meist nicht so leicht zu lenken sind wie Kutsch- oder Sportwagen geringeren Gewichts, wird in vielen Fällen das innere Pferd am Aufhalter mithelfen müssen, die Deichsel in die richtige Stellung zu bringen. Schwere Wagen sind deshalb beim Fahren von Wendungen nicht so beweglich wie leichte. In manchen Fällen läßt ihre Konstruktion das Fahren sehr enger Wendungen auch gar nicht zu. Wegen ihrer geringen Geschwindigkeit werden andererseits die Gefahren, die bei schneller gefahrenen Wendungen auftreten, wenn nämlich das innere Pferd die Deichsel herumziehen muß (Werfen über die Schulter, Kronentritte), verringert.

Der vorgeschlagene Kompromiß zwischen fester Hinterbracke und Spielwaage macht es möglich, auch mit schwereren Wagen dem zweiten Hauptgrundsatz des Achenbach-Systems gerecht zu werden. Das hat eine nicht zu unterschätzende Bedeutung für die Schonung der Pferde und die Verbesserung der Präzision des Fahrens von Lastfuhrwerken.

Dritter Hauptgrundsatz

Durch zweckentsprechendes Verschnallen der Achenbach-Leine lassen sich Unterschiede zwischen den Pferden in bezug auf Arbeitsleistung, Temperament und Gebäude weitestgehend ausgleichen.

Erläuterung

Oft passen zwei Pferde, die in einem Gespann gehen müssen, nicht in jeder Beziehung zusammen. Werden Wagenpferde gekauft, versucht man immer, sogenannte „Passer" zu finden. Dabei kommt es nicht nur auf gleiche Farbe und annähernd gleiche Abzeichen an. Das sind Äußerlichkeiten, über die der Fachmann um so eher hinwegsieht, je besser die Pferde in Gang, Temperament und Gebäude zusammenpassen. Andererseits kann man ganz gleichfarbige Pferde nicht als „Passer" bezeichnen, wenn die übrigen Charakteristika nur unvollkommene Übereinstimmung zeigen.

Das Bestreben, „Passer" vor den Wagen zu spannen, erklärt sich demnach nicht nur aus der Absicht, ein schönes Aussehen des Gespannes zu erreichen, sondern viel mehr noch aus der Notwendigkeit, Pferde mit annähernd gleichem Leistungsvermögen anzuspannen, zwischen denen sich die Belastung gleichmäßig verteilt.

Nun sind exakt zusammenpassende Pferde nicht leicht zu finden. Auch gibt es Unterschiede in der körperlichen Entwicklung sowie im Gesundheitszustand, die eine gleichmäßige Verteilung der Last auf beide Pferde dauernd oder zeitweise nicht geraten erscheinen lassen. In solchen Fällen gilt es, nach Möglichkeiten einer ungleichmäßigen Lastverteilung zu suchen.

Zu diesem Zweck wurden in der Vergangenheit verschiedene Verfahren angewendet: Bei dem Pferd, das weniger belastet werden sollte, wurden die Stränge verlängert. Dadurch war das andere gezwungen, den größten Teil der Last zu ziehen. Die gleiche Wirkung trat ein, wenn der Aufhängepunkt der Spielwaage aus der Mitte des Waagebalkens verlegt wurde. Das Pferd, welches am kurzen Ende des Waagebalkens zog, mußte beträchtlich mehr Arbeit leisten als das andere. Diese Methoden haben den Nachteil, daß selbst eine nur vorübergehende Entlastung des schwerer ziehenden Pferdes nicht möglich war. Schließlich erfand man noch verschiedene Hilfszügel, mit denen das temperamentvollere, ständig mehr ziehende Pferd zurückgehalten werden sollte (Laufzügel, Beibindezügel). Sie ruinierten jedoch Maul und Nerven des Pferdes.

Die beiden erstgenannten Möglichkeiten (unterschiedlich lange Stränge, unsymmetrische Aufhängung der Spielwaage) kann man bei ganz jungen Pferden in dem Zeitraum, in welchem sich ihre Zugfestigkeit und ihre Zugkraft entwickeln sollen, noch akzeptieren, vorausgesetzt, dieser Trainingsprozeß wird durch kontinuierliche Verringerung des Belastungsunterschiedes zwischen dem alten und dem jungen Pferd unterstützt. Die dritte Möglichkeit ist prinzipiell zu verwerfen. Auch in den erstgenannten Fällen ist mit großer Vorsicht vorzugehen, weil man damit auch das Gegenteil der Absicht erreichen und dem wenig belasteten Pferd das Ziehen ganz abgewöhnen kann.

Ein harmonischer und wirksamer Ausgleich der Last kann nur durch zweckmäßiges Verschnallen der Leinen erreicht werden. Außer in dem geschilderten Fall muß alle unterschiedliche Verteilung der Last auf die Pferde mit sonstigen Mitteln unterbleiben. Aber auch dann, wenn die zuvor beschriebenen Verfahren angewendet werden, müssen diese stets mit dem Ausgleich durch die Leinen verbunden sein. (s. S. 87 ff.)

Im Regelfall ist von beiden Pferden dann der gleiche Lastanteil zu ziehen, wenn sich die Brust des einen und des anderen auf gleicher Höhe befinden. Den gleichen Abstand zwischen Brust und Pferdemaul vorausgesetzt, befinden sich auch die beiden Gebisse auf gleicher Höhe. Das ist die Normalsituation, bei der beide Leinen gleichmäßig anstehen, beide Stränge gleichmäßig angespannt sind und die Aufhalter leicht durchhängen.

Der Fahrer erkennt an den Leinen und an den Strängen, ob beide Pferde gleichmäßig ziehen. Werden die Leinen zu einem der beiden Pferde schlaff und die Stränge hängen durch, so zieht dieses Pferd weniger. Der aufmerksame Fahrer wird es mit einer Peitschenhilfe veranlassen, mehr ins Geschirr zu treten und dadurch wieder mehr Last zu übernehmen. Mitunter befindet sich jedoch die Brust des einen und die des anderen Pferdes aus unterschiedlichen Gründen nicht auf gleicher Höhe, d. h., die Last ist ungleich auf die beiden Pferde verteilt, nämlich zugunsten des Pferdes, dessen Brust hinter der des anderen zurückbleibt. Die Ursache dafür kann sein, daß eines der beiden Pferde einen längeren Hals hat. Dieses würde gegenüber dem mit kürzerem Hals bevorteilt sein, denn seine Brust, d. h. der Teil, mit dem es die Last angreift, ist weiter hinten, wenn die Gebisse gleich weit von der Hand des Fahrers entfernt sind. Oder das temperamentvollere der beiden Pferde trägt seinen Hals höher und mehr gerundet. Dadurch wird der Abstand zwischen Pferdemaul und Brust geringer, die sich dann weiter vorn befindet. Dieses Pferd steht mehr im Zug als sein Nachbar.

In solchen Fällen ist dafür Sorge zu tragen, daß die Brustlinie beider Pferde wieder auf gleiche Höhe kommt. Das geschieht dadurch, daß der Fahrer die Leinen entsprechend verschnallt (s. S. 87 ff.). In dem einen Fall handelt es sich um einen Gebäudeausgleich, im anderen um einen Temperamentsausgleich.

In den genannten Beispielen hatte der Fahrer die gleichmäßige Verteilung der Belastung auf beide Pferde zum Ziele. Doch auch der entgegengesetzte Fall kann eintreten, nämlich daß die Last absichtlich ungleichmäßig verteilt werden soll. Diese Absicht wird verfolgt, wenn es darum geht, ein Pferd des Gespannes zu schonen. In der Praxis gilt das für tragende Stuten in den letzten drei Trächtigkeitsmonaten, Pferde, die eine Krankheit überstanden haben und sich im Zustand der Genesung befinden, junge Pferde, deren körperliche Entwicklung noch nicht abgeschlossen ist, sowie alte Pferde, deren Kraft nachläßt. Unter bestimmten Umständen kann auch ein unterschiedlicher Trainingszustand der Grund für ungleichmäßige Lastverteilung sein.

Ausgehend von dem oben geschilderten Verfahren zur Herstellung einer gleichmäßigen Belastung, kommt es in diesen Fällen darauf an, daß die Brust des zu schonenden Pferdes gegenüber der des anderen zurückbleibt. Die Leine wird so verschnallt, daß sich der Abstand zwischen dem Maul des zu schonenden Pferdes und der Fahrerhand verringert. Der Fahrer nimmt dieses Pferd etwas „aus dem Zuge". Seine Stränge werden nicht mehr so straff anstehen wie die des anderen.

In diesem Abschnitt ist die Spielwaage als Instrument zur Lastverteilung auf beide Pferde bisher nicht erwähnt worden, obwohl bei der Erläuterung des zweiten Hauptgrundsatzes auf diese Funktion hingewiesen wurde. Der Grund ist darin zu sehen, daß die Verwendung der Spielwaage – im Gegensatz zu den vorstehend besprochenen Möglichkeiten zum Ausgleich der Last – die Leinenwirkung außerordentlich einschränkt, wenn nicht ganz aufhebt. Das gilt auch für die Spielwaage, deren Spielraum durch Ketten begrenzt ist.

Bleibt eines der an der Spielwaage gefahrenen Pferde ständig zurück, werden seine Leinen schlaff, und das Pferd „steht nicht mehr am Gebiß". Verschnallen der Leinen hilft hier nicht, denn das kleine Stück, um das die Entfernung zwischen Gebiß und Fahrerhand dadurch verändert wird (4, 8 oder 12 cm), kann den meist größeren Spielraum nicht

29

kompensieren. Dieser kann sich zudem ständig ändern. Durchgängig korrektes Fahren mit an den Leinenhilfen stehenden Pferden ist also nicht möglich.

Pferde, die einen schweren Wagen ziehen, haben meist nur eine sehr geringe Anlehnung. Ihnen muß gestattet werden, den Hals lang zu machen. Dafür müssen dann die Leinenhilfen etwas deutlicher – aber dennoch weich – gegeben werden. Nichts – außer vielleicht eine notwendige Verschnaufpause nach steilem Anstieg o. ä. – steht dem entgegen, daß auch Gespanne vor einem schweren Wagen auf solchen Strecken an die Gebisse gestellt werden, wo sie nicht schwer ziehen müssen. Dazu ist es jedoch erforderlich, daß der Fahrer sie dann zu gleichmäßiger Arbeit anhält.

Da ein Ausgleich der Lastverteilung durch Leinenverschnallen bei Anspannung an der Spielwaage wirkungslos bleibt, wird in diesem Fall stets in Grundschnallung (vgl. S. 89 ff.) gefahren.

Berücksichtigen wir diese Verhältnisse, kann ein Sportgespann, bei dem es auf exaktes Fahren mit korrekt an den Hilfen stehenden Pferden in jeder Situation ankommt, nur mit der Achenbach-Leine und an fester Hinterbracke gefahren werden.

Nachbemerkung zu den theoretischen Grundlagen

Es ist vorstellbar, daß diese Darstellung einiger Aspekte der theoretischen Grundlagen des Achenbach-Systems ohne die Kenntnisse von Details nicht ohne weiteres verstanden werden kann. In diesem Falle gilt die Empfehlung – nach Beschäftigung mit den folgenden Ausführungen, besonders den technischen Einzelheiten –, dieses Kapitel noch einmal zu lesen.

Die Leinenführung

Die Leinenhaltungen

Mit diesem Abschnitt soll der Fahrschüler in die Grundlagen der Leinenführung nach dem Achenbach-System eingeführt werden.

Da erfahrungsgemäß Beschreibung und Veranschaulichung die Demonstration durch einen Lehrer nicht ersetzen können, sollte der Text als Ergänzung zum Unterricht genutzt werden.

Oft wird es jedoch an einem erfahrenen Fahrlehrer mangeln. Diesem Umstand ist in der Darstellung Rechnung getragen worden. Für diesen Fall stellt man ein Fahrlehrgerät her (s. S. 16 ff.) und kann anhand des Buches die verschiedenen Elemente der Leinenführung praktisch erproben. Die Abbildungen geben die Möglichkeit, die richtige Ausführung zu überprüfen.

Was die Aneignung der Fertigkeiten in der Leinenführung betrifft, so gelten die Hinweise zum Üben (s. S. 19 ff.) für den Gruppenunterricht in gleicher Weise wie für das Selbststudium.

Wiederholt werden soll der Hinweis, daß schon vom ersten Tage an mit einer Peitsche oder – noch besser – mit einem Stock geübt wird, dessen Stärke die eines normalen Peitschenstiels noch etwas übertrifft.

Um das Aufnehmen der Leinen am Fahrlehrgerät schnell und praktisch auszuführen, nimmt man die linke Leine über den Zeigefinger der linken Hand, die rechte Leine über den rechten Zeigefinger, richtet die Gewichte aus, so daß sich ihr unterer Rand auf gleicher Höhe befindet, und gibt dann die rechte Leine so in die linke Hand, wie es unten beschrieben wird.

Die im ersten Hauptgrundsatz enthaltene Forderung, beide Leinen *abgemessen* in der linken Hand zu halten, gilt vom Aufnehmen der Leinen vor dem Aufsitzen bis zum Ablegen der Leinen nach dem Absitzen (mit Ausnahme der kurzen Zeiträume, in denen beide Leinen vorübergehend in der rechten Hand gehalten werden; s. S. 43 f.). Daß die Leinen stets *abgemessen* zu halten sind, hat zur Folge, daß der Fahrer die Länge seiner Leinen, d. h. den Abstand zwischen Fahrerhand und Pferdemaul, bestimmen muß. Die Länge der Leinen ist damit abhängig von der Absicht und dem Willen des Fahrers, der Veränderungen daran bewußt und gezielt vornimmt.

Das ist neu gegenüber früheren Fahrsystemen, bei denen man die Leinen einfach durch die Finger gleiten ließ, wenn sie länger werden sollten. Der Fahrer war dadurch niemals in der Lage, genau zu bestimmen, wieviel Leine die Pferde aus der Hand zogen. Demzufolge konnte auch die Korrektur nur „auf Verdacht" vorgenommen werden. Das hat zwar die erfahrenen unter den Fahrern nicht gestört, weil sie mit „Gefühl" und Augenmaß zurechtkamen und die Technik der Leinenführung sowieso noch sehr unbestimmt war, bei den weniger guten, denen dazu noch die einfühlsame Hand fehlte, gewöhnten sich die Pferde an, die Leinen nach Belieben aus der Hand zu ziehen. Wurde dem einmal Widerstand entgegengesetzt, reagierten die Pferde mit unwilligem Kopfschlagen.

Das Achenbach-System, das vom Fahrer fordert, seine Hand weich und maulschonend einzusetzen, kennt diese Sorge nicht.

Den Anspruch an genaues Fahren kann es nicht zuletzt dadurch erfüllen, daß die Leinen stets in abgemessener, dem Fahrer bekannter Länge gehalten werden, die ihm eine optimale Ausgangsposition für alle notwendigen Veränderungen gibt. Daraus ergibt sich, daß es ein Durchgleiten- oder Durchziehenlassen der

Leinen im Achenbach-System nicht geben kann.

Alle Veränderungen der Leinenlänge müssen deshalb von der rechten Hand, und zwar von vorn, vorgenommen werden. Das ist die im ersten Hauptgrundsatz als Tätigkeit der rechten Hand erwähnte *Unterstützung der linken Hand*.

Folgende beide einander ergänzenden *Grundregeln der Leinenführung*:
- *kein Durchgleitenlassen der Leinen* und
- *Veränderung der Leinenlänge nur durch die rechte Hand*

gelten für den gesamten Bereich der Technik der Leinenführung. Sie sind streng zu beachten, denn sie sind Voraussetzung für eine optimale Technik und darauf beruhendes gutes und genaues Fahren.

Das Achenbach-System kennt drei Leinenhaltungen:
- die Grundhaltung
- die Gebrauchshaltung und
- die Arbeits- oder Dressurhaltung.

Aus den Bezeichnungen geht hervor, daß jede der Leinenhaltungen für einen bestimmten Zweck gedacht ist. Beim praktischen Fahren findet, entsprechend den jeweiligen Fahrsituationen, ein häufiger Wechsel zwischen den verschiedenen Leinenhaltungen statt.

Die Grundhaltung

Von der Grundhaltung leiten sich alle anderen Haltungen ab. Sie stellt daher das Grundelement der Technik der Leinenführung dar.

Die Grundhaltung wird folgendermaßen beschrieben: Die linke Hand des Fahrers befindet sich etwa eine Handbreit vor der Mitte (Knopfleiste) des Oberkörpers vom Fahrer, Ober- und Unterarm bilden annähernd einen rechten Winkel und liegen leicht am Oberkörper an. Die Fahrerhand wird in Verlängerung des Unterarms gehalten, und zwar so, daß ihr Rücken dem Gespann zugewandt ist. Die Hand ist im Gelenk etwas nach außen gerundet, so daß die Grundgelenke der unteren vier Finger nach vorn weisen und der Daumen auf die rechte Schulter des Fahrers zeigt. Das ist die *optimale Stellung der Fahrhand* (Abb. 9), denn sie läßt am besten eine weiche, elastische Verbindung zu den Pferdemäulern zu, weil in ihr Handgelenk, Ellbogengelenk und Schultergelenk losgelassen sind. Aus dieser Haltung ist auch das Nachgeben am besten möglich, das ja zur Aufrechterhaltung der sicheren Anlehnung die Bewegungen des Wagens kompensieren muß. Außerdem ist in dieser Stellung das Herausziehen und Hineinschieben der Leine mit der rechten Hand am leichtesten möglich. Und schließlich hat aus der Position vor der Körpermitte ein Verschieben der Hand nach der einen oder anderen Körperseite die deutlichste Wirkung auf die Leinenführung (Beispiel: Hand wird nach rechts geschoben – rechte Leine wird verlängert, linke Leine wird verkürzt). Aus dieser Darstellung läßt sich leicht erkennen, welch große Bedeutung der richtigen Handstellung

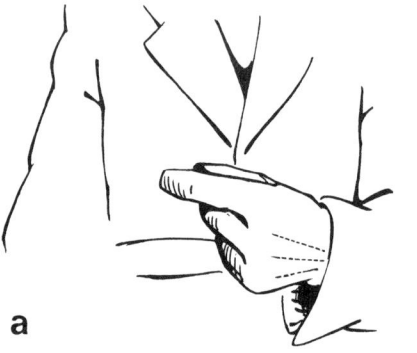 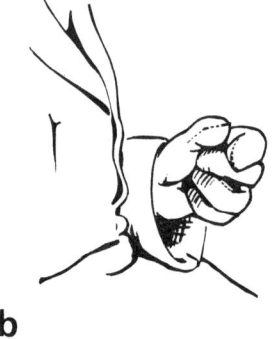

Abb. 9 Richtige Stellung der Fahrhand
a von vorn
b von rechts

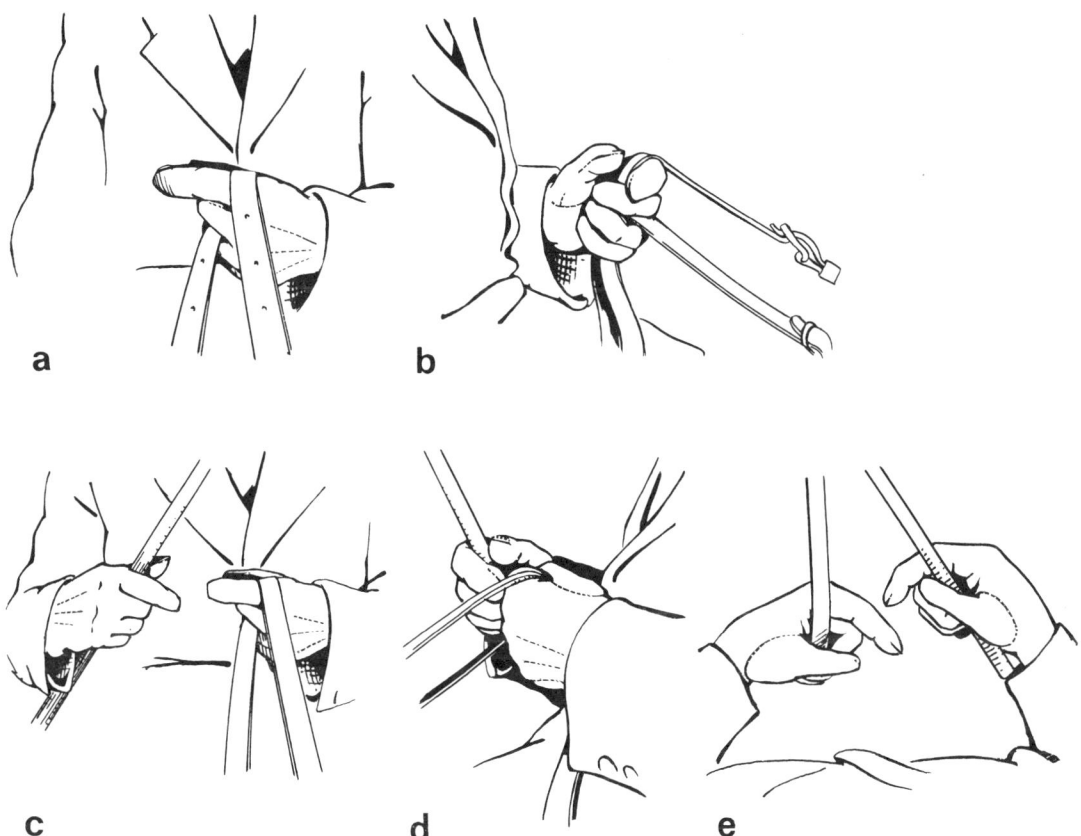

und ihrer Beibehaltung während des Fahrens zukommt.

Die linke Leine läuft – mit der Haarseite (der glatten Seite) nach oben – von vorn über das Grundglied des Zeigefingers der linken Hand nach unten in die volle Hand. Die rechte Leine läuft – ebenfalls mit der Haarseite nach oben – von vorn zwischen Mittel- und Ringfinger in die linke Hand und ebenfalls nach unten in die volle Hand. In der Hand liegt demnach die linke Leine über der rechten, beide mit der Fleischseite (der rauhen Seite) nach den Pferden. (Abb. 10)

Die unteren drei Finger, also Mittel-, Ring- und kleiner Finger, der linken Hand schließen sich fest um die Leinen und halten sie fest. Sie tragen die Verantwortung dafür, daß die Leinen während des Fahrens nicht durchgleiten. Diese Aufgabe zu erfüllen, ist nur eine gekräftigte Hand- und Fingermuskulatur in der Lage,

Abb. 10 Grundhaltung
a Die linke Leine steht in Grundhaltung vor der Körpermitte. Daumen und Zeigefinger sind geöffnet
b So liegen die Leinen in der linken Hand
c Stellung beider Hände in Grundhaltung: die Linke vor der Körpermitte, die Rechte vor der rechten Körperseite
d Stellung beider Hände in Grundhaltung: beide Hände auf gleicher Höhe
e Grundhaltung von oben

die sich beim häufigen praktischen Fahren allmählich herausbildet. Dieser Prozeß kann jedoch auch durch gezielte Übungen unterstützt werden, indem man z. B. einen Hartgummiball oder eine Holzkugel in die Hand nimmt und mit aller Kraft versucht, sie zusammenzudrücken. Die äußerste Muskelanspannung muß dann fünf Sekunden gehalten werden. Diese Übung macht man 3- bis 4mal täglich 5 Minuten. Zur Kräftigung der Hand- und Fingermuskulatur werden auch starke

Gummiringe oder Fausthanteln mit eingebauten Federn, die zusammengedrückt werden müssen, angeboten. Mit ihnen werden die Übungen bis zur Ermüdung der Hand- und Fingermuskulatur wiederholt, und zwar ein- bis zweimal täglich.

Während die unteren drei Finger die Leinen fest umschließen, bleiben Daumen und Zeigefinger geöffnet. Das hat mehrere Gründe. Einmal soll dadurch Verkrampfungen der Hand vorgebeugt und damit die weiche, elastische Führung der Pferde gesichert werden, zum anderen wird dadurch die linke Hand in Bereitschaft gesetzt, blitzschnell die Peitsche von der rechten Hand zu übernehmen, wenn diese für andere Tätigkeiten gebraucht wird (Betätigung der Bremse, Anzeigen der Fahrtrichtungsänderung nach rechts, Grüßen u. a.).

Übergibt die rechte Hand die Peitsche an die linke, so ändert diese ihre Stellung vor der Mitte des Oberkörpers (Knopfleiste) um keinen Zentimeter, weil sich jede Veränderung der Handstellung bei gut gefahrenen und an den Gebissen stehenden Pferden auswirkt. Die Peitsche wird in die linke Hand zwischen Daumen und Zeigefinger gelegt, die sich um den Peitschenstock schließen. (Abb. 11)

Die Peitsche kann sich nur vorübergehend in der linken Hand befinden, weil zwei Finger nicht in der Lage sind, sie sehr lange zu halten.

Der Daumen hat mit der Leinenführung nichts zu tun, das gilt zumindest für das Zweispännigfahren. (Bei der Leinenführung des Vierspänners hingegen hat er wichtige Aufgaben zu übernehmen.) So bleibt der Daumen geöffnet (vgl. Abb. 10 e). In drei Fällen jedoch – keine Regel ohne Ausnahme – wird der Daumen auch beim Zweispännigfahren in Anspruch genommen. Das ist einmal das vorübergehende Halten der Peitsche zusammen mit dem Zeigefinger. Das ist zweitens eine kurzzeitige Unterstützung der unteren drei Finger beim Festhalten der linken Leine, und das ist drittens das Festhalten der Schleife bei Umkehrwendungen mit Schleife (s. S. 78 f.), die aber eigentlich schon Elemente des Vierspännigfahrens umfassen. Weil die linke Hand mit den Leinen den Platz vor der Mitte des Oberkörpers des Fahrers beansprucht, ist für die rechte Hand mit der Peitsche nur noch rechts davon Platz. Eine Handbreit soll der Abstand zwischen beiden Händen betragen (vgl. Abb. 10 c).

Die Forderung bleibt nicht ohne Auswirkung auf den Sitz des Fahrers. Er muß durch leichtes Drehen des Oberkörpers seine linke Schulter gegenüber der rechten etwas vorrichten. Bei geschlossenen Knien weist dann sein linker Fuß in Fahrtrichtung, während der rechte in einem Winkel von etwa 30° abgespreizt ist. (Abb. 12)

Auch der rechte Arm des Fahrers liegt am Oberkörper an, und die rechte Hand ist senkrecht gestellt. Sie hält die Peitsche mit allen Fingern umfaßt. Diese ist schräg nach links-vorn und -oben gerichtet. In dieser Stellung muß sie bleiben, auch wenn die rechte

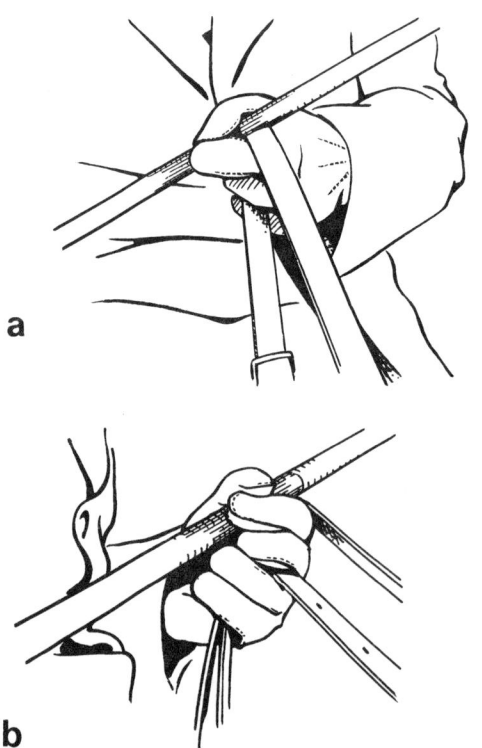

Abb. 11 *Daumen und Zeigefinger der linken Hand halten die Peitsche fest*
a von vorn
b von rechts

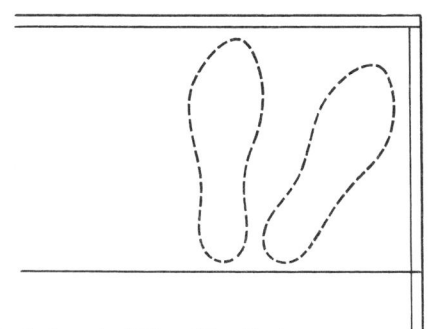

Abb. 12 Stellung der Füße auf dem Bock

Hand zur Leinenführung benötigt wird. Erfahrungsgemäß haben Anfänger damit Schwierigkeiten. Aber gerade daraus ergibt sich die Empfehlung, von Anfang an am Fahrlehrgerät mit der Peitsche oder einem entsprechenden Ersatz zu üben. (Abb. 13)

Das Gewicht der Peitsche kann die Handmuskulatur relativ leicht ermüden. Um dem zu begegnen und das Halten der Peitsche zu erleichtern, wird die Peitsche an ihrem Schwerpunkt gefaßt. Da das untere Ende des Peitschenstocks dicker ist als das obere, liegt der Schwerpunkt näher am unteren Ende (15 bis 20 cm vom unteren Stockende entfernt). Das untere Ende des Stockes liegt dann *außen* am rechten Oberschenkel des Fahrers an. Dadurch wird das Beibehalten der Peitschenrichtung unterstützt.

Bei sehr langen Fahrten kann man zur Entlastung der Muskulatur der rechten Hand die Peitsche zeitweise mit dem unteren Ende auf den rechten Oberschenkel setzen. So hat man sie rascher zur Verfügung, als wenn sie aus der Hand gelegt wird. Letzteres ist im Straßenverkehr sowie in Dressurprüfungen und Hindernisfahren nicht erlaubt, bei längeren Streckenfahrten sowie außerhalb der Strafzonen von Marathonhindernissen jedoch zulässig.

Die Grundhaltung ist die Ausgangshaltung für alle anderen technischen Elemente der Leinenführung. Sie wird in der Regel – mit Ausnahme langer, gerader Fahrstrecken – nur vorübergehend eingenommen, und zwar dann, wenn die rechte Hand andere Tätigkeiten ausführen muß, z. B. Bremsen, Peitschenhilfen u. a.

Merke zur Grundhaltung!
○ Linke Hand aufrecht vor der Mitte des Oberkörpers
○ Linke Leine über dem Grundglied des Zeigefingers
○ Rechte Leine zwischen Mittel- und Ringfinger
○ Die unteren drei Finger halten die Leinen fest
○ Rechte Hand eine Handbreit rechts neben der linken
○ Die Peitsche in der vollen rechten Hand weist schräg nach links-vorn-oben.

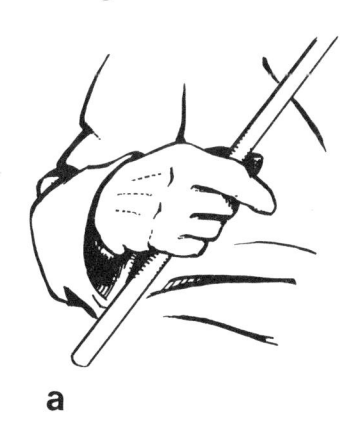

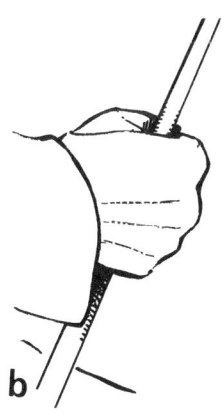

Abb. 13 Peitschenhaltung
a normal von vorn, b normal von rechts, c Erholungs- oder Ausruhehaltung

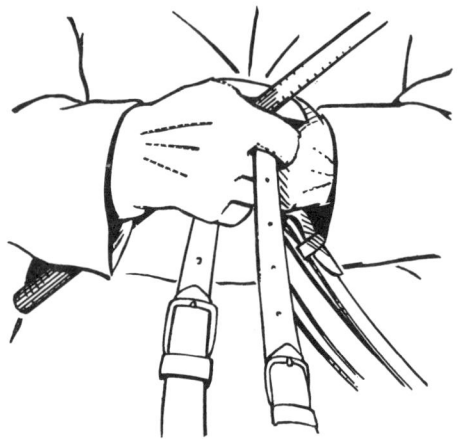

Abb. 14 Gebrauchshaltung
Die rechte Hand schiebt sich zwischen die Leinen, ohne daß die linke ihren Platz vor der Körpermitte verläßt. Die Leinenenden sind mit Hilfe eines Riemchens am kleinen Finger der linken Hand aufgehängt.

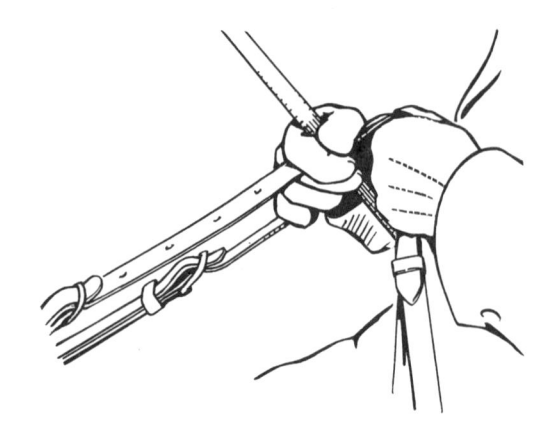

Abb. 15 Gebrauchshaltung
Die rechte Hand steht unmittelbar vor der linken. Die Abbildung zeigt, daß der Zeigefinger der rechten Hand die Fleischseite der linken Leine berührt.

Die Gebrauchshaltung

Die Gebrauchshaltung ist die Leinenhaltung, in der gewöhnlich gefahren wird. Aus ihr lassen sich alle Griffe zum Verlängern und Verkürzen der Leinen vornehmen. Daher, und weil in der Gebrauchshaltung die rechte Hand in der Lage ist, der linken einen Teil der Belastung abzunehmen, fährt man in Gebrauchshaltung, wenn nicht aus bestimmten Gründen vorübergehend die Grundhaltung oder die Dressurhaltung eingenommen werden muß.

Die linke Hand behält die Stellung bei, die sie in der Grundhaltung eingenommen hatte.

Die rechte Hand mit der Peitsche setzt sich nun unmittelbar vor die linke Hand. Dazu sind sowohl Daumen und Zeigefinger als auch die drei nebeneinanderliegenden unteren Finger für einen Augenblick geöffnet. Die Peitsche wird in diesem Moment nur zwischen dem zweiten Glied des Daumens und dem Grundglied des Zeigefingers gehalten. (Abb. 14) Beim Herangehen an die linke Hand schiebt sich die geöffnete rechte Hand so zwischen die Leinen, daß Daumen und Zeigefinger über die linke Leine, die übrigen drei Finger zwischen die beiden Leinen geschoben werden. Die unteren drei Finger schließen sich dann um die rechte Leine, so daß die Fingerspitzen die rauhe Seite berühren. Der Daumen liegt leicht gekrümmt – um die Peitschenhaltung zu unterstützen – auf der linken Leine, während der Zeigefinger die linke Leine umfaßt und deren Fleischseite mit der Fingerspitze berührt. Danach wird die rechte Hand ebenso senkrecht gestellt wie die linke. (Abb. 15)

Beim Üben der Gebrauchshaltung sollte man darauf achten, daß die rechte Leine vor und hinter der rechten Hand mit der Haarseite nach oben weist, d. h., sie darf nicht verdreht sein. (Abb. 16)

Wenn das Einnehmen der Gebrauchshaltung am Fahrlehrgerät geübt wird, fällt auf, daß dabei das rechte Gewicht um 4 bis 5 cm nach oben steigt und damit anzeigt, daß die rechte Leine verkürzt worden ist. Steigen und Fallen der Gewichte am Fahrlehrgerät bedeuten jedoch eine Richtungsänderung des Gespannes, wie sie auf ein Verlängern bzw. Verkürzen einer Leine erfolgt.

Unter der Voraussetzung, daß beim Einnehmen der Gebrauchshaltung die linke Leine nicht ein Stück durchgleiten konnte, beide Leinen also noch genau abgemessen in der

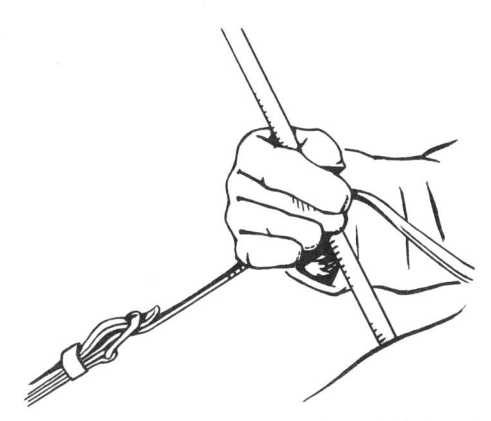

Abb. 16 Vor, in und hinter der Hand zeigt die Haarseite der rechten Leine nach oben. Zu erkennen ist das „Umwegstückchen".

linken Hand liegen, muß diese Verkürzung der rechten Leine eine andere Ursache haben. Wir finden diese Ursache darin, daß die rechte Leine nicht mehr so wie vorher gerade in die linke Hand hineinlaufen kann. Sie muß vielmehr einen Umweg machen, indem sie von der unteren Kante der rechten Hand in der Hand nach oben verläuft, um dann über den Mittelfinger wiederum abzubiegen und in die linke Hand zu laufen. Dieser Umweg erfordert 4 bis 5 cm Leine, und dementsprechend mußte das rechte Gewicht ansteigen. Dieses Verkürzen der rechten Leine wäre ein Verstoß gegen den ersten Hauptgrundsatz, welcher besagt, daß die Länge der Leinen zwischen den Händen des Fahrers und den Pferdemäulern nur absichtlich verändert werden darf.

Dieser Umweg der rechten Leine darf also keineswegs das Leinenstück beanspruchen, das sich zwischen Fahrerhand und Pferdemäulern befindet. Also wird ein Stück Leine dafür genommen, das sich bisher hinter der linken Hand befand. Im Augenblick des Aufrechtstellens der rechten Hand öffnet man ganz kurz ein wenig die beiden unteren Finger der linken Hand und zieht das benötigte Leinenstück heraus. In der Zehntelsekunde, die dafür gebraucht wird, muß der Mittelfinger der linken Hand beide Leinen allein halten. Er kann dabei unterstützt werden, indem sich der Daumen für diesen Augenblick auf die linke Leine legt und sie gegen den Zeigefinger drückt. Am Fahrlehrgerät sollte man jedoch auf die Mithilfe des Daumens verzichten.

Soll aus der Gebrauchshaltung in die Grundhaltung zurückgegangen werden, muß das aus der linken Hand geholte „Umwegstückchen" wieder in die linke Hand zurückgebracht werden. Am besten gelingt das, wenn der Fahrer die beiden unteren Finger der linken Hand unmittelbar an die unteren drei Finger der rechten Hand heranschiebt. Erstere holen sich dann das Leinenstückchen in dem Augenblick, in dem sich die rechte Hand öffnet. Dieser Griff verlangt einige Fingerfertigkeit. Deshalb bedarf es intensiven Übens, bis er sicher gelingt.

Wer diese Art des Übergangs von der Gebrauchshaltung zur Grundhaltung nicht beherrscht, wird beim praktischen Fahren, besonders auf dem Dressurviereck, Mühe haben, seine Pferde genau geradeaus zu halten, wenn er Peitsche oder Bremse verwenden will. Da die rechte Leine zu lang wird, wenn das „Umwegstückchen" nicht wieder hinter die linke Hand kommt, weichen die Pferde nach links ab, wenn der Griff nicht gelingt.

Einnehmen und Aufgeben der Gebrauchshaltung müssen am Fahrlehrgerät ausgiebig geübt werden, damit der richtige technische Ablauf in allen seinen Einzelheiten stabilisiert und weitgehend automatisiert wird. Geübt wird selbstverständlich mit der Peitsche in der Hand und auch mit Handschuhen.

Wenn sich beim praktischen Fahren herausstellen sollte, daß man beim Aufgeben der Gebrauchshaltung nicht genügend Leine hinter die linke Hand gebracht hat und die Pferde deshalb etwas nach links abweichen, stellt man die linke Hand etwas nach links, um dann nach Wiedereinnehmen der Gebrauchshaltung die rechte Leine in der notwendigen Weise zu verkürzen (s. S. 53 f.).

Merke zur Gebrauchshaltung!
O Linke Hand in Grundhaltung

○ Rechte Hand stellt sich unmittelbar vor die linke
○ Daumen und Zeigefinger auf der linken Leine, Zeigefinger umfaßt sie
○ Untere drei Finger umfassen rechte Leine
○ Rechte Hand wird aufgestellt und Umwegstückchen aus der linken geholt
○ Beim Aufgeben der Gebrauchshaltung „Umwegstückchen" wieder in die linke Hand hineinschieben!

Die Dressur- oder Arbeitshaltung

Diese Haltung wird relativ häufig verwendet, in vielen Fällen auch, wenn dazu gar keine Veranlassung besteht. Davor soll gleich eingangs gewarnt werden. Ausgehend vom ersten Hauptgrundsatz, nach dem die linke Hand die eigentliche Fahrhand ist und die rechte nur zu ihrer Unterstützung in die Leinenführung eingreift, darf nicht mit geteilten Leinen gefahren werden. Gerade das scheinen aber viele Fahrer zu praktizieren, wenn sie ständig in Dressurhaltung fahren und das Zwischenstück (s. S. 39) nur als Tarnung verwenden. Das bringt nicht nur die unten erläuterten Nachteile mit sich, sondern ist überhaupt unkorrekt und muß deshalb dort geahndet werden, wo die Leinenführung beurteilt wird.

Wie der Name dieser Haltung sagt, wird sie bei der Dressur von Wagenpferden verwendet, beim Fahren der Figuren auf dem Fahrplatz, beim Fahren in unwegsamem Gelände querfeldein und im Wald, beim Hindernisfahren und in den Hindernissen der Marathonstrecke. Sie hat auch ihre Bedeutung beim Einfahren junger Pferde, die noch nicht auf feine Leinenhilfen reagieren. Pferde, die im Maul „hart" geworden sind, lassen sich damit – bei gefühlvoller Hand – wieder „weich" machen. Daß in dieser Haltung auch nicht so sicher an den Gebissen stehende Pferde häufig „in der Arbeit" gefahren werden, verschafft ihr auch die Bezeichnung „Arbeitshaltung".

Die Dressurhaltung wird aber eben immer nur so lange angewendet, bis der mit ihr verfolgte Zweck erreicht ist. Danach geht man zur Gebrauchshaltung über.

Die Forderung nach nur vorübergehender Anwendung der Dressurhaltung erklärt sich aus dem wesentlichen *Nachteil*, der mit ihr verbunden ist: Die rechte Hand ist durch die Leinenführung gebunden. Sie kann daher zu anderen Tätigkeiten, wie Peitschengebrauch oder Betätigung der Bremse, nicht herangezogen werden, ohne daß zunächst der Übergang in die Gebrauchshaltung erfolgen muß. Die Wirkung der Maßnahmen des Fahrers wird dadurch wesentlich verzögert.

Fahrausbilder sollten deshalb streng darauf achten, daß sowohl bei den Übungen am Fahrlehrgerät als auch bei praktischen Fahrübungen der Übergang von der Dressurhaltung in die Gebrauchshaltung jedesmal sofort erfolgt, wenn die mit der Dressurhaltung beabsichtigte Wirkung erreicht ist.

Im übrigen müssen Viererzugfahrer ohne eine spezielle Dressurhaltung auskommen. Für sie sind Gebrauchshaltung und Dressurhaltung identisch. Aus diesem Grunde ist die oben genannte Forderung für Fahrer, die auch Vierspänner fahren wollen, besonders bedeutsam.

Die Dressurhaltung geht unmittelbar aus der Gebrauchshaltung hervor. Die rechte Hand, die in der Gebrauchshaltung mit den unteren drei Fingern die rechte Leine umfaßt, zieht mit diesen Fingern ein Stück Leine aus

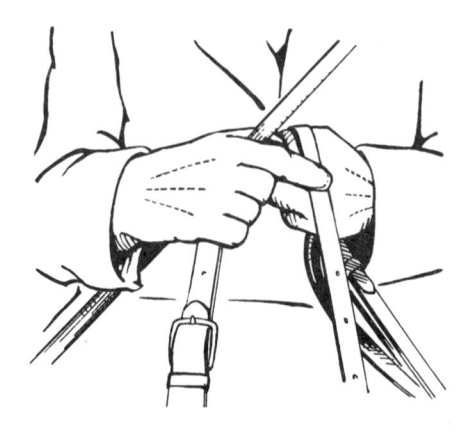

Abb. 17 Dressurhaltung von vorn
Kleines Zwischenstück für gut gefahrene Pferde. Das erste Glied des rechten Zeigefingers liegt noch auf der linken Leine.

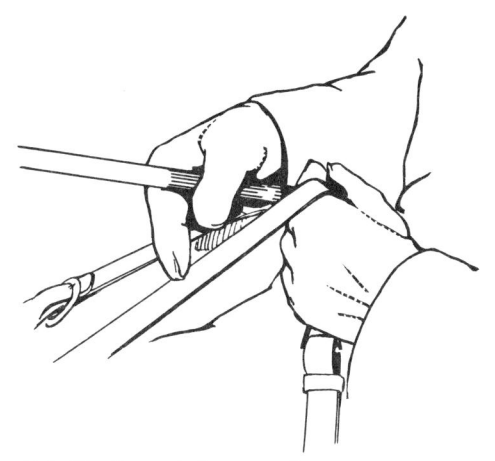

Abb. 18 Dressurhaltung von oben
Die rechte Hand des Fahrers ist weiter vom Körper entfernt als die linke.

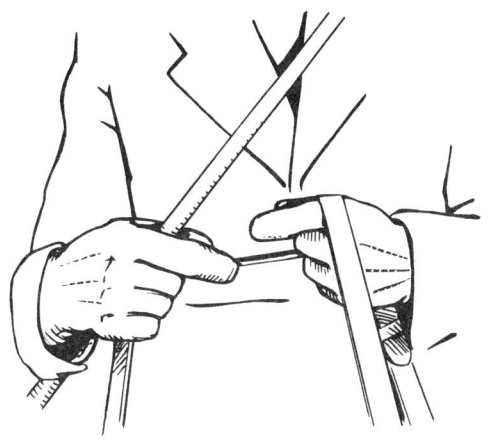

Abb. 19 Arbeitshaltung
Großes Zwischenstück. Die linke Hand steht genau vor der Körpermitte, das Zwischenstück ist gespannt.

der linken Hand heraus. Dabei muß natürlich der rechte Zeigefinger die linke Leine loslassen. Zum Herausziehen der rechten Leine aus der linken Hand öffnen sich die beiden unteren Finger der linken Hand so weit, daß es der rechten Hand möglich wird, das Leinenstück vorwärts-seitwärts herauszuziehen.

Die linke Hand behält ihre Stellung vor der Mitte des Oberkörpers bei. Die rechte Hand rückt nach rechts, und zwar senkrecht zum Verlauf der Leinen. Damit erhält sie ihren Platz seitlich vor der linken Hand. Selbstverständlich bleibt die rechte Hand aufgerichtet, und die Peitsche behält ihre Stellung bei. (Abb. 17)

Beim Übergang von der Gebrauchshaltung zur Dressurhaltung besteht die Gefahr, daß die rechte Hand die Leine annimmt. Am Fahrlehrgerät zeigen das die Gewichte an. Die Leine wird angenommen, wenn die Seitwärtsbewegung der rechten Hand nicht senkrecht zum Verlauf der rechten Leine erfolgt. In dem unbewußten Bestreben, beide Hände nebeneinanderzustellen – wie dies bei der Handhaltung des Reiters erforderlich ist –, hat er die rechte Hand, die sich in der Gebrauchshaltung vor der linken befand, in Richtung auf seinen Oberkörper zurückgenommen. Deshalb soll noch einmal darauf hingewiesen werden: In der Dressurhaltung stehen die Hände nicht in gleichem Abstand vor dem Oberkörper des Fahrers. Die rechte Hand ist weiter von ihm entfernt als die linke. (Abb. 18)

Da sich das Empfinden für die richtige Ausführung dieses Seitwärtsstellens der rechten Hand erst im Verlaufe des Übens herausbildet, muß am Fahrlehrgerät darauf geachtet werden, daß sich die Gewichte nicht verschieben.

Wenn die rechte Hand seitwärts abgerückt ist, befindet sich zwischen ihr und der linken das Stück Leine, das aus der linken Hand herausgezogen worden ist. Dieses Stück trägt die Bezeichnung *Zwischenstück*. Die Länge des Zwischenstücks ist von Bedeutung und auch, daß es zwischen den Händen gespannt bleibt.

Bei gut eingefahrenen Pferden kann der Fahrer mit einem nur fünf Zentimeter langen Zwischenstück auskommen. Er braucht es praktisch nur, um den Händen die erforderliche Bewegungsfreiheit zu einer gegenläufigen Drehung beim Annehmen und Nachgeben der Leinen zu verschaffen (s. S. 54 ff.). In diesem Falle kann die Spitze des rechten Zeigefingers noch die linke Leine berühren.

Bei Pferden, die nicht korrekt an den Gebissen stehen und an der Spielwaage ziehen, muß man das Zwischenstück wesentlich länger wählen. (Abb. 19) Die Gründe dafür wurden bei der Besprechung des zweiten Hauptgrundsatzes dargelegt. Beim Einfahren und bei der dressurmäßigen Arbeit von jungen Pferden sollte ein Zwischenstück von 10 bis 15 cm Länge ausreichen. Bestimmend für seine Länge ist der Ausbildungsstand der Pferde. Dementsprechend muß der Fahrer bestrebt sein, mit fortschreitender Ausbildung auch das Zwischenstück in der Dressurhaltung zu verkürzen.

Das Zwischenstück muß stets gespannt sein. Es läßt sich sonst beim Aufgeben der Dressurhaltung nicht wieder in die linke Hand hineinschieben, sondern bildet eine Schleife.

Soll aus der Dressurhaltung zur Gebrauchshaltung übergegangen werden, geschieht dies je nach Länge des Zwischenstückes auf unterschiedliche Weise. Bestimmend dafür, ob die eine oder andere Art gewählt wird, ist außerdem der Zustand der Leinen. Während sich bei einer älteren, geschmeidigen Leine nur ein relativ kleines Zwischenstück nicht durchbiegt, kann dieses bei einer neuen, noch steiferen Leine größer sein.

Die gebräuchlichere Art des Übergangs von der Dressur- zur Gebrauchshaltung kommt bei einer Länge des Zwischenstückes bis zu 15 cm in Betracht. Dazu öffnen sich die beiden unteren Finger der linken Hand ein wenig, um der rechten Leine das Hineingleiten in die linke Hand zu ermöglichen. In diesem Augenblick wird die linke Leine nur vom Mittelfinger der linken Hand gehalten, der gegebenenfalls Unterstützung durch den Daumen erfährt.

Danach nimmt die rechte Hand ihren Platz vor der linken wieder ein, wobei sich Daumen und Zeigefinger wieder über die linke Leine legen.

An dieser Stelle ist ein methodischer Hinweis angebracht. In der Praxis kommt es bei mangelnder Selbstkontrolle des Fahrers oft vor, daß in der Dressurhaltung die linke Hand ihren Platz vor der Mitte des Oberkörpers nicht genau einhält, sondern sich etwas nach der linken Körperseite verschiebt, sicherlich in dem Bestreben, beide Hände in gleicher Entfernung von der Knopfleiste zu halten. Das ist bequemer, weil es der Normalhaltung der Arme und genau der Handstellung des Reiters entspricht. Das mit diesem Verschieben verbundene minimale Nachgeben der linken Leine wird durch den Fahrer unbewußt durch ein geringes Aufwärtsdrehen der linken Hand und eine geringfügige Verringerung des Abstandes der linken Hand vom Oberkörper ausgeglichen. In der Gebrauchshaltung ist jedoch die Stellung der Hand vor der Mitte des Oberkörpers Bedingung. Deshalb ist in der Fahrausbildung vom Fahrschüler zu fordern, daß er beim Aufgeben der Dressurhaltung die linke Hand nach rechts schiebt, um dabei die Abweichung von ihrer Stellung zu korrigieren.

Während sich die linke Hand an die rechte heranbewegt und diese ihr bis zur Mitte des Oberkörpers entgegenkommt, wird das Zwischenstück in die linke hineingeschoben. Danach schließen sich die unteren beiden Finger der linken Hand wieder und halten die Leinen fest, während die rechte Hand zu ihrer für die Gebrauchshaltung beschriebenen Position übergeht. Nach dem Aufgeben der Dressurhaltung wird entweder in Gebrauchshaltung weitergefahren oder aus der Gebrauchshaltung zur Grundhaltung übergegangen.

Hat der Fahrer ein Zwischenstück wählen müssen, das länger als 15 cm ist, so wird bei dem Versuch, von der Dressurhaltung zur Gebrauchshaltung zurückzukehren, sich das Zwischenstück vor der linken Hand nach oben oder unten durchkrümmen und eine Schleife bilden. Die rechte Leine kann nun nicht mehr in die linke Hand hineingeschoben werden.

In diesem Fall hilft dem Fahrer nur eine kleine Inkonsequenz gegenüber dem ersten Hauptgrundsatz. Man muß nämlich bei der Annäherung der beiden Hände das Zwischenstück nach unten herabhängen lassen. Hat die rechte Hand ihre Stellung vor der linken wieder eingenommen, werden die unteren Finger der linken Hand geöffnet, und man läßt die rechte Leine herausfallen, womit das Zwischenstück verschwindet. Währenddessen wird die linke Leine vom Mittelfinger der linken und vom Zeigefinger der rechten Hand festgehalten, während die rechte Leine von den unteren drei Fingern der rechten Hand weiter gehalten wird.

In dem Augenblick, in dem die rechte Leine aus der linken Hand herausfällt, fassen die unteren Finger dieser Hand die Leine sofort wieder, und zwar unmittelbar hinter der rechten Hand. Damit ist die Grundhaltung wieder hergestellt.

Manchmal fällt die rechte Leine beim Öffnen der unteren Finger nicht sofort heraus. Auch in diesem Fall muß der rechte Zeigefinger die linke Leine festhalten. Während so beide Leinen einen Augenblick von der rechten Hand gehalten werden, öffnet sich die linke vollständig oder wenigstens so weit, daß der Zweck erreicht wird.

Wie sich jedermann leicht an den Gewichten des Fahrlehrgerätes überzeugen kann, ist diese Art des Übergangs von der Dressur- zur Gebrauchshaltung recht kompliziert. Nach ihrer Ausführung hat es nämlich doch in vielen Fällen kleine Veränderungen in der Leinenlänge gegeben, die durch Verkürzen oder Verlängern einzelner Leinen wieder ausgeglichen werden müssen (s. S. 53 ff.). Deshalb sollte der Fahrschüler beide Techniken beherrschen lernen, um dann in der Fahrpraxis der erstbeschriebenen den Vorzug zu geben.

Die Peitsche behält während aller dieser Tätigkeiten der Hände ihre Stellung bei. Auch hier soll wieder daran erinnert werden, daß der Fahrschüler die Bewegungsabläufe auch mit Handschuhen ausführen lernt.

Diesen Hinweis auf das Fahren mit Handschuhen geben wir aus der Erfahrung heraus, daß dies Fahrern, die häufig ohne Handschuhe fahren, ungewohnt ist, was sie in der Sicherheit und Schnelligkeit der Leinenführung beeinträchtigt. Wer ständig mit Handschuhen fährt, entwickelt im Handschuh ein ebenso feines Gefühl für die Pferdemäuler wie mit bloßer Hand. Wer ständig mit bloßen Händen fährt, fühlt die Pferdemäuler bei gelegentlichem Fahren mit Handschuhen überhaupt nicht.

Aber nicht nur die Frage, ob man mit oder ohne Handschuhe fahren sollte, auch die Stellung der Hände hat eine besonders große Bedeutung für das Führen der Pferde (s. S. 32), weil von ihr in gewissem Grade abhängt, ob der Fahrer weich einwirken kann oder ob er den Pferden Schmerzen im Maul zufügt. Von einer weichen Führung wiederum hängt ab, ob sich die Pferde an den Gebissen loslassen, zufrieden und taktmäßig gehen sowie die Leinenhilfen des Fahrers durchlassen.

Ein Fahrer mit harter Hand kann von seinen Pferden keine Durchlässigkeit erwarten. Er wird immer versuchen, mit übertriebenen Einwirkungen sein Gespann zu „steuern", und das hat mit Fahren ebensowenig zu tun wie – um ein Bild Achenbachs zu verwenden – „das Nilpferd mit Filetstricken". Pferde, die „tot im Maul" sind, gehen gegen die Hand oder „verkriechen" sich hinter den Gebissen. Ihre Genick- und Halsmuskulatur ist bis hin zu den Vorderbeinen und zum Rücken verkrampft. Sie können nicht taktvoll und losgelassen gehen.

Schon in der Stellung der Hände liegt ein Teil der Voraussetzungen dafür, daß die Pferde vertrauensvoll Anlehnung an ein von weicher Hand geführtes Gebiß nehmen.

Jeder Reiter lernt, daß er das Handgelenk leicht nach außen runden soll, damit es bei völlig entkrampfter Unterarmmuskulatur federn kann. Auch das feinfühlige und weiche Fahren hat eine solche Handhaltung zur Vorbedingung: Die Hände des Fahrers werden so weit herumgenommen, daß die Handrücken nach vorn zeigen und der linke Daumen zur rechten Schulter des Fahrers, der rechte Daumen zur linken Schulter weist. Dazu müssen die Handgelenke nach außen gerundet werden. Nur diese Handstellung gestattet es dem Fahrer, sein Gespann auch mit nur einer Hand bei gleicher Einwirkung zu fahren.

Auf einen Unterschied zur Zügelführung beim Reiten soll noch aufmerksam gemacht werden: Annehmen und Nachgeben erfolgen beim Fahren nicht durch mehr oder weniger starkes Einrunden des Handgelenks, sondern durch Auf- bzw. Abwärtsdrehen der Hände (s. S. 54 ff.). Wo das nicht die erwünschte Wirkung zeigt, muß der Fahrer aus Ellbogen- und Schultergelenk nachgeben.

Merke zur Dressur- und Arbeitshaltung!
O Rechte Hand zieht ein Stück der rechten Leine (5 bis 15 cm) aus linker Hand heraus
O Zwischenstück bleibt gespannt
O Rechte Hand steht seitlich vor der linken
O Beim Übergang zur Gebrauchshaltung wird Zwischenstück wieder in linke Hand geschoben.

Sonderfälle der Leinenhaltung

Von Zeit zu Zeit oder auch in bestimmten Situationen kann es notwendig werden, die linke Hand vorübergehend von der Leinenführung zu entlasten oder sie ganz aus den Leinen zu nehmen.

Bedarf die linke Hand nur einer Entlastung, weil sie ermüdet ist, so genügt es in den meisten Fällen, die rechte Hand in der Gebrauchshaltung zu schließen. Während die unteren drei Finger die rechte Leine festhalten, schließt sich der Zeigefinger fest um die linke und hindert diese – notfalls unterstützt durch den Daumen – am Durchgleiten. Währenddessen kann sich die linke Hand ausruhen oder der Fahrer die Finger durch Ausstrecken und Bewegen wieder geschmeidig machen. Dabei behält die linke Hand ihre Stellung vor der Mitte des Oberkörpers bei.

Ähnlich verfährt man auch, wenn die Hände nach längerer Fahrt im Winter oder in feuchtkaltem Wetter steif zu werden drohen. Dann ist es mit der weichen Führung und dem guten Fahren aus. Aber gerade an kalten Tagen muß die Hand weich bleiben, weil oftmals die Pferde dann in dem Bestreben, sich warm zu machen, lebhafter gehen. Werden sie da von einer gefühllosen Hand hart im Maul behandelt, „geht die Post ab", ehe man sich's versieht. Dazu kommt, daß eine gefühllose Hand die Leinen nicht mehr richtig festhalten kann.

Will man die rechte Hand wieder geschmeidig machen, so fährt man einfach in Grundhaltung, wobei die Peitsche in die linke Hand übergehen wird. Die Finger werden einige Male kräftig bewegt. Nötigenfalls zieht man den Handschuh aus und haucht hinein oder steckt die Hand einige Zeit unter die Decke.

Merkt man jedoch, daß die linke Hand steif und gefühllos zu werden droht, muß die rechte eine Zeitlang ihre Aufgabe übernehmen. Während die linke Hand wieder erwärmt wird, werden die Leinen von der rechten folgendermaßen geführt: Die rechte Leine läuft von unten nach oben durch die volle rechte Hand. Über dem Zeigefinger – hierin besteht der Unterschied zur Führung der Leine in der rechten Hand bei der Gebrauchs- und Dressurhaltung – kommt sie aus der Hand heraus und schlägt nach unten um, so daß sie von oben nach unten an der Außenseite der Finger, in Nähe der Fingernägel, nach unten läuft.

Die linke Leine läuft so wie bei der Gebrauchshaltung von vorn zwischen Zeige- und Mittelfinger in die Hand, und der Zeigefinger umschließt sie. Anstatt jedoch, wie bei der Grundhaltung, nach unten in die volle Hand zu laufen, wird auch die linke Leine über den gekrümmten Zeigefinger gelegt. Das zu bewerkstelligen ist die letzte Aufgabe der linken Hand, bevor sie aus den Leinen herausgeht. Beide Leinen liegen nun über dem rechten Zeigefinger, obenauf die rechte, darunter die linke Leine. Die Hand ist geschlossen. Der Daumen drückt auf beide Leinen und hält sie fest. Die Peitsche wird neben den Leinen in der vollen rechten Hand gehalten und bleibt in der vorgeschriebenen Lage. (Abb. 20)

Bei dieser Haltung der Leinen, die wir als *Leinenhaltung in der rechten Hand* bezeichnen, ist ein Verlängern oder Verkürzen beider oder einzelner Leinen nicht möglich, weshalb wir auch in diesem Falle den Begriff „Grundhaltung" vermeiden. Wohl aber ist es möglich, mit dieser Haltung durch Verschieben der Hand nach rechts, ergänzt durch eine Aufwärtsdrehung des rechten kleinen Fingers (s. S. 69 f.), eine flache Wendung nach links zu fahren, wie sie beim Wechsel der Fahrspur erforderlich ist. Seit die Straßenverkehrsordnung zum Anzeigen der Fahrtrichtungsänderung nach links die Benutzung der Winkerkelle vorschreibt, ist diese Leinenhaltung für diesen Zweck sogar erforderlich.

Wenn, was selten vorkommt, der Fahrer auf der linken Bockseite sitzt und die linke Hand zur Betätigung der Bremse frei machen muß, wird die gleiche Technik der Leinenführung erforderlich. Dieser Fall tritt auf Wirtschaftswagen mit linksseitiger Bremse ein.

In den beiden genannten Fällen werden die Leinen nur für einen kurzen Moment in der rechten Hand geführt und danach möglichst bald wieder in die Gebrauchshaltung übernommen, zumal oft mit dem Betätigen der Bremse ein Verkürzen der Leinen verbunden ist. In jedem Falle aber folgen auf das Anzeigen der Fahrtrichtungsänderung die Leinengriffe zur Ausführung der Wendung (s. S. 60 ff.).

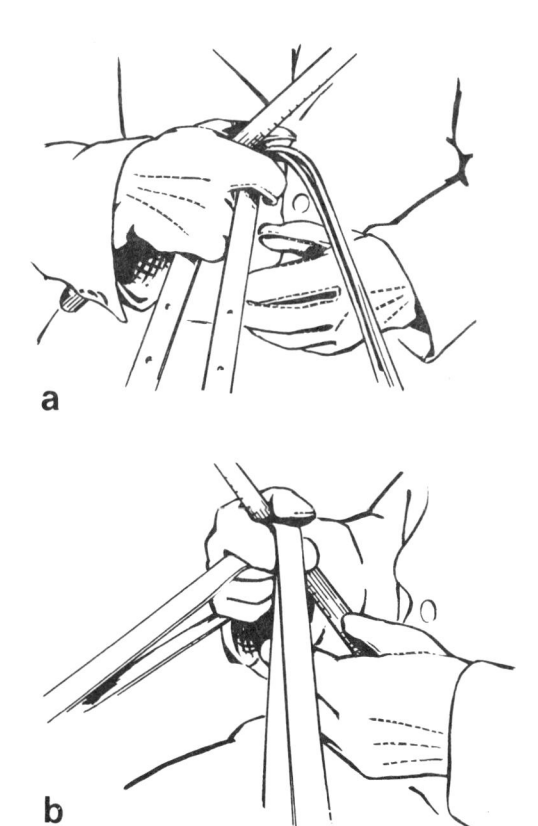

Abb. 20 Führung beider Leinen in der rechten Hand
a von vorn
b von links

Deshalb darf diese Leinenhaltung nicht losgelöst von den unmittelbar auf sie folgenden Elementen der Leinenführung gesehen und geübt werden. Der notwendige *Wechselgriff* stellt die den Grundsätzen des Achenbach-Systems entsprechende Technik bei der Anzeige der Fahrtrichtungsänderung nach links mit der Winkerkelle und beim Betätigen einer an der linken Wagenseite angebrachten Bremse dar. Dieser *Wechselgriff* muß daher nach beiden Richtungen gründlich geübt werden. Er besteht aus dem Übergang von der *Grundhaltung mit den Leinen in der linken Hand* zur *Leinenhaltung in der rechten Hand* und umgekehrt.

Dieser umgekehrte Vorgang, das Übergeben der Leinen aus der rechten in die linke Hand, ist vergleichsweise sehr einfach: Die linke Hand setzt sich so vor die rechte Hand in die Leinen, daß ihr Zeigefinger unter die linke Leine zu liegen kommt, während die rechte Leine zwischen Mittel- und Ringfinger Platz findet. Nun bewegt sich die rechte Hand abwärts und öffnet sich dabei, so daß die über dem Zeigefinger liegenden Leinen herabfallen. Sie werden von den unteren drei Fingern der linken Hand erfaßt, ehe die rechte aus den Leinen herausgeht, um sich zur Gebrauchshaltung wieder vor die linke Hand in die Leinen zu setzen. Da bei der Ausführung dieser Technik der Abstand der linken Hand vom Oberkörper des Fahrers vergrößert wurde, gleitet sie nach Einnehmen der Gebrauchshaltung auf den Leinen an ihren richtigen Platz zurück; die rechte Hand folgt ihr. In bestimmten Fällen kann es allerdings notwendig werden, mit den in der rechten Hand gehaltenen Leinen eine Wendung zu fahren (s. S. 71 f.).

Abschließend soll noch ein Sonderfall der Leinenhaltung erwähnt werden, mit dem sich ein Fahrer vorübergehend helfen kann, wenn seine Leinen so glatt geworden sind, daß die Hände ein Durchgleiten nur schwer verhindern können. (Das für solche Fälle bewährte Mittel, die Leinen mit pulverisiertem Kolophonium einzureiben, steht selten gleich zur Verfügung.) Der Fahrer kann in diesem Falle beide Leinen in der Grundhaltung – anstatt sie

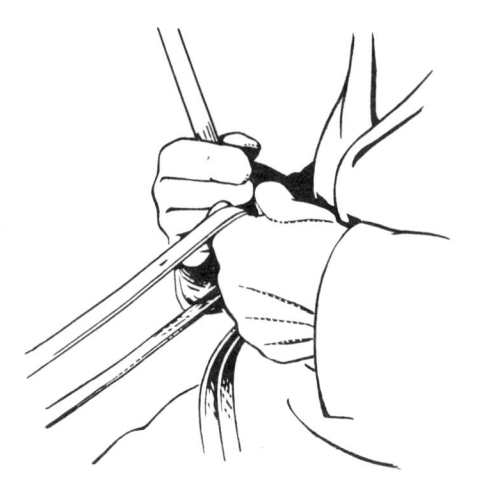

Abb. 21 Grundhaltung mit „Knick"

nach unten aus der Hand herauslaufen zu lassen und mit den unteren drei Fingern festzuhalten – zwischen Ring- und kleinem Finger nach vorn aus der Hand herausführen. Dadurch entsteht ein „Knick" in den Leinen, der das Durchgleiten verhindert. (Abb. 21) Manche Fahrer verwenden diesen Knick in den Leinen auch, damit ihnen ihre heftig gegen die Gebisse gehenden Pferde die Leinen nicht aus der Hand ziehen können. Solange damit ein momentanes Durchhalten der Leinen unterstützt werden soll, das unbedingt zu einem deutlichen Nachgeben und weichen Annehmen führen muß, kann dieser „Knick" in der Hand eines erfahrenen Fahrers noch einen guten Zweck erfüllen. Da aber die Erfahrung lehrt, daß die Anwendung dieser Technik oft zum „Hartwerden" der Hand führt und damit die Pferdemäuler abstumpft, kann sie wirklich nur als Notlösung bei glatten Leinen akzeptiert werden.

Will man, von der Grundhaltung ausgehend, diesen Knick herstellen, muß die rechte Hand hinter und unter der linken beide Leinen mit den unteren drei Fingern erfassen. (Dabei muß auf die Stellung der Peitsche geachtet werden.) Nun öffnen sich die unteren Finger der linken, und die rechte Hand legt die Leinen über den linken kleinen Finger. Während dieses Vorgangs unterstützen Zeigefinger und Daumen den Mittelfinger beim Festhalten der Leinen.

Die Leinengriffe

Die Festlegung des ersten Hauptgrundsatzes, daß die *Leinen abgemessen in der linken Hand liegen,* und die daraus folgende Forderung, daß Veränderungen der Länge der Leinen stets nur von der rechten Hand vorgenommen werden dürfen, macht es erforderlich, die Art und Weise zu definieren, in der diese Veränderungen vorzunehmen sind.

Dazu wurden für das Achenbach-System Techniken erarbeitet, die unter der Bezeichnung *Leinengriffe* bekannt sind. Diese bewährten Elemente der Leinenführung bilden neben den schon besprochenen Leinenhaltungen das Grundgerüst der Technik der Leinenführung nach dem Achenbach-System.

Voraussetzung für die exakte und flüssige Ausführung der Leinengriffe ist die Automatisierung bestimmter Handbewegungen, die zwar bei den Leinenhaltungen bereits benötigt wurden, jedoch deshalb an dieser Stelle besprochen werden, weil bei den Leinengriffen die technisch korrekte Ausführung von besonderer Bedeutung ist. Es handelt sich um das durch die Erfordernisse der Leinenführung bestimmte Öffnen und Schließen der Fahrerhände.

Aus der Führung der Leinen in der linken Hand ergibt sich, daß beim Hineinführen der linken Hand in die Leinen, z. B. zum zweiten Teil des oben beschriebenen Wechselgriffs (s. S. 43), zwischen dem Mittelfinger und dem Ringfinger eine Öffnung entstehen muß, in welche die Leine ohne Behinderung hineingelegt werden kann. Dazu werden diese beiden Finger gespreizt, wie das aus Abbildung 22 hervorgeht, während Zeige- und Mittelfinger einerseits, Ring- und kleiner Finger andererseits geschlossen bleiben. Auch der Daumen liegt dabei nicht am Zeigefinger an, denn das würde die linke Leine daran hindern, ihren Platz auf dem Zeigefinger einzunehmen. Jede Übernahme der Leinen durch die linke Hand erfordert dieses Öffnen der Hand. Wird die rechte Hand in die Leinen geführt, z. B. beim Übergang von der Grundhaltung zur Gebrauchshaltung, so müssen stets die unteren drei Finger die rechte Leine umfassen. Deshalb müssen diese beim Öffnen der Hand geschlossen nebeneinander liegenbleiben. Die Spreizung zwischen Zeige- und Mittelfinger gestattet die Aufnahme der rechten Leine. (Abb. 22) Jede Übernahme der Leinen durch die rechte Hand wird mit dieser Handhaltung ausgeführt.

Dieses Öffnen der Hände muß im Verlaufe der Fahrausbildung vollständig automatisiert werden.

Die Veränderung der Länge der Leinen durch Leinengriffe soll sichern, daß die Leinen stets *abgemessen* bleiben, d. h., der Fahrer, der eine oder beide Leinen um ein bestimmtes, ihm bekanntes Stück verlängert, ist auch in der Lage, sie um dieses Stück wieder zu verkürzen. Das Maß der Veränderung wird dabei von den Pferden bestimmt, denn gut gefahrene Pferde zeigen besser als jede starre Maßeinteilung an, ob die Leinen für den vom Fahrer beabsichtigten Zweck die richtige Länge besitzen.

Die Länge *beider* Leinen kann dem jeweiligen Zweck entsprechend geändert werden, ohne daß dadurch ein Abweichen des Gespannes von der geraden Linie provoziert wird. Wird jedoch die Länge nur *einer* Leine geändert, so bewirkt das Abweichung nach links oder rechts, falsche Kopfstellung, ungleichmäßige Lastverteilung u. a.

Die Leinengriffe haben daher beim praktischen Fahren große Bedeutung für das Führen des Gespannes. Entsprechend der gegebenen,

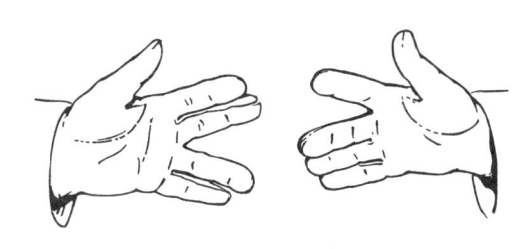

Abb. 22 So öffnen sich die Hände des Fahrers „automatisch", wenn er die Leinen ergreift

ständig wechselnden Fahrsituation sind auch die Leinen sehr häufig zu verlängern oder zu verkürzen, um den Gang des Gespannes zu regulieren. Der gute Fahrer macht sich diese Möglichkeit zunutze, um auf Takt, Losgelassenheit und Schonung der Pferde ständig einzuwirken und auch die Belastung zu steuern, so etwa, wie der gute Autofahrer seinen Motor durch häufiges zweckentsprechendes Schalten der Gänge schont. „Schaltfaulheit" ist auch beim Fahren von Gespannen nicht angebracht.

Die Griffe, mit denen Veränderungen der Leinenlänge bewirkt werden, können entsprechend ihrer Wirkungsrichtung in zwei Gruppen eingeteilt werden:
▌ das Verlängern der Leinen,
▌ das Verkürzen der Leinen.

Das Verlängern beider Leinen

Leinenverlängern bedeutet, die Länge der Leinen zwischen der Hand des Fahrers und den Pferdemäulern zu vergrößern. Dies gestattet den Pferden, sich von der Hand des Fahrers zu entfernen bzw. sich zu strecken. Leinenverlängern ist daher in den Fällen erforderlich, in denen die Entwicklung längerer Tritte bei erweitertem Rahmen der Pferde, also die Erhöhung des Tempos, sowie stärkere Zugarbeit verlangt wird, wozu ein Strecken und Senken des Halses notwendig ist, um aus dem aufgewölbten Rücken größere Schubkraft der Hinterhand gewinnen zu können.

Dazu einige Beispiele praktischer Fahrsituationen:

a) Beim Übergang vom versammelten oder Gebrauchstrab zum starken Trab wird das Verlängern der Tritte, die Vergrößerung des Raumgriffs bis an seine obere Grenze verlangt, ohne daß dabei die Bewegungsfrequenz erhöht wird, die Tritte schneller werden. Dazu erforderliche Erweiterung des Rahmens zwingt zum Verlängern der Leinen.

b) Auf den Schrittstrecken einer Marathonfahrt ist die vorgeschriebene Zeit nur in einem lebhaften Schritt bei möglichst großer Schrittlänge zu schaffen. Hierzu muß den Pferden die Streckung des Halses ermöglicht werden. Daher sind die Leinen zu verlängern.

c) Auf der Schnellstrecke der Marathonfahrt ist ein beachtliches Tempo zu fahren. Obwohl die Pferde dabei an den Gebissen stehen müssen, bedürfen sie einer größeren Trittlänge, um diese Geschwindigkeit zu erreichen. Daraus ergibt sich die Notwendigkeit zum Verlängern der Leinen.

d) Wenn das Gespann an eine Steigung kommt, wird von den Pferden ein größerer Einsatz von Zugkraft gefordert. Die Leinen müssen während der Steigung so verlängert werden, daß die Pferde bei tiefem, gestrecktem Hals den Rücken aufwölben können.

e) Nach einer längeren Trabreprise während einer Landtour sollen die Pferde Gelegenheit erhalten, sich im Schritt zu verschnaufen. Dazu werden die Leinen verlängert. Dasselbe gilt auch beim Ausdauertraining nach der Fahrtspielmethode während der Erholungsphasen.

f) Ein Gespann hat eine ganze Parade aus dem versammelten Trab ausgeführt. Die Pferde stehen an den Gebissen. Man verlängert nun die Leinen, damit eine Erweiterung des Rahmens möglich wird, die den Pferden das Stehen erleichtert und ein Zurücktreten verhindert.

g) Wenn ein Gespann nach dem Anhalten längere Zeit an einer Stelle stehenbleiben soll, müssen die Leinen hingegeben werden.

Das sind nur einige Beispiele, bei denen das Verlängern der Leinen nötig ist. Dabei hat der Fahrer zunächst zu entscheiden, ob die Pferde für längere Zeit oder nur vorübergehend längere Leinen brauchen. Im ersten Falle wird er die Leinen verlängern, im zweiten Falle vielleicht mit Nachgeben (s. S. 55) sein Ziel erreichen.

Hat er sich für das Verlängern der Leinen entschieden, muß er das notwendige Maß des Verlängerns bestimmen, das natürlich immer von der Aufgabe und vom Zustand des Gespannes in der gegebenen Situation abhängt.

Je nach Bedarf stehen dem Fahrer zwei Ausführungsarten des gleichen Leinengriffs zur Verfügung:

Die erste Ausführungsart heißt *zentimeterweises Verlängern* oder *Verlängern um ein kleines Stück*. Ausgangshaltung für diesen Leinengriff ist die Gebrauchshaltung. Zum Verlängern der Leinen schließt sich die rechte Hand fest um beide Leinen und zieht diese aus der linken Hand, die sich zu diesem Zweck leicht öffnet, um wenige Zentimeter heraus. Danach schließt sich die linke Hand wieder und hält die Leinen fest, während die rechte wieder an die linke herangleitet. Wenn nötig, wird der Griff wiederholt, bis der verfolgte Zweck erreicht ist.

Diese Ausführungsart findet Verwendung, wenn das Tempo erhöht werden soll, also in solchen und ähnlichen Fällen, wie sie in den vorstehenden Fahrsituationen a, e und f dargestellt sind. Bei sehr nervigen Pferden kann diese Ausführungsart die einzige anwendbare sein.

Die zweite Ausführungsart des Verlängerns beider Leinen ist das *Verlängern um ein größeres Stück*. Der Griff wird genauso ausgeführt, wie bei der ersten Ausführungsart beschrieben. Der Unterschied besteht lediglich darin, daß die Leinen mit einem Male in der benötigten Länge aus der linken Hand herausgezogen werden und die rechte dann wieder an die linke herangleitet.

Diese Ausführungsart findet Verwendung, wenn den Pferden eine große Halsstreckung gewährt werden muß, wie dies bei den angeführten Beispielen b, d, e und g und in ähnlichen Fällen angezeigt ist.

Die Länge des herauszuziehenden Leinenstückes ist ebenso wie die Anzahl der Wiederholungen des Griffes bei der ersten Ausführungsart davon abhängig, inwieweit der Zweck des Griffes erreicht wurde, d. h. von der Reaktion der Pferde auf diesen Griff.

Um nicht durch zu plötzliches Verlängern der Leinen die Pferde von den Gebissen zu bringen, ist es – um der Forderung nach *weicher* Hilfegebung zu entsprechen – zweckmäßig, zwischen den Wiederholungen des zentimeterweisen Verlängerns eine kurze Pause einzuschalten, dagegen das Verlängern um ein größeres Stück betont langsam auszuführen, so daß die Pferde sich an den Gebissen strecken können.

Das „Umwegstückchen", das bei der Gebrauchshaltung eine Rolle gespielt hat (s. S. 37 f.), wurde deshalb nicht erwähnt, weil es sich während dieser Griffe nicht auswirkt, denn die rechte Hand, die sich das „Umwegstückchen" zur Gebrauchshaltung geholt hatte, verändert während des Herausziehens der Leine ihre Position überhaupt nicht. Beim Wiederherangleiten an die linke Hand wird zwar dieses „Umwegstückchen" einen Moment verkleinert, in der Praxis wirkt sich das jedoch nicht aus, weil es bereits in dem Augenblick wieder seine ursprüngliche Länge aufweist, in dem die rechte Hand ihren Platz vor der linken eingenommen hat.

Das Verkürzen beider Leinen

Leinenverkürzen bedeutet, die Länge der Leinen zwischen der Hand des Fahrers und den Pferdemäulern zu verringern. Dies bringt die Pferde näher an die Hand des Fahrers heran, zumal sie dadurch zu mehr Aufrichtung im Hals und einer sich der Senkrechten mehr annähernden Kopfhaltung veranlaßt werden.

Leinenverkürzen ist in Fällen erforderlich wie: Verringern der Geschwindigkeit, Übergang in eine niedere Gangart, Paraden, Anhalten, Rechtswendungen u. a.

Dazu ebenfalls einige Beispiele praktischer Fahrsituationen:

a) Beim Übergang zum starken Trab waren die Leinen verlängert worden, zum Übergang in den Gebrauchstrab müssen sie nun wieder verkürzt werden.

b) Vor einer Rechtswendung muß zum Schritt übergegangen werden. Dazu werden die Leinen verkürzt.

c) Die zu einer Schrittreprise verlängerten Leinen werden vor dem Antraben wieder verkürzt, um die Pferde „an die Gebisse zu stellen".

d) Um Hindernisse bei Marathonfahrten flüssig durchfahren zu können, wird häufig die Geschwindigkeit verringert. Dazu werden die Leinen verkürzt.

e) Die vor einer Steigerung verlängerten Leinen werden nach Erreichen der Anhöhe wieder verkürzt, wenn auf ebener Straße weiterzufahren ist.

f) Beim Übergang vom Trab zum Schritt sind die Leinen zunächst zu verkürzen, danach wieder zu verlängern.

g) Bei Annäherung an ein Hindernis der Fahrbahn im Hindernisfahren, das eine bestimmte Gehorsamkeitsanforderung stellt, muß die Versammlung der Pferde verbessert werden. Dazu müssen oft die Leinen verkürzt werden.

h) Rasches Verkürzen der Leinen ist erforderlich, wenn dadurch Unfälle verhindert werden können.

i) Zum Anhalten des Gespannes müssen die Leinen verkürzt werden, nach dem Anhalten wieder verlängert werden (s. S. 45).

Auch beim Verkürzen der Leinen hat der Fahrer zunächst zu entscheiden, ob er sein Ziel durch vorübergehendes Annehmen der Leinen erreichen kann (s. S. 54 ff.), ohne ihre Länge zu verändern, oder ob er die Möglichkeiten anwendet, die ihm das Leinenverkürzen bietet.

Hat sich der Fahrer für letzteres entschieden, steht ihm zur Verwirklichung seiner Absicht eine größere Anzahl von Griffen zur Verfügung als zum Leinenverlängern, die für die verschiedenen Fahrsituationen unterschiedlich gut geeignet sind. Den zweckmäßigen Griff auszuwählen ist die nächste Entscheidung, die der Fahrer zu treffen hat.

Dazu stehen ihm die leinenverkürzenden Griffe zu Verfügung, die nachstehend – in zwei Gruppen eingeteilt – angeführt sind:

Verkürzen beider Leinen
▌ Zentimeterweises Verkürzen oder Verkürzen um ein kleines Stück
▌ Verkürzen der Leinen um ein bestimmtes Stück
▌ Verkürzen um ein größeres Stück
▌ Anstellen der Leinen.

Paraden
▌ Halbe Parade

- Ganze Parade
- Scharfe oder durchgehende Parade.

Die angeführten Verfahren zum Verkürzen der Leinen unterscheiden sich nach der technischen Ausführung und ihrer vorzugsweisen Verwendung. Beide Punkte sollen bei der Einzeldarstellung erläutert werden.

- Das *zentimeterweise Verkürzen* oder *Verkürzen um ein kleines Stück* entspricht einer Umkehrung des Verlängerungsgriffes. In der Gebrauchshaltung öffnet sich zunächst die rechte Hand und gleitet auf beiden Leinen wenige Zentimeter vor. Hat sie die gewünschte Stellung erreicht, schließt sie sich fest um beide Leinen. Nun öffnet sich die linke Hand etwas und gleitet an die rechte heran. Das „Umwegstückchen" ist während dieses Vorganges nicht verlorengegangen. Beide Hände stehen danach in Gebrauchshaltung, aber weiter als normal vom Oberkörper des Fahrers entfernt. Um in die Normalstellung, eine Handbreit vor der Mitte des Leibes, zurückzukehren, werden beide Hände gleichzeitig angenommen und verkürzen dabei die Leinen. Dieses Annehmen mit beiden Händen hat den Vorteil geringeren Kraftbedarfs, wodurch die Wirkung auf die Gebisse weicher ist, sofern das Zurückführen der Hände nicht ruckartig erfolgt.

Wird der Zweck dieses Griffes nicht mit einem Male erreicht, so muß er wiederholt werden, wie das schon bei dem entsprechenden Verlängerungsgriff erwähnt wurde. Wiederholen des Griffes ist ratsamer, als mit der rechten Hand auf den Leinen weit vorzugleiten, da sich sonst die Leinen vor der linken Hand nach oben oder unten krümmen können, was ihr Herangleiten behindert oder gar unmöglich macht.

Das zentimeterweise Verkürzen oder Verkürzen um ein kleines Stück wird in Fahrsituationen angewendet, wie sie in den obenstehenden Beispielen unter a, c, d und g angegeben sind, und in ähnlichen Fällen, d. h., wenn ein Verkürzen des Tempos oder ein Versammeln der Pferde das Ziel ist.

Das zentimeterweise Verkürzen kann im Wechsel mit dem zentimeterweisen Verlängern der Leinen auch angewendet werden, wenn Pferde bei längeren Fahrten beginnen, auf die Gebisse zu drücken. Um solche im Maul fest gewordenen Pferde wieder zum Loslassen und Abstoßen am Gebiß zu bringen, kann man die beiden genannten Griffe im Wechsel verwenden.

Das *Verkürzen um ein bestimmtes Stück*, das auch unter den Bezeichnungen *wechselseitiges Vorgreifen* und *wechselseitiges Verkürzen* bekannt ist, leitet jede Rechtswendung ein. Aber auch sonst ist dieser Griff sehr beliebt, nicht zuletzt wohl deshalb, weil er der linken Hand etwas Abwechslung gewährt.

Ausgangshaltung ist wiederum die Gebrauchshaltung. Die rechte Hand schließt sich fest um beide Leinen. Darauf öffnet sich die linke Hand, wird aus den Leinen gezogen und sofort unmittelbar vor der rechten Hand wieder hineingesetzt. Die rechte Hand geht nun nach unten und legt dabei die Leinen in die volle linke Hand, wo sie von deren unteren drei Fingern festgehalten werden. Das Herausgehen der rechten Hand aus den Leinen in Richtung nach unten erleichtert es den unteren drei Fingern der linken Hand, die Leinen zu umfassen. Wenn die rechte Hand die Leinen losgelassen hat, setzt sie sich zur Gebrauchshaltung vor die linke, wobei sie sich das hinter ihr verlorengegangene „Umwegstückchen" wieder aus der linken Hand herausholt. (Abb. 23 a bis d)

Wie beim vorher beschriebenen Verkürzungsgriff sind auch beim Verkürzen um ein bestimmtes Stück die Hände ziemlich weit vom Oberkörper des Fahrers entfernt worden. Um das zu korrigieren, werden abschließend beide Hände in ihre Ausgangsstellung zurückgeführt, wobei die Leinen angenommen werden. Dieses Annehmen muß sehr weich geschehen. Die Peitsche bleibt selbstverständlich während des ganzen Griffes in ihrer vorgeschriebenen Stellung.

Wie bereits erwähnt, darf dieser Griff vor keiner Rechtswendung fehlen, vor der die Pferde zum Schritt durchpariert werden (s. S. 63). Da dieser Griff genügend deutliche Wirkung mit großer Weichheit verbindet, wird

a   b   c   d

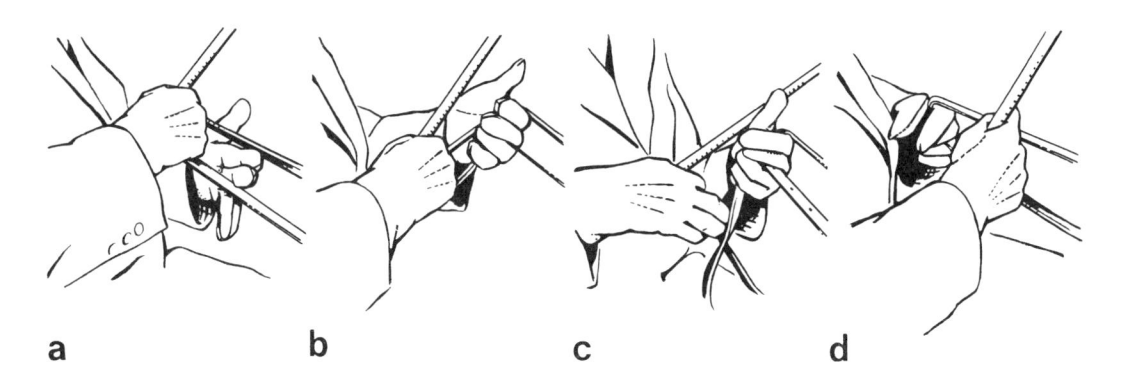

er in vielen Fällen an Stelle wiederholten zentimeterweisen Verkürzens verwendet.

▌ Beim *Verkürzen um ein größeres Stück* erfolgen die einzelnen Handgriffe in gleicher Reihenfolge wie beim Verkürzen um ein bestimmtes Stück.

Ausgegangen wird wiederum von der Gebrauchshaltung. Der Unterschied zum vorher besprochenen Verkürzungsgriff besteht darin, daß die linke Hand sich nach dem Verlassen der Leinen nicht unmittelbar vor die rechte setzt, sondern so weit auf den Leinen nach vorn greift, wie zum Erreichen des gewünschten Zweckes erforderlich ist. Nachdem sich die linke Hand in die Leinen gesetzt hat, geht die rechte mit den Leinen etwas nach unten und läßt sie gleichzeitig ein wenig nach, so daß sich die unteren drei Finger der linken Hand leichter um die Leinen schließen können. Danach wird die rechte herausgenommen und setzt sich zur Gebrauchshaltung wieder vor die linke, wobei sie sich aus dieser das „Umwegstückchen" herausholt. Beim Erlernen des Griffes muß schon am Fahrlehrgerät darauf geachtet werden, daß sich die Haltung des Oberkörpers des Fahrers nicht ändert. Er darf sich nicht nach vorn beugen, um mit den Armen weiter vorgreifen zu können, weil dies ein Nachgeben der Leinen zur Folge haben würde. Zur Ausführung dieses Griffes reicht der fast ausgestreckte Arm des Fahrers für jeden Fall, bei dem dieser Griff anzuwenden ist.

Sollten sich – was nur in seltenen Ausnahmefällen denkbar ist – die Leinen nach dem

Abb. 23 Verkürzen der Leinen um ein bestimmtes Stück
a 1. Phase: Die linke Hand setzt sich vor die rechte, nachdem sich diese geschlossen hat
b 2. Phase: Die rechte Hand geht mit den Leinen nach unten, damit die unteren drei Finger der linken die Leinen wieder erfassen und festhalten können
c 3. Phase: Die rechte Hand läßt die Leinen los
d 4. Phase: Die rechte Hand setzt sich in Gebrauchshaltung wieder vor die linke

Verkürzen um ein größeres Stück noch als zu lang erweisen, so kann auch dieser Griff wiederholt werden.

Das Verkürzen um ein größeres Stück wird in Fahrsituationen angewendet, wie sie in den vorstehenden Beispielen unter e und i angegeben sind. Beim Anhalten ist dies der geeignete Leinengriff, weil dabei, nachdem die linke Hand die Leinen übernommen hat, die Handbremse betätigt werden kann. Das Annehmen der Leinen mit beiden weit vor dem Fahrer stehenden Händen, die in ihre Normalstellung zurückzuführen sind, muß ebenfalls gefühlvoll und weich erfolgen, d. h. relativ langsam.

▌ Das *Anstellen der Leinen* bedürfte in der Leinenführung des Zweispänners eigentlich keiner hervorhebenswerten Technik. Da aber im Achenbach-System ein besonderer Griff für diesen Zweck beschrieben wird, soll er hier erwähnt werden, zumal er in der Leinenführungstechnik des Viererzugfahrens eine bedeutende Rolle spielt. Dort bildet er die Grundlage aller verkürzenden Leinengriffe. Dieser Griff ist in der Literatur unter der Bezeichnung *scherenartiges Verkürzen* bekannt. Weil aber weder hinsichtlich des

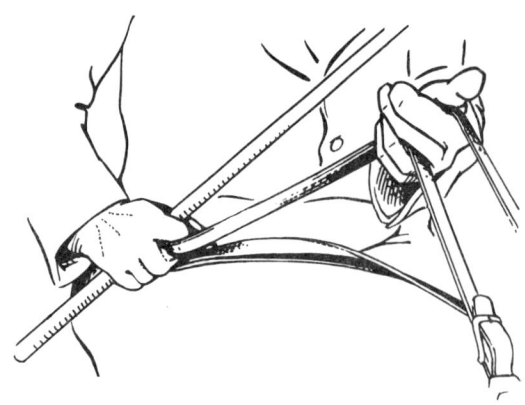

Abb. 24 Anstellen der Leinen
Zu beachten sind die Stellung der linken Hand und die Richtung der Peitsche.

Anwendungszweckes noch hinsichtlich der Ausführungsweise etwas mitwirkt, was nur im entferntesten eine Beziehung zu einer Schere erkennen ließe, haben wir diesen Griff nach seinem hauptsächlichen Verwendungszweck in der Leinenführungstechnik des Zweispänners benannt: *Anstellen der Leinen*. Dieser Ausdruck macht deutlich, daß der Griff dem Zweck dient, beim haltenden Gespann hingegebene Leinen, die der auf dem Bock verbliebene Fahrer in der Hand behalten hat, wieder aufzunehmen und die Pferde wieder an die Gebisse zu stellen, wenn das Anfahren kurz bevorsteht.

Ausgangshaltung kann hier die Grundhaltung oder die Gebrauchshaltung sein. Während die linke Hand die Leinen hält, setzt sich die rechte Hand unmittelbar hinter die linke. Dort ergreift sie mit den unteren drei Fingern – unter Beachtung der Peitschenstellung – beide Leinen und zieht sie in Richtung auf den rechten Oberschenkel durch die linke Hand, die sich dabei leicht öffnet, aber keinesfalls ihren Platz vor der Körpermitte verläßt. (Abb. 24)

Bei steifen Leinen wird der Griff sehr erschwert. Man ändert dann seine Ausführung insofern ab, als man die rechte Hand die Leinen hinter der linken Hand ergreifen läßt, wonach die linke Hand auf den Leinen vorgleitet, während die rechte Hand sie nur festhält.

Abschließend setzt sich dann die rechte Hand zur Gebrauchshaltung vor die linke und holt sich, während beide Hände die Leinen annehmen, das „Umwegstückchen" aus der linken.

Natürlich läßt sich das Anstellen der Leinen auch mit Hilfe anderer Griffe – und vielleicht sogar besser – erreichen.

Paraden haben in der Fahrlehre nicht denselben Bedeutungsinhalt wie in der Reitlehre. Sie bewirken je nach ihrer Art und Stärke ein Aufnehmen der Pferde, ein vorübergehendes Verkürzen des Tempos, einen Übergang in eine niedere Gangart sowie das Anhalten. Dazu kommt noch das Verhindern von Unfällen. Hinsichtlich ihrer Ziele stimmen sie etwa mit den Zielen der halben und ganzen Paraden beim Reiten überein und können natürlich auch mit der gleichen Wirkung ausgeführt werden, wenn es etwa um das Verbessern der Versammlung, des Schwungs und der Lebhaftigkeit der Tritte geht. Zusammenklang der verhaltenden und der treibenden Einwirkungen muß dabei ebenso gewährleistet sein wie beim Reiten. Nur ist dies wegen des fehlenden Direktkontaktes für den Fahrer schwieriger.

Das Wort Parade bezeichnet aber auf dem Gebiet der Leinenführung auch bestimmte Techniken, die als *halbe Parade, ganze Parade* und *scharfe oder durchgehende Parade* in die Fahrlehre eingegangen sind. Mit Hilfe dieser Techniken der Leinenführung können verschiedene Wirkungen erzielt werden, die den Paraden im reiterlichen Sinne ähnlich sind. Der Unterschied besteht jedoch darin, daß diese Wirkungen zum großen Teil auch mit anderen Leinenführungstechniken herbeigeführt werden können.

Im Zusammenhang mit der Technik der Leinenführung werden wir an dieser Stelle nur die Ausführung der als Paraden bezeichneten Leinengriffe und einige vorzugsweise Anwendungen besprechen, ohne ausführlich auf die in der Fahrpraxis erforderlichen Paraden in der Arbeit der Pferde einzugehen. Darauf zu sprechen zu kommen, wird an anderer Stelle Gelegenheit sein.

▌ Die *halbe Parade* wird nach ihrer Ausführungsart auch *vorübergehendes, starkes Ver-*

kürzen der Leinen genannt. Der Griff dient zum vorübergehenden starken Vermindern der Geschwindigkeit. Das kann notwendig werden, wenn sich der Fahrer an einer unübersichtlichen Kreuzung davon überzeugen will, ob er sie gefahrlos überqueren kann, wenn unaufmerksame Passanten die Fahrbahn kreuzen oder ein Kind einem auf die Straße rollenden Ball nachläuft. Das kann aber auch erforderlich sein, wenn eine Unebenheit auf dem Wege (flacher Graben, Fahrbahnabsatz) passiert werden muß, und überhaupt dann, wenn eine Reduzierung des Tempos für eine kurze Strecke erforderlich wird.

Ausgangshaltung ist wieder die Gebrauchshaltung. Die rechte Hand schiebt das „Umwegstückchen" in die linke, geht 15 bis 25 cm auf beiden Leinen vor und nimmt sie an. Das geschieht mehr oder weniger rasch, abhängig von der konkreten Verkehrssituation. Läuft plötzlich ein Kind in den Weg, muß die Reaktion schneller erfolgen, als wenn sich der Fahrer beim Heranfahren an eine Kreuzung lange im voraus die Stelle aussuchen kann, an der er die Geschwindigkeit herabgesetzt haben will.

Während die rechte Hand die Leinen annimmt, weicht ihr die linke aus, indem sie in Richtung auf das Kinn des Fahrers nach oben steigt. Das ist eine gute Gelegenheit, die ständig belastete linke Hand kurze Zeit ausruhen zu lassen. Deshalb sollen die Leinen hinter der rechten Hand während der halben Parade nicht gespannt sein. (Abb. 25)

Ist der Zweck des Griffes erreicht, gibt die rechte Hand mit den Leinen wieder nach, und die linke kehrt an ihren vorgeschriebenen Platz vor der Knopfleiste des Fahrers zurück. Hat sie den erreicht, gleitet die rechte Hand wieder zu ihr heran und nimmt die Gebrauchshaltung ein. Der Vorteil dieses Griffes besteht darin, daß der Fahrer bei einem unvorhergesehenen Ereignis sehr rasch reagieren kann und das Gespann nach der Parade in der Regel in der vorherigen Ordnung weitergeht, da ja die Länge der Leinen vor und nach der Parade unverändert ist.

Diesen Vorteil können sich alle Fahrer voll zunutze machen, deren Wagen eine gute funktionierende Fußbremse besitzt. Nur sie sind ja in der Lage, einen der wichtigsten Grundsätze des Fahrens zu befolgen, nämlich den, daß der Wagen immer mit der Bremse, niemals mit den Pferden aufgehalten wird.

Allen Fahrern, deren Wagen nicht über eine Fußbremse verfügen, muß empfohlen werden, für den mit einer halben Parade verfolgten Zweck andere Techniken einzusetzen, z. B. das Verkürzen der Leinen um ein größeres Stück, das entsprechend modifiziert wird (s. S. 49 f.), um Bremsen und Annehmen der Leinen zeitlich koordinieren zu können.

Da bei der Ausführung des Griffes „Halbe Parade" die Schnelligkeit ein entscheidender Faktor ist, muß am Fahrlehrgerät immer so geübt werden, als sei eine Fußbremse vorhanden. Bei Verwendung des Griffes „Verkürzen der Leinen um ein größeres Stück" hingegen ist durch eine entsprechende Bewegung des rechten Armes vor Beginn des Leinengriffes die Betätigung der Bremse zu simulieren. Das hilft dem Fahrschüler, das Empfinden dafür zu entwickeln, wie schnell er die Parade ausführen kann.

Selbstverständlich kann der Griff halbe Parade auch in anderen als den eingangs genannten Situationen verwendet werden,

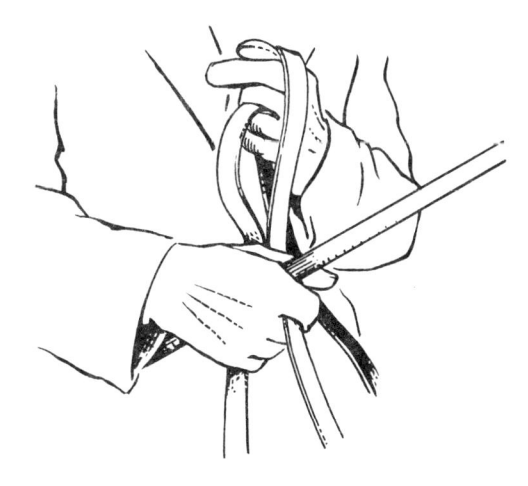

Abb. 25 Leinengriff
Halbe Parade. Die linke Hand benutzt die Gelegenheit, um sich auszuruhen, daher ist das Leinenstück zwischen den Händen nicht gespannt.

und zwar immer dann, wenn die Absicht des Fahrers mit einem vorübergehenden deutlichen Verkürzen der Leinen zu erreichen ist.

Beispiele

a) Das Gespann will durch eine Furt einen Bach überqueren. Beim Einstieg wird der Wagen gebremst und mit dem Griff halbe Parade die Geschwindigkeit herabgesetzt oder zum Schritt übergegangen. Ist der Vorderwagen im Bach angekommen, werden die Pferde wieder in den Zug gelassen, indem der Griff halbe Parade beendet wird. Das Gespann geht nach Passieren des Baches in dem gleichen Tempo weiter, in dem es sich der Furt genähert hat.

b) Vor einem Anstieg wird das Gespann mit halber Parade zum Schritt durchpariert, danach durch Beendigung des Griffes wieder in den Zug gelassen. Anschließend erhalten die Pferde durch Verlängern der Leinen um ein größeres Stück mehr Halsfreiheit.

c) Vor einem sehr unebenen Wegstück, auf dem sich Schlaglöcher befinden, will der Fahrer die Stöße des Wagens für die Mitfahrenden sowie die Pferdeschultern dadurch mildern, daß er das Tempo verringert. Dazu wendet er den Griff halbe Parade an und gleicht die ungleichmäßigen Bewegungen des Wagens mit der Fußbremse aus.

Die halben Paraden sollen bei Wagen ohne Fußbremse nur angewandt werden, wenn die Pferde ziehen. In allen anderen Fällen – mit Ausnahme der Verhütung von Unfällen – müssen sie als nicht pferdeschonend abgelehnt werden.

▌Was in der Fachliteratur als *ganze Parade* bezeichnet wird, ist eigentlich nichts anderes als eine Verstärkung des Griffes halbe Parade. Sie unterscheidet sich von ihr in der Ausführung nur dadurch, daß die rechte Hand so weit auf den Leinen vorgreift, wie es der gestreckte Arm erlaubt, und die Leinen – zur Verhütung von Unfällen – ruckartig angenommen werden. Demzufolge ist die Anwendung dieses Griffes auf Fälle beschränkt, in denen durch sofortiges blitzschnelles Anhalten das Leben und die Gesundheit von Menschen oder das ganze Gespann vor Schaden bewahrt werden sollen.

Dieser Griff kann Mäulern und Sprunggelenken bleibenden Schaden zufügen. Deshalb darf er auch nach Meinung aller Autoren nur in Ausnahmefällen angewendet, aber nicht geübt werden. Dieses Übungsverbot erstreckt sich nicht nur auf das praktische Fahren, sondern auch auf die Übungen am Fahrlehrgerät, das bei solchen Versuchen unweigerlich beschädigt werden würde.

Das Fehlen der Möglichkeit, bei der Ausführung des Griffes die Bremse zu betätigen, ist ein weiterer, in diesem Fall besonders gravierender Umstand, der die Wirksamkeit des Griffes auch in Notfällen zweifelhaft erscheinen läßt, weil der rollende Wagen von den Pferden nicht augenblicklich zum Stehen gebracht werden kann.

Die Anwendung dieses Griffes bei lostürmenden oder durchgehenden Pferden halten wir für nahezu zwecklos, weil sicher auch ein sehr kräftiger Fahrer ein solches Gespann nicht mit einer Hand aufzuhalten vermag.

▌Für den letztgenannten Fall, aber auch nur für diesen, scheint eher die von H. Fellgiebel beschriebene *scharfe oder durchgehende Parade* geeignet. Die Technik der Leinenführung hat dabei im Ansatz eine gewisse Ähnlichkeit mit dem „Anstellen der Leinen" (s. S. 49 f.).

Gehen die Pferde durch, muß der Fahrer blitzschnell nacheinander folgendes tun:

– Die Peitsche der linken Hand übergeben (kann bei vorhandener Fußbremse entfallen),
– die Bremse so fest wie möglich anziehen,
– mit der rechten Hand die Peitsche wieder übernehmen (entfällt bei vorhandener Fußbremse),
– mit der rechten Hand die Leinen hinter der linken erfassen (wie beim „Anstellen der Leinen"),
– mit der rechten Hand die Leinen nach dem rechten Oberschenkel ziehen,
– die linke Hand auf den Leinen möglichst weit nach vorn bringen, dazu den Oberkörper weit vorbeugen, um soviel wie möglich Leine hinter die Hand zu bringen,
– die rechte Hand geht zur linken auf den Leinen nach vorn (Achtung! Peitsche darf die

Kruppe nicht berühren!),
– möglichst Kreuzschnallen erfassen und einige Finger zwischen Außen- und Innenleine schieben,
– Knie und Oberkörper ruckartig strecken und aufrichten,
– erforderlichenfalls ruckartiges Annehmen der Leinen wiederholen.

Zugegeben, daß der mit weit vorgebeugtem Oberkörper und gekrümmten Knien auf dem Bock hockende Fahrer nicht gerade einen Schönheitspreis verdienen kann, aber seine Haltung ist äußerst zweckmäßig, weil sie ihn in die Lage versetzt, seiner Armmuskulatur mit der sehr viel kräftigeren Körper- und Beinmuskulatur sowie seinem Körpergewicht zu Hilfe zu kommen. Das kann auch durchgehende Pferde aufhalten oder wenigstens so weit wieder unter Kontrolle bringen, daß mit einem auf ganz kurzes, überraschendes Nachgeben erfolgenden zweiten, notfalls auch dritten kräftigen Annehmen der Leinen das Gespann wieder kontrolliert werden kann.

Kann der Fahrer die Kreuzschnallen nicht erreichen (kurze Arme, hoher Bock, lange Anspannung), so bleibt ihm nichts anderes übrig, als das ruckartige Annehmen der Leinen mit Unterstützung der Körperstreckung aus der Gebrauchshaltung zu versuchen.

Während des gesamten Vorgangs muß der Fahrer zusätzlich sein Augenmerk auf den Weg lenken, den die Pferde nehmen, und nach einer Gelegenheit Ausschau halten, sie auf einen großen Zirkel zu bringen. Nicht überall hat man aber entsprechenden Platz zur Verfügung, so daß man in vielen Fällen auf die Wirkung der Leinen angewiesen bleibt.

Sicherster Schutz gegen „Durchgehen" des Gespannes ist indes der stets aufmerksame und auf äußere Einflüsse rasch reagierende Fahrer, der auch in Situationen, in denen die Pferde erschrecken, Ruhe und Überlegenheit behält. Systematische Gewöhnung der jungen Wagenpferde an alle Erscheinungen, die ihnen begegnen können, gehört ebenso zu den wirksamen Vorkehrungen gegen Durchgehen wie ein im Verlaufe der Ausbildung der Pferde entwickeltes Vertrauensverhältnis zwischen Fahrer und Pferden.

Vergleicht man die ganze Parade mit der scharfen oder durchgehenden Parade, so ist zweifellos die erstgenannte leichter zu lernen. Die Wirkung einer scharfen Parade erreicht sie jedoch bei weitem nicht. Die Technik der Leinenführung bei der scharfen Parade ist allerdings sehr viel schwieriger und setzt große Übung voraus, zumal ja die blitzschnelle Ausführung ein wesentlicher Wirkungsfaktor ist. Daraus ergibt sich die zwingende Notwendigkeit, die Technik der scharfen Parade am Fahrlehrgerät eingehend zu üben und bei maximaler Ausführungsgeschwindigkeit zu stabilisieren, allerdings nur bis zum Ergreifen der Kreuzschnallen. Diese sollten in der richtigen Entfernung von der Fahrerhand (1,4 m vom Leinenende entfernt) gekennzeichnet sein.

Bei den Übungen am Fahrlehrgerät sollte die Peitsche in der Hand bleiben. Im Ernstfall kann sie allerdings weggelegt, notfalls sogar weggeworfen werden.

Abschließend sei bei diesem Griff noch darauf hingewiesen: Wenn einmaliges Annehmen der Leinen das Gespann nicht wieder voll unter Kontrolle bringt, muß vor dem zweiten Annehmen und jedem weiteren ein kurzes Nachgeben erfolgen. Die Pferde halten zu wollen, indem man sich an den Leinen festzieht, heißt den Mißerfolg provozieren!

Das Verlängern und Verkürzen einzelner Leinen

Auch der geübte Fahrer, der sich um korrekte Leinenführung und strenge Beachtung des ersten Hauptgrundsatzes bemüht, ist nicht dagegen gefeit, daß ihm hin und wieder eine Leine um ein kleines Stückchen durch die Finger rutscht, daß ihm ein kopfschlagendes Pferd an seiner Außenleine zieht oder daß er einmal auf das „Umwegstückchen" nicht achtet. Wenn ein solcher Fall eingetreten ist, daß eine Leine in ihrer Länge gegenüber einer anderen sich unabsichtlich verändert hat, sind die Leinen nicht mehr abgemessen, und der Fahrer muß den vorherigen Zustand wiederherstellen, meist durch Verkürzen des herausgezogenen Stückes, manchmal auch durch Verlängern der anderen Leine, wenn das Verlängern der Leinen sowieso im nächsten Augenblick hätte erfolgen sollen.

Das Achenbach-System hat in seiner Leinenführung dazu bestimmte Techniken parat, die auch dem ersten Hauptgrundsatz insofern Rechnung tragen, als das Verändern der Länge einzelner Leinen durch die rechte Hand erfolgt.

Da ungewollte Veränderungen der Länge einzelner Leinen gar nicht so selten vorkommen, der geübte Fahrer dies aber an den Leinen wie an der Kopfstellung der Pferde sofort bemerkt, ist er sehr häufig damit beschäftigt, den erforderlichen Ausgleich der Leinenlänge vorzunehmen.

Zum *Verlängern der rechten Leine,* das aus der Gebrauchshaltung erfolgt, wird die rechte Hand vorwärts-aufwärts gedreht. Drehpunkt der rechten Hand ist dabei der die linke Leine fest umschließende Zeigefinger. Die drei unteren Finger der rechten Hand ziehen die rechte Leine zentimeterweise aus der linken Hand hervor, deren untere Finger sich dazu leicht öffnen. Der Griff wird nötigenfalls wiederholt, bis die Länge beider Leinen wieder gleich ist.

Das *Verkürzen der rechten Leine* geschieht auf ähnliche Weise, jedoch wird sie mit den unteren drei Fingern der rechten Hand in die linke hineingeschoben. Die sich aufwärts drehende rechte Hand erfaßt dazu soviel Leine wie möglich.

Verlängern und *Verkürzen der linken Leine* wird ebenfalls von der rechten Hand aus der Gebrauchshaltung vorgenommen. Drehpunkt der Hand ist diesmal der kleine Finger. Mit Daumen und Zeigefinger der rechten Hand wird jeweils durch Vorwärts-abwärts-Drehen der Hand ein kleines Stück Leine aus der linken Hand herausgezogen bzw. mit der entgegengesetzten Drehung der Hand hineingeschoben.

Bei den Drehbewegungen der Hände ist besonders darauf zu achten, daß die Peitsche nicht in wackelnde Bewegung versetzt wird.

Da Verlängern oder Verkürzen einer Leine häufig erforderlich ist und das Stillhalten der Peitsche dabei einige Schwierigkeiten bereitet, ist es notwendig, diese Techniken durch intensives Üben zu stabilisieren. Dabei ist zu beachten, daß in der Praxis diese Griffe meist mehrfach hintereinander ausgeführt werden müssen.

Verkürzen und *Verlängern der linken Leine* kann auch noch auf eine andere Art geschehen, die allerdings seit Achenbach ziemlich in Vergessenheit geraten ist: durch den sogenannten „Reibegriff".

Dabei wird in der Grundhaltung durch reibende Bewegungen mit dem Daumen auf der linken Leine diese aus der Hand in ganz kleinen Stückchen hervorgeholt oder in diese hineingeschoben.

Dieser „Reibegriff" kann mehrmals rasch hintereinander ausgeführt werden. Er erfordert allerdings einige Übung, und nicht jeder Fahrer findet zu seiner Ausführung das richtige Rezept. Ohne Handschuhe und mit zu glatten Leinen wird es kaum gelingen.

Der „Reibegriff" ist übrigens auch beim Longieren von Pferden gut zu verwenden, wenn die Longe nur geringfügiger Längenänderung bedarf.

Nachgeben und Annehmen der Leinen

Die Wirkung des Annehmens und des Nachgebens ähnelt der der Leinengriffe. Diese beiden Techniken unterscheiden sich aber von den bisher besprochenen Leinengriffen insofern, als sich dabei die abgemessene Länge der Leine zwischen der Hand des Fahrers und den Pferdemäulern nicht verändert. Außerdem erfolgt ihre Anwendung nur kurzfristig, und in jedem Fall wird die Ausgangssituation wieder hergestellt. In dieser Beziehung haben Annehmen und Nachgeben den gleichen Ablauf wie der Leinengriff halbe Parade, wenn auch mit bedeutend verfeinerter Wirkung.

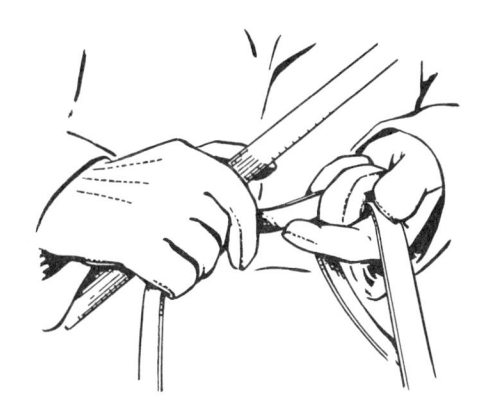

Abb. 26 Nachgeben mit beiden Leinen
Der rechte Daumen hält die Peitsche in ihrer Richtung. Der Fahrer „sieht die Fingernägel" der linken Hand.

Mit der halben Parade beim Reiten hat dieses Verfahren hinsichtlich seiner Anwendung manches gemein: Es wird dazu verwendet, um die Pferde auf kommende Einwirkungen vorzubereiten.

Im Gegensatz zu allen anderen Leinengriffen ist die Ausgangshaltung in diesem Falle die Dressurhaltung. Gewisse Abweichung davon gibt es bei der Leinenführung in den Wendungen, besonders in der Rechtswendung (s. S. 65).

Nachgeben und Annehmen können mit beiden Leinen zugleich oder mit nur einer Leine ausgeführt werden. Dementsprechend werden diese Techniken für beide Hände getrennt behandelt.

Nachgeben mit der linken Hand: Die Dressurhaltung wird eingenommen. Wenn nun die linke Hand (samt dem Unterarm) vorwärts-abwärts um ihren kleinen Finger gedreht wird, so verschiebt sich die linke Leine, ohne daß sich an deren Länge zwischen Fahrerhand und Pferdemäulern etwas ändert, fast um Handbreite nach den Pferdemäulern hin. Genaugenommen liegen dann die Gebisse schräg in den Mäulern. Dies genügt durchaus, um bei gut gefahrenen Pferden eine Reaktion auf die nachgebende Einwirkung auszulösen.

Während des Nachgebens kann der Fahrer die Fingernägel seiner linken Hand sehen. (Abb. 26) Um das Nachgeben zu beenden, wird die linke Hand einfach wieder aufgestellt.

Nachgeben mit der rechten Hand: Wieder geht man von der Dressurhaltung aus. Die rechte Hand, die ja auch noch die Peitsche führt, dreht sich vorwärts-aufwärts; Drehpunkt ist der Zeigefinger, der bei kurzem Zwischenstück auf der linken Leine liegt. Damit verschiebt sich die rechte Leine in der abgemessenen Länge nach den Pferdemäulern hin, wie wir dies für die linke Leine oben dargestellt haben.

Besondere Beachtung verdient jetzt die Stellung der Peitsche. Beim Aufwärtsdrehen der rechten Hand gerät sie leicht aus der vorgeschriebenen Richtung. Dabei könnte der Fahrer Wageninsassen oder Beifahrer mit dem Peitschenschlag berühren, was ihm sicherlich keine freundliche Bemerkung einbringen würde. Wer sich davor schützen will, darf die Peitsche während der Handdrehungen nicht nur zwischen dem zweiten Glied des Daumens und dem dritten Glied des Zeigefingers festhalten und ihre ruhige Lage dadurch sichern wollen, daß er sie mit den unteren drei Fingern gegen den Handballen drückt. Er sollte vielmehr in diesem Falle den Daumen längs auf den Peitschenstock legen und der Peitsche dadurch eine feste Führung geben. Dabei wird sie vom ausgestreckten Daumen gegen den Zeigefinger gedrückt, der sie damit in der Richtung hält. Um das Nachgeben zu beenden, wird die rechte Hand wieder aufrecht gestellt.

Annehmen mit der linken Hand: Wiederum gehen wir von der Dressurhaltung aus. Die linke Hand dreht sich rückwärts-abwärts, wobei der kleine Finger Drehpunkt der Hand ist. Nach vollendeter Drehung weisen Daumen und Zeigefinger auf den Oberkörper des Fahrers. Bei der Drehung hat sich die linke Leine, ohne daß eine Veränderung ihrer Länge vorgenommen wurde, zum Fahrer hin verschoben, und die linken Gebißhälften sind mehr belastet als die rechten. Wenn die Pferde vorher korrekt an den Gebissen gestanden haben, werden sie nun eine Kopfstellung nach links erhalten haben.

Bei der geschilderten Art des Abwärtsdrehens der linken Hand kommt die linke Leine

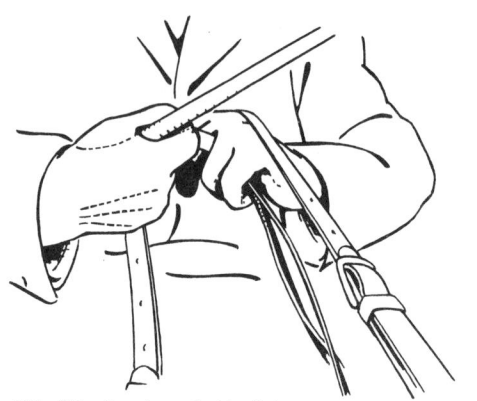

Abb. 27 Annehmen beider Leinen
Die linke Leine läuft über den Handrücken der linken Hand. Die rechte Hand ist „eingeschraubt".

auf die Fingerknöchel zu liegen. Will man dem Annehmen mehr Deutlichkeit verleihen, kann man sie über den Handrücken laufen lassen. Dazu bedarf es keinesfalls der Mithilfe der rechten Hand, die dazu auch gar nicht frei gemacht werden könnte. Die linke Hand bringt vielmehr die Leine durch eine geschickte Bewegung selbst auf den Handrücken. Im Augenblick vor dem Abwärtsdrehen der Hand schiebt diese, sich im Handgelenk stärker rundend, den kleinen Finger nach rechts, und zwar so weit das geht, ohne daß die Hand ihren Platz verläßt. Unmittelbar darauf erfolgt die Drehung, bei der sich die linke Leine über den Handrücken legt. (Abb. 27)

Das Annehmen wird beendet, indem die linke Hand ihre aufrechte Stellung wieder einnimmt.

Annehmen mit der rechten Hand: In der Dressurhaltung wird die rechte Hand rückwärts-aufwärts gedreht. Drehpunkt ist dabei der Zeigefinger. Dadurch wird die rechte Leine zum Oberkörper des Fahrers hin verschoben, und die Pferde erhalten eine Rechtsstellung.

Wie bei der bereits besprochenen Aufwärtsdrehung der rechten Hand zum Nachgeben besteht auch beim Annehmen eine Schwierigkeit darin, die Peitsche in ihrer Position zu halten. Bei der Drehung der Hand würde sie normalerweise auf der Kruppe eines Pferdes landen. Das verhindert der Fahrer, indem er die rechte Hand während des Annehmens eine schraubende Einwärtsbewegung auf seinen Körper zu machen läßt. Nun behält die Peitsche ihre gewöhnliche Stellung bei. (Abb. 28)

Aus den Abbildungen ist zu erkennen, daß beim gleichzeitigen Annehmen oder Nachgeben beider Leinen die Hände jeweils getrennt voneinander – nur durch das Zwischenstück verbunden – die geschilderten Drehungen ausführen. Da das Zwischenstück dabei verdreht wird, empfiehlt es sich, es wenigstens 10 cm lang zu wählen.

Annehmen und Nachgeben sollten fleißig am Fahrlehrgerät geübt werden. Mit Hilfe der Gewichte läßt sich auch das Bewegungsempfinden für die Stärke der Drehung schulen. Die Verschiebung der Gewichte sollte bei allen vier Möglichkeiten annähernd gleich sein. Beim gleichzeitigen Annehmen oder Nachgeben beider Leinen darf sich kein Unterschied zwischen den beiden Gewichten ergeben.

Durch Üben in steigender Geschwindigkeit läßt sich auch die Geschicklichkeit der Fahrerhände beeinflussen: Sie werden lockerer und geschmeidiger.

In der Fahrpraxis haben diese Techniken große Bedeutung bei der Dressur von Wagenpferden, weil mit ihnen weich auf beide Maulseiten der Pferde eingewirkt werden kann. Sie können deshalb in der Hand des geübten Fahrers ein gutes Mittel zur Verbesse-

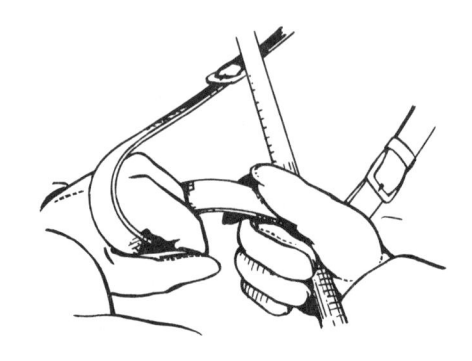

Abb. 28 Blick auf die Hände des Fahrers von oben beim Annehmen

rung der Maultätigkeit sein. Ihre Anwendung zur Ausführung von halben Paraden, wie sie der Reiter vor jeder neuen Anforderung geben soll, haben wir eingangs schon erwähnt.

Grundsätzliches zur Leinenführung

Vom guten Reiter verlangt man, daß seine Hand mit dem Pferdemaul „mitatmet", daß er die Bewegungen der Zunge fühlt. Der Fahrer, dessen Hand durch die Leine immer mit zwei Pferdemäulern verbunden ist, wird dadurch und durch das Gewicht der Leinen an einer so feinen Fühlungnahme gehindert. Deshalb muß er seine Pferde ständig beobachten und aus Änderungen in Takt und Tempo, Anlehnung und Schwung sofort Schlußfolgerungen ziehen.

Andererseits darf seine Leinenführung nicht starr und unnachgiebig sein. Wenn vom Reiter verlangt wird, daß er, die Momente der Einwirkung ausgenommen, einen gleichbleibenden Kontakt mit dem Pferdemaul haben soll, so gilt das analog für den Fahrer. Um diese Forderung zu erfüllen, muß der Reiter mit der Hand den Bewegungen des Kopfes und Halses des Pferdes folgen. Das muß auch der Fahrer tun, nur erfolgt dies bei ihm mehr aus Ellenbogen und Schulter heraus. Bei beiden erkennt man die ruhige, stete Verbindung haltende Hand an der unveränderten Lage der Trensen- bzw. Schaumringe im Pferdemaul.

Schließlich möchten wir noch darauf aufmerksam machen, daß der Fahrer ebenso wie der Reiter jedes Annehmen mit einem Nachgeben beenden muß.

An verschiedenen Stellen wurde auf das feine Reagieren von gut gefahrenen Gespannen hingewiesen, bei denen man mit geringfügigen Einwirkungen mit den Leinen schon zum beabsichtigten Ziel kommt. Das ist oft bei jungen Pferden und auch dann, wenn Pferde sehr lang angespannt sind, nicht möglich. Die Veränderung der Leinenlänge muß in solchen Fällen häufig deutlicher ausfallen. Trotzdem müssen alle Einwirkungen mit der Leine auf das Pferdemaul weich und gefühlvoll erfolgen. Daß dazu eine stete Verbindung von Fahrerhand und Pferdemäulern notwendig ist, wird aus dem vorher Gesagten deutlich.

Im folgenden soll auf einige Fehler bei der Leinenführung aufmerksam gemacht werden, die man hier und dort noch beobachten kann, die aber die korrekte Führung eines Gespannes – zumindest in schwierigen Situationen – erschweren.

Zwar nicht bei Fahrern, die wissen, daß Wagenpferde ebenso an den Gebissen stehen müssen wie Reitpferde an den Hilfen, häufig genug aber noch bei Fuhrwerkslenkern kann man sehen, daß sie versuchen, durch Rucke an den Leinen die Pferde anzutreiben. Nun soll aber nicht in Abrede gestellt werden, daß man Pferde auch auf solche Widersinnigkeiten dressieren kann, doch ist dies eine gemeine Quälerei, nicht nur für solche Pferde, die eine weiche Führung gewöhnt sind und gelernt haben, auf nachgebende Hilfen vorwärts zu gehen. Derartiges Rucken und Reißen an den Leinen ist deshalb strikt abzulehnen, es hat mit einer zweckmäßigen Technik der Leinenführung nichts zu tun. Selbst Fuhrwerksbesitzer, die vom korrekten Fahren nicht viel halten, sollten es schleunigst aus ihrem Repertoire streichen.

Als ein grundsätzlicher Fehler in der Leinenführung nach dem Achenbach-System muß es angesehen werden, wenn die rechte Hand auf die linke Leine „übergreift", d. h. unter Loslassen der rechten Leine an der linken zieht. Damit ist ein Verstoß gegen den zweiten Hauptgrundsatz unweigerlich verbunden: Die rechte Leine kann nicht nachgegeben werden, zumal die linke Hand durch die rechte am Vorgehen behindert wird.

Zur Verteidigung dieses Fehlers wird manchmal angeführt, daß beim Vierspännigfahren ja die linke Vorderleine auch mit der rechten Hand zur Schleife herangeholt wird. Das würde also auch ein „Übergreifen" bedeuten und das verlangte Nachgeben mit der äußeren Leine verhindern. Hierzu muß man sagen, daß der Schein trügt. In der Praxis dürfen ja die Vorderpferde in der Wendung nicht ziehen, weil sie sonst die Stellung der Deichsel beeinflussen und das innere Stangenpferd „umwerfen" könnten. Mit dem Annehmen der linken Vorderleine wird jedoch indirekt die rechte Vorderleine verlängert, so daß mit dem Legen der Schleife mehrere Ziele erreicht werden: das indirekte Verkürzen beider Leinen, das indirekte Verlängern der rechten Leine und das Stellen der Pferde in die Wendung.

Das geht aber eben nur bei den Vorderpferden des Mehrspänners, nicht bei den Stangenpferden, bei denen das äußere die richtige Deichselstellung zu bewirken hat.

Die Darstellung der Grundtechniken der Leinenführung kann zu der Annahme verleiten, als sei die Beherrschung eines mechanistischen Systems von Haltungen und Griffen, wenn sie nur exakt ausgeführt sind, alles, was den guten Fahrer ausmacht. Das ist bei weitem nicht so. Vielmehr gibt die Beherrschung der Grundtechniken dem Fahrschüler die Voraussetzung, ein Fahrer zu werden. Dazu gehört unbedingt das Vermögen, dieses „Handwerkszeug" richtig anzuwenden und mit dem Gefühl für die Pferde zu verbinden. Erst daraus erwächst die Meisterschaft in der praktischen Nutzung des Achenbach-Systems.

Leinenführung in den Wendungen

Die Leinenführung in den Wendungen nach dem Achenbach-System enthält keine neuen Elemente der Leinenführung, verknüpft aber die bisher dargestellten Grundtechniken in sinnvoller Weise, so daß der erste und zweite Hauptgrundsatz bestätigt werden. Da für die Leinenführung in den Wendungen technische Lösungen gefunden worden sind, bei denen Haltungen und Griffe als die Grundelemente der Leinenführung sich stets in prinzipieller Weise aneinanderreihen, ist es möglich und zweckmäßig, diese Techniken zu beschreiben und zu erlernen, ja, sie in der Verknüpfung der bereits beherrschten Techniken der Haltungen und Griffe zu stabilisieren und dadurch dem Fahrer die Möglichkeit zu geben, in erster Linie auf die Pferde und nicht auf die Leinen zu achten.

Unterschied zwischen Links- und Rechtswendung

Eines der Verdienste Achenbachs ist es, erkannt zu haben, welche Konsequenzen der Sitz des Fahrers auf der rechten Seite des Bockes für die Leinenführung in den Wendungen besitzt. Hierin liegt die Ursache für einen wichtigen Unterschied in der Ausführung beider Wendungen, der zunächst erklärt werden muß.

Die Situation ist in Abbildung 29 dargestellt. Die Deichsel, die bei jeder Wendung ihre Richtung ändern muß, hat ihren Drehpunkt in der Mitte des Vorderwagens. Dieser Drehpunkt ist der Mittelpunkt des Kreises, auf dem sich die Deichselspitze bewegt. Dieser Kreis heißt „Deichselkreis".

Der Drehpunkt der Leinen liegt in der Hand des Fahrers. Wenn die Pferde in die Wendung treten, bewegen sich die Pferdeköpfe ebenfalls auf einer Kreislinie, dem „Leinenkreis". Dessen Mittelpunkt aber befindet sich nicht über der Mitte des Vorderwagens, sondern in der sich etwa einen halben Meter rechts von ihr befindlichen Fahrerhand. Der Fahrer sitzt ja auf der rechten Seite des Bockes.

Da sich die Mittelpunkte von „Leinen-" und „Deichselkreis" nicht decken, wie dies beim Sitz des Fiakers in der Mitte des Bockes der Fall ist, verlaufen auch die beiden Kreislinien nicht parallel zueinander. Das kann durch folgenden Versuch demonstriert werden:

Man stellt einen Wagen mit Deichsel gerade auf. In die Deichselbrille wird eine Einspännerleine eingeschnallt. Nachdem der Fahrer auf dem Wagen Platz genommen hat, nimmt er die Leine in Grundhaltung auf, so daß sie straff ansteht. Nun läßt er von einem Helfer die Deichsel in Fahrtrichtung nach links bewegen, behält dabei aber den Sitz auf dem Bock unverändert bei. Er wird bemerken, daß die

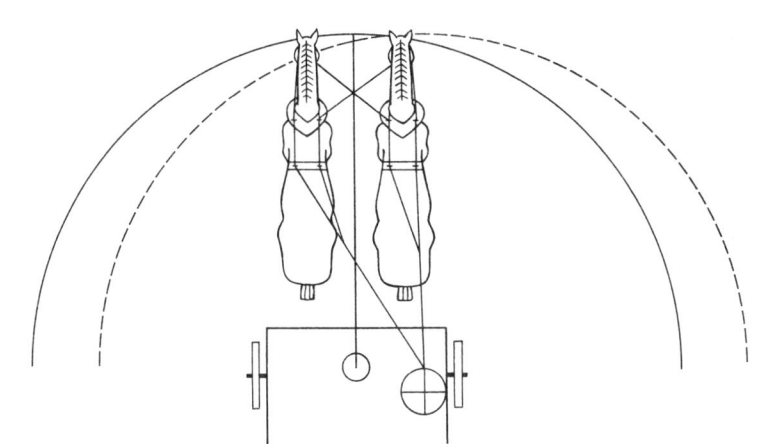

Abb. 29 Unterschied zwischen Rechts- und Linkswendung in schematischer Darstellung
—— Deichselkreis,
– – – Leinenkreis

linke Hand vom Körper weggezogen wird, d. h., die Leinen sind offensichtlich zu kurz geworden. Je weiter die Deichsel nach links gedreht wird, um so mehr wird die Hand vom Körper gezogen. Steht die Deichsel schließlich im rechten Winkel zum Wagen, sind die Leinen gerade um so viel zu kurz, wie der Abstand zwischen dem Mittelpunkt des Deichselkreises und dem Mittelpunkt des Leinenkreises beträgt, weil letzterer nun in Verlängerung der Deichsel liegt, und zwar hinter dem Mittelpunkt des Deichselkreises.

Läßt man die Deichsel wieder zurückdrehen, wird die Leinenlänge bei geradeaus stehender Deichsel wieder stimmen. Nun macht man den gleichen Versuch nach der anderen Seite. Man läßt die Deichsel in Fahrtrichtung nach rechts drehen. Dabei bemerkt man, daß die Leinen schlaff werden. Je weiter die Deichsel nach rechts bewegt wird, um so mehr hängen die Leinen durch. Erreicht die Stellung der Deichsel den rechten Winkel zum Wagen, sind die Leinen um so viel zu lang geworden, wie der Abstand zwischen den Mittelpunkten der beiden gegeneinander verschobenen Kreise beträgt.

Wer das ganz genau ergründen will, nehme die Leinenfaust auf Tuchfühlung an den Körper heran und schließe die Augen. Der Helfer kann sogar nach der Linksdrehung der Deichsel den Abstand der Hand vom Körper und nach der Rechtsschiebung an der Leine den beschriebenen Unterschied nachmessen, wenn er feststellt, um wieviel die straff angezogene Leine über die Deichselbrille hinausragt.

Wie aus Abbildung 29 zu erkennen, verläuft bei der Linksdrehung der Deichsel der Leinenkreis innerhalb des Deichselkreises, bei der Rechtsdrehung der Deichsel verläuft er – bei unveränderter Leinenlänge – außerhalb des Deichselkreises.

Diese Tatsache hat natürlich Einfluß auf die Leinenführung in den Wendungen. In der Linkswendung werden die Leinen zu kurz. Darauf reagieren die Pferde mit einer Verringerung der Geschwindigkeit. Will der Fahrer die Wendung jedoch mit gleichbleibender Geschwindigkeit durchfahren, muß er dafür sorgen, daß die Leinen um so viel länger werden, wie sich die Pferdemäuler auf dem Deichselkreis von seiner Hand entfernen, denn selbstverständlich bewegen sich die am Vorderwagen angespannten Pferde auf dem Deichselkreis und nicht auf dem Leinenkreis. Der Fahrer kann den Unterschied zwischen den beiden Kreislinien durch Verlängern der Leinen oder durch Nachgeben aus dem ganzen Arm ausgleichen. Beim praktischen Fahren tut er das eine wie das andere, beides miteinander koordiniert.

Wie wir erfahren haben, werden in der Rechtswendung die Leinen zu lang. Die Entfernung zwischen Pferdemäulern und Fahrerhand wird kürzer. Veränderte der Fahrer die Länge der Leinen nicht, würden die Pferde in der Rechtswendung das Tempo erhöhen. Das wäre für das Fahren im Straßenverkehr geradezu gefährlich, weil (beim Rechtsverkehr) die Rechtswendungen enger sind als die Linkswendungen und die Pferde sich in höherer Geschwindigkeit in den Wendungen verletzen, wenn nicht gar hinfallen könnten. Im Mittel- und starken Trab kann man nun einmal keine enge Wendung von den Pferden verlangen, will man keine Kronentritte riskieren. Der Fahrer muß daher die Leinen vor jeder Rechtswendung verkürzen, und zwar so weit, daß er die Wendung in geringerer Geschwindigkeit durchfährt, als er an sie herangefahren ist. Das gilt vorwiegend im Straßenverkehr. Auf dem Dressurviereck und beim Hindernisfahren muß der Radius der Wendung nach der Geschwindigkeit gewählt werden, d. h., je höher das Tempo, um so flacher die Wendung, oder umgekehrt: Je enger die Wendung, um so niedriger die Geschwindigkeit. Das Maß hängt vom Ausbildungsstand der Pferde, insbesondere ihrer Beweglichkeit, ab.

Konsequenzen aus dem Unterschied zwischen Links- und Rechtswendung (Zusammenfassung):

– In einer *Linkswendung* werden die Leinen zu kurz. Der Fahrer muß vor der Wendung beide Leinen verlängern, wenn die Pferde in flachem Bogen bei gleichbleibendem Tempo durch die Wendung gehen sollen. Im Straßenverkehr gilt es aus Gründen der Vorsicht als Regel, daß das Tempo vor jeder Wendung verkürzt wird. Wir brauchen deshalb in diesem Fall die Leinen nicht zu verlängern. Die Vergrößerung der Entfernung der Pferdemäuler von der Fahrerhand bewirkt eine relative Verkürzung der Leinen und damit eine Verringerung der Geschwindigkeit in der Wendung.

– In einer *Rechtswendung* werden die Leinen zu lang. Die Pferde müssen durch „Verkürzen beider Leinen um ein bestimmtes Stück" daran gehindert werden, das Tempo zu erhöhen. Da die Rechtswendung im Straßenverkehr mehr oder weniger eng gefahren wird, darf sie zur Schonung der Pferdebeine nur im Schritt ausgeführt werden.

Aus der in den beiden vorhergehenden Absätzen angedeuteten Charakteristik der Wendungen erklärt sich auch die Bezeichnung der Linkswendung als „Bogenwendung" und die Rechtswendung als „Winkelwendung".

Der durch den Sitz des Fahrers auf der rechten Bockseite verursachte Unterschied zwischen Links- und Rechtswendung braucht den Wiener Fiaker ebensowenig zu interessieren wie den ungarischen Fahrer, der ebenfalls in der Bockmitte sitzt. Die Mittelpunkte von Deichsel- und Leinenkreis stimmen bei ihnen fast überein, die Kreislinien verlaufen parallel.

Anders bei dem zum *linksseitigen Sitz* auf einem Wirtschaftswagen gezwungenen Fahrer. Für ihn trifft alles umgekehrt zu, denn seine Leinen werden in der Linkswendung zu lang und in der Rechtswendung zu kurz.

Leinenführung mit beiden Händen in den Wendungen

Leinenführung mit beiden Händen in der Linkswendung

Am einfachsten und am leichtesten erlernbar ist die Technik der Leinenführung für die Linkswendung. Bei der Erklärung gehen wir von einer in der Praxis zu fahrenden Linkswendung aus und schildern die zu beachtenden Einzelheiten neben der Technik der Leinenführung, wobei auf die nochmalige Darstellung schon behandelter Details verzichtet und auf diese nur verwiesen wird.

Wenn sich das Gespann im Trab der Wendungsstelle nähert, verringert der Fahrer rechtzeitig die Geschwindigkeit zum abgekürzten Trab durch einen entsprechenden Verkürzungsgriff (s. S. 48 ff.) oder durch Annehmen beider Leinen. Danach nimmt er die Gebrauchshaltung ein und übergibt mit Wechselgriff die Leinen der rechten Hand, um die linke für das Anzeigen der Fahrtrichtungsänderung frei zu machen. Die Winkerkelle steckt in einer Tülle, die am Spritzbrett so vor dem Platz des Fahrers angebracht ist, daß er sie mit beiden Händen gleich gut erreichen kann.

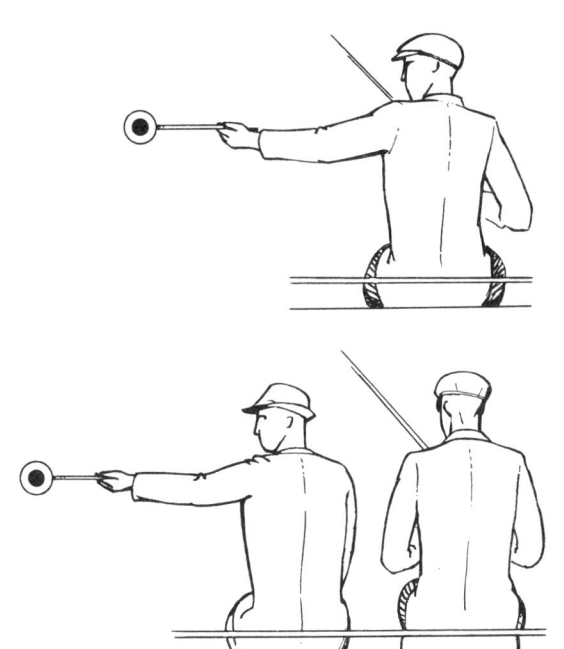

Abb. 30 Anzeige der Fahrtrichtungsänderung mit der Winkerkelle
oben durch den Fahrer
unten durch den Beifahrer

Sind die Leinen der rechten Hand übergeben (s. S. 43 f.), ergreift die linke Hand die Winkerkelle und zeigt mit waagerecht nach links ausgestrecktem Arm die Absicht der Fahrtrichtungsänderung an. (Abb. 30) Dabei sieht sich der Fahrer um und informiert sich über die rückwärtige Verkehrslage.

Ist im Straßenverkehr vor der Linkswendung ein Spurwechsel erforderlich, so muß die rechte Hand die dazu erforderliche Leinenhilfe geben. Gespanne können im Straßenverkehr nicht immer mit besonderer Rücksichtnahme eiliger Kraftfahrer rechnen. Deshalb sollte die Fahrtrichtungsänderung genügend lange angezeigt und unmittelbar vor dem Abbiegen unbedingt noch ein Blick nach hinten geworfen werden.

Sitzt neben dem Fahrer ein Beifahrer, so zeigt dieser die Fahrtrichtungsänderung an.

In Höhe der Straße, in die das Gespann einbiegen soll, übergibt der Fahrer die Leinen der linken Hand und nimmt sofort nacheinander Gebrauchs- und dann Dressurhaltung ein. Wenn die Vorderbeine der Pferde die Mitte der Straße erreicht haben, in die eingebogen werden soll, leitet der Fahrer die Wendung ein, indem er mit der rechten Hand nachgibt. Damit erhalten die Pferde die Möglichkeit, die rechte Halsseite zu strecken, so daß das äußere Pferd den Wagen in die Wendung ziehen kann. Erst dann nimmt der Fahrer die linke Leine an (s. S. 55 f.). Dadurch gibt er den Pferden die zur korrekten Linkswendung erforderliche Kopfstellung. (Abb. 31)

Besteht die Gefahr, daß das linke Pferd (Sattelpferd) sich über die Schulter in die Wendung wirft, darf die Kopfstellung etwas deutlicher ausfallen, ohne daß es zu einem Ziehen an der inneren Leine kommt. Der geübte Fahrer wird in diesem Falle dem Sattelpferd zusätzlich die Peitsche in Höhe des Kammdeckels anlegen und es so am „Abdeichseln" hindern.

Stellt sich in der Wendung heraus, daß die Wendung nicht eng genug wird, so liegt dies nicht daran, daß die innere Leine nicht genügend angenommen wurde, sondern immer daran, daß mit der äußeren Leine nicht genügend nachgegeben wurde. Es gilt der Grundsatz: Die äußere Leine bestimmt die Größe der Wendung.

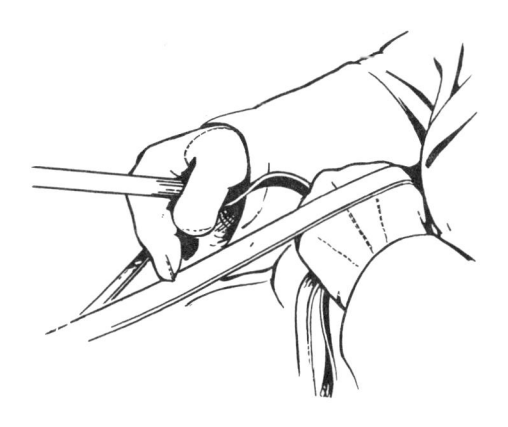

Abb. 31 Leinenführung in der Linkswendung mit beiden Händen

Wenn der geschilderte Fall eintritt, muß die rechte Hand das noch fehlende Leinenstück aus der linken Hand herausziehen. Es bildet gewissermaßen eine Verlängerung des Zwischenstückes und ist nach Beendigung der Wendung wieder in die linke Hand hineinzuschieben.

Droht die Wendung zu eng zu werden, so werden beide Hände kurze Zeit aufrecht gestellt. Auf diese Weise fährt man gewissermaßen in der Wendung ein Stück geradeaus. Dabei wird die linke Leine nachgegeben und dem Sattelpferd gestattet, die Deichsel etwas mehr nach rechts zu stellen, weil es jetzt mehr zieht. In vielen Fällen genügt schon ein leichtes Vortreiben des Sattelpferdes mit der Peitsche, um die Wendung zu vergrößern. In diesem Fall muß allerdings die rechte Hand aus den Leinen gehen.

Auf dem Dressurviereck kommt es beim Fahren von Wendungen besonders darauf an, daß beide Pferde in der Wendung richtig gestellt sind und die Wendung auf dem Hufschlag richtig ausgefahren wird. Bevor der Fahrer die Wendung einleitet, ist deshalb zu sichern, daß beide Pferde korrekt an den Gebissen stehen. Vor dem Nachgeben der äußeren Leine sollte diese kurz angenommen werden, um damit auf die folgende Hilfe vorzubereiten und die Pferde noch besser an die äußeren Hilfen zu stellen. Dieses An-den-äußeren-Hilfen-Sein muß der Fahrer während der ganzen Wendung beobachten. Deshalb darf er das Nachgeben mit der äußeren Leine nur in dem Maße vornehmen, wie Wendungsgröße und An-den-Hilfen-Sein der Pferde das erfordern. Er wird also das nachzugebende Leinenstück nicht einfach hingeben können, sondern nur so mit der Hand vorgehen, wie das Pferd dem Gebiß folgt und die Verbindung aufrechterhält. „An der Außenleine stehend", werden die Pferde durch die Wendung geführt. Die Peitsche vertritt dabei, erforderlichenfalls hinter dem Kammdeckel des inneren Pferdes eingesetzt, den inneren Reiterschenkel, hält das innere Pferd an der Deichsel und regt es an, den Wagen durch die Wendung zu ziehen. Um derartig einwirken zu können, muß der Fahrer aber die Leinenführung mit einer Hand (s. S. 68 ff.) beherrschen.

Doch nun zurück zur Linkswendung mit beiden Händen. Die Endphase der Wendung wird eingeleitet, wenn die Pferdeköpfe die neue Richtung eingenommen haben. Der Fahrer stellt dazu einfach die Hände wieder senkrecht an ihren in der Dressurhaltung bestimmten Platz. Danach geht er zur Gebrauchshaltung über und fährt weiter.

Während der gesamten Wendung bleibt die Peitsche in ihrer festgelegten Position. Eine Schwierigkeit gibt es dabei nur in dem Augenblick, in dem die rechte Hand durch Drehung nachgibt (s. S. 55).

Sitzt der Fahrer bei einem Wirtschaftswagen auf der linken Bockseite, muß er vor Beginn der Linkswendung die Leinen etwas verkürzen, damit die Pferde nicht in der Wendung das Tempo erhöhen.

Danach verläuft alles wie bei der schon geschilderten Linkswendung des rechts sitzenden Fahrers.

Die Schwierigkeit bei der Technik der Linkswendung mit beiden Händen im Straßenverkehr besteht in dem raschen Wechsel der Leinen aus einer Hand in die andere. Dieser Wechselgriff muß unbedingt automatisiert sein, damit die Zeit für die korrekte Leinenführung ausreicht.

Linkswendungen im Stadtverkehr sollte der Fahrer besser jedoch mit der rechten Hand allein fahren können (s. S. 71 f.).

Merke zum technischen Ablauf der Leinenführung in der Linkswendung!
○ Annehmen der beiden Leinen zur Verminderung des Tempos
○ Leinen in die rechte Hand, Fahrtrichtungsanzeige, Umsehen, Spurwechsel
○ Leinen in die linke Hand, Gebrauchshaltung, Dressurhaltung
○ Rechts nachgeben, links annehmen, wenn Vorderbeine der Pferde neue Straße betreten
○ Hände senkrecht stellen, wenn Pferdeköpfe neue Richtung eingenommen haben
○ In Gebrauchshaltung weiterfahren.

Leinenführung mit beiden Händen in der Rechtswendung

Aus dem Unterschied zwischen Deichsel- und Leinenkreis (s. S. 58 ff.) ergibt sich, daß in der Rechtswendung die Leinen verkürzt werden müssen, wenn sich die Geschwindigkeit in der Wendung nicht erhöhen soll.

Bei älteren Autoren, einschließlich Achenbach selbst, wird stets die Forderung vorangestellt, daß jede Rechtswendung in verkürztem Schritt zu fahren ist. Diese Forderung ist der Fahrbahnbreite und der Gestaltung der Straßenecken zu jener Zeit angemessen. Heute, wo in vielen Fällen die Straßenkreuzungen und -einmündungen in zunehmendem Maße so gestaltet sind, daß auch rechts abbiegende PKW und mittlere LKW die rechte Fahrspur der „neuen" Straße einhalten können, sind diese Straßenecken weit mehr abgerundet, so daß die Gefahr des Wegrutschens der Pferde in einer engen Wendung geringer geworden ist. Unter diesen Umständen können Rechtswendungen, bei denen der Deichseleinschlag 30° nicht überschreitet, im verkürzten Trab gefahren werden. Das ist im Stadtverkehr auch notwendig, um den fließenden Verkehr nicht mehr als erforderlich zu beeinträchtigen.

Sind die Wendungen jedoch enger, was für Nebenstraßen, aber auch häufig für Einmündungen von Wegen gilt, so hat nach wie vor die Forderung Gültigkeit: *Die Rechtswendung darf nur im verkürzten Schritt gefahren werden!*

Da dies für Gespanne im Straßenverkehr die Regel ist, wollen wir uns bei der Darstellung der Leinenführung daran halten.

Vor einer Rechtswendung wird etwa 20 m vor Erreichen der Ecke die Parade zum Schritt gegeben. Sie muß „durchgegangen" sein, ehe die Pferde den Punkt erreichen, an dem sie nach rechts abschwenken müssen. Eine Parade zum Gangartwechsel ist „durchgegangen", wenn der Gangartwechsel beendet ist, d. h., wenn die Pferde sich im Schritt befinden, die Gebisse losgelassen haben, die Hälse strecken und wieder in den Zug treten. (Geschieht dies nicht, ist der Fahrer „in der Parade steckengeblieben".) Dabei wird der Wagen – mit der Bremse natürlich – *vor* der Wendung, nicht *in* der Wendung, aufgehalten, das äußere Pferd kann den Wagen in die Wendung ziehen und damit der Deichsel die erforderliche Stellung geben.

Zum Übergang in den Schritt wird der Griff „Verkürzen beider Leinen um ein bestimmtes Stück" (s. S. 48) verwendet. Ehe jedoch die vor die rechte Hand gesetzte linke die Leinen annimmt, übergibt ihr die rechte Hand die Peitsche, die sie zwischen Daumen und Zeigefinger aufnimmt. *Damit ist die rechte Hand frei zum Betätigen der Handbremse.* Während sie diese Tätigkeit ausführt, nimmt die linke die Leinen an, und zwar so, daß die Pferde im Zug bleiben. Die Bremse muß also den Wagen immer etwas mehr aufhalten, als die Leinen die Pferde zurücknehmen. Auf diese Weise wird den Pferden das Aufhalten des Wagens völlig abgenommen. Das ist wirkliche Schonung der Pferde. Jeder Fahrer muß es sich daher zur Pflicht machen, bei allen Paraden die Bremse zu betätigen.

Besitzt der Wagen jedoch die üblich gewordene Fußbremse, braucht die rechte Hand beim Verkürzen die Leinen nicht zu verlassen.

Etwa drei Pferdelängen vor Erreichen der Ecke soll die Parade beendet sein (s. o.). Auf dem verbleibenden Stück bis zum Abschwenken verkürzt nun die linke Hand das Tempo bis zum verkürzten Schritt. Die rechte Hand steht dafür nicht zur Verfügung, denn sie hat währenddessen andere Aufgaben zu erfüllen: Anzeigen der Fahrtrichtungsänderung und evtl. Betätigen der Handbremse.

Ob nach dem Übergang zum Schritt die Bremse wieder gelöst werden muß, hängt von den Straßenverhältnissen ab. Führt die Straße bergab, wird das nicht erforderlich sein, bei bergansteigenden Straßen hingegen in jedem Fall. Die zwischen diesen beiden Extremen liegenden Möglichkeiten müssen vom Fahrer eingeschätzt werden. Generell gilt, daß die Bremse immer dann zu betätigen ist, wenn der Wagen sich schneller bewegt als die Pferde. Der Fahrer muß dazu die Stränge beobachten. Werden sie schlaff, muß er die Bremse anzie-

Abb. 32 Achtungszeichen

Abb. 33 Anzeige der Fahrtrichtungsänderung mit der Winkerkelle nach rechts

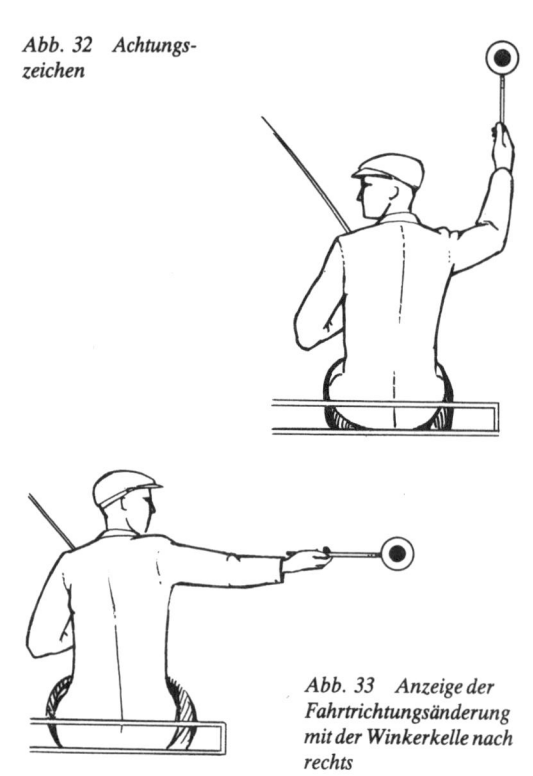

hen, etwa so wie ein Kraftfahrer, der sich abschleppen lassen muß, durch Bremsen das Abschleppseil in Spannung hält.

Am besten ist natürlich der Fahrer dran, dessen Wagen über eine Fußbremse verfügt. Er kann die Geschwindigkeit des Wagens und der Pferde genau aufeinander abstimmen.

Das Anzeigen der Fahrtrichtungsänderung mit der Winkerkelle kann auch bei einer Rechtswendung zweimal erforderlich werden. Hat der Fahrer im Straßenverkehr andere Fahrzeuge hinter sich, so sollte er diese schon vor dem Übergang zum Schritt auf seine Tempoverringerung aufmerksam machen. Da er an seinem Wagen keine Bremsleuchten besitzt, muß er vor der Parade den nachfolgenden Verkehr durch das Achtungszeichen warnen. Dazu hebt er den rechten Arm mit der Kelle senkrecht empor. (Abb. 32) Erst danach streckt er den Arm mit der Winkerkelle in Höhe seiner Schulter waagerecht nach rechts und zeigt damit die Absicht zur Änderung der Fahrtrichtung an. (Abb. 33) Hat der Wagen nur eine Handbremse, muß diese – je nach Straßenverhältnissen (s. o.) – gegebenenfalls vor dem Achtungzeichen und der Fahrtrichtungsanzeige betätigt werden.

Langsam fahrende Fahrzeuge haben sich im Straßenverkehr dicht an der rechten Straßenseite zu halten. Von der Form der Straßenecke hängt ab, ob man im Minimalabstand zur Bordschwelle die Wendung durchfahren kann. Es gilt dabei sinngemäß die Regel, die wir für die Entscheidung über verkürzten Schritt oder verkürzten Trab aufgestellt haben. Wenn eine Wendung so eng ist, daß man sie im verkürzten Schritt durchfahren muß, besteht die Gefahr, mit dem rechten Hinterrad die Bordschwelle zu streifen. Deshalb muß ein gewisser Seitenabstand zu ihr hergestellt werden (etwa 70 bis 100 cm). Das macht die linke Hand allein, während die rechte die Änderung der Fahrtrichtung anzeigt. Die linke Hand schiebt sich nach rechts, auf die rechte Hüfte des Fahrers zu, und dreht sich nach Bedarf nach aufwärts. Die rechte Leine wird dadurch etwas verlängert, die linke ein wenig verkürzt. Das bewirkt die erforderliche Richtungsänderung des Gespannes nach links, und der Abstand zur Bordkante kommt zustande. Danach geht die linke Hand an ihren Platz zurück. Die rechte beendet die Fahrtrichtungsanzeige und geht zur Gebrauchshaltung in die Leinen, wobei sie die Peitsche wieder übernimmt.

Verkürzen des Tempos zum verkürzten Schritt, Anzeigen der Fahrtrichtungsänderung und Gewinnen des Abstandes zur Bordschwelle erfolgen gleichzeitig und müssen in der Zeit ausgeführt sein, in welcher das Gespann die letzten 10 m bis zum Einleiten der Wendung zurücklegt (6 bis 10 s). Der richtige Augenblick zum Einleiten der Wendung ist gekommen, wenn die Vorderbeine der Pferde die neue Straße betreten.

Im Gegensatz zur Linkswendung wird die engere Rechtswendung schneller eingeleitet. Aus der Gebrauchshaltung geht die rechte Hand des Fahrers auf der rechten Leine etwa 10 bis 15 cm nach vorn und hält sie mit den unteren drei Fingern fest. Dann werden beide Hände vorwärts-abwärts gedreht, die linke

a

b

c

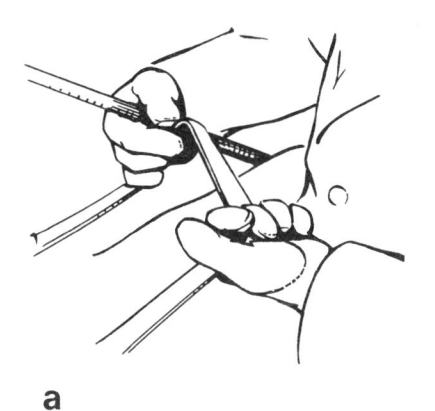

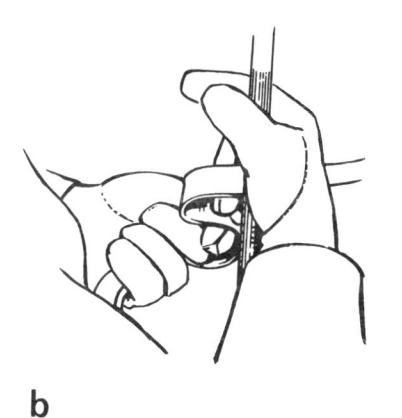

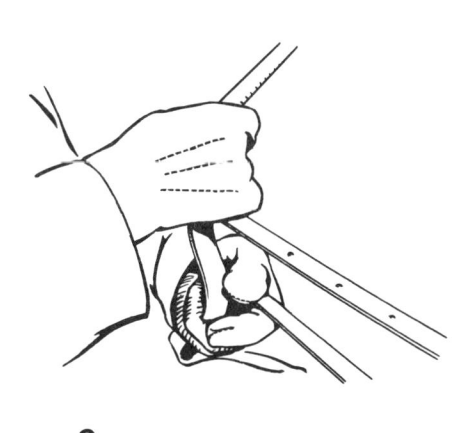

Abb. 34 Leinenführung in der Rechtswendung mit beiden Händen
a schräg von vorn
b von oben, wie der Fahrer seine Hände sieht
c „Einschrauben" der rechten Hand beim Fahren der Rechtswendung

Hand nachgebend, die rechte Hand annehmend (s. S. 55 ff.). (Abb. 34 a)

Genügt die Kopfstellung der Pferde nach dieser Einleitung noch nicht oder zeigt das Handpferd die Absicht, sich in die Wendung zu werfen, darf sich die rechte Hand über die linke setzen. Um die Peitsche in ihrer Lage zu halten, muß die rechte Hand dabei nach dem Körper des Fahrers „eingeschraubt" werden. (Abb. 34b, c) Das geschieht, indem das Handgelenk mehr gerundet und der kleine Finger näher an den Oberkörper des Fahrers herangeschoben wird. (Die Haarseite der Leine zeigt vor, in und hinter der rechten Hand nach oben.)

Spätestens hier könnte sich beim Leser der Zweifel melden, ob denn die geschilderte Technik der Leinenführung nicht einen Widerspruch zum zweiten Hauptgrundsatz darstellt, da ja nach der vorstehenden Erklärung offensichtlich die rechte Leine wesentlich mehr angenommen als die linke nachgegeben wird. Dieser Widerspruch ist jedoch nur ein scheinbarer, der sich auflöst, wenn wir daran denken, daß die Leinen in der Rechtswendung zunehmend länger werden (s. S. 58 ff.).

Dazu noch folgende Überlegung: Vor der Linkswendung, in welcher die Leinen zunehmend kürzer werden, haben wir dies dazu benutzt, das Tempo in der Wendung zu verringern. Danach wurde mit der rechten Hand nachgegeben, und zwar 10 bis 15 cm, je nach Länge des Zwischenstückes (vgl. Abb. 31). Anschließend wurde die linke Hand zum Körper gedreht, um die linke Leine anzunehmen (etwa 5 cm). Der Unterschied in der Länge beider Leinen in der Wendung betrug daher etwa 15 bis 20 cm. Bei der Rechtswendung werden die Leinen etwa 20 cm zu lang. Gibt die linke Hand durch ihre Drehung noch 5 cm nach, so ist die linke Leine in der Wendung insgesamt um 25 cm länger geworden. Von der gleichfalls 20 cm lang werdenden rechten Leine nimmt der Fahrer beim Einleiten der Wendung 15 cm zurück. Der Längenunterschied beider Leinen beträgt also auch hier 20 cm, nur ist dieser Längenunterschied auf indirektem Wege zustande gekommen, indem wir zwei Griffe „eingespart" haben. Der zweite Hauptgrundsatz ist voll berücksichtigt. Die Außenleine ist länger und gestattet dem Sattelpferd, den Wagen in die Wendung zu ziehen.

Fürchtet der Fahrer, daß die Wendung zu eng werden und der Wagen mit dem rechten Hinterrad an der Bordschwelle „anecken" könnte, stellt er für einen Augenblick die Hände senkrecht und fährt dadurch in der Wendung gleichsam „ein Stück geradeaus". In den meisten Fällen kann man dieser Gefahr jedoch noch auf viel einfachere Weise entgehen, indem man nämlich das Handpferd mit der Peitsche veranlaßt, den Wagen mehr durchzuziehen und dabei die Deichsel etwas nach links hinüberzuschieben. Dazu muß man jedoch die rechte Hand frei haben. Die Peitschenhilfe setzt deshalb voraus, daß man die Wendung mit einer Hand fährt (s. S. 70 f.).

Auch bei der Rechtswendung wird die Endphase eingeleitet, wenn die Pferdeköpfe in die neue Richtung schauen. Die rechte Hand gibt die rechte Leine nach, die linke Hand stellt sich senkrecht und nimmt dabei die linke Leine an. Danach wird in Gebrauchshaltung weitergefahren.

Währenddessen sind die Pferde durch die Wendung hindurch und gehen wieder geradeaus. Durch Leinenverlängerung wird der Zustand vor Beginn der Wendung wieder hergestellt. Tempo bzw. Gangart können wieder erhöht werden.

Einige Autoren erklären bei der Rechtswendung auch eine Technik der Leinenführung, die ihren Ausgang von der Dressurhaltung nimmt. In diesem Falle ist nach dem Verkürzen der Leinen die Dressurhaltung einzunehmen, und aus dieser sind die Hände vorwärtsabwärts zu drehen. Abgesehen davon, daß eine zusätzliche Haltung in den technischen Ablauf eingeschaltet wird, muß der Fahrer in diesem Falle durch Änderung seiner Handstellung die länger werdenden Leinen ausgleichen, was ihm nur schwer gelingt, wenn er vor dem Einleiten der Wendung die Leinen nicht mehr verkürzt hatte, als bei der Ausführung der Wendung von der Gebrauchshaltung aus nötig war. Man kann sich bei dieser Art der Leinenführung nur schlecht des Verdachtes erwehren, daß die Wendung dabei so gefahren wird, als hätte der Fahrer eine Leine in jeder Hand. Diese Technik kann daher nicht empfohlen werden.

Mehrfach ist schon das „Werfen der Pferde in die Wendung" erwähnt worden, das bei Wagenpferden besonders in den Rechtswendungen häufig vorkommt. Die Ursache dafür liegt sowohl in der bei den meisten Pferden von Natur aus vorhandenen Rechtssteifigkeit als auch in einer fehlerhaften Einwirkung mit den Leinen.

Das auf seiner rechten Körperseite „steifere" Pferd widersetzt sich der ihm unbequemen Biegung nach rechts. Die enge Rechtswendung gibt ihm bei ungenügendem Nachgeben der äußeren Leine oder gar dem Versuch, Anecken des rechten Hinterrades durch Ziehen an der linken Leine zu vermeiden, die Möglichkeit, sich nach außen gestellt über die innere Schulter zu werfen, zumal es in diesem Falle auch noch gezwungen ist, die Deichsel an den Aufhaltern nach seiner Seite herumzuziehen. Da das Pferd in dieser Situation kreuzende Tritte zu machen gezwungen ist, erhöht sich die Gefahr von Kronentritten.

Um dieser Gefahr zu entgehen, muß es seine Wirbelsäule in Längsrichtung auf den Bogen der Wendung einstellen können, in gleicher Weise, wie es das Reitpferd in jeder Biegung tun muß. Nur in dieser Stellung ist das Pferd in der Wendung im Gleichgewicht. Die Kopfstellung nach außen hingegen muß als ein Versuch des Pferdes angesehen werden, das verlorengehende Gleichgewicht zu erhalten.

In diesem Zusammenhang ist es besonders wichtig, sich der Forderung des zweiten Hauptgrundsatzes zu erinnern, daß das *äußere* Pferd den Wagen in die Wendung zieht und damit die Stellung der Deichsel bewirkt, in unserem Falle nach rechts. Wird in der Rechtswendung das Handpferd völlig vom Herumziehen der Deichsel befreit, fällt eine wichtige Ursache für das Werfen in die Wendung weg. Erst wenn die Deichsel den für die Wendung erforderlichen Winkel erhalten hat, darf das rechte Pferd beginnen, den „Wagen durch die Wendung zu ziehen". Was die Stellung der Deichsel betrifft, hat das innere Pferd die Aufgabe, diese beim Verlassen der Wendung wieder geradezustellen. Es muß also „aus der Wendung heraus" mehr ziehen als das äußere.

Wenn dies in der richtigen Weise geschehen soll, müssen die Pferde – genau wie das Reitpferd – an den „äußeren Hilfen" bleiben. Daraus ergibt sich, daß der Fahrer mit der äußeren Leine die Größe der Wendung überwachen und darauf bedacht sein muß, die Pferde an den Gebissen zu halten. Die Einwirkung der inneren Leine wird auf die Kopfstellung konzentriert, hat aber auch dafür zu sorgen, daß die Pferde im Hals nicht stärker gebogen werden als in den Rippen, die Längsbiegung der Pferde, also vom Genick bis zur Schweifwurzel, genau mit dem Bogen der Wendung übereinstimmt. Würde nämlich die Biegung im Hals stärker als die in den Rippen werden, würde gleichzeitig die äußere Schulter frei und hätte Gelegenheit, nach außen auszuweichen. Weiteres Nachgeben mit der äußeren Leine müßte in diesem Falle zu noch stärkerer Erweiterung des Bogens nach außen führen. Daher besteht die Aufgabe der äußeren Leine beim „Bestimmen der Größe der Wendung" auch darin, die äußere Schulter „zu verwahren".

Die beschriebene Technik der Leinenführung gibt beiden Händen des Fahrers so viel Spielraum für die Einwirkungen, daß die Pferde richtig gestellt und gebogen durch die Wendung gefahren werden können.

Natürlich ist damit allein die angeborene Rechtssteifigkeit nicht zu beseitigen. Genauso wie beim Reitpferd bedarf es dazu ständiger Bemühungen im gesamten Ausbildungsverlauf. Ohne an dieser Stelle näher auf die dazu anzuwendende Methodik einzugehen, sollen als zweckdienliche Mittel hier nur angeführt werden: die regelmäßige Dressurarbeit des Fahrpferdes unter dem Reiter und die Übung des Pferdes vor dem Wagen durch konsequentes Stellen in die Wendung bei gleichzeitigem Heranhalten des Pferdes an die Deichsel mit der Peitsche (die als „Schenkelsatz" wirkt) und häufigeres Üben von Rechtswendungen (im Vergleich zu den Linkswendungen) beim dressurmäßigen Fahren.

Aus diesem Zusammenhang ist auch leicht zu begreifen, daß die Peitsche in der Wendung nur an das innere Pferd, niemals an das äußere angelegt werden darf.

In Dressurprüfungen gelten das Werfen der Pferde in die Wendung und die Kopfstellung nach außen als schwere Fehler, die von den Richtern streng beurteilt werden. Sie treten in einer Dressuraufgabe vielfach in Erscheinung und beeinträchtigen die Beurteilung des Gespannes wesentlich.

Der Vollständigkeit halber soll auch die *Ausführung der Rechtswendung von dem auf der linken Seite des Bockes sitzenden Fahrer* beschrieben werden.

Auch in diesem Falle ist zum Schritt überzugehen. Da während des Übergangs zum Schritt mit der linken Hand die Bremse betätigt werden muß, geht die linke Hand nach dem wechselseitigen Vorgreifen zum „Verkürzen beider Leinen um ein bestimmtes Stück" und vor dem Annehmen der Leinen aus diesen heraus (Wechselgriff). Während nun die linke Hand die Bremse betätigt, nimmt die rechte beide Leinen allmählich an, so daß der Wagen von der Bremse aufgehalten wird und die Stränge nicht anstehen.

Nach dem Übergang zum Schritt wird die Bremse im erforderlichen Maße wieder gelöst, ehe die linke Hand die Leinen und dann die Peitsche übernimmt, um der rechten die Anzeige der Fahrtrichtungsänderung zu ermöglichen.

Daß wir nach dem Übergang zum Schritt die Leinen nicht wieder verlängert, sondern mit der linken Hand aus dem Arm heraus so viel nachgegeben haben, daß die Pferde wieder in den Zug treten konnten, kommt uns nun zustatten. Durch das Kürzerwerden der Leinen in der Rechtswendung (s. S. 59 ff.) bedarf der Übergang vom Schritt zum verkürzten Schritt keiner besonderen Einwirkung mehr. Er ergibt sich „automatisch".

An dieser Stelle soll noch auf eine Funktion der Arme des Fahrers hingewiesen werden, die in jeder Phase der Leinenführung von Bedeutung ist: Der die Leinen haltende Arm des Fahrers kann aus Ellbogen und Schultergelenk heraus kleinere und vorübergehend erforderliche Korrekturen vornehmen. Durch Annehmen und Nachgeben überwacht er die Einhaltung des Tempos, durch Verschieben der Hand nach rechts oder links kann er geringfügige Abweichungen von der Geraden korrigieren oder veranlassen. Der damit verbundene Vorteil besteht darin, daß die Länge der Leinen zwischen den Pferdemäulern und der Hand des Fahrers nicht verändert wird. Als wichtige Voraussetzung für diese Einwirkungsmöglichkeit muß aber die Fahrerhand stets genau an ihrem Platz stehen bzw. dorthin wieder zurückkehren (s. S. 32 f.)

Auch in dem eben beschriebenen Fall der Rechtswendung bei Linkssitz kann ein vorübergehendes Nachgeben aus dem ganzen Arm erforderlich werden, wenn die sich „automatisch" ergebende Verkürzung der Leinen die Pferde zu stark am Vorwärtsgehen hindert.

Merke zum technischen Ablauf der Leinenführung in der Rechtswendung!

○ Parade zum Schritt etwa 20 m vor der Wendung (Verkürzen beider Leinen um ein bestimmtes Stück)
○ Anzeigen der Fahrtrichtungsänderung und Gewinnen des erforderlichen Abstandes von der Bordsteinkante durch Verschieben der Hand nach rechts
○ Gebrauchshaltung
○ Links nachgeben, rechts annehmen, wenn erforderlich, durch „Einschrauben" der rechten Hand, wenn die Vorderbeine der Pferde die neue Straße betreten
○ Hände senkrecht stellen, wenn die Pferdeköpfe die neue Richtung eingenommen haben
○ Beide Leinen verlängern, in Gebrauchshaltung weiterfahren.

Leinenführung mit einer Hand in den Wendungen

Um allen Anforderungen gerecht zu werden, die sportliche Nutzung wie auch Straßenverkehr an den Fahrer stellen, ist er häufig gezwungen, die rechte Hand aus der Leinenführung zu nehmen, um mit ihr andere Tätigkeiten auszuführen.

Das kommt nicht selten auch in Situationen vor, in denen er eigentlich beide Hände zur Führung der Leinen benötigt. Bei der Erläuterung des ersten Hauptgrundsatzes (s. S. 24 f.) wurde deshalb bereits darauf hingewiesen, daß der Fahrer in der Lage sein muß, alle Wendungen auch mit einer Hand auszuführen. Dafür einige Beispiele:

■ Beim Üben auf dem Fahrplatz wirft sich das innere Pferd über die Schulter in die Wendung. Der Fahrer will die Peitsche anlegen, um das Pferd an der Deichsel zu halten. Zum Peitschengebrauch muß er die rechte Hand aus den Leinen nehmen.

■ Der Fahrer will das innere Pferd in der Wendung veranlassen, mehr zu ziehen, damit die Wendung nicht zu eng wird. Dazu legt er die Peitsche an, wozu er die Leinen loslassen muß.

■ Das Gespann biegt aus einer horizontal verlaufenden in eine abschüssige Straße ein. Damit der Wagen den Pferden nicht in die Beine rollt, muß der Fahrer die Bremse betätigen. Besitzt der Wagen keine Fußbremse, muß dazu die rechte Hand aus den Leinen genommen werden.

■ Ein Gespann befährt mit angebremstem Wagen eine bergab führende Straße und biegt in eine bergauf führende Straße ein. Der Fahrer muß während der Wendung die Bremse lösen. Dazu muß die rechte Hand frei sein.

Aus alledem wird deutlich, daß jeder Fahrer die Wendungen mit einer Hand ebensooft fahren muß wie mit beiden Händen, und dazu muß er das eine wie das andere gleich gut können. Auch Wendungen mit einer Hand müssen daher gründlich am Fahrlehrgerät geübt werden.

Voraussetzung für das Fahren von Wendungen mit einer Hand ist die korrekte Stellung der linken Hand bei geradeaus gestellten Pferden, während die Peitschenhand vor der rechten Körperseite des Fahrers steht. Ein Verschieben der linken Hand nach der linken Körperseite – in dem Bestreben nach Symmetrie der Stellung beider Hände oder auch auf Grund unkorrekter Körperhaltung des Fahrers – führt bei gut gefahrenen Pferden zu einer leichten Verlängerung der linken und einer ebenso leichten Verkürzung der rechten Leine. In der Praxis wird nun derjenige, welcher über die Ursachen der sich daraus ergebenden Rechtsstellung der Pferde im unklaren ist, die linke Leine etwas verkürzen, weil er glaubt, er habe unbemerkt die linke Leine etwas durchgleiten lassen. Vielleicht treibt er auch das Handpferd an, weil die Deichsel nach rechts von der Geraden abweicht. Was immer er tut, das Grundübel – bei korrekt abgemessenen Leinen – bleibt bestehen: Die schon nach links verschobene Hand wird weniger Möglichkeit haben, sich noch weiter nach links zu stellen, als wenn sie sich vor der Körpermitte befände. Ihr Weg vor die rechte Körperseite allerdings würde länger werden. Sie könnte daher die rechte Leine mehr nachgeben als die linke.

Gerade darin liegt jedoch das Problem: Auf Grund der Leinenhaltung in der Hand läßt sich mit der linken Leine durch Drehung der Hand deutlicher annehmen und nachgeben als mit der rechten. Deshalb ist es bei der Rechtswendung besonders wichtig, daß durch seitliches Verschieben der Hand nach links genügend Leinenwirkung entsteht. Und ebendeshalb setzt auch eine geringfügige Linksabweichung der Hand von der Körpermitte die Wirksamkeit der Leinenhilfen herab.

Zusammenfassend gilt also: Die Leinenhilfen zur Linkswendung werden abgeschwächt, wenn die linke Hand vor Einleiten der Wendung zu weit rechts gestanden hat. Das kommt so gut wie niemals vor. Wesentlich häufiger tritt hingegen der Fall ein, daß die Leinenhilfen zur Rechtswendung abgeschwächt werden, weil die linke Hand nach links von der Körpermitte des Fahrers verschoben war.

Da Annehmen und Nachgeben durch Drehung der Hand für die Linkswendung etwas deutlicher wirken als für die Rechtswendung, ist die Stellung der Leinenhand links vor der Mitte des Körpers der größere Fehler gegenüber einer kleinen Rechtsabweichung, die vor

Abb. 35 Leinenführung in der Linkswendung mit einer Hand
Die rechte Hand weicht nach oben aus.

Einleiten der Rechtswendung sogar günstiger wäre.

Aus dieser Bedeutung der Handstellung genau vor der Körpermitte des Fahrers ergibt sich auch die Notwendigkeit, beim Übergang von der Gebrauchs- in die Dressurhaltung immer wieder auf die Handstellung zu achten (s. S. 38 f.).

Auch bei der Leinenführung mit einer Hand in den Wendungen werden Prinzipien des zweiten Hauptgrundsatzes beachtet (s. S. 40 ff.). Deshalb können wir uns hier auf die Einzelheiten der Technik beim Fahren der Wendungen beschränken.

Leinenführung mit einer Hand in der Linkswendung

Wie bereits beschrieben (s. S. 60), wird die beabsichtigte Änderung der Fahrtrichtung angezeigt (Wechselgriff), die rückwärtige Verkehrslage kontrolliert und erforderlichenfalls die Spur gewechselt.

Nachdem, wieder in Grundhaltung, die Leinen der linken Hand übergeben sind, dreht der Fahrer die Hand aufwärts. (Abb. 35) Der Daumen neigt sich dabei von oben auf den Körper zu, der kleine Finger steigt von unten vom Körper weg. Durch diese Drehung der

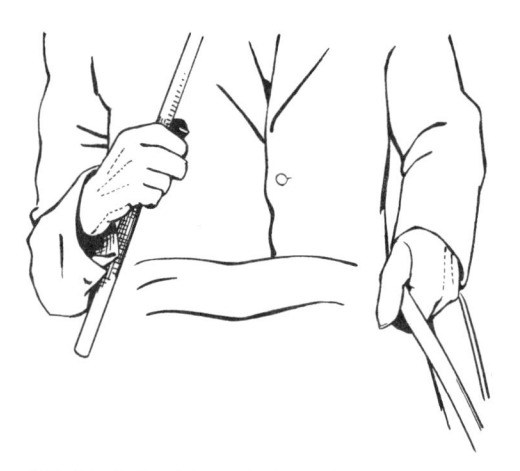

Abb. 36 Leinenführung in der Rechtswendung mit einer Hand
Die linke Hand vor die linke Hüfte gestellt.

Hand wird die rechte Leine etwas nachgegeben, die linke etwas angenommen. Das rechte Pferd kann also den Wagen in die Wendung ziehen und dabei die Deichsel nach links stellen. Die linke Leine wird etwas kürzer. Sie gibt den Pferden die Kopfstellung nach links. Gut gefahrene Pferde führen auf diese feine Hilfe eine korrekte Linkswendung aus.

Stehen die Pferde nicht gut an den Gebissen oder sind sie nicht sehr feinfühlig im Maul, läßt man die linke Leine über den Handrücken laufen (vgl. Abb. 27).

Wird auf diese Weise die Wendung noch nicht eng genug, muß die linke Hand in ihrer aufwärts gedrehten Stellung in Richtung auf die rechte Hüfte verschoben werden. Das läßt das rechte Pferd noch weiter vor. Nötigenfalls kann das Verschieben der Hand bis zur rechten Hüfte des Fahrers gehen. In diesem Fall muß die Peitschenhand der Leinenhand Platz machen, wozu sie nach oben steigt, so daß die Leinenhand unter ihr vorbeigeschoben werden kann. Man nennt dies „mit der linken Hand aus der Wendung gehen".

Während die Pferde durch die Wendung hindurchgehen, sorgt die linke Hand durch Drehen dafür, daß die Kopfstellung erhalten bleibt, während der linke Arm durch Verschieben der Hand sichert, daß die Wendung die erforderliche Größe erhält. Gegebenenfalls muß aus dem ganzen Arm nachgegeben werden, damit die Pferde bei dem sich vergrößernden Abstand vom Fahrer noch ziehen können. Dieses Nachgeben aus dem Arm heißt „mit der linken Hand in die Wendung gehen".

Nachdem die Pferdeköpfe die gewünschte Richtung eingenommen haben, stellt sich die linke Hand wieder aufrecht vor die Körpermitte.

Bei der Ausführung der Linkswendung mit den Leinen in einer Hand gilt der gleiche Grundsatz wie beim Fahren der Wendung mit beiden Händen: Linkswendung langsam einleiten und die wendenden Leinenhilfen ebenso langsam wieder aufgeben.

Leinenführung mit einer Hand in der Rechtswendung

Wie bei der mit beiden Händen gefahrenen Rechtswendung werden zunächst die Leinen verkürzt, und danach wird die beabsichtigte Fahrtrichtungsänderung nach rechts angezeigt. Erforderlichenfalls wird der notwendige Abstand von der Bordschwelle jetzt hergestellt (s. S. 64).

Dann dreht sich die linke Hand nach vorwärts-abwärts zum Nachgeben der linken Leine. Gleichzeitig wird dabei die rechte Leine angenommen.

Wenn durch das Abwärtsdrehen der Hand die Leinenwirkung noch nicht deutlich genug wird, verschiebt man die linke Hand nach links, bis sie über dem linken Oberschenkel oder sogar ein wenig links-seitwärts neben diesem steht. (Abb. 36) Dieses „Aus-der-Wendung-Gehen" der linken Hand bewirkt einerseits eine deutlichere Kopfstellung nach der Wendungsseite, andererseits ein weiteres Nachgeben der linken Leine. Gleichzeitig aber werden beide Leinen, die ja in Rechtswendung zu lang werden, so verkürzt, daß die Pferde nicht an Tempo zulegen können.

Ist auch dabei die Kopfstellung der Pferde nach der Wendungsseite noch nicht deutlich genug, schiebt man den Zeigefinger der linken Hand unter die rechte Leine und nimmt diese etwas hoch. Damit muß sie einen kleinen Umweg machen, so daß die Länge zwischen Fahrerhand und Pferdemäulern noch weiter verkürzt wird. (Abb. 37)

Manchmal empfiehlt es sich, die linke Hand nach dem Verkürzen der Leinen vor der Einleitung der Wendung ein wenig weiter als eine Handbreit vom Oberkörper des Fahrers entfernt stehenzulassen, die Leinenhand also nicht wieder ganz in ihre Ausgangsstellung zurückzuführen. Dadurch erhält der Fahrer die Möglichkeit, das Tempo in der Wendung besser zu regulieren, wenn sich herausstellen sollte, daß die Leinen vor Beginn der Wendung nicht genügend verkürzt worden waren. In umgekehrter Weise, nämlich durch stärkeres Entfernen der Leinenhand vom Körper bei gleichzeitiger Verschiebung nach rechts, wird ein zu starkes Verkürzen der Leinen vor der Wendung ausgeglichen, damit die Pferde im Zug bleiben können.

Leinenführung mit der rechten Hand in den Wendungen

Da der Fahrer gezwungen sein kann, beide Leinen in der rechten Hand zu führen (s. S. 42 f.) und die linke zur Ausführung anderer Tätigkeiten von der Leinenführung zu entlasten, muß auch dafür eine entsprechende Leinenführungstechnik gefunden werden, die den Achenbach-Grundsätzen entspricht. Bei der Ausarbeitung des Achenbach-Systems bestand eine solche Notwendigkeit noch nicht, zumal Achenbach bei seinen Überlegungen davon ausgehen konnte, daß Wirtschaftswagen mit linksseitiger Bremse nur von Fuhrwerkslenkern zu Fuß geführt werden. Hier mußte nun etwas Neues erdacht und ausprobiert werden, das der Situation gerecht wird. Die Notwendigkeit, die Leinen in der Wendung mit der rechten Hand zu führen, tritt allerdings recht selten auf.

Die Technik der Leinenführung mit der rechten Hand in der Wendung ist bedeutend schwieriger als die mit der linken Hand. Daraus ergibt sich die Notwendigkeit zu ausgedehnten Übungen am Fahrlehrgerät.

Die Schwierigkeiten ergeben sich besonders daraus, daß die rechte Hand die Peitsche halten und während aller Drehungen in ihrer Lage erhalten muß. Sie darf nicht einfach weggelegt werden, was die Ausführung außerordentlich erleichtern würde. Wendungen mit den Leinen und der Peitsche in der rechten Hand korrekt fahren zu können ist daher ein Prüfstein für den voll ausgebildeten Zweispännerfahrer. Als vorteilhaft für die technische Ausführung erweist sich der um eine Fingerbreite längere Abstand zwischen den Leinen in der rechten Hand (vgl. Abb. 20), da die Leinen durch Mittel-, Ring- und kleinen Finger getrennt sind, während in der linken Hand nur die ersten beiden zwischen den Leinen liegen. Durch diesen größeren Abstand wird die Wirkung der Handdrehungen verstärkt.

Zur *Rechtswendung* mit den Leinen in der rechten Hand wird die rechte Faust in der Weise eingedreht, wie dies beim Annehmen der rechten Leine geschieht. Durch „Einschrauben" der Hand auf den Oberkörper des Fahrers zu wird die Peitsche in ihrer vorgeschriebenen Richtung gehalten. Es kann nötig werden, die Leinenhand nach links zu verschieben, wenn die Leinen zu lang werden. Weil dabei das Stockende der Peitsche am

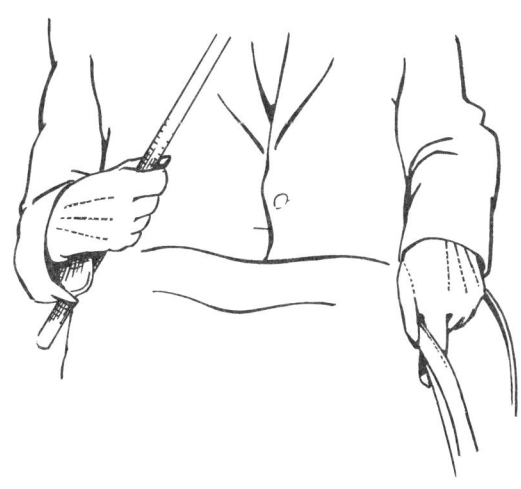

Abb. 37 Verstärken der Wirkung der rechten Leine in der Rechtswendung mit einer Hand durch Unterschieben des Zeigefingers

Oberschenkel des Fahrers anstoßen kann und die Peitsche dabei ihre Richtung verlieren würde, schiebt man den Peitschenstock vor Übergabe der Leinen an die rechte Hand etwas nach oben. Dabei muß man in Kauf nehmen, daß sie dann nicht mehr am Schwerpunkt angefaßt wird und ihr Gewicht daher mehr stört. Es handelt sich dabei allerdings nur um eine kurzzeitige Belastung, weil man die Leinen nach Beendigung der Wendung so bald wie möglich wieder der linken Hand übergibt.

Die *Linkswendung* mit den Leinen in der rechten Hand erfordert weit mehr Übung als die Rechtswendung. Die dazu erforderliche Drehung der Hand ähnelt der beim Nachgeben der rechten Leine. Besonders schwierig ist es, dabei die Peitsche in ihrer Richtung zu halten, die während der Handdrehung vorwiegend von Daumen und Zeigefinger festgehalten wird. Das muß eingehend geübt werden.

Wegen der Schwierigkeit der Handdrehung kommt der Handstellung *vor* der Wendung besondere Bedeutung zu: Die rechte Hand muß möglichst weit links stehen, damit ein langer Weg nach rechts gegeben ist. Um die Pferde in der Wendung nicht am Ziehen zu hindern, kann es erforderlich werden, mit der rechten Hand, einen nach links offenen Halbkreis beschreibend, „in die Wendung zu gehen".

Die Umkehrwendungen

Wenn in einer Wendung ein Richtungswechsel des Gespanns bis zu 90° erfolgt, bezeichnet man sie einfach als „Wendung". Muß jedoch die Richtung des Gespannes um mehr als einen rechten Winkel verändert werden, so spricht man von „engen Wendungen" oder – weil dies der vorwiegende Zweck dieser Wendungen ist – von „Umkehrwendungen".

Obwohl die Technik der Leinenführung auch in diesen „Umkehrwendungen" den Achenbachschen Hauptgrundsätzen folgt, weist sie Besonderheiten auf, deren Ursache darin liegt, daß sich in diesen Wendungen der Abstand zwischen Fahrerhand und Pferdemäulern maximal verkürzt – mehr als in den einfachen Wendungen. Dazu kommt, daß diese Wendungen ein sehr starkes Verkürzen des Schritts erfordern, weil die Pferde nicht mehr „auf einem Hufschlag" gehen können.

Besonders aus der zuletzt genannten Erscheinung läßt sich der Wert von Umkehrwendungen für die Ausbildung der Pferde ableiten. Sie werden dadurch geschmeidig und beweglicher. Auf dem Übungsgelände sollten daher Umkehrwendungen einen festen Platz in den Trainingsprogrammen haben. In den Marathonhindernissen kommen Umkehrwendungen oder Teile von Umkehrwendungen gar nicht so selten vor. Im Straßenverkehr unserer Tage sind sie mit Rücksicht auf andere Verkehrsteilnehmer zu vermeiden, wo immer auf sie verzichtet werden kann. Da bei Umkehrwendungen beide Fahrbahnseiten eine relativ lange Zeit von dem wendenden Gespann blockiert werden, können sie leicht eine Gefahr für andere Verkehrsteilnehmer sein.

Auch diese Wendungen können mit beiden Händen und mit einer Hand gefahren werden.

Linksumkehrwendung (Leinenführung mit beiden Händen)

Vor Beginn der Wendung wird das Tempo bis zum verkürzten Schritt vermindert. Dies geschieht mit Hilfe des „Verkürzens der Leinen um ein bestimmtes Stück" (s. S. 48 f.), das erforderlichenfalls mehrmals wiederholt wird, oder auch durch „Verkürzen der Leinen um ein größeres Stück" (s. S. 49). Je nach den Platz- bzw. Verkehrsverhältnissen ist danach das Gespann so weit wie möglich an die rechte Straßenseite heranzufahren.

Bei mehrspurigen Fahrbahnen muß selbstverständlich in die Linksabbiegerspur gefahren werden. Das geschieht auf die gleiche Weise, wie dies bei der Besprechung der Linkswendung geschehen ist.

Die Notwendigkeit, dicht rechts heranzufahren, gilt auch, wenn eine Linksumkehrwendung oder eine enge Linkswendung in einem

Hindernis der Marathonstrecke oder einer Hindernisbahn auf dem Schauplatz erforderlich wird. An diesen Stellen wird diese Wendung heute sicher häufiger gefahren werden müssen als im Straßenverkehr. Läßt sie sich aber überhaupt nicht vermeiden, so ist der Fahrer verpflichtet, ein Höchstmaß an Vorsicht und Rücksichtnahme walten zu lassen, um die Wendung in einem Tempo zu fahren, bei dem die Pferde ohne Kronentritte wenden können.

Das Rechtsheranfahren wird mit der linken Hand allein bewirkt, indem sie sich vorwärtsabwärts dreht (vgl. Abb. 36, 37). Wird die Linksumkehrwendung allerdings im Straßenverkehr ausgeführt, übernimmt nach dem Verkürzen des Tempos die rechte Hand die Leinen, um das Rechtsheranfahren zu bewirken, weil die linke die Fahrtrichtungsänderung anzeigen muß. Dabei muß der Fahrer die rückwärtige Verkehrslage feststellen und darf die Wendung keinesfalls beginnen, wenn dies nicht ohne Gefährdung des Gespannes durch sich nähernde Kraftfahrzeuge geschehen kann. Befindet sich ein Beifahrer auf dem Bock, muß dieser sowohl das Anzeigen der Fahrtrichtungsänderung als auch die Sicherung gegenüber dem nachfolgenden Verkehr übernehmen. In diesem Fall kann der Fahrer natürlich auf den Wechselgriff verzichten, den er sonst hätte ausführen müssen, und zwar zunächst von der linken in die rechte Hand und danach wieder zurück in die linke.

Nach dem Verkürzen des Tempos, dem Rechtsheranfahren und gegebenenfalls dem Anzeigen der Fahrtrichtungsänderung nimmt der Fahrer wieder die Gebrauchshaltung ein, nun, um die Wendung zu beginnen.

Da sich in der Linksumkehrwendung die Pferde beträchtlich vom Fahrer entfernen, müssen zuerst beide Leinen verlängert werden. Die Länge des Leinenstückes, das dazu aus der linken Hand herausgezogen wird, richtet sich nach der Länge der Anspannung. 10 bis 20 cm dürften in den meisten Fällen genügen, um die Pferde im Zug zu halten. Das Herumtreten der Pferde wird eingeleitet, indem die rechte Hand ein ebenfalls 10 bis 20 cm langes Stück aus der linken Hand nach vorn herauszieht. Daraufhin beginnt das Handpferd die Wendung, indem es zieht und dabei die Deichsel nach links stellt.

Die linke Hand wird eingedreht wie zum Annehmen und bewirkt die Kopfstellung der Pferde. Die linke Leine kommt dabei auf den Handrücken zu liegen. Nötigenfalls kann das Annehmen der linken Leine verstärkt werden, indem die Hand nach rechts verschoben wird.

Da sich im Verlaufe der Umkehrwendung die Pferde zunächst vom Fahrer maximal entfernen, um im zweiten Teil der Wendung sich ihm wieder zu nähern, wird jetzt die rechte Hand ganz aus den Leinen genommen, und die linke Hand übernimmt es, das Tempo und die Größe der Wendung allein zu überwachen. Dazu beschreibt sie einen Halbkreis von rechts nach links, d. h., sie geht in die Wendung.

Bemerkt der Fahrer, daß die Wendung nicht eng genug zu werden droht, muß er mit der rechten Hand ein weiteres Stück der rechten Leine aus der linken Hand hervorziehen.

Ist die Wendung so weit durchfahren, daß die Pferdeköpfe die neue Richtung eingenommen haben, tritt die Umkehrwendung in ihre Endphase. Dazu wird die linke Hand wieder aufrecht gestellt. Gleichzeitig nimmt die rechte Hand die rechte Leine aus der linken Hand heraus und verkürzt sie um das anfangs herausgezogene Stück, indem sie hinter die linke Hand zurückgeht und die Leine zwischen die dazu einen Augenblick geöffneten Mittel- und Ringfinger legt. (Abb. 38 a bis c) Um die Richtung der Peitsche zu erhalten, wird dabei die rechte Hand eingeschraubt, so daß der kleine Finger nach dem Oberkörper des Fahrers weist.

Der ganz strenge Anhänger des Achenbach-Systems kann in diesem Herausnehmen der rechten Leine einen Verstoß gegen den ersten Hauptgrundsatz erkennen (s. S. 24 f.), nach dem „beide Leinen stets abgemessen in der linken Hand" liegen. Dem Buchstaben nach liegt hier tatsächlich ein Widerspruch vor, der sich allerdings in der Praxis nicht auswirkt, weil die rechte Leine von den Fingern der linken Hand genau wieder an der Stelle ergriffen

a   b   c

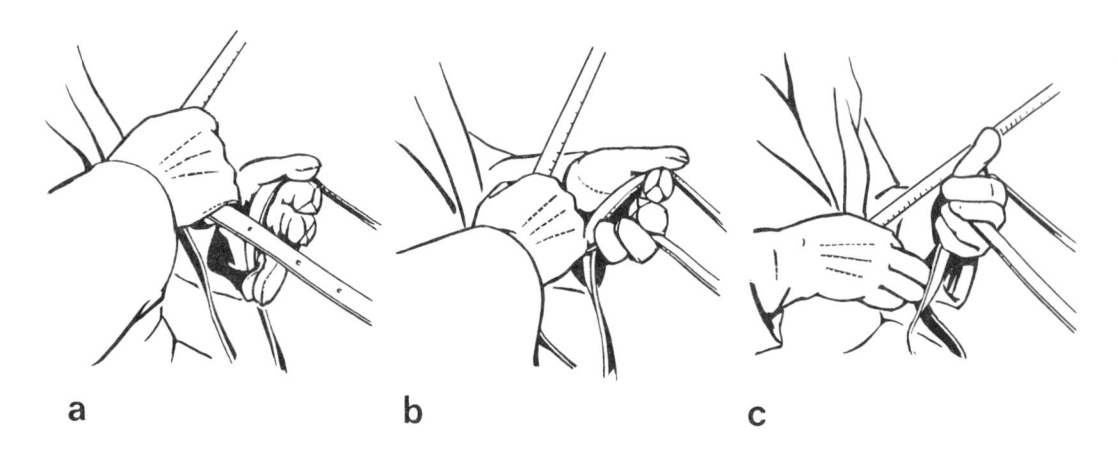

wird, an der sie vor dem Verlängern gehalten wurde, vorausgesetzt, die Leinen waren vorher bei geradeausgestellten Pferden richtig abgemessen und die Pferdeköpfe haben nach dem Verkürzen wieder die gleiche Stellung erhalten.

Es gibt jedoch zwei Möglichkeiten, die rechte Leine nach der Linksumkehrwendung wieder zu verkürzen, ohne sie aus der linken Hand herauszunehmen:

Sie kann erstens mit der rechten Hand von vorn wieder in die linke hineingeschoben werden, wozu sich deren untere Finger leicht öffnen müssen. Da sich ein längeres Leinenstück bei dieser Ausführungsart leicht vor der linken Hand durchkrümmen und dann nicht mehr hineingeschoben werden kann, erfolgt das Verkürzen in mehreren Abschnitten hintereinander. Das wird sich vor allem bei Leinen empfehlen, die durch Gebrauch und gute Pflege weich und geschmeidig geworden sind.

Zweitens kann die rechte Hand die rechte Leine hinter und unterhalb der linken Hand mit ihren unteren drei Fingern erfassen und sie nach hinten durch die Hand ziehen. Diese Technik läßt zwar die Grundregel unberücksichtigt, nach der alle Veränderungen der Leinenlänge mit der rechten Hand *von vorn* vorgenommen werden, ist jedoch sowohl dem Zweispännerfahrer als auch dem Viererzugfahrer geläufig (s. S. 50 ff.). Im Vergleich mit dem bereits beschriebenen „Anstellen der Leinen" ist diese Art des Verkürzens jedoch

Abb. 38 Einsetzen der rechten Leine hinter der linken Hand
a Die linke Hand öffnet sich. Der Daumen hält die linke Leine. Die rechte Hand geht hinter die linke zurück und legt die rechte Leine zwischen Mittel- und Ringfinger
b Die rechte Hand geht nach unten, so daß die unteren zwei Finger der linken Hand die rechte Leine erfassen und umschließen können
c Die rechte Hand läßt die Leinen los, um sich zur Gebrauchshaltung wieder vor die linke Hand zu setzen

etwas schwieriger dadurch, daß nur die unter der linken Leine liegende rechte Leine erfaßt werden darf. Die rechte Leine muß daher von unten (von der Fleischseite) her erfaßt werden, wozu sich die rechte Hand, dem Körper des Fahrers zu, eindrehen muß. Um das Durchgleiten der Leine durch die linke Hand zu erleichtern, werden in diesem Augenblick deren untere beiden Finger geöffnet und die linke Leine nur mit dem Mittelfinger sowie dem vorübergehend auf die Leine drückenden Daumen festgehalten.

Rechtsumkehrwendung
(Leinenführung mit beiden Händen)

Die Rechtsumkehrwendung ist im Straßenverkehr verboten! Hinsichtlich ihrer Ausführung stellt sie – unter Berücksichtigung des Unterschiedes zwischen Links- und Rechtswendung (s. S. 58 ff.) – die genaue Umkehrung der Linksumkehrwendung dar. Das Verkürzen der rechten Leine durch Herausnehmen aus der linken Hand ist bei der Rechtsumkehrwendung in der ersten Phase der Wendung, das Verlängern der rechten Leine in der zweiten Phase notwendig. Der für den grundsatztreuen Achenbach-Fahrer erkennbare Widerspruch zum ersten Hauptgrundsatz tritt auch hier in Erscheinung und kann natürlich auch in diesem Falle mit Hilfe der anderen beiden Möglichkeiten des Verkürzens, die wir oben beschrieben haben (s. S. 48, 49), aufgehoben werden. Weil jedoch dieses nicht ganz „achenbachgerechte" Verfahren in der Praxis sehr rasch ausgeführt werden kann, was bei der Rechtsumkehrwendung besonders wichtig ist, empfehlen wir, die kleine Inkonsequenz in Kauf zu nehmen.

Obwohl die Rechtsumkehrwendung im öffentlichen Verkehrsraum nicht zulässig ist, hat sie eine große Bedeutung bei der Ausbildung des Gespannes. Sowohl in Hindernisbahnen als auch bei Marathonhindernissen können Rechtsumkehrwendungen durchaus unumgänglich sein. Im Vorteil ist in solchen Fällen der Fahrer, dessen Pferde auf dem Übungsplatz die dafür erforderliche Beweglichkeit erworben haben.

Vor Beginn der Rechtsumkehrwendung muß der Fahrer versuchen, so weit wie möglich nach links Raum zu gewinnen. Dazu dreht er die linke Hand aufwärts wie bei der Linkswendung mit den Leinen in einer Hand (s. S. 69). Dieses Linksheranfahren muß so frühzeitig eingeleitet werden, daß der Wagen parallel zur linken Begrenzung des zur Verfügung stehenden Raumes fahren kann und das linke Hinterrad so nahe wie möglich an diese Grenze gelangt.

Ist diese Stellung des Wagens erreicht, stellt der Fahrer die linke Hand wieder aufrecht und verkürzt danach die Leinen „um ein größeres Stück", weil sich die Entfernung zwischen der Hand des Fahrers und den Pferdemäulern stark verringert. Zum „Verkürzen um ein größeres Stück" muß die linke Hand so weit vor der rechten wieder in die Leinen geführt werden, daß beim Annehmen der Leinen der Schritt fast bis zum Halten verkürzt werden kann.

Nun ist der Zeitpunkt gekommen, an dem die rechte Leine verkürzt wird, indem der Fahrer sie aus der linken Hand herausnimmt und hinter ihr wieder einsetzt. (Abb. 38a bis c) Danach setzt sich die rechte Hand in Gebrauchshaltung vor die linke und wendet die Technik an, die analog für die Rechtswendung beschrieben wurde (s. s. 63 ff.): Rechte Hand greift auf der rechten Leine 10 bis 15 cm vor, linke Hand gibt nach, rechte nimmt an, nötigenfalls verdeutlicht sie das Annehmen durch „Einschrauben".

Anstatt also – wie bei der Rechtswendung beschrieben – erst beide Leinen zu verkürzen und danach mit der linken Leine nachzugeben, erreichen wir bei der Rechtsumkehrwendung, bei der ja die Pferde noch weiter „auf den Fahrer zukommen", die gleiche Wirkung, indem wir nur die rechte Leine verkürzen und damit die linke Leine *indirekt verlängern*. Beim Einleiten der Wendung kann so das linke Pferd den Wagen in die Wendung ziehen, während die Vorwärtsbewegung des Handpferdes stark eingeschränkt wird. Das darauffolgende Nachgeben der linken Leine dient zusätzlich der Regulierung der Größe der Wendung und des Tempos; das Annehmen der rechten Leine sorgt für die richtige Kopfstellung. Werden z. B. die Pferde in der Rechtsumkehrwendung zu schnell, was stets mit der Gefahr von Kronentritten verbunden ist, so hält die linke Hand mit der linken Leine dagegen und verhindert durch mehrmaliges weiches Annehmen übereilte Tritte.

Wenn die Pferdeköpfe in die gewünschte neue Fahrtrichtung weisen, beginnt die Endphase der Rechtsumkehrwendung: Beide Hände werden wieder aufrecht- und damit die Pferde geradeausgestellt. Das anfangs verkürzte Stück der rechten Leine wird von der rechten Hand nach vorn aus der linken Hand wieder herausgezogen. Schließlich werden beide Leinen wieder verlängert, damit die Pferde das vor der Wendung vorhandene Tempo wieder einschlagen können.

Eine sehr praktische Variante der Leinenführung besteht darin, die Wendung in ihrer zweiten Phase mit einer Hand zu fahren. Der

Vorteil besteht ganz offensichtlich darin, daß die rechte Hand für Bremse oder Peitsche frei wird. In diesem Falle fährt man die Rechtsumkehrwendung, nachdem die rechte Leine verkürzt und hinter der linken Hand wieder eingesetzt ist, mit der linken, nach vorwärtsabwärts gedrehten und nach dem linken Oberschenkel angestellten Hand (vgl. Abb. 36, 37), analog der Rechtswendung mit einer Hand (s. S. 70), weiter. Die rechte Hand geht aus den Leinen heraus, bleibt jedoch bereit, auf der *rechten* Leine helfend einzugreifen, wenn diese zuviel oder nicht genügend verkürzt worden war. Ein „Übergreifen" mit der rechten Hand auf die linke Leine ist auch hier unzulässig. Zum Abschluß der Rechtsumkehrwendung wird die linke Hand wieder aufrecht gestellt und die rechte Leine verlängert.

Sitzt der Fahrer auf der linken Seite des Bockes, so ergeben sich einige Abweichungen von dem Dargestellten. Zum besseren Vergleich wollen wir die einzelnen Phasen beider Umkehrwendungen für Rechts- und für Linkssitz in tabellarischer Form gegenüberstellen:

Linksumkehrwendung

Rechtssitz	Linkssitz
– Verkürzen beider Leinen und rechtzeitig weit rechts heranfahren, dabei Pferde fast bis zum Halten parieren (Bremse!) (im Straßenverkehr dabei Leinen in rechte Hand, Anzeige der Fahrtrichtung und rückwärtige Verkehrslage beachten)	– Verkürzen beider Leinen und rechtzeitig weit rechts heranfahren, dabei Pferde fast bis zum Halten parieren (Bremse!) (im Straßenverkehr dabei Leinen in rechte Hand, Anzeige der Fahrtrichtungsänderung und rückwärtige Verkehrslage beachten)
– Beide Leinen **verlängern** (10 bis 20 cm)	– Beide Leinen **verkürzen** (10 bis 20 cm)
– Rechte Leine verlängern	– Rechte Leine verlängern
– Linke Hand eindrehen zum Annehmen der linken Leine	– Linke Hand eindrehen zum Annehmen der linken Leine
– Mit der linken Hand in die Wendung gehen	– Wenn die Wendung zu groß wird, ein weiteres Stück der rechten Leine aus der linken Hand herausziehen; wenn die Wendung zu klein wird, beide Hände vorübergehend aufrecht stellen.
– Beide Hände aufrecht stellen Herausgezogenes Stück der rechten Leine wieder hinter die linke Hand bringen	– Beide Hände aufrecht stellen Herausgezogenes Stück der rechten Leine wieder hinter die linke Hand bringen
– Pferde ggf. durch Leinenverlängern wieder in den Zug bringen	– Pferde ggf. durch Leinenverlängern wieder in den Zug bringen

Rechtsumkehrwendung
(Im Straßenverkehr verboten!)

Rechtssitz	Linkssitz
Beide Leinen verkürzen, dabei weit links heranfahren und Pferde fast bis zum Halten parieren (Bremse!)	Beide Leinen verkürzen, dabei weit links heranfahren und Pferde fast bis zum Halten parieren (Bremse!)
– Beide Leinen **verkürzen**	– Beide Leinen **verlängern**
– Rechte Leine verkürzen (durch Einsetzen hinter der linken Hand)	– Rechte Leine verkürzen (durch Einsetzen hinter der linken Hand)
– Linke Leine nachgeben, rechte Leine annehmen	– Linke Leine nachgeben, rechte Leine annehmen
– Größe und Tempo der Wendung regulieren durch Drehungen der Hände und ggf. weiche Paraden mit der linken Hand	– Größe und Tempo der Wendung regulieren durch Drehungen der Hände und ggf. weiche Paraden mit der linken Hand
– Beide Hände aufrecht stellen	– Beide Hände aufrecht stellen
– Verkürztes Stück der rechten Leine wieder aus der linken Hand herausziehen	– Verkürztes Stück der rechten Leine wieder aus der linken Hand herausziehen
– Beide Leinen verlängern	– Beide Leinen verkürzen, wenn erforderlich.

Leinenführung mit einer Hand in den Umkehrwendungen

Beide Umkehrwendungen können auch mit einer Hand gefahren werden. Achenbach beschreibt nur die Leinenführung mit einer Hand in der Linksumkehrwendung, wahrscheinlich, weil er zu seiner Zeit vorwiegend auf das Fahren mit Gespannen im Straßenverkehr Rücksicht nahm. Im Hinblick auf den Fahrsport muß jedoch auch die Rechtsumkehrwendung mit den Leinen in einer Hand geübt werden.

Für diese Art des Fahrens von Umkehrwendungen sind zwei verschiedene Techniken in

Gebrauch. Die eine ähnelt der Leinenführung mit einer Hand in den Wendungen (s. S. 68 ff.), die andere ist von der zum Führen der Vorderpferde eines Mehrspänners verwendeten Technik abgeleitet. Letztere stellt gleichsam eine Vorübung für das Vierspännigfahren dar und wird natürlich auch von Vierspännerfahrern bevorzugt.

Leinenführung mit einer Hand in der Linksumkehrwendung

Die linke Hand geht zum Verkürzen vor die rechte. Während sie beide Leinen annimmt und die Geschwindigkeit der Pferde verringert, hält die aus den Leinen genommene rechte Hand den Wagen mit der Bremse auf. Gleichzeitig wird scharf nach rechts herangefahren, indem sich die linke Hand mit der Peitsche nach links schiebt. Wer die linke Hand nicht so weit von der Körpermitte entfernen möchte, kann auch – eine der Leinenführung bei Vierspännern entlehnte Technik – die rechte Leine über die Spitze des linken Zeigefingers hängen und dadurch die Rechtsstellung der Pferde bewirken.

Sind die Pferde nach dem Rechtsheranfahren an der Stelle, an welcher die Linksumkehrwendung ausgeführt werden soll, fast bis zum Halten gekommen, schiebt der Fahrer die linke Hand rasch und energisch nach rechts und dreht sie dabei aufwärts, so daß sich die linke Leine über den Handrücken legt: die rechte Hand mit der Peitsche weicht dabei nach oben aus. Damit beginnen die Pferde zu wenden.

Hatte die linke Hand beim Rechtsheranfahren eine Stellung vor der linken Hüfte eingenommen, so wird ihr Weg nach der rechten Hüfte wesentlich länger, und die Leinenhilfe gewinnt durch das beträchtliche Längerwerden der äußeren Leine an Deutlichkeit.

Wenn die Pferde zu wenden begonnen haben, darf sie der Fahrer nicht durch Gegenhalten am Herumtreten hindern. Seine Hand behält zwar ihren Platz vor der rechten Hüfte, bleibt aber weich und nachgiebig. Da ihre Aufgabe darin besteht, die Größe der Wendung und die Gleichmäßigkeit des Tempos zu regulieren, wird sie bei Bedarf, den Pferdemäulern folgend, in die Wendung gehen.

Kriterium für das richtige Mitgehen der linken Hand mit den Pferdemäulern ist, daß beide Pferde nach vorwärts in die Geschirre treten. Steht das Sattelpferd während des Wendens nicht mehr am Kumt oder am Brustblatt oder wirkt es gar mit dem Aufhalter nach rückwärts, hat der Fahrer an der inneren Leine gezogen.

Besteht die Gefahr, daß die Pferde in der Linksumkehrwendung nicht genügend vorwärtsgehen, kann es zweckmäßig sein, zur Linksumkehrwendung einleitend die rechte Leine zu verlängern. Sie wird dann nach vollendeter Wendung wieder verkürzt.

Leinenführung mit einer Hand in der Rechtsumkehrwendung

Vor Beginn der Wendung fährt man durch Aufwärtsdrehen der linken Hand, soweit es der Platz erlaubt, nach links. Hat man vor dem Linksheranfahren die linke Hand vor die rechte in die Leinen gestellt, kann man schon während der Bewegung des Gespannes nach links das Tempo verkürzen. Auf alle Fälle müssen jedoch vor Beginn der Wendung beide Leinen verkürzt, muß das Gespann bis zum Halten durchpariert werden. Ob man die Wendung unmittelbar nach dem Durchparieren beginnt oder die Pferde einen Augenblick halten läßt, ist nicht so sehr eine fahrtechnische, als vielmehr eine Frage der Gehorsamkeitsschulung.

Bevor die linke Hand die Leinenhilfe zum Beginn der Wendung gibt, wird sie ein wenig aufwärts gedreht, so als wollte man eine Linkswendung fahren. Dieses Annehmen der linken Leine dauert jedoch nur einen Moment. Achenbach nannte das „Druckpunkt nehmen". Es wirkt wie die „halbe Parade" beim Reiten: Die Pferde werden auf das Kommende aufmerksam gemacht. Sie werden dann bereit sein, der im nächsten Augenblick nachgebenden Leine am Gebiß zu folgen.

Diese nachgebende Leinenhilfe entsteht dadurch, daß unmittelbar nach der „halben Parade" die linke Hand energisch nach der

a

b

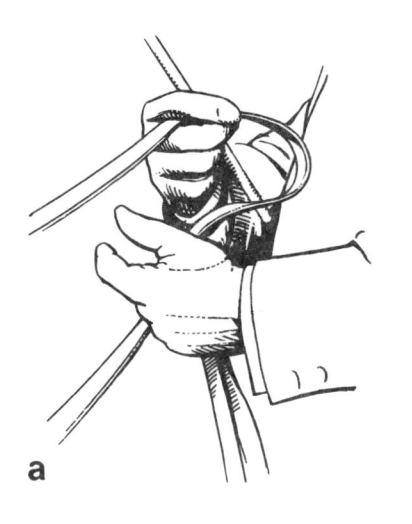

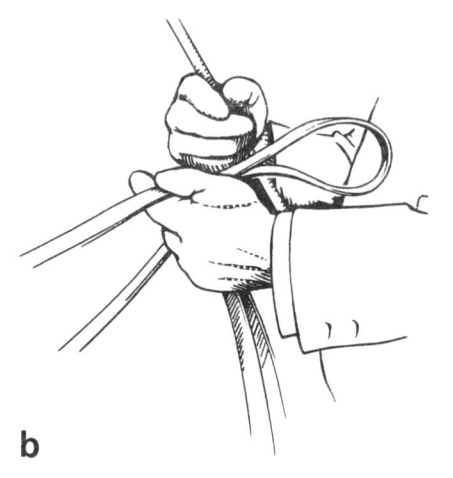

Abb. 39 Schleifenbildung zur Linksumkehrwendung unter dem linken Daumen
a erste Phase
b zweite Phase

linken Hüfte ausgestellt und die Hand dabei wie zur Rechtswendung nach vorwärtsabwärts (vgl. Abb. 36, 37) gedreht wird.

Wie bei der Linksumkehrwendung darf auch hier der Fahrer die Pferde nicht durch Gegenhalten an der korrekten Ausführung der Wendung hindern, so daß das Sattelpferd den Wagen in die Wendung, das Handpferd durch die Wendung ziehen kann. Daraus ergibt sich die Forderung, daß beide Pferde vorwärtsseitwärts treten müssen. Zieht das rechte Pferd die Deichsel am Aufhalter herum und sich dabei das Kumt vom Hals, so ist dies die Quittung dafür, daß der Fahrer an der inneren Leine gezogen hat.

Muß eine Rechtsumkehrwendung sehr eng gefahren werden, empfiehlt es sich, durch einleitendes Verkürzen der rechten Leine die linke Leine indirekt zusätzlich zu verlängern.

Linksumkehrwendung mit Schleife

Zur Linksumkehrwendung wird – nach dem Rechtsheranfahren – die rechte Leine zum einleitenden Nachgeben 10 bis 15 cm aus der linken Hand herausgezogen. Dies geschieht mit den unteren drei Fingern der rechten Hand. Diese steht nun 10 bis 15 cm vor der linken Hand. An dieser Stelle erfaßt sie die linke Leine mit dem Zeigefinger wie zur Gebrauchshaltung und hält sie fest. Danach lassen die unteren drei Finger die rechte Leine los. Die rechte Hand hebt nun die linke Leine leicht an, sie nimmt Druckpunkt. Danach geht sie mit der linken Leine über die linke Hand hinweg auf den Oberkörper des Fahrers zu und legt die linke Leine auf den linken Zeigefinger, wo sie sofort vom daraufdrückenden Daumen festgehalten wird. (Abb. 39)

Auf diese Weise ist hinter der linken Hand des Fahrers mit der linken Leine eine *Schleife* gebildet worden, welche die Kopfstellung der Pferde nach links veranlaßt. In der Wendung reguliert nun die linke Hand Größe und Tempo in der schon beschriebenen Weise, wobei ihr noch die Möglichkeit gegeben ist, ein Stückchen der Schleife wieder durchgleiten zu lassen, wenn die Pferde zu schnell herumkommen.

Wenn die Pferdeköpfe die gewünschte Richtung erreicht haben, läßt man die Schleife langsam wieder durchgleiten, wobei der Daumen als Bremse dient. Abschließend wird die rechte Leine um das anfangs verlängerte Stück wieder verkürzt.

In diesem Durchgleitenlassen der Schleife besteht nicht etwa ein grober Verstoß gegen den ersten Hauptgrundsatz, in dem „Durchgleitenlassen der Leinen ist verboten" besonders hervorgehoben wurde, denn dieses

Durchgleiten betrifft keine der „abgemessenen" Leinen. Sie liegen nach wie vor unverändert und von den unteren drei Fingern festgehalten in der linken Hand. Die Schleife wurde mit einem Stück der Leine gebildet, das sich vor der linken Hand befand, und nach seinem Durchgleiten haben die Leinen genau wieder die gleiche Länge, die sie vor dem Legen der Schleife besaßen.

**Rechtsumkehrwendung
mit Schleife**
Nach dem schon beschriebenen Linksheranfahren werden die Leinen verkürzt.

Da bei der Rechtsumkehrwendung mit Schleife die linke Hand nicht nachgebend vorwärts-abwärts gedreht werden kann, muß die Wendung damit eingeleitet werden, daß die linke Leine einige Zentimeter aus der linken Hand herausgezogen wird, damit das Sattelpferd den Wagen in die Wendung ziehen kann.

Dann gleitet die rechte Hand 10 bis 15 cm auf den Leinen vor, hält die Leinen mit den unteren drei Fingern der Hand fest und bildet mit dem sich zwischen linker und rechter Hand des Fahrers befindlichen Leinenstück die Schleife, indem sie über die linke Hand zurückgeht und die Schleife unter den linken Zeigefinger legt. (Abb. 40)

In dem Maße, wie sich die Pferde der neuen Richtung nähern, läßt man die Schleife langsam wieder unter dem Zeigefinger hervorgleiten.

Diese Art, Umkehrwendungen zu fahren, wird besonders Viererzugfahrern entgegenkommen, weil diese daran gewöhnt sind, bei Wendungen mit den Vorderpferden solche Schleifen zu legen.

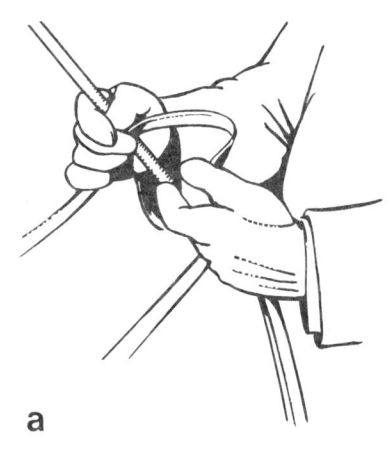

*Abb. 40 Schleifenbildung
zur Rechtswendung unter
dem linken Zeigefinger
a erste Phase
b zweite Phase*

Die Fahrleinen

Dem Fahrer stehen nur Leinen und Peitsche zur Einwirkung auf die Pferde zur Verfügung – wenn man einmal von der Stimme absieht, deren sich der kultivierte Fahrer, für den Außenstehenden hörbar, nur als unverzichtbares Hilfsmittel in der Ausbildung der Pferde bedient. Daraus ergibt sich die große Bedeutung der Leinen.

Von einer Fahrleine muß man verlangen, daß sie sicher ist, d. h. den größten denkbaren Belastungen standhält, und daß sie praktisch im Gebrauch ist.

Nun sind aber die Hersteller von Leinen heutigentags häufig mehr Sattler denn Fahrfachleute. So kann es geschehen, daß Leinenkonstruktionen aus Urväterzeiten wieder auf den Markt gebracht werden. Schade um das kostbare Leder!

Achenbach hat in jahrzehntelanger Arbeit eine Leine entwickelt, die allen Ansprüchen des Fahrers gerecht wird. In ihr sind die besten Erfahrungen und die Vorteile der bis dahin gebräuchlichen Leinen vereint. Diese Achenbach-Leine gilt heute als die beste und praktischste Fahrleine der Welt. Es ist nicht einzusehen, daß andere Leinen bei uns überhaupt noch hergestellt werden.

Vor 60 bis 80 Jahren wurde in Mitteleuropa fast ausschließlich mit zwei Leinenarten gefahren: der alten deutschen Kreuzleine und der Wiener oder ungarischen Leine. Beide Leinen sind heute noch – ein Ausdruck ihrer Langlebigkeit – in recht erheblicher Anzahl im Gebrauch. Mit ihrer Besprechung verbinden wir das Ziel, ihre Nachteile und Vorteile kennenzulernen, zumal die Wiener Leine durch die sie benutzenden ungarischen Weltspitzenfahrer an Renommee gewonnen hat. Das Kennenlernen dieser Leinen soll jedoch gleichzeitig den Blick für die Vorteile und universelle Brauchbarkeit der Achenbach-Leine schärfen und ihre Zweckmäßigkeit für unseren Fahrsport unterstreichen.

Die alte deutsche Kreuzleine

Es mag das Streben nach größter Haltbarkeit und damit größter Sicherheit für die Wageninsassen gewesen sein, das Sattler veranlaßte, die alten deutschen Kreuzleinen aus doppelt übereinander genähten Lederstreifen herzustellen. Diese Verstärkung der Leine macht sie einesteils unhandlich, zum anderen entsteht damit die Gefahr, daß die Nähte bei langjährigem Gebrauch aufplatzen. Von dieser alten deutschen Kreuzleine sind zwei verschiedene Arten im Gebrauch, die zwar eine unterschiedliche Konstruktion, jedoch einen gleichermaßen niedrigen Gebrauchswert aufweisen. (Abb. 41)

Alte deutsche Kreuzleine mit angeschnalltem Handstück
Ist die Absicht der Sattler noch zu verstehen, die Sicherheit der Leine durch die Verwendung von doubliertem Leder zu vergrößern, so bleibt jedoch völlig unverständlich, warum diese Leine plötzlich hinter dem Verschnallstück abgeschnitten wird und in einer kleinen quadratischen Walzenschnalle endet.

Abb. 41 Alte deutsche Kreuzleine
Die Zeichnung macht die Nachteile der unbrauchbaren alten deutschen Kreuzleine deutlich. Dazu kommen noch die falschen, mit mehreren Löchern versehenen Umschnallstrippen an den Gebißschnallen.

In diese kleine Walzenschnalle wird dann ein Handstück, der sogenannte „Handstutzen", eingeschnallt. Die ganze gepriesene Sicherheit der Leine ist dahin, denn sie beruht nur noch auf der Festigkeit des schwachen Dorns der Walzenschnalle und der Einschnallstrippe des Handstutzens. Diese Strippe ist gewöhnlich nach längerem Gebrauch der Leine an der Stelle, an der sie mit der Schnalle in Berührung kommt, vom Rost angegriffen und brüchig geworden. Kein Wunder, daß, wo Reißen der Leinen die Ursache von Unfällen mit Gespannen gewesen ist, fast ausnahmslos die Unfallursache an dieser Stelle der Leine zu suchen war.

Die Handstutzen sind manchmal aus Leder, häufig aus Gurt. Bei ledernen Handstutzen ist es schon gar nicht begreiflich, daß eine Schnalle zwischen Kreuz- und Handstück eingeschnallt wurde, es sei denn, man erkennt dies als eine konstruktive Lösung für den Übergang von dem doublierten Kreuzteil zu dem aus einfachem Leder geschnittenen Handstück an.

Bei der Verwendung von Gurt-Handstutzen dürften wohl unangebrachte Sparsamkeitsgründe den Ausschlag für die Übernahme des hohen Sicherheitsrisikos gewesen sein. Im Gegensatz dazu stehen dann die häufig auf solchen Leinen angebrachten Querriegel aus Leder bzw. Leder- oder Holzknöpfe, die einerseits die Leinen wieder verteuerten, andererseits eine korrekte Leinenführung behinderten. Sie sind weder angenehm für die Hände des Fahrers noch einer weichen Einwirkung mit den Leinen dienlich.

Wurden solche Handstutzen aus Gurt in grellen Farben (gelb, rot) verwendet, so hatte dies zwar keinen Einfluß auf den Gebrauchswert, mußte aber dem „stilbewußten" Fahrer als Unmöglichkeit erscheinen.

Eine Einwirkung auf die Pferde durch Verschnallen der Leine, wie dies dem dritten Hauptgrundsatz des Achenbach-Systems zufolge dem Ausgleich der Arbeitsleistung der Pferde dienen soll, ist mit der alten deutschen Kreuzleine so gut wie nicht möglich. Sowohl die aus doppeltem Leder genähte Leine als auch die kleine Walzenschnalle auf dem Verschnallstück setzen dem erheblichen Widerstand entgegen. Die runden Schnallöcher in den Leinen führen außerdem dazu, daß der Schnalldorn hervorsteht. Sieht man sich eine längere Zeit gebrauchte alte deutsche Kreuzleine an, so ist schon die Unberührtheit der Schnallöcher Beweis genug für diese Feststellung. Dazu kommt noch, daß die geringe Anzahl der Schnallöcher (3 bis 5) eine wirkungsvolle Veränderung der Leinenlänge für alle erforderlichen Zwecke nicht gestattet.

Man versuchte zuweilen, diese geringen Verschnallungsmöglichkeiten dadurch zu verbessern, daß man die Umschnallstrippen an den Gebißschnallen der alten deutschen Kreuzleine verlängerte und mit mehreren Löchern versah. Das aber verführte nur zu unrichtigem, ungleichmäßigem Verschnallen mit entsprechend nachteiligem Einfluß auf die Lage des Gebisses im Maul. Außerdem hingen zu lange Schnallstrippen unordentlich von den Gebißschnallen herab. Für einen größeren Ausgleich reichen dazu die Umschnallstrippen wegen ihrer begrenzten Länge ohnehin nicht aus.

Ein weiterer Nachteil dieser alten deutschen Kreuzleine mit angeschnallten Handstücken besteht darin, daß sich die Kreuzschnallen kurz hinter den Kammdeckeln befinden, manchmal sogar an diese anstoßen. Selbst wenn der Fahrer es hätte unternehmen wollen, an der Verschnallung dieser Leine etwas zu ändern, er hätte dazu den Bock verlassen müssen.

Alte deutsche Kreuzleine mit langen Kreuzstücken

Es war wohl die Absicht, letztgenannten Nachteil der alten deutschen Kreuzleine zu beseitigen, der zu einer solchen Verlängerung des Kreuzstückes führte, daß die Kreuzschnallen hinter die Hand des Fahrers kamen. Alle anderen der angeführten Nachteile aber wurden dabei nicht angetastet. Allerdings sahen manche Fahrer in einer solchen Leine die Möglichkeit, auf jedes Pferd einzeln und dazu noch auf jede Maulseite getrennt einzuwirken. Sicherlich hat bei dieser Auffassung die gute Absicht Pate gestanden. In der Praxis des Fahrens aber verkehrt sie sich zumeist in ihr Gegenteil, weil das fleißigere Pferd dem Fahrer die zu ihm führenden Leinen ständig aus der Hand zog und ein dauerhafter Arbeitsausgleich durch Zurücknehmen dieses Pferdes in den Leinen nicht eintreten konnte. Dazu läßt eine solche Leine die wohlüberlegten Techniken der Achenbachschen Leinenführung nicht zu, die in diesem Falle die Möglichkeit böte, die rechte Hand aus den Leinen zu nehmen und das faulere Pferd mit der Peitsche anzutreiben.

Alles in allem müssen wir zu dem Urteil kommen, daß die alte deutsche Kreuzleine in der einen wie in der anderen Form für das sportliche Fahren überhaupt nicht brauchbar ist. Da es ihr darüber hinaus an Sicherheit mangelt, muß ihr Gebrauch auch für andere Zwecke abgelehnt werden.

Man braucht deshalb natürlich nicht gleich die alte deutsche Kreuzleine wegzuwerfen. Wenigstens einen Teil der Mängel kann man beseitigen und die Verwendbarkeit der Leine dadurch verbessern. So kann durch Annähen des Handstückes an das Kreuzteil der Leine die Sicherheit erhöht werden. Die Verschnallmöglichkeiten lassen sich erweitern, indem die Anzahl der Schnallöcher vergrößert wird. Die runden Schnallöcher lassen sich in ovale verwandeln. Auch die unbequemen Walzenschnallen lassen sich durch besser geeignete, halbovale Schnallen ersetzen. Bei den alten deutschen Kreuzleinen mit langen Kreuzteilen kann man die Innenleinen kürzen, so daß die Kreuzschnallen vor die Hand zu liegen kommen. Sind am Ende noch die Umschnallstrippen an den Gebißschnallen so verändert, daß sie nur noch ein Loch aufweisen, hat man eine brauchbare, wenn auch noch keine ideale Leine.

Welche Möglichkeiten insgesamt für die Verbesserung einer alten deutschen Kreuzleine in ein brauchbares Instrument für den Fahrer bestehen, läßt sich am besten im Vergleich mit den Maßen und Einzelteilen der Achenbach-Leine feststellen, die Fahrern und Sattlern zur sorgfältigen Beachtung empfohlen werden müssen.

Die ungarische oder Wiener Leine

Die früher auch häufig verwendete „Wiener Leine" ist eigentlich die ungarische Szecheni-Leine, die in Wien sehr viel benutzt und von dort überallhin verbreitet wurde. (Abb. 42) Sie findet auch heute noch dort Verwendung, wo in stilechter ungarischer Anspannung gefahren wird, besonders natürlich in Ungarn selbst, das ja im letzten Vierteljahrhundert zu einem Weltspitzenland des Fahrsports geworden ist.

Die ungarische Leine besteht aus zwei durchlaufenden Leinen. In die äußere Leine ist ein Metallring eingenäht, durch den die innere Leine hindurchgezogen ist. Die Kreuzschnallen der ungarischen Leine sind nicht am Ende der Innenleine angenäht wie bei den deutschen und englischen Leinen, sondern sind frei beweglich. Diese „Fröschl" genannten Kreuzschnallen lassen sich sehr unterschiedlich auf den Leinen anbringen, von „weit vor der Hand" bis „hinter der Hand". Dies wird durch die große Anzahl von Schnallöchern ermöglicht, von denen sich auf jeder der vier Leinen 15 bis 20 befinden, d. h. insgesamt 60 bis 80 Löcher auf beiden Leinen. Dazu kommen noch vier Löcher auf jeder Gebißschnalle. Die Verschnallmöglichkeiten sind so groß, daß sie sicher nur in seltenen Fällen voll ausgenutzt werden.

Hinter den Fröschln laufen Außen- und Innenleinen weiter, bis am Ende des Hand-

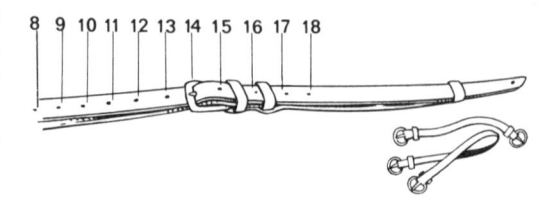

Abb. 42 Ungarische oder Wiener Leine mit „Fröschl" und „Brezel" zum Zusammenschnallen der Leinen

stückes die beiden rechten und die beiden linken Leinen sich vereinigen und mit einem Schnallstößel, dem sogenannten „Brezel", verbunden werden. Dieser Handgriff ist offenbar noch älter als die Fröschln und wurde schon zur Verbindung von Außen- und Innenleine benutzt, als die Fröschln noch nicht vorhanden waren. Diese traten erst mit Beginn des Fahrsports auf.

Praktisch hat daher der Fahrer bei der ungarischen Leine immer vier Leinen in der Hand. Darauf beruht die ungarische Technik der Leinenführung, der ein ebenso festgefügtes System zugrunde liegt, wie es das Achenbach-System für die bei uns zweckmäßige Technik ist.

Die Achenbach-Leine

Leinen, die in England seit nahezu 300 Jahren bei den Postillonen in Gebrauch waren, erwiesen sich als die geeigneten Ausgangsmuster für die von Achenbach angestrebte Entwicklung einer Leine, die in Material und Abmessungen nahezu vollkommen ist.

Mit den zu Beginn des 20. Jahrhunderts erstmals veröffentlichten Anspannungsgrundsätzen wurde auch die Konstruktion seiner Leine bekannt und fand besonders in den ersten beiden Jahrzehnten rasch Verbreitung, sowohl in Deutschland, wo das Achenbach-System bald an allen Reit- und Fahrschulen gelehrt wurde, als auch in der Schweiz, in Schweden, ja sogar in der Türkei.

Heute hat dieses System in ganz Mitteleuropa die vorherrschende Stellung im Fahrsport inne und wird z. B. von den polnischen und tschechoslowakischen, den schweizerischen, schwedischen, österreichischen und niederländischen Fahrern bei Welt- und Europameisterschaften mit Erfolg angewendet.

Das Achenbach-System hat sich damit einen hervorragenden, gleichberechtigten Platz neben den beiden historisch älteren nationalen Fahrsystemen, dem englischen und dem ungarischen, erobert. Seine Vorzüge machen es heute, da der Fahrsport sich weltweit auch mit dem Zweispänner entwickelt, aktueller denn je. Hat sich doch erwiesen, daß die einst für das Fahren im Straßenverkehr der Städte und für Fahrten übers Land gefundenen Regeln auch für das sportliche Fahren die richtige Grundlage geben.

Die Konstruktion der Achenbach-Leine

Die Achenbach-Leine soll aus gutem naturfarbenem Rindkernleder, nicht aus dem weniger stabilen Bauchleder, geschnitten sein. Ihre Breite soll an allen Stellen der Leine 27 mm betragen. Lediglich am Ende, das ja immer hinter der Hand des Fahrers liegt und überhaupt keine Belastung zu ertragen hat, darf sich die Leine etwas verjüngen.

Die Breite von 27 mm ist handgerecht, weil man diese Leinen halten kann, auch ohne die Finger krampfhaft zusammenzupressen, wodurch die Blutzirkulation behindert würde.

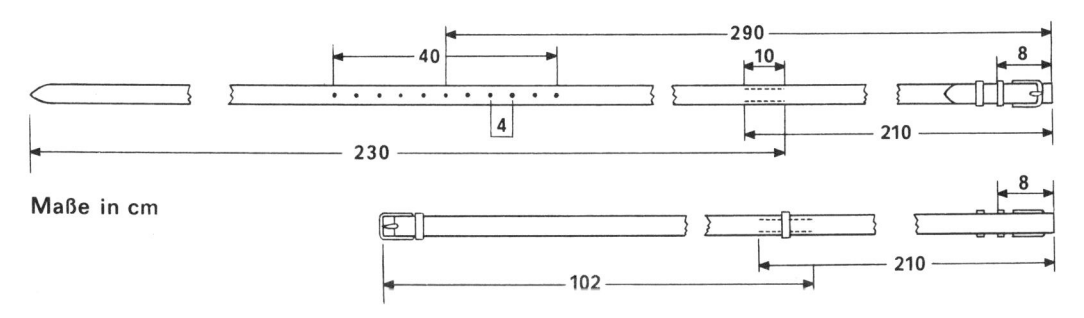

Maße in cm

Abb. 43 Konstruktion und Maße der Achenbach-Leine

Das führte zum frühzeitigen Erstarren der Finger bei kaltem Wetter, aber auch zur raschen Ermüdung der Fingermuskulatur. Breite Leinen lassen sich hingegen auch mit „halboffener" Hand, d. h. ohne kraftvolles Zusammendrücken der Finger, am Durchgleiten hindern.

Da Leinen sich im Gebrauch verändern, und zwar nicht nur – wie wir später sehen werden – in der Länge, sondern auch in der Breite, wird eine Achenbach-Leine im Laufe der Zeit um etwa 2 mm schmaler. Eine 25 mm breite Leine paßt auch für die kleinere Hand einer Fahrerin oder eines Jugendfahrers.

Die Achenbach-Leine besteht aus der Außen- und Innenleine. (Abb. 43) Die Außenleine ist durchgehend vom Pferdemaul bis ans Leinenende, damit entfällt ein anschnallbares Handstück, wodurch das Sicherheitsrisiko der alten deutschen Leine beseitigt ist. Die Innenleine (Kreuzstück) ist von unten in die Außenleine eingeschnallt.

Die durchgehende *Außenleine* mißt von der *Endschnalle* (oder *Endstrupfe*) bis zum Knick der *Umschnallstrippe*[1] an der *Gebißschnalle* 4,30 bis 4,80 m, je nach Länge des Handstückes der Leine. Da „kein Ochse so groß ist", daß man aus seiner Haut diese lange Leine in einem Stück herausschneiden könnte, besteht die Außenleine aus zwei Teilen. Die Länge des Leinenteils vom Knick der Umschnallstrippe bis zur Nahtstelle beträgt 2,10 m, wobei für die Naht 10 cm mitgerechnet sind. Der zweite Leinenteil von der Naht bis zur Endschnalle (Endstrupfe) ist 2,30 m bis 2,80 m lang, worin wiederum 10 cm für die Naht eingerechnet sind, an der beide Leinenteile übereinanderliegen.

Die *Innenleine* besteht ebenfalls aus zwei Teilen. Ihr erster Teil zeigt dieselben Abmessungen wie der erste Teil der Außenleine: 2,10 m vom Knick der Umschnallstrippen bis zur Naht, auch hier die 10 cm für die Naht wieder mitgerechnet. Die Länge des zweiten Teils der Innenleine von der Naht bis zur Kreuzschnalle beträgt, die Nahtlänge von 10 cm wieder berücksichtigt, 1,02 m.

Ziehen wir bei Außen- und Innenleine jeweils 10 cm für die Nahtstelle ab, an der die beiden Leinenteile übereinanderliegen, so ergeben sich:

- für die Außenleine: 2,10 m (1. Teil) plus 2,30 bis 2,80 m (2. Teil) minus 0,10 m (Naht) = 4,30 bis 4,80 m
- für die Innenleine: 2,10 m (1. Teil) plus 1,02 m (2. Teil) minus 0,10 m (Naht) = 3,02 m.

In die Naht der Innenleine ist eine Schlaufe eingenäht, durch welche die Außenleine gezogen wird. Diese Schlaufe hält beide Leinen bis 107 cm vor dem Mittelloch des Verschnallstükkes zusammen und verhindert so, daß eine nicht anstehende Leine sich unter einem anderen Geschirrteil festhaken kann.

Diese Schlaufe muß so gehalten sein, daß auch die Nahtstelle der Außenleine leicht hindurchpaßt, was bei starkem Zurücknehmen einer Innenleine vom Bock aus erforderlich werden kann.

Als *Verschnallstück* bezeichnet man den Teil der Außenleine, in dem die Schnallöcher angebracht sind. Die Länge des Verschnallstückes beträgt bei der Achenbach-Leine 40 cm, d. h., 11 Schnallöcher sind in Abständen von je 4 cm auf der Außenleine verteilt. Mit einem Verschnallstück dieser Länge lassen sich alle in der Fahrpraxis auftretenden Probleme, die durch Verschnallen gelöst werden sollen, bewältigen.

Sehr wichtig, insbesondere für Grundsätze und Technik des Leinenverschnallens, ist die Lage des mittelsten Schnalloches, das der Kürze wegen als Mittelloch bezeichnet wird. Es ist genau 2,90 m vom Knick der Umschnallstrippe entfernt. Das Verschnallstück

---

[1] Die Begriffe „Strippe" und „Strupfe" – der erstere dem Niederdeutschen, der letztere dem Oberdeutschen entnommen – decken sich inhaltlich insofern, als sie in dem hier besprochenen Zusammenhang ein Lederende bezeichnen, das mit Löchern versehen ist, die den Dorn einer Schnalle aufnehmen.
Hier sind sie in der Bedeutung gebraucht, in der Achenbach sie verwendet:
- Strippe = freies Schnallende, das in eine am selben Lederteil befindliche Schnalle eingeschnallt wird (z. B. Umschnallstrippe der Gebißschnalle)
- Strupfe = freies Schnallende, das zur Verbindung zweier verschiedener Lederteile dient (z. B. Oberblattstrupfe).

erstreckt sich demnach von 2,70 bis 3,10 m vom Knick der Umschnallstrippe, wobei sich auf jeder Seite vom Mittelloch fünf weitere Schnallöcher befinden, so daß insgesamt ein Unterschied von 20 cm zwischen beiden Pferdemäulern durch Verschnallen der Leinen (s. S. 87 ff.) erreicht werden kann.

Das *Handstück* der Leine, womit man den Leinenteil zwischen dem Mittelloch und der Endschnalle (Endstrupfe) meint, hat eine Länge von 1,40 bis 1,90 m. Diese Länge richtet sich nach der Art des Wagens und der Länge der Anspannung, wird also durch die Entfernung des Fahrers von den Pferden beeinflußt. Für einen Wirtschaftswagen mit längerer Anspannung der Pferde wird ein längeres Handstück benötigt als für ein kürzer angespanntes Sportgespann, dessen Pferde sich in geringerer Entfernung vom Fahrer befinden.

Am Ende des Handstücks werden die Lei-

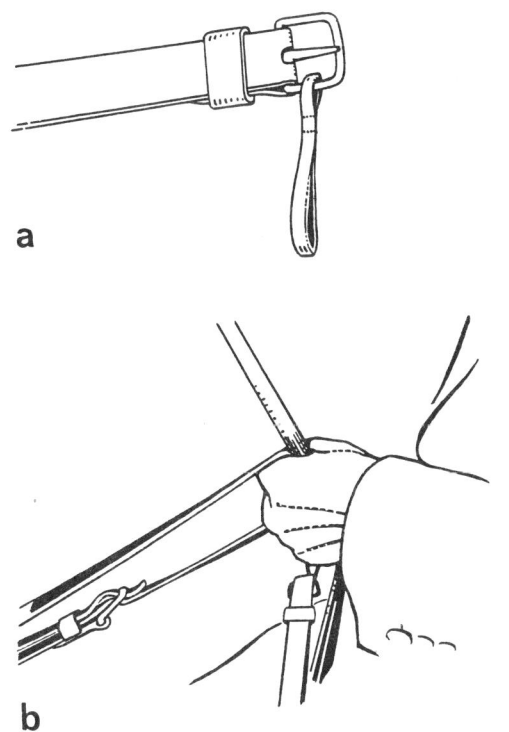

Abb. 44 Riemchen in der Leinenendschnalle
a Normalanbringung
b So hängt das Leinenende am kleinen Finger der linken Hand

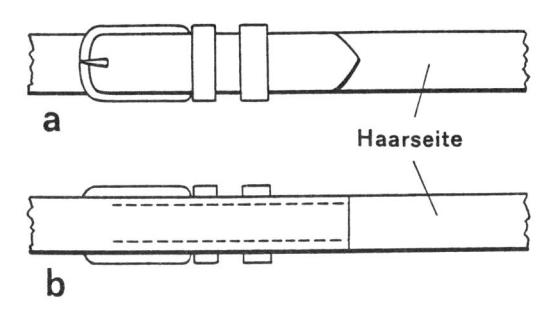

Abb. 45 Die Gebißschnallen sind auf Außen- und Innenleine gegeneinander versetzt aufgenäht
a Außenleine
b Innenleine

nen zusammengeschnallt. Dazu befindet sich auf der linken Leine eine *Leinenendschnalle* und auf der rechten Leine eine *Leinenendstrupfe*. Mit dieser Anordnung soll einer Verwechslung bereits verschnallter Leinen vorgebeugt werden. (Man kann sich leicht merken, daß die Leine mit der Schnalle stets die linke, die mit der Strupfe stets die rechte ist.) In die Leinenendschnalle ist noch ein kurzes senkelartiges Riemchen als Schlaufe eingenäht (Abb. 44), mit dessen Hilfe man ein zu langes Leinenende am kleinen Finger der linken Hand aufhängen kann, so daß es weder den Beifahrer stört noch sich in den Füßen des Fahrers verheddern kann. Außerdem hindert dieses Riemchen die Leinen daran, über das Spritzbrett zu gleiten, wenn sie dem Fahrer wirklich einmal aus der Hand fallen sollten. Das Riemchen darf allerdings nicht zu breit sein, weil es dann den Fahrer in der Leinenführung behindern könnte.

Die Innenleinen besitzen – wie auch die Außenleinen – eine im zugeschnallten Zustand 8 cm lange Gebißschnalle, deren *Umschnallstrippe* ein ovales Loch aufweist. Die Länge dieser Strippe beträgt 12 bis 15 cm. Ihr freies Ende wird durch ein oder zwei Schlaufen geführt, so daß das Strippenende stets an der Leine gehalten wird und nicht unordentlich herabhängen oder sich gar einmal unter den Aufhalter festsetzen kann.

Zum Unterschied von den Außenleinen, bei denen die Schnalldorne der Gebißschnallen auf der Oberseite der Leine, der glatten

85

„Haarseite", liegen, sind sie auf der Innenleine „verkehrt" aufgesetzt, d. h., die Schnalldorne befinden sich auf der Unterseite der Leine, der rauhen „Fleischseite". (Abb. 45)

Dieses „Umgekehrtaufsetzen" der Gebißschnallen soll die Leinen daran hindern, sich unter dem Gewicht der Kreuzschnallen nach außen und unten zu verdrehen. Das gelingt deshalb, weil die Innenleine durch die umgekehrt aufgesetzte Gebißschnalle hinter dem Kammdeckel (vom Fahrer aus gesehen) nach innen verdreht wird, so daß im Schlüsselring des Kammdeckels die Haarseite der Leine nach dem Nachbarpferd weist und man von vorn die Innenleinen glatt aufeinanderliegend, jedoch mit den Fleischseiten nach der Deichselspitze zeigend, sieht. Unterstützen soll diese richtige Lage der Leinen ein Kniff, der auch beim Anspannen angewandt wird: Vor dem Zusammenschnallen der Kreuzstücke wird die linke Innenleine kurz vor dem Schlüsselring (von der Deichselspitze her gesehen) festgehalten und kurz gefaßt einmal nach rechts gedreht, so daß sie einen „Drall" erhält. Die rechte Innenleine wird in gleicher Weise, „korkenzieherartig", wie Achenbach sagt, nach links gedreht. (Abb. 46)

An ihrem der Fahrerhand zugekehrten Ende weisen die Innenleinen eine Schnalle, die *Kreuzschnalle*, auf. Zweckmäßigerweise wird dazu eine halbovale, gekröpfte Schnalle mit ovalem Schnalldorn verwendet. (Abb. 47, 48) Eine solche Schnalle erleichtert das Verschnallen der Leine wesentlich. Die Kreuzschnalle wird in die ebenfalls ovalen Löcher des Verschnallstückes der Außenleine eingeschnallt, so daß die Innenleine bis zu der beide Leinen zusammenhaltenden Schlaufe unterhalb der Außenleine verläuft.

Werden die Leinen längere Zeit nicht verschnallt, so bildet sich an den Stellen, an welcher der Steg der Schnalle die Außenleine berührt, eine Querrinne, die nicht wieder beseitigt werden kann. Da diese bei hellen Leinen zudem noch eine dunklere Färbung annimmt, bei Kreuzschnallen aus nicht korrosionsfestem Material sogar das Leder schädigen kann, bringt man einen „Schoner" für die Außenleine an. (Abb. 48) Dieses kleine Lederstückchen ist oben in der Schlaufe eingenäht, die sich dicht hinter der Kreuzschnalle auf der Innenleine befindet, und wird zwischen Schnallensteg und Außenleine mit eingedornt.

Betrachtet man die Längen beider Leinen zwischen dem Mittelloch des Verschnallstükkes und dem Knick der Umschnallstrippe an der Gebißschnalle, so ergibt sich, daß sie

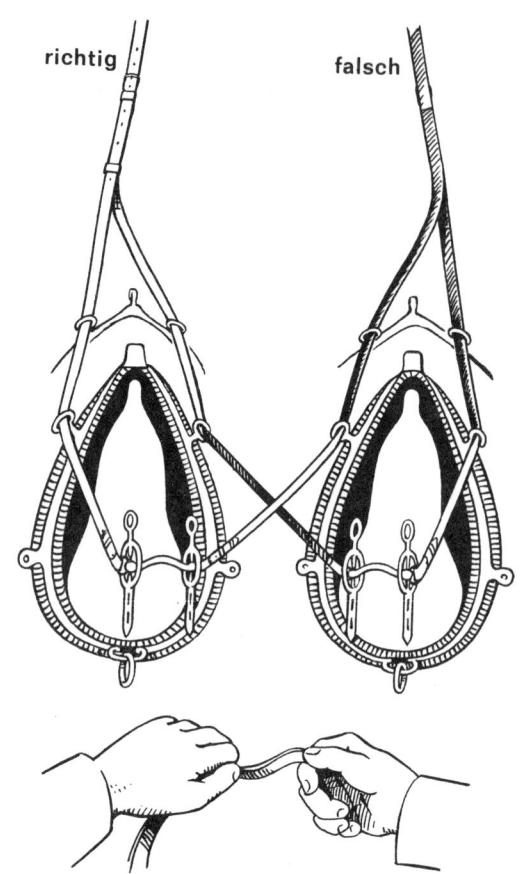

Abb. 46 Wirkung des Umgekehrtaufsetzens der Gebißschnallen

Das Handpferd hat die richtige Leine, die zwischen den Pferden mit der Fleischseite nach vorn weist;
bei der Leine des Sattelpferdes ist die Gebißschnalle nicht umgekehrt aufgesetzt, daher hat sich die Kreuzschnalle nach unten gedreht;
vor dem Einschnallen in die Gebisse gibt man den Leinen einen „Drall" (rechte Innenleine = Linksdrall, linke Innenleine = Rechtsdrall), damit sie glatt aufeinanderliegen.

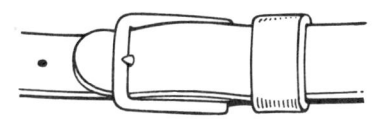

Abb. 47 Kreuzschnalle von oben

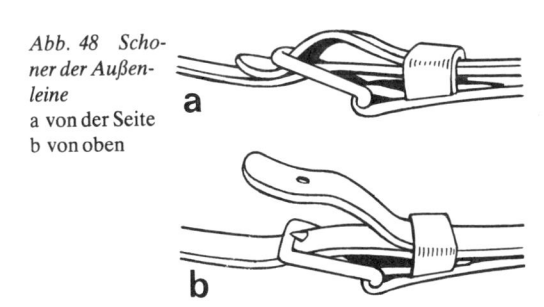

Abb. 48 Schoner der Außenleine
a von der Seite
b von oben

verschieden lang sind: die Außenleine = 2,90 m, die Innenleine = 3,02 m. Dieser Unterschied zwischen Außen- und Innenleine ist bedingt durch den weiteren Weg, den die Innenleine zum Nachbarpferd zurückzulegen hat. Bei einem Paar mittelschwerer Pferde mit einem Abstand von 50 cm zwischen den Pferdemäulern beträgt dieser Längenunterschied 12 cm.

Es soll hier noch darauf hingewiesen werden, daß sich die Länge der Leinen im Laufe der Zeit, vor allen Dingen unter dem Einfluß der Witterung, verändern kann. So verkürzt sich eine längere Zeit bei Regenwetter benutzte Leine, während sich eine dauernder Trockenheit ausgesetzte Leine bei starkem Gebrauch und schlechter Pflege verlängert. Da mit einer Längenveränderung der Leinen auch die mit dem Verschnallen beabsichtigte Wirkung beeinträchtigt oder gar aufgehoben wird, ist der Fahrer genötigt, von Zeit zu Zeit die Länge seiner Leinen zu überprüfen. Versuche dazu ergaben, daß bei gut gepflegten Leinen Verlängerungen nicht auftraten. Die richtige Leinenpflege ist somit ein ausreichender Schutz. Verkürzungen hingegen waren bei der Mehrzahl der untersuchten Leinen in mehr oder weniger starkem Maße festzustellen. Diese allerdings sind relativ leicht zu beseitigen, indem man durch Ziehen die richtige Länge wiederherstellt. Übrigens, bei Außenleinen waren stärkere Verkürzungen festzustellen als bei Innenleinen, was sich einerseits aus deren größerer Länge leicht erklärt, andererseits die Aufmerksamkeit besonders auf das Nachmessen der Außenleine orientiert. Damit sich die Leinen nicht verziehen, müssen sie in der Geschirrkammer stets in glatte Schlaufen gelegt aufgehängt werden. Das Herumschlingen der Leinenenden um die Schleifen, wie bei einem Heuseil, ist verwerflich.

Für die Einspännerleine treffen die gleichen Gesichtspunkte hinsichtlich der Breite (27 mm) und der Länge (ca. 4,50 m) der einzelnen Leinenteile zu. Innenleine und Verschnallstück fehlen ihr natürlich, jedoch kann sie in ihrem letzten Drittel ein Gurt-Handstück besitzen. Auch die Einspännerleine ist an ihrem Ende zusammengeschnallt. Wenn wir dafür plädieren, sich auch bei der Einspännerleine an die Praxis zu halten, daß der Teil mit der Endschnalle an der linken Seite des Pferdes, der mit der Endstrupfe an der rechten Seite eingezogen wird, so sind dafür nicht fahrtechnische Gesichtspunkte entscheidend, sondern die Überlegung, daß es für das Einschleifen hilfreicher Gewohnheiten günstiger ist, ein bewährtes Prinzip nicht ohne Not zu durchbrechen.

Das Verschnallen der Achenbach-Leine

Ein Vorteil der Achenbach-Leine ist die relativ geringe Entfernung der Kreuzschnallen von der Hand des Fahrers, die es ihm gestattet, die Leinen jederzeit vom Bock aus zu verschnallen, bei ruhiger Fahrt auf gerader Strecke sogar während der Bewegung. Die Peitsche darf dazu ausnahmsweise einmal aus der Hand gelegt werden.

Die beim Verschnallen der Leinen vom Bock aus erforderliche Technik, die man auch an der Gespannattrappe üben sollte (s. S. 21), sofern diese für das Üben des Leinenaufnehmens und -ablegens sowie des Auf- und Absitzens eingerichtet ist, wird nachstehend beschrieben (Abb. 49):

■ Die linke Hand greift auf den Leinen so weit vor, daß ihr Mittelfinger vor der Kreuzschnalle zwischen die linken Leinen geschoben werden kann.

■ Nun beugt sich der Fahrer so weit nach vorn, daß die rechte Hand auch an die Kreuzschnallen gelangen kann. Liegt der linke Mittelfinger vor der linken Kreuzschnalle zwischen den Leinen, befindet sich die normalerweise weniger weit vom Fahrer entfernte rechte Kreuzschnalle bereits hinter der Fahrerhand.

■ Der rechte Zeigefinger hebt nun die linke Kreuzschnalle etwas an, so daß Daumen und Mittelfinger innerhalb der Kreuzschnalle unter die Außenleine geschoben werden und sie nach oben drücken können. Dabei hebt sich der Schnalldorn.

■ Daumen und Zeigefinger heben danach die Außenleine von oben und vom Schnalldorn ab. Damit steht dem Verschnallen nichts mehr im Wege.

■ Soll die linke Kreuzschnalle näher an die Hand des Fahrers heran (das Handpferd soll in der Leine zurückgenommen werden), wird die Außenleine so weit vorgeschoben, bis das gewünschte Loch über dem Schnalldorn steht und dieser hineingleiten kann.

Soll die linke Kreuzschnalle weiter von der Hand des Fahrers entfernt werden (das Sattelpferd soll die kürzeren Leinen bekommen), wird die Außenleine so weit zurückgezogen, bis der Schnalldorn ebenfalls unter dem gewünschten Schnalloch steht und beim Zurückschieben der Außenleine durch die an der Kreuzschnalle angebrachte Schlaufe in das Schnalloch hineingleiten kann.

■ Danach legen Daumen und Zeigefinger die rechte Leine auf den linken Zeigefinger, wo sie der linke Daumen festhält.

■ Der Vorgang des Verschnallens wird nun an der rechten Leine wiederholt. Soll die rechte Kreuzschnalle weiter von der Hand des Fahrers entfernt werden (das Handpferd soll die kürzeren Leinen bekommen), wird die Außenleine, wie oben beschrieben, zurückgezogen. Soll die rechte Kreuzschnalle näher an die Hand des Fahrers heran (das Sattelpferd soll in den Leinen zurückgenommen werden), wird die Außenleine vorgeschoben.

■ Ist das Verschnallen der Leinen beendet, werden beide Leinen verlängert. Dabei ist zu beachten, daß die Pferde wieder geradeaus gestellt werden müssen, indem die Kreuzschnalle der kürzer geschnallten Leine mit dem Mittelloch der anderen Leine auf gleicher Höhe stehen muß (vgl. Abb. 51 D).

Dieses Verschnallen sollte so lange geübt werden, bis es gelingt, diese Verlängerungen vorzunehmen, ohne daß das Tempo verändert oder die Pferde anderweitig gestört werden.

In dem eben dargestellten technischen Ablauf des Leinenverschnallens vom Bock aus haben wir einen wichtigen Grundsatz des Leinenverschnallens kennengelernt, auf den wir noch einmal zurückkommen werden.

Im dritten Hauptgrundsatz des Achenbach-Systems heißt es, daß man mit Hilfe der Achenbach-Leine die Zugleistung zweier verschiedenartiger Pferde ausgleichen kann. Ausgleichen durch Verschnallen der Leinen kommt dann in Frage, wenn ein dauernder Belastungsausgleich angestrebt wird. Soll einem der Pferde nur vorübergehend Last zugeteilt werden, steht dem Fahrer dazu die treibende Einwirkung mit der Peitsche zur Verfügung.

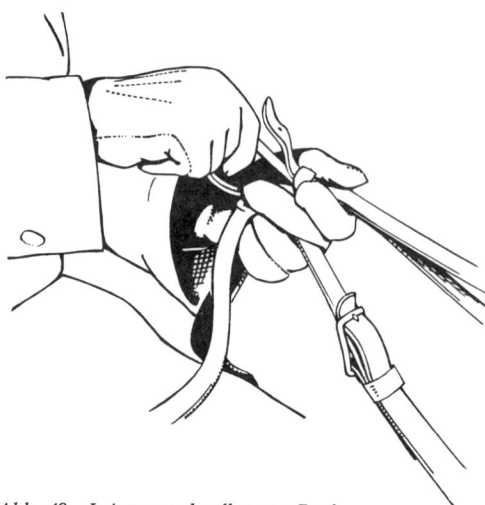

Abb. 49 Leinenverschnallen vom Bock aus
Nach Beendigung des Verschnallens muß die weiter von der Hand des Fahrers entfernte Kreuzschnalle auf Höhe des Mittelloches der anderen Leine stehen.

Daraus ergibt sich die Forderung, daß Kenntnis der Grundregeln des Leinenverschnallens von jedem Fahrer verlangt werden muß, der sein Gespann richtig und gut fahren will. Pferde gleicher Größe und mit annähernd gleichem Temperament werden in den meisten Fällen in *Grundschnallung* gefahren. Man versteht darunter eine Leinenschnallung, bei der zwischen der Hand des Fahrers und der Kreuzschnalle auf beiden Leinen die gleiche Anzahl von Schnallöchern frei bleibt.

Erwähnt wurde schon, daß bei der Schnallung der Kreuzschnalle in das Mittelloch der Außenleine der Weg der Innenleine zum Nachbarpferd 12 cm länger ist und damit der Abstand der Pferdemäuler ausgeglichen wird. Diese Schnallung wird als *Grundschnallung im 6. Loch* bezeichnet. Dafür ist die Achenbach-Leine konstruiert, wobei von einer normalen Deichsellänge von 2,80 m ausgegangen wird. (Größere Deichsellänge und längere Anspannung beim Arbeitsgespann oder auch beim Tourenfahren werden durch ein längeres Handstück ausgeglichen, vgl. S. 85)

Wählt man also bei mittelschweren Pferden die Grundschnallung im 6. Loch, sind die Köpfe beider Pferde – gleiche Halslänge vorausgesetzt – geradeaus gestellt. Der Abstand der beiden Pferdeköpfe voneinander bestimmt den Unterschied der Länge zwischen Außen- und Innenleine. Bei schmaleren Pferden, wo der Abstand von Pferdemaul zu Pferdemaul geringer ist, wird der Weg der Innenleine zum Nachbarpferd kürzer sein als bei breiteren Pferden. Als Anhaltspunkt kann dafür Tabelle 1 gelten.

Abbildung 50 zeigt, wie sich die Grundschnallung im 6. Loch auswirkt, wenn sie bei schmaleren oder breiteren Pferden verwendet wird. Im ersten Fall stehen beide Pferdeköpfe nach außen, weil die Innenleinen länger sind, als der Maulabstand der Pferde erfordert. In diesem Fall ist als Korrektur die Grundschnallung im 5. Schnalloch zu wählen (vgl. Abb. 50 C). Fährt man hingegen breitere Pferde mit einer Grundschnallung im 6. Loch, werden die Pferdeköpfe nach der Deichsel zusammengezogen, weil die Innenleinen in

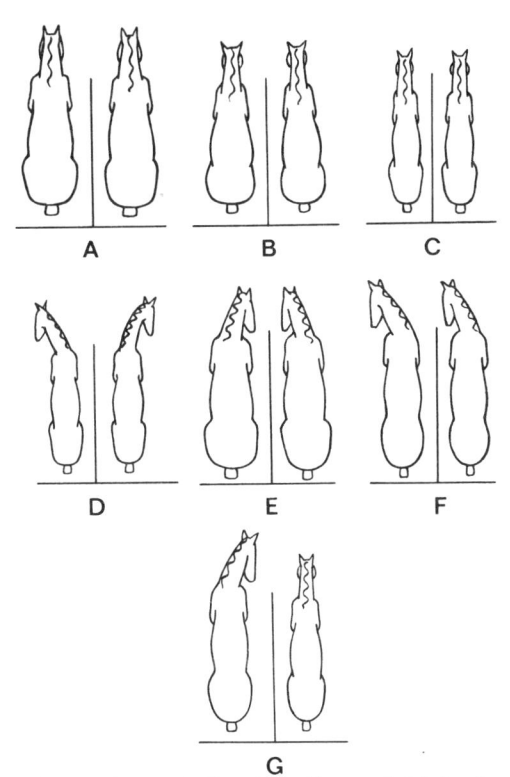

Abb. 50 Leinen in Grundschnallung und dabei auftretende Fehler

A Für große und breite Pferde ist Grundschnallung im 7. Loch erforderlich

B Für mittelgroße Pferde ist Grundschnallung im 6. Loch bei Kumtanspannung richtig

C Grundschnallung im 5. Loch ist für kleine, schmale Pferde angebracht. Richtig ist sie auch bei mittelgroßen Pferden in Sielengeschirren, weil bei diesen die Innenleinen vom Kammdeckel direkt zu den Gebissen laufen

D Die Grundschnallung im 7. Loch führt bei kleinen, schmalen Pferden zur Außenstellung, weil die Innenleinen zu lang sind

E Werden große, breite Pferde mit Grundschnallung im 5. Loch gefahren, zieht man ihnen die Köpfe zusammen, weil die Innenleinen zu kurz sind

F Die Linksstellung beider Pferdeköpfe weist darauf hin, daß das Sattelpferd ständig zuviel zieht. Es verschiebt dabei die Deichsel nach rechts, und der Fahrer wirkt immerzu unbewußt auf die linke Leine, um die Deichsel wieder geradeaus zu stellen. Das Sattelpferd müßte in den Leinen zurückgenommen, das Handpferd vorgelassen werden

G Die Pferde sind in der Größe und besonders in der Halslänge verschieden. Sollen sie gleichviel ziehen, müssen beide Pferde mit der Brust auf gleicher Höhe stehen. Das zu erreichen, muß das Ziel des Verschnallens sein: Handpferd ein Loch zurück, Sattelpferd ein Loch vorschnallen ihrer Länge dem größeren Abstand der Pferdemäuler nicht entsprechen (vgl. Abb. 50 E). Hier ist die Grundschnallung im 7. Loch richtig (vgl. Abb. 50 A). Die Innenleinen sind dann 16 cm länger als die Außenleinen.

Daß wir in Tabelle 1 die Anzahl der freien Löcher auf beiden Leinen für jede der möglichen Grundschnallungen angegeben haben, hat seine guten Gründe. Sie ergeben sich aus einem der wichtigsten Grundsätze für das Leinenverschnallens: Wird die Länge nur einer Leine verändert, verändert sich mit ihr die Richtung des Gebisses im Pferdemaul. Sein Abstand zur Fahrerhand wird an einem seitlichen Ende des Gebisses größer bzw. kleiner als am anderen. Demzufolge erhält das Gebiß eine schräge Lage im Maul, was mindestens zu Fehlern in der Kopfstellung führt. Auf die Dauer wird jedoch das Pferd auf diese Weise ständig zu stark belastet und schließlich schief. In Abbildung 51 ist diese Schräglage des Gebisses nach dem Verschnallen einer Leine deutlich gemacht. Da aber das Gebiß immer gerade im Maule liegen muß, nicht zuletzt, damit das Pferd eine gleichmäßige Anlehnung an beide Gebißhälften nehmen kann und geradeaus gestellt bleibt, muß die Veränderung der Kreuzschnalle, die auf einer Leine in einer Richtung erfolgt ist, in jedem Falle auf der anderen Leine in der gleichen Größenordnung in entgegengesetzter Richtung vorgenommen werden. Bei der am Beginn dieses Kapitels beschriebenen Technik des Leinenverschnallens haben wir diese Notwendigkeit bereits berücksichtigt.

Die erste Regel des Leinenverschnallens heißt also:
Es darf niemals nur auf einer Leine verschnallt werden!
Ganz gleich, welche Wirkung durch das Verschnallen erreicht *werden soll, es muß stets auf beiden Leinen gleichmäßig verschnallt werden.* Das heißt, um wieviel Löcher die Kreuzschnalle auf einer Leine vorgesetzt worden ist, um so viele Löcher muß sie auf der anderen Leine zurückgesetzt werden, und umgekehrt.
Die Summe der freien Löcher auf beiden Leinen ist immer gleich der Summe der freien Löcher in der entsprechenden Grundschnallung (zweite Regel des Leinenverschnallens).

Das soll an einem Beispiel veranschaulicht werden (Abb. 51): Nehmen wir an, daß ein Paar Pferde vor einem Wagen mit fester Hinterbracke gehen, die Leinen in Grundschnallung im 6. Loch. Der Fahrer bemerkt, daß das Sattelpferd ständig mehr ziehen muß als das Handpferd. Das kann er an den Strängen, an den Aufhaltern, an den durchhängenden Leinen des Handpferdes und an der Kopfstellung der Pferde nach links (vgl. Abb. 50 F) erkennen, die daraus resultiert, daß das Sattelpferd die Deichsel ständig nach rechts verschiebt und der Fahrer unbewußt, aber ebenso andauernd mit der linken Leine stärker einwirkt, um die Deichsel wieder gerade zu stellen. Das stärker ziehende Sattelpferd muß also entlastet und das Handpferd mehr am Ziehen der Last beteiligt werden. Ein solcher Ausgleich auf Dauer kann nur mit Hilfe der Leinen erfolgen, wozu die Möglich-

Tabelle 1: Wegstrecke der Innenleine und Abstand der Pferdeköpfe bei verschiedenen Grundschnallungen

Grundschnallung im ... Loch	Weglänge der Leine zum Nachbarpferd 2,90 m plus	seitlicher Abstand der Pferdemäuler	Anzahl der freien Löcher auf beiden Leinen
8.	20 cm	65–70 cm	14
7.	16 cm	55–60 cm	12
6.	12 cm	45–50 cm	10
5.	8 cm	35–40 cm	8
4.	4 cm	25–30 cm	6

Anmerkung: Entsprechend dem geringeren Abstand der Pferdemäuler zueinander ergibt sich für Ponys nicht nur ein geringeres Maß der Außenleine, sondern auch ein geringerer Lochabstand auf dem Verschnallstück.

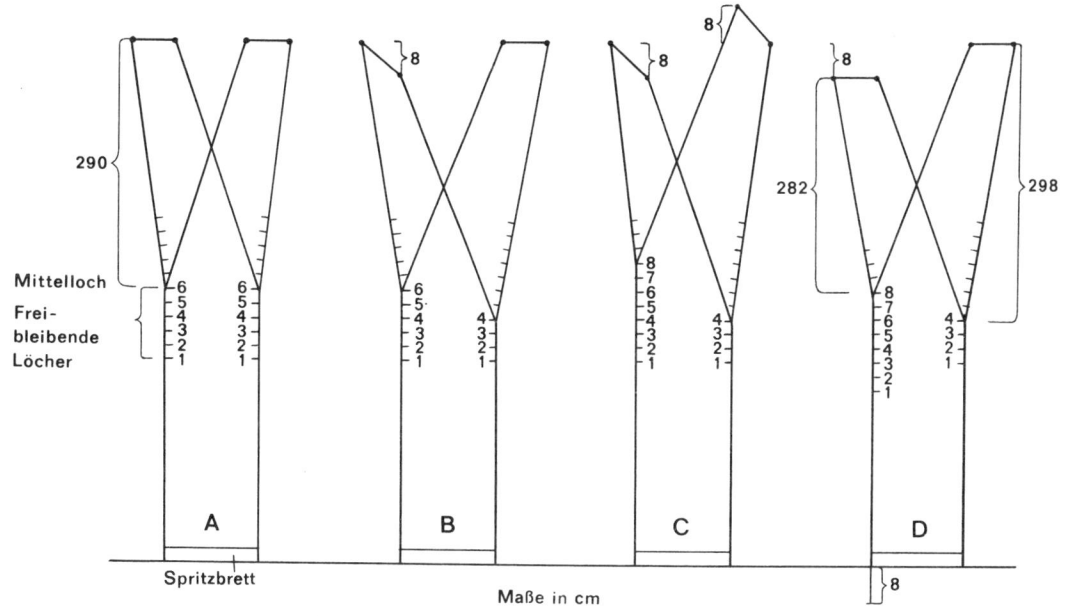

Abb. 51 Vorgang des Leinenverschnallens

keiten durch die Achenbach-Leine in hervorragender Weise gegeben sind.

Allerdings ist es nicht möglich, einfach das Sattelpferd auf der linken Leine zurückzunehmen, denn das ist die durchgehende Leine, deren Länge zwischen Pferdemaul und Fahrerhand nicht verändert werden kann. Mit der rechten Innenleine jedoch, die von der Kreuzschnalle der rechten Leine zur rechten Gebißseite des Sattelpferdes läuft, kann dieses Zurücknehmen erfolgen, indem die Kreuzschnalle beispielsweise um zwei Loch zum Fahrer hin versetzt wird. Damit ist sie in das 4. Loch geschnallt, und auf der rechten Leine bleiben noch drei Löcher vor der Hand des Fahrers frei. Das ist in Abbildung 51 B dargestellt. Daran ist aber auch zu erkennen, daß die rechte Gebißseite mit der Kreuzschnalle um acht Zentimeter an die Hand des Fahrers herangezogen worden ist, und so liegt das Gebiß schräg im Maul des Pferdes, das selbst durch Anpassung seiner Kopfstellung nicht mehr in der Lage wäre, den unterschiedlichen Druck auf die beiden Maulseiten auch nur annähernd auszugleichen. Es müßte sich dazu noch im Hals verdrehen und dabei über

die linke Schulter gehen, woraus sich alle die schon in der Leinenführung in den Wendungen besprochenen Folgen ergeben würden.

Es erwächst daraus die Notwendigkeit, unbedingt für eine gerade Lage des Gebisses im Maul Sorge zu tragen. Das kann nur in zwei Schritten geschehen, die in Abbildung 51 C und D dargestellt sind. Ausgehend von dem oben gegebenen Grundsatz und der Tatsache, daß auch die rechte Außenleine nicht verändert werden kann, wird zunächst die linke Kreuzschnalle um ebenso viele Löcher vorgesetzt, wie die rechte zurückgenommen wurde. Damit ist dem Gebiß des Handpferdes die gleiche Schräglage gegeben, die das Gebiß des Sattelpferdes beim Zurücknehmen der rechten Kreuzschnalle bekommen hatte, allerdings um acht Zentimeter weiter von der Fahrerhand entfernt (vgl. Abb. 51 C). Werden nun die nach rechts gestellten Pferde durch Verkürzen der linken Leine um diese 8 cm wieder geradeaus gestellt, erhalten auch die Gebisse in den Pferdemäulern wieder ihre gerade Lage senkrecht zu den Maulspalten. Die Leinen des Sattelpferdes allerdings sind jetzt um ebendiese 8 cm kürzer geworden, die der Fahrer

91

beim Verkürzen der linken Leine hinter seine Hand gebracht hat. Die Kreuzschnalle der rechten Leine befindet sich auf gleicher Höhe mit dem Mittelloch der linken Leine. Das wird später beim Leinenaufnehmen (s. S. 199 ff.) zu beachten sein. Abbildung 51 veranschaulicht den gesamten Vorgang: Die Anzahl der freien Löcher auf beiden Leinen betrug vor dem Verschnallen 10 (Abb. 51 A), je 5 auf der rechten und auf der linken Leine bei Grundschnallung im 6. Loch. Als die rechte Kreuzschnalle um zwei Loch nach der Hand des Fahrers verschoben wurde, blieben auf der rechten Leine noch 3 Löcher frei. Zusammen mit den 5 freien Löchern der anderen Leine waren das aber nur 8 freie Löcher auf beiden Leinen. Erst dadurch, daß die linke Kreuzschnalle um 2 Loch von der Hand des Fahrers weggerückt und in das 8. Loch, von der Hand des Fahrers aus gezählt, geschnallt wurde, betrug die Summe der freien Löcher auf beiden Leinen wieder 10, 3 auf der linken und 7 auf der rechten Leine.

Das vorstehende Beispiel ging von einer Grundschnallung im 6. Loch aus. Muß man kleinere oder schmalere Pferde in der Grundschnallung im 5. Loch fahren, müssen stets 8 freie Löcher auf beiden Leinen vorhanden sein, bei Grundschnallung im 7. Loch sind es immer 12 freie Löcher.

Die Kenntnis dieses Zusammenhanges bildet zugleich ein wichtiges Kontrollmittel dafür, ob eine Leine richtig verschnallt ist. Fahrrichter sollten bei Gebrauchsprüfungen, Dressurprüfungen und Gespannkontrollen ihr Augenmerk darauf richten. Stimmt das Leinenverschnallen nicht, braucht man sich nicht zu wundern, wenn die Pferde mit fehlerhafter Kopfstellung gehen. Sind jedoch die Leinen richtig geschnallt und die Kopfstellung ist trotzdem fehlerhaft, so sind entweder die Leinen verzogen, oder die Pferde ziehen ungleichmäßig. In diesem Falle ist zunächst die Leinenlänge nachzumessen.

Ein Ausgleich der Zugleistungen der Pferde mit Hilfe der Leinen kann aus verschiedenen Gründen erforderlich werden. Die drei wesentlichsten sind im dritten Hauptgrundsatz genannt: Temperamentsunterschiede, Gebäudeunterschiede und Unterschiede in der Arbeitsfähigkeit. Eine strenge Trennung dieser drei Kategorien ist in der Regel nicht möglich, da oft mehrere von ihnen an der ungleichmäßigen Zugleistung der Pferde beteiligt sind, wenn auch in unterschiedlichem Maße. Um einen dauerhaften Ausgleich der Zugleistung oder auch die notwendige ungleichmäßige Verteilung der Last auf beide Pferde herbeizuführen, ist die Achenbach-Leine entsprechend zu verschnallen.

In welcher Weise das Leinenverschnallen zu erfolgen hat, hängt davon ab, in welchem Maße sich die Unterschiede in Temperament, Gebäude und Arbeitsfähigkeit auf die Zugleistung auswirken. Sie können sich in ihrer Wirkung gegenseitig ergänzen, verstärken, abschwächen oder auch ganz aufheben. Das zwingt den Fahrer dazu, vor dem Verschnallen der Leinen gründlich zu durchdenken, auf welchem Wege er seine Absicht verwirklichen kann. Achenbach hat einmal kritisch über einige seiner zeitgenössischen Fahrer gesagt: „Die wenigsten geben sich Mühe, alles durch- und durchzudenken. Sie stellen theoretisch Behauptungen auf, ohne sie in der Praxis ausprobiert zu haben; ihnen fliegen die gebratenen Tauben in den Mund, aber sie wollen sie nicht verdauen." Deshalb sollen die folgenden Ausführungen dazu dienen, an Beispielen einige der Überlegungen darzustellen, die sich der Fahrer vor dem Verschnallen der Leinen machen muß.

Ein *temperamentvolles* Pferd ist „*fleißiger*" als ein temperamentloses. Es wird daher stets den Hauptteil der Last ziehen. Das führt schließlich dazu, daß es sich mehr aufregt als das temperamentlose und daher viel mehr Energie verbraucht, sich überanstrengt und auf die Dauer körperlich und nervlich ruiniert. Die Erfahrung zeigt, daß ein heftiges Pferd ruhiger wird, wenn man ihm einen Teil der Zugarbeit abnimmt und dem „faulen" Pferd mehr Arbeit zuteilt. Die Aufgabe des Fahrers besteht darin, das „faule" Pferd mehr in den Zug zu bringen. Zunächst wird er es mit vortreibenden Peitschenhilfen versuchen. Da dies aber bei deutlichen Temperamentsunterschieden keine Dauerwirkung hervorbringt, eher das heftige Pferd durch ungeschickte Peitschenhilfen noch mehr aufgeregt wird, muß man die Leinen verschnallen. Dazu nimmt man das temperamentvolle Pferd um zwei Loch zurück und läßt das „faule" um zwei Loch vor, so wie das vorstehend beschrieben und in Abbildung 51 dargestellt ist.

In der Praxis des landwirtschaftlichen Fuhrwesens wurde – und wird von Unbelehrbaren auch heute noch – versucht, das temperamentvolle Pferd zurückzunehmen, ohne die Leinen zu verändern, nicht zuletzt deshalb, weil diese ein bequemes Verschnallen nicht zuließen. Zu diesem Zweck erfand man den „Laufzügel" und den „Beibindezügel". (Abb. 52) Diese beiden Instrumente unterscheiden sich nur dadurch, daß der erste das heftige Pferd am äußeren Ende der Spielwaage auf der Seite des faulen Pferdes, der zweite hingegen an der Strangschnalle des „faulen" festbindet. Damit sollte erreicht werden, daß das heftige nicht mehr ziehen kann als das „faule". Diese lobenswerte Absicht wird durch die Konstruktion und Wirkungsweise dieser „Hilfsmittel" völlig in das Gegenteil verkehrt. Es ist nicht zuletzt die Ausschaltung der fühlenden menschlichen Hand und die Beschränkung auf mechanische Einwirkung, die diese Zügel zu wahren Marterwerkzeugen werden läßt. Jede Bewegung des „faulen" Nachbarpferdes wirkt sich als Ruck im Maul des gehfreudigen aus.

Aufregung und Nervosität werden dadurch nur größer. Mancher Gespannführer versucht gar noch, ohne sich im geringsten um die Ursachen zu kümmern, den Vorwärtsdrang des immer heftiger werdenden Pferdes durch ein schärfer wirkendes Gebiß „zu bremsen". Ladendruck und andere Maulverletzungen sind die Folge. Das Pferd geht verzweifelt gegen den Schmerz an. Man sehe sich nur einmal die Augen eines solchen Pferdes an! Maulaufsperren und Zungenstrecken haben in der Verwendung dieser Zügel oft ihren Ursprung. Das Pferd gewöhnt sich einen zackelnden Schritt an. Es wird nicht nur völlig unempfindlich im Maul, es kommt auch körperlich herunter. Einen guten Teil des Hafers „frißt" der Laufzügel – allein schon ein gewichtiger Grund, ihn aus der Geschirrkammer zu verbannen. Alles in allem wird mit Sicherheit eine beträchtliche Herabsetzung der Nutzungsdauer erreicht – eben das Gegenteil der Absicht.

Lehrkräfte, die sich mit der Ausbildung von Fahrern und Gespannpferden beschäftigen, müssen hier mit aller Konsequenz die Forderung nach Verzicht auf solche „Hilfs"-Zügel durchsetzen. Auch in den Zuchtbetrieben, in denen die jungen Pferde ihre Anfangsausbildung erhalten, ist sowohl im Interesse des fachlichen Renommees als auch des Betriebsergebnisses die Verwendung von Lauf- und Beibindezügeln völlig auszuschließen. Auch ist von den Fachleuten des Fahrsports wichtige

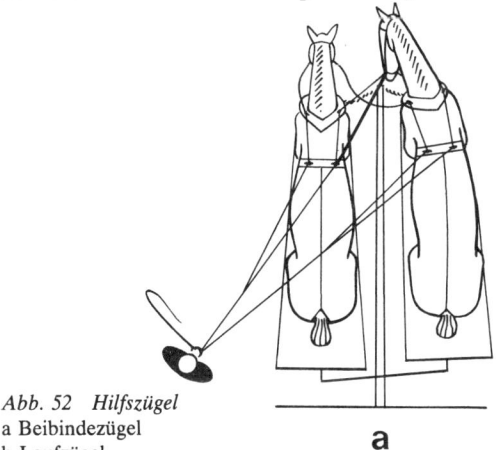

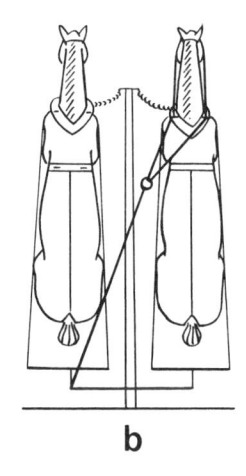

Abb. 52 Hilfszügel
a Beibindezügel
b Laufzügel

Aufklärungsarbeit zu leisten, zumal junge Pferde, die man längere Zeit an ihrem Nachbarn „festbindet", schief werden (Abb. 52a) und dann für andere Zwecke nicht mehr verwendbar sind, weil sich die Muskulatur umbildet. Außerdem leidet die Entwicklung von Hufen, Sehnen und Bändern infolge der ständigen Fehlbelastung.

Selbstverständlich ist aus allen diesen Gründen die Verwendung von Lauf- und Beibindezügeln bei Pferdeleistungsprüfungen nicht zulässig. Sie verstößt auch gegen die gesetzlichen Bestimmungen des Tierschutzes.

Wenn bei der Ausbildung von jungen, noch nicht zugfesten Pferden ein Ausgleich der Lastverteilung zugunsten des jungen Pferdes erfolgen soll, so kann der nur durch Leinenverschnallen geschaffen werden. (Wir setzen hier voraus, daß mit fester Hinterbracke oder wenigstens mit einer arretierten Spielwaage – s. S. 27 – gefahren wird.) Nur in Ausnahmefällen darf beim Einfahren junger Pferde in der Phase der Gewöhnung an das Ziehen vorübergehend auch ein Ausgleich mit der Spielwaage erfolgen. Das bedarf jedoch besonderer Kenntnisse und Sorgfalt (s. S. 28), damit negative Ergebnisse der Ausbildung vermieden werden.

Das vorstehende Beispiel erläutert schon eine Möglichkeit zum *Ausgleich der Arbeitsfähigkeit* der Pferde. Einen solchen muß man ebenso herbeiführen, wenn alte, gesundheitlich angegriffene oder genesende Pferde geschont werden sollen. Auch tragenden Stuten muß man in den letzten zwei bis drei Trächtigkeitsmonaten einen Teil der Arbeit abnehmen. Das geschieht in gleicher Weise wie bei den jungen, noch nicht zugfesten Pferden dadurch, daß man sie auf den Leinen zurücknimmt.

Ein *Gebäudeausgleich* wird erforderlich, wenn beim Fahren in Grundschnallung die Last auf Grund von Unterschieden im Körperbau der Pferde nicht gleichmäßig verteilt wird. Das Schulbeispiel dafür geben Pferde mit unterschiedlich langen Hälsen. Wird in der Grundschnallung gefahren, so muß das Pferd mit dem kürzeren Hals immer mehr ziehen als das Pferd mit dem längeren Hals, denn die Grundschnallung sorgt zwar dafür, daß die Pferde*mäuler* auf gleicher Höhe stehen, aber die *Brust* des Pferdes mit dem kurzen Hals (dem Körperteil also, mit dem das Pferd die Last angreift) steht weiter vorn als die des langhalsigen Nachbarn. Die Last ist dann gleich verteilt, wenn beide Pferde mit der Brust auf gleicher Höhe stehen. Treibt der Fahrer das weniger ziehende Pferd mit der Peitsche, erreicht er nur, daß sich dieses vorübergehend in Kopf und Hals verstellt, bald jedoch aus dem Zug wieder zurückfällt. Die Korrektur dieser Gebäudeunterschiede kann daher nur dadurch vorgenommen werden, daß der Fahrer mit Hilfe des Leinenverschnallens die Brust beider Pferde auf gleiche Höhe bringt, d. h. das Pferd mit dem langen Hals vorläßt bzw. das mit dem kurzen Hals zurücknimmt.

Voraussetzung für einen Erfolg des Leinenverschnallens in der Praxis ist, daß die Ursache für das fehlerhafte Gehen oder die fehlerhafte Stellung erkannt ist. Das setzt konsequentes Durchdenken der Situation und der Wirkung der Mittel voraus. Erst danach beginnt man die Leinen zu verschnallen.

Pferde sind jedoch keine Maschinen. Nicht jede Korrektur der Leinen wird deshalb augenblicklich wirksam, so wie ein Hebeldruck den Lauf einer Maschine verändert. Das gilt um so mehr, wenn der Fahrer einen Fehler zu spät erkannt hat und die Korrektur erst einsetzt, wenn sich die Pferde bereits daran gewöhnt haben. Rechtzeitige Korrektur führt in aller Regel auch zu rascheren Ergebnissen.

Nachdem wir Beispiele zur Erläuterung der wesentlichsten Gründe für ausgleichende Lastverteilung mit Hilfe der Leinen angeführt haben, sollen nun einige Situationen beschrieben werden, anhand deren gezeigt wird, daß nur genaues Beobachten und gründliches Nachdenken die richtige Maßnahme finden lassen.

1. Beispiel
Die Pferde gehen mit den Köpfen nach innen. Dadurch neigen sie zum Abdeichseln.
Ursache: Der seitliche Abstand zwischen

den Pferdemäulern ist bei geradeausgestellten Pferdeköpfen größer, als die Innenleinen zulassen. Die Gebisse liegen schief in den Mäulern.

Abhilfe: Die Pferde müssen in einer anderen Grundschnallung gefahren werden als bisher. Beide Kreuzschnallen sind um ein Loch vom Fahrer zu entfernen. Die Anzahl der freien Löcher zwischen Kreuzschnalle und Fahrerhand vergrößert sich um zwei. Die inneren Gebißenden werden um je 4 cm nach vorn gelassen, so daß die Gebisse wieder gerade im Pferdemaul liegen. Als erstes sollte man allerdings die Leinen nachmessen. Vielleicht liegt es nur daran, daß sich die Leinen verzogen haben.

2. Beispiel

Das Handpferd zieht immer etwas mehr als das Sattelpferd.

Ursache: Durch Beobachten der Pferde, Aufhalter und Stränge wird festgestellt, daß ein Unterschied in der Beizäumung die Ursache ist. Während das Handpferd den Hals nach oben rundet und seine Nasenlinie wenig vor der Senkrechten ist, hat das Sattelpferd auf Grund enger Gamaschen Schwierigkeiten, zu der gleichen Halshaltung zu kommen.

Abhilfe: Die Brust beider Pferde ist auf gleiche Höhe zu bringen. Daher muß das Sattelpferd ein bis zwei Loch auf den Leinen vorgelassen werden.

3. Beispiel

Beide Pferde gehen mit nach außen gestellten Hälsen.

Ursache: Sie kann nur darin liegen, daß beide Gebisse schräg im Maul liegen, weil die Innenleinen zu lang sind.

Abhilfe: Die zu langen Innenleinen werden verkürzt, indem beide Kreuzschnallen ein oder zwei Loch auf den Fahrer zu verschoben werden. Dadurch erhalten die Gebisse wieder ihre richtige Lage im Maul.

Zuvor müssen jedoch die Leinen nachgemessen werden. Manchmal haben sich die Außenleinen verkürzt.

4. Beispiel

Beide Pferde gehen mit nach links gestellten Köpfen durch die Rechtswendungen.

Ursache: Durch zu rasches Durchfahren von Rechtswendungen haben sich die auf der rechten Körperseite noch nicht genügend „biegsam" gemachten Pferde angewöhnt, sich über die Schulter in die Wendung zu werfen.

Abhilfe: Das Handpferd ist um ein Leinenloch vorzulassen, damit es die Deichsel nach links zieht. Soll der Wagen weiter geradeaus fahren, muß der Fahrer die linke Leine etwas verlängern und die rechte etwas verkürzen, so daß die Pferdeköpfe geradeaus gestellt werden. Haben sich die Pferde auf diese Weise an die Geradeausstellung wieder gewöhnt und zeigen die Neigung, die Gebisse auf beiden Seiten gleichmäßig anzunehmen, und gehen sie nun richtig gestellt durch die Rechtswendung, kann man wieder zur entsprechenden Grundschnallung zurückkehren.

5. Beispiel

Das Sattelpferd geht geradeaus gestellt, das Handpferd nimmt den Kopf nach außen.

Ursache: Das Sattelpferd steht nicht am Gebiß. In diesem Fall stehen seine Leinen nicht an.

Abhilfe: Hier genügt es, das Sattelpferd mit der Peitsche vorzutreiben. Sobald es wieder zieht, richtet sich der Kopf des Handpferdes gerade, weil jetzt der Fahrer nicht mehr unbewußt ständig auf die rechte Leine drückt, um die Deichsel geradeaus zu halten, die das mehr ziehende Handpferd nach links verschoben hatte.

6. Beispiel

Das Sattelpferd geht geradeaus gestellt, das Handpferd nimmt den Kopf nach außen.

Ursache: Entgegen Beispiel 5 steht das Sattelpferd korrekt am Gebiß. Trotzdem zieht das Handpferd die Deichsel nach links, was der Fahrer durch Druck auf die rechte Leine zu verhindern sucht. Die Ursache ist darin zu suchen, daß das Sattelpferd in den Leinen zu kurz, das Handpferd zu lang geschnallt ist.

Abhilfe: Wird das Sattelpferd in den Leinen

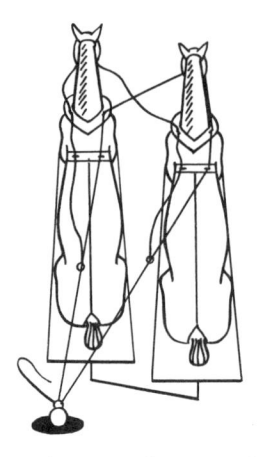

Abb. 53 Geht der Fahrer zu Fuß neben dem Gespann her, werden die Leinen des Sattelpferdes zu lang, d. h., es muß ständig mehr arbeiten. Deshalb: Verschnallen

mehr vorgelassen, zieht es seinerseits die Deichsel mehr nach rechts. Damit entfällt für den Fahrer die Notwendigkeit, mehr Druck auf die rechte Leine auszuüben, weil die Deichsel nun von beiden gleichmäßig im Zug stehenden Pferden geradeaus gehalten wird. In der Folge davon bleiben die Pferdeköpfe geradeaus gestellt.

Am Schluß dieses Kapitels noch ein *Hinweis für neben dem Wagen zu Fuß gehende Gespannführer.* In diesem Fall können die für den Sitz auf dem Wagen verschnallten Leinen nicht mehr stimmen. Die linken Leinen sind nun zu lang, so daß das Sattelpferd ständig mehr ziehen muß. (Abb. 53) Eine Lösung des Problems kann die „selbstregulierende Leine" (s. S. 99 ff.) herbeiführen, wenn die Verschnallmöglichkeiten der Achenbach-Leine nicht ausreichen sollten.

Sportliches Fahren ist in unserem Land nur mit der Achenbach-Leine möglich. Für das Fahren von Gespannen im Bereich der Fahrtouristik können modifizierte Leinen akzeptiert werden, die mit den auf Seite 100 f. aufgeführten Verbesserungen versehen sind. Sie verfügen über das erforderliche Mindestmaß an Betriebssicherheit und gestatten auch in beschränktem Maße den Ausgleich verschiedener Pferde.

Ungarische Leinen sind selten und nur zu ungarischen Gespannen zu gebrauchen, für die auch eine spezielle Leinenführung verlangt wird.

Daraus ergibt sich als Schlußfolgerung, daß bei Herstellung und Neuanschaffung von Leinen nur Achenbach-Leinen in Frage kommen können, weil sie
– die größte Betriebssicherheit aufweisen,
– die besten Ausgleichsmöglichkeiten bieten,
– die einzigen für den Fahrsport zugelassenen Leinen sind.

Der gegenüber den unbrauchbaren alten deutschen Kreuzleinen höhere Anschaffungspreis und der etwas höhere Materialeinsatz müssen vom Käufer wie Hersteller sowohl im Interesse der Sicherheit der Nutzer als auch der Ökonomik der Pferdeausbildung und der Entwicklung des Fahrsports in Kauf genommen werden.

Leinen für die Arbeitsanspannung

Was von Leinen für die Verwendung im Fahrsport und in der Fahrtouristik sowie beim noch in geringem Umfang vorhandenen städtischen Wirtschaftsfuhrwerk verlangt werden muß, ist in den vorangegangenen Kapiteln ausführlich dargestellt worden.

Pferde werden aber auch heute noch in geringem Maße in Betrieben der Landwirtschaft eingesetzt, wo ihr Einsatz für manche Arbeiten im innerbetrieblichen Transportwesen ökonomisch ist und zur Einsparung von Energie beiträgt.

Da es für diesen Einsatzzweck der Pferde kaum neue, industriell gefertigte Ausrüstung gibt, die fachlichen Ansprüchen gerecht wird, soll auch dazu hier Stellung genommen werden, zumal in den Geschirrkammern der landwirtschaftlichen Betriebe noch mancherlei Materialien liegen, die nicht ihrem Verwendungszweck entsprechen, sehr wohl aber durch geringfügige Änderungen wieder einen relativ hohen Nutzwert erhalten könnten.

Die verschnallbare Ringleine

Die Ringleine ist eine gut brauchbare Leine für die Arbeitsanspannung. Ihren Namen erhält

Abb. 54 Ringleine
Um die Verschnallmöglichkeit wie bei der Achenbach-Leine zu gewährleisten, bringt man auf den Einschnallstrupfen der Kreuzstücke je 11 Löcher im Abstand von je 4 cm an.

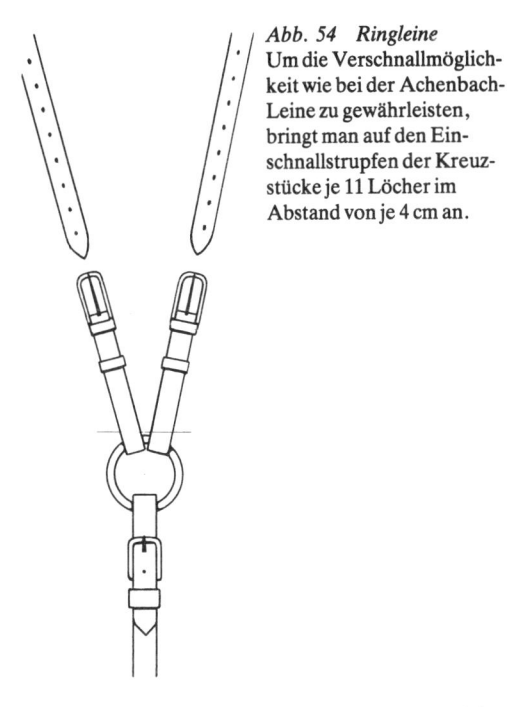

sie von einem kräftigen Stahlring, in welchen mehrere Schnallstößel eingenäht sind, die auf ihrer Ober- und ihrer Unterseite Schlaufen zum Durchstecken der Strupfenenden aufweisen. (Abb. 54)

Ein Handstück, an dessen vorderen Enden sich je eine Schnalle mit Strippe befindet, wird in den dem Fahrer zugekehrten Teil des Ringes eingeschnallt. Das Handstück kann aus Leder oder aus Gurt bestehen, die Schnalle muß selbstverständlich haltbar sein, einen starken Dorn besitzen und eine oder zwei Schlaufen zum Durchstecken des freien Strippenendes. Ein Loch im Strippenende genügt zum Einschnallen. Ein zweites Schnalloch kann als Reserve dienen. Geschnallt wird zunächst immer in das erste Loch. Das zweite wird nur benutzt, wenn das erste ausgerissen ist.

Praktisch ist es, für eine Ringleine mehrere Handstücke verschiedener Länge zu haben, um für die verschiedenen Verwendungszwecke, je nach Entfernung des Gespannführers von den Pferden, das passende auswählen zu können.

In die Schnallstößel – zwei oder drei in jedem Ring – werden die Leitzügel eingeschnallt. Das sind einfache Leder- oder Gurtzügel, an deren einem Ende eine Gebißschnalle aufgenäht ist und deren anderes Ende in eine Schnallstrupfe ausläuft, die ebenfalls aus Leder sein sollte. Die Länge dieser Leitzügel beträgt etwa 2,20 m, wovon 30 cm auf die Endstrupfe entfallen. Auf dieser befinden sich, 6 cm von der Spitze der Strupfe entfernt beginnend, 7 bis 8 Schnallöcher im Abstand von je 4 cm. Auf die Strupfe ist eine bewegliche Schlaufe aufgeschoben, die das freie Strupfenende aufnimmt, wenn es nach dem Einschnallen durch den Ring und die auf der Unterseite des Schnallstößels befindliche Schlaufe hindurchgezogen ist.

Diese Ringleine kann man in der gleichen Weise verschnallen wie die Achenbach-Leine, man kann aber auch beide zu einem Pferdemaul führende Leitzügel gleichmäßig verlängern oder verkürzen.

Ist in den Ring ein dritter Schnallstößel eingenäht, so wird dieser zur Aufnahme des äußeren Leitzügels eines zugespannten Beipferdes benutzt, eine Anspannung, die kaum noch erforderlich sein dürfte. Dieser Leitzügel muß selbstverständlich länger sein, weil er einen bedeutend längeren Weg zu überbrücken hat. Ein drittes Pferd wird links, ein viertes rechts als Beipferd angespannt. Die Beipferde haben nur außen einen Leitzügel. An ihrer inneren Seite werden sie mit einem vom Halfter zur Strangschnalle laufenden Ausbindezügel mit dem entsprechenden Leinenpferd verbunden. Diese Zügel sind so zu schnallen, daß auch die Beipferde geradeaus gestellt sind.

Wenn auch mit zwei Pferden vor dem Wagen die verschnallbare Ringleine alle Regulierungsmöglichkeiten zuläßt, die erforderlich werden können – bei mehreren nebeneinander gehenden Pferden ist diese Leine nur zur Führung an solche Anspannung gewöhnter Arbeitspferde im Schritt verwendbar.

Der Vorteil dieser Leine besteht darin, daß sie ausreichende Verschnallbarkeit mit großer Materialersparnis verbindet, besonders wenn die Leinenlängen aus Gurt gefertigt sind. Für die Arbeit im Schritt und selbst für das Fahren nicht zu temperamentvoller Arbeitspferde im

Trab ist sie sicher genug, vor allem wenn sie ordentlich gepflegt ist und die Nähte in Ordnung sind.

Für das Fahren personenbesetzter Wagen ist sie nicht zulässig.

Die Dreischeerleine

Eine der glücklicherweise fast gänzlich aus dem Gebrauch gekommenen Leinen für den landwirtschaftlichen Arbeitszug ist die „Dreischeerleine" oder auch „Dreischarleine". Sie besteht aus zwei durchgehenden Außenleinen, die von der Hand des Gespannführers zur äußeren Maulseite der Pferde laufen. Die Dreischeerleine besitzt keine Kreuzstücke, vielmehr sind Innenleinen nur in Form gekreuzter Beibindezügel vorhanden. Sie laufen von den Strangstutzen der Pferde zu den Trensenringen der Nachbarpferde.

Ausgleichsmöglichkeiten für die Zugleistung sind bei dieser Leine nicht gegeben. Da die Pferde die Außenleinen durchziehen, die Beibindezügel aber nicht verändern können, kommt es häufig zum Abdeichseln.

Die Verwendung dieser Leine ist im öffentlichen Verkehrsraum nicht zulässig.

Die einfache Ackerleine

Eine für Pferde völlig unzulängliche Führung bietet die vor einigen Jahrzehnten noch weit verbreitete einfache Ackerleine (auch „Hotteleine" genannt), die erst mit dem Verschwinden der Gespanne vom Acker in die Ecke zu den ungenutzten Geschirrteilen wanderte.

Das ist eine einfache Lederleine, die aus der Hand des Gespannführers direkt zum Trensengebiß des Sattelpferdes läuft. Sie wird mittels eines Karabinerhakens in den äußeren Trensenring eingehängt, manchmal auch in beide Trensenringe (dann gabelt sie sich hinter dem Kumt und weist an jedem Gabelende einen Karabinerhaken auf).

Durch Ziehen an der Leine (linksherum) und Zuckeln (rechtsherum) wird nur das Sattelpferd zur Wendung veranlaßt. Das Handpferd ist an das Sattelpferd angebunden und wird von ihm mit in die Wendung genommen.

Der Name dieser Leine besagt, daß sie nur zu Feldarbeiten Verwendung fand, wo der Gespannführer hauptsächlich mit dem betreffenden landwirtschaftlichen Gerät und erst in zweiter Linie mit der Führung der Pferde befaßt war. Doch selbst dort ist ihr Gebrauch nicht ungefährlich, weil dem Gespannführer jegliche Einwirkungsmöglichkeit auf die Pferde fehlt.

Daß es schon immer als eine grobe Fahrlässigkeit angesehen wurde, junge Pferde mit dieser Leine arbeiten zu lassen, läßt sich nicht zuletzt daraus erkennen, daß sogenannte „Leinenpferde" häufig sehr gesucht waren. Darunter verstand man ruhige Arbeitspferde, die den angebundenen „unruhigen Mitarbeiter" festhielten, „komme, was da wolle".

Glücklicherweise ist diese Leine, auf deren Konto trotz aller Gutmütigkeit der Arbeitspferde oft genug schwere Unfälle kamen, aus dem Gebrauch verschwunden. Noch vorhandene Leinen sollte man, soweit das Leder noch brauchbar ist, für andere Leinen oder Geschirrteile verwenden.

Nicht verschnallbare Kreuzleinen

Es müssen auf dem Gebiet des Fahrens völlig unbedarfte Laien oder aber gerissene Geschäftsleute mit guter Spürnase für Profit und mit wenig Gefühl für Verantwortung gewesen sein, die Lederleinen für landwirtschaftliche oder Geschäftsgespanne im städtischen Verkehr in den Handel brachten, die überhaupt nicht verschnallbar sind. Sie bestehen aus 18 mm breitem Leder. Die Innenleinen gehen erst unmittelbar hinter den Kumten zu den Nachbarpferden.

Diese Leinen sind völlig unbrauchbar. Noch vorhandene Bestände eignen sich bestenfalls zur Herstellung von Führzügeln oder auch Ponyleinen, wenn sie entsprechend den Konstruktionsprinzipien der Achenbach-Leine „umgebaut" werden.

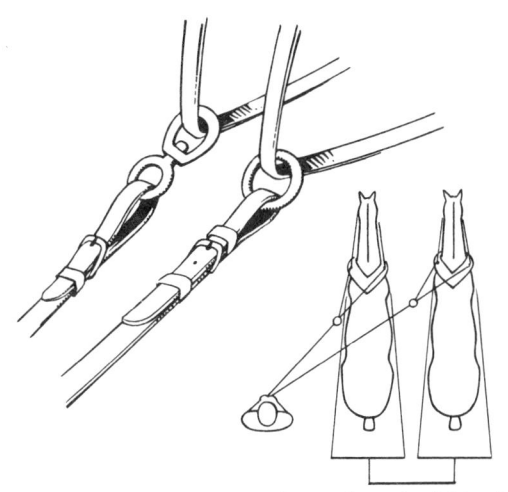

Abb. 55 Arbeitsleine mit „selbstregulierendem" Metallring

„Selbstregulierende" Leinen
Bei landwirtschaftlichen Gespannen und schweren Fuhrwerken geht der Gespannführer oft zu Fuß nebenher. Ob er damit den Pferden eine spürbare Erleichterung verschafft, ist zumindest in dem Fall stark anzuzweifeln, in dem er mit einer Kreuzleine fährt. Wie Abbildung 53 zeigt, werden dabei die linken Leinen zu lang, und das Sattelpferd muß daher ständig mehr ziehen.

Es gibt jedoch eine sehr einfache Lösung dafür, die allerdings nur für im Schritt arbeitende Gespanne an der Spielwaage angewendet werden kann. Auf einen etwa 2,50 m langen Zügel, der an beiden Enden mit Gebißschnallen versehen ist, wird ein kräftiger Metallring aufgeschoben, in welchen ein Handstück eingeschnallt wird. (Abb. 55) Diese Leine wirkt gewissermaßen „selbstregulierend": Je nachdem, ob sich der Fahrer auf dem Bock befindet oder neben den Pferden, gleich auf welcher Seite des Wagens, zu Fuß geht, der Ring verschiebt sich stets so auf dem Außen- und Innenleine darstellenden Zügel, daß die Pferde immer am Gebiß bleiben können.

Eine solche Leine ist relativ leicht herzustellen und gewährleistet zumindest eine richtige Einwirkung.

Pferde mit unterschiedlichem Temperament kann man mit ihr allerdings nicht fahren, denn sie läßt sich nicht verschnallen. Ein erforderlicher Ausgleich der Zugleistungen kann in diesem Fall nur mit Hilfe der Spielwaage erfolgen, was ja bekanntlich seine Grenzen hat.

Das Verschnallen der Leinen für die Arbeitsanspannung

Von den in dem vorhergehenden Kapitel erwähnten Leinen für die Arbeitsanspannung fordert die Ringleine geradezu auf, einen erforderlichen Ausgleich durch Verschnallen der Leinen zu suchen. Die Verschnallmöglichkeiten sind bei dieser Leine besonders gut, wenn die Schnallstrupfen der Leitleinen genügend Löcher aufweisen. Günstig auf die Verschnallmöglichkeiten würde es sich auswirken, wenn die als Kreuzstücke oder Innenleinen verwendeten Leitleinen 12 cm länger wären als die an der Außenseite der Pferde verwendeten. Damit würden die gleichen Verschnallmöglichkeiten wie bei der Achenbach-Leine vorhanden sein, und das Verschnallen könnte dann ebenfalls genau in der gleichen Weise erfolgen. Die Außenleinen müssen dabei unangetastet bleiben.

Wird dieses Verfahren allerdings angewandt, wenn an der Ringleine noch ein oder zwei Beipferde mitgeführt werden, ergeben sich grobe Fehler, wenn nicht die erforderlichen Maßnahmen getroffen werden. Beim Zurücknehmen eines der Mittelpferde wird nämlich das Beipferd an seiner Seite mit zurückgenommen. Um es wieder in den Zug zu bekommen, müssen seine Außenleine und sein Beibindezügel um so viel verlängert werden, wie vorher die Leinen des Mittelpferdes verkürzt worden sind.

Dieser umständliche Weg kann jedoch vermieden werden, indem man einfach die Außen- und die Innenleine des Pferdes verkürzt, dem ein Teil der Arbeitslast abgenommen werden soll, und nur den Beibindezügel verlängert.

99

Damit die so verschnallten Ringleinen nicht verwechselt werden, empfiehlt es sich, die Leitleinen beim Abschirren nicht aus den Ringen auszuschnallen und dafür zu sorgen, daß die Handstücke gekennzeichnet sind, so daß keine Verwechslung vorkommen kann.

Mit den anderen der im vorigen Kapitel erwähnten Leinen für den Arbeitszug läßt sich ein Ausgleich von Temperament, Gebäude und Arbeitsleistung in der Praxis kaum erreichen. Die Seltenheit dieser Leinen scheint uns auch einen Verzicht auf die Erklärung der ohnehin beschränkten Möglichkeiten in dieser Hinsicht zu rechtfertigen.

Die Verbesserung fehlerhafter Leinen

Alte, fehlkonstruierte Leinen sind noch in reichlicher Anzahl vorhanden – im Gebrauch wie in den Geschirrkammern. Sofern sie jahre- oder gar jahrzehntelang ungenutzt in irgendeiner verstaubten Ecke gehangen haben, ist das Leder meist so brüchig und morsch geworden, daß an eine Verbesserung aus Sicherheitsgründen nicht mehr gedacht werden darf. Bei ständig oder wenigstens häufig gebrauchten und regelmäßig gepflegten Leinen lohnen Verbesserungsversuche noch.

Es sind aber leider noch in jüngster Zeit sowohl von Betrieben als auch von Handwerkern neue Leinen nach völlig veralteten Vorlagen hergestellt worden, welche die Bezeichnung Fahrleine nur mit größten Einschränkungen in Anspruch nehmen dürfen. Das dafür verwendete Material darf nicht einfach weggeworfen werden, zumal der Anschaffungspreis recht hoch ist. Es wird folglich versucht werden müssen, die bei diesen Leinen vorhandenen Sicherheitsrisiken zu beseitigen und zugleich ihre Verwendungsfähigkeit zu verbessern. Beides gelingt bei den verschiedenen Leinenarten in unterschiedlichem Maße. In diesem Kapitel sollen Hinweise zu dieser Arbeit gegeben werden, wobei das Ziel darin besteht, Sicherheit und Verwendungsfähigkeit dieser Leinen denen der Achenbach-Leine soweit wie möglich anzunähern:

Alte deutsche Kreuzleine mit angeschnalltem Handstück
Nicht zu verbessern:
▮ Lage des Verschnallstückes zu weit von der Hand des Fahrers entfernt, so daß Verschnallen vom Bock unmöglich ist
▮ durch doppelt aufeinandergenähte Lederstreifen verursachte Steifheit der Kreuzstücke
Zu verbessern:
▮ Anzahl der Löcher auf dem Verschnallstück läßt sich auf 11 erhöhen. Diese neuen Löcher möglichst in Richtung auf den Fahrer zu anbringen
▮ Form der Schnallöcher mit einer ovalen Lochzange verändern
▮ Innenleinen nachmessen und gegebenenfalls durch Einsetzen eines Verlängerungsstückes auf das Maß bringen, daß sie – in das Mittelloch eingeschnallt – 12 cm länger sind als die Außenleinen
▮ Handstücke an die Außenleinen annähen
▮ Umschnallstrippen mit mehreren Schnallöchern kürzen oder Löcher mit Lederkitt ausfüllen bis auf eins
▮ Riegel bzw. Knöpfe auf den Handstücken entfernen
▮ enge quadratische Walzenschnalle (Kreuzschnalle) gegen genügend breite, halbovale Schnalle mit starkem Dorn austauschen; diese kann man – wenn keine richtige Kreuzschnalle zur Verfügung steht – vom Schmied oder Schlosser abbiegen lassen, wie Abbildung 48 zeigt
▮ „Schoner" für die Außenleine anbringen (vgl. Abb. 48)
▮ Riemchen in Leinenendschnalle einnähen (vgl. Abb. 44)
▮ Gebißschnallen auf den Innenleinen umgekehrt annähen lassen (vgl. Abb. 45).

Alte deutsche Kreuzleine mit langen Kreuzstücken
Nicht zu verbessern:
▮ Steifheit der Leine durch doubliertes Leder
Zu verbessern:

■ Auf der Außenleine ein neues Verschnallstück anbringen, dessen Mittelloch 2,90 m vom Knick der Umschnallstrippe entfernt ist, mit 11 ovalen Löchern im Abstand von 4 cm. Innenleinen auf 3,02 m, einschließlich Kreuzschnalle, verkürzen
■ enge Walzenschnalle gegen eine breite, halbovale Schnalle austauschen, die man abbiegen läßt, wie Abbildung 48 zeigt
■ Handstücke an die Außenleine annähen
■ Löcher auf dem alten Verschnallstück mit Lederkitt ausfüllen
■ übrige Ergänzungen wie unter „Alte deutsche Kreuzleine mit angeschnalltem Handstück".

Ungarische oder Wiener Leine
Dies ist eine Originalleine, die dem ungarischen Fahrsystem gerecht wird und keiner Veränderung bedarf. Sie ist nur zur ungarischen Anspannung zulässig. Da die große Anzahl von Schnallöchern auf Innen- und Außenleine das Verschnallen der Leine kompliziert, sollte sich der Fahrer Notizen machen, besonders wenn die gleiche Leine für verschiedene Pferde verwendet wird. Um Verwechslungen zu vermeiden, empfiehlt es sich, rechte und linke Leine zu kennzeichnen. Weisen die Umschnallstrippen mehrere Schnallöcher auf, sollten sie bis auf eines ausgefüllt werden.

Ringleine
Nicht zu verbessern:
■ unterbrochene Außenleine
■ Befestigung aller Leitleinen mit Schnallstrupfen am Ring
Zu verbessern:
■ Schnallstrupfen verlängern zur Aufnahme einer größeren Anzahl von Löchern
■ genügend starke Ringe aus nicht korrodierendem Material zum Schutz des Leders verwenden
■ Handstücke in den Ring einnähen (braucht man mehrere Handstücke verschiedener Länge, sollten alle an beiden Enden je einen eingenähten Ring besitzen)
■ Leinenendschnalle anbringen, um die Handstücke auseinanderschnallen zu können, damit die Leitleinen nicht aus den Ringen geschnallt werden müssen; damit beugt man Verwechslungen vor.

Übrige Leinen für Arbeitsanspannung
Die Konstruktion dieser Leinen läßt Verbesserungen in unserem Sinne nicht zu.

Sofern das Material dieser Leinen noch verwendbar ist, sollte es zu Reparaturarbeiten oder zur Herstellung anderer Pferdeausrüstung verwendet werden, z. B. Führzügel, Anbinderiemen u. a.

Geschirrkunde

Eine vollständige Geschirrkunde könnte allein ein dickleibiges Buch füllen. Wir wollen uns hier auf das Wichtigste beschränken. Dabei geht es um die Erläuterung der Geschirre, die in Fahrprüfungen verwendet werden, in erster Linie um Zweckmäßigkeit und Paßform, jedoch auch um Fragen des Stils.

Ausgehend davon, daß die Geschirre sportlichen, arbeitspraktischen und historisch-kulturellen Ansprüchen genügen müssen, lassen sich Anforderungen an sie als allgemeine Grundsätze der Beschirrung ableiten:

1. Grundsatz: Zweckmäßigkeit
Die Geschirre müssen ihrem Verwendungszweck uneingeschränkt gerecht werden, ohne daß sie schwerer oder leichter gebaut sind, als das der Wagen und seine Last sowie das Profil des Geländes, in dem sie benutzt werden, erfordern. So müssen Arbeitsgeschirre oder solche für die Marathonfahrt stabiler sein als die für Kutschfahrten in der Ebene oder im Dressurviereck. Der Grundsatz, daß sowenig Leder wie möglich das Reitpferd verdecken soll, gilt im übertragenen Sinne auch für Fahrpferde. Darüber hinaus muß aber auch jedes Teil des Geschirrs seinen Bestimmungszweck voll erfüllen, d. h., stärker beanspruchte Geschirrteile müssen auch aus stärkerem Material hergestellt sein als wenig beanspruchte.

2. Grundsatz: Sicherheit
Leder- und Metallteile der Geschirre müssen so ausgelegt sein, daß sie selbst maximale Belastung ohne Risiko aushalten, d. h., ihre Festigkeit muß eine Sicherheitsreserve aufweisen. Das gilt besonders für die Geschirrteile, die beim Ziehen und beim Aufhalten beansprucht werden. Darüber hinaus muß die Konstruktion der Geschirre es gestatten, im Bedarfsfall die Pferde rasch vom Wagen und aus den Geschirren lösen zu können.

3. Grundsatz: Pferdeschonung
Geschirre müssen so hergestellt und verpaßt sein, daß sie dem Pferd keine Schmerzen bereiten, seine Bewegungen nicht mehr als notwendig behindern und ihm gestatten, seine volle Zugkraft zu entfalten.

4. Grundsatz: Gepflegtheit
Geschirre bedürfen der ständigen Pflege zur Erhaltung ihrer Betriebssicherheit und zur Verlängerung ihrer Nutzungsdauer. Da Nachlässigkeiten auch Ursachen von Unfällen werden können, ist neben der sorgsamen Pflege auch die ständige Kontrolle des Zustandes der Geschirre von Bedeutung. Der Grundsatz der Gepflegtheit bezieht sich aber auch auf das Gesamtbild des Gespannes, das durch falsches Verschnallen, herabhängende Enden von Schnallstrippen und anderes beeinträchtigt werden kann.

5. Grundsatz: Stiltreue
Die Beschirrung hat sich historisch entwickelt. Im Verlaufe dieser Entwicklung hat sich das Gute vielfach bewährt, und Regeln haben sich herausgebildet, die aussagen, was zueinander paßt und zusammengehört. Das wird zugleich als „schön" empfunden.

„Handsome is that handsome does" ist ein uraltes Beurteilungsprinzip englischer Fahrer, das weltweit Geltung hat. „Schön ist, was praktisch ist" gilt auch bei uns als Leitmotiv bei der Ausstattung bzw. Zusammenstellung und Beurteilung von Geschirren (natürlich auch von ganzen Gespannen).

Man unterscheidet verschiedene Anspan-

nungsarten, die sich auch in Unterschieden der zu ihnen gehörenden Geschirre bzw. Geschirrteile widerspiegeln. Das sind
▌ nach dem Herkunftsland: englische, ungarische, russische, spanische, amerikanische Anspannung u. a.;
▌ nach dem Hauptgeschirrteil, mit dem das Pferd zieht: Kumtanspannung und Sielenanspannung;
▌ nach dem Anlaß, zu dem die Anspannung verwendet wurde: Gala-, Halbgala-, Park-, Stadt- und Landanspannung;
▌ nach dem Verwendungszweck: Sport-, Kutsch-, Wirtschafts- und Arbeitsanspannung.

Diese Anspannungsarten überdecken sich in der Praxis teilweise; auch sind einige von ihnen ohne praktische Bedeutung für uns. Wir beschränken uns auf die, denen wir im Fahrsport und beim Arbeitsgespann heute begegnen.

Die Notwendigkeit, die am Anfang unseres Jahrhunderts noch gültige, kaum überschaubare Vielzahl an Stilregeln zu vereinfachen, ergab sich für den mitteleuropäischen Raum in den zwanziger Jahren. Unter der Bezeichnung „Landanspannung" wurden die Regeln zusammengefaßt, die für ein Gespann zum praktischen Gebrauch zu beachten waren. Hierzu wurden Kumt- wie Brustblattgeschirre zugelassen vor Wagen, die auf Landwegen verwendbar waren (also nicht mit Vollgummibereifung oder mit unterschiedlicher Spurbreite der Vorder- und Hinterräder u. a.). Die meisten in Deutschland vorhandenen Gespanne sind dieser Anspannungsart zuzuordnen. Das ist Anlaß, auf die sie bestimmenden Regeln besonders Rücksicht zu nehmen, ohne dabei an den übrigen Anspannungsarten vorbeizugehen. (Über Zusammenstellung von Gespannen s. S. 178 ff.). Als *Grundregeln für die Landanspannung* gelten:

○ Kumtanspannung erhält, besonders vor schwereren Wagen, den Vorzug vor der Sielenanspannung.
○ Zu Kumtgeschirren gehören Kandaren und eine Bogenpeitsche.
○ Sielengeschirre dürfen nur vor leichten Wagen und auf leichten Pferden verwendet werden.
○ Zu Sielengeschirren gehören Doppelringtrensen oder Postkandaren (auch leichte Ellbogenkandaren) und eine Stockpeitsche.
○ Alle Wagen müssen eine Bremse besitzen.

Die Teile des Geschirrs und ihr Sitz am Pferd

Der Fahrzaum

Der *Zaum des Wagenpferdes*, auch *Fahrzaum*, *Kopfstück* oder *Kopfzeug* genannt, dient in erster Linie dazu, das Gebiß in seiner richtigen Lage im Pferdemaul zu halten. Er besteht aus mehreren Teilen, die je nach Lage am Pferdekopf oder dem Zweck, den sie am Fahrzaum erfüllen, bezeichnet werden. (Abb. 56)

Generell gilt, daß der Fahrzaum in möglichst weiten Grenzen verschnallbar ist, damit er Pferden mit unterschiedlicher Kopfgröße locker oder zu straff sitzt.

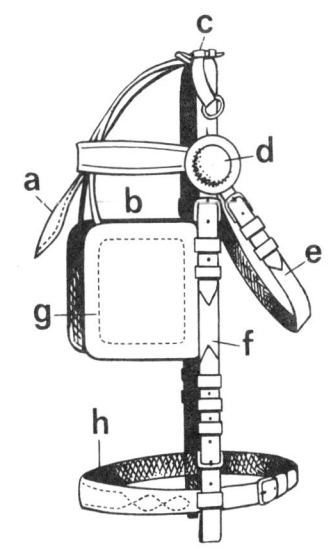

Abb. 56 Fahrzaum
a Spieler, b Blendriemen, c Blendriemenschnalle, d Rosette, e Kehlriemen, f Backenstück, g Scheuklappen, h Nasenriemen

leicht angepaßt werden kann und nirgends zu Ein Fahrzaum, dessen Teile am Pferdekopf scheuern oder drücken, stört oder quält sogar das Pferd erheblich. Damit ist die Sicherheit des Gespannes und seiner Insassen in hohem Maße gefährdet, weil die Pferde unruhig werden und es im schlimmsten Falle zu Fluchtreaktionen kommen kann.

Das Genick des Pferdes wird vom *Genickstück*[1] umschlossen, dessen Breite 3 bis 3,5 cm beträgt. Das Genickstück muß so weit hinter den Ohren liegen, daß es diese nicht berührt, was von der Länge des Stirnriemens abhängt.

In der Mitte des Genickstückes ist eine kleine halbovale Schnalle aufgenäht, die *Blendriemenschnalle,* die der Aufnahme des Blendriemens dient.

Zu beiden Seiten der Blendriemenschnalle sind kurze, schmale Lederstreifen, meist etwas schräg nach hinten weisend, auf dem Genickstück angebracht, die oberhalb der Teilung des Genickstückes enden und in die an ihren Enden kleine Ringe eingenäht sind. Sie heißen *Ohrbügelringe,* weil sie dazu bestimmt sind, die *Ohrbügelriemen* aufzunehmen, durch welche den Aufsatzzügeln ihre Richtung gegeben wird. Blendriemenschnalle und Ohrbügelringe werden als der *Besatz* des Genickstückes bezeichnet.

Auf dem Kopfstück zur Zierde angebrachte Gegenstände (wie Sternchen u. ä.) sind Gefahrenquellen für Mensch und Tier und daher überflüssig. Als zulässige Ausnahme darf nur die Anbringung von zu speziellen Schlittengeschirren gehörender Kopfschmuck gelten.

Unterhalb der Oberbügelringe teilt sich das Genickstück in zwei Riemen auf jeder Seite, von denen die beiden vorderen manchmal 1 bis 2 mm breiter sind als die hinteren. Gleiche Breite aller vier Strupfen ist jedoch wichtig.

Die beiden vorderen Strupfen sind die *Backenstückstrupfen.* In sie werden die Backenstücke eingeschnallt. Die beiden hinteren Strupfen dienen zur Aufnahme des Kehlriemens und heißen daher *Kehlriemenstrupfen.*

Auf das Genickstück wird der *Stirnriemen* aufgeschoben, der dessen Verrutschen nach hinten verhindert. Er soll dicht unterhalb der Ohren liegen und muß sich dem Pferdekopf anpassen. Zu lange, nach vorn herunterhängende Stirnriemen sind unschön; schlimmer allerdings sind zu kurze, die das Genickstück so weit nach vorn ziehen, daß es an den Ohren scheuert. Das ist eine Quälerei für die Pferde.

Sollte sich der Stirnriemen als zu kurz erweisen, kann man sich mal damit helfen, daß man an der inneren, dem Nachbarpferd zugewandten Seite des Fahrzaumes den Kehlriemen völlig aus der Schlaufe des Stirnriemens herauszieht, so daß er um die Breite des Kehlriemens weiter wird. Das kann jedoch nur eine Übergangslösung sein, weil der Stirnriemen dadurch zu weit nach unten kommt.

Auf der äußeren Stirnriemenschlaufe ist eine metallene Rosette angebracht. Früher befanden sich auf ihr Monogramme, Wappen oder Kronen. Heute dient sie ohne irgendwelche Figuren als Schmuck des Fahrzaumes. Auf der Innenseite des Zweispännerfahrzaumes fehlt die Rosette, wohingegen der Einspännerfahrzaum auf beiden Seiten Rosetten aufweist.

Der Stirnriemen ist verziert. Meist wird eine *Schmuckkette* zwischen zwei Längswülsten angebracht. Sie muß selbstverständlich richtig befestigt sein. Die Form der Kettenglieder soll möglichst mit der Form der Schnallen sowie anderer Formteile am Geschirr, wie Scheuklappen, Kammdeckel u. a., harmonieren. Zu abgerundeten Ecken an den Scheuklappen zum Beispiel gehören abgerundete Ecken der Schmuckkettenglieder usw.

An Stelle der Schmuckkette kann der Stirnriemen auch mit einfarbigem Lacklederüberzug versehen sein, dessen Farbe dann allerdings zum Gespann passen muß. Zweifarbige Stirnbänder, wie sie bei Reitzäumen gebräuchlich sind, gehören zur Landanspannung.

Zu der sogenannten Halbgala-Anspannung

---

[1] Als „Genickstück" wird dieser Teil des Pferdezaumes dann bezeichnet, wenn – wie beim Fahrzaum – Backenstücke und Kehlriemen an dieses Teil angeschnallt werden.
Bei Reitzäumen, bei denen der über das Genick des Pferdes laufende Lederstreifen in die Backenstücke und die beiden Teile des Kehlriemens ausläuft, verwendet man die Bezeichnung „Kopfstück".

vor solchen Wagen wie Coupé d'Orsay, Achtfeder-Victoria, Berline und Barouche wurden seidene Stirnbänder verlangt. Von Bedeutung ist das nur noch dort, wo historische Gespanne bei Aufzügen und ähnlichen Anlässen stilgetreu herausgebracht werden sollen.

In allen Fällen wird der Schopf *unter* dem Stirnriemen glatt gelegt, nicht wie beim Reitpferd darüber. In gleicher Weise sind die Mähnenhaare unter dem Genickstück glatt auszustreichen, weil sie die Pferde stören können und außerdem die Haare unter dem Genickstück abbrechen.

Der *Spieler*, ein meist ovales oder löffelförmiges Lederstück, hat den Zweck, die Pferdeköpfe von vorn gleichmäßiger erscheinen zu lassen, indem er ungleichmäßige Abzeichen am Kopf oder wenigstens einen großen Teil von ihnen verdeckt. Der löffelförmige Teil des Spielers, der seinen Platz auf der Stirn des Pferdes unterhalb des Stirnriemens findet, läuft in eine schmale Strupfe aus, die unter dem Stirnriemen nach oben verläuft und unter dem Blendriemen in der Blendriemenschnalle befestigt wird. Bei der Landanspannung, wie man sie meist bei den Gespannen auf unseren Turnierplätzen findet, darf der Spieler fehlen. Wird jedoch ein Gespann in englischer Anspannung korrekt herausgebracht, gehören Spieler an die Fahrzäume.

Verfolgt man die Teile des Fahrzaumes weiter abwärts, kommt man zu den *Backenstücken,* die an ihren oberen Enden Schnallen tragen, in welche die beiden Backenstückstrupfen eingeschnallt werden. Die Schnallen müssen in ihrer Form den übrigen Schnallen am Geschirr entsprechen. (Um stilgerecht zu sein, müssen alle Schnallen des Geschirrs, unabhängig von ihrer Größe, die gleiche Form aufweisen und natürlich auch aus dem gleichen Material hergestellt sein. Früher wurden neben silberplattierten nur stahlpolierte Beschläge an Geschirren als stilvoll betrachtet, heute sind auch solche aus anderen nichtrostenden Metallen zulässig.)

An den unteren Enden der Backenstücke befinden sich die *Gebißschnallen,* welche die Trensenringe oder die Kandarenaugen auf-

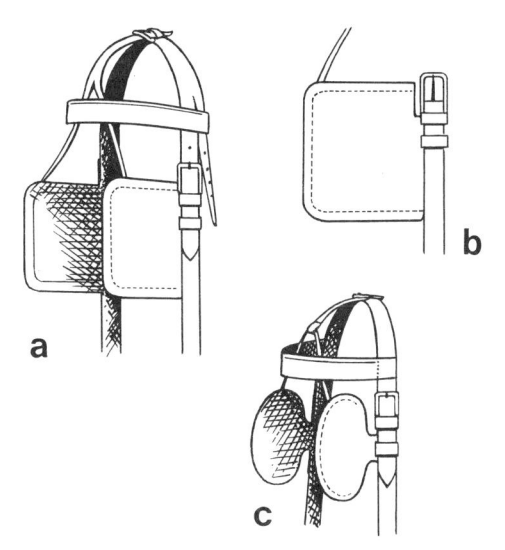

Abb. 57 Form der Scheuklappen
a richtige Form, b unzweckmäßige Scheuklappen, die nicht auf der ganzen Länge des hinteren Randes am Backenstück angenäht sind, c unbrauchbare Scheuklappen, dazu noch verschiebbare Blendriemen

nehmen. Auf der Gebißschnalle wie auf der oberen Backenstückschnalle befinden sich zwei, manchmal auch drei Schlaufen, durch welche die Strupfenenden an den Backenstücken gehalten werden. Heraushängende Strupfen gelten zu Recht als unordentlich und werden bei der Beurteilung der Beschirrung streng geahndet.

Die Umschnallstrippen an den Gebißschnallen des Fahrzaumes weisen mehrere Löcher auf, damit die Lage des Gebisses im Pferdemaul verändert werden kann. Es ist außerordentlich wichtig, daß die Backenstücke ausreichende Möglichkeiten zum Verschnallen bieten.

An der Vorderseite der Backenstücke sind die *Scheuklappen* angebracht. Es sollten nur große, viereckige, in Augenhöhe stark nach außen gebogene Scheuklappen mit Metall- oder Kunststoffeinlage verwendet werden. Sie sind in ihrer gesamten hinteren Länge am Backenstück festgenäht. (Abb. 57) Ihr oberer Rand muß dicht unterhalb der oberen Backenstückschnalle beginnen. Scheuklappen müssen so stabil sein, daß sich ihre Form nicht verändert.

Sind sie richtig verpaßt, so befindet sich der untere Rand des Pferdeauges in der Mitte der Scheuklappe, d. h., die Pupille liegt im oberen Drittel. In diesem Falle legt sich der obere Rand der Scheuklappe in eine Vertiefung des Schläfenbeines, und das Backenstück liegt in ganzer Länge am Pferdekopf an. (Abb. 58)

Da die Sehachsen des Pferdes etwas auseinanderlaufen (divergieren), müssen auch die Scheuklappen etwas nach außen gestellt sein, damit das Pferd nicht in seiner Sicht nach vorn behindert wird. Ganz besonders sorgfältig ist darauf zu achten, daß die Scheuklappen nicht auf die Wimpern drücken. Das macht die Pferde nervös und ist ihnen so unangenehm, daß es nicht selten zum Durchgehen und zu schweren Unfällen geführt hat. (Abb. 59)

Scheuklappen sind beim Einfahren junger Pferde, bei empfindlichen und temperamentvollen Pferden, die bei jeder dem Nachbarpferd geltenden Peitschenhilfe unruhig werden, im Stadtverkehr und bei den Stangenpferden des Viererzuges unentbehrlich. In Pferdeleistungsprüfungen der Kat. B und A sind sie vorgeschrieben. Lediglich ruhige und straßensichere Arbeitspferde können ohne Scheuklappen gehen. An landwirtschaftlichen Arbeitsgeschirren sind Scheuklappen die Ausnahme.

Da die Erziehung des Pferdes aber auch das Ziel verfolgt, ihm das Scheuen vor allen ihm begegnenden Gegenständen zu nehmen, sollten junge Pferde nach dem Eingewöhnen auch öfter ohne Scheuklappen gefahren werden.

In Marathonfahrten sowie bei Gelände- und Streckenfahrten sind Scheuklappen nicht mehr vorgeschrieben. (Bei den Stangenpferden der Vierspänner darf man jedoch keinesfalls auf sie verzichten, weil deren Augen bei Peitschenhilfen an den Vorderpferden gefährdet sein können.)

Gehen Pferde ohne Scheuklappen, kommt es vor, daß das Handpferd ständig nach der Peitsche „schielt". Das ist einerseits als Zeichen dafür zu werten, daß es mit ihr unangenehme Bekanntschaft gemacht hat, was immer dem Fahrer anzulasten ist, zum anderen bringt es die Gefahr mit sich, daß sich das Pferd am rechten Vorderbein streicht. Diese Art des Streichens kann durch die Benutzung von Scheuklappen beseitigt werden.

Scheuklappen sollen in ihrer Form den Geschirren angepaßt sein, ohne daß dabei gegen die prinzipiellen Forderungen (s. o.) verstoßen wird. Befinden sich Monogramme auf den Scheuklappen älterer Geschirre, so muß die Farbe des Metalls der der übrigen Beschläge entsprechen. Die Farbe des Leders ist auf Außen- und Innenseiten gleich.

Die Scheuklappen werden durch den *Blendriemen* in ihrer Lage gehalten. Das ist ein

Abb. 58 Sitz der Scheuklappen
Ein Drittel oberhalb der Pupille, zwei Drittel unterhalb

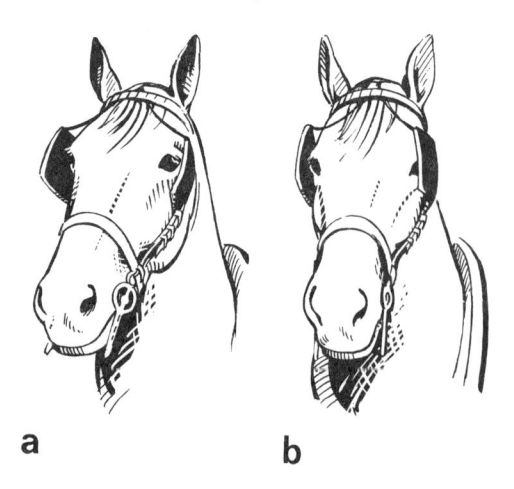

a b

Abb. 59 Sitz der Scheuklappen
a richtig
b zu eng gestellt

a

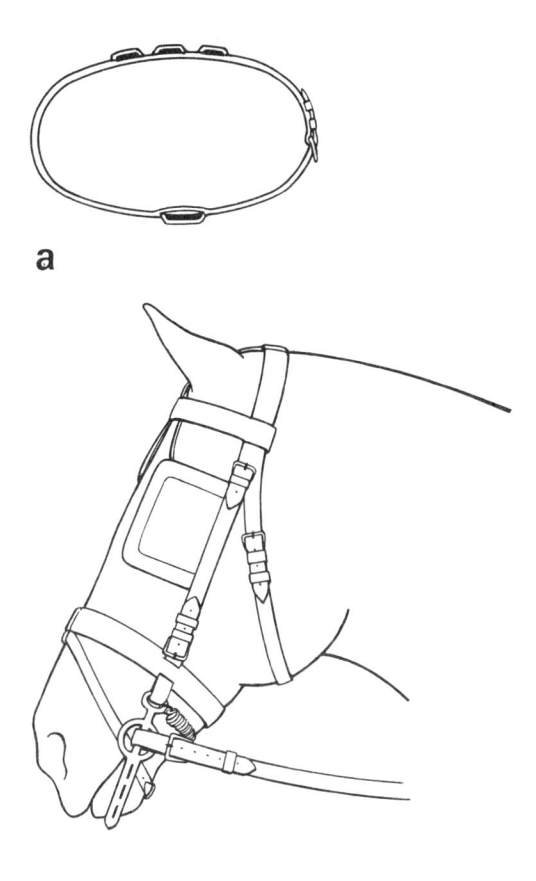

b

Abb. 60 Sperriemen
a richtig konstruierter Nasenriemen für den normalen Fahrzaum
b zusätzlicher Sperriemen bei Gelände- und Streckenfahrten

kleiner gegabelter Riemen, dessen Gabelenden vorn an den oberen Kanten der Scheuklappen angenäht sind und dessen Schnallstrupfe über der des Spielers in die Blendriemenschnalle eingeschnallt wird. Blendriemen müssen aus einem Stück bestehen und sollen flach gearbeitet sein. Verschiebbare Blendriemen erfüllen ihren Zweck nicht (vgl. Abb. 57 c). Sie lassen sich aber leicht mit einem Stich durch die Schlaufe festnähen. Der Blendriemen verhindert das Abklappen der Scheuklappen nach außen und trägt dazu bei, daß sie am Pferdekopf nicht flattern, besonders, wenn er durch eine Drahteinlage versteift ist. Zu weiche oder runde, senkelartige Blendriemen erfüllen diesen Zweck nicht.

Von besonderer, häufig nicht genügend erkannter Bedeutung ist der *Nasenriemen*. Er erfüllt zwei wichtige Aufgaben. Zum einen sorgt er dafür, daß die Backenstücke am Pferdekopf anliegen, zum anderen fixiert er die Lage des Gebisses im Pferdemaul. Von diesen beiden Aufgaben wird sowohl die Form des Nasenriemens als auch sein Sitz am Pferdekopf bestimmt.

Abbildung 60 a zeigt einen richtig konstruierten Nasenriemen. Auf der dem Nachbarpferd zugewandten Seite sind drei Schlaufen aufgenäht. Durch eine davon wird die Umschnallstrippe der Gebißschnalle von oben nach unten sowie nach Einschnallen des Gebisses von unten nach oben hindurchgezogen. Dadurch läßt sich der Nasenriemen auf dem Backenstück in vertikaler Richtung verschieben sowie durch Wahl der entsprechenden Schlaufe in dem erforderlichen Maße auf die Größe des Pferdekopfes einstellen. Lage der Scheuklappen wie höhere oder tiefere Lage des Gebisses im Pferdemaul sind damit von ihm unabhängig. Gerade das läßt sich bei den Nasenriemen, die durch das Backenstück laufen, nicht erreichen, und deshalb sind diese unbrauchbar.

An der Außenseite des Nasenriemens befindet sich eine Schlaufe und im Nasenriemen selbst ein Durchlaß. Durch letzteren wird der Nasenriemen auf die Umschnallstrippe der Gebißschnalle aufgezogen, die ihrerseits die äußere Schlaufe durchläuft, bevor sie eingeschnallt wird.

Der Nasenriemen des Fahrzaumes muß unbedingt dieser Beschreibung entsprechen, wenn mit Kandaren gefahren wird. Fahrzäume, die ausschließlich zu Geschirren mit Doppelringtrense verwendet werden, brauchen diese drei Schlaufen auf der Innenseite nicht. Da jedoch in der Regel der Zaum mit der einen und der anderen Art von Gebissen verwendet wird, sollte man generell den beschriebenen Nasenriemen benutzen, der sich mit Hilfe der Schlaufen jedem Pferdekopf anpassen läßt. Man gewinnt dadurch auch beim Fahren mit weich geschnallten Trensen noch den Vorteil der Übertragung eines Teils des Gebißdruckes auf den Nasenriemen, wie dies auch das hannoversche Reithalfter bewirkt.

Ähnlich wie beim Zaum des Reitpferdes soll der Nasenriemen des Fahrzaumes mit seiner unteren Kante etwa 8 cm oberhalb des oberen Nüsternrandes liegen, damit er auf dem knöchernen Teil des Nasenbeines aufliegt. Er läßt sich auf dem Backenstück in die richtige Stellung nach oben oder unten verschieben, nachdem beim Verpassen der Backenstücke zunächst die Scheuklappen ihre richtige Lage erhalten haben.

Aus dem erwähnten Zweck des Nasenriemens ergibt sich, daß er relativ eng geschnallt sein muß. Etwa ein Finger soll zwischen ihm und dem Nasenrücken noch Platz haben. So geschnallt, hält er die Backenstücke am Kopf und die Scheuklappen in ihrer Stellung, so daß das Pferd nicht unter dem abstehenden Backenriemen hindurch nach der Peitsche sehen kann. (Das würde die Scheuklappen überflüssig machen.) In dieser Schnallung kann das Pferd noch kauen, das Maul aber nicht aufsperren. Aufgesperrte Pferdemäuler sind immer hart. Und schließlich wird durch diese Lage des Nasenriemens die Lage der Kandare im Maul fixiert.

Man kann Nasenriemen, die der vorgestellten Form nicht entsprechen, vom Sattler leicht entsprechend verändern lassen. Selbst wenn diese Veränderung ins Auge fallen sollte, wird dies immer besser beurteilt werden müssen als ein fehlerhafter Nasenriemen.

Häufig sieht man zu lange Nasenriemen, die auf der Nase oder hinter dem Unterkiefer durchhängen. Sie sind ein schwerer Mangel, der leicht zu beheben ist.

Befinden sich auf dem Nasenriemen Schmucknähte oder Metallbeschläge, so müssen diese mit gleichartigen Verzierungen an anderen Teilen des Geschirrs übereinstimmen.

Bei Gelände- und Streckenfahrten sowie beim Hindernisfahren ist ein Sperriemen erlaubt (vgl. Abb. 60 b), der durch eine kleine Schlaufe in der Mitte des Unterrandes des Nasenriemens läuft und unterhalb des Gebisses in der Kinnkettengrube zugeschnallt wird. Er darf nicht enger sitzen als der Nasenriemen. Gebißlose Zäumungen (Hackamore), auch in Verbindung mit einem Gebiß, sind nicht zulässig.

Bleibt von den Lederteilen des Fahrzaumes noch der „Kehlriemen" zu besprechen. Er besitzt an beiden Enden Schnallen, die von den Kehlriemenstrupfen des Genickstückes aufgenommen werden und mit den Backenstückschnallen in Größe und Form übereinstimmen.

Der Kehlriemen muß so lang geschnallt werden, daß die Atmung des Pferdes nicht behindert wird. Deshalb muß man bequem eine Hand zwischen Kehlriemen und Kehle schieben können. Der Kehlriemen liegt dann knapp oberhalb der Backenmitte.

Als weitere Regel gilt, daß die Kehlriemenschnallen mit den Backenstückschnallen auf gleicher Höhe sein sollen. Ist bei dieser Schnallung der Kehlriemen zu kurz, gibt es einen einfachen Ausweg: Ein zu kurzer Kehlriemen kann auf der dem Nachbarpferd zugewandten Seite weiter geschnallt werden, weil die Forderung nach gleicher Höhe der beiden Schnallen nur für die Außenseite gilt. Bei der Beurteilung dieses Geschirrteiles wird der zu kurze, störende Kehlriemen als der schwerere Fehler gegenüber dem „Schönheitsmangel" anzusehen sein. Der gleiche Mangel – zu kurzer Kehlriemen – beim Einspänner kann nur durch Einschnallen eines neuen, längeren behoben werden.

Als *Gebisse* werden zum Fahren Kandaren und Doppelringtrensen verwendet.

Die Fahrgebisse sind aus nichtrostendem Material gefertigt, das nicht zu weich, jedoch elastisch genug ist, um die Beanspruchung auszuhalten (stahlpoliert, Argentan). Vernikkelte und verchromte Gebisse sind abzulehnen, weil die aufgebrachte Schicht im Laufe der Zeit abplatzt, was zu Verletzungen im Pferdemaul führen kann.

Obwohl auch beim Fahren gilt, daß die Pferde erst gelernt haben müssen, sich am

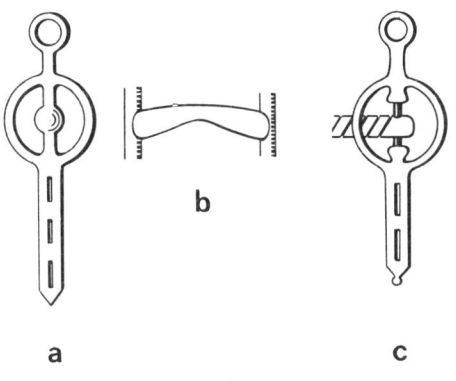

Abb. 61 Liverpool-Kandare
a feste Seitenteile
b V-Gebiß
c mit Pumpgebiß

Trensengebiß loszulassen, ehe man ihnen die Kandare auflegt, sollen in der Geschirrkunde die Kandaren zuerst besprochen werden, weil sie Teil des auch bei der Landanspannung häufiger verwendeten Kumtgeschirrs sind.

Die Kandarenform, die beim Fahren am häufigsten verwendet wird, ist die *Liverpool-Kandare*. (Abb. 61) An ihrem Beispiel sollen Konstruktion und Wirkungsweise der Kandare erläutert werden.

Die Kandare besteht aus dem linken und rechten *Kandarenbaum* und dem Mundstück. Der Teil des Kandarenbaumes oberhalb des Mundstückes heißt *Oberbaum*, der unterhalb des Mundstückes *Unterbaum* (auch *Kandarenanzug*). Das Verhältnis der Länge von Oberbaum zu Unterbaum beträgt 1:1,5 bis 1:1,75. Der längere Unterbaum gestattet eine größere Hebelwirkung. Während die Unterbäume rechtwinklig zum Mundstück verlaufen, sind die Oberbäume leicht nach außen gebogen, damit die Backenhaut nicht gedrückt wird. Die Kandare besitzt an den beiden oberen Enden der Kandarenbäume einen ringförmigen Abschluß, die *Kandarenaugen*. Darunter befindet sich der *Schaumring*, der aus zwei vorn und hinten am Kandarenbaum angebrachten Halbkreisen besteht, die miteinander einen Ring bilden. Der Schaumring hat die Aufgabe, das Gebiß gegen seitliches Verrutschen zu sichern. In dem hinteren Bügel eines jeden Schaumringes befinden sich die *Kinnkettenhaken*. Sie haben den gleichen Zweck wie die der Zäumung des Reitpferdes, sind jedoch im Gegensatz zu diesen nach oben offen, damit er sich nicht am Nachbarpferd festhaken kann. Die Kinnkettenhaken sollen auf das Gebiß herabreichen. Die *Kinnkette* ist vorzugsweise doppelgliedrig. Ist sie zu lang, werden die äußeren Glieder frei gelassen. Muß eine ungerade Anzahl von Gliedern frei bleiben, hängt auf der Innenseite des Zaumes ein freies Glied mehr.

Kinnkettenunterlagen aus Gummi oder Leder sind erlaubt und bei empfindlichen Pferden vorteilhaft. Auch *Kinnriemen* an Stelle der Kinnketten werden verwendet, wenn die Kinnkettengrube bei einem Pferd einmal wund geworden sein sollte. (Abb. 62) In Prüfungen sind sie allerdings nicht zugelassen.

Bei älteren Fahrkandaren sind die Kinnketten manchmal an der inneren Seite fest angebracht. Das schützt einerseits vor dem Verlieren einer Kinnkette, erschwert aber deren Reinigung. Die Kinnketten müssen aus dem gleichen Material gefertigt sein wie das Gebiß.

Die *Kandarenanzüge* weisen je zwei, seltener drei Schlitze auf, in welche die Leinen eingeschnallt werden. Je nachdem, ob die Leine in den Schaumring, in den ersten Schlitz

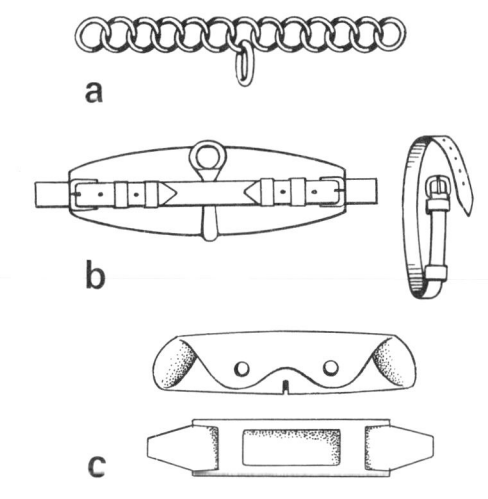

Abb. 62 Kinnkette (a), Kinnriemen (b), Kinnketten-Unterlagen (c)

109

von oben oder in den zweiten Schlitz von oben eingeschnallt wird, bezeichnet man die Schnallung als weich, halbscharf oder scharf.

Das Gebiß besteht aus einer durchgehenden Stange, dem *Mundstück,* das in der Mitte mit einer mehr oder weniger starken Ausbuchtung, der *Zungenfreiheit,* versehen ist. Eine große Zungenfreiheit verlegt den Druck des Gebisses mehr auf die Laden, eine kleine Zungenfreiheit mehr auf die empfindliche Zunge. Besondere Formen von Mundstücken für spezielle Zwecke sind V-Gebiß (vgl. Abb. 61 b), Gummigebiß, Howlett-Gebiß, Segundo-Gebiß, Walzengebiß (vgl. Abb. 71) und Pumpgebiß (vgl. Abb. 61 c; vgl. auch Abb. 219). Über die Wirkung dieser Gebisse wird später noch zu sprechen sein (s. S. 114 ff.).

Eine den Pferdemäulern eher zuträgliche als schädliche Täuschung des Beschauers begeht der Fahrer, der bei noch nicht kandarenreifen Pferden innerhalb der Pferdemäuler gebrochene Trensengebisse verwendet, die statt der Ringe Kandarenbäume aufweisen und so die Einheitlichkeit des Stils ohne Nachteile für die Pferde wenigstens äußerlich bewahren. (Abb. 63)

Neben der am weitesten verbreiteten Liverpool-Kandare gibt es noch eine größere Anzahl anderer, wie die Ellbogenkandare, die Tilbury-Kandare, die Buxton-Kandare und die verschiedenen Post-Kandaren. Während Post- und leichte Ellbogen-Kandaren bei Landanspannung auch zu Sielengeschirren verwendet werden dürfen, Tilbury-Kandaren, ein- und zweispännig, zu Kumtgeschirren gehören, sind die Buxton-Kandaren auf Ein- und Zweispänner als Stadt- und Parkgespanne in englischem Stil beschränkt. (Abb. 64) Postkandaren werden auch zu stilechten Postzügen verwendet, die heute bestenfalls in historischen Umzügen zu finden sind. Aber auch dort ist Detailtreue anzustreben.

Alle gebräuchlichen Kandarenarten können mit einem Bügel versehen werden, der die unteren Enden der Unterbäume miteinander verbindet. Dieser „Schaumbügel" soll verhindern, daß sich eine Leine zwischen den Unter-

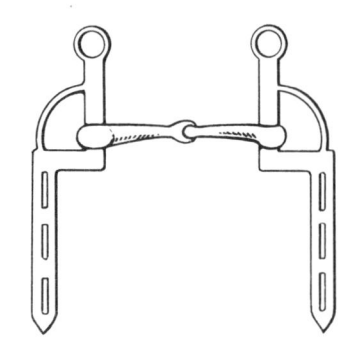

Abb. 63   Ellbogenkandare mit Trensenmundstück

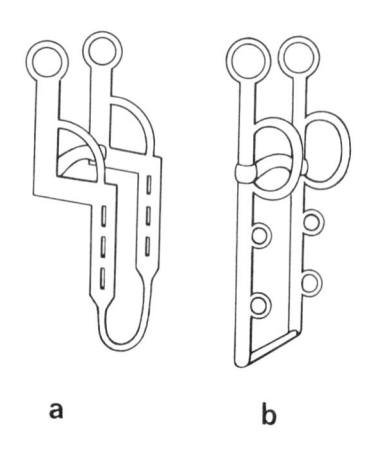

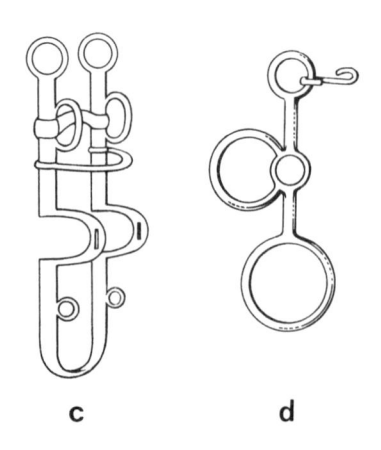

a   b

c   d

Abb. 64   Kandaren mit Schaumbügel
a Ellbogenkandare
b Tilbury-Kandare
c Buxton-Kandare
d Post-Kandare

bäumen verfängt. Allerdings sind solche Kandaren an die gleichzeitige Verwendung von Aufsatzzügeln gebunden, weil sonst die Gefahr besteht, daß die Pferde sich unter der Deichselbrille festhaken. Da Aufsatzzügel kaum noch aufgelegt werden, sind auch diese Gebisse fast aus dem Gebrauch gekommen. In letzter Zeit sieht man sie allerdings wieder häufiger als eine Modeerscheinung von geringem Wert, die nur bei den Stangenpferden von Viererzügen Bedeutung haben können.

„Geschlossen" sind allerdings die Tilbury- und Buxton-Kandaren, und die LPO läßt geschlossene Ellbogenkandaren zu.

Die zweite Art von Fahrgebissen sind die *Doppelringtrensen*. (Abb. 65) Sie bestehen aus einem normalen Trensengebiß, auf welchem sich innerhalb der durch die beiden Mundstückenden laufenden Ringe noch links und rechts je ein frei beweglicher Ring gleicher Größe und Form wie die äußeren befindet.

Das *Mundstück* besteht im Normalfalle aus zwei Hälften, die in der Mitte gelenkig miteinander verbunden sind. Es kann jedoch auch zwei Gelenke aufweisen oder als starres Mundstück aus einer durchgehenden Stange bestehen. Selbstverständlich gibt es auch Mundstücke aus Gummi (Gummitrensen sind in Fahrerprüfungen zulässig) oder Leder.

Im Normalfall werden beide Ringe einer Seite gemeinsam in die Gebißschnalle des Fahrzaumes und die der Leine geschnallt. Das ist die *weiche Schnallung*. Werden hingegen nur die inneren Ringe in den Fahrzaum, die Leine aber in die äußeren Ringe geschnallt, ist dies die *scharfe Schnallung*. (Abb. 66)

Bei Zäumung auf Trense wird das Backenstück nicht durch die auf der Innenseite des Nasenriemens aufgenähten Schlaufen geführt, da sonst, insbesondere bei weicher Schnallung, ein Teil der Wirkung des Gebisses auf das Nasenbein übertragen werden würde. Andererseits läßt sich eine Milderung des Gebißdruckes auf die Zunge bei der Trensenzäumung gerade dadurch erreichen, daß man die Schlaufen des Nasenriemens für diesen Zweck nutzbar macht. Eine kräftigere Wirkung hat jedoch der *Pullerriemen* (Abb. 67), der von einem Gebißende zum anderen unterhalb des Nasenriemens über die Nase läuft und den Druck auf das Gebiß durch einen Druck auf die Nase ergänzt. Er wird in der Mitte des Nasenrückens durch ein Verbindungsriemchen mit dem Nasenriemen am Herabfallen gehindert.

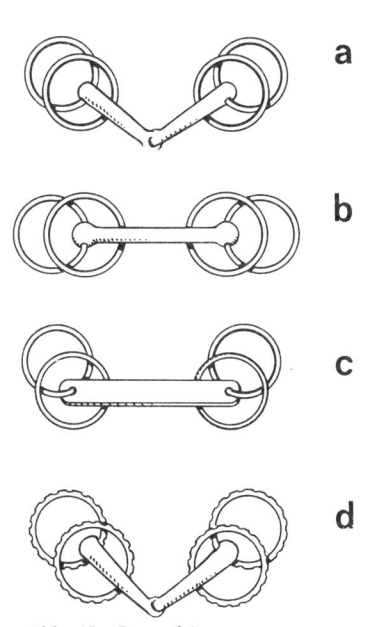

Abb. 65 Doppelringtrensen
a normal, b mit ungebrochener Stange, c mit Gummigebiß, d Juckertrense (Esterhazy-Trense)

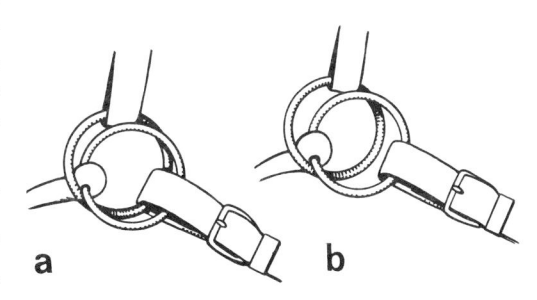

Abb. 66 Schnallung der Doppelring-Trense
a weich
b scharf

In der Regel haben die Fahrtrensen runde Ringe, so wie auch die Schnallen des Geschirrs aus Rundmaterial gefertigt sind. Zu flachen Schnallen gehören auch flache Trensenringe. Bei stiltreuen ungarischen Juckergeschirren sind die flachen Trensenringe ebenso wie die

111

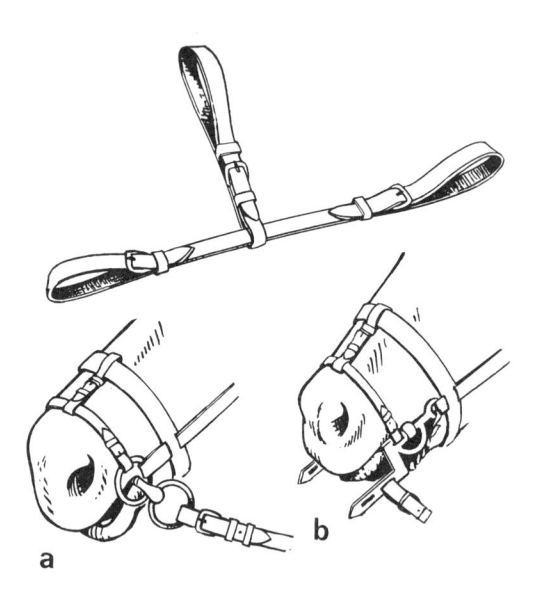

Abb. 67 Pullerriemen
a bei Trensenzäumung
b bei Ellbogenkandare

Abb. 68 Trense für Arbeitsgeschirr

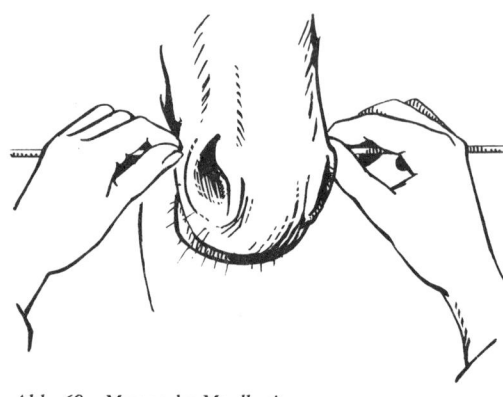

Abb. 69 Messen der Maulbreite

flachen Schnallen an den Rändern gewellt oder mit kleinen Löchern versehen (vgl. Abb. 65 d). In die äußeren Trensenringe können Schlitze zur Aufnahme der Gebißschnallen der Leinen geschnitten sein.

Für Wirtschaftsgeschirre wird ein einfaches Trensengebiß verwendet, das kein zweites Paar Trensenringe aufweist. Wird hingegen bei Arbeitsgeschirren ein Fahrhalfter verwendet (das allerdings niemals richtig „paßt", besonders wegen des viel zu weiten Nasenriemens sowie des fehlenden Kinnriemens), so besitzen die Trensenringe an kurzen Kettenstücken angebrachte Knebel, mit deren Hilfe sie in den seitlichen Halfterringen befestigt werden. (Abb. 68) Diese Zäumung kann allerdings nur für vorwiegend im Schritt arbeitende Gespanne verwendet werden.

Sowohl bei Kandaren als auch bei Trensen ist die *Weite des Gebisses* für die Lage im Pferdemaul von Bedeutung. Zu enge Gebisse drücken mit den Kandarenbäumen bzw. Trensenringen unangenehm auf die Backenhaut und können diese wund scheuern. Zu weite Gebisse liegen nicht ruhig genug im Maul und rutschen bei jeder Einwirkung mit der Leine nach der einen oder anderen Seite des Maules. Dadurch wird selbstverständlich die korrekte Anlehnung gestört.

Die richtige Weite des Gebisses stellt man fest, indem man ein Holzstäbchen (Wurstspeiler) über die Zunge schiebt und beiderseits des Pferdemaules mit den Daumennägeln an der Stelle einkerbt, bis zu welcher das Mundstück reichen muß, ohne die Backenhaut zu drücken. Danach muß man dann aus den gängigen Gebißweiten von 12,5 cm, 13,5 cm, 14,5 cm und 15,5 cm die passende auswählen. (Abb. 69)

Nicht selten treten Probleme auf, wenn die passenden Gebißweiten nicht vorhanden sind. Neben der Möglichkeit, Gebisse untereinander auszutauschen, läßt sich zumindest für Leistungsfahrten (Geländefahrt, Gelände- und Streckenfahren sowie Hindernisfahren) bei zu weiten Gebissen Besserung erreichen, wenn man Gummischeiben auf die Mundstücke aufzieht, wie sie Springreiter häufig verwenden. An zu engen Gebissen läßt sich leider gar nichts ändern, wenn ein leichtes Auswärtsbiegen der Oberbäume von Kandaren für die Beseitigung des Drucks auf die Backenhaut nicht ausreicht.

Mit zu engen Gebissen zu fahren ist Tierquälerei. Deshalb müssen sie bei der Beurteilung der Fahrzäume besonders negativ ins Gewicht fallen.

Wie bei den Reitpferdegebissen ist auch für Fahrgebisse viel überflüssige Phantasie in Mundstückformen investiert worden, die alle den Fahrer in der Einwirkung auf das Pferdemaul unterstützen sollten. In den meisten Fällen entstanden auf diese Weise wahre Marterwerkzeuge für das Pferdemaul, das mit Sägezähnen auf den Mundstücken bis hin zu fahrradkettenähnlichen Instrumenten gequält wurde. Ganze Kapitel über solche „Gebisse" – und über die Ausheilung der dadurch entstehenden Maulverletzungen – sind in alten Fahrbüchern zu finden. Hier sollen – selbst auf den Vorwurf hin, unvollständig zu bleiben – solche Pferdemaulfolterwerkzeuge nicht abgebildet werden, jedoch ist nochmals zu betonen, daß die weich führende, fühlende Fahrerhand jedem noch so „klug ausgetüftelten" mechanischen Werkzeug überlegen ist. Deshalb können in der Geschirrkammer unserer Fahrer auch nur die hier besprochenen Gebisse Platz finden: Kandaren oder Trensen mit glatten oder gebrochenen Mundstücken, auch aus Gummi, mit verschiedenen Formen der Zungenfreiheit, wie sie im § 71 der LPO abgebildet sind.

Die bei Springpferden in Gebrauch gekommenen gebißlosen Zäumungen (Hackamore) sind bei Fahrpferden sowohl durch das FEI-Reglement als auch durch die LPO verboten. Das gilt auch, wenn diese in Verbindung mit einem Gebiß verwendet werden sollen.

Als einzige Ausnahme von dieser Regel kann das Walzenmundstück gelten, das für trockene Pferdemäuler eine Erleichterung bringen kann, weil der auf den Laden aufliegende Teil des Mundstückes beim Annehmen der Leinen seine Lage behält und so die Reibung im Pferdemaul vermindert wird.

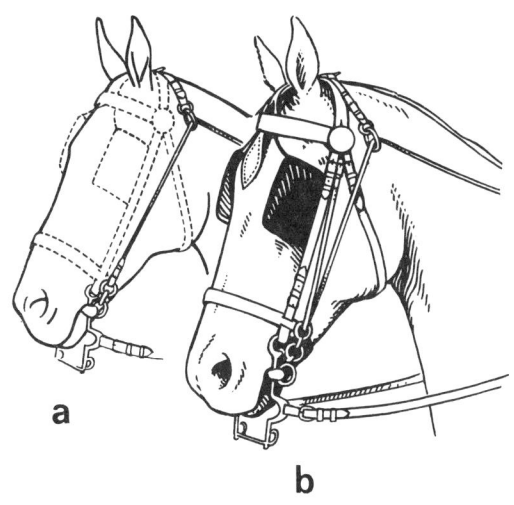

Abb. 70 Aufsatzzügel
a einfacher Aufsatzzügel
b doppelter Aufsatzzügel

Zum Zaum des Wagenpferdes gehörte früher stets der *Aufsatzzügel,* dessen Aufgabe darin bestand, die Pferdeköpfe auf gleiche Höhe zu stellen. Das war für nicht richtig ausgebildete und durchs Genick gefahrene Pferde oft ein Martyrium, das sie im mildesten Falle mit Verstellungen in Kopf und Hals quittierten. Je mehr sich richtige Ausbildung auch der Fahrpferde durchsetzte, kam auch der Aufsatzzügel außer Gebrauch. Wenn er hier erwähnt wird, dann deshalb, weil er als *Hilfsmittel für die Ausbildung* (nicht in Pferdeleistungsprüfungen) *manchmal* nützlich sein kann. (Abb. 70)

An dieser Stelle muß jedoch vor jeder unüberlegten Verwendung gewarnt werden. Müssen die Pferde nämlich schwer ziehen, was auch in der Ausbildung für kurze Zeit vorkommen kann, behindert der Aufsatzzügel das Aufwölben des Rückens sowie das Strecken des Halses und läßt daher die maximale Entfaltung der Zugkraft nicht zu.

Die Aufsatzzügel müssen immer so lang geschnallt werden, daß die Pferdeköpfe in Normalstellung kommen, also das Genick der höchste Punkt ist und die Stirnlinie vor der Senkrechten verläuft. Wenn der Zweck erreicht ist, muß man ihn wieder ausschnallen.

113

Im übrigen *müssen Aufsatzzügel in jeder Schrittpause ausgehakt werden, in der den Pferden zur Erholung das Strecken des Halses gestattet werden muß.*

Die in manchen Gegenden bei Arbeitspferden in der Landwirtschaft verwendeten Aufsatzzügel, die nur verhindern sollen, daß das Pferd bei jeder Gelegenheit, die der unaufmerksame Gespannführer ihm gibt, stehenbleibt und frißt, müssen so lang geschnallt sein, daß ausschließlich dieser Zweck erreicht wird. Ein lederner Beißkorb bringt übrigens die gleiche Wirkung.

Das Anbringen der Aufsatzzügel am Fahrzaum zeigt Abbildung 70 sowohl für den *einfachen* als auch für den flaschenzugähnlich wirkenden und daher noch viel gefährlicheren *doppelten* Aufsatzzügel. Bedeutsam ist noch: Die *Ohrbügelriemen* müssen relativ kurz sein, sonst wirkt der Aufsatzzügel nicht aufrichtend, sondern zieht nur den Hals zusammen. Die mancherorts noch vorhandenen Ketten anstelle der Ohrbügelriemen zu verwenden ist falsch, da sie generell zu lang sind. Der vordere Teil des Aufsatzzügels ist rund genäht, damit er leichter im Ohrbügelring gleitet. Der flache Teil des Aufsatzzügels trägt auf beiden Seiten eine Schnalle, damit gegebenenfalls auf eine Maulseite stärker eingewirkt werden kann. Die auf den Aufsatzzügel aufgeschobene Schlaufe vor dem Ende, das in den Aufsatzhaken des Kammdeckels eingehakt wird, muß festgenäht sein, damit sich beide Teile des Aufsatzzügels nicht gegeneinander verschieben.

Der Aufsatzzügel darf nicht in das Fahrgebiß eingeschnallt werden. Wird er verwendet, ist zusätzlich zur Kandare eine Unterlegtrense einzulegen, die lediglich durch den Aufsatzzügel gehalten wird. Wenn mit Doppelringtrense gefahren wird, kann der einfache Aufsatzzügel auch in die inneren Ringe eingeschnallt werden.

In Pferdeleistungsprüfungen ist die Verwendung von Aufsatzzügeln unzulässig.

In der letzten Zeit hat sich wieder einmal die Mode der Pferdeköpfe bemächtigt, indem sie die Verwendung farbiger, mit Fransen und Ohrentüten versehener Stirndecken propagiert. Wenn man auch dem Schutz der Pferdeohren vor stechenden Insekten, besonders im Wald, als Zweck der Ohrentüten zustimmen darf – auch die LPO (§ 71, Abs. B, II) erklärt sie nur als Fliegenschutz für zulässig –, auf dem Schauplatz wird dadurch die Schönheit des Pferdekopfes verdeckt, so daß man nur hoffen kann, die Unbeständigkeit der Dame Mode und die entsprechend deutliche Orientierung durch die Richternoten werden dieser Verunstaltung bald ein Ende bereiten.

Gesichtspunkte für die Zäumung von Fahrpferden

Besonders Fahrgebisse und Hilfszügel sind Teile des Geschirrs, die ein Fahrer souverän zu handhaben verstehen muß. Ihre Wirkungen sollte er gut kennen, um in der Ausbildung der Pferde, aber auch bei Fahrprüfungen zu guten Ergebnissen zu gelangen. Deshalb soll an die Besprechung des Fahrzaumes gleich ein kleiner Exkurs über die Zäumungslehre angeschlossen werden.

Die Wirkung der unterschiedlichen Fahrgebisse

Vor jeglicher Erörterung über die Wirkung der unterschiedlichen Fahrgebisse muß mit Nachdruck darauf hingewiesen werden, daß diese in erster Linie von ihrer Handhabung abhängt. Das passende Fahrgebiß, soll es die gewünschte Wirkung erzielen, erfordert die weiche, gefühlvolle Fahrerhand.

Ein Grundsatz der Zäumungslehre besteht darin, jedem Pferd das Gebiß zu geben, das ihm am besten zusagt. Das bedeutet, daß man unter Umständen geduldig ausprobieren muß, um den richtigen „Schlüssel" für das Pferdemaul zu finden. Keinesfalls darf man sich jedoch der Hoffnung hingeben, daß man mit einem schärferen Gebiß ein Problem dauerhaft lösen kann. Die erste optimistisch stimmende Reaktion wird bald von noch größeren

Problemen abgelöst werden.

Im Normalfall soll das Gebiß etwa einen Fingerbreit über den Hakenzähnen liegen, bei Stuten an entsprechender Stelle. Pferden, die sehr empfindlich im Maul sind, ist es oft angenehmer, wenn das Gebiß etwas höher gelegt wird. Dabei können ein paar kleine Hautfalten in den Lefzenwinkeln in Kauf genommen werden, wenn nur die Lefzen nicht zu stark hochgezogen sind. Im Gegensatz dazu legt man bei weniger empfindlichen Pferden das Gebiß etwas tiefer. Für die ersten Übungen (schon mit den Zwei- und Dreijährigen) verwendet man als Gebiß eine dicke, möglichst hohe Wassertrense. Wenn sie als Doppelringtrense ausgebildet ist, gilt sie auch bei Sielenanspannung als stilgerecht.

Die Gummitrense ist auch für Fahrpferde als weichstes aller Gebisse anzusehen. Bei „verdorbenen" oder wunden Mäulern dient sie der Korrektur beziehungsweise fördert die Erholung. Im letzteren Falle muß sie jedoch so eingelegt werden, daß die wunde Stelle unberührt bleibt.

Es gibt auch Fahrkandaren mit Gummimundstück, die, in den Schaumring eingeschnallt, für das Pferdemaul angenehm sind. Hat man zwei Pferde, von denen eines sehr stark gegen das Gebiß geht, so empfiehlt sich bei diesem ein Versuch mit dem Pullerriemen (vgl. Abb. 67). Hier wird, insbesondere bei weicher Schnallung, ein Teil des Druckes vom Gebiß auf die Nase übertragen, und die Laden werden geschont. Der Pullerriemen liegt unterhalb des Nasenriemens am Ende des Nasenbeines oder sogar darunter.

Bei den Übungen der jungen Pferde und beim Einfahren wird immer ein dickes Trensengebiß verwendet, so daß die Pferde lernen können, sich an das Gebiß heranzustellen. Bis die Pferde am Trensengebiß Anlehnung nehmen und es wieder loslassen, ist das gebrochene Mundstück beizubehalten, auch wenn aus Gründen der stilrichtigen Anspannung in Kumtgeschirren Kandaren verwendet werden müßten. Für diesen Fall gibt es auch Fahrkandaren mit gebrochenem Trensenmundstück, die sich von außen nicht von den starren Fahrkandaren unterscheiden. (Abb. 63)

Nicht gerade selten kommt es vor, daß junge Pferde dem Druck des Gebisses auf die empfindliche Zunge ausweichen, indem sie diese hochziehen oder sogar über das Gebiß nehmen. Das wird in Dressurprüfungen als schwerer Fehler angesehen. Man kann dem begegnen, indem man mehrere Wochen lang einen Gummi-Zungenstrecker auf das Gebiß aufsteckt. Auch eine aus zwei Mundstücken mit versetztem Gelenk bestehende Doppeltrense kann diesen Zweck erfüllen helfen, zumal sie die Pferde zum Kauen anregt. Sie ist also außerdem der Maultätigkeit förderlich.

Bei der Anschaffung oder beim Verpassen von *Kandaren* muß man darauf achten, daß die Oberbäume gut abgebogen sind, damit das Leder der Gebißschnallen nicht gegen die Backenhaut drückt. Das Kandarenmundstück hat die richtige Breite, wenn die Kandarenbäume die Lippen nicht seitlich zusammendrücken und vom Mundstück an keiner Seite etwas zu sehen ist. Die nach rechts ausgedrehte Kinnkette muß in der Kinnkettengrube in Höhe des Mundstücks dem Unterkiefer glatt anliegen. Bei älteren Kandarenmodellen ist die Kinnkette an der Außenseite in einem geschlossenen Kinnkettenhaken befestigt. Das ist insofern ungünstig, als dadurch sowohl die Reinigung erschwert wird als auch ein Verpassen der Kinnkette nur an der Innenseite erfolgen kann. Für das Mundstück gilt: Dickere Mundstücke sind immer besser als dünnere, Hohlgebisse sind im allgemeinen den Vollgebissen vorzuziehen.

Bei alldem sei daran erinnert, daß auch Fahrpferde kandarenreif sein müssen, d. h. gelernt haben müssen, das Kandarengebiß anzunehmen und sich daran loszulassen.

Dem Fahrer stehen vier Möglichkeiten zur Verfügung, um die Einwirkung auf das Pferdemaul zu verändern:
1. Wechsel des Mundstücks,
2. Veränderung der Lage des Mundstücks,
3. weicher oder schärfer schnallen,
4. Verschnallen der Leinen.

Durch die zweckmäßige Kombination dieser Möglichkeiten lassen sich Korrekturen und

Ausgleich in großem Maße bewirken. Es kommt dabei auf das geduldige Probieren an, um die beste Zäumung für das einzelne Pferd herauszufinden – immer auch mit dem Ziel, Haltungs- und Arbeitsausgleich der Pferde des Gespannes zu bewirken. Dabei ist es erforderlich, die Ursachen der Erscheinungen zu ergründen. Dazu muß man die Pferde genau beobachten.

Die wichtigsten Erscheinungen, bei deren Beseitigung Kenntnisse der Zäumungslehre hilfreich sein können, sollen nachstehend besprochen werden.

Die ruhige Lage der Kandare ist einerseits von der richtigen Konstruktion des Nasenriemens (vgl. Abb. 60), andererseits von der leichten Beweglichkeit der Kumtaugen (bei Zwei- und Mehrspännern) abhängig. Voll bewegliche Kumtaugen heben die Stöße fast auf, die von der Auf- und Abbewegung des Kumts auf das Maul des Nachbarpferdes ausgeübt werden. Je schwungvoller und höher die Bewegungen des Pferdes sind, um so mehr bewegt sich auch das Kumt und um so mehr wird bei fest stehenden Leinenaugen das Nachbarpferd im Maul gestört.

Wird das Gebiß tiefer gelegt, besteht – besonders bei nicht richtig vorgebildeten Pferden – die Gefahr, daß das Pferd die Zunge hochzieht. Der Fahrer kann dies am plötzlichen Kippen hinter die Senkrechte und am Verkriechen hinter das Gebiß erkennen.

Wenn ein fleißiges Pferd energisch gegen das Gebiß geht („pullt"), ist Schärferschnallen meist der ungeeignetste Korrekturversuch. In vielen Fällen genügt es, das Pferd auf der Leine kürzer zu schnallen und ihm dadurch Arbeit abzunehmen. Im Normalfall wird es sich bald beruhigen, besonders wenn es dabei zugleich weicher geschnallt wird als vorher.

Schärferschnallen führt bei einem solchen Pferd gewöhnlich zur Steigerung der Erregung. Es verschwendet seine Energie und verschleißt körperlich sehr rasch. In diesem Falle kann der Pullerriemen nichts weiter bewirken als eine größere Schonung des Maules.

Höher- oder Tieferlegen des Gebisses im

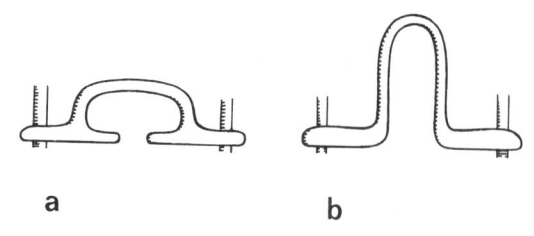

Abb. 71 Segundo- und Howlett-Gebiß

Maul hat beim Fahren größere Bedeutung als beim Reiten, besonders bei Mehrspännern und Tandemvorderpferden (die man schwerer mit der Peitsche erreicht als die Pferde des Zweispänners), da die Peitsche nicht die Gewichts- und Schenkeleinwirkung des Reiters ersetzen kann. Zum Ausgleich der Haltung der beiden Pferde eines Paares ist daher das Höher- oder Tieferlegen der Kandare einen Versuch wert.

Probleme für den Fahrer bringen Pferde mit sich, die durch einen anderen Fahrer mit unnachgiebiger Hand im Maul unempfindlich geworden sind und mit Macht gegen die Gebisse gehen. Die Korrektur ist zeitaufwendig. Hier hilft nur eine konsequent „feinfühlige" Hand, d. h. nachgeben, wo immer es möglich ist. Die Verwendung eines gebrochenen Mundstücks unterstützt die Wiederherstellung der Empfindlichkeit. Erste Voraussetzung für den Erfolg der ganzen Arbeit ist natürlich die vollständige Ausheilung eventueller Ladendrücke.

Fahrer, die sehr weich führen können, haben – nach Achenbach – auch manchmal mit dem Segundo- oder dem Howlett-Gebiß Erfolg gehabt (vgl. Abb. 71a, b). Diese Art von Gebissen ist aber nicht mehr überall zu finden. Ihre Wirkung beruht auf ihrer hohen Zungenfreiheit, die den Druck auf diesen sehr schmerzempfindlichen Teil mildert.

Ist bei Pferden, die hart gefahren wurden, die Kinnkettengrube wund geworden, so sollte man die Kinnkette mit einem kleinen Riemchen so nach oben legen, daß die wunde Stelle frei bleibt. In leichten Fällen können auch Kinnkettenunterlagen aus Leder oder Gummi dem Pferd bereits Erleichterung bringen (vgl. Abb. 62).

Meist weist ein durch harte Hand und rüde Paraden abgestumpftes Maul Verletzungen auf. Sie ausheilen zu lassen ist natürlich die erste Aufgabe. Glücklicherweise heilen Schleimhautverletzungen relativ schnell. Ist der Heilungsprozeß abgeschlossen, kann ein Walzenmundstück helfen, das Pferd zum Loslassen des Gebisses zu bringen. Beim Annehmen der Kandare dreht sich nur die Achse, auf der die Walzen angebracht sind, jedoch nicht die Walzen selbst, so daß keine Reibung der Maulschleimhaut eintritt, wie dies beim fest stehenden Gebiß der Fall ist.

Zu den Kandaren mit beweglichen Mundstücken gehören auch die „Pumpgebisse", bei denen das Mundstück auf dem Kandarenbaum innerhalb des Schaumringes einige Millimeter auf- und abwärtsgleiten kann (vgl. Abb. 61c). Nimmt das Pferd das Gebiß an, rutscht das Mundstück nach oben, läßt es das Gebiß los, gleitet es nach unten. Dadurch verläßt es die Stelle der Laden, die längere Zeit unter Druck gestanden hat, und gibt ihr Gelegenheit zur Erholung. Auch dieses Gebiß kann daher bei verdorbenen Mäulern nützlich sein. Geschaffen allerdings wurde dieses Gebiß wohl mehr, um der Hand des Fahrers hin und wieder Erholung zu verschaffen, weil die Pferde dabei lernen, hinter das Gebiß zu gehen. Legt man beim Pumpgebiß die Kinnkette „normal" ein, so wird sie beim Hinaufrutschen des Mundstücks zu lang, die Kandare fällt durch und klemmt Zunge und Laden ein. Der steilere (kleinere) Winkel zwischen Kandarenbaum und Maulspalte ist bei diesem Gebiß vorzuziehen.

In allen geschilderten Fällen müssen die Leinen in das Schaumloch geschnallt werden, und die Kinnkette darf ein wenig kürzer eingehängt werden als normal.

Auch bei den Fahrpferden tritt die natürliche Schiefe auf. Sie äußert sich in einer scheinbar unterschiedlichen Empfindlichkeit der beiden Maulseiten. In den meisten Fällen sind die Pferde von Natur aus von rechts hinten nach links vorn „schief", d. h., sie weichen mit dem rechten Hinterfuß von der Spurlinie der Vorderfüße nach außen ab und fallen auf die linke Schulter. Sie können dann weniger gut nach rechts wenden. In den Reitlehren sind diesem Problem ganze Kapitel unter der Überschrift „Geraderichten" gewidmet. Der Fahrer sollte sie genau studieren, damit er diese Schwierigkeit nicht nur während der Arbeit unter dem Sattel bekämpft, sondern das Prinzip der Korrektur der natürlichen Schiefe auch beim praktischen Fahren anzuwenden lernt. Dabei gilt als Grundsatz: Je weicher die Schnallung, um so größer die führende Wirkung. Auf der hohlgebogenen rechten Seite muß daher in das Schaumloch geschnallt werden. Damit – besonders, wenn beide Pferde energisch vorwärts gehen – das Gewicht in der Fahrerhand nicht zu groß wird, was ja wiederum die weiche Einwirkung der Hand beeinträchtigen würde, wird auf der linken Seite meist in den ersten Schlitz geschnallt. Dadurch erreicht man auf der linken Seite eine höhere beizäumende Wirkung, verbunden mit einer verwahrenden Einwirkung auf die Schulter, und bekämpft gleichzeitig das als Folge der Schiefe auftretende Werfen in die Wendung bei Linkswendungen und das Ausfallen der linken Schulter in den Rechtswendungen.

Beim Schärferschnallen der Kandare halte man sich aber immer vor Augen, in welch hohem Maße die Verlängerung des Hebels den Druck auf das Maul verstärkt. Wer sich davon

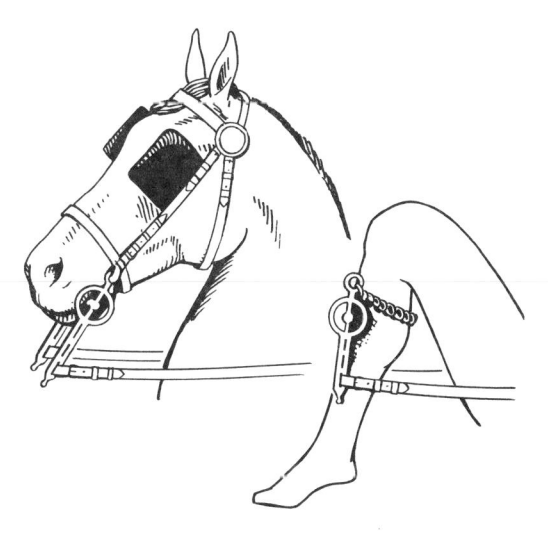

Abb. 72 Wirkung der Kandare

überzeugen will, braucht nur einmal die Kandare aufs bloße Schienbein zu legen, die Kinnkette um die Wade zu führen und dann die Leinen anzunehmen. (Abb. 72)

Stellt man sich vor, daß das Pferdemaul diesem Druck während eines großen Teils der Fahrt ausgesetzt ist, versteht man auch, daß dadurch unerträgliche Schmerzen erzeugt werden, denen das Pferd durch noch stärkeres Pullen zu entgehen sucht. Schärferschnallen ist daher eine Entscheidung, die nur einem Fahrer mit „denkender" Hand erlaubt ist.

Bei einigen Kandarenformen sind die beiden Bäume an ihrem unteren Ende mit einem Bügel verschlossen (Tilbury-, Buxton- und auch Ellbogenkandaren). In diesem Fall muß ein Aufsatzzügel verwendet werden, damit die Pferde sich nicht mit den Schaumbügeln unter der Deichselspitze festhaken können. Das gilt jedoch nur für das Fahren außerhalb von Pferdeleistungsprüfungen, da für diese Aufsatzzügel verboten sind (vgl. a. S. 110 f.).

Hilfszügel und Hilfsmittel

Hilfszügel und Hilfsmittel sind immer nur für die vorübergehende Verwendung gedacht, um im Verlaufe der Ausbildung bestimmte Korrekturwirkungen zu erzielen. In Fahrprüfungen bei Pferdeleistungsschauen sind sie generell verboten, weil dort der erreichte Ausbildungsstand unter gleichen Bedingungen für alle Pferde demonstriert werden soll. Hilfszügel sollen den Pferden „helfen", die Einwirkung des Fahrers mit der Leine besser zu „verstehen". Sie werden also überflüssig, wenn ihr Zweck erreicht ist.

Das gilt auch für den früher von Experten für unverzichtbar gehaltenen *Aufsatzzügel*, der auch heute noch in einigen Ländern weit verbreitet ist.

Die beiden Formen des Aufsatzzügels – einfacher und doppelter – wurden bereits erwähnt (s. S. 113). Der doppelte Aufsatzzügel mit seiner flaschenzugähnlichen Wirkung ist ein Marterwerkzeug, dessen Benutzung auf längere Zeit sich schon aus tierschützerischen Gründen verbietet. Wer das für eine

Abb. 73 Sprungzügel

Übertreibung hält, braucht nur einmal ein Pferd mit einfachem und danach mit doppeltem Aufsatzzügel aufzusetzen, und er wird am erforderlichen Kraftaufwand merken, wieviel mehr Gewalt der doppelte Aufsatzzügel ausübt.

Seine Anwendbarkeit beschränkt sich daher auf die dressurmäßige Ausbildung der Pferde. Seine Aufgabe ist es, zur gleichmäßigen Aufrichtung der Pferdeköpfe eines Gespannes beizutragen. Schon daraus ergibt sich, daß er immer so lang geschnallt sein muß, daß die Pferde bei normaler Kopfhaltung – mit dem Genick als höchstem Punkt und der Nase vor der Senkrechten – vom Aufsatzzügel nicht belästigt werden.

Wenn der Aufsatzzügel in dieser Weise aufrichtend wirken soll, muß man einen kurzen Ohrbügelriemen verwenden, weil die an langen Ketten befestigten Aufsatzzügel, wenn sie anstehen, den Hals zusammenziehen. Hängen sie jedoch durch, so setzen sie sich leicht unter den Leinenaugen des Kumtes fest.

Erfahrungsgemäß schlagen Pferde mit zu kurzen Aufsatzzügeln häufig mit dem Kopf, um sich von dem ständigen Druck vorübergehend zu befreien. (Bei Vierspännern und Tandems erhalten dabei die Vorderpferde einen Ruck im Maul, der sie zum Angaloppieren veranlassen kann.) Aufsatzzügel müssen daher länger geschnallt werden, wenn das Pferd mit dem Kopf zu schlagen beginnt.

Die entgegengesetzte Wirkung – nämlich den Kopf zu hoch tragende Pferde zu einem Senken des Halses zu veranlassen – hat der *Sprungzügel* (Abb. 73). Er wird in den Bauchgurt eingeschnallt und verläuft durch das Kumtschloß zum hinteren Teil des Nasenriemens. Der Sprungzügel soll auch verhindern, daß ein mit dem Kopf schlagendes Pferd dem Nachbarn dabei stets einen Ruck ins Maul versetzt.

Der *Seitenzügel* ist eigentlich ein Ausbindezügel. Er kann vorübergehend eingesetzt werden, wenn ein Pferd auf Grund der natürlichen Schiefe nicht gleichmäßig an das Gebiß herantritt. In diesem Falle drückt es auf die äußere Gebißseite oder hängt an der inneren Leine. Weil das Pferd sich auf der gewölbten Seite nicht biegt, deichselt es zudem ab.

Einem solchen Pferd gibt man eine *Aufsatztrense*, wobei der Aufsatzzügel so lang geschnallt wird, daß er keine aufrichtende Wirkung ausübt, sondern nur der Aufsatztrense Halt verleiht. In den Ring der Aufsatztrense wird auf der Außenseite der Seitenzügel eingeschnallt, der in seiner Form einem Ausbindezügel gleicht. Mit dem längeren Schnallende befestigt man ihn an der Oberblattstrippe oder der Strangschnalle, wobei ersteres wegen der Wirkungsrichtung vorzuziehen ist. Seine Länge ist von besonderer Bedeutung. Er muß so kurz eingeschnallt werden, daß das Pferd im Halten – bei geradeaus gestelltem Hals – zum Rückwärtstreten veranlaßt wird. Wenn das angespannte Pferd mit dem so eingeschnallten Seitenzügel nicht vorwärts geht, fährt man zunächst an und läßt danach den Seitenzügel vom Beifahrer im Gange befestigen. Dazu ist es praktisch, wenn der Seitenzügel an seinem vorderen Ende einen Karabinerhaken aufweist.

In den folgenden Übungen muß man nur mit Ruhe und Geduld – sowohl beim Geradeausfahren als auch in Linkswendungen mit anfangs sehr großem Radius – die Zwangsseite des Pferdes (also in der Regel die linke) zu lösen versuchen. Dabei wirkt man auch immer wieder mit der Peitsche auf die äußeren Rippen (hinter dem Kammdeckel) oder auch auf die ausfallende äußere Schulter ein, um das Pferd an der Deichsel gerade zu richten. Das wird um so besser gelingen, je besser das Pferd in der vorangegangenen Ausbildung der Peitsche zu folgen gelernt hat.

Der Seitenzügel ist ein Hilfsmittel für den Übungsplatz; muß man auf der Straße fahren, sollte man ihn nicht verwenden, da er dem Pferd auf glattem Straßenbelag das Ausbalancieren erschwert. In diesem Fall kann man das Abdeichseln mit einem anderen Hilfsmittel bekämpfen, der *Strangbürste*. Eine harte Bürste, die mit zwei Riemen am äußeren Strangstutzen oder am Außenstrang gleich hinter dem Kammdeckel befestigt wird (vgl. Abb. 74/75), drückt mit ihren Borsten gegen die empfindliche Haut. Darin liegt aber auch zugleich eine Gefahr. Zunächst muß man genau beobachten, ob die Strangbürste ihre Wirkung erreicht. Sollte die Reaktion des Pferdes in einem Gegendrücken gegen die Borsten bestehen, ist dieses Hilfsmittel nicht zu gebrauchen. Wegen der Härte der Borsten darf man die Strangbürste nicht für längere Zeit anlegen. Nach längstens 10 Minuten muß sie wieder entfernt werden. Gleiches gilt für den Seitenzügel.

Als eine besonders in Dressurprüfungen sehr streng kritisierte Angewohnheit muß das Hochziehen der Zunge betrachtet werden, in dessen Folge oftmals die Zunge über das Gebiß herübergenommen wird, in vielen Fällen sogar aus dem Pferdemaul seitlich heraushängt. Es bedarf keiner Frage, daß dadurch eine korrekte Anlehnung unmöglich gemacht wird.

Ältere Autoren empfehlen zur Korrektur dieses Fehlers ein Zungenband als „Hilfsmittel", mit dem die Zunge am Unterkiefer festgebunden wird. Dieses Zungenband ist in Pferdeleistungsprüfungen zu Recht verboten. Da die Anwendung des Zungenbandes beim Pferd nicht nur unangenehme Gefühle, sondern häufig sogar Schmerzen erzeugt, also zu den ausgesprochenen Tierquälereien zu rechnen ist, wird es durch die Richtlinien zum Tierschutzgesetz verboten. Dieses Verbot ist

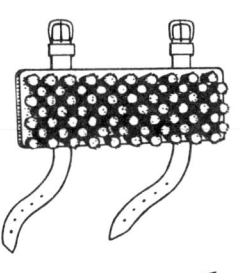

Abb. 74   Strangbürste

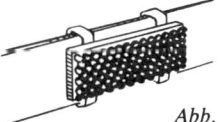

Abb. 75   Angeschnallte Strangbürste

nicht zuletzt durch einige bekannte Fälle gerechtfertigt, in denen unsachgemäßes Anlegen des Zungenbandes und besonders stundenlanges Festbinden der Zunge zu deren Absterben geführt hat. Die dadurch notwendig werdende Amputation der Zunge oder eines Teils von ihr kann das Pferd völlig unbrauchbar machen.

Der Zungenfehler selbst tritt natürlich auch heute noch bei jungen Pferden in Erscheinung, die es lernen, die empfindliche Zunge vor den durch eine harte Hand verursachten Schmerzen zu bewahren, indem sie sie unter dem Gebiß hervorziehen oder wenigstens im Maul hochziehen, um damit den Druck auf die weniger empfindlichen Laden zu verlegen, die aber durch den Druck nicht weniger gefährdet sind.

Das erste Mittel zur Vermeidung des Hochziehens der Zunge liegt daher stets in der gefühlvollen Hand des Fahrers.

Die unterschiedliche Empfindlichkeit der Pferdemäuler und die unterschiedliche Reaktion der Pferde auf den Gebißdruck bannt aber dennoch nicht die Gefahr des Entstehens von Zungenfehlern schon am Beginn der Ausbildung. Von zahlreichen Ausbildern wird daher gleich am Anfang der Ausbildung und noch ehe das Pferd die Möglichkeit des Herübernehmens der Zunge über das Gebiß „entdeckt", ein Gummizungenstrecker auf das Gebiß aufgeschoben. Er bereitet dem Pferd keine Schmerzen, und es gewöhnt sich an ihn ebenso wie an den Sattelgurt oder ein Mensch an das Tragen eines Gürtels.

Man glaube aber ja nicht, daß die Gefahr des Entstehens dieser Angewohnheit sehr rasch beseitigt ist. Erst, wenn die Anlehnung gesichert ist, kann auf den Zungenstrecker verzichtet werden, denn während der Prüfungen ist er selbstverständlich verboten.

Das Kumtgeschirr

(Abb. 76)
Überall dort, wo die Pferde schwerere Lasten zu ziehen haben, d. h. für das Arbeitsgespann und auch für Sportgespanne vor schwereren Wagen, ist dem Kumtgeschirr der Vorzug vor dem Sielengeschirr zu geben. Das bezieht sich selbstverständlich auch auf die Anspannung für Marathonfahrten, bei denen im Fahrreglement der FEI ein Mindestgewicht des Wagens ebenso festgelegt ist wie die Mindestzahl der Mitfahrenden. Letztere ist auch in § 71, Abs. G der LPO geregelt.

Die *Vorteile der Kumtanspannung* beruhen auf drei Eigenschaften:
1. Die Fläche, mit der das Pferd die Last angreift, ist größer als die bei der Sielenanspannung. Das Kumt liegt in seiner ganzen Länge an der Schulter des Pferdes an. Dort werden weder Gelenke noch sich bewegende Körperteile beeinträchtigt.
2. Indem das Pferd mit seinen Schultern am Kumt die Last gleichsam von hinten-unten nach vorn-oben vor sich herschiebt, ist sein Gleichgewicht relativ stabil. Beim Sielengeschirr hingegen befinden sich alle schwereren Körperteile des Pferdes oberhalb der Angriffsfläche für den Zug. Dadurch liegt der Körperschwerpunkt mindestens auf gleicher Höhe, wenn nicht höher als der Angriffspunkt der Last. Das beeinträchtigt die Standsicherheit des Pferdes.
3. Während das Kumt dem Pferde eine stabile Angriffsfläche für den Zug bietet, drückt das nachgiebige Brustblatt des Sielengeschirrs beim schweren Zug Schulter und Brust des Pferdes seitlich zusammen, so daß es nicht seine maximale Zugkraft entfalten kann.

Aus den genannten Gründen findet man im bergigen Gelände und für schweren Arbeitszug fast ausschließlich Kumtgeschirre. In ebenem Gelände hingegen wird häufig dem Sielengeschirr der Vorzug gegeben; besonders in Pferdezuchtgebieten, wo die Geschirre häufig auf andere Pferde verpaßt werden müssen, bringt das Sielengeschirr Vorteile. Und zum Bewegen schwererer Lasten bediente man sich in diesen Gegenden des Vorspanns.

Aus den vorstehenden Feststellungen ergeben sich auch zugleich die *Nachteile des Kumtgeschirrs*. Sie bestehen einerseits darin, daß das Kumt auf jedes Pferd gesondert verpaßt werden muß und Veränderungen im Körperzustand, etwa Gewichtsabnahme in Perioden

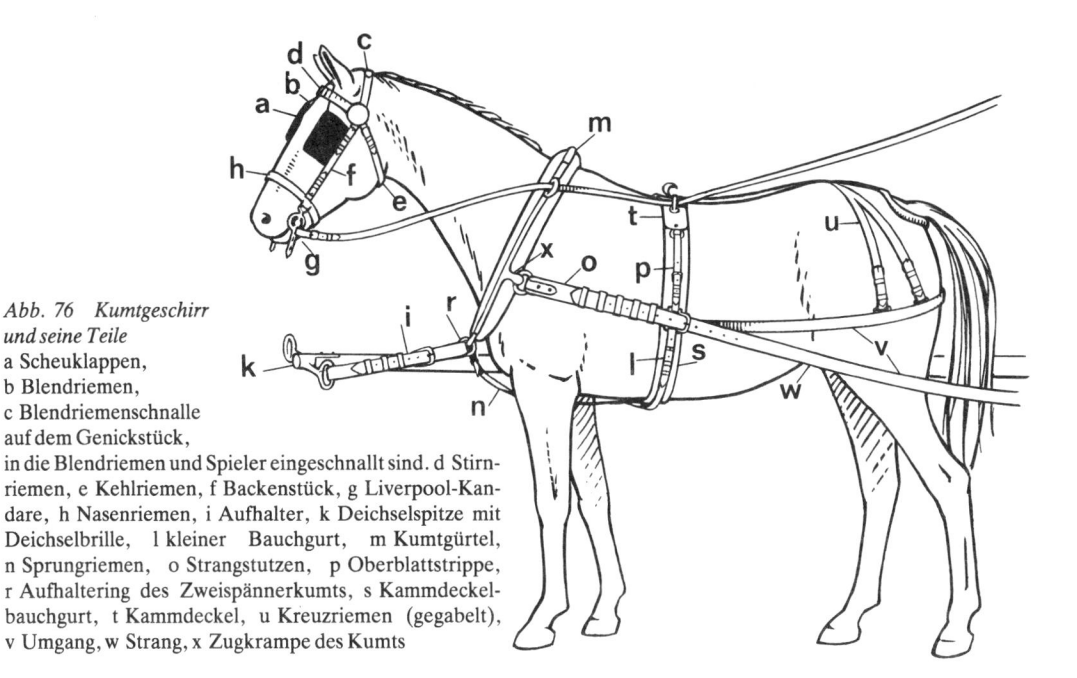

Abb. 76 Kumtgeschirr und seine Teile
a Scheuklappen,
b Blendriemen,
c Blendriemenschnalle auf dem Genickstück,
in die Blendriemen und Spieler eingeschnallt sind. d Stirnriemen, e Kehlriemen, f Backenstück, g Liverpool-Kandare, h Nasenriemen, i Aufhalter, k Deichselspitze mit Deichselbrille, l kleiner Bauchgurt, m Kumtgürtel, n Sprungriemen, o Strangstutzen, p Oberblattstrippe, r Aufhaltering des Zweispännerkumts, s Kammdeckelbauchgurt, t Kammdeckel, u Kreuzriemen (gegabelt), v Umgang, w Strang, x Zugkrampe des Kumts

angestrengter Arbeit, dazu führen können, daß ein vorher richtig sitzendes Kumt zu weit wird. In einer Geschirrkammer, deren Ausrüstung auf unterschiedlichen Pferden verwendet werden soll, müssen daher Kumte verschiedener Größe (von 53 bis 56 cm Länge bei mittleren Pferden) vorhanden sein, selbstverständlich in gleicher Ausführung.

Der mit Pferdehaaren gepolsterte und mit weichem, in der Regel schwarzem Leder überzogene *Kumtleib*[1] liegt an der Pferdeschulter in ganzer Länge an und muß der Form des Pferdehalses genau angepaßt sein. Die früher verbreitete eiförmige Form des Kumtleibes (Abb. 77 a) ist einer anatomisch richtigen Form gewichen (Abb. 77 b), die mehr einer Birne gleicht. Besonders erwähnenswert an dieser Form des Kumtleibes sind
– das spitz und relativ schmal auslaufende untere Ende, das einen Druck auf die Luft-

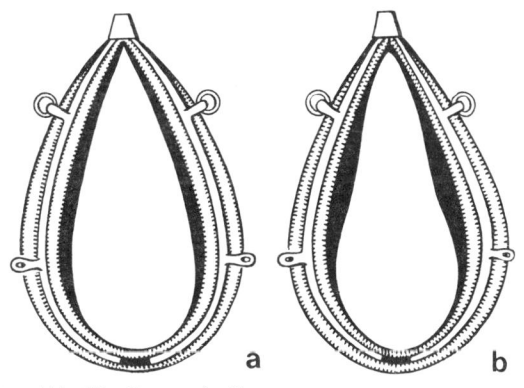

Abb. 77 Formen des Kumts
a veraltete Ei-Form
b anatomisch richtige Birnen-Form

röhre verhindert (man muß an dieser Stelle bequem die Hand zwischen Kumt und Luftröhre hindurchschieben können),
– die von der breitesten Stelle oberhalb der Buggelenke sich nach der *Kumtspitze* zu ergebende ständige Verjüngung, die das Aufliegen des Polsters auf der Schultergräte gewährleistet,

---

[1] Gleichbedeutend mit dem Wort „Kumtleib" wird auch das Wort „Kumtkissen" verwendet. Letzteres dient aber auch zur Bezeichnung der Kumtunterlagen, welche bei zu großen Kumten Verwendung finden. Um Verwechslungen vorzubeugen, bezeichnen wir letztere mit dem ebenfalls gebräuchlichen Wort „Unterkumte".

– die ausladende äußere Breite des Kumts im unteren Drittel, welche den an dieser Stelle befindlichen Zugkrampen oder Zugösen eine solche Auswärtsstellung anweist, daß sie auch bei schwerer Last keinen seitlichen Druck auf die Brust ausüben können,
– und schließlich die lederne *Kumtkappe*, welche die an der Kumtspitze befindliche Naht des Polsters vor dem Eindringen von Wasser schützt.

Seine äußere Form erhält das Kumt von den *Kumtbügeln*, die an ihrem unteren Ende von dem *Kumtschloß* zusammengehalten werden, während sich an ihrem oberen Ende Durchlässe zum Einziehen der *Kumtgürtel* befinden. (Abb. 78)

Am unteren Drittel der Kumtbügel befinden sich die *Zugkrampen*, kräftige, im rechten Winkel zu den Kumtbügeln angeschweißte und über die Form des Kumtpolsters nach außen hinweggekrümmte Ansatzstücke mit einem Loch zur Aufnahme der Zugösen der Strangstutzen.

Am oberen Drittel der Kumtbügel befinden sich – ebenfalls zu beiden Seiten des Kumtes – kürzere Ansätze, in deren Durchlässen sich die *Leinenaugen* befinden. Diese müssen beim Zweispänner- (und natürlich auch Vierspänner-) Geschirr beweglich sein, weil dadurch die im Maul des Nachbarpferdes spürbare Bewegung der Pferdeschultern fast völlig kompensiert wird. Unbewegliche Leinenaugen dürfen nur bei Einspännerkumten akzeptiert werden. In allen anderen Fällen müssen sie hart gerügt werden.

In die beiden an den oberen Enden der Kumtbügel befindlichen Ösen wird der *Kumtgürtel* (Abb. 79) eingezogen. Mit seiner Hilfe werden die beiden Bügel an der Kumtspitze verbunden.

Die Bedeutung und Belastung dieses Riemens wird häufig unterschätzt, was sich nicht zuletzt an dessen oft genug mangelhaftem Pflegezustand erkennen läßt.

Der Kumtgürtel wird mit seiner Strippe vom inneren zum äußeren Kumtbügel so eingezogen, daß die Schnalle in der Mitte auf der Lederkappe der Kumtspitze liegt und das freie Strippenende nach dem Zuschnallen zum Nachbarpferd weist. Beim Einspännerkumt muß es nach der rechten Seite zeigen, so daß der Kumtgürtel von links verschnallt werden kann.

Diese Art, den Kumtgürtel einzuziehen, ist nicht nur eine Frage der Ästhetik, vielmehr liegt die praktische Bedeutung darin, daß durch Aufschnallen des Kumtgürtels ein gestürztes Pferd in kürzester Zeit aus dem Geschirr befreit werden kann, ohne Aufhalter oder Stränge zu zerschneiden. Sie sind in solcher Situation meist so gespannt, daß sie sich nicht lösen lassen. Der Kumtgürtel erfüllt daher eine wichtige Sicherheitsfunktion. Die vorgeschriebene Art des Einziehens gewährleistet, daß die Kumtgürtelschnalle von außen leichter geöffnet werden kann.

Durch Verschnallen des Kumtgürtels läßt sich das Kumt auch in gewissen Grenzen weiter oder enger stellen.

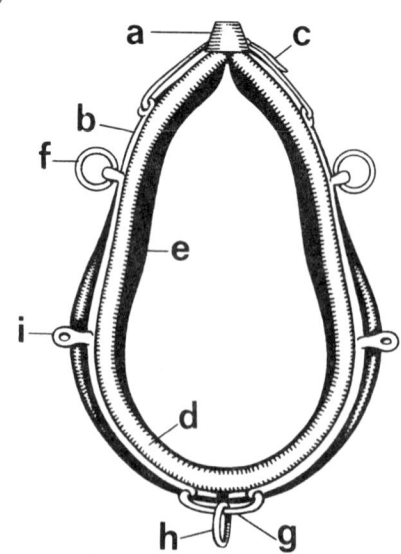

Abb. 78 Teile des Kumts
a Kumtspitze mit Schutzkappe, b Kumtleisten, c Kumtgürtel, d Kumtleib, e Kumtpolster, f Leinenauge, g Kumtschloß (Langring), h Aufhaltering, i Zugkrampe

Abb. 79 Kumtgürtel

Schlecht gepflegte Kumtgürtel, deren Leder brüchig geworden ist, können reißen. Darin besteht eine erhebliche Unfallgefahr, die übrigens auch von einer verrosteten Kumtgürtelschnalle heraufbeschworen werden kann.

Falsch eingezogene Kumtgürtel oder solche mit Pflegemängeln müssen bei der Beurteilung der Beschirrung als grobe Fehler bewertet werden.

An den unteren Enden der Kumtbügel besitzt das Zweispännerkumt Durchlässe, in welche der der Kumtform angepaßte *Langring* eingehakt wird (vgl. Abb. 78). Er verbindet die unteren Enden der Kumtbügel und bildet mit ihnen zusammen das *Kumtschloß*. Auf den äußeren Teil des Langringes ist der stählerne *Aufhaltering* geschoben, in welchem die Aufhalter befestigt werden. Beim Einspännerkumt sind an den unteren Enden der Kumtbügel Haken vorhanden, welche die Schlußkette (s. Abb. 84b) aufnehmen. Diese besitzt keinen Aufhaltering, sondern einen kleineren Ring zur Aufnahme des Sprungriemens. (Abb. 80)

Mit Hilfe unterschiedlich langer Langringe läßt sich das Kumt auch am Kumtschloß weiter oder enger stellen. In Fahrställen, in denen die Kumte auf verschiedenen Pferden verwendet werden, sollten daher Langringe verschiedener Größen vorhanden sein. Kumte mit Scharnierverschluß an den Kumtbügeln sind gefährlich, weil sich der Verschluß öffnen kann. Bei vielen Arbeitskumten ist ein verstellbares Kumtschloß vorhanden, mit dessen Hilfe der untere Teil des Kumtes erweitert oder verengt werden kann. (Abb. 81)

Das *richtig sitzende Kumt* liegt mit seiner ganzen glatten Auflagefläche vor der Schultergräte an der Schulter an. (Abb. 82) Ist es *zu eng*, drückt es die Muskeln der Schulter zusammen, wodurch bei schwerem Zug Schmerzen entstehen, die das Pferd an der Entfaltung seiner vollen Zugkraft hindern. Ist das *Kumt zu weit*, rutscht es nach hinten und quetscht die über das Schulterblatt ziehende Muskulatur gegen die scharfe Schultergräte. Der dabei entstehende Schmerz ist noch heftiger.

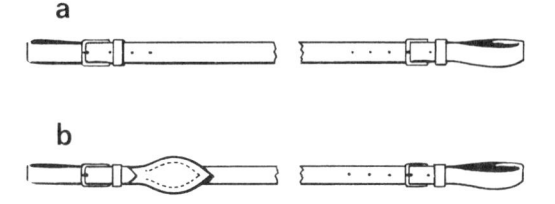

Abb. 80 Sprungriemen
a für Landanspannung
b für Stadtanspannung (mit Spieler)

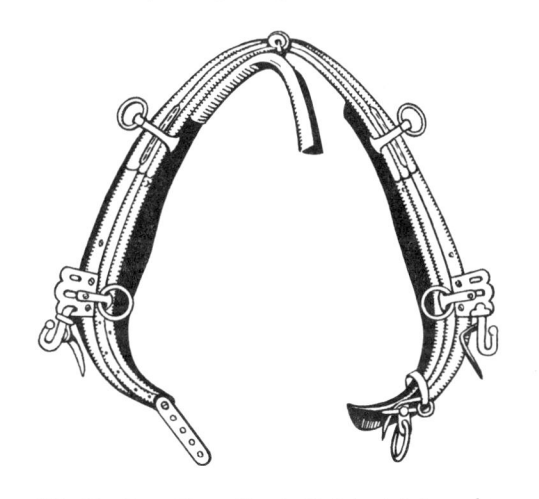

Abb. 81 Verstellbares Kumtschloß der Arbeitsgeschirre

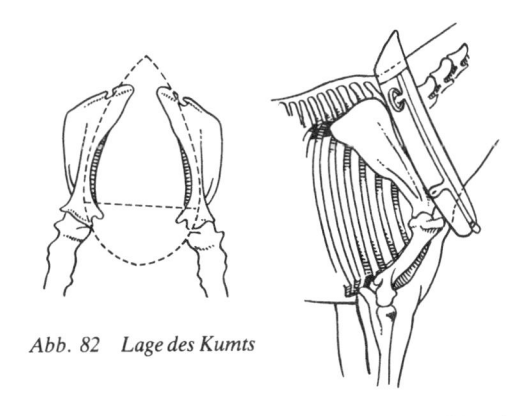

Abb. 82 Lage des Kumts

Ein *zu kurzes Kumt* drückt auf den Widerrist und auf die Luftröhre, so daß zu der Gefahr schwer heilender Widerristdrücke noch die Behinderung der Atmung hinzutritt.

Ein *zu langes* und in seinem Oberteil zu weites (eiförmiges) Kumt kann nach hinten

Abb. 83 Kumt-Reiter

gleiten und ebenfalls unangenehme Druckverletzungen am Widerrist hervorrufen. Außerdem verleidet es dem Pferd durch den ständigen Druck auf das Buggelenk das Ziehen.

Bei zu engen und zu kurzen Kumten kann man selber keine befriedigenden Verbesserungen vornehmen. Wenn überhaupt eine Änderung möglich ist, kann sie nur ein geschickter Sattler bewirken, indem er z. B. die Polsterung im Rahmen des Möglichen erweitert.

In die Kumtspitze eines zu langen Kumtes kann ein sogenannter „Reiter" eingesetzt werden, ein kurzes, spitzwinkliges Kumtkissen, dessen Enden flach auslaufen und das mit zwei Riemchen am Kumt befestigt wird. (Abb. 83) Mit Hilfe eines „Reiters" kann das Kumt etwas weiter am Hals hinaufgesetzt werden.

Zu weite Kumte kann man durch *Kumtunterlagen* (die *Unterkumte*[1]) passend machen. Dies sind der Form des Kumtes nachgebildete, bei Arbeitsgeschirren mit grobem Stoff, bei Kutschgeschirren mit weichem Leder (vorzugsweise in Schwarz) überzogene flache Kissen, die unten am Halsansatz offen sind. Sie werden mit vier Riemen an den Kumten so angeschnallt, daß sie sich nicht verschieben können. Dadurch, daß sie unten offen sind, folgen sie der Verstellung der Kumtbügel mit Hilfe von Kumtgürtel und Langring. Auch lassen sie sich nach dem Auflegen des Kumtes noch darunterschieben.

Unterkumte werden bei Arbeitsgeschirren allgemein, jedoch auch bei schwereren Kutsch-Kumtgeschirren verwendet, wie sie schwerere Wagen erforderlich machen. Hat man Pferde mit so großen Köpfen, daß sich normal passende Kumte nicht überstreifen lassen, verwendet man zweckmäßigerweise größere Kumte mit Unterkumten, die zum Auflegen der Kumte angeschnallt werden.

Die Unterkumte müssen selbstverständlich saubergehalten werden. Verschwitzte, nicht gesäuberte Unterkumte werden hart und scheuern dann auf der Haut. Zu lange Unterkumte, die nicht in das Kumt hineinpassen, sehen häßlich und unordentlich aus. Helle Unterkumte zu schwarzen Geschirren sind stilwidrig. Unterkumte mit farbigem Außenrand passen nur zu Wirtschaftsgespannen.

Zur Sicherung der Lage des Kumtes dient auch der *Sprungriemen* (vgl. Abb. 80). Er wird mit seinem verschnallbaren Schlaufenende (Martingalform) auf den großen Bauchgurt aufgeschoben. Das andere Ende ist mit Schnalle und Strippe versehen, mit deren Hilfe der Sprungriemen in den Langring des Kumts eingeschnallt wird. Für schwerere Kumtgeschirre, wie sie vor schwereren Wagen (z. B. Marathonwagen, Kremsern u. a.) verwendet werden, wird empfohlen, einen Sprungriemen mit längerer Schnallstrippe zu verwenden, die dann um den Kumtleib herumgeschnallt wird. Empfohlen wird dies auch beim Einfahren junger Pferde. Anwendbar ist das Verfahren allerdings nur bei Kumten, die vor der Brust relativ schmal gearbeitet sind. Sonst drückt der Sprungriemen auf die Atemwege.

Sprungriemen für Stadtanspannung besitzen unterhalb der Schnalle einen meist ovalen „Spieler", der bei den Geschirren für Landanspannung fehlt. (Vgl. Abb. 80b)

Fast völlig außer Gebrauch gekommen ist der *Sprungzügel*, der bei kopfschlagenden Pferden die Kopfbewegung nach oben begrenzen sollte, ähnlich wie dies ein Martingal bei Reitpferden tut. Dieser Sprungzügel wird – gleich dem Sprungriemen – auf den großen Bauchgurt aufgeschoben, läuft danach durch den Langring des Kumtes und ist mit seiner kleineren Endschlaufe durch den Nasenriemen gezogen (vgl. Abb. 73). Verschnallt wurde er ebenfalls ähnlich wie das Martingal, bei normaler Kopfstellung des Pferdes blieb er außer Wirkung. Korrekt an die Gebisse Anlehnung nehmende Pferde machen den Sprungzügel überflüssig.

---

[1] „Unterkumte" werden auch als „Kumtkissen" bezeichnet (s. Fußnote auf S. 121).

Abb. 84 Unterschied von Ein- und Zweispännerkumt
a Zweispännerkumt mit angeschmiedeten Strangstutzen und beweglichen Leinenaugen sowie Langring als Kumtschloß
b Einspännerkumt mit Schlußkette und angeschmiedeten, jedoch kürzeren Strangstutzen

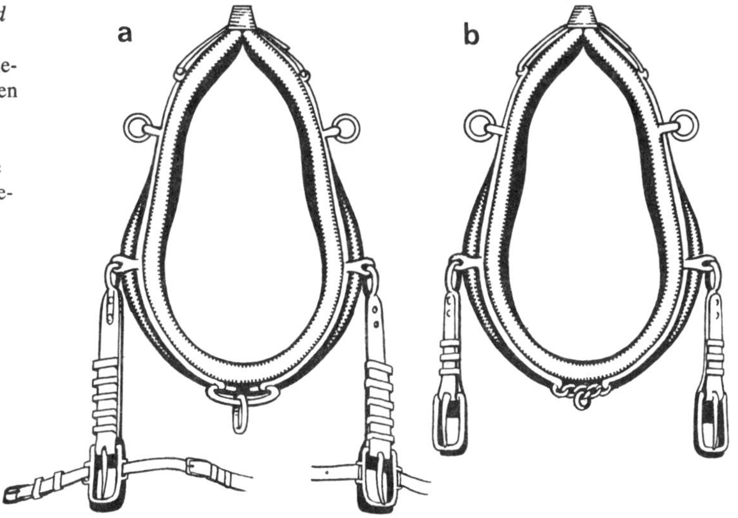

Bei vielen Arbeitskumtgeschirren ist ein Verbindungsriemen zwischen Kammdeckel und Kumt vorhanden, der ein Vorrutschen des Kumtes auf den Hals verhindert, wenn das Pferd den Kopf nach unten nimmt. Das gilt vor allem bei schweren Kumten, die sonst bis an die Ohren vorgleiten würden. Beim Einfahren junger Pferde empfiehlt es sich, auch bei Kutschgeschirren eine solche Verbindung zu schaffen, indem man die Leinenaugen des Kumts und die Leinenführungsringe des Kammdeckels beiderseits mit je einem Riemchen verbindet, da junge Pferde durch das Vorgleiten des Kumts erschreckt werden könnten.

Die *Strangstutzen* sind starke, aus mehreren Lagen Leder bestehende Verbindungsstücke zwischen Kumt und Strängen. (Abb. 84) An ihrem vorderen Ende tragen sie stählerne Ringe, die *Zugösen*, die in die Zugkrampen des Kumts eingeschmiedet sind und die Strangstutze fest mit dem Kumt verbinden. Diese Verbindung darf niemals durch Haken oder durch mit Schnappfedern versehene Zugösen hergestellt werden, weil diese sich lösen und zu gefährlichen Unfällen führen können.

An den Zugösen befinden sich mit zwei Löchern versehene Stahlbänder, die zur Verbindung der Zugösen mit den Lederteilen der Strangstutze dienen. Während beim Einspännergeschirr diese Stahlbänder an beiden Strangstutzen zwischen die Lederlagen eingeschoben werden, so daß man von außen nur die flachen Köpfe der Niete sieht (vgl. Abb. 84 b), gilt dies beim Zweispännergeschirr nur für den inneren Strangstutzen. Beim äußeren Strangstutzen liegt das Stahlband obenauf und ist in ganzer Länge zu sehen (vgl. Abb. 84 a). Daß es ebenso blank sein muß wie die Zugösen und alle anderen Metallteile am Kumt, versteht sich wohl von selbst.

An dem hinteren Ende des Strangstutzens befindet sich eine sehr kräftige Schnalle, die *Strangschnalle*, in die der Strang eingeschnallt wird. Um zu verhindern, daß die Strangschnalle am Pferdeleib scheuert, wird die unterste, meist etwas breitere Lederlage des Strangstutzens unter der Strangschnalle weitergeführt, so daß letztere vollständig auf ihr aufliegt. Die Lederunterlage weist eine Aussparung auf, durch die das vordere Ende des Strangs in die Schnalle geführt wird.

Die Strangschnallen des Zweispännergeschirrs unterscheiden sich von denen des Einspännergeschirrs (Abb. 85 a) dadurch, daß sich an beiden Seiten der Schnalle längliche Ösen befinden (vgl. Abb. 85 b). In die nach oben zeigende Öse ist der Oberblattstößel, in die untere die Strupfe des kleinen Bauchgurts eingenäht. Der Oberblattstößel

125

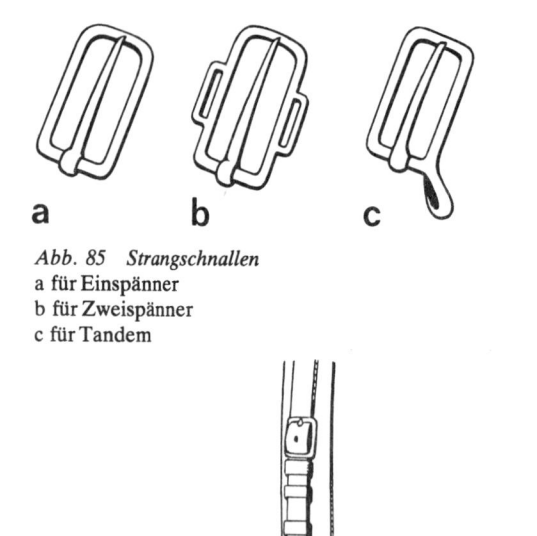

Abb. 85 Strangschnallen
a für Einspänner
b für Zweispänner
c für Tandem

Abb. 86 Lage der Strangschnalle auf dem Kammdeckelbauchgurt

verbindet die Strangstutzen mit dem Kammdeckel und sichert ihre richtige Lage. Der Stutzen des Einspännergeschirrs ist wesentlich kürzer als der des Zweispännergeschirrs (vgl. Abb. 84), damit die Strangschnalle weit vor den Trageriemen der Scherbäume zu liegen kommt. Beim Zweispännergeschirr müssen die Strangstutzen länger sein, weil hier die Strangschnalle beim ziehenden Pferd auf dem Kammdeckelbauchgurt liegen muß. (Abb. 86)

Entsprechend ihrer Länge sind auf den Einspänner-Strangstutzen *drei Schlaufen*, auf den Zweispänner-Strangstutzen *fünf Schlaufen* angebracht, durch die das vordere Strangende am Strangstutzen festgehalten wird (vgl. Abb. 84). Die an manchen Kutschgeschirren vorhandenen *Kastenschlaufen* sind unpraktisch, weil sie sich schlecht reinigen lassen. Bei der Beurteilung der Beschirrung gelten diese Kastenschlaufen jedoch nur als leichter Mangel.

Mit den *Strängen* wird die Verbindung des Pferdes zum Wagen hergestellt. Da sie beim Ziehen erheblicher Belastung ausgesetzt sind, bestehen sie aus einer doppelten Lage starken Leders.

Da bei gut an der Deichsel gehenden Pferden der Weg des inneren Stranges zur Befestigung an der inneren Docke der Sprengwaage etwas kürzer als der des äußeren Stranges an der äußeren Docke ist, wird der äußere Strang stärker beansprucht und die äußere Schulter des Pferdes ständig mehr belastet, wenn beide Stränge die gleiche Länge aufweisen. Deshalb ist der äußere Strang beim Zweispännergeschirr 2 bis 2,5 cm länger als der innere. (Abb. 87) Um ein Verwechseln von Außen- und Innenstrang zu vermeiden, wird das vordere Ende des Außenstrangs spitz, das des Innenstrangs stumpf geschnitten.

Bei Anspannung an beweglichen Ortscheiten gleichen diese den ungleich langen Weg der Stränge aus, wenn sie von gleicher Länge sind, indem die Ortscheite eine schräge Lage einnehmen. Trotzdem sollten auch in diesem Fall Innen- und Außenstrang in der erwähnten Weise kenntlich gemacht werden, weil der Innenstrang durch die ständige Berührung mit der Deichsel im Laufe der Zeit unansehnlich wird.

Am vorderen Strangende befinden sich fünf Schnallöcher zur Veränderung der Länge des Stranges. Die Maße der je nach Schwere des Wagens 35 bis 45 mm breiten Stränge sind aus Abbildung 87 ersichtlich.

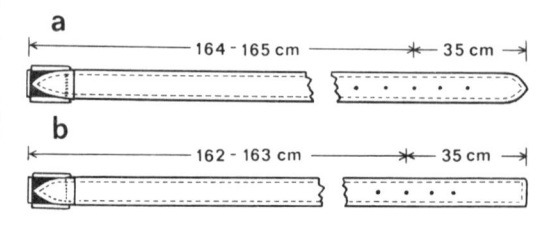

Abb. 87 Außen- und Innenstrang
a Außenstrang (spitz)
b Innenstrang (stumpf)

Am hinteren Ende des Stranges befindet sich der *Strangring*, ein viereckiger, der Form des Ortscheites angepaßter Stahlring, mit dem *Aufziehleder*, mit dem der Strang an der Docke der Sprengwaage bzw. am Ortscheit befestigt wird. Im ersteren Fall verläuft der Strang glatt am Pferd entlang, und das Aufziehleder weist nach außen. Im letzteren Falle erhält der Strang eine Vierteldrehung, so daß das Aufziehleder nach oben zeigt.

Die Stränge dürfen nur an den Strangschnallen verlängert oder verkürzt werden. Strangschnallen kurz vor dem hinteren Ende der Stränge sind ungünstig, weil sich die Schweifhaare darin verfangen.

Bei Gespannkontrollen ist das Mitführen eines Ersatzstranges obligatorisch. Das Fehlen wird in Pferdeleistungsprüfungen nicht mehr mit Punktabzug bestraft. Der erfahrene und umsichtige Fahrer bedurfte des Regelzwanges allerdings schon bisher nicht, um die notwendigen Ersatzteile ständig am Fahrzeug zu haben. Der Ersatzstrang kann seinen Zweck allerdings nur dann erfüllen, wenn er in die Pflege des Geschirrs mit einbezogen wird. Der im Wagen zusammengerollt mitgeführte Ersatzstrang muß in der Geschirrkammer lang aufgehängt werden.

Um sich gegen das Reißen der Stränge bei plötzlicher Belastung in den Hindernissen einer Geländestrecke weitgehend zu sichern, entlasten manche Fahrer die Stränge, indem sie zwischen Strangschnalle bzw. Zugöse und Strangschlaufe noch eine feste Strickverbindung schaffen. Dagegen ist vom sportlichpraktischen Standpunkt nichts einzuwenden, jedoch darf es auch hier keine herabhängenden Strickenden geben, ebensowenig wie Strangenden aus den Schlaufen so weit hervorstehen dürfen, daß sie sich vom Strangstutzen abbiegen.

Die Verwendung von Drahtseilen zur Verstärkung der Stränge oder an ihrer Stelle für Geländefahrten ist zwar im Wettkampfreglement nicht ausdrücklich verboten, da jedoch mit ihnen Verletzungsgefahren verbunden sind, können sie nicht als „im sicheren Zustand" befindliche Geschirrteile betrachtet

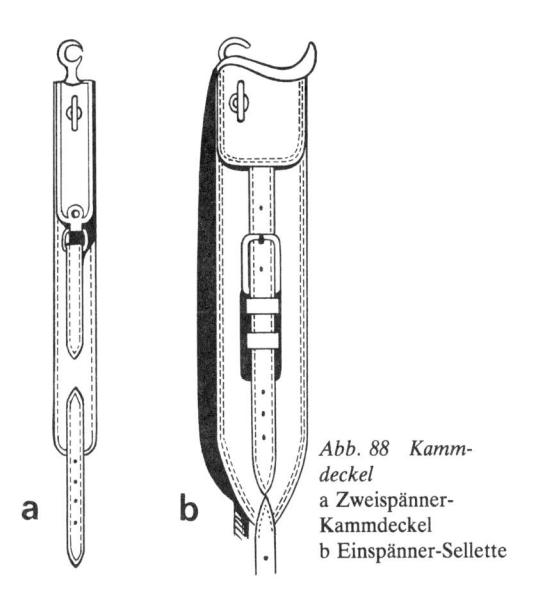

Abb. 88 Kammdeckel
a Zweispänner-Kammdeckel
b Einspänner-Sellette

werden und sind deshalb nicht zulässig. Dicke Dederonseile sind als ein geeigneter Ersatz anzusehen.

Nachdem bisher die Teile des Kumtgeschirrs besprochen wurden, die dem Bewegen der Last dienen, wenden wir unser Augenmerk nun jenen Teilen zu, welche dem Sitz des Geschirrs am Pferd und – dem im Ausnahmefall einmal notwendigen – Aufhalten des Wagens dienen.

Als *Kammdeckel* bezeichnet man den Teil des Geschirrs, der auf den Rücken des Pferdes aufgelegt wird. Er stellt die Verbindung zwischen Vordergeschirr (Kumt/Brustblatt) und Hintergeschirr (Schweifriemen/Umgang) her und sichert deren Lage und die der Stränge. Er bedarf dazu eines festen Sitzes am Pferdekörper, der mit Hilfe des Kammdeckelbauchgurts hergestellt wird. Kammdeckel und Kammdeckelbauchgurt bilden daher eine funktionelle Einheit. (Abb. 88)

Der Kammdeckel besteht aus dem schmiedeeisernen *Kammdeckeleisen*, das der Form des Pferderückens an seiner Auflagestelle angepaßt sein muß. Oben, in der Mitte des Kammdeckeleisens, befindet sich der mit diesem fest verbundene, nicht eingeschraubte *Aufsatzhaken*, seitlich davon sind zwei Gewindelöcher angebracht, welche die *Leinenfüh-*

rungsringe aufnehmen. An der dem Pferdeschweif näheren Seite des Kammdeckeleisens wird der *Fallring* befestigt, ein ovaler Ring, durch den der Schweifriemen gezogen wird.

Die Oberseite des Kammdeckeleisens ist mit Leder bezogen; bei Stadtgespannen wurde dazu auch Lackleder verwendet, bei Landanspannung ist dies unpraktisch.

Die Unterseite des Kammdeckeleisens wird von dem gut gepolsterten *Kammdeckelkissen* bedeckt, in das die Gewindestücke des Fallringes und der beiden Leinenführungsringe eingearbeitet sind. Durch Einschrauben der Leinenführungsringe und des Fallringes wird das Kammdeckelkissen mit dem Kammdeckeleisen fest verbunden.

Das untere Ende des Kammdeckeleisens hat auf jeder Seite einen ovalen Ring, in den die *Oberblattstrupfe* eingenäht ist.

Zwischen Kammdeckelkissen und Kammdeckeleisen ist der Kammdeckelbauchgurt eingeschoben, der über die *Taschen* des Kammdeckels (die mit Leder bezogenen Seitenteile des Kammdeckeleisens) hinaus auf beiden Seiten nach unten verläuft und unterhalb der Strangschnalle endet. Hier sind diese Seitenteile, auch *Seitenblätter* genannt, gerade abgeschnitten, die Ecken jedoch etwas abgerundet. Auf die Seitenblätter sind deren Strupfen, nach oben und unten in einer Spitze auslaufend, aufgenäht.

Während die Oberblattstrupfen drei Schnallöcher aufweisen, sind in den Strupfen des Kammdeckelbauchgurtes vier Löcher angebracht.

Die beiden Strupfen des Kammdeckelbauchgurts werden durch ein unter der Hinterbrust des Pferdes verlaufendes Verbindungsstück, den eigentlichen *großen Bauchgurt*, verbunden. Er besteht aus einer Lederunterlage in der Breite des Kammdeckelbauchgurts, auf welcher ein starker Riemen aufgenäht ist, der an beiden Enden eine kräftige Schnalle trägt.

Ganz wichtig ist es, daß der Kammdeckel dem Pferd paßt, d. h. dem Pferderücken an allen Stellen gleichmäßig anliegt. Druckstellen am Widerrist und seitlich von ihm, die durch Zerstörung des Haarpigments in ihrem Bereich weiß bleiben, sind häufig zu finden und weisen auf nicht passende Kammdeckel hin. Zu weite Kammdeckel drücken auf den Widerrist, zu enge drücken an den Seiten. Außerdem rutschen im letzteren Fall die Seitenblätter nach vorn und scheuern an den Ellbogen. Da das Kammdeckeleisen in Leder eingenäht ist, muß eine Korrektur zu enger bzw. zu weiter Kammdeckel dem Sattler überlassen bleiben, der nötigenfalls den Schmied oder Schlosser mit einer Veränderung des Kammdeckeleisens beauftragt.

Der *Kammdeckel* findet seinen Platz 15 bis 20 cm hinter der höchsten Stelle des Widerrists. An dieser Stelle muß er genau der Körperform entsprechen. Über dem Widerrist ist die Polsterung des Kammdeckelkissens weniger dick, so daß hier – ähnlich wie beim Reitsattel – eine kleine „Kammer" entsteht, die das Aufliegen des Kammdeckels auf dem Widerrist verhindert.

Der *Kammdeckelbauchgurt* liegt etwa zwei Handbreit hinter dem Ellbogen des Pferdes. Er wird fest angezogen.

Der *kleinere Bauchgurt* hingegen, der zwischen den Strupfen an der Unterseite der Strangschnallen eingeschnallt wird, läßt einer aufrecht gestellten Hand Platz. Er hat nur die Aufgabe, die Strangstutzen an ihrem Platz zu halten. Die Schnallen der beiden Bauchgurte müssen auf der Außenseite des Gespannes in gleicher Höhe liegen.

An der Oberseite der Strangschnalle ist an einem kurzen Lederstück der *Oberblattstößel* angebracht. Seine Schnalle nimmt die Oberblattstrupfe auf, so daß Kammdeckel und Strangschnalle miteinander verbunden sind. Dadurch wird einem Herabfallen der Strangstutzen vorgebeugt. Die Länge dieser Verbindung ist von erheblicher Bedeutung. Sie muß so bemessen sein, daß Strangstutzen und Stränge in gerader Linie von den Zugkrampen zu den Ortscheiten verlaufen, ohne daß ein Druck auf den Pferderücken ausgeübt wird (zu kurz!) oder die Oberblattstrupfe sich vom Kammdeckelbauchgurt abhebt (zu lang!).

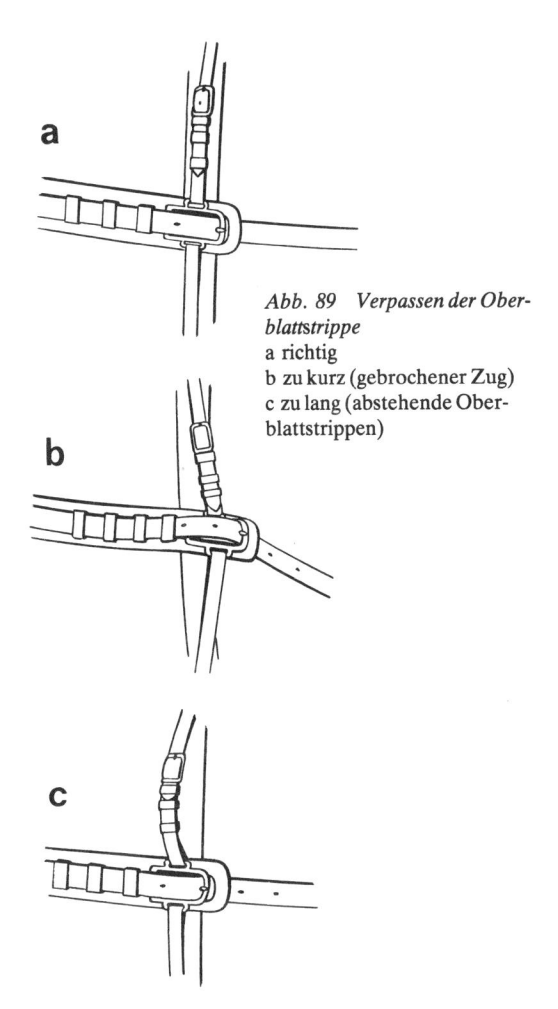

Abb. 89 Verpassen der Oberblattstrippe
a richtig
b zu kurz (gebrochener Zug)
c zu lang (abstehende Oberblattstrippen)

Zu kurze Oberblattstrupfen verlegen einen Teil der Last auf den Rücken des Pferdes, weil dadurch ein Knick zwischen Strangstutzen und Strang hervorgerufen wird (gebrochener Zug). (Abb. 89 b) Dadurch können Widerristdrücke entstehen. Außerdem kann das Pferd nicht seine volle Zugkraft entfalten, denn der nach unten wirkende Zug hindert es daran, den Rücken aufzuwölben.

Hieraus ergibt sich: Wird durch die Höhe der Anbringung der Stränge am Wagen der Zugwinkel verändert, muß auch die Länge der Oberblattstrippen korrigiert werden, damit kein Knick entsteht. Umspannen der Pferde an einen anderen Wagen erfordert demnach stets die Kontrolle der Oberblattstrupfen.

Während des Zuges sollen die Oberblattstrupfen auf dem Kammdeckelbauchgurt liegen. Beim stehenden Gespann müssen sie daher leicht nach vorn zeigen. Sobald die Pferde in die Kumte treten, nehmen sie ihren richtigen Platz ein. Beim ziehenden Pferd nach hinten weisende Oberblattstrupfen verlagern ebenfalls einen Teil der Last auf den Pferderücken und behindern den Zug in ähnlicher Weise wie zu kurz geschnallte. (Abb. 90)

Bei Einspännern werden besonders breite Kammdeckel verwendet, die Sellette (auf deutsch: Sättelchen), deren Namen sich vom oberen Abschluß des Kammdeckels herleitet, der die Form eines kleinen Sattels besitzt. (Vgl. Abb. 88 b)

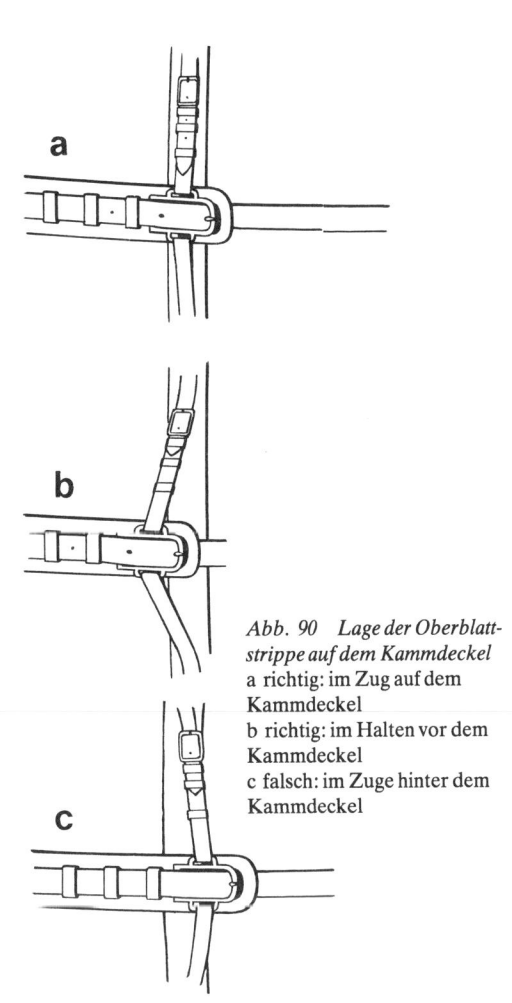

Abb. 90 Lage der Oberblattstrippe auf dem Kammdeckel
a richtig: im Zug auf dem Kammdeckel
b richtig: im Halten vor dem Kammdeckel
c falsch: im Zuge hinter dem Kammdeckel

Die Sellette besitzt einen wesentlich breiteren Kammdeckel sowie breitere Taschen und Seitenblätter, wobei sich letztere nach unten verjüngen. Auf den Seitenblättern, die bei der Sellette auch als „große Tasche" bezeichnet werden, liegt der *Trageriemen* oder *Tragegurt,* der mit den Scherbäumen des Wagens verbunden wird. Der Trageriemen wird durch den Kammdeckel hindurchgeschoben, ist jedoch innerhalb des Kammdeckels nicht befestigt, so daß er sich entsprechend den Bewegungen der Scherbäume beim Fahren verschieben kann. Damit dieses Verschieben nicht behindert wird, sind bei der Sellette die Leinenführungsringe im vorderen Drittel der „kleinen Taschen" angebracht. Aus dem gleichen Grunde wird der Trageriemen nur lose angezogen. Die Breite des Kammdeckels der Sellette richtet sich nach der Schwere des Wagens. Für schwere zweirädrige Wagen muß eine relativ breite Sellette verwendet werden, während die Sellette des Tandem-Vordergeschirrs verhältnismäßig schmal ist.

In den Trageriemen wird bei zweirädrigen Wagen mit wenig geschweiften Scherbäumen (Tandemcart, Dog Cart, Buggy, Gig) ein ledernes *Tragauge,* bei vierrädrigen Wagen und zweirädrigen Wagen mit stark geschweiften Scherbäumen (Tilbury) eine eiserne *Trageöse* (Tilbury- oder Coupé-Trageöse) eingeschnallt. (Abb. 91)

Die Scherbäume der zweirädrigen Wagen müssen in den Trageaugen spielen können. Das ist daran zu erkennen, daß sich die Schnalldorne der Trageaugen etwas von der Schnalle heben und wieder senken.

Bei einer Sellette, die ausschließlich vor vierrädrigen Wagen benutzt wird, muß der Trageriemen am Kammdeckeleisen befestigt sein, weil bei diesen Wagen die Scherbäume gelenkig am Wagen angebracht sind (vgl. Abb. 98). Bei losen Trageriemen können sich die Scherbäume in der Höhe verschieben.

Kammdeckel wie Sellette werden durch den *Schweifriemen* am Vorrutschen gegen den Widerrist gehindert. Neben dem normalen Schweifriemen (Abb. 92 a) wird der *Martingal-Schweifriemen* (Abb. 92 b) verwendet, der

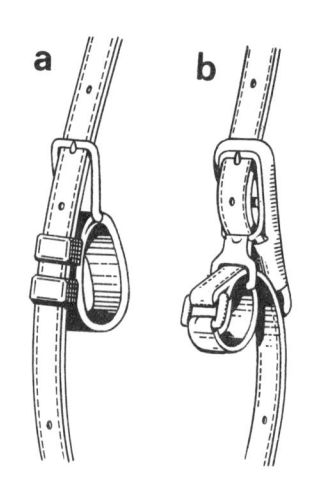

Abb. 91 *Tragauge und Trageöse*
a ledernes Tragauge
b eiserne Trageöse

Abb. 92 *Schweifriemen*
a einfacher Schweifriemen
b Martingal-Schweifriemen

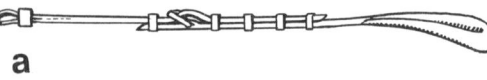

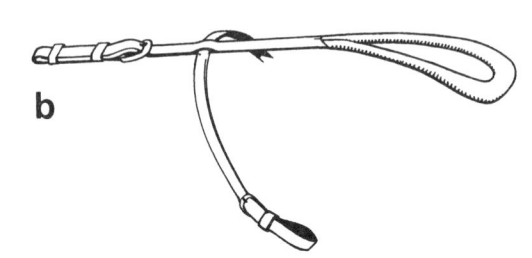

Abb. 93 *Schweifmetzen und Schweifträger*
a normale Schweifmetze
b dicke Schweifmetze für Leinenfänger
c Schweifträger
d Schweifmetze mit einer Schnalle für Doppellongen-Geschirr

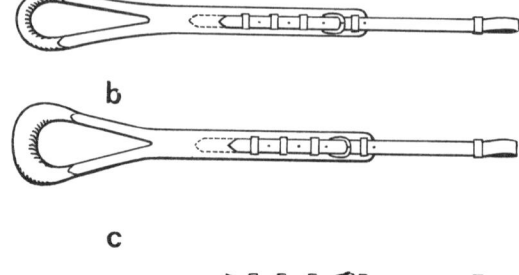

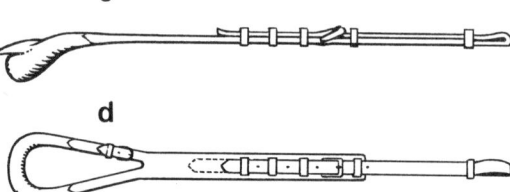

gegenüber dem erstgenannten den Vorteil besitzt, daß kein freies Strippenende auf dem Schweifriemen liegt, unter dem sich Leine oder Schweifhaar verfangen können.

Der Teil des Schweifriemens, der unter der Schweifrübe herumläuft, wird als *Schweifmetze* bezeichnet. (Abb. 93) Sie besteht aus einer rundgenähten Wulst, die an ihrer stärksten Stelle einen Durchmesser von etwa 3 cm erreicht. In der Regel wird sie mit Leinsamen ausgestopft. Schweifmetzen mit besonders großem Durchmesser sind bei Pferden zu empfehlen, die die Leine einklemmen, wenn sie ihnen unter den Schweif gerät (Leinenfänger). Die dicke Wulst hindert sie daran, die Leine festzuklemmen, so daß der Fahrer sie ohne Schwierigkeiten wieder hervorholen kann. Für Pferde, die den Schweif schlecht tragen, wurden an die Schweifmetze noch Schweifträger (muldenförmige gebogene Verlängerungen der Schweifmetze aus mit Leder überzogenem Metall – vgl. Abb. 93 c) angebracht, die von den Pferden jedoch nur ertragen werden, wenn sie schon sehr früh daran gewöhnt wurden. Bei der Beurteilung eines Sportgespannes würde ein Richter aus der Verwendung dieser Schweifträger ungünstige Rückschlüsse auf die Ausbildung des Pferdes ziehen.

Die Schweifmetze muß mit ihren beiden Enden an das sich gabelnde Ende des Schweifriemens ange*näht* sein, nicht angeschnallt. Das ist die einzige Möglichkeit, zu verhindern, daß sich Schweifhaare in den Schnallen verfangen und die Pferde unruhig machen. Natürlich gehört dazu, daß die Pferde an das Durchstecken des Schweifes gewöhnt werden, Schweifmetzen unterschiedlichen Durchmessers sind keine austauschbaren Einzelteile. Wer einen Leinenfänger im Gespann hat, braucht dafür eben einen kompletten Schweifriemen mit dicker Schweifmetze. Lediglich in Ställen, in denen häufig junge Pferde an das Geschirr gewöhnt werden müssen, kann es in Einzelfällen von Nutzen sein, beim Doppellongengeschirr einen Schweifriemen zu benutzen, an dem die Schweifmetze an einer Seite mit einer Schnalle versehen ist, damit das Anlegen rascher geschehen kann. Auch in diesem Falle sollte man jedoch so bald wie möglich zum Schweifriemen mit angenähter Schweifmetze übergehen.

Der Schweifriemen muß stets so lang geschnallt sein, daß er dem Pferderücken anliegt. Zu kurz geschnallte Schweifriemen scheuern an der Schweifrübe und sind dem Pferd außerordentlich unangenehm. Zu lang geschnallte Schweifriemen gleiten von der Mitte des Rückens seitlich herab. Das sieht unordentlich aus und nimmt dem Schweifriemen seine Wirkung, wenn das Pferd einmal ausnahmsweise den Wagen aufhalten oder ihn zurückschieben muß. In diesem Falle soll nämlich der richtig bemessene Schweifriemen den Kammdeckel daran hindern, auf den Widerrist vorzurutschen und ihn zu drücken.

Der Schweifriemen kann jedoch nur gelegentliches Aufhalten unterstützen. Wo dies, z. B. in bergigem Gelände, öfter notwendig werden kann, ist das *Hintergeschirr* besser geeignet.

Vollständiges Hintergeschirr mit *Umgang* wird in Europa bei der Anspannung von Zweispännern nicht verwendet. Ausnahmen davon sind Arbeitsgeschirre in bergigen Gegenden und Geschirre für Gelände- und Streckenfahrten. Auch für Einspänner vor zwei- und vierrädrigen Wagen ist Hintergeschirr erforderlich (vgl. Abb. 76). Bei einigen außereuropäischen Zweispänneranspannungen an zweirädrigen Wagen ist jedoch

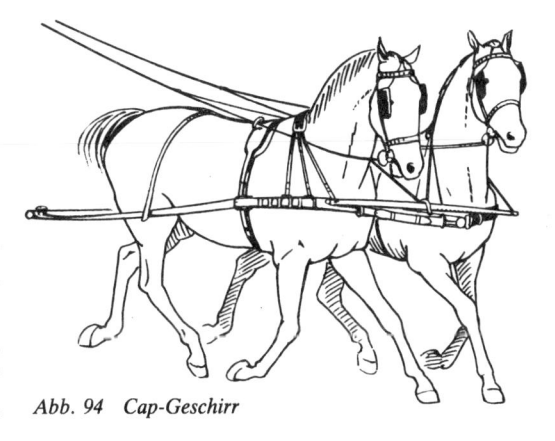

Abb. 94 Cap-Geschirr

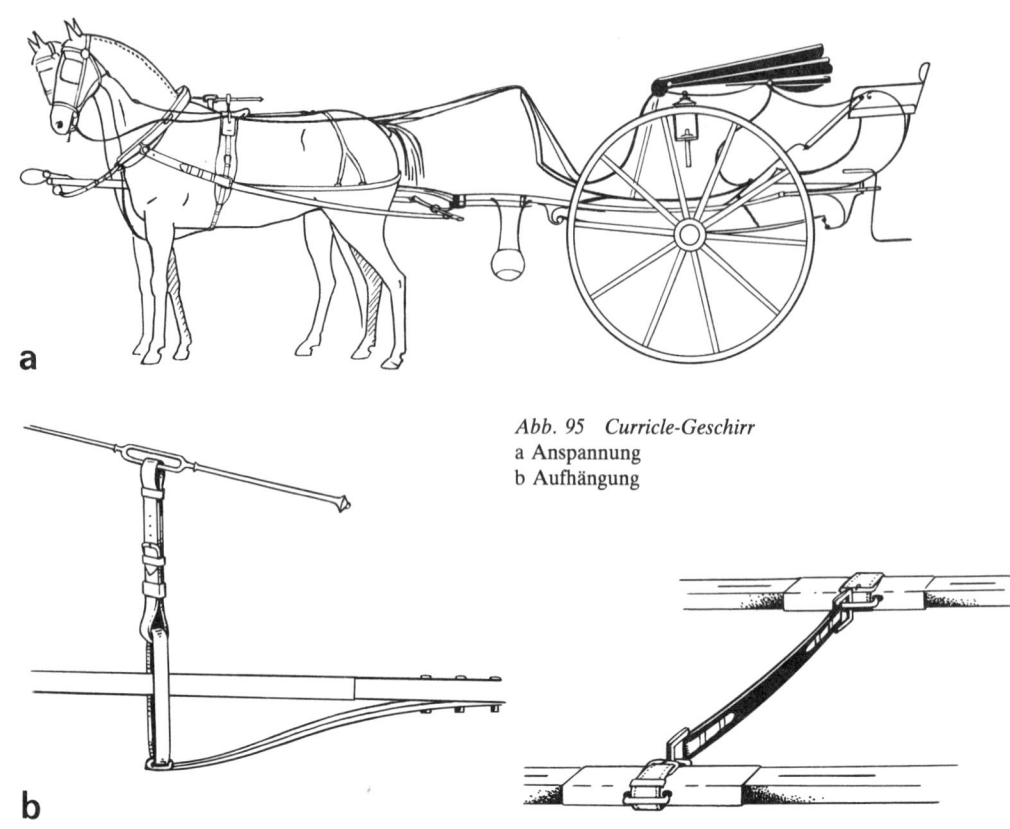

Abb. 95 Curricle-Geschirr
a Anspannung
b Aufhängung

Abb. 96 Sperriemen zwischen den Scherbäumen des Einspänners

vollständiges Hintergeschirr üblich. Dazu gehören Cap-Geschirr, Curricle-Geschirr und andere. (Abb. 94 und 95) Auf mehrere hinsichtlich ihrer Konstruktion interessante Arten von Hintergeschirren wird im folgenden kurz eingegangen. Ihnen liegt das Prinzip zugrunde, daß beim Aufhalten oder Zurückdrücken des Wagens der Umgang unmittelbar auf einen Teil des Wagens wirkt (vgl. auch Abb. 108 bis 110). Verwendet man den Umgang, so muß darauf geachtet werden, daß er an jener Stelle um die Hinterhand läuft, die im Gange die geringste Bewegung ausführt. Diese ist etwa zwei Handbreit unterhalb des Sitzbeinhöckers zu suchen. Dort soll sich der untere Rand des Umgangs befinden. Er wird so angelegt, daß man an den Hinterschenkeln zwei Fäuste unter ihm hindurchschieben kann.

Anstelle des Umgangs kann bei Einspän-

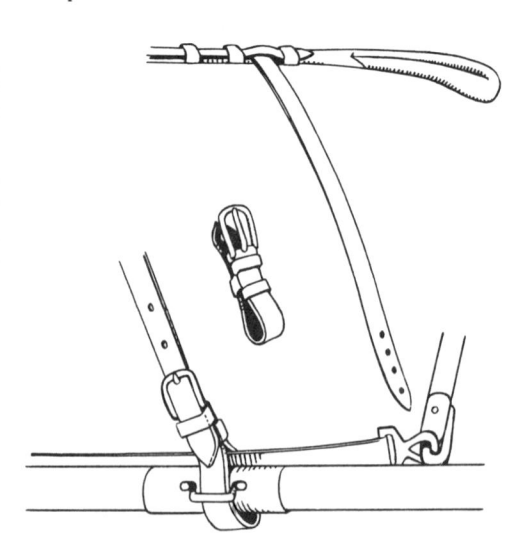

Abb. 97 Schlagriemen

nern auch ein Sperriemen zwischen den Gabelbäumen (Abb. 96) verwendet werden.

Zum Hintergeschirr werden als weitere Teile noch der Schlagriemen und die Strangträger (Kreuzriemen) gezählt.

Der *Schlagriemen* (Abb. 97) ist Teil des Einspännergeschirrs. Er ist durch einen Durchlaß im Schweifriemen hindurchgezogen und endet beiderseits in Schnallstrupfen. Diese werden mit einem Schnallstößel verbunden, dessen Lederschlaufe Scherbaum und Strang umschließt. Der Schnallstößel wird durch eine Rechtecköse auf dem Scherbaum an seinem Platz gehalten.

Die Aufgabe des Schlagriemens besteht darin, das Pferd am Schlagen über den Scherbaum zu hindern. Er ist immer so anzulegen, daß er vor dem Hüfthöcker des Pferdes schräg nach hinten verläuft. (Abb. 98)

Strangträger (Abb. 99) haben die Aufgabe, die Stränge am Herabfallen zu hindern. Die Pferde sollen nicht über die Stränge treten können, wie das z. B. in engen Wendungen oder bei nicht geradem Zurücktreten zuweilen geschehen kann. Daraus ergibt sich, daß Strangträger nur dann verwendet werden müssen, wenn die beschriebene Gefahr besteht. Das gilt in erster Linie für das Vorderpferd eines Tandems. Zu einigen Zweispänner-Anspannungen vor besonderen Wagen (Coupé, Coupé d'Orsay, Berline, Barouche – sie gehören zu den Halbgala-Anspannungen) sind Strangträger (neben seidenen Stirnbändern, großen Rosetten und Deckchen unter den Kammdeckeln) gefordert, wenn die Anspannung stilgerecht sein soll. Bei Landanspannung werden sie generell nicht verwendet. Man braucht sie auch nicht, weil bei richtiger Länge der Stränge und Aufhalter sowie korrektem Gebrauch der Bremse der Fall nicht eintreten kann, daß die Stränge auf dem Boden schleifen.

Bei längerer Anspannung vor schwereren Wagen sind Strangträger jedoch von Vorteil und sollten auch gefordert werden. Die Strangträger sind in ihrer Mitte mit dem Schweifriemen vernäht, so daß sie sich nicht verschieben können. Sie müssen direkt vor der Hüfte des Pferdes liegen. An ihrem Ende tragen die Strangträger Schlaufen, durch welche die

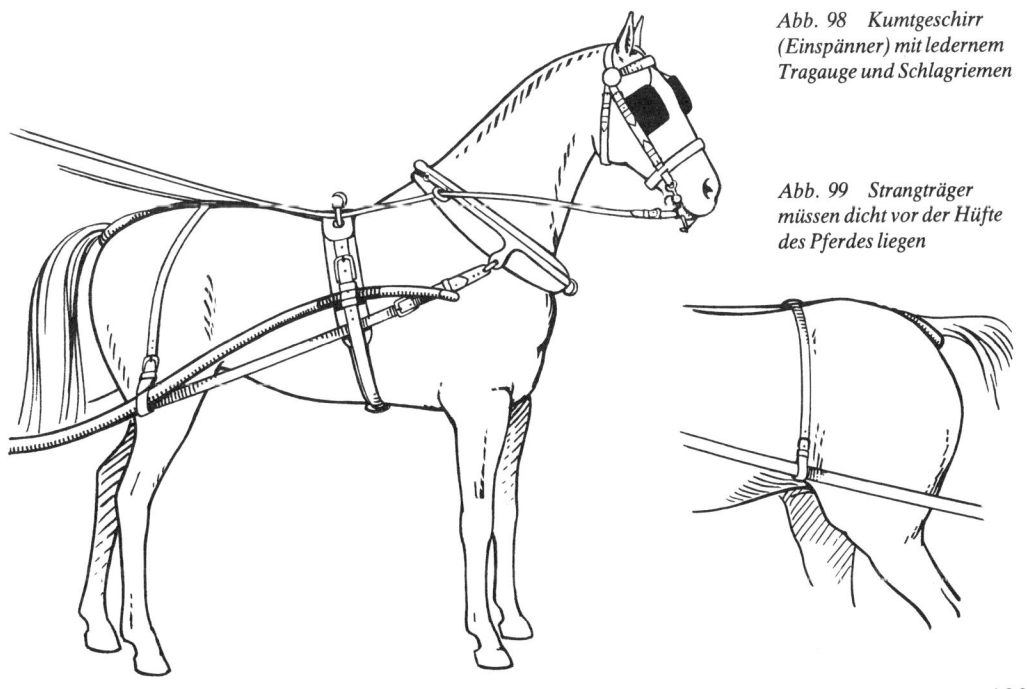

Abb. 98 Kumtgeschirr (Einspänner) mit ledernem Tragauge und Schlagriemen

Abb. 99 Strangträger müssen dicht vor der Hüfte des Pferdes liegen

Stränge hindurchgeführt werden. Diese Schlaufen besitzen die Martingal-Form, bei der es kein herausragendes Strupfenende gibt, unter dem sich Leine oder Schweifhaare festklemmen könnten.

Die Verbindung der Pferde mit der Deichsel wird mit Hilfe von *Aufhalteriemen (Aufhaltern)* oder *Deichselketten* hergestellt.

Am weitesten verbreitet und am häufigsten benutzt sind Aufhalteriemen aus doppelt genähtem Leder mit einer starken Schnalle. Sie tragen an ihrer Oberseite hinter der Schnalle zwei bis drei Schlaufen, auf der Unterseite eine Schlaufe. (Abb. 100)

Der Aufhalter wird von außen nach innen durch die Deichselbrille gezogen, danach durch die Schlaufe auf der Unterseite und anschließend von innen nach außen durch den Aufhaltering des Kumts. Die Aufhalter dürfen nicht so straff angezogen werden, daß sie die Kumte von den Pferdeschultern abheben. Am richtig angespannten Zweispänner sollen sie im Stand ebensowenig gespannt sein wie die Stränge.

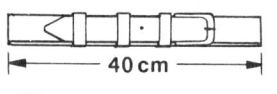

Abb. 100 Lederaufhalter

Abb. 101 Deichselkette

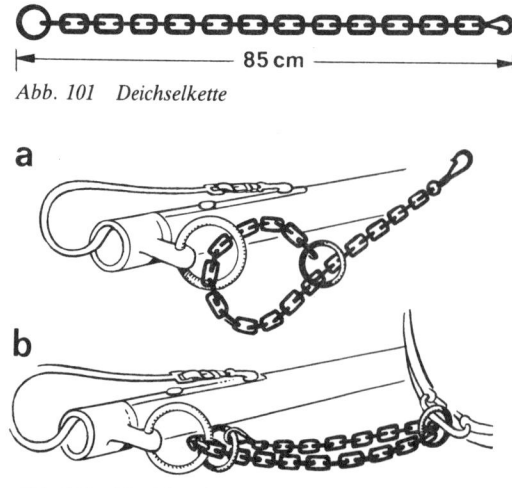

Abb. 102 Einziehen der Deichselketten
a lang
b kurz, größte Sicherheit

Lederaufhalter sind bei Landanspannung immer richtig. Bei ausgesprochener Stadtanspannung an entsprechenden Wagen sind Deichselketten zulässig.

Die *Deichselkette* (Abb. 101) ist eine 85 bis 95 cm lange Kette mit ovalen Gliedern. Sie trägt an einem Ende einen Ring, am anderen einen Karabinerhaken. (Offene Haken an Deichselketten sind nur bei vierspännig zu fahrenden Road-Coaches stilgerecht und müssen dann durch einen Gummiring gesichert sein.)

Nach den herkömmlichen Stilregeln sollen Deichselketten aus poliertem Stahl bestehen. Da deren Pflege recht zeitaufwendig ist, können heute Ketten aus nichtrostendem Stahl verwendet werden; verchromte Deichselketten können nur als geringer Fehler gelten.

Das richtige Einziehen der Deichselketten zeigt Abbildung 102. Die Stilregel, daß Deichselketten nur verwendet werden dürfen, wenn der Besitzer das Gespann selbst fährt, der Angestellte hingegen immer Lederaufhalter verwenden muß, wird nicht mehr überall einzuhalten sein, zumal Sportgespanne nicht selten mit Pferden verschiedener Eigentümer bespannt sind.

Das Sielengeschirr

Zum Sielengeschirr (Abb. 103), der zweiten in unserem Raum in größerem Maße verwendeten Geschirrart, gehören fast die gleichen Teile wie zum Kumtgeschirr. Es ist besonders in Pferdezuchtgebieten verbreitet. Auf seine Vor- und Nachteile wurde schon eingangs des vorhergehenden Kapitels hingewiesen.

An Stelle des Kumts und der Strangstutzen tritt beim Sielengeschirr das *Brustblatt*. Dies ist ein breiter, mehrfach genähter Riemen, der auf der Innenseite mit weichem Leder überzogen und völlig glatt ist. Auf dieser Unterlage ist außen ein etwas schmalerer, jedoch stärkerer Riemen aufgenäht, an dessen Enden sich die Strangschnallen befinden.

In der Mitte des Brustblattes (vor der Pferdebrust) ist ein starker Ring, der *Aufhalte-*

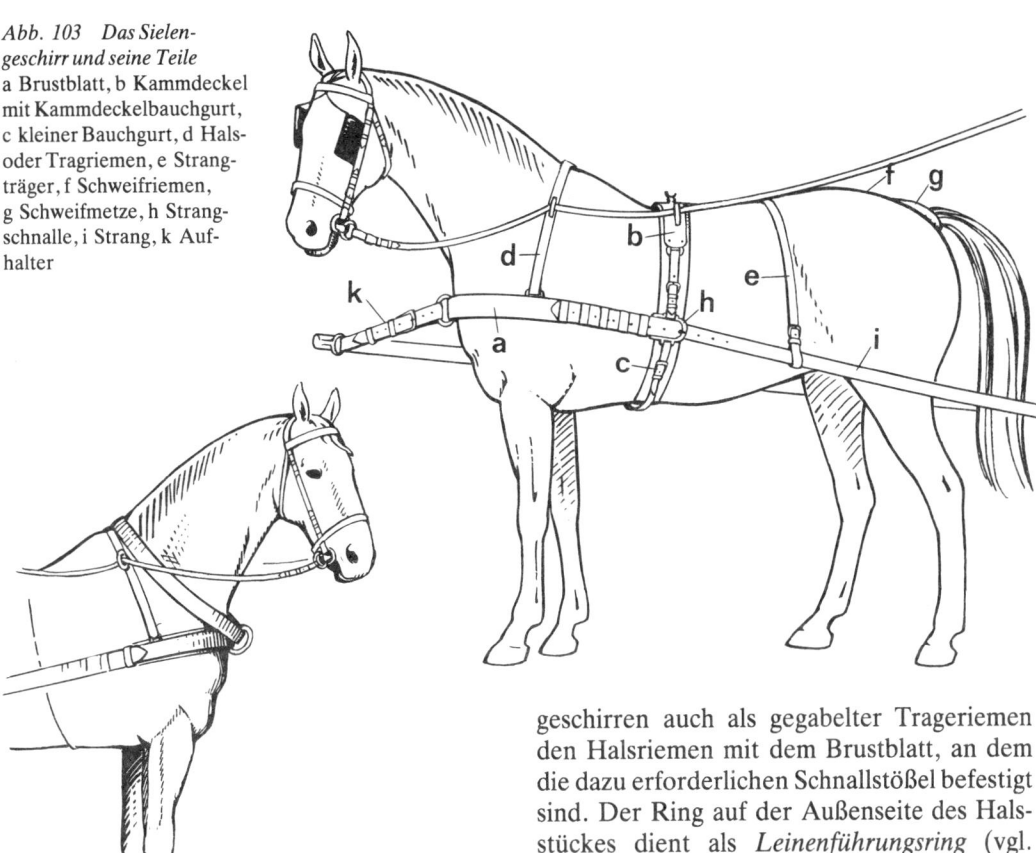

Abb. 103 Das Sielengeschirr und seine Teile
a Brustblatt, b Kammdeckel mit Kammdeckelbauchgurt, c kleiner Bauchgurt, d Hals- oder Trageriemen, e Strangträger, f Schweifriemen, g Schweifmetze, h Strangschnalle, i Strang, k Aufhalter

Abb. 104 Verbindung des Halskoppels mit dem Geschirr

ring, eingenäht. Er nimmt sowohl den Lederaufhalter auf, der von innen nach außen durch den Aufhaltering hindurchläuft, als auch das *Halskoppel*, das an dieser Stelle mit dem Brustblatt verbunden ist. (Abb. 104) Eine zweite Verbindung des Halskoppels mit dem Geschirr entsteht, indem es durch eine am Vorderrand des Halsriemens befindliche Schlaufe geführt wird. Der *Halsriemen* ist ein vor dem Widerrist liegender, kurzer, auf einer etwas breiteren Lederunterlage aufgenähter Riemen, der beiderseits des Halses in einem eingenähten Ring endet, in den außerdem die Strupfe des Trageriemens eingenäht ist. Dieser verbindet als einfacher, bei schwereren Sielengeschirren auch als gegabelter Trageriemen den Halsriemen mit dem Brustblatt, an dem die dazu erforderlichen Schnallstößel befestigt sind. Der Ring auf der Außenseite des Halsstückes dient als *Leinenführungsring* (vgl. Abb. 103). Auf der Innenseite hingegen darf letzterer nicht vorhanden sein. Die zum Nachbarpferd führende Innenleine würde ihn vom Hals abziehen. (Wo bei einem Sielengeschirr Leinenführungsringe auf beiden Seiten der Halsstücke vorhanden sind, darf die Innenleine nicht durch den Leinenführungsring gezogen werden, sondern muß vom Schlüsselring auf dem Kammdeckel direkt zum Gebiß des Nachbarpferdes laufen.)

Bei sehr leichten Sielengeschirren, die nur vor ganz leichten Wagen verwendet werden, verzichtet man manchmal vollständig auf eine Verbindung zwischen Halsriemen und Aufhaltering. Mit derartigen Geschirren läßt sich ein besetzter Wagen aber nicht korrekt zurücksetzen.

An dieser Stelle muß ein deutliches Wort zu mancherorts noch verwendeten *losen Halskoppeln* gesagt werden, die ohne jegliche Verbindung zum Geschirr sind. Diese losen

Halskoppel sind unzweckmäßig, unschön und tierquälend. Dafür sprechen die Folgen ihrer Verwendung:
▌ Sie rutschen gewöhnlich an die dünnste Stelle des Halses, nach vorn. Dabei wird die Mähne ruiniert.
▌ Durch das Vorrutschen vergrößert sich der Abstand zur Deichsel, wodurch sich die Hebelverhältnisse verschlechtern.
▌ Die dünnste Stelle des Halses ist am wenigsten geeignet, einem seitlichen Zug Widerstand zu leisten. Das Pferd muß diesem Zug entweder nachgeben (den Hals zur Seite biegen) oder die Halsmuskeln verkrampfen.
▌ Das Zurücksetzen des Wagens kann bei dieser Lage des Halskoppels hinter den Ohren nur mit hoch erhobenem Hals erfolgen. Damit sind zusätzlich ungünstige Hebelverhältnisse geschaffen. Zudem ist es, anatomisch bedingt, dem Pferd unmöglich, bei dieser Stellung des Halses all seine Kraft zu entfalten. Da rohe und unverständige Kutscher das Zurückdrücken des Wagens dann mit Reißen im Maul zu erreichen suchen, ist dieses Verfahren stets Tierquälerei.

Schlußfolgernd daraus müssen lose Halskoppel als unbrauchbar und ihre Verwendung als Verstoß gegen die Tierschutzbestimmungen angesehen werden.

Die übrigen Teile des Sielengeschirrs entsprechen denen des Kumtgeschirrs, so daß an dieser Stelle nicht noch einmal darauf eingegangen werden muß.

Bei *Landanspannung* gehören als Gebisse *Doppelringtrensen oder leichte Ellbogenkandaren* (vgl. 64 a und 65) zu Sielengeschirren. Auch Postkandaren sind erlaubt.

Bei ungarischen Juckergeschirren besitzen die Doppelringtrensen vorzugsweise flache Ringe, die in vielen Fällen aus dekorativen Gründen durchbrochen sind oder gezackte Ränder aufweisen (vgl. Abb. 65 d). Das ist abhängig von den übrigen Beschlägen des Geschirrs, da auch hier Einheitlichkeit der Form bei den Metallteilen den Stilforderungen entspricht.

Typische Schmuckteile der ungarischen Geschirre sind die Schalanken. Das sind kunstvoll geflochtene, in dünnen Streifen auslaufende Lederteile von vielgestaltigem Äußeren, die zum Verjagen von Insekten gedacht sind. Sie hängen meist beiderseits des Kammdeckels und des Schweifriemens herab. Auch am Genickstück des Fahrzaums und am Kehlriemen findet man sie.

Zwischen Kammdeckel und Trageriemen wird häufig ein geflochtener Riemen als Schmuckteil angebracht, der zwar sehr lose angeschnallt ist, aber in Ausnahmefällen auch beim Aufhalten oder Zurücksetzen behilflich sein kann. An ihm wie auch an den geflochtenen Teilen der Schalanken sind Verzierungen aus buntem Tuch angebracht, die Pillangos (Schmetterlinge), deren Farben mit dem Anzug des Fahrers harmonieren müssen. An den äußeren Strangschnallen sind Glocken, keine Schellen, befestigt. Sie sollten das herankommende Gespann ankündigen. Bei Gespannkontrollen gehören diese Glocken zur vollständigen ungarischen Beschirrung; in Dressurprüfungen werden sie weggelassen.

Zweckmäßige Arbeitsgeschirre

Obwohl die Zahl der Arbeitsgespanne im Bereich der Landwirtschaft nicht allzu groß ist und sie aus dem Bild der Städte fast völlig verschwunden sind, sind sie für bestimmte Einsatzbereiche doch nicht ganz ohne Bedeutung. In der Forstwirtschaft z. B. kann man auf Pferdegespanne, besonders in bergigen Gegenden, nach wie vor nicht verzichten. Zu den Arbeitsgespannen kann man auch die zählen, die vollbesetzte Kremser in der Fahrtouristik auf unebenen Feld- und Waldwegen zu ziehen haben. In allen diesen Einsatzbereichen wird von den Pferden große Kraftentfaltung verlangt, die in manchen Fällen sogar zu kurzzeitiger Überlastung führt.

Aus tierschützerischen und ökonomischen Erwägungen heraus erhält deshalb die zweckmäßige Beschirrung, die die Entfaltung der Kräfte der Pferde optimal unterstützt, eine große Bedeutung.

Da die Grundforderungen an die einzelnen Geschirrteile und ihren Sitz am Pferdekörper mit den für die Kutschgeschirre erläuterten übereinstimmen, beim Arbeitsgeschirr nur alle Teile etwas stärker ausgeführt werden, bedarf es dazu keiner detaillierten Ausführung mehr.

Schmuckelemente entfallen an Arbeitsgeschirren, mit Ausnahme sogenannter „Paradegeschirre" für Kaltblüter, wie sie manchmal bei der Schauvorstellung von Brauereigespannen zu sehen sind. Auch bei der Schaustellung von Haflinger-Gespannen findet man solche Verzierungen. Das gibt es in den verschiedensten Formen natürlich auch in anderen Ländern. Da diese Schmuckelemente jedoch nicht Teil des Arbeitsgeschirrs im engeren Sinne sind, d. h. für die Arbeitsleistung durchaus entbehrlich sind, lassen wir sie hier unberücksichtigt.

Arbeitsgeschirre sind nach dem Grundsatz der Zweckmäßigkeit konstruiert. Sie müssen die maximale Entfaltung der Zugkraft sowie sicheres Aufhalten des Wagens gestatten. Letzteres ist im Arbeitszug nicht immer zu umgehen, wenn die Bremsen an den Arbeitswagen schlecht zu erreichen sind. Besonders das hin und wieder nicht zu vermeidende Zurücksetzen eines beladenen Wagens erfordert entsprechende Vorrichtungen am Geschirr.

Andererseits kann am Arbeitsgeschirr manches vereinfacht werden, z. B. indem an Stelle

Abb. 105 Fahrzaum für Arbeitsgeschirre

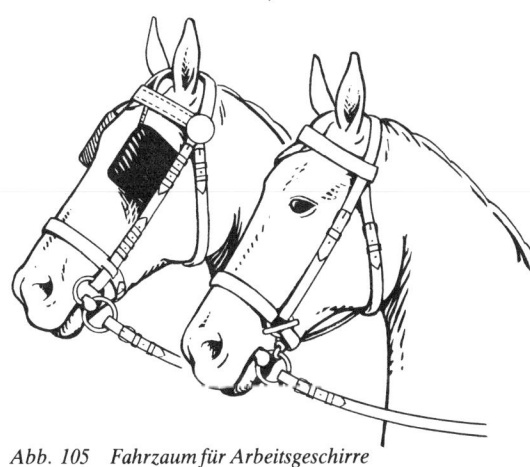

Abb. 106 Arbeits-Kumtgeschirr für Einspänner
Durch die Verbindungen Hinterzeug–Scherbaum (Kette) und Hinterzeug–Kammkissen–Kumtspitze (Riemen) wird eine gute Aufhalteleistung gesichert.

des Kammdeckelbauchgurts ein einfacher Rückenriemen verwendet wird.

Im Gegensatz zu den Kutschgeschirren gibt es für die Arbeitsgeschirre keine allgemeingültigen Stilregeln. Aus Erfahrungen im Einsatz gewachsene Traditionen haben regional bedingte Unterschiede in der Gestaltung der Arbeitsgeschirre offenbar stärker beeinflußt.

Aus der Vielfalt der existierenden Geschirre wurden einige besonders praktische herausgegriffen, um an ihrer bildlichen Darstellung die zweckmäßige Konstruktion zu besprechen, die zu einer optimalen Nutzbarkeit des Geschirrs führt.

Fahrzaum für Arbeitsgeschirre
(Abb. 105)
Für alle Arbeitsgeschirre gilt, daß der Fahrzaum gewisse Vereinfachungen zeigt. Er hat meist die Form eines Vierring-Halfters, in das ein Knebel-Trensengebiß eingehängt wird.

Das Trensengebiß muß auch hier dick sein. Aus Draht gedrehte Trensenmundstücke sind Tierquälerei, besonders in einer „harten" Hand. Müssen – im Ausnahmefall – zu Arbeitsgeschirren Kandaren aufgelegt werden, so gelten die dazu erläuterten Grundsätze (s. S. 108 ff.) uneingeschränkt auch hier.

**Arbeitskumtgeschirre
für Einspänner** (Abb. 106)
Einspänner werden auch im Arbeitszug vor

137

einem Wagen mit Gabeldeichsel gefahren. Die Scherbäume sind gerade.

Zum Einspänner-Arbeitskumtgeschirr gehört eine Sellette, durch die der Trageriemen für die Scherbäume mit metallenem Tragauge (für vierrädrige Wagen) oder ledernem Tragauge (für zweirädrige Wagen) läuft. Da beim Arbeitsgeschirr das „Sättelchen" fehlt, verwendet man hier besser die Bezeichnung *Kammkissen*. Die Stränge sind als durchgehende *Seitenblätter* ausgebildet, deren vorderes Ende eine *Zugöse* aufweist. Diese Zugöse wird in den gewundenen *Zughaken* am Kumt eingehängt. Das Seitenblatt verläuft unter dem Trageriemen. An seinem hinteren Ende trägt es ein kurzes Kettenstück, mit dessen Abschlußring es an dem Haken des Ortscheits befestigt wird. Als Strangträger dient eine Lederschlinge, die mit in den Ring eingenäht ist, durch den auch Umgang und Kreuzriemen verbunden werden.

Wichtig für die Aufhaltefunktion dieses Geschirrs sind:

▌ das robuste Hinterzeug, dessen Kreuzriemen durch einen kräftigen Ledersteg zum Umgang in seiner Lage erhalten wird;

▌ die Verbindung des Umgangs mit dem Scherbaum durch eine Kette, die entweder in einem Ring an der Scherbaumspitze oder in einer eisernen Öse auf dem Scherbaum hinter dem Tragauge (auf den Umgang zu) befestigt ist. Diese auf beiden Seiten gleich lange Kette hängt in leichtem Bogen herab, wenn das Pferd im Zuge steht, strafft sich jedoch sofort, sobald der Wagen aufgehalten werden muß;

▌ die Verbindung zwischen den Vorderenden des Umgangs und den seitlich am Kammkissen angebrachten Fallringen, die den Sitz des Kammkissens beim Zurücksetzen sichern hilft, und

▌ der Verbindungsriemen zwischen Aufsatzschlüssel und Kumtspitze, der das Kumt in seiner Lage hält.

Alles in allem ein sehr praktisches und voll funktionstüchtiges Einspännergeschirr, auch für bergiges Terrain.

Arbeitssielengeschirr für Einspänner (Abb. 107)

Auch das Einspänner-Arbeitssielengeschirr zeichnet sich gegenüber den Kutschsielengeschirren durch stärkere Teile aus. Insbesondere das Brustblatt weist maximal mögliche Breite auf, die gerade noch in dem Raum zwischen Luftröhre und Buggelenken Platz hat. Der auf das Brustblatt aufgenähte Verstärkungsriemen läuft beiderseits in die Stränge aus, deren hinteres Ende – wie beim Arbeitskumtgeschirr – durch Kettenstücke mit den Ortscheiten verbunden wird. Der korrekte Sitz des Brustblattes wird durch zwei Trageriemen an jeder Seite gesichert, die in einen die Leinenführungsringe tragenden Halsriemen geschnallt sind. In dessen Endringe sind Strupfen eingenäht, welche die Stößel der Trageriemen aufnehmen. Mit Hilfe der Trageriemen wird das Brustblatt so verschnallt, daß der Zug nicht gebrochen wird. Gleich dem Arbeitskumtgeschirr gehört auch zum Einspänner-Arbeitssielengeschirr ein Kammkissen, durch das der Tragegurt für die Scherbäume läuft.

Das Hintergeschirr entspricht dem des Arbeitskumtgeschirrs, einschließlich einer Lederschlinge als Strangträger.

Im gezeigten Beispiel ist die Aufhaltefunktion des Arbeitssielengeschirrs in ähnlicher Weise gelöst wie im vorhergehenden Fall. Der

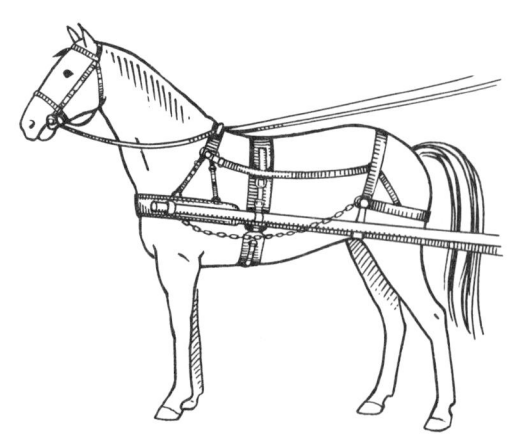

Abb. 107 Arbeitssielengeschirr für Einspänner
Die Aufhalteleistung wird durch die Verbindungen Hinterzeug–Trageriemen (Riemen) und Hinterzeug–Deichselspitze (Kette) gewährleistet.

Abb. 108 Harzer Arbeitsgeschirr
Das Hintergeschirr ist über den Querriegel auf der Deichsel mit dem Kumt verbunden, das seinerseits durch einen Verbindungsriemen zum Hinterzeug (Kreuzriemen) gesichert wird. Gute Aufhalteleistung ist möglich, wobei die Kumte nicht nach der Deichselspitze gezogen werden.

Abb. 109 Richtig konstruiertes Arbeits-Sielengeschirr
Hinterzeug und Halsriemen sind mit einem Querriegel auf der Deichsel verbunden. Die Pferde können gut aufhalten und geradeaus gehen.

verschnallbare Verbindungsriemen zwischen Hals- und Kreuzriemen ist an letzterem festgenäht. Sein vorderes Ende kann mit einem kräftigen Karabinerhaken im Ring des Halsriemens befestigt werden. Deutlich ist, daß der Verbindungsriemen die Lage von Brustblatt und Halsriemen beim Zurücksetzen sichert.

Dieses Geschirr ist für mittelschwere Arbeit vor dem Einspannerwagen sehr praktisch und pferdeschonend.

Abbildung 108 zeigt ein *Arbeitskumtgeschirr für Zweispänner*, bei dem die Verbindung von Hintergeschirr und Kumt in ähnlicher Weise konstruiert ist wie beim vorher beschriebenen Einspänner-Sielengeschirr: durch einen Verbindungsriemen zum Kumt. Auf einen Rückenriemen ist völlig verzichtet worden. Die Seitenblätter (Stränge) werden durch einen losen Bauchgurt (verhindert ein Verrutschen nach oben) und durch eine Strangtrageschlaufe am Zusammenstoß von Umgang und Kreuzriemen (verhindert Herabfallen der Stränge) in ihrer Lage gehalten.

Die Aufhaltefunktion wird bei diesem Geschirr in sehr zweckmäßiger und pferdeschonender Weise gewährleistet. Ein oberhalb der Strangtrageschlaufe im gleichen Ring befestigter kräftiger Riemen verläuft zur gleichen Stelle an der anderen Seite des Pferdes. Er ist in seiner Länge verstellbar.

Auf der Deichsel ist ein *Querriegel* angebracht, der in der Horizontalen drehbar ist. An seinen beiden Enden befindet sich je ein Ring, durch den ein um das Kumtschloß geschlaufter (oder genähter) Riemen durch die Vorderbeine des Pferdes nach hinten verläuft. An seinem Ende ist ein starker Ring eingenäht, durch den beim Anschirren der im vorherigen Absatz beschriebene Riemen hindurchgezogen wird.

Beim Aufhalten stemmen sich die Pferde mit dem Hintergeschirr gegen die Last, und durch Straffen der beschriebenen Verbindungsriemen wird die Wirkung auf den Querriegel der Deichsel übertragen. Wenn die Länge aller Riemen richtig gewählt ist, darf weder das Kumt am Hals hinaufrutschen, noch dürfen die hinteren Enden der Seitenblätter zu stark herabhängen, d. h., wenn die Pferde im Zuge stehen, dürfen die genannten Teile der Aufhaltevorrichtung nur ganz leicht durchhängen.

Ein wesentlicher Vorteil dieser Geschirrkonstruktion besteht darin, daß die Pferde beim Aufhalten und Zurücksetzen gerade bleiben können und nicht durch eine zur Deichselspitze verlaufende Aufhaltekette zum Abdeichseln veranlaßt werden.

Wenn man die Konstruktionsgrundsätze des beschriebenen Zweispännerkumtgeschirrs auf

139

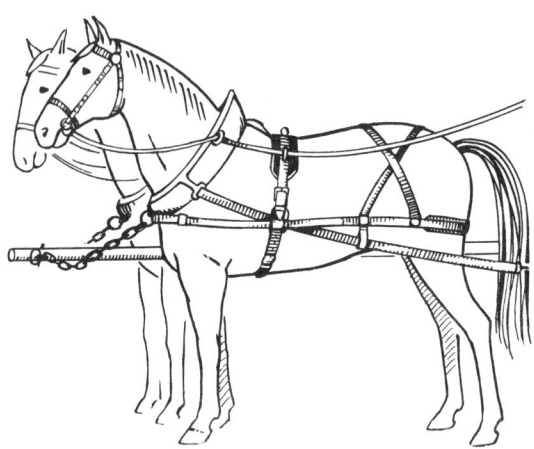

Abb. 110 Richtig konstruiertes Arbeits-Kumtgeschirr, bei dem das Hinterzeug mit dem Aufhaltering des Kumts verbunden ist

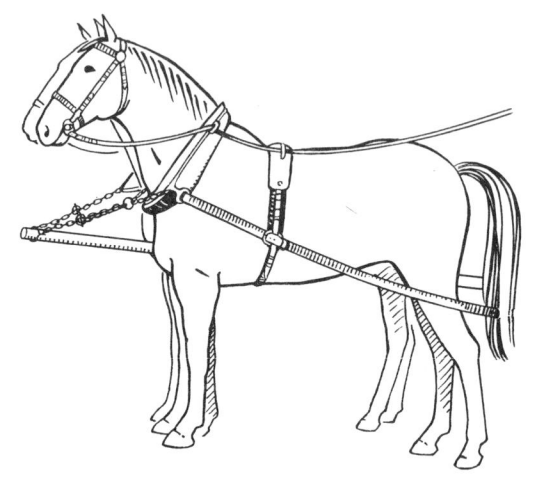

Abb. 111 Kumtgeschirr für mittelschwere Lasten in ebenem Gelände und auf glatten Straßen

ein *Zweispännersielengeschirr* anwendet, so erhält man das in Abbildung 109 dargestellte Geschirr. Es besitzt allerdings ein Kammkissen, dessen Bauchgurt angezogen werden muß, damit es nicht verrutschen kann. Die Abbildung zeigt deutlich, wie hier das Hintergeschirr direkt mit dem Querriegel verbunden ist. Eine Verbindung zwischen Kreuzriemen und Kammkissen sichert dessen Lage beim Aufhalten gegen ein Vorrutschen nach vorn, das Widerristdrücke zur Folge haben könnte.

Abbildung 110 zeigt ein nach den gleichen Grundsätzen gebautes *Zweispännerkumtgeschirr*, bei dem einige mögliche Veränderungen zu sehen sind: über Kreuz verlaufende Kreuzriemen, mit Polsterung unterlegter Umgang, Kammkissen. Die Verbindung zwischen Hinterzeug und Deichselspitze wird über einen starken Ring (Strangring) hergestellt, in dem einerseits Oberblattstößel und Strupfenteil des kleinen Bauchgurtes, andererseits die Verbindungsriemen zum Hinterzeug und zum Kumtring befestigt sind. Selbstverständlich sind auch bei diesem Geschirr Kammkissen und Kumtspitze verbunden. Noch besser wäre die Aufhalteleistung, wenn auch bei dieser Anspannung eine Deichsel mit Querriegel benutzt würde.

Abbildung 111 zeigt ein gut konstruiertes Arbeitskumtgeschirr, das jedoch so nur dort zu verwenden ist, wo es keine Berge gibt und Zurücksetzen des beladenen Wagens nicht erforderlich wird. Die Kraftübertragung beim Aufhalten von der Schweifmetze über Schweifriemen – Kammdeckel – Oberblattstrippe – Strangring – Kumt – Aufhalter zur Deichselspitze wird durch die mehrfachen Richtungswechsel negativ beeinflußt. Ein Hintergeschirr mit Verbindung zum Strangring und ein Verbindungsriemen zwischen Kammdeckel und Kumtspitze würden dieses Geschirr wesentlich verbessern.

Arbeitsgeschirre werden kaum noch hergestellt. Einzelanfertigungen genügen häufig nicht allen Anforderungen an ihre Funktionstüchtigkeit. Ihre Benutzung führt deshalb unausweichlich zu einem höheren Verschleiß, auch an den Pferden, die in ihnen arbeiten.

Arbeitsgeschirre sind aber auch für Geländefahrten zweckmäßig. Da es dafür keine einschränkenden Regeln gibt, gelten die vorstehenden Grundsätze auch für sie. Das als letztes dargestellte Zweispännerkumtgeschirr ist mit den vorgeschlagenen Änderungen als Geländegeschirr gut zu gebrauchen. Insbesondere müssen die Fehler beseitigt werden, die das Aufhalten und Zurücksetzen beeinträchtigen. Ein Querriegel dürfte für die Geländeanspannung nicht sehr lang sein und müßte fest auf die Deichsel aufgeschoben werden.

Unter Beachtung der in diesem Kapitel gegebenen Hinweise und Anregungen lassen sich vorhandene Arbeitsgeschirre gemeinsam mit einem geschickten und bereitwilligen Sattler grundlegend verbessern, besonders was ihre Zweckmäßigkeit für das Aufhalten und Zurücksetzen betrifft. Dabei sollte darauf geachtet werden, daß Anschirren und Anspannen durch zusätzliche Geschirrteile nicht mehr Arbeit als unumgänglich erfordern. Deshalb sollte genau überlegt werden, wo Nähte, Schnallen oder kräftige Karabinerhaken zur Herstellung von Verbindungen zweckmäßig sind. Nicht zuletzt sind diese Überlegungen unter dem Gesichtspunkt der Verbesserung des Tierschutzes geboten!

Behandlung der Geschirre

Gute Geschirre sind teuer und selten. Ihre Verwendungsfähigkeit und Haltbarkeit – neben ihrem stets vorbildlichen Aussehen – hängen wesentlich von sachgemäßer Aufbewahrung und sorgfältiger Pflege ab.

Aufbewahrung der Geschirre

Die Geschirre – auch solche, die täglich benutzt werden – müssen in einem trockenen, mäßig warmen Raum aufbewahrt werden. Feuchte Kälte schadet sowohl dem Leder als auch den Metallteilen. Dasselbe gilt für den Ammoniakdunst in den Ställen, weshalb auch an Jauchegruben oder Dunghaufen grenzende Räume als Geschirrkammer ungeeignet sind.

Eine Geschirrkammer muß hell und luftig sein. Zu starker Einfall von Sonnenlicht aber sollte durch Vorhänge, Milchglasscheiben o. ä. ausgeschlossen werden.

Ein zu hoher *Feuchtigkeitsgrad* läßt die Geschirre Schimmel ansetzen und führt zum Verrosten von Metallteilen. *Niedrige Temperaturen* lassen das Leder steif werden. Gebisse, die Frostgraden ausgesetzt werden, bilden eine Gefahr für die Pferdemäuler, weil sie Verletzungen der Maulschleimhäute verursachen.

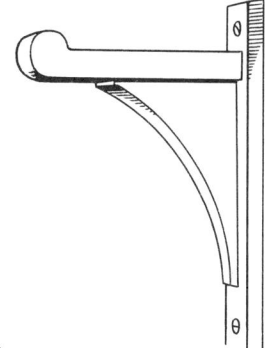

Abb. 112 Geschirrhalter

Sinken die Temperaturen in der Geschirrkammer zu weit ab, muß sie beheizt werden.

Feuchte Wärme ist den Geschirren besonders unzuträglich. Sie muß unbedingt vermieden werden.

Die Temperatur in der Geschirrkammer ist überhaupt von großer Bedeutung. Ist sie zu hoch, neigt das Leder zum Austrocknen und wird hart und brüchig. Der Lack wird bei hohen Temperaturen weich und verliert seine glatte Oberfläche. Extreme Kälte hingegen zerstört seinen Glanz und läßt Haarrisse entstehen.

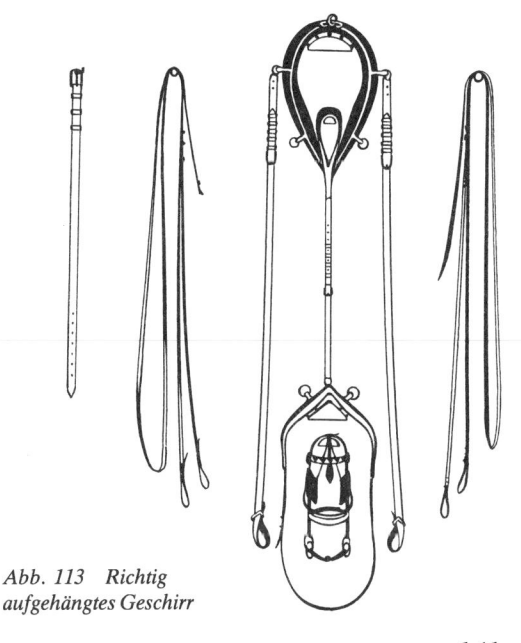

Abb. 113 Richtig aufgehängtes Geschirr

Abb. 114 Putzbock

zum Aufbewahren von Ersatzteilen, wie Decken, Wagenlampen, Aufhaltern, Aufsatzzügeln, Gebissen u. a., sowie ein Putzbock (Abb. 114) vorhanden sein.

Hat man genügend Räumlichkeiten zur Verfügung, empfiehlt es sich, den Putzbock in einem von der Geschirrkammer getrennten Raum aufzustellen, in dem auch die Pflegearbeiten erfolgen.

Daß geeignete Halter für Longen, Doppellongen, Leinen und für Peitschen angebracht

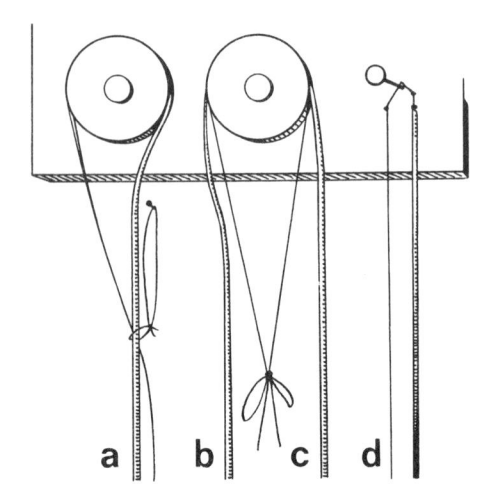

Abb. 115 Halter für Fahrpeitschen
a richtig aufgehängte Bogenpeitsche,
b u. c so wird der Bogen verdorben
d richtig aufgehängte Stockpeitsche

Während die täglich benutzten Geschirre auf Geschirrhaltern (Abb. 112) aufbewahrt werden, die der Form der Geschirrteile entsprechen und an den Wänden befestigt sind, schließt man die seltener benutzten guten Geschirre, z. B. die Wettkampfausrüstung, am besten in *Schränken* ein, in denen sich ebenfalls Geschirrhalter befinden. Damit sind sie vor Staub relativ gut geschützt, und jeder kann sich an ihrem Anblick erfreuen, sofern die Schränke Glasschiebetüren besitzen. Solche Türen erleichtern außerdem die regelmäßige Zustandskontrolle. Da gut gepflegte Geschirre Ehrensache jedes ordentlichen Fahrers sind, empfiehlt es sich schon, ihrer Aufbewahrung besondere Mühe zu widmen.

Geschirre sehen am besten vor einer mit Fries oder Filz belegten Wand aus. (Abb. 113) Auch eine Verkleidung aus dunkel gebeiztem Holz gibt einen guten Hintergrund ab. Dabei sollte man sie nicht so dicht aneinanderhängen, daß der Eindruck einer Überfüllung entsteht. Wer übrigens seiner Geschirrkammer nicht dieses Fluidum eines wohlgeordneten Ausstellungsraumes geben möchte oder kann, wird wenigstens die seltener benutzten Geschirre, die auf den Geschirrhaltern ordentlich abgelegt sind, durch *Stoff-* oder *Plastüberzüge* vor dem Verstauben schützen.

Neben den erwähnten Einrichtungen sollten in einer Geschirrkammer noch ein Schrank

Abb. 116 Richtig aufgehängte Leinen, Longen und Doppellongen

142

werden müssen, versteht sich von selbst. (Abb. 115) Auch die zur Pflege der Geschirre erforderlichen Gegenstände und Mittel müssen einen festen Platz erhalten und dürfen nicht offen herumliegen. Die Geschirrkammer muß saubergehalten werden. Ein Fußabtreter vor der Tür und regelmäßiges Ausfegen und Staubwischen sind hier ebenso erforderlich wie in allen Räumen, in denen sich Menschen aufhalten. Ebenso wie in der Geschirrkammer für Spinnweben und Ungeziefer kein Platz ist, haben dort auch Katzen nichts zu suchen.

Motten greifen Geschirre mit Vorliebe an den Nahtstellen an. Für längere Zeit unbenutzte Geschirre stellen sie eine besondere Gefahr dar.

Die richtige *Aufbewahrung* der Geschirre und Geschirrteile muß gewährleisten, daß deren *Form* erhalten bleibt. Deshalb muß alles Riemenwerk *gerade aushängen* können, und die Halter der anderen Geschirrteile müssen deren Form entsprechen:

▌ Leinen, Longen und Doppellongen werden in großen *Schlingen* unverdreht aufgehängt. (Abb. 116) Ein *Herumschlingen des Endes* – wie dies bei einem Heuseil ohne nachteilige Folgen möglich ist – führt zu Verzerrungen des Leders, das dann nicht mehr glatt anliegt. Es ist deshalb bei allen Ausrüstungsteilen aus Leder und aus Gurt stets ein Zeichen grober Nachlässigkeit!

▌ Die Stränge werden ebenfalls gerade hängend aufbewahrt. Wo es üblich ist, sie zusammenzurollen, sollte man sich von dieser üblen Gewohnheit rasch trennen, da das Leder so aufbewahrter Stränge leidet und brüchig wird.

▌ Die Schweifriemen werden mit der Schweifmetze über einen nach oben abgerundeten Halter gelegt, der ihrer Größe entspricht. So können sie gerade aushängen.

▌ Kumte, Kammdeckel und Zäume finden auf Haltern Platz, die ihrer Form entsprechen und ihnen eine vollständige Auflage gewährleisten.

▌ Kehlriemen, Nasenriemen und Kammdeckelbauchgurt werden nicht zugeschnallt, sondern nur durch die Schlaufen gezogen, um sie leichter öffnen zu können. Gleiches gilt auch für den kleinen Bauchgurt.

Bei seltener benutzten Geschirren werden die *Gebisse* in der Geschirrkammer ausgeschnallt und getrennt aufbewahrt. Auch das dient der Schonung des Leders an den Gebißschnallen, die in diesem Falle auch nur eingeschlauft werden.

Stockpeitschen, auch Longierpeitschen, werden so aufgehängt, daß Stock und Schlag aushängen können. *Bogenpeitschen* werden über eine Rolle gehängt (vgl. Abb. 115), welche die Form des Bogens erhält.

Nach diesen Gesichtspunkten aufbewahrte Geschirre behalten ihr gutes Aussehen und ihre Funktionstüchtigkeit, richtige Pflege vorausgesetzt.

Reinigung und Pflege der Geschirre

Auch ordentlich aufbewahrte Geschirre bedürfen der ständigen Pflege, um *Aussehen* und *Verwendungsfähigkeit* zu erhalten.

Es ist ein bewährter Geld, Zeit und Kraft sparender Grundsatz, daß Geschirre sofort nach ihrem Gebrauch gereinigt werden müssen. Zu der Säuberung nach dem täglichen Gebrauch kommt die gründliche Säuberung, die wenigstens zweimal im Monat, besser einmal wöchentlich, vorzunehmen ist.

Die Säuberung nach jedem Gebrauch erstreckt sich auf das Entfernen
– starker Verschmutzungen
– von Schweißablagerungen an allen Teilen, die dem Pferdekörper direkt aufliegen, und
– von Roststellen.

Mit der täglichen Säuberung ist eine *Kontrolle* der Sicherheit des Geschirrs verbunden, so daß sich lösende Nähte, verbogene Schnalldorne, ausgerissene Schnallöcher, Risse im Leder u. a. sofort entdeckt und repariert werden können. In dieser Beziehung kann gar nicht genügend Sorgfalt aufgewendet werden. Kleinere Schäden lassen sich gewöhnlich noch leicht beseitigen oder reparieren, größere machen oft ganze Teile des Geschirrs unbrauchbar. Auch kleinere Schäden am

Geschirr können Ursache schwerer Unfälle werden. Schon das unterstreicht die Bedeutung der genauen Kontrolle.

Täglich benutzte Geschirre bedürfen aber nicht nur der Säuberung, sondern auch einer regelmäßigen Pflege, sowohl der Lederteile als auch der Metallteile.

Werden Geschirre *nach dem Gebrauch* in die Geschirrkammer gebracht, so ist zunächst der Staub und etwa anhaftender Schmutz mit einer Bürste zu entfernen. Danach müssen durch eingetrockneten Schweiß verkrustete Stellen mit einem feuchten Schwamm oder weichen Lappen gesäubert werden. Das gilt vor allen Dingen für die Innenseiten der Kumte, des Kammdeckelbauchgurts und Kammdeckels, der Strangstutzen, der Strangträger, des Schweifriemens und der Schweifmetze. Die *lackierten Geschirrteile* werden mit einem trockenen, weichen Lappen abgewischt. Die *Gebisse* werden in Wasser gewaschen und trockengerieben. Dabei sind frische Roststellen wegzureiben. Stählerne Geschirrteile rosten überhaupt nicht, wenn man sie sofort nach dem Gebrauch in einen Eimer mit Wasser legt, dem etwas Soda oder Schmierseife zugesetzt worden ist.

Alle *Metallbeschläge* an den Geschirren werden, soweit sie sauber und glänzend sind, mit Seifenwasser abgewaschen und mit einem weichen Lappen trockengerieben.

Sind die Geschirre stark verschmutzt, wie das bei Gelände- und Streckenfahrten oder auch in einer Dressurprüfung auf regennassem Viereck eintreten kann, so ist eine *gründliche Reinigung* erforderlich, wie sie sonst nur in bestimmten Abständen erfolgen muß.

Die gründliche Reinigung erfordert zunächst, daß das *Geschirr* in alle seine Teile zerlegt wird. Das Auseinanderschnallen ermöglicht ein bequemeres Arbeiten und gewährleistet auch, daß aller in den Schnallen befindlicher Schmutz mit beseitigt werden kann.

Behandlung der Lederteile
Lederteile dürfen niemals in Wasser gelegt werden, um fest haftenden Schmutz aufzuweichen. So behandeltes Leder wird später hart. Man darf überhaupt Wasser zur Beseitigung des Schmutzes nur in sehr bescheidenem Maße verwenden.

Die einzelnen Teile des Geschirrs werden mit einem in *lauwarmes* Wasser getauchten und danach ausgedrückten Schwamm gereinigt. Dem Wasser wird etwas Soda oder Salmiakgeist zugesetzt. Heißes Wasser darf nicht' verwendet werden, da es dem Leder schadet.

Zum Abschwammen kann auch Glycerinseife bzw. Sattelseife benutzt werden.

Es ist darauf zu achten, daß alle Geschirrteile einzeln von allem Schmutz, Schweiß und anderen Verunreinigungen (z. B. Wagenschmiere) vollständig befreit und danach abgetrocknet werden.

Die *lackierten Geschirrteile* erhalten einen guten Glanz, wenn Seifenwasser zum Abschwammen verwendet wird.

Jedes gereinigte Lederteil wird *abgetrocknet*. Dazu verwendet man ein Putzleder, wie es zum Fensterputzen oder bei der Autopflege benutzt wird. Leder darf keinesfalls in der Sonne oder in der Nähe eines heißen Ofens zum Trocknen aufgehängt werden. Es wird dann hart und brüchig. Wenn man alle Teile einzeln säubert und trockenreibt, können die ersten der weiteren Behandlung unterzogen werden, wenn man mit dem Reinigen der letzten fertig ist. Das Leder soll dann auch noch nicht völlig trocken sein.

Die *weitere Behandlung* der Lederteile richtet sich nach dem Zustand des Leders. Das Ziel besteht darin, die *Geschmeidigkeit* des Materials zu erhalten und die Abnutzungserscheinungen so gering wie möglich zu halten. Von der Geschmeidigkeit des Leders ist seine Haltbarkeit abhängig. Um das Leder geschmeidig zu erhalten, müssen alle nicht lakkierten Lederteile gefettet werden. Dadurch wird auch das Eindringen von Wasser in die Nähte verhindert. Man darf dazu allerdings keinesfalls Mittel verwenden, die – wie Lederappretur – die Poren des Leders zukleben. So behandeltes Leder kann nicht mehr „atmen". Es wird trocken und hart. Außerdem bildet sich auf seiner Oberfläche eine Kruste.

Weich und geschmeidig kann man Leder nur durch *Einfetten* erhalten. Es darf aber nur so viel Fett aufgetragen werden, wie das Leder aufnehmen kann. Da Fette in der Kälte erstarren und dann nicht in das Leder eindringen, muß das Einfetten bei kühlerer Witterung in einem geheizten Raum vorgenommen werden.

Zum Fetten des Leders dürfen nur *tierische Fette* verwendet werden, keinesfalls Pflanzenfette. Fischtran, Lanolin (Vollfett), Kammfett, Talg, Rinderklauenöl u. a. sind dazu gut geeignet. Als ein bewährtes Geschirrpflegemittel gilt eine Mischung aus drei Teilen Talg und einem Teil Klauenfett (Rinderklauenöl), die zusammengeschmolzen werden. Diese Mischung ist in England sehr verbreitet. Pflanzenöle, besonders Leinöl, härten an der Luft aus. Mineralöle, besonders ätherische, entfernen die Fettschicht vom Leder und sind daher für die Lederpflege ungeeignet.

Auftragen von zuviel Fett erschwert das Polieren. Deshalb ziehen es manche Fahrer vor, die Geschirre nur auf der Innenseite einzufetten, die nicht blankgeputzt werden muß. Sofern die Außenseiten eine richtige Pflege erhalten, ist dagegen selbstverständlich nichts einzuwenden.

Zum Reinigen der *Leinen* kann man Sattelseife verwenden. Die Leinen müssen dann nach dem Trocknen mit einem Tuch poliert werden. Bei zu ausgiebigem Gebrauch von Sattelseife besteht jedoch die Gefahr, daß die Leinen bei Regen glitschig werden und dann durch die Finger rutschen. Auch wenn man Leinen fettet, muß man sehr sparsam mit dem Fett umgehen, damit das Leder nicht zu weich und klebrig wird.

Nach dem Säubern und Einfetten der Geschirrteile erfolgt die *Behandlung der Oberseite,* gleich, ob sie gefetet wurde oder nicht. Diese Behandlung wird auch oft als „Schmieren" der Geschirre bezeichnet.

Zu diesem Zweck kann man gutes Bohnerwachs verwenden. Auch gute Schuhcremes auf Wachsbasis eignen sich zur Pflege der normalen Lederteile. In jedem Fall darf aber das angewandte Mittel nur sehr dünn und nur auf die Außenseiten der Geschirrteile aufgetragen werden. Die Lederflächen, die am Pferdekörper anliegen, dürfen damit nicht behandelt werden.

Andere im Handel erhältliche Lederpflegemittel können ebenfalls verwendet werden. Oft erleichtern sie die Arbeit beträchtlich. Man muß jedoch solche Mittel ausschließen, die einen Belag auf dem Leder bilden. Sie schaden dem Leder, es wird dann brüchig. Die Schicht, die die zumeist flüssigen Lederpflegemittel bilden, muß auf alle Fälle beim Säubern der Geschirre entfernt werden, ehe ein neuer Überzug aufgetragen wird.

Häufiges Reinigen mit Sattelseife nimmt dem Leder seine schwarze Farbe und läßt das Geschirr grau werden. Mit einem guten Lederfärbemittel kann das behoben werden. Auch mit älteren, schon abgenutzten Geschirren kann man nach gründlicher Reinigung so verfahren. Für diesen Zweck hat sich folgendes sehr altes Rezept bewährt: eine Mischung aus zwei Eiweiß, 30 g Zucker, einem Teelöffel Weingeist und pulverisierter Elfenbeinschwärze, von der so viel hinzugefügt wird, daß die Mischung eine tiefschwarze Färbung annimmt. Die Mischung wird vor dem Gebrauch gut geschüttelt und mit einem Schwämmchen aufgetragen. Kräftiges Reiben mit einem seidenen Lappen ergibt den gewünschten Glanz.

Auf *Glanzleder* dürfen derartige Mittel nicht verwendet werden. Dafür eignen sich nur beste Schuhcremes. Neues Glanzleder kann nach dem Abschwammen und Trocknen mit einem Rehleder einen sehr dünnen Schutzfilm von Steinölgelee erhalten, das mit der Fingerkuppe aufgetragen und einem weichen Tuch blankgerieben wird.

Besonderer Pflege bedürfen die *lackierten* Geschirrteile, wenn ihr Glanz nachläßt. Von englischen Autoren wird zur Wiederherstellung des Glanzes empfohlen, ein mildes Metallpoliermittel zu verwenden und anschließend mit guter Schuhcreme zu polieren. Noch schöneren Glanz erbringt jedoch die Behandlung mit einer Mischung von Wachs und Schwefeläther. Das Wachs wird ganz dünn geschabt und in dem Schwefeläther aufgelöst. Die Lösung muß die Konsistenz von Sahne (Rahm) annehmen. Mit einer weichen Bürste trägt man sie auf und reibt sie dann mit einem Flanellappen so kräftig ein, daß sich das Leder erwärmt. Sowie das Wachs durch das anhaltende Reiben in das Leder eindringt, entsteht ein Glanz, der dem von neuem Lackleder kaum nachsteht. Das Verfahren erfordert Zeit und Kraft, führt aber zu dem gewünschten Ergebnis.

Bei *braunen* Geschirren und Leinen erfolgt die Reinigung mit Seifenwasser. Von Zeit zu Zeit werden die Geschirrteile mit heller Sattelseife eingerieben. Dunkle Sattelseife führt zum Verlust der hellen Lederfarbe. Eine brauchbare Sattelseife für diesen Zweck kann man auch selbst herstellen. Man braucht dazu 65 Gramm gelbes Wachs und 140 cm^3 Terpentin. Das Wachs wird in kleine Stücke geschnitten und in ein Glasgefäß mit weiter Öffnung gegeben. Das Terpentin gießt man dazu. Das Gefäß wird nun so weit erwärmt, daß das Wachs schmilzt und man das Ganze durch Umrühren vermischen kann. Das Gemisch wird mit einem Flanellappen auf das Leder aufgetragen und mit einer weichen Bürste eingerieben. Nachfolgendes kräftiges Einreiben mit einem seidenen Tuch schließt den Pflegevorgang ab.

Natürlich gibt es auch moderne Lack- und Lederpflegemittel, wie sie für Lackschuhe und lackierte Möbel angeboten werden. Da deren Zusammensetzung und Wirkung auf Geschirrleder bzw. Geschirrlack von den Herstellern in der Regel nicht geprüft wird, muß als Vorsichtsmaßnahme zunächst an einer nicht ins Auge fallenden Stelle eine Probe gemacht werden.

Zur Erhaltung des Leders gehört es schließlich auch, daß Schnallöcher ausnahmslos nur mit einer Lochzange oder einem Locheisen hergestellt werden. Verwendet man dazu ein Messer oder einen anderen spitzen Gegenstand, reißt mit großer Sicherheit das Leder an dieser Stelle ein.

Und schließlich soll am Ende dieses Abschnittes daran erinnert werden, daß kleinere Reparaturen, etwa das Brechen des Leders an einer Schnalle, Auflösen einer Nahtstelle, Verbiegen eines Schnalldorns u. a., stets sofort ausgeführt werden müssen, ehe sich der Schaden vergrößert.

Pflege der Metallteile
Beschläge (Schnallen, Schlüsselringe, Kumtleisten u. a.), Zubehörteile (Aufhalteketten) und Gebisse werden aus unterschiedlichen Metallen gefertigt. Danach richtet sich auch ihre Pflege.

Während Zubehörteile und Gebisse früher aus poliertem Stahl hergestellt wurden, verwendet man jetzt in der Regel nichtrostende Metalle wie Nirosta-Stahl und Argentan.

Die *Metallbeschläge* der Geschirre werden mit einem Metallputzmittel behandelt. Falls sie sauber und glänzend sind, genügt es auch, sie mit Seifenschaum zu putzen und danach mit einem weichen Lappen zu polieren. *Bronzebeschläge* kann man auch mit Zitronensaft reinigen.

Dabei müssen natürlich alle Schnallen offen sein. Werden die *Kammdeckelschlüssel* zum Putzen herausgeschraubt, muß man beim Wiedereinschrauben sorgfältig darauf achten, daß die Gewinde nicht beschädigt werden. Ältere Geschirre besitzen häufig Monogramme, Kronen, Wappen o. ä. als *Schmuckelemente* auf Scheuklappen und Kammdeckeln. Müssen diese geputzt werden, sollte man das umgebende Leder mit einer Blech- oder Pappmaske abdecken, damit das Putzmittel nicht auf das Leder gelangen kann. Die *Dorne* der stärkeren Schnallen bestehen gewöhnlich aus Stahl. Sie brauchen hin und wieder einen Tropfen Öl.

Gebisse und Aufhalteketten aus Stahl werden nur noch selten verwendet, obwohl es in bezug auf Haltbarkeit und Aussehen nichts Besseres gibt. Sie machen jedoch viel Mühe. Deshalb gibt man rostfreiem Stahl für diese Teile den Vorzug.

Stahlteile werden sofort nach dem Abschirren in einen Eimer mit Wasser gelegt, dem Soda zugesetzt ist, so daß eine Lauge entsteht. Darin kann nichts rosten. Wenn alle anderen Wartungsarbeiten getan sind, nimmt man die

Teile heraus, spült sie gründlich ab und reibt sie trocken. Sollten sich wider Erwarten *frische Roststellen* finden, muß man diese mit Rostentferner beseitigen, keinesfalls mit Sand, weil dadurch der Stahl abgestumpft wird. Bei *feuchtem Wetter* ist es sehr praktisch, Aufhalteketten und Gebisse vor dem Anschirren mit einem fettigen Lappen einzureiben. Nach dem Gebrauch wird dann das Fett einfach wieder abgewischt.

Muß man *alte, verrostete Stahlsachen* in Gebrauch nehmen, legt man sie zuvor 24 Stunden in Petroleum und putzt dann den dadurch aufgelösten Rost weg.

Zum *Polieren* der Gebisse wurden früher Polierketten bzw. Polierkissen verwendet. Diese sind nicht mehr erhältlich. An ihrer Stelle kann man mit Kleie oder Strohhäcksel gefüllte Leinensäcke verwenden. In diese werden die Stahlsachen einzeln hineingesteckt. Man erfaßt dann die beiden Enden des Sackes (an denen sich sogar Handgriffe befinden können, wenn dieses Verfahren häufiger angewendet wird) und schwenkt ihn eine Zeitlang kräftig hin und her.

Kinnketten poliert man, indem man sie mit Seifenschaum bedeckt und dann längere Zeit zwischen den Händen reibt. Anschließend werden sie mit Wasser abgespült und in Sägespänen trockengerieben.

Stahlteile der seltener benutzten Geschirre kann man durch einen dünnen, gleichmäßigen Überzug von *Kollodium* schützen, der mit einem weichen Pinsel aufgetragen wird. Beim Verdunsten bildet sich ein Film, der die damit versehenen Metallteile jahrelang blank erhält.

Zur Pflege der Chromteile an Kraftfahrzeugen wird eine Vielzahl von Präparaten, einschließlich Schutzwachs, angeboten. Sie sind natürlich auch für die Chromteile an Geschirren zu verwenden.

Wagenkunde

Allgemeines

Der mit Zugtieren bespannte Wagen war viele Jahrhunderte lang das einzige Transportmittel für Personen und Lasten zu Lande, sieht man einmal von Reit- und Tragtieren ab. Im Verlaufe der Zeit entwickelten sich aus mit Scheibenrädern versehenen primitiven Ochsenkarren vielgestaltige Typen von Arbeits- und Gebrauchswagen, aus den Rennwagen des Altertums die den verschiedensten Zwecken angepaßten Kutsch- und Sportwagen. Neue technische Erkenntnisse haben den Wagenbau zu allen Zeiten vorangebracht, die Wagen leichter, sicherer, haltbarer und eleganter gemacht. Vorwiegend im 18. und 19. Jahrhundert entstanden die Prototypen der Kutschwagen, von denen sich ein Teil für die Nutzung im Fahrsport der Gegenwart erhalten hat.

Wagen bilden einen Teil der kulturgeschichtlichen Leistungen der Menschheit. Von diesem Gesichtspunkt ist ihre Geschichte auch heute noch interessant. Die große handwerkliche Kunst der Wagenbauer vergangener Zeiten zeigte sich sowohl in der Zweckmäßigkeit als auch in der äußeren Erscheinung ihrer Produkte. Uneingeschränkte Eignung für die vorgesehene Bestimmung, Sicherheit, Bequemlichkeit und Eleganz waren die Forderungen, die von den Auftraggebern gestellt wurden. Dazu kamen oft genug Sonderwünsche der Kunden.

All das führte zu einer Vielfalt von Erzeugnissen, die zum großen Teil nur noch in Museen zu sehen sind.

Auch heute noch ist der Wagenbau reine Handwerkskunst. Mit dem Wiederaufblühen des Fahrsports, der Fahrtouristik und des Freizeitfahrens erhält auch der Bau von Wagen wieder Auftrieb. Besonders durch die Initiative der Fahrer selbst und aus den Forderungen sportlicher Verwendung heraus wird der Restaurierung, aber auch dem Bau neuer Wagen wieder mehr Bedeutung geschenkt. Aus den Anforderungen der Wettkämpfe entstand sogar ein neuer Wagentyp: der Marathonwagen.

Beides, Restaurierung und Neubau, orientiert sich an den Erfahrungen der Wagenbauer früherer Zeiten. Deshalb muß in diesem Kapitel einiges über die Wagenarten gesagt werden.

Und noch ein zweiter, nicht weniger wichtiger Grund ist dafür gegeben. Die Zusammenstellung eines Gespannes geht immer vom Wagen aus. Nach ihm richtet sich die Auswahl der Pferde, die Beschirrung und anderes, wenn Stilreinheit angestrebt wird. Der Fahrer benötigt deshalb auch Kenntnisse der wichtigsten Wagentypen.

Dem Vorhaben, Kenntnisse über die Wagenarten zu vermitteln, müssen jedoch gleich Grenzen gesetzt werden. Einmal ist die Zahl der verwendeten Modelle außerordentlich groß, zum anderen gibt es in den verschiedenen Ländern und Regionen unterschiedliche Entwicklungen, und zum dritten möchten wir uns im wesentlichen auf die Wagen beschränken, die für den heutigen Gebrauch als Ein- oder Zweispänner in Frage kommen. In diesen Grenzen hat die Wagenkunde auch für den Fahrer in der Gegenwart praktische Bedeutung, ist er doch – zumindest bei der Teilnahme an Gespannkontrollen – Träger der Fahrkultur.

Die Bezeichnung der Einzelteile eines Wagens darf in einer zusammengefaßten Wagenkunde nicht fehlen. Abbildung 117 gibt sie bei einem Spider Phaeton an, einem Wagentyp, der auch heute noch häufig auf Turnieren zu sehen ist.

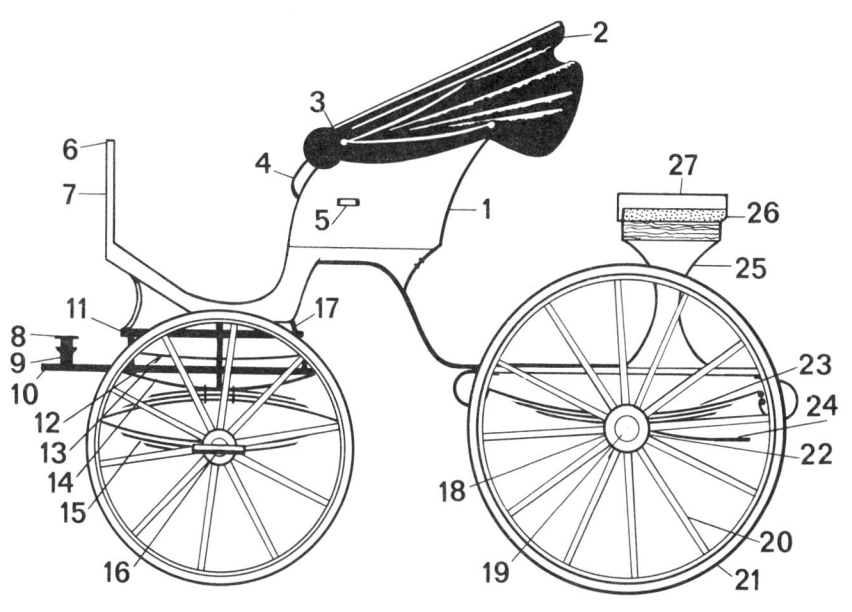

Abb. 117 Teile des Wagens
1 Wagenkasten, 2 Faltverdeck, 3 Verdeckgelenk, 4 Haltegriff zum Aufsitzen, 5 Lampenhalter, 6 Leinenauflage, 7 Spritzbrett, 8 Docken, 9 Sprengwaage, 10 Deichselschuh, 11 oberes Lager, 12 Querholm, 13 Lenkkranz, 14 unteres Lager, 15 Elliptik-Federn, 16 Nabentritt, 17 rückwärtige Stütze, 18 Nabe, 19 Staubkappe, 20 Speiche, 21 Radreifen, Felge, 22 Achse, Achsschenkel, 23 Halb-Elliptik-Feder, 24 rückwärtiger Tritt, 25 Stützen für Beifahrersitz, 26 Beifahrersitz, Rücksitz, 27 Rücksitzgeländer

Von großer Bedeutung für den Gebrauchswert der Wagen war die Verwendung geeigneter *Federungen*, welche die Erschütterungen des Wagens sowohl für die Insassen als auch für die Pferde erträglicher machten. Weil auf dieses technische Detail bei der Beschreibung der Wagen immer wieder eingegangen werden muß, sollen hier die wichtigsten Federungsvorrichtungen angeführt werden:
- die C-Feder (Abb. 118 a)
- die Voll-Elliptikfeder (Abb. 118 b)
- die Parallelogramm- (auch Plattform-) Federung (Abb. 118 c)
- die Halb-Elliptik- oder Langfeder (Abb. 118 d)
- die Dennett-Federung (Abb. 118 e).

Ein Wagen ist nur so sicher wie seine *Bremseinrichtung*. Von den Wagenherstellern wurden drei Arten von Bremsen verwendet: Spindelbremsen, Zugbremsen und Druckbremsen. (Abb. 119) Letztere sind abzulehnen, weil sich der Fahrer bei ihrer Bedienung nach vorn beugen muß und weil sie – im angezogenen Zustand – den Zugang zur rechten Bockseite blockieren. Zugbremsen finden den meisten Beifall der Fahrer. Sie sind gut und rasch zu bedienen und erfüllen ihren Zweck, wenn sie richtig eingestellt sind. Ihr Nachteil besteht darin, daß die Bremskraft nicht sehr fein regulierbar ist. Hierin liegt der Vorteil der Spindelbremse. Daß ihre Wirkung langsamer einsetzt als die der Zugbremse, ist bei guten Fahrern nicht von Nachteil.

Bei neu gebauten und auch z. T. bei restaurierten Wagen ist eine Fußbremse eingebaut, die es dem Fahrer gestattet, während des Bremsvorgangs beide Hände für die Leinenführung zu benutzen.

Bei allen Wagentypen spielt die *Farbgebung* eine Rolle, teilweise eine wesentliche zur Unterscheidung bestimmter Arten eines Wagentyps. Das gilt zusätzlich auch für die Zierstreifen an den Rädern und anderen Teilen des Untergestells, die zuweilen auch in der Breite differieren. Selbstverständlich müssen die Farben zusammenpassen, und das Ganze muß einen dezenten Eindruck machen. Auch der Bezug der Sitzbänke und des Keilkissens muß darin eingeschlossen sein.

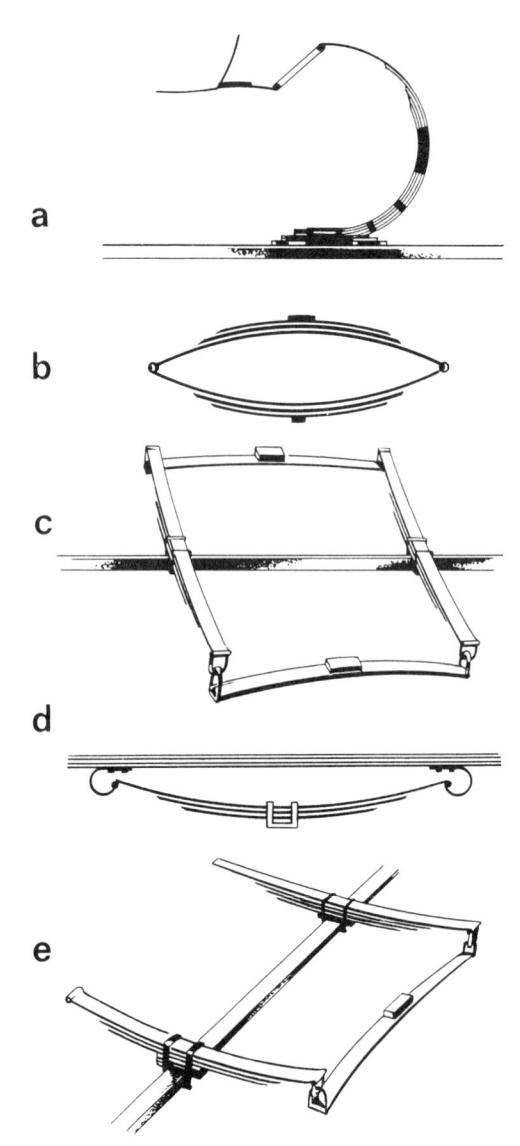

Abb. 118 Wagenfedern
a C-Feder, b Voll-Elliptikfeder, c Parallelogramm-Feder, d Halb-Elliptik- oder Langfeder, e Dennett-Federung

Wir werden bei den wichtigsten Wagentypen die Farben der Hauptteile angeben.

Die Kutsch- und Sportwagen lassen sich nach verschiedenen Gesichtspunkten klassifizieren:

- nach der Anzahl der angespannten Pferde (ein-, zwei- oder mehrspännig zu fahrende Wagen)

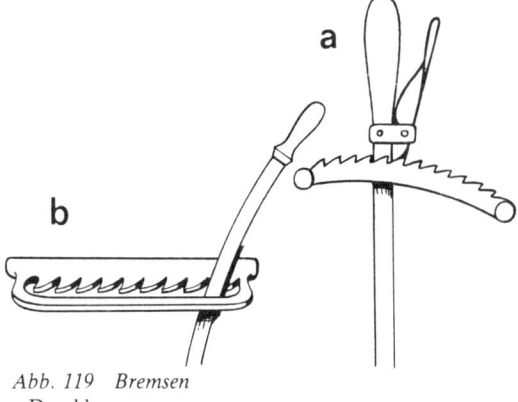

Abb. 119 Bremsen
a Druckbremse
b Zugbremse

- nach ihrem Einsatzbereich (Stadtwagen, Parkwagen, Landwagen, Reisewagen, Jagdwagen u. a.)
- nach dem Fahrer (vom Kutscher zu fahrende Wagen, vom Besitzer zu fahrende, sogenannte Selbstfahrer)
- nach der Anzahl der Räder (zweirädrige und vierrädrige Wagen)
- nach Konstruktionsmerkmalen (z. B. mit und ohne Langbaum)
- nach der Bestimmung für offizielle Anlässe (Prunkwagen, Galawagen, Halbgalawagen)
- nach Typen (Coach, Drag, Break, Phaeton, Jagdwagen, Dog Cart, Landauer, Victoria, Gig u. a.).

Bei dieser Einteilung gibt es häufig Überschneidungen. Es soll daher bei der Beschreibung der einzelnen Wagenarten vorwiegend letztgenannter Gesichtspunkt gelten. Da der größte Teil der Wagentypen in England entstanden ist, sind auch ihre Bezeichnungen in der Mehrzahl der englischen Sprache entnommen. Sie sind zu Fachtermini der Fahrkunst geworden, die auch hier beibehalten werden sollen.

Die Arten der Wagen

Coach und Drag

Beides sind nur vierspännig zu fahrende Wagen (vor die bei Schauveranstaltungen

Abb. 120   Road Coach und Drag

Abb. 121   Char-à-bancs

Abb. 122   Char-à-bancs Guiet

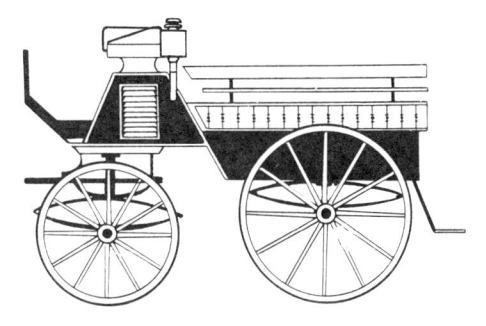

Abb. 123   Break

oftmals auch mehr Pferde gespannt werden), die für den Fahrsport nur noch dort von Interesse sind, wo Fahrklubs sich der Pflege des Coaching verschrieben haben. Für Prüfungen nach dem Fahrreglement der FEI und der LPO sind sie nicht zu verwenden.

Im Postdienst wurde die Mail Stage Coach oder Mail Coach (Abb. 120) verwendet, die die Verkehrsverbindungen zwischen verschiedenen Orten herstellte. Auch private Fuhrunternehmer widmeten sich dieser Aufgabe mit gleichartigen Fahrzeugen, die Public Coaches genannt wurden. Road Coach und Park Coach (auch Park Drag oder Private Drag) sind Wagen für den privaten Gebrauch, erstere für das Tourenfahren, letztere für Korsofahrten.

Die Wagen dieser Typen, von denen es nicht mehr allzu viele in der Welt gibt, besitzen als gemeinsame Merkmale einen Wagenkasten mit vier bis sechs Plätzen und weitere Plätze auf dem Wagendach. Fast alle Coaches sind mit einem Langbaum ausgestattet. Unterschiede zwischen den einzelnen Typen gibt es hinsichtlich der Schwere der Wagen, der Plätze der Grooms (Beifahrer), der Anordnung der Leiter und anderer Details sowie der Farbgebung, der Zubehörteile und gewisser Stilregeln.

Char-à-bancs und Break

Während alle Coaches geschlossene Wagen sind, rechnet man die als Char-à-bancs (Bankwagen) bezeichneten Fahrzeuge den offenen zu. Wagen dieser Art wurden für Spazierfahrten über Land, Picknickfahrten und Jagdaus-

151

Abb. 124   Einfahrwagen

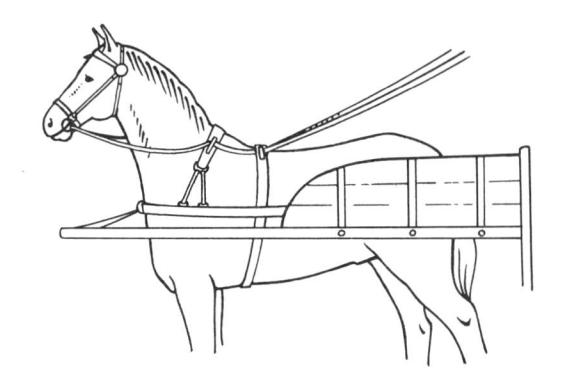

Abb. 125   Schutzbrett auf der Deichsel

flüge verwendet, zumal sie mindestens acht Personen Platz bieten. Die in der Abbildung 121 dargestellten Modelle haben überdies im Wagenkasten viel Raum für Gepäck, Proviant u. a. Der nach seinem Erfinder, einem Pariser Wagenfabrikanten, benannte Char-à-bancs Guiet (Abb. 122) bot sogar 12 Personen Platz und wäre auch für die Fahrtouristik der Gegenwart ein hervorragend geeigneter Wagen (man kann von ihm aus in die Gegend schauen, ohne sich – wie beim Kremser – ständig verdrehen zu müssen). Dem entgegen steht allerdings das Gewicht des Wagens, das vier Pferde erforderlich macht. Für die Farbgebung des Char-à-bancs gelten die gleichen Richtlinien wie für die Coach (Tab. 2):

Während der Char-à-bancs nur selten anzutreffen ist, findet der Break (Abb. 123) auch

Abb. 126   Wagonette

heute noch häufig Verwendung. Er leitet seinen Namen von dem englischen „to break" ab, dessen deutsche Übersetzung „einbrechen" auf die Benutzung des Wagens zum Einfahren und zum Training für Wagenpferde hinweist. Da der Break acht Personen Platz bietet, ist er sowohl für Ausflüge als auch zum Fahrunterricht sehr geeignet. Sein Gewicht gestattet es, diesen Wagen auch mit zwei kräftigen Pferden zu fahren.

Eine Sonderausführung des Break ist der „Einfahrwagen" (Abb. 124), der in Gestüten und Fahrschulen häufig benutzt wurde. Durch ein verstärktes, mit Blech beschlagenes Spritzbrett und ein Schutzbrett auf der Deichsel (Abb. 125) war er seinem Verwendungszweck noch besser angepaßt.

Der Break läßt sich auch für die Einhorn-Anspannung verwenden. Eine dem Break ähnliche leichtere Wagenart ist die Wagonette,

Tabelle 2: Richtlinien für die Farbgebung beim Char-à-bancs

Wagenkasten	Gestell/Räder/Deichsel	Zierlinien
dunkelblau	schwarz	rot, strohgelb
	zinnoberrot	braun
dunkelbraun	karminrot	chromgelb
	schwarz	gelb, rot
dunkelgrün	schwarz	rot, schwarz, dunkelgelb
dunkelrot	schwarz	dunkelgelb schwarz, rot

Zierlinien am Untergestell und am Kasten
Äußere Sitze: naturfarbenes Schweinsleder
Innensitze und Garnierung: Tuch von der Farbe des Kastens

die nur vier bis sechs Personen Platz bietet und weniger Raum zur Gepäckbeförderung aufweist (Abb. 126).

Phaetons

Als Phaeton bezeichnet man einen vom 17. bis zum Anfang des 19. Jahrhunderts häufig anzutreffenden leichten, offenen, mit einem Sonnenschutzdach versehenen Wagen zum Spazierenfahren.

Das Wort entstammt der griechischen Mythologie und ist der Name des Sohnes des Sonnengottes Helios. Wie allerdings Phaeton einer so großen und vielgestaltigen Gruppe von Wagen seinen Namen geben konnte, ist nicht mehr zu erklären. Verursachte doch gerade er leichtsinnigerweise – wie die Sage berichtet – durch ungeschicktes Lenken des Sonnenwagens einen Weltbrand und wurde zur Strafe dafür vom Göttervater Zeus ins Meer gestürzt.

Das, was unter der Bezeichnung Phaeton verstanden wurde, hat im Laufe der Jahrhunderte sein Aussehen gründlich verändert. Aus den Spazierfahrzeugen des 17./18. Jahrhunderts wurden in der zweiten Hälfte des 18. Jahrhunderts Sportfahrzeuge, die jungen Adligen und Offizieren zum Vergnügen dienten. Sie wurden wegen ihrer übermäßigen Höhe Highflyers oder Crane Neck Phaeton (letzteres wegen ihres geschwungenen Langbaumes, Abb. 127) genannt. Die Phaetons mit geradem Langbaum wurden als Perch High Phaeton bezeichnet. Die Highflyers, die auch von übermütigen jungen Männern zu Wagenrennen benutzt wurden, waren so hoch, daß – wie ein Zeitgenosse berichtet – die jungen Kavaliere damals vom Sitz ihres Highflyers aus mit ihren Damen aus nächster Nähe Konversation machen konnten, wenn diese auf dem Balkon des ersten Stockwerkes standen. Daß diese Wagen nicht gerade eine stabile Straßenlage besaßen, ist leicht einzusehen. Etwa seit der Mitte des 19. Jahrhunderts wird die Bezeichnung Phaeton in der heute üblichen Weise verwendet, für Wagen nämlich, denen drei Merkmale gemeinsam sind:

▌ Es sind offene Wagen, die vom Besitzer selbst zu fahren sind.

▌ Sie besitzen vier Räder.

▌ Sie werden von einem Vordersitz aus gefahren, der dem Fahrer und einem Beifahrer Platz bietet. Die meisten Phaetonarten besaßen ein Klappverdeck über den Vordersitzen sowie eine hintere Sitzbank für zwei Personen (für Kutscher und Diener).

Von den zahlreichen Phaetonarten können wir nur einige wichtige erwähnen.

Mail Phaeton (Abb. 128)
Etwa um das Jahr 1830 hatte sich der Mail Phaeton einen Vorzugsplatz unter den Wagen erobert, die als „Selbstfahrer" sowohl für Stadt- und Spazierfahrten als auch für die Ausflüge über Land, längere Reise und sogar im Postkutschendienst eingesetzt wurden. Sei-

Abb. 127   Crane Neck Phaeton

Abb. 128   Mail Phaeton

nen Namen allerdings erhielt er nach dem schweren, konstruktiv dem einer Mail Coach ähnlichen Untergestell, das ebenso mit Langbaum und einer Parallelogrammfederung vorn sowie zwei seitlich verlaufenden Langfedern, die am Ende des Langbaumes durch eine Querfeder verbunden sind, hinten ausgestattet ist.

Für den Turniersport ist der Mail Phaeton wegen seines Langbaumes und des unten gerade durchgeführten Wagenkastens, die den Radausschlag begrenzen, ungeeignet. Wie bei der Mail Coach besitzen die Räder Stummelachsen, d. h., sie sind durch drei Bolzen an der Radnabe gesichert. Auf die Deichsel des Mail Phaeton gehört ein Viererhaken, weil dieser auch vierspännig gefahren werden kann.

Einige Mail Phaetons wurden auch mit drei Bänken gebaut und boten dann sechs Personen Platz. Diese sechssitzigen Mail Phaetons wurden zu Jagdausflügen verwendet. Die stilgerechte Farbgebung geht aus Tabelle 3 hervor.

Demi Mail Phaeton
(Semi Mail Phaeton) (Abb. 129)
Zunahme des Verkehrs, enge Straßen und der Wunsch, mit leichteren und schnelleren Pferden zu fahren, mögen – neben anderen Gründen – die Veranlassung gewesen sein, kleinere und wendigere Typen des Phaetons zu entwickeln. Erstes Ergebnis dieser Bemühungen war der Demi Mail Phaeton, der zwar mit seinem größeren Bruder noch den unten gerade durchgeführten Wagenkasten gemeinsam hatte, jedoch keinen Langbaum mehr besaß.

Wagen mit Langbaum stören die Pferde mehr als solche ohne diese Verbindung von Vorder- und Hinterachse. Jeder Stein, an den das Wagenrad stößt, teilt sich als Ruck auf die Schultern den Pferden unmittelbar mit. Fehlt der Langbaum, so werden die Stöße zum großen Teil von den Federn gedämpft, so daß die Pferde fast unbehelligt bleiben. Auf den Langbaum kann man jedoch nur bei leichteren Wagen verzichten. Daß sich Wagen ohne Langbaum besser wenden lassen, erhöht ihre Attraktivität für den Fahrer.

Die Vorderachse des Demi Mail Phaeton ist

Tabelle 3: Farbgebung und Polsterung beim Mail Phaeton

Wagenkasten	Gestell/Räder	Zierlinien
dunkelgrün	rot oder gelb	keine Zierlinien,
schwarzgrün	rot oder gelb	aber auch einfache,
dunkelblau	gelb oder rot	breite Zierlinien in
dunkelbraun	gelb oder rot	Farbe des Kastens

Polsterung: Kord von der Farbe des Kastens

mit Voll-Elliptikfedern, die Hinterachse mit Parallelogrammfedern oder mit Elliptikfedern ausgestattet.

Einige Modelle des Demi Mail Phaeton besaßen einen unten ausgeschnittenen Wagenkasten, so daß sich die Vorderräder weiter einschlagen ließen.

Der Demi Mail Phaeton ist für den Turniersport nicht geeignet.

Farbgebung und Polsterung entsprechen der des Mail Phaeton.

Stanhope Phaeton (Abb. 130)
Der erste Phaeton dieser Art soll um 1830 von dem berühmten englischen Wagenbauer Tilbury auf Bestellung von Lord Fitzroy Stanhope hergestellt worden sein. Er ist wiederum leichter als der Demi Mail Phaeton.

Typisch für den Stanhope Phaeton ist die Federung, die bei beiden Achsen aus Voll-Elliptikfedern besteht. Der Wagen besitzt keinen Langbaum. Der Kasten ist unter dem Bock ausgeschnitten, so daß die Vorderräder unterlaufen können. Damit erhöht sich die Wendigkeit des Wagens. Das macht ihn zum Turnierfahren geeignet.

Abb. 129 Demi Mail Phaeton

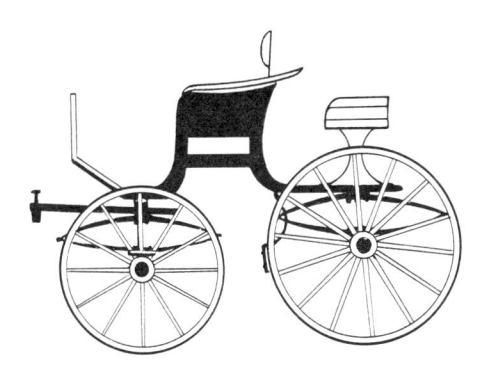

Abb. 130   Stanhope Phaeton

Manche Modelle haben anstelle der schalenförmig gebogenen vollen Rückwand des Fahrersitzes eine aus gedrechselten Stäben.

Stanhope Phaetons variieren in den Größen sehr stark. Während sich die größten Modelle noch zum Vierspännerfahren eignen, können die leichtesten als Einspännerwagen Verwendung finden.

Farbgebung und Polsterung entsprechen ebenfalls der des Mail Phaeton, jedoch kann für letztere auch eine andere, zur Farbe des Kastens passende in dunklem Ton gewählt werden.

Eine vom Stanhope Phaeton abgeleitete Wagenart ist der T Cart Phaeton, der 1878 in England auftauchte und in kurzer Zeit viele Anhänger fand. Besonders bei jungen Leuten war dieser Einspännerwagen außerordentlich beliebt. Seinen Namen erhielt er nach der Form, die wegen der zwei Vordersitze, die durch nur einen Rücksitz komplettiert werden, von oben gesehen, an ein T erinnert.

Farbgebung und Polsterung entsprachen auch hier denen des Mail Phaeton, jedoch waren hellere Farbtöne durchaus zugelassen.

Von einem leichten Stanhope Phaeton abgeleitet ist auch der Klapp-Phaeton (Abb. 131), dessen hintere Sitzbank sich im hinteren Wagenkasten versenken läßt. Für Ein- und Zweispänner ist dieser Wagen zum Turnierfahren sehr gut geeignet. Diese Wagen sind auch heute noch in relativ großer Zahl auf Turnieren zu sehen. Sie gelten als geradezu ideale Fahrzeuge für diesen Zweck.

Spider Phaeton (Abb. 132)

Um das Jahr 1880 erschien ein noch leichterer Phaeton im Straßenverkehr der englischen Städte, der besonders dem Zurschaustellen gut gehender Hackneys diente: der Spider Phaeton. Seinen Namen (spider = Spinne) erhielt er wegen seiner leichten Bauart.

Auf vier Voll-Elliptikfedern ist ein eiserner Rahmen angebracht, der Vorder- und Rücksitz miteinander verbindet. Die Farbgebung war generell freundlicher, für Untergestell und Räder gelb oder rot. Zierlinien in der Farbe des Untergestells fanden sich häufig am Fahrersitz und am Rahmen sowie an den Stützen des Rücksitzes. Die Räder wiesen keine Zierlinien auf. Die Farbe der lederbezogenen rückwärtigen Sitzbank entsprach der Farbe des Verdecks. Gleiches gilt für das Spritzleder vor dem Vordersitz und den Wagenkasten, soweit davon noch etwas übrig war.

Abb. 131   Klapp-Phaeton

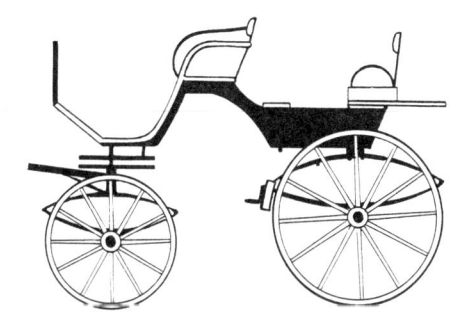

Abb. 132   Spider Phaeton

155

Abb. 133   Lady's Phaeton

Abb. 134   Damen-Phaeton (Park-Phaeton, Duc u. a.)

Der Spider Phaeton konnte nur ein- oder zweispännig gefahren werden. Vier Pferde vor diesen leichten Wagen zu spannen wäre ein Verstoß gegen den guten Geschmack gewesen.

Spider Phaeton gab es auch ohne Verdeck und mit abnehmbaren Rücksitzen. Sie trugen die Bezeichnung Show Phaeton, wodurch ihr Zweck, die Präsentation eines eleganten, gut ausgebildeten Gespannes, deutlich erkennbar war.

Lady's Phaeton (Abb. 133 und 134)
Dieser Damenselbstfahrer, der in der Mitte des 19. Jahrhunderts in vielfältigen Formen entstand, weist mehrere Besonderheiten auf, die sich aus der Garderobe der Damen jener Zeit erforderlich machten. So ist die Vorderachse relativ weit vorgerückt, so daß das Einsteigen zwischen Vorder- und Hinterrädern, nicht wie beim Herrenselbstfahrer über die Vorderräder, erfolgen konnte. Die Linien des Wagenkastens und der Kotflügel zeigten eine geschwungene Form. Das Spritzbrett war verhältnismäßig hoch und nach der Hinterhand der Pferde zu gebogen. Die Vorderräder waren beträchtlich kleiner als die hinteren. Zur Begründung dieser Formen zitieren wir aus einer englischen Quelle: „Die Form des Wagenkastens und der niedrige Tritt ermöglichten den krinolinenumrauschten Damen ein bequemes Einsteigen und Sitzen, und die Linienführung des Fahrzeuges ließ die Schönheit ihrer Roben voll zur Geltung kommen. Die geschweiften Schutzflügel boten den umfangreichen Gewändern zugleich Schutz vor dem Matsch der Wege, während das hohe Spritzbrett, das sich über dem Hinterteil der Pferde nach vorn wölbte, die Spitzenunterröcke der Damen geziemend vor der Mitwelt verhüllte und auch einem etwaigen Windstoß keine Chance bot." (Aus Sallie Walrond, A Guide to Driving Horses, London 1971)

Solche Phaetons gab es für Pferde und Ponys. Sie wurden ein- oder auch zweispännig gefahren.

Die Formenvielfalt dieser Phaetons drückte sich auch darin aus, daß es Modelle mit rechteckigem Wagenkasten, solche mit und ohne Faltverdeck wie auch solche mit und ohne Rücksitz gab. Für diese beliebten Fahrzeuge gab es auch unterschiedliche Bezeichnungen, wie Park Phaeton, Peter Phaeton (nach dem Familiennamen des Herstellers) oder Georg-IV-Phaeton (englischer König, der den ersten derartigen Wagen bauen ließ), und im Französischen wurde er Duc genannt.

Aus diesem Phaeton entwickelte sich die Victoria. Manche dieser Wagen hatten auf dem Spritzbrett ein Geländer, die Leinenauflage, damit die Leinen ihren Platz auf dem Pferderücken behalten konnten. Besonders hoch war die Leinenauflage bei den meist sehr tief heruntergezogenen Georg-IV-Phaetons, was damit zusammenhängen soll, daß die Leibesfülle dieses Königs ihm das Besteigen eines normalen Wagens unmöglich gemacht haben soll. Für den Turniersport sind nur diejenigen Damen-Phaetons verwendbar, die dem in Abbildung 134 ähneln. Die niedrigen Park Phaetons sind im Straßenverkehr unserer

Tage wegen der ungenügenden Voraussicht sogar gefährlich.

Was die Farbgebung anbetrifft, so sind dunkelblau und dunkelgrün für den Wagenkasten, für die Räder der gleiche Farbton, auch dunkelrot, passend. Seitenplatten aus Korbgeflecht in Naturfarbe fanden sich bei einigen Park Phaetons. Innenbespannung des Verdecks und Polsterung des Sitzes dürfen etwas heller sein.

Siamesen-Phaeton (Abb. 135)
Diese Bezeichnung erhielt ein Phaeton, dessen Vorder- und Rücksitze völlig gleich ausgebaut waren. Einen Unterschied zwischen Herren- und Dienersitz gab es dabei nicht, sie waren sich „ähnlich wie siamesische Zwillinge", was dem Wagen seinen Namen gab. Das Fahrverdeck des Wagens ließ sich sowohl über den Vordersitzen als auch über den Hintersitzen anbringen.

Der Wagen kann ein- oder auch zweispännig gefahren werden. Diese Siamesen-Phaetons gab es sowohl mit geschlossenem Kasten mit Türen als auch mit offenem Kasten ohne Türen. Die Farbgebung für Kasten und Untergestell war oft gleich dunkel. Zierlinien fehlten. Mitunter wurde für Räder, Untergestell, Stützen der Sitzreihen und den Wagenboden eine hellere Farbe vorgezogen, während die übrigen Teile des Kastens dunkel blieben. In solchen Fällen waren manchmal Zierlinien auf den Radspeichen zu finden.

Als Turnierwagen ist der Siamesen-Phaeton zu verwenden, muß aber dann mit zusammengelegtem Verdeck gefahren werden.

Dieser Phaeton hat eine große Ähnlichkeit mit dem sehr häufig verwendeten Jagdwagen und ihm verwandten Wagentypen, so daß wir ihn als einen der Ahnen des Jagdwagens ansehen können.

Die Galerie der Phaetons ist damit keineswegs erschöpfend behandelt. Es gibt noch viele hier nicht angeführte Wagen, die zu diesem Wagentyp gezählt werden müssen, weil sie die allgemeinen Merkmale des Phaetons besitzen. Besonders in Amerika gab es mannigfaltige Variationen, von denen hier nur der amerikanische Kutschier-Phaeton (Abb. 136) erwähnt werden soll, der in Form und Farbgebung ein Extrem darstellt. Der hohe Bocksitz läßt ihn für die Ausbildung von Wagenpferden geeignet erscheinen, auch zum Vierspännigfahren. Die hintere Sitzbank, auf gebogenen Eisenstützen ruhend, ist offenbar eine Anleihe an den Spider Phaeton, und der gerade durchgeführte Wagenkasten erinnert an den Demi Mail Phaeton. Die Farbe des

Abb. 135 Siamesen-Phaeton

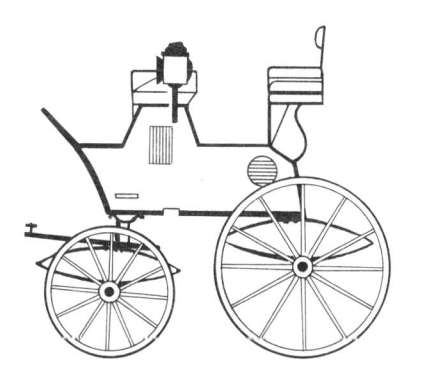

Abb. 136 Amerikanischer Kutschier-Phaeton

Abb. 137 Sporting Phaeton

Kastens ist weiß, zu seiner Einfassung wurde rote Farbe verwendet, wie auch für Fußbrett, Untergestell, Räder und natürlich auch für die Jalousien des Wagenkastens. Die Bezüge der Sitze und Rückenlehnen waren blau. Weiter kann wohl die Abweichung vom strengen englischen Prototyp kaum gehen.

Anschließend sei noch der Sporting Phaeton (Abb. 137) erwähnt, ein für Sportzwecke konstruiertes und auch zu Turnieren einsatzfähiges Fahrzeug. Der Kasten ist schwarz, Gitterwerk, Fußbrett, Untergestell und Räder sind hellgelb lackiert. Er wird deshalb an letzter Stelle angeführt, weil er einige gemeinsame Merkmale mit dem nachfolgenden Fahrzeugtyp besitzt.

Abb. 138 Vierrädriger Dog Cart

Vierrädriger Dog Cart (Four Wheeled Dog Cart)
(Abb. 138);

Normaler Dog Cart
Neben den Phaetons haben auch die als Dog Cart bezeichneten Wagen als Turnierfahrzeuge weite Verbreitung gefunden. Sie gibt es sowohl als vierrädrige Wagen als auch nur mit zwei Rädern, die hier nicht besprochen werden. Sie sind jedoch in England und Frankreich stärker in Gebrauch als die vierrädrigen, und sie sind auch älter als diese.

Ursprünglich war der Dog Cart ein Jagdwagen, in dem man Hunde mitnehmen konnte (Dog Cart = Hundekarre). Dafür war er besonders konstruiert. Die Sportfahrer hatten jedoch bald die vorzügliche Eignung des Wagens für ihre Zwecke erkannt, der sowohl eine ihren Wünschen entsprechende Sitzanordnung als auch viel Platz zur Unterbringung der erforderlichen Utensilien in seinem relativ hohen Kasten hatte.

Natürlich gibt es auch wieder viele Spielarten der Dog Carts. Bei einigen von ihnen, bei denen der Konstrukteur auf den Hundekasten verzichtet hat, ist die Verwandtschaft zum Dog Cart kaum enger als die zum Phaeton. Deshalb gibt es gerade bei diesen Wagen häufig mehrere Bezeichnungen für ein und dasselbe Modell, je nachdem, welcher Wagenart es der Namensgeber zurechnete.

Bei allen Dog Carts sind die Rücksitze nach hinten gerichtet. Das ist ein wesentliches Unterscheidungsmerkmal zu den Phaetons.

Vierrädrige Dog Carts sind in Größe und Gewicht unterschiedlich; es gibt schwere, mittelschwere und leichte Typen. Nur die schwersten dieser Wagen konnte man auch mit vier Pferden fahren. In der Regel ist der Dog Cart ein Zweispännerwagen. Er eignet sich aber auch für die Unicorn-Anspannung (Einhorn), bei der vor dem Zweigespann ein einzelnes Vorpferd geht.

Nur geschichtlich interessant ist, daß schwere und mittelschwere Dog Carts auch vom Sattel aus gefahren wurden (à la Daumont).

Der originale Dog Cart weist nachstehende Merkmale auf:
▌ Der Kasten ist verhältnismäßig hoch, damit genügend Raum zur Unterbringung der Hunde vorhanden ist.
▌ Die Belüftung des Kastens erfolgt über seitlich angebrachte Jalousien.
▌ Der Kasten ist durch abnehmbare oder auch aufklappbare Holzgitter von hinten oder vorn, oft auch von beiden Seiten zugänglich.
▌ Um den Kasten nicht übermäßig hoch erscheinen zu lassen, sind seine Seitenwände häufig in ihrem unteren Teil etwas eingezogen, so daß dieser Teil als zum Untergestell gehörig erscheint, was durch die Farbgleichheit mit dem Untergestell noch betont wird. Der Kasten macht dadurch einen gestreckteren

Eindruck, der zur Eleganz des Fahrzeuges beiträgt.

▌ Die äußeren Stützen der Rückenlehnen sind mit einem Gitter aus Lederriemen verbunden, zwischen denen ein länglicher Korb Platz hat, an dessen Stelle sich manchmal auch ein Kasten befindet. Diese Behältnisse sind zur Aufnahme von Jagdutensilien, Proviant, auch erlegtem Kleinwild vorgesehen.

▌ Reserveortscheit und die auf einem Brett befestigte Reservepeitsche (zusammengelegt) sind entweder mit Lederriemen oder anderen Befestigungsvorrichtungen an den Rückenlehnen aufgehängt. An der Wagenseitenwand sind sie stilwidrig.

▌ Die Kastenrückwand, hinter der sich heute an Stelle des früheren Hunderaumes Kästen für die Ersatzteile befinden, läßt sich nach unten abklappen. Sie wird in aufgeklapptem Zustand von Kettenstücken (in Leder eingenäht, um Geräusche zu vermeiden) oder durch andere geeignete Vorrichtungen (geschmiedete Quadranten, Gestänge) in ihrer etwas nach oben gerichteten Lage gehalten, welche die Benutzung als Fußbrett erfordert.

▌ Dog Carts besitzen keinen Langbaum. Gefedert sind sie vorn und hinten mit Voll-Elliptikfedern. Die Räder sind an Mail-Patent-Achsen befestigt. Die sogenannten Halbpatentachsen, deren Ölkapsel nur Attrappe ist, gelten nicht als stilgerecht.

Abb. 139 Bent-sided Dog Cart

Abb. 140 Lancer Cart

Bent-sided Dog Cart (Abb. 139)
Hervorstechendes und namengebendes Merkmal dieser für Ein- und Zweispänner geeigneten Dog Carts sind die in ihrem Oberteil nach außen gebogenen Seitenwände des Kastens. Der Wagen besitzt keinen Hundekasten. Bei einigen Modellen sind die Jalousien in den Seitenwänden als Attrappen noch vorhanden. Ein typisches Merkmal sind auch die horizontal verlaufenden, geraden Kotflügel. Die schon recht große Abweichung vom Prototyp mag dafür verantwortlich sein, daß dieser Wagen auch noch eine Anzahl anderer Bezeichnungen erhielt: Battenberg Phaeton, Road Phaeton, Four Wheeled Ratti Cart. Bei einigen Modellen sind die Lehnen der Vorder- und Rücksitze zu einer zusammengefaßt, so daß die Wageninsassen „Rücken an Rücken" sitzen. Für dieses Modell existiert die Bezeichnung „Dos-à-Dos" (franz. dos = der Rücken).

Dieser Wagen ist meist vollständig in der Naturfarbe des Holzes lackiert. Die Bezüge der Sitzpolster sind ebenfalls hell. Die Eisenteile sind schwarz oder in einem mittleren Braun lackiert.

Der Wagen ist als Turnierwagen zu verwenden, wird aber wohl in der Gespannkontrolle unter den Richtern wenig Liebhaber finden.

Eher als Turnierwagen geeignet erscheint der Lancer Cart (Abb. 140), dessen Kastenseitenwände zwar nur sehr wenig nach außen gebogen sind, der aber trotzdem zu den Bent-sided Dog Carts zu rechnen ist. Der Wagen ist vorn mit Voll-Elliptikfedern, hinten mit Halb-Elliptikfedern ausgerüstet.

Dem Holz läßt man auch hier seine Naturfarbe, jedoch erhalten die Kastenwände eine

159

dunklere Tönung als das Untergestell. Für die Bezüge wird eine mausgraue Farbe gewählt.

Slat-sided Dog Cart (Abb. 141)
Der von der Originalform ebenfalls stark abweichende ein- oder zweispännig zu fahrende Wagen hat seinen Namen von dem Kasten erhalten, der in seinem Oberteil aus längs verlaufenden Latten (engl. slat = Latte, Leiste) besteht. Eine besondere Eigenart dieses Wagentyps besteht darin, daß sich der hintere Sitz umdrehen läßt, so daß alle vier Insassen in Fahrtrichtung blicken. In diesem Fall sind die Hintersitze nur über den Fahrerbock zu erreichen. Zu diesem Zweck muß die linke Hälfte der geteilten vorderen Sitzbank hochgeklappt werden. Das Einsteigen ist recht unbequem.

Bei diesen meist in der Farbe des Holzes lackierten Wagen weisen die Polsterbezüge ebenfalls eine helle, mit dem Wagenkasten korrespondierende Farbe auf. Untergestell und Räder sind farbgleich mit dem Kasten. Die

Abb. 141 Slat-sided Dog Cart

Abb. 142 Cut-under Dog Cart

Abb. 143 Six Place Dog Cart

Stützen, an denen die Latten des Kastenoberteils und die geraden Kotflügel angebracht sind, werden, ebenso wie alle anderen Eisenteile, schwarz lackiert.

Cut-under Dog Cart (Abb. 142)
Ein sehr hoher und weiter Ausschnitt des Kastens für die Vorderräder hat diesem Modell seinen Namen gegeben. Der Fahrer sitzt dadurch etwas höher als die Begleiter auf den Rücksitzen. Dies und seine leichte Bauart machen diesen Wagen auch zum Tandemfahren geeignet. Bemerkenswert ist die schnittige Form des Wagenkastens.

Dieser Dog-Cart besitzt auch Jalousien an den Seitenwänden des Wagenkastens. Oberbau schwarz, Untergestell, Räder und Deichsel gelb sind bevorzugte Farben. Oftmals wurde dieser Wagentyp auch als Dog Cart Phaeton bezeichnet.

Six Place Dog Cart (Abb. 143)
Dieser Wagen ist ebenfalls eine Mischung von Dog Cart und Phaeton. Er trägt deshalb mit ebensoviel Recht den Namen Beaufort Phaeton. Der Wunsch nach mehr Platz scheint bei der Geburt dieses Wagens Pate gestanden zu haben. Um den zu bekommen, wurde der Kasten etwas verlängert und an Stelle des den Gepäckstücken vorbehaltenen Raumes zwischen Vorder- und Hintersitz noch eine Sitzreihe dazwischengeschoben. Diese ist durch Türen in der Seitenwand zu erreichen und

Abb. 144 Shooting Drag

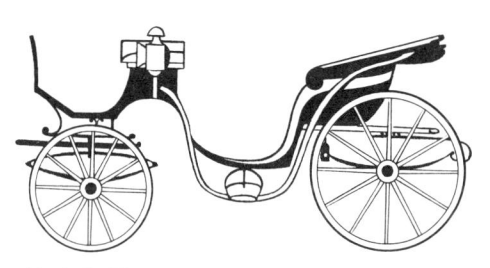

Abb. 145 Victoria

besitzt eine gemeinsame Rückenlehne mit den Hintersitzen, von denen die Passagiere nach hinten blicken. Der „Hundekasten" befindet sich unter den Mittel- und Rücksitzen.

Die Farbgebung entspricht der des Mail Phaetons, jedoch hat der Bezug der Sitze eine helle Farbe. Die Jalousien, mit denen Hunde- und Bockkasten versehen sind, stimmen mit dem Untergestell farblich überein.

Dieser sechssitzige Dog Cart konnte auch für Korsofahrten verwendet werden. Als Turnierfahrzeug ist er nicht geeignet, zumal die Unterlinie des Kastens gerade verläuft, wodurch die Wendigkeit des Wagens herabgesetzt wird.

Shooting Drag (Abb. 144)
Nur noch historisch interessant ist dieser vorwiegend für das Tandemfahren benutzte Wagen, den man wegen seines Langbaums auch zu der Gruppe der Phaetons zählen könnte. Tatsächlich wird er auch als Scotch Phaeton bezeichnet. Der gerade durchlau-

fende Wagenkasten bietet Platz für mehrere Hunde. Abklappbare Hinterwand, Rücksitze und Gerätekasten zwischen Vorder- und Hintersitz weisen den Wagen als echten Dog Cart aus. Die Besonderheit bestand darin, daß der Fahrer wesentlich höher saß als die Personen auf den Rücksitzen. Er hatte von dieser Stelle aus einen guten Überblick über die Pferde. Daher in erster Linie seine Eignung für das Tandemfahren.

Victoria, Mylord

Diese Wagenarten sind nur teilweise als Selbstfahrer zu nutzen und spielen als Turnierwagen keine Rolle. Sie werden nur kurz besprochen, weil sie als Vorbilder für einige im Fahrsport heute noch gebräuchliche Wagen gelten können.

Victoria (Abb. 145)
Dieses Fahrzeug, das bei seinem ersten Auftauchen hauptsächlich von Lohnkutschern verwendet worden sein soll, fand in der Mitte des 19. Jahrhunderts als Park- und Stadtwagen große Verbreitung. Seine Verwandtschaft mit dem Damen-Phaeton kann dieser Fahrzeugtyp nicht verleugnen. An ihm wurde ein Kutschbock angebaut, der gewöhnlich nur einen Sitzplatz aufwies und auf Eisenstützen ruhte. Er war mit nur wenigen Schrauben befestigt, so daß die Rückverwandlung der Victoria in einen Lady's Phaeton (Duc) recht unproblematisch war. Es brauchten dann nur noch der an dem Spritzleder hinter dem Kutschbock angebrachte Kinder- oder Notsitz abgeklappt und das Bremsgestänge, dessen Bedienungseinrichtung vorsorglich doppelt vorhanden war, umgehängt zu werden – und schon war ein Selbstfahrer fertig, der einen tief hinabgezogenen, mit zwei Plätzen versehenen Kasten besaß. Von dem Grundmodell ausgehend, gab es sehr viele Abarten der Victoria: von kleinen leichten Wagen für den Einspännerbetrieb bis zu solchen, die à la Daumont (vom Sattel) gefahren wurden, die Wagen-

kästen konnten eckig oder geschweift sein. Meist wurde auf den Groom-Sitz verzichtet. Es gab aber auch Modelle, bei denen er hinter dem Wagenkasten, ebenfalls abnehmbar, angebracht war (Victoria à deux sièges mobiles). (Abb. 146)

Für die Federung dieser Wagen ließen sich die Hersteller allerhand einfallen. Während die Wagenkästen in den meisten Fällen auf Parallelogrammfedern ruhten, wiesen die mit Langbaum versehenen Victorias meist zusätzlich noch C-Federn auf. Victorias dieser Art konnte man schon zu den Halbgalawagen rechnen.

Die Vielfalt der Formen wurde auch durch eine Vielzahl der Farben ergänzt (Tab. 4). Es fanden sich auch Wagen mit gelbem oder rotem Untergestell. Für geflochtene Wagenkästen – sie waren gar nicht so selten – war sogar ein helles Beige bzw. Elfenbeinweiß zugelassen.

Im Unterschied zum nachfolgend besprochenen Wagen, dem Mylord, besaß die Victoria wegen des höheren Bockes meist nur ein Fußbrett, nicht aber einen Bockschirm oder ein Spritzleder.

Mylord (Milord, Cab Phaeton)
(Abb. 147)
Während wir bei der Victoria einen abnehmbaren, lediglich mit Hilfe von Eisenstützen am Wagen befestigten Bock fanden, war der Kutschersitz des Mylords auf einem höheren, allseitig geschlossenen Rahmen fest mit dem Wagen verankert, also nicht abnehmbar. Ein Mylord konnte nicht in einen Selbstfahrer verwandelt werden.

Wie die Victoria besaß auch er einen Not- oder Kindersitz, der sich mit Hilfe unterschied-

Abb. 146   Victoria à deux sièges mobiles

Abb. 147   Mylord

licher Mechanismen in den Bockunterbau versenken ließ.

Gegen Regen wurden die Wageninsassen durch ein Halbverdeck und eine im Bockunterbau aufbewahrte Lederdecke geschützt, die am Verdeck befestigt werden konnte. Schließlich konnte man auch noch die Lücke zwischen Verdeck und Fußdecke durch einen mit Glasfenstern versehenen Holzrahmen verschließen, um ganz im Trocknen zu sitzen.

So ausgerüstet, konnten die Mylords auch zu längeren Fahrten über Land benutzt werden, wie sie für Ärzte, Tierärzte u. a. notwendig waren, sofern sie nicht selbst die Leinen führen wollten.

Was die Farben betrifft, so gelten hier die gleichen Vorschriften wie für die Victoria, jedoch waren für den Gebrauch auf dem Lande auch naturholzfarben lackierte Wagen möglich.

Tabelle 4: Farbgebung bei Victoria und Mylord

Kasten	Untergestell/Räder	Zierlinien
olivgrün	schwarzgrün	gelb, rot, hellgrün
maronbraun	schwarz	rot
dunkelblau	schwarz	gelb, rot, hellblau

Polsterung und Verdeckausschlag: in der Farbe passendes Tuch oder Leder

Vis-à-vis, Landauer
Landaulette, Berline, Coupé
(Abb. 148–157)

Bei den bisher besprochenen Wagen sind alle Passagiersitze – mit Ausnahme der meisten Formen der Dog Carts – so angeordnet, daß die Wageninsassen in Fahrtrichtung blickten. Schon sehr früh (17. Jahrhundert) wurden aber auch gegenüberliegende Passagiersitze gewünscht. Das führte zur Entwicklung neuer Wagentypen, von Gala- bis zu Landwagen, denen dieses Merkmal gemeinsam war.

Diese Wagen erwecken heute nur noch Interesse, wo in Schauvorführungen historische Gefährte gezeigt werden: in Umzügen, Schaubildern auf Turnieren, Filmen. Praktische Bedeutung besitzen sie heute noch als „Hochzeitskutschen". Besonders ihre Sitzanordnung hat bei der Konstruktion mancher heute noch gebräuchlicher Wagentypen Pate gestanden.

Vis-à-vis (Abb. 148)
Schon im 17. und 18. Jahrhundert trug ein Wagen mit zwei gegenüberliegenden Passagiersitzen die Bezeichnung Vis-à-vis. Hundert Jahre später waren diese Fahrzeuge vierplätzig, je zwei Sitze gegenüber. Diese Vis-à-vis erhielten zwei Halbverdecke, die oben zusammenstießen, und einen Ledervorhang vor den Einstieg, so daß sie den Wageninsassen bei Regen auch auf den vorderen Passagiersitzen Schutz boten.

Landauer (Abb. 149 und 150)
Eine weitere Entwicklungsrichtung zeigt der Landauer, bei dem die dem Vis-à-vis noch fehlenden Türen ergänzt wurden, so daß nun ein Fahrzeug zur Verfügung stand, das sowohl mit geschlossenem Fahrverdeck bei Schlechtwetter als auch mit zurückgeschlagenem Verdeck als offener Wagen verwendet werden konnte. Damit war ein zweckmäßiges Allwetter-Fahrzeug entstanden, das die bisher erforderlichen zwei Wagen für unterschiedliche Witterungsbedingungen vereinigte. Der Landauer kam in der zweiten Hälfte des 18. Jahr-

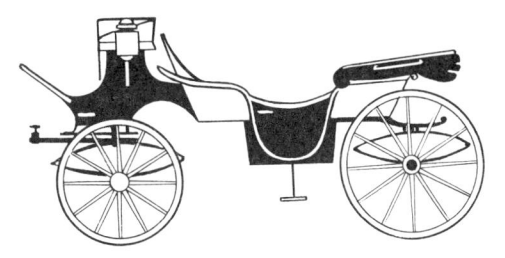

Abb. 148   Vis-à-vis

Abb. 149   Sefton-Landauer

Abb. 150   Shelburne-Landauer

hunderts auf, seine Blütezeit fällt in die erste Hälfte des 19. Jahrhunderts. Es gibt zwei Formen des Landauers, die nach den Auftraggebern für ihre Entwicklung benannt sind: den Sefton-Landauer und den Shelburne-Landauer. Ersterer fällt durch einen geschwungenen Wagenkasten ins Auge (vgl. Abb. 149), der allerdings den Insassen nicht gerade bequemes Sitzen ermöglichte, weil wenig Fußraum zur Verfügung stand. Diese Wagen wirkten sehr flach, bootsähnlich, weshalb sie im Englischen bzw. Französischen auch als Canoe shaped Landau und Landau forme bâteau („schiffsförmige Landauer") bezeichnet wurden. Sefton-Landauer wurden sehr verschiedenen Zwecken angepaßt: Es gibt sie als Krönungswagen mit gekröpftem Langbaum und C-Federn, als Wagen für offizielle Anlässe mit Langbaum, C-Federn und Rücksitz für Diener, aber auch ohne Langbaum und mit Druckfedern, teils sogar mit geflechtüberzogenen Wagenkästen (Ascot Landau), die für weniger formelle Anlässe verwendet wurden.

Größere Verbreitung in Mitteleuropa fand der Shelburne-Landauer, der wegen seiner Form auch als „eckiger Landauer" (engl. square shaped Landau; frz. Landau forme carrée) bezeichnet wird. Ihm fehlt die fließende Eleganz der Unterlinie des Wagenkastens, jedoch bot der tiefer herabgezogene Fußraum den Passagieren viel mehr Sitzkomfort (vgl. Abb. 150).

Shelburne-Landauer sind alle mit Druckfedern ausgerüstet, besitzen daher keinen Langbaum. Während sich über der Vorderachse stets Voll-Elliptikfedern befinden, ruht der hintere Teil des Wagenkastens häufig auf Dreiviertel-Elliptikfedern, deren untere, vordere, freie Enden durch eine Querfeder verbunden sind, die etwa unter der hinteren Sitzbank verläuft.

Die Richtlinien für die Farbgebung gehen aus Tabelle 5 hervor.

Landauer sind als Zweispännerwagen konstruiert, besonders leichte Landauer konnten auch einspännig gefahren werden. Als Vierspännerwagen ist der Landauer nur bei Vorhandensein eines Dienersitzes geeignet.

Eine Variation des Shelburne-Landauers ist der Glaslandauer (Abb. 151), der bei geschlossenem Verdeck mehr Licht in das Wageninnere ließ. Die Konstrukteure hatten jedoch Probleme mit der Unterbringung der vorderen Glasscheiben, die nicht – wie die über den Türen befindlichen – versenkt werden konnten. So ließ sich bei einigen dieser Fahrzeuge nur das hintere Halbverdeck öffnen. Später gab es Konstruktionen, bei denen auch die vorderen Scheiben versenkt und die Fensterpfosten samt der vorderen Dachhälfte unter den Bock geklappt werden konnten.

Abb. 152 Landaulette

Tabelle 5: Farbgebung beim Landauer

Kasten	Untergestell/Räder	Zierlinien
dunkelgrün	dunkelgrün	gelb, rot, seltener hellgrün
dunkelblau	dunkelblau	rot, gelb, hellblau
maron	maron	rot

Polsterung: Tuch oder Leder, zur Farbe des Wagens passend
Verdeckausschlag: Tuch, zur Farbe des Wagens passend

Abb. 151 Glaslandauer

Abb. 153 Drei-Viertel-Landaulette

Landaulette

Indem die vordere Sitzbank und das sie beherbergende vordere Drittel des Wagenkastens weggelassen wurden, entstand ein Fahrzeug mit zwei Passagierplätzen und einem abklappbaren Halbverdeck, das Landaulette genannt wurde. (Abb. 152) Es war nicht sehr verbreitet, ebenso wie seine Variante mit Kindersitz, die Drei-Viertel-Landaulette (Abb. 153), wies es vor der Tür noch schmale Scheiben oder eine gebogene Vorderwand auf.

Abb. 154   Berline mit zwei Langbäumen

Berline

Im Gegensatz zum etwa hundert Jahre jüngeren Landauer geht die mit geschlossenem Wagenkasten versehene Berline auf die Mitte des 17. Jahrhunderts zurück. Der Erbauer der ersten Berline soll ein in Berlin tätiger italienischer Architekt gewesen sein, der sich ein sicheres Fahrzeug für eine Reise nach Paris (1661 bis 1663) bauen ließ. Dieses nach dem Vorbild der Staatskarossen jener Zeit gebaute Fahrzeug wies, in Abweichung von diesen, zwei Langbäume auf. Der Wagen hing an breiten, flachen, zwischen den Achsen gespannten Lederriemen. Riß einer dieser Riemen, konnte der Wagenkasten nur bis auf den Langbaum der betreffenden Seite herabfallen, jedoch nicht völlig umkippen (Abb. 154).

Abb. 155   Coupé mit C-Federn

Nach Aufkommen der Fahrgestelle ohne Langbaum und Druckfedern um das Jahr 1830 wurden Berlinen mit dieser Technik ausgerüstet, so daß Langbäume und C-Federn den Gala- und Halbgala-Berlinen vorbehalten blieben.

Abb. 156   Coupé mit Voll-Elliptikfedern

Während die Gala-Berlinen meist im Oberteil des Wagenkastens große Glasscheiben besaßen, die „Sehen und Gesehenwerden" ungehindert zuließen, sperrten die geschlossenen Berlinen des 19./20. Jahrhunderts, trotz der Fenster in der Tür sowie in den Vorder- und Rückwänden, einen großen Teil des Lichtes aus. Man fand auch hier einen Ausweg, indem bei einigen Berlinen die vorderen Seitentafeln des Wagenkastens durch Glasscheiben ersetzt wurden.

Der Konkurrenz des vielfältiger einsetzbaren Landauers konnte die Berline jedoch nicht standhalten, so daß sie aus den Wagenremisen – außer an Fürstenhöfen – schon im 19. Jahrhundert fast völlig verschwunden war.

Coupé

Das Coupé ist ein leichter, vierrädriger Wagen für den Stadtgebrauch mit zwei Sitzen im Fond des Wagens, der einen geschlossenen Wagenkasten mit leicht geschweiften Linien im Unterteil aufweist. (Abb. 155)

165

Abb. 157   Dreiviertel-Coupé

Am weitesten verbreitet waren Coupés mit Voll-Elliptikfedern. (Abb. 156) Als Halbgalawagen gab es auch Coupés mit Langbaum, Druck- und C-Federn. Coupés mit einem etwas längeren Wagenkasten und gebogener Vorderwand, an welcher ein Not- oder Kindersitz abklappbar befestigt war, trugen die Bezeichnung „Dreiviertel-Coupé". (Abb. 157)

Während Kutschbock, Dach und die Außenverkleidung des Wagenfonds schwarz oder sehr dunkelfarbig lackiert sind, dürfen die Türen und das Unterteil des Wagenkastens eine dazu passende hellere Tönung aufweisen, z. B. dunkelgrün oder dunkelbraun. Die Innenausstattung des Wagens einschließlich der Sitze verlangt Tuch von der Farbe des Wagenkastens, das glattgespannt oder in Rhomben abgesteppt sein kann. Für schwarze Coupés kam auch heller Atlasstoff in Frage.

Heute werden Coupés noch recht häufig zu Fahrten zum Standesamt verwendet. Die vielbesungene „weiße Hochzeitskutsche" allerdings, die man dabei häufig sieht, ist ebenso ein Stilbruch wie in den meisten Fällen die Livree der „Kutscher".

Landwagen

Mit dem ersten Weltkrieg ging – zumindest in den Städten – die Ära der pferdebespannten Wagen zur Personenbeförderung endgültig zu Ende. Das Auto hatte ihnen den Rang abgelaufen, und die Zahl der Kraftwagen nahm rasch zu. Auf dem Lande aber war den von Pferden gezogenen Wagen noch ein Einsatzgebiet verblieben. Doch nach zwei Jahrzehnten hatte der Siegeszug des Kraftwagens auch hier die pferdebespannten Fahrzeuge völlig verdrängt.

Das Bild des zeittypischen Wagens wandelte sich. So verschwanden die vornehmlich der Repräsentation ihrer privilegierten Besitzer dienenden Fahrzeuge. Lack und Chrom waren wenig gefragt. Die schon seit längerer Zeit von der Landbevölkerung benutzten Wagen hingegen blieben in Gebrauch. Sie standen in erster Linie zur Verfügung, als der Fahrsport in den zwanziger Jahren unseres Jahrhunderts auf dem Lande seinen ersten Aufschwung nahm, nachdem Gustav Rau die Ländliche Reiterei ins Leben gerufen hatte.

Neben noch vorhandenen, zur Verwendung auf großen Turnieren geeigneten Wagen, wie Phaetons und Dog Carts, wurden zu ländlichen Turnieren die vorhandenen Landwagen genutzt. Beim Wiederaufbau des Fahrsports in den Jahren nach dem zweiten Weltkrieg gehörten die Turnierfahrzeuge in der Mehrzahl ebenfalls zu dieser Kategorie, jedoch begannen auch einzelne engagierte Fahrer in den fünfziger und sechziger Jahren mit dem Wiederaufbau von in Scheunen und Remisen aufgefundenen Turnierwagen.

In konstruktiver Hinsicht hatten die Landwagen seit eh und je bei den städtischen Vorbildern Anleihen genommen. Diese Entwicklung ist auch der Grund für die ausgiebige Darstellung der Stadtwagen in diesem Buch. Sie galten – und gelten auch heute noch – als die maßgebenden Muster im Wagenbau.

Ganz allgemein gesagt, können zur Landanspannung alle Wagen benutzt werden, die folgenden Ansprüchen gerecht werden:

▎ Der Wagen muß zur Größe der Pferde passen.
▎ Er muß für das Fahren auf Landwegen und gegebenenfalls in tiefem Boden geeignet sein; Räder mit Vollgummireifen sind das nicht. Sie erschweren den Pferden in tiefem Boden das Ziehen.
▎ Der Wagen muß verhältnismäßig hohe Räder, auch vorn, besitzen, die möglichst leicht laufen.

▌ Ein kurzer Wagen läuft leichter als ein langer. Bei langen Wagen (Kremsern usw.) ist ein Langbaum zweckmäßig. Lange und schwere Wagen mit Langbaum fahren sich leichter als solche ohne diese starre Verbindung von Vorder- und Hinterachse, weil durch den Langbaum die das Ziehen erschwerende Nachgiebigkeit der Federn ausgeschaltet wird. Bei langen und schweren Wagen nimmt man daher in Kauf, daß die Pferde mehr gestört werden und der Wagen nur einen sehr großen Wendekreis besitzt, der bei engen Wendungen zum Zurücksetzen zwingt. Ein Teil der erwähnten Störungen wird durch eine nicht zu straffe Anspannung aufgehoben.

Für die Landanspannung sind sowohl kurze als auch lange Wagen zulässig, wenn sie entsprechend leicht laufen (s. o.)

▌ Der Wagen muß einen genügend hohen Bock aufweisen, von dem aus der Fahrer die Pferde und den Weg gut überblicken kann. Diese Forderung wird meist schon durch genügend hohe Vorderräder erfüllt. In diesem Fall sitzt der Fahrer dann auch so hoch, daß die Leinen nicht auf den Kruppen der Pferde liegen und nicht von den Schweifen gefangen werden können.

Neben diesen Forderungen sind für die Beurteilung eines Landwagens drei Kriterien maßgeblich: Zweckmäßigkeit, Qualität und Schönheit. Zweckmäßige Landwagen sind:

▌ der vierrädrige Dog Cart, der als Turnierwagen für Zwei- und Vierspänner besonders geeignet ist (vgl. Abb. 138);

▌ der Jagdwagen (Pürschwagen) in allen seinen Formen (Abb. 158), der lange Zeit als der meistgebrauchte Turnierwagen anzusehen war;

Abb. 158 Jagdwagen

Abb. 159 Juckerwagen

Abb. 160 Landratswagen

▌ die vom Break abgeleitete Wagonette (vgl. Abb. 126), die als Turnierfahrzeug für Zwei- und Vierspänner verwendet werden kann;

▌ der Stanhope Phaeton (vgl. Abb. 130), der mit und ohne Verdeck als Zweispännerwagen auf Turnieren erscheint;

▌ der Juckerwagen (Abb. 159), der Ähnlichkeit mit dem Demi Mail Phaeton hat, jedoch meist einen Wagenkasten aus Flechtwerk aufweist (für Zwei- und Vierspänner geeignet);

▌ der Vis-à-vis in seinen verschiedenen Formen (vgl. Abb. 148), der den Mylord als Ahnen erkennen läßt – er ist für Spazierfahrten gut zu gebrauchen, als Turnierfahrzeug aber nicht geeignet;

▌ der Landratswagen (Abb. 160), dessen Form ihn als Nachkommen der Victoria ausweist. Hinsichtlich seiner Verwendungsfähigkeit gilt für ihn das für den Vis-à-vis Gesagte.

In den letzten Jahren gibt es in einigen Ländern Neu- und Weiterentwicklungen von Turnier- und Landwagen, die sich, soweit es sich um seriöse Hersteller handelt, an die klassischen Regeln des Wagenbaus halten,

Abb. 161 Phaeton Dog Cart

Abb. 162 Wagonette-Phaeton

wenn auch die eine oder andere technische Neuerung zur Verbesserung der Fahreigenschaften genutzt wurde (z. B. hydraulische Scheibenbremsen). Die Kombination mehrerer Wagentypen kommt in Mode (z. B. Phaeton Dog Cart [Abb. 161], Wagonette-Phaeton [Abb. 162] u. a.).

Was die Farbgebung betrifft, so gilt für Landwagen generell: Holzteile: natur (gebeizt), Eisenteile: schwarz lackiert, gegebenenfalls mit schmalen roten Zierlinien, Ausschlag: Pfeffer-und-Salz-Kordstoff. Für die Holzteile werden verwendet:

▎ Pappel: für Tafeln und Unterkasten, gegebenenfalls Spritzbrett, Schutzflügel
▎ Buche: für Gerippe, Träger, Schwellen
▎ Esche: für Räder, Sprengwaage, Ortscheite, Deichsel, gegebenenfalls Spritzbrett und Kotflügel.

Für den Wagenkasten wird neuerdings auch besonders imprägniertes Sperrholz verwendet.

Einige Maße am Wagen, die als Anhalt für den Wiederaufbau alter Wagen von Nutzen sein können, sind in Tabelle 6 wiedergegeben (FEI-Bestimmungen s. unten).

Marathonwagen

Während für die meisten der sportlichen Prüfungen von Gespannen (Gebrauchsprüfungen, Dressurprüfungen, Hindernisfahren) die Wagen verwendet werden können, die in den vorhergehenden Abschnitten besprochen und für Turniere geeignet bezeichnet worden sind, haben die erst in den letzten zwanzig Jahren in ihrer heutigen Form entstandenen Marathonfahrten neue Überlegungen zur Anpassung der Wagen an die besonderen Anforderungen dieser Leistungsprüfungen (s. S. 291 ff.) erforderlich gemacht. Die Wagen sollen sich auszeichnen durch

▎ große Stabilität und Standfestigkeit bei möglichst geringer Breite,
▎ vorgeschriebenes Gewicht,
▎ gute Rolleigenschaften,
▎ ausreichende Wendsamkeit,
▎ Fehlen vorstehender Teile, mit denen sich der Wagen festhaken könnte,
▎ leichte Besteigbarkeit und sichere Sitzmöglichkeiten und schließlich
▎ konstruktive Lösungen zur Schonung der Pferde.

Tabelle 6: Ausgewählte Maße an Dog Cart und Phaeton

Maße für Zweispänner-/Vierspännerwagen

		Zweispänner	Vierspänner
Gesamtlänge	cm	230	240
Gesamtbreite	cm	165	170
Spurbreite	cm	150	155
Größe Vorderräder	cm	95	100
Größe Hinterräder	cm	115	120
Sitzhöhe	cm	150	160
Sitzbreite	cm	100	100
Gewicht	kg	340	390

Abb. 163 Marathonwagen

Die Bemühungen, einen diesen Anforderungen genügenden Wagen zu konstruieren, haben zu einem neuen Wagentyp (Abb. 163) geführt, der die Schönheit der historisch entstandenen Wagen mit der Zweckmäßigkeit für die sportlichen Forderungen zu vereinen versucht.

Zur *Stabilität* der Marathonwagen trägt deren robuste Bauweise den größten Teil bei. In vielen Fällen ist – besonders bei Neukonstruktionen – der Rahmen aus Stahlrohr hergestellt, das dem Wagen größere Festigkeit gibt.

Da die bei Marathonhindernissen zu durchfahrenden Tore nur 2,50 m breit sind und in vielen Fällen nicht schnurgerade angefahren werden können, wird auf möglichst geringe *Wagen-* und *Spurbreite* Wert gelegt. Eine *Gesamtbreite* von 126 cm bei Zweispännerwagen (und 130 cm bei Vierspännerwagen) mit entsprechender Spurbreite von 125 cm (128 cm) wird bei guten Marathonwagen erreicht. Diese geringe Breite würde allerdings

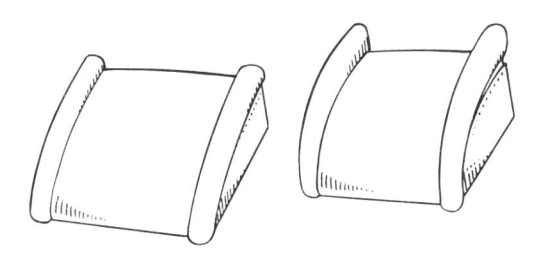

Abb. 164 Sitzkeil
a normal
b für Marathonwagen mit hohen Borden

die *Standfestigkeit* des Wagens beeinträchtigen; dem versucht man dadurch zu begegnen, daß man den *Schwerpunkt* möglichst weit absenkt. Das wirkt sich auf die *Höhe der Wagen* aus. Bei guter Konstruktion hat die vordere Sitzbank eine *Sitzhöhe* von nur 130 cm (Vierspännerwagen 140 cm), wohingegen die *Beifahrersitze* noch um 20 cm (Vierspänner 30 cm) tiefer liegen. Ein erhöhter Sitzkeil (Abb. 164 b) gibt dem Fahrer eine gute Übersicht.

Bei manchen Modellen werden Schwerpunktlage und Standfestigkeit durch Aufhängung des Wagenkastens an Teleskopfedern verbessert.

Tief liegen müssen auch die Achsen, wodurch die *Radgröße* bestimmt wird. Sie beträgt bei erprobten Modellen vorn 85 cm und hinten 90 cm (bei Vierspännerwagen bei allen Rädern 5 cm mehr). In der Regel werden vollgummibereifte Räder verwendet, da ein Teil der Strecke auch über Straßen führt. Die Einzelrad-Aufhängung setzt sich durch. Übrigens, um in einem Marathon bewertet zu werden, muß der Wagen das Ziel mit allen vier Rädern passieren. Ein zerrissener oder verlorener Reifengummi wird noch geduldet, ein verlorenes oder gebrochenes Rad aber führt zum Ausschluß. Nicht nur deshalb, sondern auch weil sie zum vorgeschriebenen Gewicht des Wagens wesentlich beitragen, ist die Benutzung von *Stahlrädern* von Bedeutung, die äußerlich den Holz-Speichenrädern nachgebildet sind. Bei ihrer Verwendung läßt sich das für Zweispännerwagen vorgeschriebene *Gewicht* von 350 kg in der Regel leicht erreichen.

Bei Vierspännerwagen sind häufiger Zusatzgewichte nötig, um die vorgeschriebene Masse von 600 kg auf die Waage zu bringen, wenn kein spezieller Marathonwagen für die Geländefahrten zur Verfügung steht. Zusatzgewichte an den Radachsen wirken sich günstig auf die Standsicherheit des Wagens aus.

Andere Möglichkeiten zum Ausgleich fehlenden Gewichts sind starke Eisenreifen bei Holzrädern, Stahlortscheite, Stahlrohrdeichsel u. a.

Die Rolleigenschaften wurden durch entsprechende Konstruktion der Radlager verbessert, was gleichzeitig zum Verschwinden der weit vorspringenden Radnaben führte.

Die verbesserten Rolleigenschaften, das relativ hohe Gewicht des Wagens und die Geländeprofile, in denen er einsetzbar sein muß, zwangen auch zu einer Verbesserung der Bremsvorrichtungen. Gute Marathonwagen besitzen nun zwei voneinander unabhängige Bremssysteme: eine mechanische Feststellbremse (Zug- oder Spindelbremse) und mit Fußhebel betätigte, kräftige hydraulische Scheibenbremsen.

Die *Wendsamkeit* des Wagens wird durch sehr große Kastenausschnitte zum Unterlaufen der Vorderräder begünstigt. Auch die Reibung des Drehkranzes wurde konstruktiv verringert. Andererseits gab man dem Fahrer durch Einbau von Drehkranzbremsen die Möglichkeit, die Deichsel in einer gewünschten Winkelstellung zu fixieren. Diese technische Hilfe drohte allerdings, die Kunst des Fahrers in den Hintergrund zu drängen, die sich in der Ausbildung und Führung der Pferde erweist. FEI und FN haben daher die Verwendung von Drehkranzbremsen untersagt.

Die geringe Breite der zu passierenden Hindernisse erhöht die Gefahr, daß selbst ein relativ schmaler Wagen an einem Baum oder einer Torbegrenzung hängenbleibt. In den ersten Jahren der Marathonfahrten führte dies häufig zu Schäden an den Wagen. Es gab zahlreiche Versuche, um dieser Gefahr zu begegnen. Schließlich reagierten FEI und FN durch entsprechende Festlegungen im Fahrreglement. Nun darf kein Teil des Wagens, außer den Ortscheiten, die Spurbreite überragen.

Die Kotflügel wurden von den Wagenbauern so umgestaltet, daß sie als Baumabweiser und als Trittfläche für Beifahrer dienen können. Form und Stabilität dieser Abweiser beeinflussen das Gewicht des Wagens.

Selbst die Trittdeckel auf der Vorderbracke sind dem Zweck des Wagens angepaßt. In dreieckiger Form, mit der abgerundeten Spitze in Fahrtrichtung, und mit nach außen gerundeten Seiten dienen auch sie als Abweiser.

Die Wagen müssen so konstruiert sein, daß die Beifahrer ihn leicht, rasch sowie gefahrlos besteigen und verlassen können. In der Regel geschieht dies am fahrenden Wagen. Man hat dem dadurch Rechnung getragen, daß der Wagenkasten einen über die ganze Breite seiner Rückwand sich erstreckenden Einstieg erhalten hat. Kräftige Haltegriffe tragen zur Sicherheit bei. Die Einfassung des Bocks mit einer Stahlrohrumrandung sichert auch den Sitz des Fahrers, dessen Sitzkeil bei Geländefahrten mit besonders hohen Seitenborden versehen ist. Neben ihm muß ein sicherer und genügend breiter Platz für den Bockrichter vorhanden sein; das wird durch das Fahrreglement vorgeschrieben.

Der Schonung der Pferde dienen – neben den bereits erwähnten guten Rolleigenschaften – besonders die Federung und die sich über zwei Drittel ihrer Länge erstreckende Polsterung der Deichsel. Dadurch wird die durch das Schlagen der Deichsel in unwegsamem Gelände auftretende Belastung der Pferde wesentlich verringert. Wo Stahlrohrdeichseln verwendet werden, kann es ohne diese Deichselfederung zu argen Schädigungen der Pferde kommen, da diese Deichseln auch in kritischen Situationen nicht brechen.

Vielseitigkeitswagen

Um den Transportaufwand zu verringern und natürlich auch die Kosten zu senken, wird versucht, Marathonwagen und Dressurwagen zu einem Modell zu vereinen.

Solche „Kombinationswagen" (Abb. 165) lassen sich in der Regel relativ schnell umrüsten. Sie weisen folgende Besonderheiten auf:
▎ Die Baumabweiser lassen sich abnehmen und gegebenenfalls durch Kotflügel ersetzen;
▎ die breiten Trittflächen am Einstieg können gegen einen schmaleren Tritt ausgetauscht werden;
▎ sie können mit anschraubbaren Radnaben versehen werden, die den Eindruck des Holzrades hervorrufen.

Abb. 165 Vielseitigkeitswagen

Die für die Arbeit der Beifahrer bei Geländefahrten optimale Gestaltung des Wagenkastens läßt sich allerdings bei den Kombinationswagen nicht erreichen.

Wiederaufgelebt sind auch die Versuche von Wagenbauern, zwei unterschiedliche Wagentypen in einer Konstruktion zu vereinigen. So kann man z. B. einen Phaeton Dog Cart finden, bei dem sich durch Abklappen der hinteren Rückwand und Umdrehen des Rücksitzes die Verwandlung vom Phaeton zum Dog Cart bewirken läßt.

Haltung der Wagen

Wagen sind teuer, ihre Reparatur nicht minder. Um so größere Bedeutung erhält die Pflege, zumal der Fahrsport ohne Zweifel die Wagen stärker beansprucht, als es die Korsofahrten anno dazumal taten.

Die guten Turnierwagen, mit denen in der Gespannkontrolle Punkte erzielt werden sollen, bleiben in der Regel beim Training in der Wagenremise, um sie zu schonen. Aber auch hier lauern schon Gefahren für das Aussehen des Wagens, wenn die Unterbringung unter ungünstigen Umständen erfolgt und die Pflege Mängel aufweist.

Unterbringung der Wagen

Als Wagenremise ist ein Raum ungeeignet, der sich in unmittelbarer Nähe des Pferdestalles oder des Dungstapels befindet. Die mit Ammoniak angereicherte Luft in deren Umgebung verursacht eine Veränderung der Farben (Weiß erhält einen gelblichen Ton, Blau und Schwarz erhalten einen „Stich" ins Grüne). Außerdem wird der Lack blind und rissig. Natürlich leiden auch die Lederteile.

Die Remise sollte so groß sein, daß der Wagen an keiner Stelle direkt mit der Wand Kontakt hat; Wände in ungeheizten Räumen sind oft feucht.

Man stellt den Wagen in der Remise am besten so auf, daß er gerade herausgezogen werden kann. Stehen mehrere Wagen nebeneinander, ist es vorteilhaft, wenn die Remise für jeden ein Tor besitzt und zwischen den Wagen genügend Platz ist, damit Pflegearbeiten ungehindert ausgeführt werden können.

Der Raum sollte hell, trocken und gut belüftet sein. Ein feuchter, dumpfiger Raum ist den Wagen abträglich. Der Lack wird matt, stumpf und unansehnlich, Metallteile oxydieren, Holz quillt, Polsterteile und Leder schimmeln in feuchter Luft.

Da aber auch direkte Sonneneinstrahlung dem Glanz der Lackierung schadet, müssen die Fenster mit Milchglasscheiben oder Vorhängen versehen sein.

Wagen in einem geheizten Raum unterzubringen ist jedoch schädlich. Holz trocknet bekanntlich aus und verzieht sich dabei. Risse in der Lackierung sind die Folge, die um so rascher eintritt, je näher die Wagen an Heizungsrohren oder Öfen stehen.

Ein auf die Dauer nicht minder gefährlicher Feind der Lackierung ist der Staub, der sich besonders bei nur selten benutzten Wagen als Glanztöter für den Lack bemerkbar macht. Selbst wenn die Remise über eine staubundurchlässige Decke verfügt und regelmäßig gelüftet wird, setzt er sich auf längere Zeit nicht benutzte Wagen ab. In den meisten Fällen sind aber diese Bedingungen nicht optimal zu erfüllen. Deshalb sollten die Wagen, die nicht täglich gefahren werden, verhängt werden. Als sehr praktisch hat sich dazu ein an der Decke aufgehängter Holzrahmen erwiesen, der an allen Seiten mit Drillichstoff oder Zeltlein-

171

wand überzogen ist. Der Rahmen muß so bemessen sein, daß er auch die äußersten Teile des Wagens einschließt. So wird der Wagen vom Überzug nicht berührt und damit der Lack geschont. Die vordere Stoffbahn läßt sich zur Seite oder nach oben öffnen, um den Wagen herausziehen zu können. Dieser Staubschutz ist besonders dort angebracht, wo Wagen in Räumen untergebracht werden müssen, die noch anderen Zwecken dienen.

Zur Einrichtung einer Wagenremise gehören Aufhängevorrichtungen für die Deichseln, Gabelbäume und Vorlegewaagen (Vorhang) sowie ein Schrank zur Aufbewahrung der Pflegeutensilien, gegebenenfalls auch ein größerer Schrank, in welchem die Sitzpolster, Sitzkeile, Decken u. a., in Plasthüllen vor Motten geschützt, aufbewahrt werden können. Die früher gebräuchliche Radwippe zum Anheben des Wagens wird nur noch selten vorhanden sein. Hier kann einer der üblichen Wagenheber, wie sie zur Ausstattung von Kraftfahrzeugen gehören, dieselben Dienste tun.

Eine Wasserleitung mit Schlauchanschluß ist in der Wagenremise nicht erforderlich. Sie verleitet nur dazu, den Wagen auch dort zu waschen. Wohl aber wird eine Handwaschgelegenheit mit Durchlauferhitzer zweckmäßig sein.

Pflege der Wagen

Zur Pflege der Wagen liegt ein großer Fundus an Erfahrungen vor, nur ist ein großer Teil davon leider in Vergessenheit geraten. Und manches ist anders als beim Auto. Wer seinen Wagen in vorbildlichem Zustand erhalten will, tut gut daran, sich dieser Erfahrungen zu bedienen und den zeitlichen Aufwand nicht zu scheuen.

Bei der Pflege des Wagens nach dem Gebrauch kommt dem *Waschen* die dominierende Rolle zu.

Hat man – was die Regel sein wird – keinen gedeckten Raum für diese Arbeit zur Verfügung, muß man einen schattigen Platz suchen. Wäscht man in der Sonne, können in der Lackierung Blasen entstehen.

Wo möglich, sollte der Wagen zum Waschen auf eine saubere Betonfläche gestellt werden, damit nicht aufspritzender Sand das Reinigungsergebnis wieder zunichte macht.

Aus dem gleichen Grund ist auch eine bestimmte Reihenfolge des Waschvorgangs zweckmäßig, die verhindert, daß bereits gereinigte Teile wieder verschmutzt werden. Auf eine kurze Formel gebracht, ist folgendermaßen vorzugehen: Erst außen, dann innen reinigen, oben beginnen, unten beenden.

In dieser Reihenfolge sollen auch die erforderlichen Hinweise folgen.

Für das Reinigen des Wagens sind folgende allgemeine Grundsätze zu beachten:

▌ Am Wagen befindlichen Schmutz entfernen, ehe er eintrocknet, d. h. so bald wie möglich. Eingetrockneter Schmutz ist einer der größten Lackverderber.

▌ Zum *Aufweichen* des Schmutzes verwendet man am besten Regenwasser, das man mit einer Gießkanne auf die verschmutzten Flächen gießt.

▌ Wird ein Schlauch benutzt, darf der Wasserstrahl nicht zu stark sein; ein harter Strahl verdirbt den Lack, und das Wasser dringt in feine Fugen ein, aus denen man es nicht entfernen kann.

▌ Anhaftender Schmutz muß *abgespült* werden. Durch Reiben mit Bürste, Schwamm oder Lappen die Prozedur abkürzen zu wollen führt unvermeidlich zu Kratzern im Lack.

▌ Allgemein gilt: Je mehr Wasser, desto schneller und gründlicher die Reinigung, aber zuviel Wasser schadet dem Wagen (bringt Holz zum Faulen, Metallteile zum Rosten), wenn es nicht beseitigt werden kann.

▌ Daher am Ende alles gut abtrocknen, am besten mit einem Fensterleder.

Übrigens, angefrorenen Schmutz keinesfalls mit warmem oder gar heißem Wasser lösen wollen! Der Lack würde bleibenden Schaden nehmen. Das Auftauen darf höchstens mit lauwarmem Wasser erfolgen.

Doch nun der Reihe nach:

Ist das *Verdeck* verschmutzt, z. B. nach

einer Regenfahrt, wird es mit klarem Wasser (oder auch Seifenwasser) und Schwamm gesäubert und danach mit einem Fensterleder getrocknet. Auch milde Reinigungsmittel für Lackleder, wie sie die Haushaltchemie zur Verfügung stellt, sind angebracht. Ein trockenes Verdeck braucht nur abgestaubt zu werden. Urgroßmutters Staubwedel – wenn noch vorhanden – ist dazu besser geeignet als ein Staubtuch. Ein Lederverdeck muß man von Zeit zu Zeit dünn mit Oliven- oder Leinöl einreiben, damit das Leder geschmeidig bleibt. Auch Putzmittel für Lackschuhe kann man verwenden. Der gleichen Behandlung werden aus Leder gefertigte Kotflügel und Bockschirme unterzogen.

In der Remise bleiben Verdecke grundsätzlich aufgeklappt. Im Wagenschuppen zusammengeklappte Lederverdecke können rissig, Segeltuchverdecke stockig werden.

Wird das Verdeck zur Ausfahrt zusammengeklappt, ist darauf zu achten, daß es sich in gleichmäßige Falten legt.

Die Reinigung des *Wagenkastens* sowie des Bockes erfordert größte Aufmerksamkeit bei der Behandlung der lackierten Flächen. Verschmutzte Lackflächen werden zunächst mit reichlich Wasser abgespült. Dabei benutzte Schwämme müssen ganz sauber sein, anderenfalls würden darin enthaltene Sandkörner den Lack zerkratzen. Wer Naturschwämme verwendet, muß diese vorher ganz sorgfältig von den darin gewöhnlich enthaltenen Sandkörnern und Muschelsplittern befreien. Bürsten, auch wenn sie noch so weich sind, sind für die Säuberung lackierter Flächen nicht geeignet.

Nach dem Abschwammen werden die Lackflächen mit dem Fensterleder getrocknet, so daß sich keine Wasserflecke bilden können. Anschließend wird mit einem weichen Tuch oder Rehleder alles spiegelblank poliert.

Wenn eingetrockneter Schmutz längere Zeit nicht beseitigt wurde, kann auch nach dem Abschwammen und Polieren noch eine blinde Stelle sichtbar bleiben. In diesem Falle trägt man auf diese Stelle mit einem weichen Lappen oder einem Wattebausch Leinöl oder Möbelpolitur dünn auf und poliert danach mit einem trockenen Wattebausch so lange, bis der Fleck verschwunden ist.

An den Türfüllungen und -rahmen sowie bei Verzierungen muß darauf geachtet werden, daß kein Wasser eindringt, es läßt sich kaum wieder herausbringen und greift dann Holz- und Metallteile an. An allen Stellen, an denen sich Ölreste befinden können, sollte man ein zweites Tuch nehmen, mit dem man diese abwischt.

Ein häufig benutzter Wagen muß etwa alle zwei Jahre einen neuen Anstrich und eine neue Lackierung erhalten. Nur wer über genügend Zeit, Übung und eine staubfreie „Werkstatt" verfügt, sollte jedoch diese Arbeit selbst in Angriff nehmen. In jedem Fall muß zunächst die alte Farbe völlig entfernt werden.

Danach sind Risse, Dellen und andere Beschädigungen auszubessern.

Das Auftragen der Farbe geschieht in mehreren Schichten, von denen jede einzelne so glatt wie eine Glasscheibe sein muß. Englische Wagenbauer trugen früher 16 Farbschichten auf. Heute werden von renommierten Wagenbauern immer noch neun Farbschichten aufgebracht. Dann wird zweimal lackiert, und zum Schluß werden die Zierlinien angebracht. Über die Auswahl der Farben für die verschiedenen Wagentypen sind bei deren Besprechung Angaben gemacht. Eingedenk dessen, daß Anstrich und Lackierung nicht nur dem guten Aussehen des Wagens, sondern auch der Konservierung des Materials dienen, müssen kleinere Beschädigungen an Lack und Farbe möglichst bald nach ihrem Auftreten beseitigt werden. Dafür muß man einen Rest Farbe und Lack aufbewahren. Sofern die entsprechende Farbe vorhanden ist, kann man auch Autoreparaturlack verwenden.

An den Tritten der Wagen ist die Farbe besonders schnell abgewetzt. Von Zeit zu Zeit dünn aufgetragener schwarzer Eisenlack trägt zum guten Aussehen des Wagens nicht wenig bei.

Ist die Außenreinigung des Wagenkastens beendet, kommt das Untergestell an die Reihe. Hier muß noch mehr auf Ölflecke und auf Schäden an Lack und Farbe geachtet werden als beim Wagenkasten. Besonders wichtig ist das Säubern und Schmieren des Drehkranzes, von dem die leichte Beweglichkeit des Vorderwagens abhängt. Es wird leider häufig vergessen. Bei großen Wagen und solchen mit Langbaum ist sie für die Verkehrssicherheit von erheblicher Bedeutung, denn wenn sich der Wagen nur noch schwer lenken läßt, kann es auf glattem Asphalt sogar zum Sturz der Pferde kommen. Bei diesen Wagen gehören Putzwolle und Ölkännchen zur Ausrüstung, weil bei längeren Fahrten der Drehkranz trocken werden kann, auch wenn er vor Antritt der Fahrt gesäubert und geölt (nicht mit Schmierseife eingerieben!) worden ist. Diese Gefahr besteht bei leichteren Wagen in geringerem Maße. Hier findet man daher noch öfter vernachlässigte Drehkränze. Während der Fahrt setzt sich nämlich Staub zwischen die Gleitflächen und verbindet sich mit dem Öl zu einer zähen Schmiere, welche die Gleitfähigkeit beeinträchtigt. Die Gleitflächen werden zunächst gesäubert. Alte, fest gewordene Rückstände werden unter Verwendung von Terpentin oder Benzin entfernt. Danach werden die sauberen Gleitflächen geölt. Das beim mehrmaligen Hin- und Herdrehen des Vorderwagens herausgetretene Öl wird sauber abgewischt, damit keine Flecken auf der Lackierung des Untergestells entstehen.

Nach dem Waschen des Untergestells sollte man nicht vergessen, eventuell zwischen die Federn eingedrungenes Wasser dadurch herauszubringen, daß man den Wagen in seitlich schaukelnde Bewegungen versetzt. Unterläßt man dies, kann sich Rost bilden, der einerseits die Federn angreift und andererseits quietschende und knarrende Geräusche hervorruft. Das herausgedrückte Wasser wird mit einem Fensterleder aufgetrocknet.

Die Deichsel wird in der gleichen Weise gesäubert wie alle anderen Holzteile. Wegen der starken Beanspruchung der Farbe durch reibende Geschirrteile wird man den Anstrich öfter ausbessern oder erneuern müssen. Das trifft besonders für schwarzlackierte Beschläge, z. B. von Landwagen, zu.

Sorgfältige Arbeit verlangt die *Reinigung*

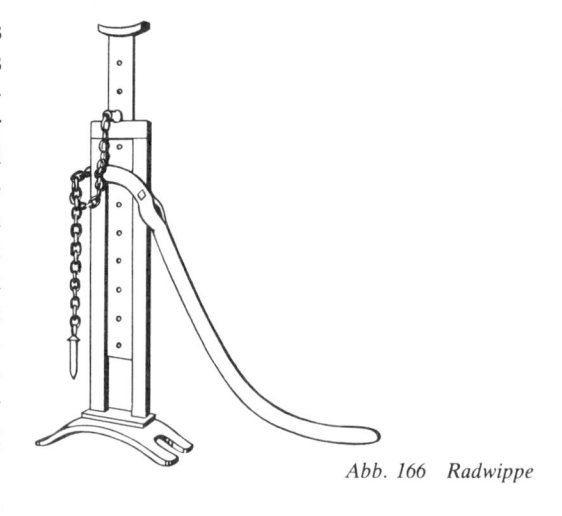

Abb. 166 Radwippe

und Pflege der Räder. Zum Waschen sollte man das betreffende Rad anheben, damit es sich leicht drehen läßt. Radwippe (Abb. 166) oder Wagenheber sind dazu an jedem Rad einzeln anzusetzen, nicht in der Mitte der Achse.

Sich eine bestimmte Reihenfolge der Arbeitsgänge anzugewöhnen ist von Vorteil, weil dann nichts übersehen wird. Es hat sich bewährt, mit dem Abspülen der inneren, dem Wagen zugewandten Seite des Rades zu beginnen: Zunächst die Nabe säubern, danach Felgen und Speichen. Anschließend dasselbe auf der Außenseite. Am Ende wird das schon sauber abgeschwammte Rad noch gründlich abgespült, wozu man es in einige Drehungen versetzt. Auch die Räder werden nach dem Waschen abgetrocknet, wobei man gleich noch kontrolliert, ob alle Schrauben festsitzen.

In regelmäßigen, nicht zu langen Zeitabständen ist die Rollfähigkeit der Räder zu überprüfen, denn sie hat großen Einfluß auf die von den Pferden zu leistende Arbeit – bei Sportgespannen wie auch bei Arbeitswagen. Damit die Räder leicht rollen können, müssen sie von Zeit zu Zeit abgenommen, die Achsen gesäubert und geölt werden.

Neben neueren Konstruktionen mit Kugellagern haben wir es bei den herkömmlichen Wagen mit zwei Arten von Achsen zu tun: den Patentachsen, mit denen der größte Teil der

Wagen ausgerüstet ist, und den Mail- oder Stummelachsen, die nur noch bei großen und schweren Wagen (Coach, Mail Phaeton, Tandem Cart) älterer Bauart anzutreffen sind.

Bei *Patentachsen* muß man zunächst die Ölkapsel lösen, die auf der Nabe sitzt und sich mit dem Rad dreht. Sie ist in der Regel achteckig. Mit einem passenden Schraubenschlüssel kann sie gelockert werden. Als nächstes entfernt man den durch die Spitze des Achsschenkels geschobenen Splint, der ein eventuelles Herausdrehen der Radmuttern verhindert. Nun besteht Zugang zu zwei Sechskantmuttern, von denen die kleinere Linksgewinde, die größere Rechtsgewinde aufweist. Beide werden abgeschraubt, wonach sich das Rad von der Achse herabziehen läßt. Die hinter der zweiten Mutter auf der Achse befindliche Stellscheibe bzw. der Konus leisten manchmal etwas Widerstand, jedoch läßt sich die Stellscheibe mit dem Rad herunterziehen. Diese Scheibe dient zum Schutz der Radmuttern. Sie ist zwar auf der Achse verschiebbar, kann sich aber nicht mit drehen, weil sie in ihrer Öffnung eine Abplattung besitzt, welche auf eine gleichartige Abplattung des Achsschenkels paßt.

Ist das Rad abgenommen, verbleibt noch eine starke Lederscheibe auf der Achse, die das Herauslaufen des Öls verhindert. Sie ist dem Verschleiß mehr unterworfen als die anderen Teile. Deshalb muß sie erneuert werden, wenn sie abgeschliffen und zu dünn geworden ist. Diese Scheiben sind im Handel nicht erhältlich, man muß also die Hilfe eines Sattlers oder Schuhmachers in Anspruch nehmen. Die von der Achse entfernten Teile werden nun sorgfältig gesäubert und an einer Stelle abgelegt, an der sie nicht wieder verschmutzen können. Schon ein kleines Sandkorn würde für den polierten Achsschenkel eine Beschädigung mit sich bringen und die Räder würden weniger leicht rollen. Auch die Ölkapsel und der in ihr befindliche Dichtungsring werden gesäubert. Das alte, verbrauchte Öl wird von dem Achsschenkel entfernt und dieser sehr sorgfältig mit Paraffin gereinigt. Nun kommt die Reinigung der Buchse des Rades mit der darin befindlichen Ölkammer an die Reihe. Schließlich werden die Achsschenkel leicht eingeölt und die Ölkammer gefüllt. Dazu verwendet man Öl von mittlerer Viskosität (Knochen- oder Rizinusöl). Zu dünnes Öl läuft fast immer aus, während zu zähflüssiges den Lauf des Rades behindert.

Nachdem die gesäuberte und gegebenenfalls erneuerte Lederscheibe auf die Achse geschoben ist, wird vorsichtig, damit an Achsschenkel und Buchse keine Schrammen entstehen, das Rad aufgeschoben. Danach wird die Stellscheibe aufgesteckt. Nun schraubt man die erste der beiden Muttern auf und zieht sie so fest an, daß sich das Rad nicht mehr bewegen läßt. (Wenn das nicht gelingt, ist die Lederscheibe zu dünn und muß durch eine stärkere ersetzt werden.) Um das Rad nun leichtgängig zu machen, löst man die fest angezogene Mutter mit mehrfachen kurzen Rucken so weit, bis sich das Rad leicht dreht. Es darf sich aber nicht auf der Achse hin- und herschieben lassen. Bei Patentachsen ist dieser Spielraum unzweckmäßig.

Danach wird die zweite, kleinere der beiden Muttern in umgekehrter Drehrichtung aufgeschraubt und fest angezogen, dann ein neuer Splint eingezogen. Da Splinte nicht mehrfach benutzt werden dürfen, gehören Reservesplinte zu den im Bockkasten aufzubewahrenden Ersatzteilen, ebenso wie die erforderlichen Schraubenschlüssel.

Als letztes wird schließlich die mit etwas Öl gefüllte Ölkapsel in die Buchse geschraubt. Nun bleibt nur noch, vorhandene Ölspuren zu entfernen.

Will man Reinigen und Pflegen des Rades verbinden, ist es bequemer, das Rad nach dem Abnehmen zu waschen.

Bei einigen Wagen wurde auf die Kontermutter zur Befestigung des Rades verzichtet. Bei ihnen sind jedoch die Gewinde so eingerichtet, daß die Mutter sich in Drehrichtung der Räder festzieht, d. h., der linke Achsschenkel hat Linksgewinde, der rechte Achsschenkel Rechtsgewinde. Das Lösen der Schrauben muß demzufolge bei den linken Rädern im Uhrzeigersinn, bei den rechten entgegengesetzt erfolgen. Weitere Unterschiede gibt es nicht.

Die etwas kompliziertere Konstruktion der *Mail-* oder *Stummelachsen* wollen wir hier ihrer Seltenheit wegen übergehen.

Wissenswert ist aber, daß man vor dem Abnehmen des Rades die drei Nabenbolzen lösen muß, welche es an der Laufscheibe festhalten. Nach dem Abziehen des Rades sind auch hier alle Teile gründlich zu säubern; dabei ist zu prüfen, ob alle Muttern festsitzen. Anders als bei den Patentachsen wird hier die Ölkammer mit Kammfett gefüllt und danach das Rad vorsichtig wieder auf die Achse geschoben. Ist anschließend die Laufscheibe wieder auf die Bolzen geschoben, werden die Bolzen noch einmal sauber abgewischt. Damit die Muttern besser halten, wird empfohlen, die Bolzen dünn mit Eisenlack zu bestreichen. Ähnlich wie beim Radwechsel am Kraftwagen werden dann die Muttern abwechselnd gleichmäßig angezogen, bis sich das Rad nicht mehr drehen läßt. Bei Mailachsen müssen sich die Räder auf der Achse um 2 bis 3 mm verschieben lassen, damit sich das Kammfett besser längs der Achse verteilt und die Räder wirklich leicht laufen. Deshalb lockert man die Muttern wieder etwas, bis der erforderliche Spielraum hergestellt ist, was man durch Vorziehen und Zurückschieben des Rades kontrolliert.

Zuweilen kommt es vor, daß sich die Achse verbiegt, wenn das Rad an ein Hindernis aneckt. Bei Geländefahrten ist das sogar recht häufig, wenn der Wagen keine starken Baumabweiser hat. Selbst geringfügige Verbiegungen der Achse, die mit bloßem Auge kaum zu erkennen sind, beeinträchtigen die Rollfähigkeit des Wagens. Man stellt sie fest, indem man den Wagen in kleinen Abschnitten nach vorn zieht und mehrfach die Spurweite in Höhe der Achse vorn und hinten am Rad mißt. Sind Achse und Rad in Ordnung, müssen die Messungen alle zum gleichen Ergebnis führen.

Nachdem die Außenreinigung abgeschlossen ist, wendet man sich der Säuberung des Wageninneren zu. Zunächst werden Polster und Fußmatten herausgenommen und ausgeklopft. Bei der weniger gründlichen Reinigung nach jedem Gebrauch tut auch ein Staubsauger das Nötige. Wegen der Gefahr des Mottenfraßes sind vor allen Dingen die Nähte gut zu säubern. Der beste Schutz vor Motten besteht allerdings darin, die gefährdeten Teile der Innenausstattung in fest verschlossenen Plasttüten, in welche man einige Mottenkugeln oder etwas Mottenpulver legt, aufzubewahren. Der geeignetste Ort dafür ist ein Schrank in der Wagenremise. Übrigens, Motten fliegen in den Monaten August und September, so daß in dieser Zeit die Gefahr des Mottenbefalls am größten ist.

Gummimatten werden gewaschen, auch die Fußmatte des Bocksitzes. Daß dies in einiger Entfernung vom Wagen geschieht, versteht sich von selbst. Teile im Wageninneren, die aus Leder bestehen, werden mit einem weichen Tuch abgerieben. Wenn sie stark verschmutzt sind, benutzt man Wasser mit einem geringen Zusatz von Seifenpulver. Von Zeit zu Zeit behandelt man das Leder mit etwas Olivenöl oder einem guten Lederpflegemittel, um es weich und geschmeidig zu erhalten.

Flecke an textilem Material werden mit Fleckentfernungsmitteln beseitigt. Bezüge aus Tuch bürstet man aus, wobei die Bürste immer „mit dem Strich" geführt wird. Bei Seide muß die Bürste sehr weich sein. Man kann auch einen Staubwedel verwenden oder ein weiches Tuch. Zu einer gründlichen Reinigung gehört, daß auch schwerer zugängliche Stellen nicht ausgelassen werden.

An den meisten Wagen befinden sich die unterschiedlichsten Teile aus poliertem Metall. Sie tragen wesentlich zum guten Aussehen des Wagens bei, aber nur dann, wenn sie tatsächlich glänzen. Dazu verwendet man flüssige Metallputzmittel, die zwar Zeit und Kraft sparen, jedoch auch den Nachteil haben, daß sie nicht mehr zu beseitigende Flecke hervorrufen, wenn sie mit Lack oder Stoff in Berührung kommen. Um dies zu verhindern, empfiehlt es sich, aus Pappe Masken zu schneiden, die nur das Metall frei lassen.

Beim Putzen der Wagenfenster und der Gläser in den Wagenlaternen wird so vorgegangen wie beim Fensterputzen. Allerdings erhalten Wasser und Fensterleder den Vorzug vor chemischen Fensterputzmitteln, um sicher zu sein, daß nicht versehentlich Spritzer zu dauerhaften Flecken auf dem Lack führen.

Schließlich darf man nicht vergessen, daß auch die Rückstrahler sauber sein müssen.

Wegen der hohen Beanspruchung der Marathonwagen, besonders in den Hindernissen, muß eine regelmäßige Kontrolle aller ihrer lastaufnehmenden Teile gewährleistet werden, wenn man sich vor unangenehmen Überraschungen schützen will. Allzu oft sind – am wenigsten allerdings bei Marathonwagen renommierter Firmen – durch Bruch von Teilen, z. B. der Achse, von Radbolzen u. a., Unfälle eingetreten, die nicht nur die Hoffnung des Fahrers auf den sportlichen Erfolg zunichte gemacht haben, sondern auch Gefahr für Leben und Gesundheit von Fahrer und Beifahrer heraufbeschworen haben. Neben der allgemeinen Pflege zur Erhaltung des Aussehens müssen daher bei den Marathonwagen vor jedem Wettkampf ins Detail gehende Kontrollen der Betriebssicherheit stattfinden. Sie müssen sich auf den ganzen Wagen erstrecken. Sehr richtig ist es nach den vorhandenen Erfahrungen, die Räder und Achsen auf Risse und Bruchstellen zu untersuchen, zumal bei einer Reihe derartiger Unfälle alte Bruchstellen festgestellt wurden, die bei sorgfältiger Kontrolle hätten entdeckt werden können. Aber natürlich müssen auch alle anderen Teile und technische Einrichtungen überprüft werden. Das gilt in ganz besonderem Maße für Wagen, die in den Hindernissen der Geländetrabstrecke angestoßen oder hängengeblieben sind. Die Wintermonate, in denen keine Wettkämpfe stattfinden, sollten bei den Marathonwagen – wie übrigens auch bei allen anderen Turnierwagen – für eine gründliche Überholung genutzt werden, die im Sinne einer Generalreparatur darauf gerichtet sein muß, die Nutzungsqualitäten und Eigenschaften des Wagens in optimalem Maße wieder herzustellen. Die Beauftragung eines versierten Wagenbauers mit dieser Aufgabe ist ohne Frage zweckmäßiger als das Ausprobieren eigener handwerklicher Fertigkeiten.

Zusammenstellung von Gespannen (Stilkunde)

Für die Zusammenstellung von Gespannen gibt es eine Vielzahl historisch entstandener Regeln, deren Gesamtheit die Lehre vom Stil ausmacht. Viele Regeln haben für den Fahrsport unserer Tage nicht mehr ihre volle Bedeutung. Wir wollen deshalb in diesem Kapitel nur diejenigen der von Benno v. Achenbach ausgearbeiteten Stilregeln darstellen, die für Ein- und Zweispänner in Stadt- und Landanspannung gelten.

Ob man dabei Wagen und Geschirre nach den Pferden auswählen kann oder den umgekehrten Weg gehen muß, richtet sich in erster Linie nach dem Vorhandenen. Deshalb wird oft ein Kompromiß erforderlich sein. Es ist jedoch reizvoll und erstrebenswert, Gespanne so stilgerecht wie möglich zusammenzustellen.

Der Fahrrichter muß darüber hinaus auch beurteilen, ob Abweichungen schwerwiegend sind oder nur einen geringen Punktabzug zur Folge haben müssen. Für ihn kann deshalb das hier zu den Stilregeln Gesagte nur ein Mindestwissen darstellen.

Allgemeine Regeln

Wie schon eingangs des Kapitels zur Geschirrkunde erwähnt, unterscheiden wir zwischen Stadtanspannung und Landanspannung.

Für Stadtgespanne sind als Wagen geeignet: Mail Phaeton, Demi Mail Phaeton, Stanhope Phaeton, Spider Phaeton, Damen-Phaeton, Duc. Auch Coach (Drag), Char-à-bancs, Victoria, Mylord werden zu den Stadt- oder Parkwagen gerechnet, dazu auch vierrädrige Buggys.

Für Landgespanne sind als Wagen geeignet: alle Land- und Reisewagen, Break, Wagonette, Runabout, Dog Cart, Jagdwagen, Omnibus sowie ungarische Juckerwagen.

Bei der Zusammenstellung eines Gespannes achte man möglichst bei der Anschaffung schon darauf, daß man den nachstehenden Stilregeln gerecht wird. Manchmal lohnt es sich, etwas länger zu suchen, bis man das Passende findet. Auch prüfe man beim Ankauf, ob sich Kleinigkeiten so ändern lassen, daß sie den Stilregeln entsprechen. Vor allen Dingen für den Eigenbau von Wagen beachte man die Forderungen des Stils.

Als *allgemeine Stilregeln* gelten:

O Auf besten Pflegezustand ist größter Wert zu legen. Es muß nicht alles am Gespann neu sein.

O Vorspiegelung falscher Tatsachen ist stilwidrig und verpönt. Dazu gehört auch durch Galvanisierung vorgetäuschter guter Putzzustand von Gebissen, Deichselköpfen, Deichselbrillen, -ketten, Ortscheit-Beschlägen. Sollen sie stilgerecht sein, müssen sie aus poliertem Stahl bestehen. Diese Bedingung erfüllt heute nichtrostender Stahl. Bei einfachen, nicht zur Gala-Anspannung gehörenden Stadt- oder Parkwagen (Landauer, Coupé) werden schwarz lackierte Beschläge vorgezogen. Gleiches gilt für alle Landgespanne.

O Die Linien des Wagens und der Geschirre sollen übereinstimmen: Rund gehört zu rund, eckig zu eckig, halbrund zu halbrund usw.

O Das Metall der Beschläge an Wagen, Geschirren und – wo benutzt – Livree soll übereinstimmen: entweder durchgängig Messing oder Chrom. Silber dürfte kaum noch anzutreffen sein. Neusilber (Tombak) war früher verpönt, ist jetzt aber zulässig. Nickel ist nicht erwünscht.

Doppelschnallen sind immer stilwidrig. Aufsatzzügel-Ketten sind falsch, meist zu lang, und sie passen bestenfalls zu Stadt- oder Parkwagen in englischer Anspannung, nicht aber zur Landanspannung.

O Für Stadt- und Parkgespanne sind die Geschirre schwarz, auch auf den Innenseiten der Kumte, Kammdeckel und Scheuklappen.

Bei Landgespannen gelten dieselben Regeln, jedoch sind zu naturholzfarbenen Landwagen braune oder gelbe Geschirre erlaubt. Sie sind jedoch nicht sehr praktisch, weil sie leicht fleckig werden, wo das Leder mit Metall in Berührung kommt, und jedes bei einer Reparatur neu eingefügte Lederstück einen anderen Farbton aufweist. Braune Sielengeschirre gelten als stilwidrig.

An schwarzen Geschirren sind helle Innenseiten der Scheuklappen und helle Kumtkissen unzulässig.

O Die Pferde sollen nicht nur über ein gutes Gangwerk verfügen, sondern auch in Gang und Haltung zueinander passen. Im Ergebnis gediegener Ausbildung sollen sie gleichmäßig arbeiten, so daß der Eindruck gleicher Gehlust entsteht.

Dieses gleichmäßige Arbeiten darf nicht durch zu straffes Einspannen vorgetäuscht werden. Die Anspannung muß so erfolgen, daß auch beim haltenden Gespann die Kumte in voller Länge an der Schulter anliegen, Aufhalter und Stränge dürfen nicht in Spannung stehen. Das gleichmäßige Arbeiten der Pferde muß durch richtiges Verschnallen der Leine erreicht sein.

O Die Pferde müssen hinsichtlich Größe und Kaliber zum Wagen passen. Man kann Haflinger nicht vor einen Landauer spannen oder schwere Karrosiers vor einen leichten Landwagen. Diese Regel beschränkt auch die Vielzahl der bekannten Wagentypen, weil sich das Aussehen der Pferde gründlich verändert hat. Im Fahrsport haben auch aus diesem Grunde schwere Wagen keinen Platz mehr.

Vor einem Wagen, der ein- und zweispännig gefahren werden kann, muß das Einspännerpferd mehr Kaliber besitzen als die beiden des Zweispänners.

Die Mähnen liegen grundsätzlich nach rechts, da die meisten Wagenpferde auch unter dem Sattel genutzt werden. Das Abscheren der Mähnen gilt als ein Zeichen mangelhafter Pflege, zumal dadurch von Kumten oder Halsriemen leicht Scheuerstellen verursacht werden. Einflechten der Mähnen ist stilwidrig und negativ zu bewerten, weil dadurch möglicherweise schlechte Pflege der Mähne vertuscht werden soll. Nicht als Fehler gilt es, wenn Pferden, die nicht geritten werden, die Schöpfe abgenommen sind, damit Stirn- und Blendriemen besser liegen. Bei den heutigen Fahrpferden dürfte aber diese Regel kaum noch Bedeutung besitzen. Kopfdeckchen mit Ohrentüten sind verpönt. Lange Schweife, die für alle Gespanne jetzt gefordert werden, müssen gut gepflegt sein.

O Bei Stadt- oder Parkgespannen können Sielengeschirre nur zu original ungarischen Anspannungen vor ungarischen Wagen oder zu stilechter amerikanischer Anspannung am Runabout oder vierrädrigen Buggy in Frage kommen. In allen anderen Fällen passen zu Stadt- und Parkwagen nur Kumtgeschirre, die dem Gewicht des Wagens und dem Typ der Pferde entsprechend schwerer oder leichter sein können. Bei Landwagen kann das Sielengeschirr für die leichteren Wagenarten gut verwendet werden. Größere, mehrsitzige Wagen sollten jedoch mit Kumtgeschirren gefahren werden. Als Grundsatz gilt: Wenn Lasten zu ziehen sind, d. h. bei schweren Wagen, vor welche auch stärkere Pferde gespannt werden, erhält das Kumtgeschirr den Vorzug. Wo es hingegen wenig zu ziehen gibt, d. h. bei leichten Wagen und mit leichten Pferden, ist Sielengeschirr richtig.

O Beim Einspännergeschirr ist immer Sellette mit Schlagriemen, bei schwereren Wagen mit Hintergeschirr erforderlich. Zweispänner-Kammdeckel für das Einspännergeschirr zu benutzen ist stilwidrig. Gleiches gilt für alle Kammdeckelunterlagen.

O Scheuklappen sind für die stilgerechte Anspannung obligatorisch. In ihrer Form müssen sie zu den Formen der Geschirre und Wagen passen: viereckig, mit geringfügig oder stärker gerundeten Ecken. Halbe oder runde Scheuklappen sind abzulehnen, ebenso solche, die an der Backenstückschnalle eingeschnitten sind. Zum stilgerechten Geschirr gehört auch ein gabelförmiger Blendriemen.

O Kandaren, vorwiegend Liverpoolkandaren, gehören zu Kumtgeschirren, Doppelringtrensen zu Sielengeschirren. Für letztere ist auch die Verwendung von kleinen Ellbogen-Kandaren kein Stilbruch, außer bei original ungarischer Anspannung.

Wird mit Kandaren gefahren, müssen die Backenstücke durch den Nasenriemen laufen (vgl. Abb. 64).

O Strangschnallen müssen sich an den Strangstutzen befinden, keinesfalls dagegen am Ende der Stränge.

O Schweifmetzen müssen ange*näht* sein. Schnallen zur Verbindung mit dem Schweifriemen sind stilwidrig.

O Die Leinenaugen der Kumtbügel müssen beweglich sein. Nur bei Einspännern sind starre Leinenaugen erlaubt. Die Strippen der Kumtgürtel müssen nach dem Inneren des Gespannes weisen, so daß sie von außen leicht zu lösen sind.

O Nur zu Stadt- und Parkwagen im englischen Stil gehören stählerne Aufhalteketten mit ovalen Gliedern. Sie sollen 90 bis 95 cm lang sein und an einem Ende einen großen Ring, am anderen einen Karabinerhaken tragen.

Bei allen anderen Gespannen sind Lederaufhalter in der Farbe der Geschirre gefordert.

O Zu jeder englischen Anspannung (auch an zweirädrigen Wagen) gehört die Bogenpeitsche. Zur Anspannung in Sielengeschirren wird die Stockpeitsche (Juckerpeitsche) verwendet. Eine Fahrgerte ohne Schlag paßt nur zur amerikanischen Traberanspannung.

O Für alle Gespanne entspricht die richtig verschnallte Achenbach-Leine gutem Stil. Bei ungarischer Anspannung ist die Wiener Leine stilecht.

O Weitere die Geschirre betreffenden Stilregeln sind im Kapitel „Geschirrkunde" (S. 102 ff.) angeführt.

Sonderregeln

Hier sollen stichwortartig Hinweise zur stilgerechten Zusammenstellung von Wagen, Pferden und Geschirren gegeben werden, wobei besonders auf Details der Anspannung Rücksicht genommen wird.

EINSPÄNNIG
(vor vierrädrigem Wagen)
Wagen: Spider Phaeton, Victoria, Mylord, Duc, Schauwagen, Runabout, vierrädriger Buggy
Pferd: Muskulöses Pferd mit hoher Aktion und natürlichem hohem Aufsatz; evtl. auch Traber (besonders vor Runabout und Buggy); zur Größe des Wagens passend; gepflegte Mähne, nicht abgeschoren; Langschweife
Geschirr: Leichtes, schwarzes Kumtgeschirr; Sellette; Buxtonkandare mit Aufsatzzügel oder Liverpoolkandare mit oder ohne Aufsatzzügel; Sprungzügel zum Nasenriemen nicht erwünscht, am Gebiß befestigt fehlerhaft; Traber auch im leichten amerikanischen Sielengeschirr

ZWEISPÄNNIG
Englischer Stil
Wagen:
a) Alle Phaetons (Mail, Demi Mail, Stanhope, Spider, Damen-), Duc, vierrädrige Dog Cart
b) Dazu, wenn nicht für Sportzwecke: Coupé, Coupé d'Orsay, Victoria, Mylord, Vis-à-vis, Landauer, Berline, Barouche
Pferde:
a) Pferde zur Größe des Wagens passend; mit viel Aufsatz, Gang und Gleichmäßigkeit (Passer); gleiche Farbe erwünscht; gepflegte Mähne erforderlich; Langschweife
b) Pferde zur Größe des Wagens passend; mit viel Aufsatz, Gang und Gleichmäßigkeit; gleiche Farbe erforderlich; gepflegte Mähnen; Langschweife
Beschirrung:
a) Schwarzes Kumtgeschirr, nicht zu schwer, besonders vor Spider Phaeton und Damen-Phaeton; für Mail Phaeton schwereres Kumtgeschirr; einfarbige Stirnbänder und Metall-

rosette außen; Kandaren mit oder ohne Aufsatzzügel; keine Vierspänner-Deichselhaken; stählerne Deichselketten

b) Schwarzes, schweres Kumtgeschirr; Lederaufhalter; Strangträger gestattet; Kammdeckelunterlagen, farblich passend, erlaubt, jedoch nicht aus Lackleder; Buxton-Kandare mit Schaumbügel erlaubt; keine Ellbogen-Kandaren; zu Coupé-Dorsay, 8-Feder-Victoria, Berline und Barouche gehören seidene Stirnbänder und große seidene Rosetten; Strangträger oder Hintergeschirr obligatorisch

Ungarischer Stil

Wagen: Alle ungarischen Juckerwagen
Pferde: Temperamentvolle Pferde mit viel Gang, die hohe Geschwindigkeit entwickeln können, gleiche Farben nicht erforderlich, jedoch Zusammenpassen in der Bewegung; gepflegte Mähnen und Schweife
Beschirrung: Schwarze Sielengeschirre mit oder ohne Schalanken; keine Aufsatzzügel; stets bewegliche Ortscheite und feste Bracke; flache Leinen: original Wiener Leine; Doppelringtrensen mit flachen Ringen; runde Stränge, Strangschnalle am Brustblatt, nicht am Strangende; Lederaufhalter; Juckerpeitsche

Amerikanischer Stil

Wagen: Leichteste Wagen (Buggy, Runabout), aber auch „amerikanisierte" Kontinentalmodelle
Pferde: „Roadster", Wagenpferde mit großer Geschwindigkeitsleistung, Traber, Halbblüter mit viel Trabvermögen, Hackneys
Beschirrung: Typisch ist die Anspannung mit dem „Yoke" (Querriegel auf der Deichsel) Schwarze Kumtgeschirre, die in ihrer Schwere zu Pferden und Wagen passen; nur Traber in leichten Sielengeschirren

Russischer Stil

Allgemeines: Zweispännig an der Deichsel hat in Rußland keine Tradition. Traditionell hingegen sind Einspänner und Troika. Werden zwei Pferde nebeneinander gespannt, geht eins unter der Duga, das zweite ist links davon angebunden
Wagen: Relativ kleine Wagen und Schlitten; gerade Scherbäume mit häufig künstlerisch bemalter Duga, einem Krummholz, das die Spitzen der Scherbäume miteinander verbindet und ihnen seitlichen Halt gibt
Pferde: Orlow-Traber, Russische Traber; das Pferd, das unter der Duga geht, muß über sehr viel Trabvermögen verfügen; Mähnen und Schweife gut gepflegt
Beschirrung: Typisch für original russische Geschirre ist das vollständige Fehlen von Schnallen; die meisten Strupfen enden als Senkel und werden gebunden. Das Mittelpferd trägt ein Kumtgeschirr, die Beipferde (bei der Troika) ein Brustblattgeschirr, dessen Halsriemen dem Brustblatt in der Breite entspricht. Beide sind reich geschmückt; Glocken an den Geschirren, besonders beim Schlittenfahren; keine Schweifriemen; Trensenzaum mit Schmucknähten oder Metallverzierungen, ohne Scheuleder; Nasenriemen nur in der vorderen Hälfte vorhanden.

Der Fahrer fährt mit vier getrennten Leinen mit Gurthandstücken. Diese sind häufig durch starke Metallknöpfe mit den ledernen Vorderteilen der Leinen verbunden. Der Fahrer fährt das Mittelpferd mit zwei Leinen, die Beipferde mit nur je einer, der Außenleine der betreffenden Seite.

Als Peitsche wird eine Knute (kurzer Stock, langer, geflochtener Schlag) mitgeführt, die für gewöhnlich am Handgelenk des Fahrers hängt.

Anspannung: Wie bei der ungarischen Anspannung ist auch bei der traditionellen russischen Troika alles auf das rasche Überwinden großer Entfernungen in relativ ebenem Gelände ausgerichtet.

Das unter der Duga gehende Mittelpferd trabt, die beiden Beipferde, die innen lang am Scherbaum angebunden sind, gehen mit tiefer Nase, mit der Leine nach außen gestellt, ohne ausgebunden zu sein, im Galopp, und zwar das linke im Rechtsgalopp, das rechte im Linksgalopp. Diese Beipferde werden auch Galopins genannt.

Deutsche Landanspannung

Wagen: Jagdwagen, Wagonette, Dog Cart, Stanhope Phaeton, Spider Phaeton; keine Spielwaagen, jedoch bewegliche Ortscheite

Pferde: Sicher gehende, in Exterieur und Gangwerk zusammenpassende Pferde; Farbgleichheit erwünscht, aber nicht Bedingung; gepflegte Mähnen und Schweife

Beschirrung: Kumt- oder Sielengeschirr; für schwerere Wagen (6sitziger Jagdwagen, Wagonette, Dog Cart, alle Phaetons) Kumtgeschirre

Geschirre in schwarzem Leder, für naturholzfarbene Wagen auch braunes Leder zulässig; Brustblattgeschirre immer in schwarzem Leder; Beschläge der Geschirre in Übereinstimmung mit Beschlägen am Wagen; reich plattierte Geschirre passen nicht zu einfachen Landwagen; für Kumtgeschirre immer Kandaren, meist Liverpoolkandaren, erforderlichenfalls mit gebrochenem Mundstück; für Brustblattgeschirre Doppelringtrense

Aufsatzzügel nur bei Kumtgeschirren und Phaetons zugelassen; bei Sielengeschirren niemals Aufsatzzügel

Lederne Aufhalter in der Geschirrfarbe; Deichselketten nur bei den Phaetonarten, die ja eigentlich keine reinen Landwagen sind

Stirnriemen aus ein- oder zweifarbigem Lackleder; an der Außenseite des Zaumes kleine Metallrosette

Lackleder nur an den Stirnbändern, sonst überflüssig

Keine Kammdeckelunterlagen

Bei Kumtgeschirren Bogenpeitsche, bei Sielengeschirren Stockpeitsche

Wichtigster Grundsatz für alle Anspannungsarten: Alles muß sauber sein und richtig passen. Schnallen an der Außenseite auf gleicher Höhe, keine aus den Schlaufen heraushängenden Strupfenenden!

Das Anschirren

Die Vorbereitung

Im Kapitel über die Aufbewahrung der Geschirre (s. S. 141 ff.) ist das Nötigste zu diesem Thema gesagt.

Vor dem Anschirren werden in der Geschirrkammer die einzelnen Teile des Geschirrs noch einmal kurz kontrolliert. Das ist besonders dann erforderlich, wenn die Geschirre von verschiedenen Fahrern benutzt werden. Sauber aufgehängte, jedoch längere Zeit nicht benutzte Geschirre wischt man mit einem trockenen Staublappen noch einmal ab, selbst wenn sie in einer Schutzhülle aufbewahrt gewesen sind.

Gegebenenfalls sind auseinandergeschnallte Geschirrteile wieder zu verbinden und die gesondert aufbewahrten Gebisse einzuschnallen. Bei Kandaren darf man nicht vergessen, die Kinnkette mitzunehmen, falls diese nicht an der Kandare befestigt ist.

Wenn die Geschirre auf verschiedenen Pferden benutzt werden, sollte der Fahrer wissen, wie sie für die anzuschirrenden Pferde verschnallt sein müssen. In diesem Falle nimmt er schon in der Geschirrkammer die erforderlichen Korrekturen vor und erspart sich und den Pferden zeitaufwendiges Verpassen beim Anschirren.

Wenn das alles geschehen ist, nimmt der Fahrer die vorgesehenen Geschirre und die Leine, um sie im Stall an einem Standpfeiler einstweilen aufzuhängen. (Abb. 167)

Will er dabei ganz schulgerecht und arbeitstechnisch rationell vorgehen, werden in der Geschirrkammer zuerst kleiner und Kammdeckelbauchgurt geöffnet. Dann legt er sich den Kammdeckel mit dem angeschnallten Schweifriemen (evtl. auch Hinterzeug) über die linke Schulter. Danach nimmt er das Kumt

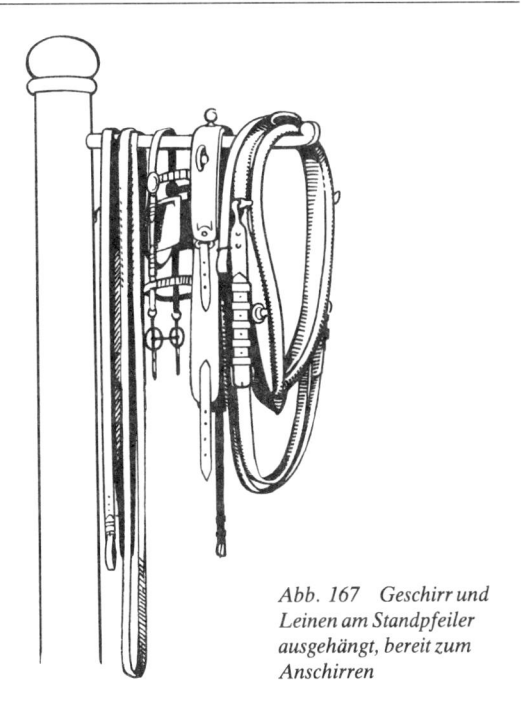

Abb. 167 Geschirr und Leinen am Standpfeiler ausgehängt, bereit zum Anschirren

vom Geschirrhalter, dreht es um, falls es mit der Kumtspitze nach oben aufgehängt war, schlägt die Stränge kreuzweise darüber und schiebt es ebenfalls auf die linke Schulter. Bei einem Kumtgeschirr, dessen Strangstutzen fälschlicherweise nicht fest mit den Zugkrampen des Kumts verbunden sind, werden gewöhnlich die Strangstutzen ausgehakt, und die Oberblattstrippe bleibt eingeschnallt. In diesem Falle werden die Stränge kreuzweise über den Kammdeckel gelegt. Diese Konstruktion des Geschirrs erleichtert zwar das Anschirren, ist aber im Gebrauch mit einem hohen Gefahrenrisiko verbunden.

Bei einem Sielengeschirr, dessen Brustblatt nicht vom Kammdeckel getrennt ist, erstreckt sich dieser Handgriff natürlich auf das ganze

183

Geschirr. Als nächstes wird der Fahrzaum herabgenommen, wobei Kehl- und Nasenriemen geöffnet werden. Zuletzt nimmt man die in großen Schleifen aufgehängten Leinen herab.

Am Standpfeiler werden sie in umgekehrter Reihenfolge wieder abgelegt, so daß die Leinen zuunterst, Kumt und Stränge zuoberst hängen (vgl. Abb. 167). So befinden sich die Geschirrteile in der Ordnung, in der sie zum Anschirren gebraucht werden.

Im Stall werden die Pferde, die zuvor schon gründlich geputzt worden sind, noch einmal mit dem Wischlappen abgewischt. Aus dem Schweif- und Mähnenhaar werden Strohreste u. ä. entfernt, die sich mittlerweile wieder dorthin verirrt haben.

Nun kann das Anschirren beginnen.

Man fängt damit beim Sattelpferd an, das Handpferd kommt als zweites an die Reihe.

Sind die Pferde in einem Ständerstall untergebracht, so sollten Wagenpferde gerade umgekehrt stehen wie vor dem Wagen: das Sattelpferd rechts, das Handpferd links. Werden sie dann im Stand herumgedreht, stehen sie genau so nebeneinander, wie sie vor dem Wagen gehen. Von Bedeutung ist dies allerdings nur, wenn der Stall zuläßt, daß beide Pferde nebeneinander herausgeführt werden (sehr breite Stallgasse, großes Tor). In Boxenställen ist das Nebeneinanderstehen der gemeinsam vor dem Wagen stehenden Pferde mehr unter tierpsychologischem als unter arbeitstechnischem Aspekt zu betrachten.

Das Auflegen des Kumtgeschirrs

Zu diesem Kapitel ist eine Vorbemerkung angebracht: Das, was hier in allen Einzelheiten erläutert wird, ist das aus der praktischen Erfahrung abgeleitete rationellste, sicherste und am meisten pferdeschonende Verfahren beim Anschirren. Wer dieses Vorgehen geübt hat, kann ein Pferd in weniger als fünf Minuten in aller Ruhe und ohne Fehler anschirren, schneller jedenfalls, als er diesen Abschnitt lesen kann. Aber erst einmal muß eben auch das verstanden und geübt sein!

Wagenpferde, die täglich angeschirrt werden, lernen, dabei still stehenzubleiben. Solange das noch nicht der Fall ist und dort, wo Fahrschüler das Anschirren erst lernen und bei den ersten Versuchen noch ungeschickt sind, sollte eine zweite Person das Pferd am Stallhalfter halten!

Im folgenden wird das Anschirren des Sattelpferdes beschrieben. Beim Handpferd geschieht dann alles in der gleichen Weise, nur von der rechten Seite.

Zuerst nimmt der Fahrer den Kammdeckel vom Standpfeiler herab und hängt ihn sich auf die rechte Schulter. Das *Kumt* mit den darüberliegenden Strängen faßt er mit beiden Händen, wobei er die Stränge mit dem Daumen festhält. Es wäre schade, würden sauber geputzte Geschirrteile in die Streu fallen und dort beschmutzt werden.

Danach wird das Pferd angesprochen, und der Fahrer betritt den Stand an seiner linken Seite. Vorübergehend das Kumt auf den linken Arm schiebend, halftert er das Pferd los. Vom Erziehungsstand des Pferdes ist es abhängig, ob das Halfter sofort beiseite gelegt werden kann oder ob es über dem Hals noch einmal zugeschnallt werden muß. Wird das Pferd von einer zweiten Person am Halfter gehalten, muß vor dem Aufstecken des Kumts der Halfterstrick durch das Kumt hindurchgezogen werden.

Der Fahrer faßt nun das Kumt – die Spitze nach unten – mit den darüberliegenden Strängen so, daß er die Kumtbügel sehen kann, das Kumtkissen also nach dem Pferd weist. Vor das Pferd tretend, hebt er das Kumt empor und streift es vorsichtig über den Kopf. (Abb. 168) Dabei darf er nicht an die Augenbogen des Pferdes stoßen. Und keinesfalls darf er versuchen, das Kumt mit Kraftaufwand über den Kopf zu schieben. Auf diese Weise erzieht er ein kopfscheues Pferd, das sich später vielleicht nur unter den größten Schwierigkeiten anschirren läßt. Bei den ersten Versuchen, das Kumt aufzustecken, sollte deshalb unbedingt eine zweite Person das Pferd am Halfter

Abb. 168 Aufstecken des Kumts

halten. Diese Regel sollte auch befolgt werden, wenn sich ein Pferd das Kumt nur ungern über den Kopf streifen läßt. Sehr geschickten Fahrern gelingt es auch, das Pferd selbst am Halfter zu halten und das Kumt mit einer Hand aufzulegen. Dazu gehört aber sehr viel Übung, und wer sich nicht sicher ist, daß er dabei die Unleidlichkeit nicht noch vergrößert, sollte lieber die Finger davon lassen.

Bei den ersten Versuchen ist es darum sehr zu empfehlen, das Kumt zum Aufstecken zu erweitern. Das muß überhaupt immer dann geschehen, wenn es über einen breiten Pferdekopf, nicht ohne anzustoßen, übergestreift werden kann. Zu diesem Zwecke werden die Kumtbügel gelöst, indem der Kumtgürtel aufgeschnallt wird. Das Kumtkissen (Kumtpolster) wird dann mit den Händen (oder indem man es über ein Knie legt) etwas geweitet, so daß der Kopf des Pferdes leicht hindurchgeht. (Abb. 169) Anschließend dreht man das Kumtkissen auf dem Hals herum und befestigt die Kumtgürtel wieder (Kumtgürtel zuerst in den inneren, dann in den äußeren Kumtbügel einziehen, so daß die Strupfe nach innen weist).

Ist danach das Kumt über den Kopf gestreift, dreht man es ebenfalls an der schmalsten Stelle des Halses, also unmittelbar hinter dem Kopf, um, und zwar in der Richtung, nach der die Mähne liegt. (Abb. 170) Da dies in der Regel rechts ist, ist „rechts" auch die Drehrichtung für das Kumt. (Bei dieser Drehrichtung bleibt es auch beim Anschirren des Handpferdes, obwohl dort sonst alles andere seitenverkehrt stattfindet.) Beim Umdrehen des Kumtes werden Strangstutzen und Stränge gleich mit herumgenommen, dürfen dabei aber nicht an das Pferd anschlagen. Schließlich wird das Kumt, das jetzt schon mit der Spitze nach oben weist, leicht angehoben, um die Mähne zu schonen, und an die Schulter des Pferdes angelegt.

Bei ungeschulten Gespannführern, die ihren Pferden schwere Arbeitskumte aufzulegen hatten, sah man früher zuweilen, daß sie dem Pferd das Kumt einfach auf die Schulter

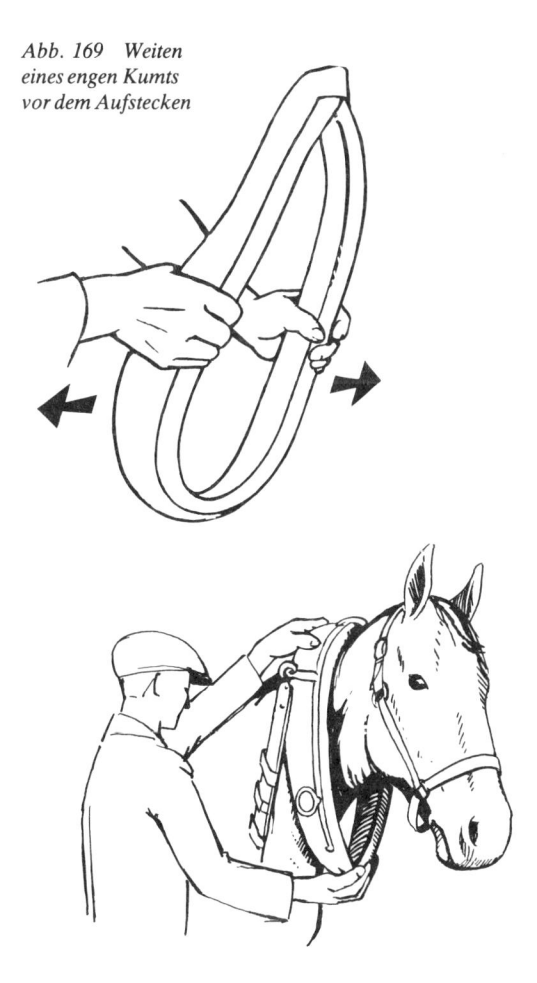

Abb. 169 Weiten eines engen Kumts vor dem Aufstecken

Abb. 170 Umdrehen des Kumts auf dem Pferdehals

fallen ließen, nachdem sie es mit großem Kraftaufwand über den Kopf gezwängt hatten, zumeist noch mit der Spitze nach oben. Eine solche Behandlung ist Tierquälerei. Nur sehr abgestumpfte Pferde ließen sich das gefallen. Für einen Sportfahrer käme ein solches Verfahren einer Bankrotterklärung gleich.

Ist das Kumt an seinem Platz, nimmt der Fahrer den *Kammdeckel* von der Schulter und legt ihn dem Pferd leicht auf den Rücken, und zwar kurz hinter dem Widerrist. Danach wird er mit dem Haarstrich an seinen Platz, etwa 15 cm hinter dem Widerrist, geschoben.

Ehe der Fahrer den Kammdeckelbauchgurt schließt, tritt er zunächst neben die Kruppe des Pferdes, hebt den Schweif an und schiebt vorsichtig die *Schweifmetze* darüber. Wer weiß, daß ein Schweifhaar zwei Jahre und länger braucht, bis es in ganzer Länge herabgewachsen ist, wird von selbst darauf achten, daß dabei kein einziges Haar ausgerissen wird.

Andererseits fühlen sich Pferde belästigt und werden unruhig, wenn sich Haare zwischen Schweifmetze und Schweifrübe einklemmen. Darauf muß der Fahrer gut achten und sie sofort vorsichtig herausziehen.

Wenn die Schweifmetze an der Schweifrübe leicht anliegt, soll sich der Schweifriemen der Rückenlinie des Pferdes anschmiegen. Dann sitzt er richtig. Das ist zu kontrollieren, während der Fahrer wieder neben den Widerrist tritt, um den Kammdeckelbauchgurt zu schließen und zunächst nur wenig anzuziehen. Ist ein Geschirr mit *Hintergeschirr* aufzulegen, so wird der Umgang ebenfalls vor dem Schließen des Kammdeckelbauchgurts über die Kruppe gezogen und an seinen Platz gelegt. Auch dabei muß kontrolliert werden, daß kein Schweifhaar eingeklemmt ist.

Die nächste Handlung des Fahrers besteht darin, die kreuzweise noch über dem Widerrist liegenden *Stränge* hinter den Kammdeckel zurückzunehmen, so daß die Strangstutzen längs der Seitenbrust zu liegen kommen und der Fahrer die Oberblattstrupfe des Kammdeckels in den Oberblattstößel des Strangstutzens einschnallen kann, und zwar gleich in der richtigen Länge (vgl. S. 128 f.). Nachdem die linke Oberblattstrupfe eingeschnallt ist, muß der Fahrer an die rechte Seite des Pferdes treten, um auch dort die Oberblattstrupfe zu schließen. Dabei kontrolliert er gleich auf dieser Seite, daß sich dort kein Riemen verdreht hat. Falls das Geschirr mit Strangträgern versehen ist, wird bei dieser Gelegenheit gleich noch der rechte Strang durch die Schlaufe des Strangträgers hindurchgezogen und wieder über den Rücken gelegt. Dasselbe geschieht anschließend mit dem linken Strang, wenn der Fahrer wieder auf diese Seite herüberkommt, um noch den kleinen Bauchgurt zuzuschnallen.

Als nächstes holt der Fahrer den Fahrzaum vom Standpfeiler. Den nur eingeschlauften Kehl- und Nasenriemen hatte er bereits in der Geschirrkammer geöffnet. Sollte er das unterlassen haben, ist jetzt dazu noch Gelegenheit.

Von links an den Kopf des Pferdes herantretend, erfaßt der Fahrer den *Fahrzaum* mit der rechten Hand am Genickstück (oder, wenn er dazu zu klein ist, an den Backenstücken) und hebt ihn, unter dem Hals des Pferdes hindurchfassend, vor dem Gesicht des Pferdes empor. Die linke Hand ergreift das Gebiß und legt das Mundstück vorsichtig zwischen die Zähne, ohne an sie anzustoßen. (Abb. 171) Öffnet das Pferd das Maul nicht von selbst, drückt der Daumen der linken Hand leicht auf die Laden. Während das Maul sich öffnet, hebt die rechte Hand den Fahrzaum weiter an und zieht dabei das Mundstück in das Maul hinein. Nun wird das Genickstück über den Kopf gestreift, wobei die linke Hand nacheinander das rechte und das linke Ohr behutsam unter dem angehobenen Genickstück nach vorn zieht.

Wer sich angewöhnt hat, das Genickstück einfach über die Ohren nach hinten zu ziehen, beobachte dabei einmal genau das Pferd. Es wird ihm klarwerden, wie unangenehm diesem eine solche Prozedur ist. (Abb. 172)

Widersetzt sich ein Pferd dem Aufzäumen – immer ein Ergebnis falschen Vorgehens und ein Zeichen für schmerzhafte Erfahrungen des Pferdes dabei –, so faßt man den Fahrzaum an beiden Backenstücken unterhalb des Stirnriemens mit der rechten Hand und legt diese ruhig

Abb. 171 Aufzäumen
a Einführen des Gebisses in das Maul
b Die Ohren werden einzeln unter dem Genickstück nach vorn gezogen

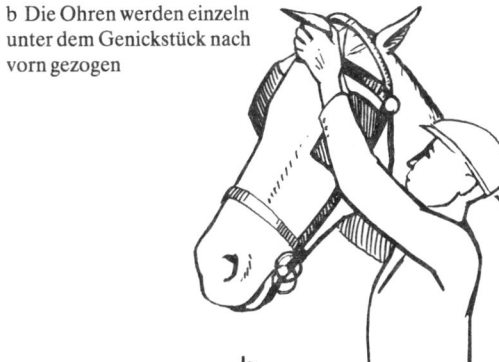

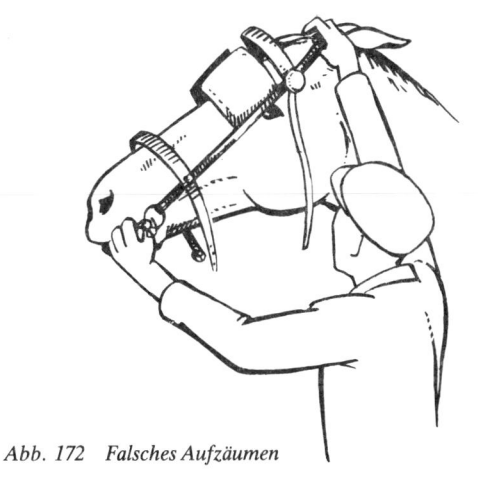

Abb. 172 Falsches Aufzäumen

auf die Nase des Pferdes, so lange, bis die linke das Mundstück in das Maul geschoben hat.

Bei Pferden, die sich ungern aufzäumen lassen, hilft nur äußerste Ruhe und Geduld. Vertrauen herstellen und ausgiebiges Üben mit vielem guten Zureden und noch mehr Leckerbissen für das kleinste Entgegenkommen sind die einzigen erfolgversprechenden Mittel. Alle anderen Versuche verschlimmern nur das Übel.

Ist der Fahrzaum aufgelegt, schnallt der Fahrer an der äußeren Seite den *Kehlriemen* zu. Er hat die richtige Länge, wenn im Kehlgang noch eine aufrecht gestellte Hand gut Platz hat. Da es zu den Forderungen des Anspannungsstils gehört, daß Kehlriemen- und Backenstückschnalle auf der Außenseite des Gespannes auf gleicher Höhe liegen, muß die Länge nötigenfalls auf der Innenseite des Fahrzaumes korrigiert werden.

Als nächstes wird der *Nasenriemen* so weit zugeschnallt, daß noch ein Finger daruntergeschoben werden kann.

Die Lage des Gebisses, die danach kontrolliert wird, ist auf den Seiten 114 ff. ausführlich besprochen.

Hat der Fahrer die Lage des Gebisses für richtig befunden, hängt er die *Kinnkette* ein, nachdem er sie nach rechts ausgedreht hat, bis ihre Glieder glatt aufeinanderliegen. Sie darf sich nach dem Einhängen in die Kinnkettenhaken nicht zurückdrehen, und der Fahrer muß noch drei Finger zwischen ihr und der Kinnkettengrube durchstecken können, solange die Kandare nicht ansteht. Zweckmäßigerweise und weil der eben gegebene Hinweis nur einen groben Anhaltspunkt bietet, muß noch kontrolliert werden, ob der Winkel zwischen der Maulspalte und den Kandarenbäumen bei angestellter Kandare richtig ist (35 bis 40°) und ob die Kinnkette dabei ihre Lage in der Kinnkettengrube beibehält.

Ist das alles getan, wird noch der Kammdeckelbauchgurt fest angezogen. Das Anschirren ist damit beendet.

Das Anschirren der beiden Pferde des Zweispänners geht natürlich doppelt so schnell, wenn der Beifahrer zur gleichen Zeit das

Handpferd anschirrt. Hier werden die gleichen Handgriffe von rechts vorgenommen:
- Kammdeckel auf linke Schulter; Stand auf linker Seite betreten; Pferd loshalftern
- Kumt aufstecken und nach rechts drehen
- Von der rechten Seite Kammdeckel auflegen und an seinen Platz schieben
- Schweifmetze bzw. Hintergeschirr anlegen
- Kammdeckelbauchgurt schließen und leicht anziehen
- Rechte Oberblattstrupfe einschnallen
- Von der linken Seite linke Oberblattstrupfe einschnallen; Lage der Teile kontrollieren, gegebenenfalls linken Strang durch Strangträger schlaufen
- Von der rechten Seite rechten Strang durch Strangträger schlaufen
- Kleinen Bauchgurt schließen
- Von rechts aufzäumen
- Kammdeckelbauchgurt festziehen

Wenn das Anschirren beendet ist, erfolgt das Auflegen der Leine. Da dies für beide Geschirrarten in fast gleicher Weise geschieht, wird der Vorgang im Anschluß an die Erläuterungen zum Auflegen des Sielengeschirrs besprochen.

Das Auflegen des Sielengeschirrs

Für das Auflegen des Sielengeschirrs gelten im Grunde die gleichen Regeln wie für das Auflegen des Kumtgeschirrs. Es werden daher in diesem Abschnitt nur die wichtigsten Abweichungen behandelt. Da diese beim Anschirren des Handpferdes deutlicher sichtbar werden als beim Anschirren des Sattelpferdes, soll ersteres als Beispiel dienen.

Der Fahrer holt zuerst wieder Geschirr, Fahrzaum und Leine aus der Geschirrkammer und trägt sie in den Stall, wo er sie zunächst am Standpfeiler aufhängt. Er geht dabei ebenso vor wie beim Vorbereiten des Kumtgeschirrs. Nur achtet er darauf, daß die unterhalb des Brustblattes liegenden Geschirrteile nach dem Handpferd weisen. Die Stränge werden auch hier kreuzweise über das Brustblatt gelegt. Auch darf nicht vergessen werden, ein etwa vorhandenes Halskoppel, das beim Arbeitsgeschirr unentbehrlich ist, bereits in der Geschirrkammer, spätestens jedoch unmittelbar vor dem Anschirren aufzuschnallen.

Nachdem das Pferd zum Anschirren vorbereitet ist, nimmt der Fahrer das Geschirr vom Standpfeiler herab, wobei er den Schweifriemen bzw. den Umgang auf den rechten Unterarm nimmt. So betritt er den Stand, und zwar von links.

Zwar wurde bereits erwähnt, daß das Anschirren des Handpferdes von rechts erfolgt. Hier und bei den folgenden Handlungen muß man jedoch von dieser Regel abweichen, weil die Mähne des Pferdes nach rechts liegt. Um die glatte Lage der Mähne nicht zu stören, muß das Drehen des Geschirrs auch beim Handpferd nach rechts erfolgen.

Wenn das Pferd losgehalftert ist, faßt der Fahrer das Brustblatt mit beiden Händen und schiebt es vorsichtig über den Kopf des Pferdes, ohne ihn zu berühren. Es muß dabei so hoch gehoben werden, daß es nicht an die Ohren des Pferdes stößt. (Abb. 173)

Auf dem Hals wird das Brustblatt nach rechts herumgedreht, und gleichzeitig wird das übrige, mit dem Brustblatt verbundene Geschirr auf den Pferderücken gelegt (Kammdeckel, Schweifriemen bzw. Umgang,

Abb. 173 Fahrer mit Sielengeschirr, zum Anschirren bereit

Stränge), wobei der Kammdeckel seine richtige Lage erhält.

Danach wird – immer noch von der linken Seite des Pferdes – der Schweif durch die Schweifmetze gezogen bzw. der Umgang über die Kruppe. Was beim Anschirren mit dem Kumtgeschirr zur Schonung des Schweifes bereits gesagt wurde, hat auch jetzt seine volle Gültigkeit.

Da das Geschirr nun schon gegen seitliches Herabrutschen gesichert ist, kann der Fahrer noch von links aufzäumen (vgl. auch S. 186 f.).

Erst wenn alle diese Arbeiten abgeschlossen sind, beendet der Fahrer das Anschirren des Handpferdes von der rechten Seite. Nacheinander schließt er Kehlriemen, Nasenriemen, Halskoppel, Kammdeckelbauchgurt und kleinen Bauchgurt. Es empfiehlt sich, den Kammdeckelbauchgurt beim Schließen zunächst nur wenig anzuziehen und ihn später, nachdem die Leine aufgelegt ist, festzuziehen. Dabei wird der richtige Sitz aller Teile kontrolliert.

Auch hier wieder der Vorgang in Stichworten:

■ Halskoppel aufschnallen; Geschirr vom Standpfeiler herabnehmen. Den Stand von links betreten. Pferd loshalftern.

Von links:
■ Brustblatt hochheben und über den Kopf streifen
■ Brustblatt auf dem Hals nach rechts herumdrehen, dabei Schweifriemen bzw. Umgang auf den Rücken legen
■ Kammdeckel in seine Lage schieben
■ Schweif durch Schweifmetze ziehen bzw. Umgang um die Hinterschenkel legen
■ Fahrzaum auflegen

Von rechts:
■ Kehl- und Nasenriemen schließen
■ Halskoppel zuschnallen (wenn vorhanden)
■ Kammdeckelbauchgurt angurten
■ Kleinen Bauchgurt zuschnallen
■ (nach dem Leinenauflegen) Kammdeckelbauchgurt festziehen.

Der ganze Vorgang des Anschirrens dauert nach diesem arbeitstechnisch günstigen und relativ fehlersicheren Verfahren kaum fünf Minuten.

Das Auflegen der Leinen

Die Leinen hängen in der Geschirrkammer über einer Rolle, und zwar in großen glatten Schleifen. Es ist eine grobe Unsitte mancher Fahrer, die Leinenenden um die Leine herumzuschlingen. (Gleiches gilt übrigens auch für die Aufbewahrung von Longen, Hilfszügeln u. a.) In glatten Schleifen hängende Leinen verziehen sich nicht und sind länger brauchbar. Wir haben diesen wichtigen Hinweis an den Anfang des Abschnitts gestellt, um gleich deutlich zu machen, daß jede Minute, die man auf das Auflegen der Leinen, auf das Herausziehen der Leinen aus dem Geschirr nach dem Gebrauch und auf ihre richtige Aufbewahrung verwendet, sich am Ende durch längere Gebrauchsfähigkeit der Leinen auszahlt und damit Kosten spart, zumal wenn diese Behandlung mit guter Lederpflege einhergeht.

Wenn der Fahrer das Anschirren beendet und sich davon überzeugt hat, daß alle Teile richtig sitzen, alle Strupfen durch die Schlaufen gezogen sind und nichts verdreht ist, holt er die Leine vom Standpfeiler.

Die Leine des Sattelpferdes (die mit der Schnalle am Leinenende) legt er über den rechten Unterarm, da sie von links aufgelegt wird. Beim Handpferd wird die Leine von rechts aufgelegt, deshalb findet sie auf dem linken Unterarm Platz. Im Stand stellt sich der Fahrer in Höhe des Kammdeckels auf. Dann faßt er zunächst die äußere (kürzere), obenliegende Leine und zieht sie völlig glatt, mit der Haarseite nach oben, durch den Schlüsselring des Kammdeckels, danach durch das Leinenauge am Kumt bzw. den Leinenführungsring auf dem Halsstück. Danach wird sie in das Gebiß eingeschnallt.

Das Einschnallen der Leine in das Kandarengebiß erfolgt in der Weise, daß die Umschnallstrippe der Leine von innen nach außen durch den Schlitz des Kandarenanzugs geführt wird. Die rauhe Seite der Leine liegt dann am Hals an. Bei den meisten Pferden wird mit einer weichen Schnallung gefahren. In diesem Falle schnallt man die Leine ins Schaumloch. Die Hebelwirkung ist dann

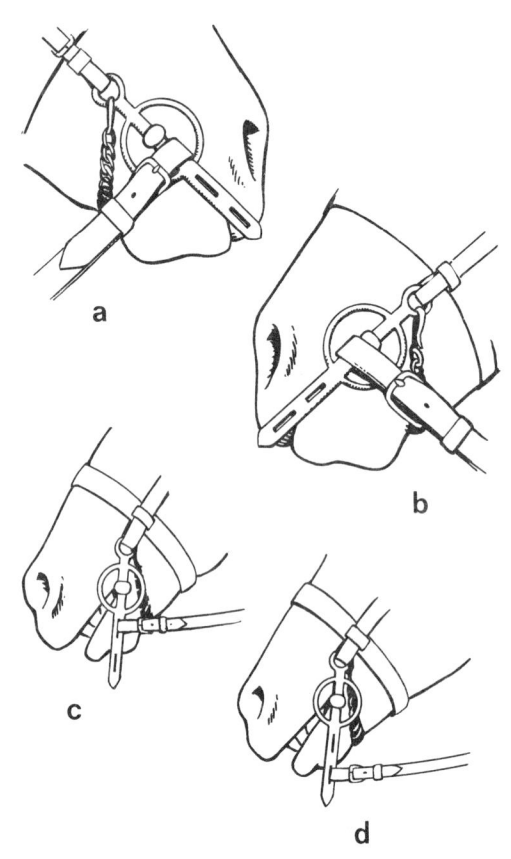

Abb. 174 Schnallung der Kandare
a weiche Schnallung der Außenleine im Schaumloch
b weiche Schnallung der Innenleine im Schaumloch
c halbscharfe Schnallung im 1. Schlitz
d scharfe Schnallung im 2. Schlitz

wesentlich herabgesetzt, weil die Umschnallstrippe innerhalb des Schaumringes um das Stück des Kandarenbaumes herumgeführt wird, das sich unterhalb des Mundstückes befindet. Den hinteren Bügel des Schaumringes schnallt man der Einfachheit halber mit ein. Das ist besonders bei Kandaren mit beweglichen Bäumen von Vorteil, weil der Kandarenbaum dadurch in seiner Richtung gehalten wird. (Abb. 174)

An der Innenseite des Pferdes – das soll hier schon vorweggenommen werden – muß jedoch der hintere Schaumbügel, besonders bei drehbaren Bäumen, unbedingt frei bleiben. Da die Innenleine zum Nachbarpferd läuft, erfolgt auch der Anzug in seitlicher Richtung. Dadurch würde der vordere Schaumbügel einer Kandare mit drehbaren Bäumen ständig auf das Maul des Pferdes drücken, wenn der hintere Schaumbügel nach der Seite gezogen wird. Auch das spricht schon für die Verwendung von Kandaren mit fest stehenden Bäumen.

Wenn der Fahrer die Außenleine eingezogen und in das Gebiß eingeschnallt hat, zieht er nun – auch von der Außenseite des Pferdes aus – die innere Leine durch Kammdeckelschlüssel und Leinenauge. Auch sie muß glatt liegen, d. h. die gesamte Leine nach dem Einziehen unverdreht sein.

Bei Sielengeschirren wird die Innenleine nur durch den Kammdeckelschlüssel gezogen. Bei richtigen Sielengeschirren gibt es auch gar keine andere Möglichkeit. Wo aber fälschlicherweise auch auf der Innenseite des Halsstückes ein Leinenführungsring vorhanden ist, muß man ihn frei lassen. Beim Annehmen der Leinen würde dieser Ring vom Hals des Pferdes abgezogen werden, und die Länge der Leinen stimmt dann nicht mehr (s. S. 135).

Damit das herabhängende Ende der Innenleine nicht die Gefahr des Hängenbleibens heraufbeschwört, muß es bis zum Anspannen sicher verwahrt werden. Dazu wird die Innenleine mit ihrer Umschnallstrippe in den Kehlriemen eingeschlauft (von hinten nach vorn). Sie läßt sich so leichter öffnen, als wenn sie zugeschnallt worden wäre. (Abb. 175)

Bis zu diesem Punkt hat das Ende der Leine

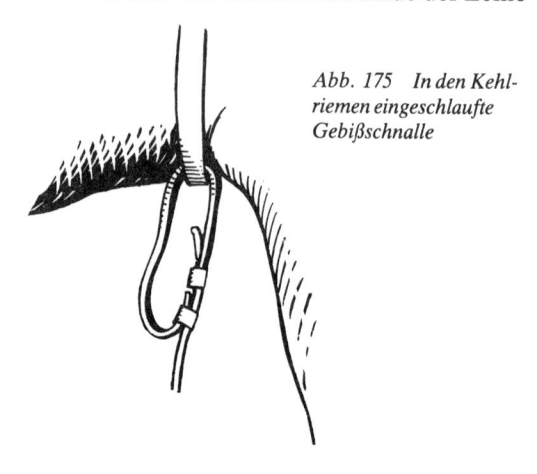

Abb. 175 In den Kehlriemen eingeschlaufte Gebißschnalle

a   b   c

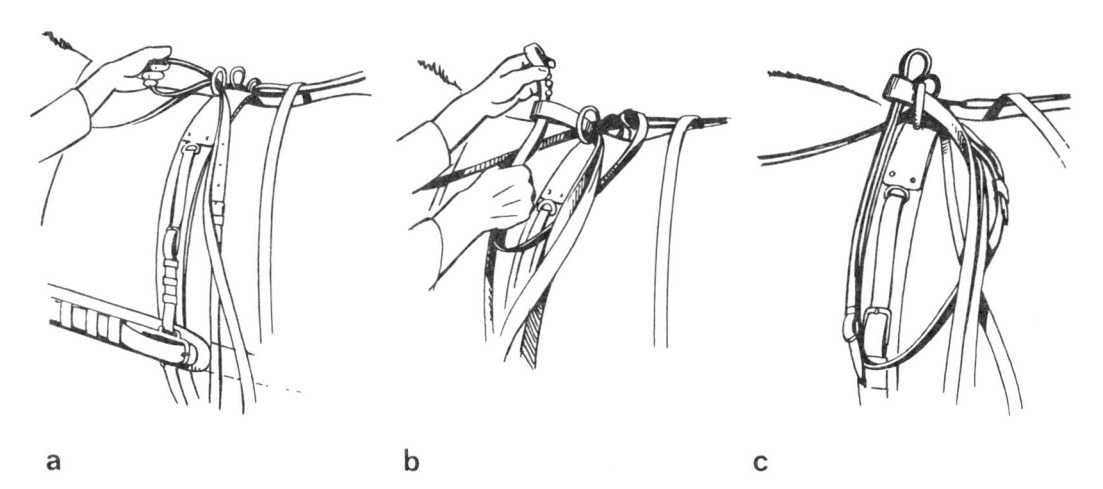

Abb. 176 So wird die Leine im Kammdeckelschlüssel befestigt
a Die Leine wird – einmal zusammengeschlagen – von hinten durch den Schlüsselring geführt
b Das herabhängende Leinenende wird wiederum doppelt genommen und von unten durch die Schleife geschoben, die sich vor dem Schlüsselring gebildet hat. Dann wird die erste Schleife festgezogen
c So befestigt, kann die Leine mit einem Zug am herabhängenden Leinenende gelöst werden

auf dem Unterarm des Fahrers gelegen. Nun wird es am Geschirr befestigt. Man legt das Leinenende zunächst zweifach zusammen und führt es dann unterhalb der Außenleine von hinten nach vorn durch den Kammdeckelschlüssel. Vor diesem bildet das Leinenende eine Schleife. Durch diese Schleife wird nun das noch freie Leinenende – wiederum doppelt zusammengelegt – von unten nach oben hindurchgesteckt und die erste Schleife von hinten festgezogen. (Abb. 176) Eine so befestigte Leine kann sich niemals von selbst lösen. Das etwa bis auf den Strangstutzen herabhängende freie Ende gestattet es jedoch dem Fahrer, die Leine mit einem Zug aus ihrer Befestigung zu lösen. (*Nach dem Gebrauch* sind die Fahrleinen aus den Geschirren zu entfernen und in der Geschirrkammer gesondert, in großen Schleifen, glatt hängend aufzubewahren.)

Sind Anschirren und Leinenauflegen beendet, wird mit einigen letzten Handgriffen das tadellose Äußere der Pferde wiederhergestellt. Dazu gehören nochmaliges Abwischen von Augen, Nüstern und Maul, das Glattbürsten der Mähne und das Entfernen von Strohresten, die sich eventuell in den Schweifhaaren verfangen oder in die bereits vorher gesäuberten Hufe eingedrückt haben.

Die Hufwände werden unmittelbar vor dem Herausführen sauber abgebürstet. Sie werden jedoch nicht eingeschmiert, weil man dadurch nur die Poren der Hufe verklebt. Noch schlimmer ist es, die Hufe mit einer schwarzen Schmiere zu verkleistern. In solchem Falle wird man den Verdacht nicht los, daß nicht gründlich entfernter Schmutz unter der Schmiere verborgen werden soll. (Gegen Einfetten der Hufe mit farblosem Hufffett im Rahmen der täglichen Pferdepflege – nach Beendigung der Arbeit und dem anschließenden Abwaschen der Beine – ist damit natürlich nichts gesagt.) Ein bewährtes Hausmittel erfahrener Pferdepfleger ist auch das Abreiben der Hufwände (außen) mit der Schnittfläche einer Zwiebel, was einen schönen Glanz hervorruft.

Erst wenn dies alles getan ist, können die Pferde den Stall verlassen.

Das Anspannen

Die Vorbereitung des Wagens

Strenggenommen kann man diese Arbeit noch nicht dem Anspannen zurechnen, da sie vorgenommen wird, noch ehe die Pferde angeschirrt sind. Da sie jedoch zur Sicherung des ungehinderten Arbeitsablaufes erforderlich ist, muß sie an dieser Stelle erwähnt werden.

Bevor mit dem Anschirren begonnen wird, muß der Wagen, der nach dem letzten Gebrauch gewaschen worden war und nun nötigenfalls noch einmal abgestaubt wird, aus der Wagenremise herausgezogen und aufgestellt werden.

Dabei wird die Betriebssicherheit des Wagens kontrolliert, z. B. ob die Räder in Ordnung sind, der Drehkranz geölt und die Bremse funktionstüchtig ist. Muß man mit einer Fahrt bei Dunkelheit rechnen, sind die Beleuchtungseinrichtungen zu prüfen. (Vorhandensein von Kerzen bzw. Ladezustand der Batterie.) In einem solchen Fall sollte man nicht nur für Reservekerzen sorgen, sondern auch die Lampen mit neuen Kerzen versehen. Zugleich sollte sich der Fahrer vergewissern, daß er die erforderlichen Materialien im Bockkasten verwahrt hat. Dazu gehören etwas Handwerkszeug, wie Hammer, Zange, Radschlüssel und andere Schraubenschlüssel, und ein Messer sowie Stricke, Bindfaden, Nägel und Hufnägel; außerdem Reserveteile für die Geschirre: mindestens ein Strang, eine Leine, ein Aufhalter, ein Kumtgürtel und – gegebenenfalls – auch eine Reservepeitsche. Früher mußten die meisten dieser Reserveteile bei Gespannkontrollen vorgewiesen werden. Jetzt kann der Fahrer selbst entscheiden, was er im Bockkasten mitführen will. Und noch eins: Ehe der Fahrer darangeht, den Wagen herauszuziehen, hat er sich aus der Geschirrkammer Aufhalter, Peitsche und einige Decken geholt, die er gleich auf den Wagen legt. Erst danach wird der Wagen zum Anspannen bereitgestellt. Das geschieht am besten auf einem Platz, von dem aus in gerader Richtung angefahren werden kann. Er soll nach Möglichkeit eben und horizontal gelegen sein, damit das Anfahren erleichtert wird. Die Bremse (eine Feststellbremse muß jeder Wagen haben) wird angezogen und die Deichsel eingesteckt.

Als nächstes zieht der Fahrer die Aufhalter von innen nach außen in die Deichselbrille ein, so daß sich die Schnallen auf der Außenseite befinden und sie leichter verschnallt werden können. (Abb. 177) Die Aufhalter werden zunächst kreuzweise über die Deichsel gelegt, damit sie nicht verschmutzen. Dann wird die Decke auf dem Fahrersitz so zurechtgelegt, daß der Fahrer sie nach dem Aufsitzen leicht und möglichst mit einer Hand um Oberschenkel und Knie schlagen kann. Im Sommer dient die Decke nur dem Schutz des Jacketts und der Hose vor etwa an den Leinen befindlichem, nicht in das Leder eingezogenem Fett. Sie bedeckt daher nur die Oberschenkel und darf bis etwa eine Handbreit unter das Knie reichen. Im Winter hüllt der Fahrer Rumpf und

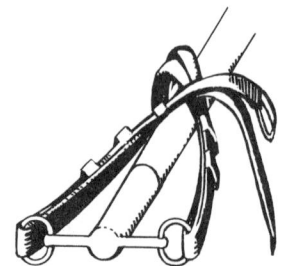

Abb. 177 Vor dem Anspannen werden die Aufhalter in die Deichselbrille eingezogen und kreuzweise über die Deichsel gelegt

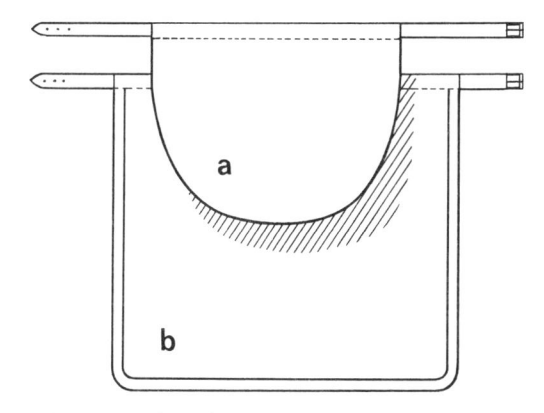

Abb. 178 Fahrerschürzen
a kurze Fahrerschürze
b lange Fahrerschürze mit Einfassung

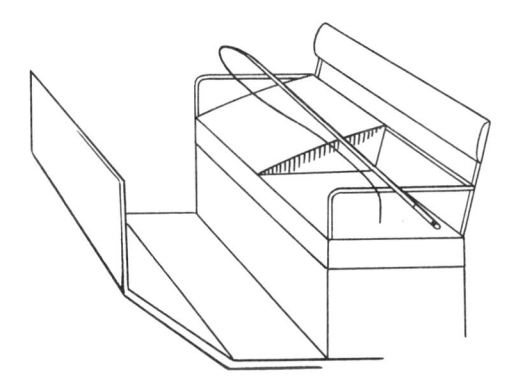

Abb. 179 So wird die Peitsche auf dem Bock abgelegt

der Polster vorzuziehen. Für die Mitfahrenden sind im Winter reichlich Decken mitzunehmen.

Als letztes wird die Peitsche quer auf den Bock gelegt, so daß sie mit dem Stielende nach links (in Fahrtrichtung gesehen) weist. (Abb. 179) Der Peitschenschlag liegt längs des Stockes, ist aber bei einer Zweispännerpeitsche keinesfalls um den Stock herumgewickelt. Beim Aufsitzen kann der Fahrer sie so leicht mit der rechten Hand aufnehmen. In gleicher Weise wird sie auch beim Absitzen wieder abgelegt.

An manchen Wagen ist an der Rückseite des Bockschirmes eine Ledertülle, der sogenannte Peitschenköcher, angebracht. Sie ist überflüssig, da der Fahrer während der Fahrt die Peitsche nicht aus der Hand legen darf. Zweckmäßig ist sie nur, wenn in ihr die Winkerkelle Aufnahme findet. Dazu sollte sie aber besser *vor* dem Fahrer (nicht am rechten Rande des Bockschirmes) angebracht sein, damit er sie mit beiden Händen leicht erreichen kann. (Abb. 180)

Ist der Wagen so vorbereitet, kann mit dem

Beine von den Hüften bis zu den Füßen in die Decke ein. Die Verwendung eines Fußsackes ist im Sommer unzulässig.

Da das Einschlagen in die Decke viel Übung erfordert und diese auch häufig verrutscht, sind sogenannte „Bockschürzen" (Abb. 178) erfunden worden, die, aus Stoff oder Kunstleder hergestellt, mit einem Ledergürtel um die Taille befestigt werden. Man findet sie sowohl in Form einer Cocktailschürze als auch in einer rechteckigen Form, letztere bei Stadt- und Parkgespannen mit den Polstern des Wagens farblich abgestimmt und mit einer Silberborte (bei Messingbeschlägen mit einer goldenen) umrandet; bei Landgespannen ist ein Karomuster mit einer Fassung in der Farbe

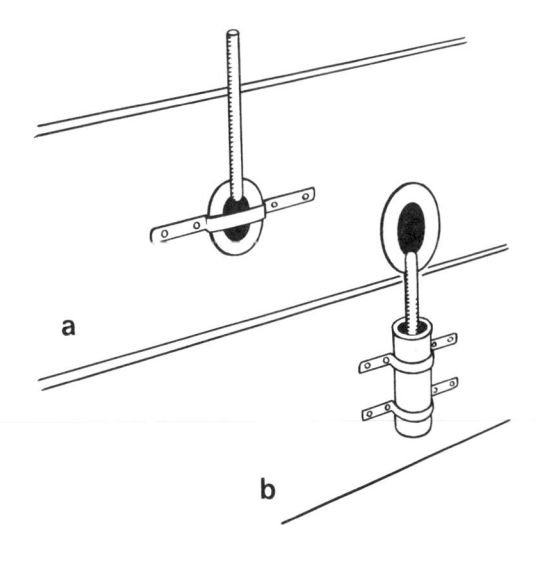

Abb. 180 Der Köcher für die Winkerkelle gehört vor den Sitz des Fahrers, damit er sie mit jeder Hand leicht ergreifen kann
a praktische Form
b Peitschenköcher

193

Anschirren begonnen werden. Auf diese Weise wurde der Zeitraum verkürzt, der zwischen dem Anschirren und dem Anspannen entsteht, um die Pferde nicht lange unbeaufsichtigt und angeschirrt im Stall stehen lassen zu müssen.

Das Herausführen der Pferde aus dem Stall

Stehen zwei Mann zur Verfügung, hat jeder von ihnen ein Pferd anzuschirren und anzuspannen. Dabei ist es üblich, daß der Fahrer das Sattelpferd, der Beifahrer das Handpferd übernimmt. Begründet wird dies damit, daß der Fahrer während des Anspannens die Leinenenden zusammenschnallen und danach aufsitzen muß. Beides hat von links zu geschehen. Zweckmäßigerweise befindet er sich daher von Anfang an auf dieser Seite des Gespannes.

Zum Anspannen werden die Pferde einzeln aus dem Stall herausgebracht und von hinten am Wagen vorbeigeführt. Sie gelangen so, ohne viel seitwärts oder rückwärts richten zu müssen, an die Deichsel. (Abb. 181)

Etwas komplizierter wird die Sache, wenn eine Person beide Pferde anspannen muß. Darauf kann man sich überhaupt nur mit ruhigen Pferden einlassen. Bei jungen und temperamentvollen Pferden, denen das Stillstehen noch Schwierigkeiten bereitet, ist es eine unumgängliche Forderung des Arbeits- und Gesundheitsschutzes, daß das Herausführen der Pferde und das Anspannen von zwei Personen ausgeführt wird.

Hat man jedoch ruhige Pferde und eine genügend breite Stallgasse sowie eine entsprechend weit zu öffnende Stalltür, können die Pferde nebeneinander herausgeführt werden. In diesem Falle wird die Innenleine des Sattelpferdes aus dem Kehlriemen gelöst, um den sie beim Auflegen der Leine geschlauft worden war, und in das Gebiß des Handpferdes eingeschnallt. Zum Führen geht der Fahrer dann an der linken Seite des Sattelpferdes und führt problemlos beide Pferde mit der rechten Hand.

Bei unruhigen oder sehr lebhaften Pferden kann diese Art des Herausführens unter Umständen gefährlich sein, weil die Pferde, seitwärts tretend, leicht irgendwo hängenbleiben können, was meist mit dem Zerreißen von Geschirrteilen, wenn nicht gar mit Schäden am Pferd verbunden ist. Hier wäre es vorzuziehen, daß der Fahrer zwischen beiden Pferden geht und sie an den inneren Backenstücken führt, weil er sie dann besser in der Hand hat. (Abb. 182)

Gestattet es die Breite der Stallgasse oder der Türöffnung nicht, die Pferde nebeneinander herauszuführen, und steht für das Anspannen kein zweiter Mann zur Verfügung, muß man die Pferde daran gewöhnen, hintereinander hinauszugehen. Der Fahrer führt dann das temperamentvollere der beiden Pferde und läßt das andere allein folgen. Dann hält er gleich vor der Stalltür an und läßt das nachkommende Pferd neben das andere treten. Pferde, mit denen man dieses Verfahren praktizieren will, dürfen jedoch nicht sehr heftig sein oder lange gestanden haben. Die aber, die an das Verfahren gewöhnt sind, stellen sich von selbst an die richtige Seite.

Stehen die Pferde nebeneinander, werden sie an den inneren Backenstücken zum Wagen geführt, und zwar seitlich von hinten am Wagen vorbei, bis sie mit den Kruppen vor der Deichselspitze stehen. Danach läßt man sie

Abb. 181 Führen der Pferde an den Wagen durch zwei Personen

Abb. 182 Führen von zwei Pferden durch eine Person

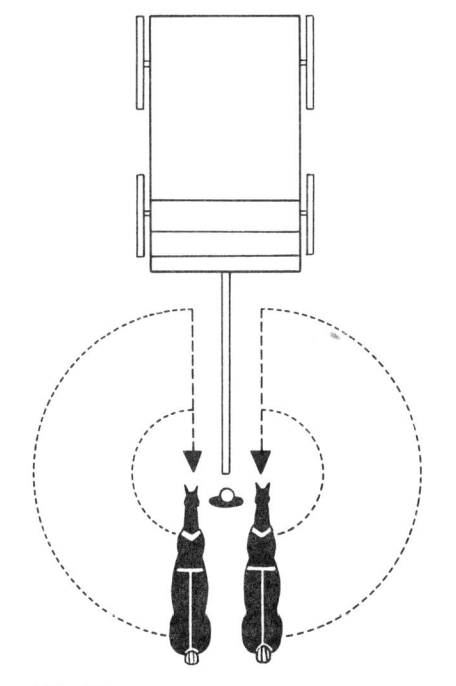

Abb. 183 Herumtretenlassen der Pferde

vorsichtig und langsam zurücktreten, wobei man zu verhindern sucht, daß sie zu stark nach der Seite abweichen.

Stehen die Pferde im Stall so, wie sie vor dem Wagen gehen, hat der Fahrer beim Herausführen das Sattelpferd zu seiner Rechten, das Handpferd zur Linken. So führt er beide Pferde von vorn an die Deichselspitze und läßt sie nach außen um 180° herumtreten. (Abb. 183) Da dies zugleich eine gewisse Übung für das Seitwärtstreten ist, gebührt dieser Methode bei Pferden, die zum Turniersport eingesetzt werden, der Vorzug.

Abschließend sei noch einmal hervorgehoben, daß die Kreuzstücke der Leinen beim Herausführen in der Regel nicht zusammengeschnallt werden. Dies erfolgt erst, wenn die Pferde an die Deichsel gestellt sind.

Das Anspannen

Das Anspannen geschieht in acht Schritten. Die im folgenden geschilderte Methode des Anspannens erlaubt es, das Gespann möglichst rationell und rasch, jedoch bei Beachtung größtmöglicher Sicherheit abfahrbereit zu machen.

Erster Schritt:
Innenleinen einschnallen
Dazu tritt der Fahrer vor die Pferde und schnallt zuerst die Innenleine des Sattelpferdes, die bisher in den Kehlriemen eingeschlauft war, in die innere Gebißseite des Handpferdes, so daß die glatte Seite der Leine dem Handpferd zugekehrt ist.

Die umgekehrt aufgesetzten Umschnallstrippen (s. S. 84 f.) der Innenleinen ermöglichen, daß die Leine so liegen bleibt, ganz besonders, wenn sie vor dem Einschnallen noch den „Drall" erhält (s. S. 86).

Danach wird die Innenleine des Handpferdes in gleicher Weise am Gebiß des Sattelpferdes befestigt.

Der Fahrer – er steht vor dem Gespann, das Gesicht den Pferdeköpfen zugewandt – muß nun die rauhen Seiten der Leine zwischen dem Leinenauge des Kumts bzw. zwischen dem Kammdeckelschlüssel des Sielengeschirrs und dem Gebiß des Nachbarpferdes sehen können.

Beim Einschnallen der Innenleine muß darauf geachtet werden, daß die Leine des Pferdes, das den Kopf höher trägt, über der des anderen liegt. Andernfalls bekommen die Innenleinen einen Knick, und die Pferde stören sich dauernd gegenseitig im Maul. (Abb. 184)

Das Einschnallen der Innenleinen erfolgt auch aus Gründen der Sicherheit zuerst. Sollten nämlich die Pferde aus irgendeinem Grunde erschrecken und losgehen, hat der zur Seite tretende Fahrer noch Gelegenheit, mit raschem Griff das vom Kammdeckelschlüssel herabhängende Ende der einen Leine zu fassen und die Pferde auf einen Kreis zu lenken. Das allerdings setzt ein hohes Maß an Reaktionsschnelligkeit und beherztes Zufassen voraus.

a

b

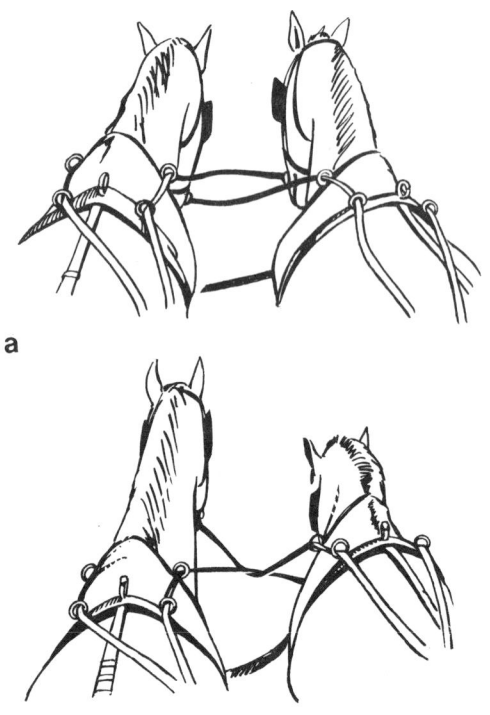

Abb. 184 Zusammenschnallen der Kreuzstücke
a richtig: Die Leine des Pferdes, das den Kopf höher trägt, liegt über der Leine des anderen
b falsch: Die Leinen erhalten einen Knick, und die Pferde stören sich dauernd gegenseitig im Maul

Zweiter Schritt:
Aufhalter lang eindornen
Erst nachdem die Innenleinen der Pferde eingeschnallt sind, wird die Verbindung mit dem Wagen hergestellt. Das geschieht, indem der Fahrer die Aufhalter durch den Brust- oder Aufhaltering zieht und zunächst „lang eindornt", d. h. in das erste Loch schnallt, ohne die Strippen schon durch Schlaufen zu stecken, weil die Aufhalter später noch verkürzt werden müssen.

Dritter Schritt:
Handpferd ansträngen
Ist die Verbindung zum Wagen hergestellt – der Fahrer befand sich dabei vor den Pferdeköpfen –, begibt er sich an die rechte Seite des Gespannes (in Fahrtrichtung gesehen), um die Stränge des Handpferdes zu befestigen. Dazu nimmt er den äußeren Strang vom Pferderücken und befestigt ihn am Ortscheit oder an der Docke. Danach folgt der innere Strang, bei dessen Befestigung der Fahrer sich hinter der Kruppe des Pferdes zu dem anderen Ende des Ortscheites vorbeugen muß, ohne dabei das Pferd zu erschrecken.

Bei jungen Pferden sollte man bei den ersten Anspannversuchen einen Weg wählen, der die Gefahr des Erschreckens verringert. Spannt man zweckmäßigerweise das junge Pferd neben ein älteres, schon fertig ausgebildetes und ruhiges Pferd, einen sogenannten Schulmeister, nimmt man den Innenstrang von der Seite des „Schulmeisters" aus vom Rücken des jungen Pferdes und befestigt zuerst diesen – ebenfalls von der Seite des ruhigen Nachbarpferdes aus –, bevor der äußere festgemacht wird. Einen zuverlässig ruhig stehenden „Schulmeister" spannt man auch deshalb richtigerweise an die rechte Deichselseite. Dann kann der äußere Strang des jungen Pferdes später (sechster Schritt) befestigt werden.

Vierter Schritt:
Leine des Handpferdes überwerfen
Ist das Handpferd angeströngt, löst der Fahrer die rechte Leine aus dem Kammdeckelschlüssel, indem er einfach das Leinenende ergreift und die doppelte Schleife (s. S. 191 f.) nach unten aufzieht. Dann wirft er vorsichtig und ohne die Pferde zu erschrecken das Ende der rechten Leine in Höhe der Kammdeckel nach der linken Seite des Gespannes hinüber. Das darf weder mit zuviel Schwung noch zu weit geschehen, damit das Leinenende auf der linken Seite des Gespanns etwa in Höhe des Strangstutzens hängt und nicht in den Schmutz fallen kann.

Grundsätzlich gilt: Solange sich der Fahrer auf der rechten Seite des Gespanns befindet, bleibt auch die rechte Leine dort. Erst wenn auf dieser Seite die Arbeit beendet ist, wird die rechte Leine nach links hinübergeworfen, und der Fahrer begibt sich unmittelbar danach auf diese Seite des Gespanns. Dieses Verfahren gibt ein Maximum an Sicherheit.

Fünfter Schritt:
Leinenenden zusammenschnallen
und unter Oberblattstrippe stecken

Jetzt tritt der Fahrer an den Kammdeckel des Sattelpferdes heran, löst die linke Leine aus dem Schlüsselring, erfaßt das am Kammdeckel herabhängende rechte Leinenende und schnallt die beiden Leinenenden zusammen. Dabei achtet er darauf, daß sich keine der Leinen verdreht hat. Die zusammengeschnallten Leinenenden werden nun doppelt genommen und von hinten nach vorn (auf den Pferdekopf zu) so unter die Oberblattstrupfe geschoben, daß die Leine an beiden Seiten gleich lang herabhängt. Das Leinenende (Leinenendschnalle) liegt nach dem Wagen zu und oben. So kann es der Fahrer bei einem unvorhergesehenen Umstand rasch erfassen und damit die Leine sofort in die Hand bekommen. Das ist eine weitere Sicherheitsvorkehrung. (Abb. 185)

Sechster Schritt:
Sattelpferd ansträngen

Die Stränge des Sattelpferdes werden befestigt, zunächst wieder der äußere, danach der innere. Auch während dieser Arbeit sind die Leinenenden in Reichweite des Fahrers.

Hat man ein junges Pferd neben einen Schulmeister einzuspannen, so befestigt man dessen Außenstrang jetzt, nachdem der innere bereits von der Seite des Schulmeisters angesträngt wurde. Ist das junge Pferd sehr aufgeregt, kann es der Fahrer auch am Kopf halten, während der Beifahrer den Innenstrang von der rechten Seite befestigt. Danach geht er zum Kopf des Pferdes, und der Fahrer befestigt den Außenstrang.

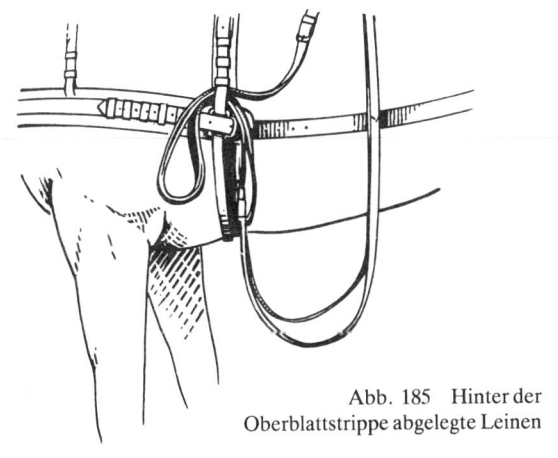

Siebenter Schritt:
Aufhalter verpassen

Sind beide Pferde eingespannt, muß noch die Länge der Anspannung korrigiert werden, damit einerseits die Deichsel ausreichend Führung besitzt, wenn die Pferde ziehen, andererseits bei gelegentlicher Mithilfe der Pferde beim Aufhalten des Wagens die Ortscheite nicht an die Hinterbeine der Pferde anschlagen können.

Diese Korrektur wird an den Aufhaltern durchgeführt. Sie werden so kurz geschnallt, daß sie und die Stränge am stehenden Gespann in kaum merklichem Bogen nach unten durchhängen, d. h. nicht gespannt sind. (Abb. 186)

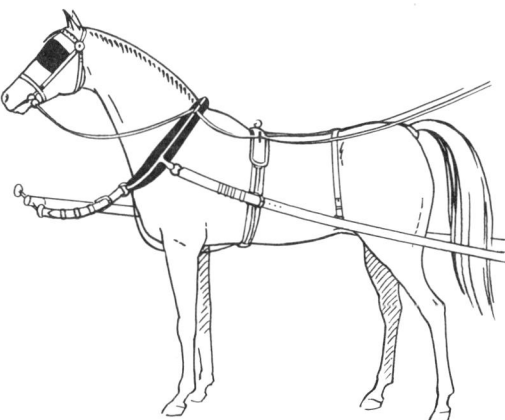

Abb. 186 *Korrekte Länge der Anspannung*
Aufhalter und Stränge sind nicht gespannt und hängen daher ganz wenig durch. Die Kumte liegen an den Schultern an.

Keineswegs dürfen die Aufhalter so kurz geschnallt sein, daß den Pferden im Stehen Kumte oder Brustblätter vom Hals abgezogen werden. Dadurch würde sich jede Bewegung der Deichsel auf den Widerrist der Pferde übertragen. Daraus läßt sich aber auch ableiten, daß in unwegsamem Gelände oder bei

Abb. 185 Hinter der Oberblattstrippe abgelegte Leinen

Wagen, deren Deichsel schlägt (was man schleunigst abstellen lassen sollte), die Aufhalter länger sein müssen. In der Regel werden bei ländlichen Arbeitswagen sowohl die Aufhalteketten als auch die Stränge etwas länger gewählt als bei einer Anspannung für sportliche Zwecke. Auch bei schwereren Kutschwagen mit Langbaum (z. B. Mail Phaeton) darf die Anspannung etwas länger sein.

Da mit einem lang angespannten Gespann ein rasches Halten fast nicht zu erreichen ist und schnelle Wendungen kaum mit dem oft erforderlichen kleinen Radius ausgeführt werden können, ist für das Sportgespann der kurzen Anspannung der Vorzug zu geben.

Achter Schritt:
abschließende Kontrolle
Der Fahrer überzeugt sich noch einmal, ob das Gespann nach dem Anspannen in verkehrssicherem Zustand ist. Diese Kontrolle sollte niemals ausgelassen werden. Es gibt so viele Details, die beim Anschirren und Anspannen zu beachten sind, daß schon leicht einmal etwas übersehen werden kann – und kleine Unachtsamkeiten können Ursache für größeren Schaden werden. Weil dadurch auch Menschen gefährdet werden können, ist mit dieser Endkontrolle eine große Verantwortung verbunden.

Damit ist das Anspannen beendet, und der Fahrer könnte aufsitzen. Muß er jedoch aus irgendeinem Grunde noch warten, bevor er die Leinen aufnehmen kann, tut er das in Höhe des Kopfes des Sattelpferdes. Er hält dabei beide Pferde mit der rechten Hand, wobei er die Leinen in folgender Weise faßt:

■ linke Leine des Sattelpferdes zwischen Daumen und Zeigefinger,
■ rechte Leine des Sattelpferdes zwischen Mittel- und Ringfinger,
■ linke Leine des Handpferdes zusammen mit der rechten des Sattelpferdes zwischen Mittel- und Ringfinger.
■ Die Faust wird geschlossen, so daß die unteren Finger die Leinen festhalten können.

Bei alldem wird die rechte Leine des Handpferdes nicht angefaßt.

Werden allerdings Pferde angespannt, die nicht lange ruhig stehen, so ist zu empfehlen, daß während des Anspannens und Wartens der Beifahrer oder eine andere geeignete Person vor den Pferden steht und sie an den inneren Backenstücken hält.

Das Anspannen in Stichworten
1. Innenleinen einschnallen
2. Aufhalter lang eindornen
3. Handpferd erst außen, dann innen ansträngen
4. Leine des Handpferdes überwerfen
5. Leinenenden zusammenschnallen und unter Oberblattstrupfe stecken
6. Sattelpferd erst außen, dann innen ansträngen
7. Aufhalter verpassen
8. Alles noch einmal überprüfen

Das Abspannen

Das Abspannen geschieht in genau umgekehrter Reihenfolge wie das Anspannen, so daß es genügt, den *Ablauf des Abspannens in Stichworten* anzugeben:
1. Aufhalter lang eindornen
2. Sattelpferd erst innen, dann außen absträngen
3. Leinen auseinanderschnallen, linke Leine im Leinenführungsring befestigen, rechte Leine überwerfen
4. Rechte Leine im Leinenführungsring des Handpferdes befestigen
5. Handpferd erst innen, dann außen absträngen
6. Aufhalter ausschnallen und kreuzweise über die Deichsel legen
7. Innenleinen aus den Gebissen ausschnallen (zuerst beim Sattelpferd, danach beim Handpferd) und die Umschnallstrippen der Gebißschnallen in die Kehlriemen schlaufen
8. Pferde vom Wagen wegführen

An- und Abschirren sowie An- und Abspannen lassen sich bei einiger Übung in wenigen Minuten korrekt ausführen. Bei der Ausbildung von Fahrern müssen derartige Übungen natürlich in dem erforderlichen Umfang stattfinden. Ähnliche Sicherheitsvorkehrungen, wie sie für das Anspannen von jungen Pferden beschrieben sind, sind auch beim Abspannen zu beachten.

Das Aufnehmen der Achenbach-Leine

Zunächst erscheint es angebracht, den Zweck des Leinenaufnehmens zu erklären. Bereits vor dem Aufsitzen – während z. B. der Beifahrer noch vor den Pferdeköpfen steht – soll der Fahrer die Leinen so abmessen können, daß er beim Einnehmen seines Platzes auf dem Bock sofort Verbindung zu den Pferdemäulern hat. Diese Verbindung soll so sein, daß die Pferde geradeaus antreten müssen. Damit wird ein beachtlicher Sicherheitsfaktor geschaffen, denn zum einen hat der Fahrer auch unruhige Pferde bereits in der Hand, ehe sie antreten können, zum anderen kennt er die Richtung des Antretens und kann im Bedarfsfalle darauf einwirken. Beginnt er hingegen erst nach dem Besteigen des Bocks mit dem Ordnen und Abmessen der Leinen, würde er mit einer erforderlichen Einwirkung zu spät kommen, wenn die Pferde sofort losgehen.

Darüber hinaus werden die Pferde durch die ständige, konsequente Wiederholung des Vorgangs daran gewöhnt, stehenzubleiben, bis der Fahrer die Hilfen zum Anfahren gibt.

Schließlich – und das ist für korrektes Fahren unbedingt notwendig – befinden sich die Leinen von vornherein im richtigen Verhältnis zueinander, gewissermaßen „in Nullstellung", aus der heraus die Leinengriffe voll wirksam eingesetzt werden können.

Um einen zuweilen vorgebrachten Einwand im voraus zu entkräften: Das richtige Aufnehmen der Achenbach-Leine bringt keinen Zeitverlust mit sich, wenigstens nicht für den darin geübten Fahrer, weil er die Leinen gewissermaßen auch „im Vorübergehen" richtig aufnehmen kann.

Zum Aufnehmen der Achenbach-Leine tritt der Fahrer neben das Sattelpferd und stellt sich, das Gesicht dem Pferd zugewandt, eine Armlänge vom Kammdeckel entfernt auf. Das kann man beim Lernen mit ausgestrecktem Arm „nachmessen", später wird dann das Augenmaß genügen. (Abb. 187 a)

Mit der rechten Hand ergreift der Fahrer die Leinen und zieht sie unter der Oberblattstrupfe hervor. (Abb. 187 b, c) Dabei werden die Leinenenden sofort über den linken Unterarm gelegt, wo sie bleiben, bis sie der Fahrer nach dem Platznehmen auf dem Bock wieder herabnimmt.

Die linke Leine wird erst einmal beliebig in der linken Hand gehalten. Die rechte Leine hingegen erfaßt der Fahrer – mit etwa bis zum Kammdeckelschlüssel erhobenem rechtem Arm – zwischen Zeige- und Mittelfinger. (Abb. 187 d) Der rechte Arm muß so weit gehoben werden, damit die rechte Leine recht nahe am Kammdeckel gefaßt werden kann. In der Regel muß die zunächst im Bogen herabhängende Leine ein recht großes Stück herausgezogen werden. Wäre die Leine zu lang gefaßt, müßte der Fahrer seinen Oberkörper zurückbeugen bzw. den rechten Arm weit nach oben drehen, was kraft- und zeitraubend ist.

Jetzt folgt einer der bedeutungsvollsten Abschnitte des gesamten Vorganges: Durch weiches Annehmen der rechten Leine wird die Verbindung zu den Pferdemäulern hergestellt. Dabei darf es nicht etwa dazu kommen, daß die Pferdeköpfe zur Seite gezogen werden. Der Fahrer muß aber in seiner Hand spüren, daß der Kontakt aufgenommen ist.

Nachdem die Verbindung mit den Pferdemäulern aufgenommen ist, läßt der Fahrer seine Hand auf der rechten Leine nach unten gleiten, bis der rechte Arm gestreckt am Körper herabhängt. (Abb. 187 e) An dieser Stelle hält die Hand die Leine fest. Von prinzipieller Bedeutung für das Leinenaufnehmen ist das Ausstrecken des rechten Armes nach unten nicht, es erleichtert jedoch das spätere Anpassen der Leinenlänge an die nach Wagenart unterschiedliche Entfernung von den Pferdemäulern zur Hand des Fahrers, weil ein für alle Fälle bestimmtes Stück der Leine bereits dabei verlängert worden ist.

Von der „Hosennaht" wird die rechte Hand vor die Körpermitte neben die linke geführt, welche diesen Platz gleich zu Anfang eingenommen hatte. Darauf geht die linke Hand an die rechte heran und übergibt dieser auch die linke Leine; sie wird zwischen Daumen und Zeigefinger gelegt.

Dem schließt sich der zweite bedeutungsvolle Abschnitt des Leinenaufnehmens an: Da der Fahrer in der Regel auf der rechten Seite des Bockes sitzt, ist die Entfernung zwischen seiner Hand und dem Maul des Sattelpferdes etwas größer als die zum Maul des Handpferdes. Dieser Unterschied muß ausgeglichen werden, weil sonst gut ausgebildete Wagenpferde, die an den Gebissen stehen, von der Geraden nach links abweichen würden.

Wenn der Fahrer zunächst die linke Leine nach vorn aus der rechten Hand herauszieht, so daß beide Kreuzschnallen (bei Grundschnallung) sich auf gleicher Höhe befinden (Abb. 187 g), ist dem Rechtssitz des Fahrers auf dem Bock noch nicht Rechnung getragen. Der Unterschied ist erst ausgeglichen, wenn die linke Leine etwa 5 cm weiter herausgezogen wird. (Abb. 187 h) Abmessen der Leinen heißt also auch: Erst die Kreuzschnallen auf gleiche Höhe bringen, danach die linke Kreuzschnalle eine Schnallenlänge (5 cm) weiter herausziehen. Die Leinen werden danach in die linke Hand übergeben, die sie in Grundhaltung erfaßt. (Abb. 187 i)

Da bei den verschiedenen Wagenarten – bedingt durch die Länge der Anspannung, die Höhe des Bockes und andere Faktoren – die Entfernung des Fahrers von den Pferden ziemlich deutliche Unterschiede aufweist, muß die Länge der nunmehr geordneten Leinen noch korrigiert und dieser Entfernung angepaßt werden. (Abb. 187 k) Das geschieht mit dem Griff „Leinenverlängern um ein größeres Stück" (s. S. 46).

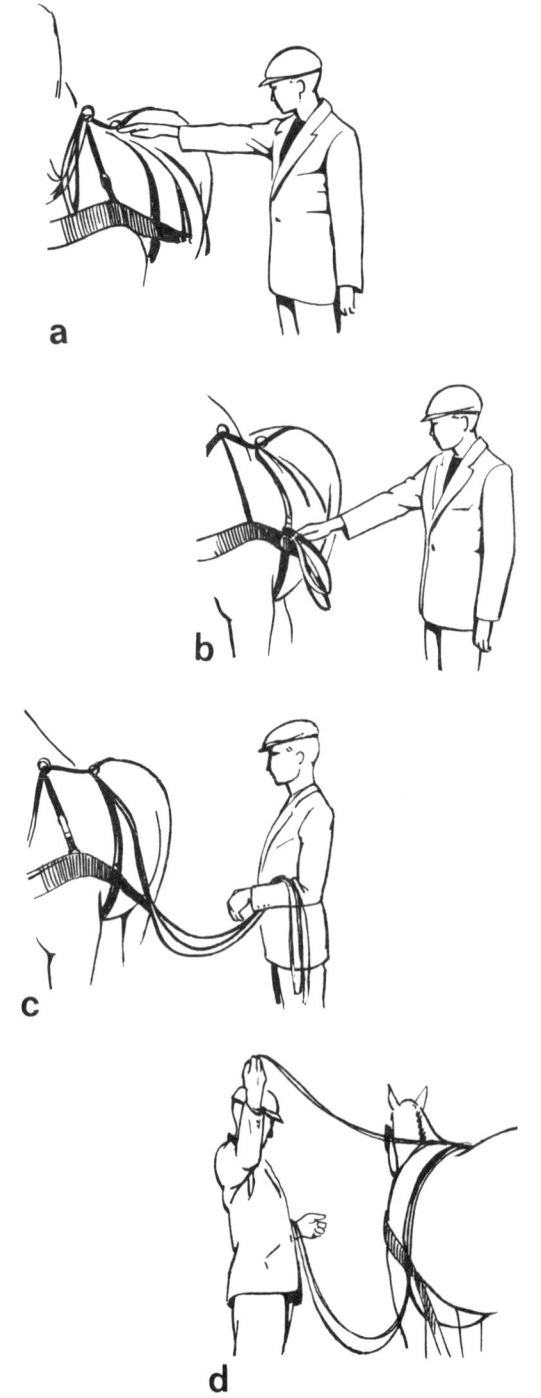

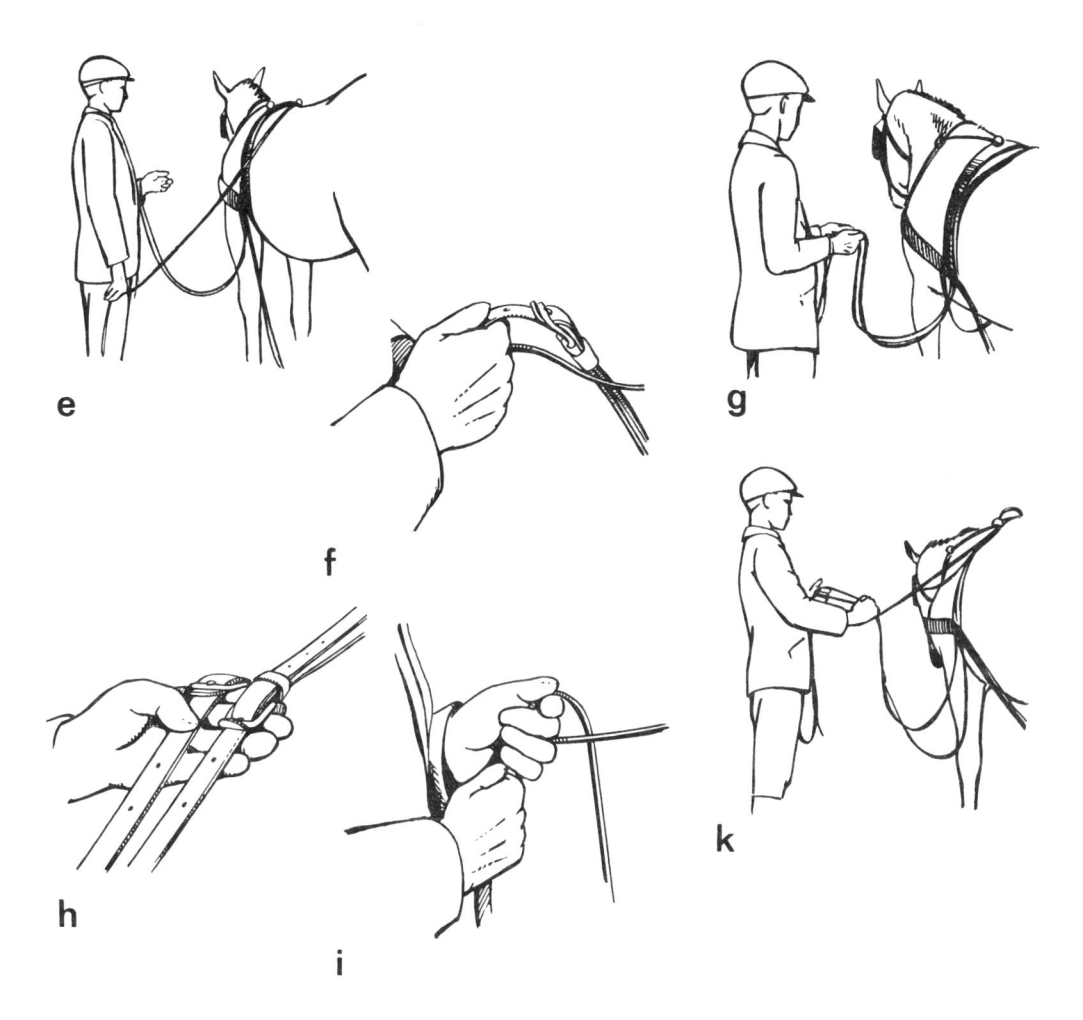

Abb. 187 Aufnehmen der Achenbach-Leine
a Der Fahrer stellt sich eine Armlänge vom Kammdeckel des Sattelpferdes entfernt auf
b Dann ergreift er mit der rechten Hand die Leinen und zieht sie unter der Oberblattstrippe hervor
c Die Leinenenden werden über den linken Unterarm gelegt
d Nun faßt er die rechte Leine zwischen Zeige- und Mittelfinger der rechten Hand kurz hinter der Kreuzschnalle und nimmt Fühlung mit den Pferdemäulern auf
e Anschließend streckt der Fahrer den rechten Arm nach unten und hält die Stelle der Leine fest, die er in dieser Haltung erfaßt hat
f Jetzt geht die rechte Hand vor die Mitte des Körpers, und die linke Hand legt ihr die linke Leine über den Zeigefinger
g Während die rechte Leine weiterhin an der Stelle festgehalten wird, an der sie der Fahrer mit ausgestrecktem Arm erfaßt hatte (s. e), zieht er mit der linken Hand die linke Leine soweit aus der rechten Hand heraus, bis beide Kreuzschnallen auf gleicher Höhe liegen
h Danach wird die linke Kreuzschnalle noch um eine Schnallenlänge (5 cm) weiter aus der Hand herausgezogen
i Dann setzt sich die linke Hand vor der rechten in die Leinen und übernimmt diese in Grundhaltung
k Abschließend wird die Gebrauchshaltung eingenommen, und die Leinen werden durch „Leinenverlängern um ein größeres Stück" soweit verlängert, wie es die Art des Wagens erforderlich macht

Unter Berücksichtigung dessen, daß die Leinen bereits um ein bestimmtes, für den Fahrer in der Regel individuell gleiches Stück verlängert worden sind (s. o.), muß er bei sehr kurz angespannten Wagen die Leinen noch um etwa 20 cm verlängern, bei Phaetons und Wagonetten um etwa 40 cm, bei Breaks und Char-à-bancs um etwa 50 bis 60 cm, bei sehr langer Anspannung (Arbeitswagen, mancher

Kremser) um 80 bis 100 cm. Das sind natürlich nur Anhaltsmaße. In der Praxis erwirbt der Fahrer bald das nötige Empfinden dafür, um welches Stück er die Leine bei seinem(n) Wagen verlängern muß.

Es wurde bereits erwähnt, daß das geschilderte Verfahren des Leinenaufnehmens für den Sitz des Fahrers auf der rechten Bockseite Gültigkeit hat. Sitzt er in der Mitte (was eigentlich nur für den Wiener Fiaker oder ein original ungarisches Gespann zutreffen kann), ist die Entfernung zu beiden Pferden gleich. Die Kreuzschnallen müssen daher auf gleicher Höhe sein. Bei Linkssitz des Fahrers, der nur auf Arbeitswagen mit linksseitiger Bremse vorkommt, muß die linke Leine um eine Schnallenlänge kürzer sein als die rechte.

In England sitzt der Fahrer gewöhnlich von rechts auf, im Grunde eine Praxis, die zu dem Rechtsverkehr auf unseren Straßen besser paßt als zum englischen Linksverkehr. Wo rechts zu fahren ist, hat das Leinenaufnehmen von rechts unbestreitbar den Vorteil, daß sich der Fahrer dazu außerhalb des Verkehrsraumes aufhalten kann und den Verkehr nicht behindert.

Zum Aufsitzen von rechts – und natürlich auch zum Leinenaufnehmen von dieser Seite – ist der Fahrer auch bei Wagen mit linksseitiger Druckbremse gezwungen, die ihm in angezogenem Zustand den Zugang zum Bock verwehrt.

Zum Vergleich seien Leinenaufnehmen von links und von rechts kurzgefaßt gegenübergestellt:

Leinenaufnehmen von links

○ Die Leinen liegen unter der Oberblattstrippe des *Sattelpferdes:*
Der Fahrer stellt sich eine Armlänge vom Kammdeckel entfernt auf.

○ Die *rechte Hand* zieht die Leinen unter der Oberblattstrippe hervor und legt die Leinenenden über den *linken* Unterarm, die *linke Leine* beliebig in der *linken Hand.*

Leinenaufnehmen von rechts

○ Die Leinen liegen unter der Oberblattstrippe des *Handpferdes:*
Der Fahrer stellt sich eine Armlänge vom Kammdeckel entfernt auf.

○ Die *linke Hand* zieht die Leinen unter der Oberblattstrippe hervor und legt die Leinenenden über den *rechten* Unterarm, die *rechte Leine* beliebig in der *rechten Hand.*

○ Der Fahrer erfaßt die *rechte Leine zwischen Zeige- und Mittelfinger* und stellt die Verbindung mit den Pferdemäulern her.

○ Der *rechte Arm* wird ausgestreckt; die *rechte Hand* hält die dann erfaßte Stelle der Leine fest.

○ Die *rechte Hand* setzt sich vor die Körpermitte, die *linke Hand* übergibt ihr die *linke Leine zwischen Daumen und Zeigefinger.*

○ Die *linke Hand* zieht die *linke Leine* so weit aus der Hand heraus, daß die *linke Kreuzschnalle* eine Schnallenlänge vor die rechte gelangt (bei Rechtssitz).

○ Die Leinen werden der *linken Hand in Grundhaltung übergeben.*

○ Die Länge der Leinen wird der Art des Wagens mit dem Griff „Verlängern um ein größeres Stück" angepaßt.

○ Die Leinen verbleiben in der *linken Hand* (zum Aufsitzen).

○ Der Fahrer erfaßt die *linke Leine mit Daumen und Zeigefinger* und stellt die Verbindung mit den Pferdemäulern her.

○ Der *linke Arm* wird ausgestreckt; die *linke Hand* hält die dann erfaßte Stelle der Leine fest.

○ Die *linke Hand* setzt sich vor die Körpermitte, die *rechte Hand* übergibt ihr die *rechte Leine zwischen Mittel- und Ringfinger.*

○ Die *rechte Hand* zieht die Kreuzschnalle der *rechten Leine bis auf eine Schnallenlänge an die linke Kreuzschnalle heran (bei Rechtssitz).

○ Die Leinen *bleiben in Grundhaltung in der linken Hand.*

○ Die Länge der Leinen wird der Art des Wagens mit dem Griff „Verlängern um ein größeres Stück" angepaßt.

○ Die Leinen werden vor dem Aufsitzen der *rechten Hand zur Grundhaltung mit der rechten Hand übergeben.*

Das für die Achenbach-Leine besprochene Leinenaufnehmen gilt im wesentlichen auch für alle anderen Leinen, wobei aber die Abweichungen, die durch die Konstruktion der Leinen bedingt sind, berücksichtigt werden müssen.

Der geübte Fahrer, dem das Abmessen der Leinen gleichsam automatisch von der Hand geht, wird im Laufe der Zeit auf einige der ausladenden Bewegungen verzichten können, ohne daß darunter die Genauigkeit des Abmessens leidet. Die als bedeutungsvoll hervorgehobenen Abschnitte des Gesamtvorgangs werden allerdings auch dann nicht an Bedeutung verlieren, wenn der Fahrer, gleichsam am Kammdeckel vorbeigehend, die Leinen unter der Oberblattstrippe hervorzieht und in fließender Bewegung Fühlung mit den Pferdemäulern aufnimmt, im Weitergehen die Kreuzschnallen aufeinander einrichtet und die linke hervorzieht, um dann – bereits neben dem Bock angekommen – noch kurz vor dem Aufsitzen die Leinenlänge dem Wagen anzupassen. Hierbei werden alle Sicherheitsfaktoren berücksichtigt, die Leinen korrekt aufgenommen – und nicht eine Sekunde vergeudet.

Wird das Gespann mit verschnallten Leinen, also nicht in Grundschnallung (vgl. S. 90), gefahren, so ergibt sich für das Aufnehmen der Leinen eine Veränderung. Aus Abbildung 51 geht hervor, daß dann (zum Aufsitzen von links) zunächst die linke Kreuzschnalle *bis zur Höhe des Mittellochs der rechten Leine* (6. Loch) herausgezogen werden muß, ehe sie nun um weitere 5 cm verlängert wird. Wer daran nicht denkt, darf nicht dem Leinenaufnehmen die Schuld an den nicht stimmenden Leinen geben.

Ein weiterer, bei ungeübten Fahrern nicht selten vorkommender Fehler besteht darin, daß die richtig abgemessenen Leinen nicht konsequent festgehalten werden, bis der Platz auf dem Bock eingenommen ist. Rutscht dabei eine Leine ein Stück durch die Finger, kann der Zweck des Abmessens verfehlt sein. Daher ist es wichtig, die korrekt abgemessenen Leinen auch beim Aufsitzen festzuhalten.

Achenbach-System noch zeitgemäß?

In den letzten Jahren ist, veranlaßt durch den Leistungsdruck im Leistungssport und durch den Ehrgeiz bei einer Anzahl von Fahrern, eine gewisse Vernachlässigung der streng fixierten Regeln des Achenbach-Systems zu beobachten. Das beginnt beim Aufnehmen der Leinen und endet beim Fahren mit geteilten Leinen in den Hindernissen der Geländetrabstrecke. Begründet wird dies vom seriöseren Teil dieser Fahrer mit dem Argument, Benno v. Achenbach habe sein System der Leinenführung unter ganz anderem Vorzeichen geschaffen, nämlich für die Führung von Gespannen im Stadtverkehr und auf Landstraßen. Das klingt zunächst plausibel, kann aber nicht zu der Logik führen, es sei darum in den Hindernissen nicht verwendbar.

Fahrer, die die Leinenführung nach dem Achenbach-System wirklich beherrschen und entsprechend ihren Grundsätzen zu handeln verstehen, werden kaum Schwierigkeiten haben, an diesen Grundsätzen auch in den Hindernissen festzuhalten. Dafür gibt es ausreichend Beweise. Wenn dabei, entsprechend der konkreten Situation Einzelelemente der Leinenführung abgewandelt werden müssen, ist dies noch kein Grund, an der Zweckmäßigkeit des Systems im ganzen zu zweifeln.

Die Auffassung hingegen, die Leinengriffe des Achenbach-Systems seien zu zeitaufwendig und für die rasche Reaktion zu langsam, läßt nur den Schluß zu, daß die Vertreter dieser Ansicht die Berechtigung dazu aus mangelhafter Automatisierung der Elemente der Leinenführung ableiten. An dieser Stelle sollte der Ansatz gefunden werden.

Auf- und Absitzen
Verhalten des Beifahrers

Gewöhnlich wird nach dem Aufnehmen der Leinen sofort aufgesessen. Ist dies aus irgendeinem Grunde nicht möglich, stellt sich der Fahrer mit Blickrichtung zu den Pferden links neben der Vorderachse auf. Da er hier dem Sattelpferd näher ist, als wenn er auf der rechten Bockseite säße, wird die linke Leine zu lang, die Pferde würden beim Antreten nach rechts schwenken. Um dies zu vermeiden, legt er die linke Leine zu einer kleinen Schleife unter den Daumen, so daß beide Leinen gleichmäßig anstehen. (Abb. 188) Später, beim Aufsitzen, läßt er die Schleife langsam wieder unter dem Daumen heraus.

Abb. 188 Schleife unter dem Daumen vor dem Aufsitzen

Gleiches ist auch zu empfehlen, wenn die Pferde beim Aufsitzen unruhig sind. So wird auf alle Fälle das gleichmäßige Anstehen der Leinen gewährleistet. Im letzteren Fall kann sich der Fahrer auch entschließen, das Anpassen der Leinenlänge an die Wagenart erst nach dem Aufsitzen vorzunehmen, da im „Normalfall" die Leinen während des Aufsitzens nicht anstehen.

Sitzt der Fahrer bei einem ruhig stehenden Gespann unmittelbar nach dem Leinenaufnehmen auf, kann er auf das Legen der Schleife verzichten. In Fahrer-Wettbewerben allerdings sollte er das nicht tun.

Während des Aufsitzens muß er ständig die Pferde im Auge behalten. Dadurch vermeidet er unliebsame Überraschungen, denn er kann rechtzeitig reagieren (z. B. auf plötzliches Antreten der Pferde).

Zum Aufsitzen ergreift der Fahrer – die Leinen in Grundhaltung und die Leinenenden über dem linken Unterarm (Abb. 189 a) – mit der freien rechten Hand die Bocklehne. Danach setzt er den rechten Fuß auf den Trittrand der Radnabe (Abb. 189 b), anschließend den linken Fuß auf den Trittdeckel der Hinterbrakke. (Abb. 189 c) Sind bei einem modernen Marathonwagen keine vorstehenden Naben an den Rädern mehr vorhanden, beginnt man einfach mit dem linken Bein. Das rechte wird daraufhin auf den Bock gesetzt.

Sobald der linke Fuß nachgezogen ist und der Fahrer mit beiden Beinen auf dem Bock steht, ergreift er mit der rechten Hand die Peitsche und tritt vor den rechten Bocksitz. (Abb 189 d)

Nun beginnt das *Eindecken*, falls der Fahrer nicht eine Bockschürze trägt, wie dies die meisten Turnierfahrer tun. Dazu wird die Peitsche der linken Hand übergeben. Dieses Eindecken ist etwas schwierig, weil dem Fahrer dazu nur die rechte Hand zur Verfügung steht. Die linke hat ja die Leinen zu halten. Eine verbindliche Art und Weise, wie der Fahrer die Decke um die Oberschenkel legt, gibt es nicht. Jeder muß die für ihn zweckmäßigste herausfinden. Es sind jedoch folgende unabdingbare Forderungen zu erfüllen:

▌ Das Eindecken muß rasch, aber ohne Hektik erfolgen.
▌ Die Decke darf (im Sommer) nur die Ober-

schenkel bedecken und maximal eine Handbreit unter das Knie reichen.
- Die Decke muß faltenfrei liegen.
- Sie darf nicht rutschen oder sich aufwickeln.

Muß die linke Hand beim Eindecken zu Hilfe genommen werden, darf dies nur soweit geschehen, als die Pferdemäuler dabei nicht behelligt werden. Nach dem Eindecken setzt sich der Fahrer, dessen Blicke auch während

Abb. 189 Besteigen des Bockes (Blick ständig zu den Pferden)
a Der Fahrer steht fertig zum Aufsitzen in Höhe der linken Radnabe
b Mit der rechten Hand erfaßt er den Haltegriff des Bockes, den rechten Fuß setzt er auf den Trittdeckel bzw. -rand der Radnabe
c Nun betritt er mit dem linken Fuß den Trittdeckel der Hinterbracke
d Bei Betreten des Bockes mit dem rechten Fuß wird die Peitsche aufgenommen und der linken Hand übergeben
Dann folgt das Eindecken, falls der Fahrer keine Fahrerschürze benutzt
e Der Fahrer nimmt seinen Platz auf dem Sitzkeil ein und nimmt mit der rechten Hand die Leinenenden vom linken Unterarm herab
f Er läßt die Leinenenden an seinem linken Oberschenkel herabgleiten und nimmt die Gebrauchshaltung ein

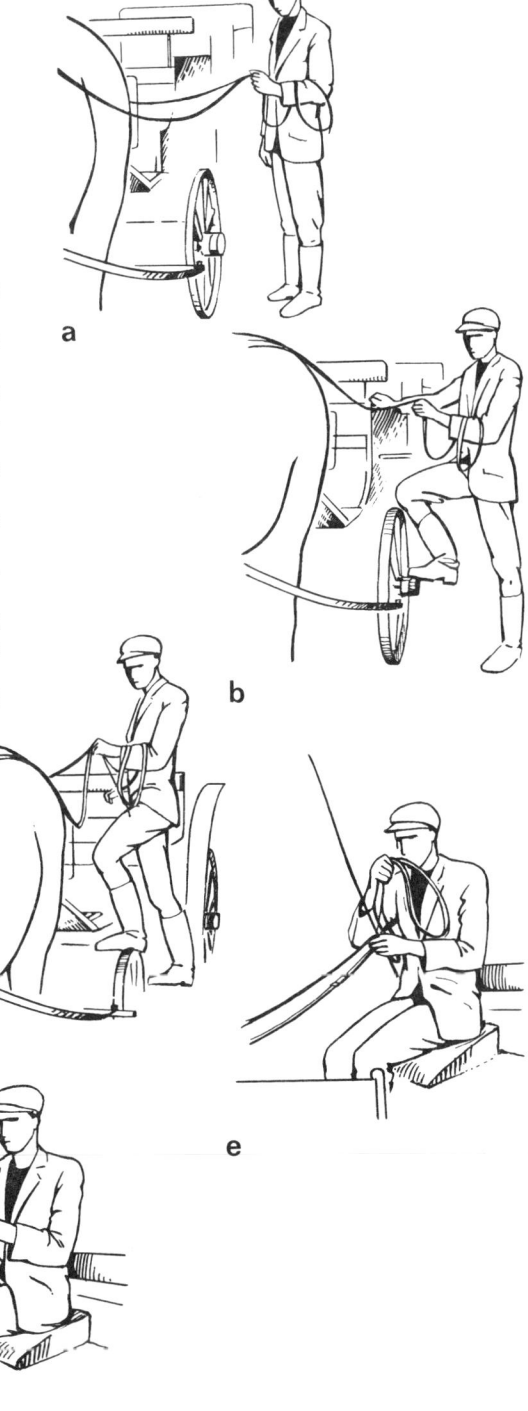

dieses Vorgangs ständig auf die Pferde gerichtet waren, auf seinen Platz.

Anschließend nimmt er mit der rechten Hand die Leinenenden vom linken Unterarm und läßt sie außen an seinem linken Oberschenkel herabgleiten. (Abb. 189 e, f) Dort verbleiben sie. Besitzt die verwendete Leine ein kleines Riemchen in der Endschnalle (s. Abb. 44), so wird dieses nun über den kleinen Finger der linken Hand geschoben. (Manche Fahrer hängen das Leinenende mit Hilfe des Riemchens vor Beginn des Leinenaufnehmens an. Dagegen ist nichts einzuwenden, es sei denn, die nach unten hängende Schleife der Leine wird so groß, daß beim Aufsitzen die Gefahr des Hineintretens besteht.)

Danach nimmt der Fahrer die Peitsche wieder in die rechte Hand und ist zum Anfahren bereit.

Aufsitzen von links	Aufsitzen von rechts
○ Leinen in Grundhaltung in der *linken* Hand, Leinenenden über dem *linken* Unterarm, *rechte* Hand an Bocklehne	○ Leinen in Grundhaltung in der *rechten* Hand, Leinenenden über dem *rechten* Unterarm, *linke* Hand an Bocklehne
○ Der *rechte* Fuß auf den Trittrand der Radnabe, danach der *linke* auf den Trittdeckel der Hinterbracke	○ Der *linke* Fuß auf den Trittrand der Radnabe, danach der *rechte* auf den Trittdeckel der Hinterbracke
○ Der *rechte* Fuß betritt den Bock, der *linke* wird nachgezogen	○ Der *linke* Fuß betritt den Bock, der *rechte* wird nachgezogen
○ Fahrer ergreift die Peitsche mit der *rechten* Hand und tritt vor den *rechten* Sitz	○ Fahrer übergibt die Leinen der *linken* Hand, legt die Leinenenden auf den *linken* Unterarm, ergreift die Peitsche – vor dem Sitz stehend – mit der *rechten* Hand und nimmt sie vorsichtig auf
○ Fahrer übergibt die Peitsche der *linken* Hand und deckt sich mit der *rechten* ein	○ Fahrer übergibt die Peitsche der *linken* Hand und deckt sich mit der *rechten* ein
○ Fahrer hebt die Leinenenden vom linken Unterarm und läßt sie am linken Oberschenkel herabgleiten	○ Fahrer hebt die Leinenenden vom linken Unterarm und läßt sie am linken Oberschenkel herabgleiten
○ Peitsche wird der *rechten* Hand übergeben	○ Peitsche wird der *rechten* Hand übergeben

Um auch für diesen Fall die Unterschiede zwischen dem Aufsitzen von links und dem von rechts zu verdeutlichen, seien beide Ausführungsarten stichwortartig gegenübergestellt.

Früher geschah es nicht selten, daß der Fahrer die Leinenenden unter sein Gesäß legte, um sie mit seinem Gewicht festzuhalten. Das ist eine recht gefährliche Angewohnheit, der man erfreulicherweise jetzt seltener begegnet. Besonders in Gefahrensituationen kann dies verhängnisvoll werden, weil der Fahrer dann nicht mehr in der Lage ist, eine ganze Parade auszuführen.

Das *Absitzen* wird in umgekehrter Reihenfolge ausgeführt wie das Aufsitzen. Am Kammdeckel des Sattelpferdes (oder des Handpferdes beim Absitzen nach rechts) werden die Leinen wieder doppelt zusammengeschlagen und unter die Oberblattstrippe geschoben.

So kann man allerdings nur vorgehen, wenn – bei Sportgespannen die Regel – ein Beifahrer vorhanden ist. Er sitzt ab, sobald die Pferde zum Halten gekommen sind, und stellt sich, das Gesicht den Pferden zugewandt, vor das Gespann. (Abb. 190) Unruhige Pferde faßt er an den *inneren Backenstücken* und versucht sie mit der Stimme zu beruhigen. An dieser Stelle bleibt er stehen, bis der Fahrer wieder aufgesessen und zum Anfahren fertig ist. Auch bei längerem Stehen des Gespannes ist der Platz des Beifahrers vor den Pferden, z. B. während der Siegerehrung oder anderer Zeremonien, und seine Blicke bleiben auf die Pferde gerichtet, selbst wenn eine Nationalhymne gespielt wird und alle anderen Anwesenden sich der Flagge zuwenden.

Während der Fahrt sitzt der Beifahrer neben dem Fahrer. Nur bei Gelände- und Streckenfahrten muß er diesen Platz dem Bockrichter (mitfahrenden Hilfsrichter) einräumen, und während aus dem Gedächtnis zu fahrenden Dressuraufgaben sowie während des Hindernisfahrens sitzt er auf dem linken Rücksitz.

Droht eine Gefahr, gerät am Geschirr etwas in Unordnung oder kommt das Gespann im Verkehr an eine unübersichtliche Stelle, wo der Fahrer einen Einweiser braucht, hat sich der Beifahrer sofort zu den Pferden zu begeben. Der Fahrer verläßt seinen Platz auch im Falle der Gefahr nicht. Durchgehende Pferde oder auch ein umgestürzter Wagen werden in den meisten Fällen bei umsichtigem Handeln des Fahrers nicht so großes Unheil anrichten wie führerlos gewordene Pferde.

Während einer Leistungsprüfung hat der Beifahrer niemals in die Leinen- oder die Peitschenführung einzugreifen. Das führt zum Ausschluß. Auch sonst sollte dies nur bei drohender Gefahr gestattet werden.

Fährt der Fahrer allein, muß aber den Wagen verlassen, ist das Gespann weitgehend zu sichern. Die vollständige Sicherung eines abgestellten Gespanns ist unmöglich. Daher darf es nur dann abgestellt und kurzzeitig allein gelassen werden, wenn die Pferde absolut verkehrssicher sind, aber auch dann nur, wenn sich das Gespann außerhalb des öffentlichen Verkehrsraumes befindet und auch nicht von allein in diesen gelangen kann.

Abb. 190 Der Beifahrer steht vor den Pferden und hält sie an den inneren Backenstücken

Es gibt nur einen Teil am Wagen, an welchem die Leinen befestigt werden dürfen, wenn ein Gespann abgestellt wird: die feste Hinterbracke. Falsch ist es, die Leinen an einem Teil des Obergestells des Wagens zu befestigen, weil sie dann bei einer Rechtsdrehung der Deichsel zu kurz werden und die Pferde unruhig machen, während sie bei einer Linksdrehung zu lang werden und die Pferde nicht mehr am Antreten hindern.

Die Länge der Leinen wird beim Abstellen des Gespannes so bemessen, daß die nicht im Zug stehenden Pferde (lose Stränge), denen auch Kumte oder Brustblätter nicht vom Hals abgezogen werden (lose Aufhalter), mit nicht eingeengtem Hals stehen können. Die Leinenenden sind an der festen Hinterbracke so zu befestigen, daß sie sich nicht von selbst lösen können, dem Fahrer dies jedoch keine Schwierigkeit bereitet.

Ob es überhaupt ratsam und verantwortbar ist, Pferde auch unter den geschilderten Vorsichtsmaßnahmen allein und ohne Aufsicht vor dem Wagen stehen zu lassen, ist nicht zuletzt von deren Temperament und Gewöhnung abhängig. Was man ruhigen, älteren Kaltblütern vielleicht noch zutrauen kann, wenn sie längeres Warten gewöhnt sind, dürfte sich bei temperamentvollen Sportpferden als unmöglich erweisen. Die Idylle des stundenlang unbeweglich vor der Kneipe auf seinen Kutscher wartenden Gespanns gehört jedenfalls der Vergangenheit an, ebenso wie die im Wagen mitgeführten Zentnergewichte, die, vor die Pferde gesetzt und durch eine Kette mit dem Gebiß verbunden, das Stehenbleiben des Gespannes sichern sollten.

Heute muß für die Gespanne der Grundsatz gelten, daß angespannte Pferde niemals ohne Aufsicht gelassen werden dürfen!

Anfahren und Anhalten

Das Anfahren

Anfahren und Anhalten sind zwei so gewöhnliche Vorgänge, daß man glauben könnte, darüber gäbe es nichts von Interesse zu sagen. Aus der Sicht des Sportfahrers, der jede Gelegenheit nutzt, um die Ausbildung seines Gespannes zu fördern, muß man schon mehr können als das „Hüh" und „Brrr", mit dem viele Gespannführer die entsprechende Reaktion erreichen. Damit soll natürlich nichts gegen die Verwendung der Stimme als Hilfsmittel gesagt sein. Aber sie muß bei der Ausbildung von Wagenpferden eben nur Hilfsmittel bleiben, das die Hilfengebung des Fahrers unterstützt. Dort, wo es darauf ankommt, die Ausbildung der Wagenpferde zu beurteilen, z. B. in Dressurprüfungen, wird die Verwendung der Stimme nicht den Beifall der Richter finden.

Ist der Fahrer mit richtig aufgenommenen und abgemessenen Leinen aufgesessen, kann er die Pferde leicht an die Hilfen stellen. Ein fast unmerkliches Fühlenlassen der Gebisse veranlaßt gut ausgebildete Wagenpferde, Anlehnung zu nehmen und die Gebisse loszulassen. Der Fahrer übergibt nun die Peitsche der linken Hand und nimmt die Leinen ein klein wenig an, um die Pferde auf das Kommende aufmerksam zu machen, etwa so, wie dies der Reiter mit der „halben Parade" bewirkt. Im Straßenverkehr, selbst dann, wenn weit und breit kein schnelles Kraftfahrzeug in der Nähe zu sein scheint, muß der Fahrer gleichzeitig den rechten Arm mit der Winkerkelle als Achtungszeichen für den nachfolgenden Verkehr heben und sich durch einen Blick nach hinten vergewissern, ob er gefahrlos anfahren kann. Letzteres ist besonders im Hinblick auf überholende Kraftfahrzeuge erforderlich, weil viele Kraftfahrer das Achtungszeichen des Fahrers nicht kennen oder übersehen.

Hat sich der Fahrer davon überzeugt, daß er gefahrlos anfahren kann, löst er mit der rechten Hand die Bremse und geht gleichzeitig mit dem linken Arm nach vorn. Ausgebildete Pferde treten daraufhin an, um wieder an die Gebisse zu kommen. *Beim Fahren* reicht das Nachgeben aus dem Handgelenk nur dann aus, wenn die Pferde an den Gebissen *und* im Zuge stehen. Müssen sie jedoch erst nach vorn in den Zug gestellt werden, muß das Nachgeben aus dem ganzen Arm erfolgen.

Bei Pferden, die sich noch in der Ausbildung befinden, unterstützt man das Nachgeben der Leine mit dem Zuruf „Marsch!", den das Pferd noch von der Doppellongenarbeit her kennt.

Dieser Zuruf muß stets *gleichzeitig* mit dem Nachgeben der Leine erfolgen, damit die Pferde beides miteinander in Verbindung bringen. Allmählich wird man dann den Zuruf weglassen können, weil die Pferde gelernt haben, auf das Nachgeben der Leinen anzutreten. Pferde, die in Gebrauchs- und Dressurprüfungen vorgestellt werden, müssen auf Leinennachgeben ohne Zuruf angehen.

Zischen, Zungenschnalzen und ähnliche von „Kutschern" zum Treiben der Pferde verwendete Laute sind nicht nur unschön, sondern auch deshalb ungeeignet und störend, weil sie dort, wo mehrere Gespanne zusammenkommen, die anderen Pferde irritieren können.

Es kommt vor, daß noch nicht korrekt an die Gebisse gestellte Pferde auf einfaches, selbst genügend deutliches Nachgeben der Leinen noch nicht antreten. In solchen Fällen gibt man ihnen durch Herausstellen der linken Hand vor die Hüfte des Fahrers etwas Rechtsstellung und gibt dann deutlich nach. Im Bedarfsfalle kann auch die Peitsche an das ruhigere der beiden Pferde – gewöhnlich das Handpferd – angelegt werden.

Wird auf abschüssiger oder ansteigender Straße angefahren, ist die Bremse erst beim Antreten der Pferde im erforderlichen Maße zu lösen, vergleichsweise so, wie das auch der Kraftfahrer in gleicher Situation mit der Handbremse macht.

Jeder Übergang in eine höhere Gangart muß von richtig ausgebildeten Wagenpferden auf nachgebende Leinenhilfen ausgeführt werden.

Eine der wichtigsten Forderungen an die Ausbildung des Gespannes ist, daß beide Pferde gleichmäßig antreten bzw. in ein anderes Tempo oder eine andere Gangart übergehen. Um dies herauszuarbeiten, muß der Fahrer bei jedem Anfahren und jedem Übergang auf die Gleichmäßigkeit der Ausführung Wert legen und in zweckmäßiger Koordinierung der Einwirkungen mit Leinen und Peitsche ständig an deren Verbesserung arbeiten.

Das Anhalten

Das Anhalten geht normalerweise allmählich vor sich. Die Ansicht, es sei erforderlich, daß das Gespann aus dem Trab plötzlich zum Halten durchpariert wird, ist falsch. Ein solcher Übergang kann nicht der Forderung nach Weichheit entsprechen.

Beim Reiten läßt sich beides miteinander vereinbaren. Beim Fahren dagegen würden bei ruckartigem Anhalten des Wagens nicht nur die Wageninsassen belästigt, sondern auch Wagen und Geschirre über Gebühr strapaziert.

Allmählicher, weicher Übergang bedeutet allerdings auch nicht, daß das Gespann eine lange Wegstrecke benötigt, um zum Stehen zu kommen. Ein bis zwei Pferdelängen sollten für die Parade ausreichen, wenn der Fahrer versteht, die Wirkung von Leinen und Bremse richtig zu koordinieren.

Um das Anhalten auszuführen, wird zunächst der erste Teil des Griffes „Verkürzen beider Leinen um ein größeres Stück" ausgeführt (s. S. 49 f.). Dazu schließt sich die rechte Hand in der Gebrauchshaltung, und die linke setzt sich ein größeres Stück – je nach Ausbildungsgrad der Pferde 20 bis 30 cm – vor der rechten Hand in die Leinen. Dort übernimmt die linke Hand die Leinen in Grundhaltung und danach von der rechten die Peitsche.

Als nächstes gibt der Fahrer das Achtungszeichen durch Erheben des rechten Armes und der Winkerkelle und überzeugt sich, daß der nachfolgende Verkehr seine Absicht erkannt hat.

Die geschilderten Vorgänge sind *rechtzeitig* vor dem vorgesehenen Haltepunkt einzuleiten, damit man sicher ist, daß das Achtungszeichen lange genug gegeben wird. Man halte sich dabei stets vor Augen, daß der Wagen keine Bremsleuchten besitzt, die dem Kraftfahrer sofort ins Auge fallen würden. Etwa vier bis zehn Meter vor der Stelle, wo der Wagen zum Halten kommen soll, nimmt die linke Hand beide Leinen an, und die rechte, nachdem sie die Winkerkelle rasch in die Tülle gesteckt hat, betätigt gleichzeitig die Bremse.

Ein unumstößlicher Grundsatz lautet: Der Wagen wird mit der Bremse aufgehalten, und die Pferde werden mit den Leinen pariert. Nur so gelingt ein weiches Anhalten. Sind die Pferde zum Halten gekommen, werden die Leinen wieder verlängert.

Mit dem gleichen Leinengriff führt der Fahrer auch alle Übergänge vom Trab zum Schritt aus, falls die Pferde noch nicht so gut ausgebildet sind, daß „Annehmen und Nachgeben" aus dem Handgelenk ausreicht und der Wagen eine Fußbremse besitzt.

Das plötzliche Halten in Notsituationen muß man auch in der Ausbildung der Pferde geübt haben, ohne es allerdings über das Kennenlernen und die zur Festigung erforderlichen Wiederholungen hinaus anzuwenden.

Für Vorkommnisse, bei denen es um die Verhütung von Unfällen, den Schutz von Menschen und die Erhaltung des kostbaren Materials geht, muß der Fahrer auch die Leinengriffe „halbe Parade", „ganze Parade" und „durchgehende Parade" voll beherrschen. (S. S. 50 ff.)

Zurücksetzen und Einschlagen

Der vorausschauende Fahrer wird sowohl bei Fahrten im Straßenverkehr als auch über Land selten zurücksetzen oder durch Einschlagen wenden müssen. Der Turnierfahrer hingegen muß in Dressurprüfungen das gerade Zurücksetzen des Gespannes demonstrieren und oft in den Hindernissen der Geländestrecke zu diesem Mittel Zuflucht nehmen. Da aber auch ein versierter Fahrer in Situationen geraten kann, in denen es aus einer Sackgasse oder engen Straßen kein anderes Herauskommen gibt, gehören diese Fertigkeiten zu seiner wie des Gespannes Ausbildung.

Das gerade Zurücksetzen

In den Aufgaben für Dressurprüfungen der Klassen L, M und S wird das Zurücksetzen auf gerader Linie verlangt. Als Kriterien für die korrekte Ausführung gelten:

▎ Jedes diagonale Beinpaar der Pferde wird gleichzeitig gehoben und aufgesetzt.
▎ Die Hinterfüße bleiben in Spurdeckung mit den Vorderfüßen.
▎ Alle vier Füße werden deutlich vom Boden abgehoben.
▎ Das Rückwärtstreten muß willig, gleichmäßig und ohne Stocken erfolgen.
▎ Die Pferde müssen an den Gebissen stehend den Wagen Tritt für Tritt ganz gerade zurückschieben.
▎ Aus dem Rückwärtstreten sollen die Pferde auf nachgebende Leinenhilfen wieder willig nach vorwärts antreten.

Demnach sind Widerstand gegen das Rückwärtstreten, Wegdrücken des Rückens und Hochnehmen von Kopf und Hals sowie Abweichen von der geraden Linie mit Verschiebung der Deichsel und schließlich hastiges Rückwärtstreten schwere Fehler.

Kurzes Zögern bei der Rückwärtsbewegung und geringfügiges, vorübergehendes Abweichen von der geraden Linie, bei dem die Deichselstellung nicht verändert wird, sind leichtere Fehler.

Aus den vorgenannten Forderungen geht hervor, daß das gerade Zurücksetzen nur gelingt, wenn die Deichsel genau im rechten Winkel zur Hinterachse steht. Der Fahrer muß daher vor Beginn des Zurücksetzens darauf achten, daß er schnurgerade zum Halten kommt, und er muß sich davon überzeugen, daß Deichsel und Bockschirm sich im rechten Winkel zueinander befinden.

Ist das Gespann exakt geradeaus gestellt, deutet der Fahrer zunächst die Hilfen zum Vorwärtsgehen an. In dem Augenblick jedoch, in dem die Pferde sich zum Vorwärtsgehen anschicken, veranlaßt die Hand durch Gegenhalten, das nötigenfalls zu einem leichten Rückwärtswirken werden kann, den ersten Rückwärtstritt, der sofort durch entsprechendes Nachgeben der Leinen „aufgefangen" wird. Die Pferde folgen der nachgebenden Hand, die jedoch, noch ehe sich der Impuls im Vortreten äußern kann, wiederum gegenhält bzw. leicht zurückwirkt.

Auf diese Weise werden die Pferde Schritt für Schritt zurückgeführt, ohne daß es zum übereilten Zurücktreten kommt. Bei Pferden, die sich das schnelle Zurücktreten bereits angewöhnt haben, bedarf es langwierigen und geduldigen Übens – zunächst vor einem leichteren Wagen oder gar ohne Wagen –, um sie nach jedem Rückwärtstritt zum Stehenbleiben zu bringen. Erst ganz allmählich kann man die Anzahl der Rückwärtstritte wieder steigern, wobei die Pferde lernen müssen, nur jeweils so viele Tritte zu machen, wie der Fahrer fordert. Eine von Anfang an richtige Schulung der Wagenpferde ist hier weniger zeitaufwendig als die Korrektur des Zurücksetzens.

Ein Gespann, das sich der Aufforderung zum geraden Zurücksetzen des Wagens widersetzt, ist für eine Dressurprüfung nicht reif.

Das gerade Zurücksetzen wird schwerlich gelingen, wenn die Pferde den Wagen ungleichmäßig zurückschieben und dabei die Deichselstellung verändern. Es ist daher eine ernst zu nehmende Trainingsaufgabe, das gleichmäßige Zurücktreten beider Pferde ebenso zu schulen, wie dies oben für das Anfahren und die Übergänge bereits erwähnt wurde.

Wird der Wagen von den Pferden nicht gerade zurückgeschoben, muß der Fehler in erster Linie beim Fahrer gesucht werden. Das taktisch richtige Verhalten des Fahrers in so einem Falle besteht darin, beim ersten fühlbaren Anzeichen dafür die Rückwärtsbewegung einzustellen, ein paar Schritte vorzufahren, bis die Deichsel genau gerade gestellt ist, und danach neu anzusetzen. Das gibt zwar einen Punktabzug, aber sicherlich keine Beurteilung mit „schlecht".

Wenden durch Zurücksetzen mit Einschlagen der Deichsel

Früher im Verkehr nicht gerade selten gebraucht, wird das Wenden durch Zurücksetzen mit Einschlagen der Deichsel heute nur noch als Teilwendung in Hindernissen der Geländestrecke erforderlich. Jedoch auch auf engen Feldwegen, zwischen Koppelzäunen zum Beispiel, muß der Fahrer manchmal zu dieser Methode greifen.

Voraussetzung für das Gelingen der beabsichtigten Wendung durch Zurücksetzen ist der richtige Winkel zwischen Deichsel und Hinterachse. Er soll immer die Hälfte des Winkels betragen, um den der Wagen in der Rückwärtsbewegung von der ursprünglichen Richtung abgehen soll. Will beispielsweise der Fahrer den Wagen in einen Weg zurücksetzen, der im rechten Winkel zur bisherigen Fahrtrichtung verläuft, muß die Deichsel in einen Winkel von 45° zur Hinterachse gebracht werden. Es gehört zu den Fertigkeiten des ausgebildeten Fahrers, einschätzen zu können, wohin sein Hinterwagen bei einer bestimmten Deichselstellung läuft, ebenso sicher, wie er das für den Wagen in der Vorwärtsbewegung können muß, um nicht „anzuecken".

Im vorangehenden Abschnitt wurde bereits erwähnt, welche Bedeutung das gleichmäßige Zurücktreten der Pferde für den Erhalt der Deichselstellung hat. Für das Zurücksetzen mit eingeschlagener Deichsel ist dies besonders wichtig, weil eine Veränderung des Winkels dazu führt, daß das Gespann nicht dort ankommt, wo es ankommen soll.

Anstelle langwieriger theoretischer Erläuterungen soll die Technik des Zurücksetzens und Wendens mit Einschlagen der Deichsel an den vier typischen Situationen erklärt werden.

Zurücksetzen in eine Parklücke
(Abb. 191)

Zurücksetzen in eine Parklücke ist schon für manchen Autofahrer ein Problem, das um so größer wird, je enger der freie Platz zwischen den bereits parkenden Fahrzeugen ist. Der Fahrer eines Pferdegespanns hat es dabei noch etwas schwerer, weil er nicht einfach durch Drehen der Räder und mehrfaches Vor- und Zurückfahren sein Ziel erreichen kann, ohne dabei den Verkehr längere Zeit zu behindern.

Um den Vorgang klarer zu machen, soll er in fünf Schritten dargestellt werden:
1. Schritt:
Der Fahrer fährt auf die Straßenmitte, nachdem er sich davon überzeugt hat, daß er das gefahrlos tun kann. (Abb. 191a) Dabei muß er zu den am rechten Straßenrand stehenden Fahrzeugen so viel Abstand gewinnen, daß er die Pferde nach rechts treten lassen kann, um die Deichsel in die erforderliche Winkelstellung zu bringen. (Abb. 191b) Die Pferde werden zum Herumtreten nach rechts veranlaßt, indem man die rechte Leine mehrfach

211

hintereinander leicht annimmt. Durch vorübergehendes Verstärken des Druckes auf die linke Leine wird das Seitwärtstreten beendet. Während die Pferde herumtreten, darf sich der Wagen nicht von der Stelle rühren.

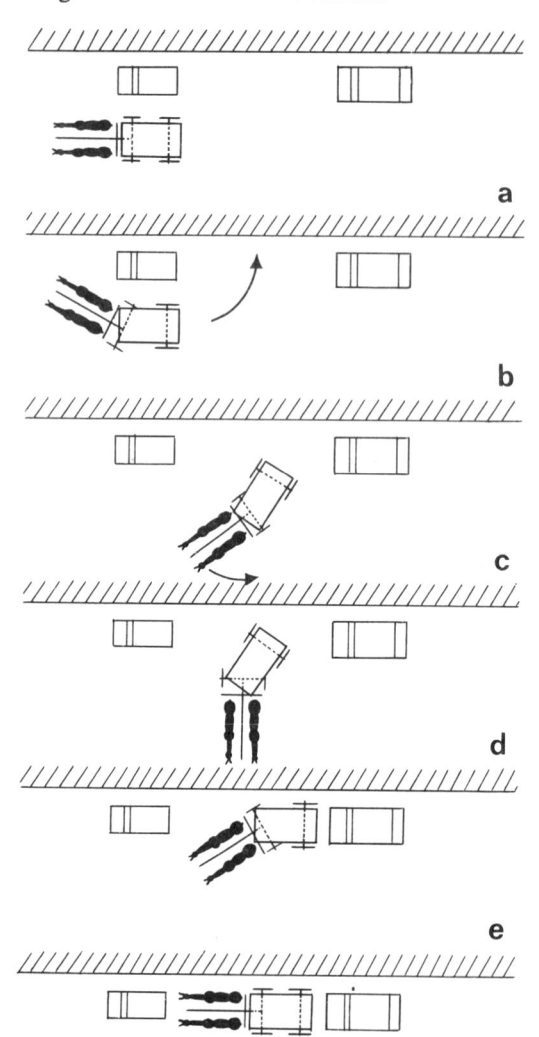

Abb. 191 Zurücksetzen in eine Parklücke
a Das Gespann wird auf die Straßenmitte geführt
b Der erforderliche Winkel der Deichsel nach rechts wird hergestellt
c Das rechte Hinterrad hat die richtige Entfernung von der Bordschwelle erreicht
d Nun wird der gleiche Winkel der Deichsel nach links hergestellt
e Nach Beendigung des Zurücksetzens muß der Wagen parallel zur Bordschwelle stehen
f Die Deichsel wird abschließend wieder geradeaus gestellt

2. Schritt:
Unter exakter Beibehaltung des Deichselwinkels läßt man nun die Pferde Schritt für Schritt zurücktreten, bis das rechte Hinterrad den Punkt erreicht hat, an dem es sich in der richtigen Entfernung vom rechten Straßenrand bzw. der Bordschwelle befindet. (Abb. 191c) Damit ist die Linie gegeben, auf der nach beendetem Zurücksetzen die beiden rechten Räder des Wagens stehen sollen. Das Zurücktreten wird beendet.

3. Schritt:
Von jetzt an sollen die Hinterräder, die bisher nach rechts gelaufen sind, ihre Richtung ändern und nach links laufen. Da die Deichsel immer in die Richtung gestellt werden muß, in welche die Hinterräder laufen, sind die Pferde nach links hinüberzunehmen (Abb. 191c) mittels leichter Anzüge der linken Leine. Auch jetzt darf sich beim Herumtreten der Pferde der Wagen nicht von der Stelle bewegen. Um den gleichen Winkelbetrag, um den die Deichsel in der ersten Phase nach rechts geschwenkt war, muß sie nun nach links stehen. (Abb. 191d)

4. Schritt:
Anschließend müssen die Pferde wieder Schritt für Schritt zurücktreten, bis der Wagen die gewünschte Endposition – in diesem Fall parallel zum rechten Straßenrand – erreicht hat. (Abb. 191e)

5. Schritt:
Abschließend sind die Pferde wieder nach rechts zu führen, so daß die Deichsel in ihre normale Stellung senkrecht zur Hinterachse gebracht wird. (Abb. 191f)

Zurücksetzen eines Wagens mit Langbaum

Bei einem Wagen mit Langbaum oder über den Vorderrädern nicht ausgeschnittenem Wagenkasten ist der maximale Einschlagwinkel der Deichsel begrenzt. Solche Wagen kann man nicht in eine relativ enge Parklücke zurücksetzen, wenn sie dabei ein größeres Stück seitlich verschoben werden müssen. In diesem Fall sucht sich der Fahrer vor Beginn des Zurücksetzens am besten eine Stelle aus, die mindestens eine Wagenlänge hinter dem Punkt liegt, an dem das Hinterrad nach beendetem Zurücksetzen stehen soll. Bis zu dieser Stelle wird der Wagen zunächst zurückgesetzt. Dort angekommen, fährt man dann geradeaus bis zum geplanten Haltepunkt vor.

Diese Art des Zurücksetzens hat den Vorteil, daß die Deichsel nur einmal eingeschlagen werden muß, dafür aber den Nachteil relativ großen Platzbedarfs.

Wenden eines Wagens durch Zurücksetzen in einen Seitenweg
(Abb. 192)

Muß man in einer schmalen Gasse oder auf einem engen Feldweg wenden, erspart man dem Gespann mehrmaliges Vor- und Rückwärtstreten, wenn man sich zum Wenden einen Seitenweg sucht. Das ist auch erforderlich, wenn die Breite des Weges geringer ist als die Entfernung von der Deichselspitze zur Vorderachse (bei Wagen mit unterlaufenden Rädern). Um einen Langbaumwagen in einer Straße wenden zu können, muß deren Breite mindestens der Gespannlänge (einschließlich Wagen) entsprechen.

Das Vorgehen des Fahrers läßt sich in diesem Falle in vier Schritten schildern:

1. Schritt:
Der Fahrer bringt sein Gespann unmittelbar nach dem Passieren des Seitenweges zum Halten, so daß das hintere Ende des Wagens in Höhe des Seitenweges steht. (Abb. 192 a) Dabei muß er vom Straßenrand noch so weit entfernt sein, daß er die Pferde in diese Richtung herumtreten lassen kann.

2. Schritt:
Der Fahrer läßt die Pferde die Deichsel nach der Seite stellen, auf der sich der Seitenweg befindet. (Abb. 192 b)

3. Schritt:
Nun läßt der Fahrer die Pferde zurücktreten. Der Hinterwagen läuft in den Seitenweg oder die Einfahrt hinein, so lange bis er parallel zur Begrenzung des Seitenwegs steht. (Abb. 192 c) Nun schätzt der Fahrer ab, ob der Wagen weit genug zurückgesetzt wurde, um ihn in die gewünschte Richtung ziehen zu lassen. Ist dies nicht der Fall, muß das Zurücksetzen mit wieder parallel zur Fahrtrichtung gestellter Deichsel fortgesetzt werden.

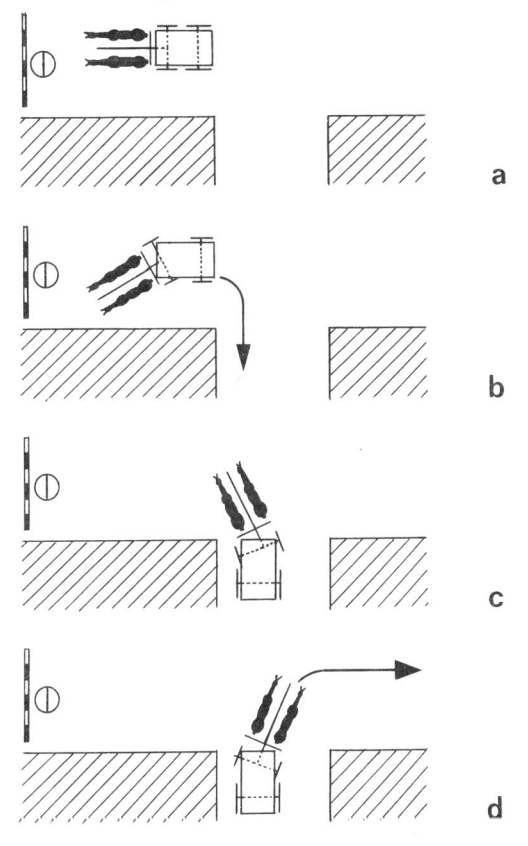

Abb. 192 Wenden eines Wagens durch Zurücksetzen in einen Seitenweg
a Der Hinterwagen hält in Höhe des Seitenweges
b Die Deichsel wird nach links gestellt; danach wird zurückgesetzt
c Nach dem Rückwärtstreten steht der Wagen gerade im Seitenweg
d Nun werden Pferde und Deichsel nach rechts hinübergenommen; das Gespann ist bereit zum Herausfahren

Beim Zurücksetzen darf keines der Räder anecken. Geschieht das, hatte der Fahrer vor Beginn der Wendung zu früh oder zu spät angehalten. Letzteres ist auch der Fall, wenn die der Wendungsseite zugewandten Räder an die Bordschwelle anstoßen.

4. Schritt:
Wenn der Wagen im Seitenweg zum Halten gebracht ist, läßt man die Pferde herumtreten und fährt dann in „neuer" Richtung wieder an (Abb. 192 d)

Ganze Wendung durch Zurücksetzen

Sind die zuvor beschriebenen Möglichkeiten des Wendens nicht gegeben, z. B. wegen Fehlen eines Seitenweges, bleibt zuweilen nur noch die ganze Wendung durch Zurücksetzen. Gegenüber dem Wenden durch Zurücksetzen in einen Seitenweg nehmen wir in diesem Fall den Vorteil wahr, die Deichsel nur einmal einschlagen zu müssen. Für Wagen mit nicht unterlaufenden Rädern und einem entsprechend großen Wendekreis hätte das allerdings zur Folge, daß die Pferde eine sehr lange Strecke rückwärtstreten müßten. Deshalb kann durch Zurücksetzen nur ein Wagen mit unterlaufenden Rädern gewendet werden. Teilwendungen nach dieser Methode sind aber nicht selten in Geländehindernissen erforderlich. (Abb. 193)

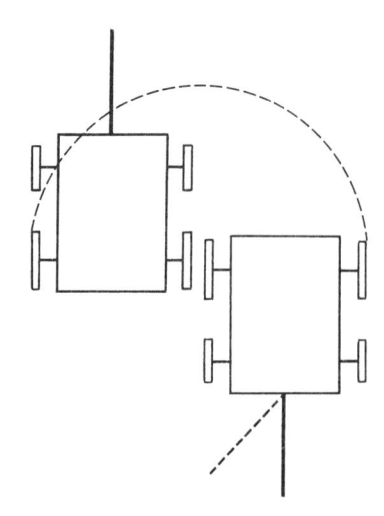

Abb. 193 Ganze Wendung durch Zurücksetzen des Wagens

Bei einem Wagen mit unter den Kasten laufenden Rädern kann der Fahrer die Deichsel in ziemlich großem Winkel einschlagen. Je mehr sie sich dabei einem Winkel von 45° gegenüber ihrer Ausgangsposition nähert, um so kleiner wird der Wendekreis der Hinterräder. Wird die Deichsel um 45° eingeschlagen, bleibt das innere Hinterrad auf seinem Platz stehen, während das andere einen Kreis beschreibt, dessen Radius der Spurweite der Hinterräder entspricht. Wird die Deichsel im rechten Winkel zum Wagen eingeschlagen, dreht sich der Hinterwagen auf der Stelle. Die Aussage hat allerdings nur theoretischen Wert, weil in diesem Falle die Pferde rückwärts und sehr stark seitwärts treten müßten, was nicht nur absolut unnatürlich, sondern auch gefährlich wäre (Kronentritte).

Die Gefahr von Kronentritten besteht schon bei einem geringeren Einschlagwinkel. Deshalb muß auch bei einem Deichseleinschlag von 45° langsam, Tritt für Tritt, zurückgesetzt werden.

Zu beachten ist ferner die Größe des Raumes, den der Wagen für das Wenden benötigt. Wendet man zum Beispiel nach rechts (Deichselstellung nach rechts), so muß vor der Wendung auf der rechten Seite des Wagens mindestens eineinhalb Wagenbreiten Platz sein.

Einige allgemeingültige Regeln zum Zurücksetzen:

O Zurückgesetzt wird immer nur so weit, wie das unbedingt erforderlich ist. Längeres Zurücktreten ist für die Pferde unangenehm.
O Zurücksetzen bergauf oder gegen ein Hindernis, z. B. einen Wall, muß vermieden werden. Ein aufmerksamer Fahrer entgeht einer solchen Situation durch Vorausschau.
O Muß man bergab zurücksetzen, bremse man lieber zuviel als zuwenig. Niemals darf der Wagen von selbst zurückrollen. Er muß so gebremst werden, daß die Pferde leicht schieben müssen. Der Fahrer muß deshalb die Pferde mit der linken Hand führen und mit der rechten die Bremse regulieren, falls der Wagen nicht über eine Fußbremse verfügt.

Der Gebrauch der Zweispännerpeitsche

Allgemeine Gesichtspunkte

Die Peitsche ist ein unentbehrliches Hilfsmittel für den Fahrer. Unsachgemäß gebraucht, kann sie aber in der Hand unbeherrschter oder ungeschulter Menschen zu einem Marterinstrument für die Pferde werden. Menschen mit solchen Charakter- und Kenntnismängeln sollten keine Pferde anvertraut werden.

Mit Hilfe der Peitsche kann der Fahrer sowohl treibend als auch versammelnd auf die Pferde einwirken, so wie das der Reiter mit seinen Schenkeln tut.

In seltenen Fällen dient sie auch zur Bestrafung von Widersetzlichkeiten, für die allerdings in neunzig Prozent der Fälle ein Mensch die Schuld trägt. Wenn eine Strafe einmal notwendig werden sollte, darf dazu bei Wagenpferden nur die Peitsche benutzt werden – niemals die Leine –, und zwar nur in der Weise, wie dies nachfolgend beschrieben wird. Peitschenschläge über Kopf, Hals, Rücken und Kruppe sind unter dem Begriff „Brutalität" zu klassifizieren und führen in Turnierprüfungen sowie auf Turnierplätzen und deren Umgebung unweigerlich zur Disqualifikation.

Der Fahrer muß in der Lage sein, mit dem Peitschenschlag genau die Körperpartie zu treffen, an welcher die Peitsche wirken soll.

In der Regel hat die Peitsche unmittelbar hinter dem Kammdeckel einzuwirken, an der Stelle also, an der sich auch beim Reiter der Schenkel befindet. In seltenen Fällen ist die Schulter des Pferdes zu treffen.

Der Fahrer muß diese Stellen genau treffen können. Das sollte er in der Ausbildung – natürlich nicht an den Pferden – geübt haben (s. S. 21 f.).

Dazu bedarf es einer bestimmten Technik. Die Peitschenhilfe muß nämlich aus vollem Arm erfolgen, bei leicht gebeugtem Ellbogengelenk. An dieser Bewegung sind Schultergelenk und Ellbogengelenk aktiv beteiligt, das Handgelenk wird nicht bewegt. Der Peitschenschlag legt sich auf diese Weise von oben nach unten an die betreffende Stelle des Pferdekörpers glatt an.

Der sogenannte „saugende Schlag", d. h. ein Aufwärtsziehen des Peitschenschlages am Pferdekörper, ist ebenso falsch und daher unzulässig wie eine Peitschenhilfe aus wippendem Handgelenk, die sehr ungenau ist, sowohl was die zu treffende Stelle als auch die Dosierung der Stärke betrifft.

Nach dem eben Gesagten versteht es sich von selbst, daß die rechte Hand beim Peitschengebrauch die Leinen loslassen muß. Wer beim Peitschengebrauch die Hand nicht von den Leinen löst, kann nicht richtig treffen, außerdem versetzt er den Pferdemäulern einen Ruck, der völlig sinnlos ist.

Die Peitschenhilfe muß unhörbar sein. Ein Fahrer, der nicht das vernichtende Urteil des Fachmannes auf sich ziehen will, wird weder mit der Peitsche knallen noch den Peitschenschlag schwirren oder sausen lassen. Das gilt sowohl für die Hilfengebung als auch für eventuelle Spielereien mit der Peitsche.

Peitschenhaltung

Die Zweispännerpeitsche muß einen steifen Stock haben, und zwar sowohl die Bogen- als auch die Juckerpeitsche. Mit einem biegsamen (oder verbogenen) Stock kann man nicht genau treffen. Je nach Wagen und Länge der Anspannung beträgt die Länge des Peitschenstockes 1,50 m bis 1,80 m, die gewöhnliche Länge ist 1,60 m. Der Peitschenschlag sollte etwa 20 bis 30 cm länger sein und aus runder Lederschnur bestehen. Sogenannte „Schmitzen" oder „Knappen" am Ende des Schlags widersprechen dem guten Stil und sind daher überflüssig.

Kurze Peitschen, mit denen man weder den Kammdeckel noch die Schulter des Pferdes erreichen kann, sind unbrauchbar.

Um die Peitsche uneingeschränkt einsatzfähig zu halten, muß man sie pflegen. Der Stock muß auf*gehängt* werden, denn in die Ecke gestellte Peitschenstöcke verbiegen sich. Der Bogen der Bogenpeitsche ist über eine Rolle zu legen (vgl. Abb. 115), so daß seine Schwanenhalsform erhalten bleibt.

Der Schlag der Peitsche wird nach jedem Gebrauch vom Staub gereinigt und durch einen Fettlappen gezogen, damit er nicht brüchig wird. Niemals wird der Schlag um den Peitschenstock gewickelt. In der Geschirrkammer hängt er (selbst der lange Schlag der Vierspännerpeitsche) glatt längs des Stockes herab oder wird, damit er den Boden nicht berührt, in großen, glatten Schlingen über dem Peitschenstock aufgehängt.

Die Peitsche gehört immer in die rechte Hand des Fahrers, die den Peitschenstock am Schwerpunkt anfaßt (etwa 20 cm oberhalb des Stockendes), und weist mit der Spitze schräg nach links-vorwärts-aufwärts, so daß die Spitze des Stockes sich über der Deichsel befindet. In dieser Haltung (nach Achenbach: linksschräg-vorwärts-aufwärts) bleibt sie während der gesamten Fahrt.

Beim Fahren im Straßenverkehr ist das Mitführen einer Peitsche polizeilich vorgeschrieben.

In Turnierprüfungen darf nur der Fahrer die Peitsche führen. Übernehmen der Peitsche durch einen Beifahrer führt zum Ausschluß. Während längerer Fahrten darf der Fahrer jedoch das Ende des Peitschenstockes auf dem Oberschenkel aufsetzen.

Wenn junge und unruhige Pferde durch das Wippen der Peitsche eher beunruhigt werden, kann der Fahrer die Peitsche während der Übungsfahrten auch vorübergehend aus der Hand legen. In diesem Fall gehört sie hinten in den Wagen, nicht in den sogenannten Peitschenköcher am Bockschirm. Dort nämlich beunruhigt sie die Pferde nur noch mehr. Will sie der Fahrer aus dem Köcher heraus wieder in die Hand nehmen, muß er sich nach vorn beugen, wobei er ungewollt die Leinen verlängert. Alles in allem sind also die „Peitschenköcher" für die Ablage der Peitsche nicht zu gebrauchen, können aber – wenn direkt vor dem Fahrer angebracht – als Aufbewahrungsort für die Winkerkelle gute Dienste leisten.

Bleibt während des Fahrens die Peitsche einmal in einem Baum hängen, wird der Peitschenstiel nach rechts vom Wagen weggeschleudert, damit die Insassen nicht getroffen werden. Dann hält man an, und der Beifahrer nimmt die Peitsche vom Baum herab. Will man dagegen eine im Astwerk verfangene Peitsche festhalten, bricht entweder der Stock, oder die Wageninsassen machen unliebsame Bekanntschaft mit ihr, was dem Fahrer sicherlich keine Lobeshymnen einbringt.

Gerät ein Fahrer einmal in Gefahr, die Kontrolle über das Gespann zu verlieren, lege er die Peitsche am besten hinter sich in den Wagen. Er hat dann ein wenig mehr Bewegungsfreiheit für die Hände und geht nicht das Risiko ein, durch unbeabsichtigtes Berühren mit der Peitsche die Pferde noch mehr aufzuregen.

Schließlich muß noch erwähnt werden, daß vor Ausführung von Peitschenhilfen am Sattelpferd das Ende des Stockes auf den Oberschenkel gesetzt wird, damit die Hand des Fahrers bis an das Stockende herabgleiten kann. Damit stehen ihm 20 cm mehr Peitschenlänge zur Verfügung.

Einwirkung mit der Peitsche

So, wie beim Reiten erst die Koordinierung der Einwirkungen mit Gewicht, Schenkeln und Zügeln zu wirksamen Hilfen führt, so muß auch mit der Einwirkung der Peitsche die mit den Leinen koordiniert sein.

Treibende Hilfen

Soll die Peitsche treibend wirken, so muß sie mit einem entsprechenden Nachgeben der Leinen verbunden sein. Da aber in der Regel Pferde nicht völlig gleichen Temperaments und von unterschiedlichem Arbeitseifer im Gespann gehen, muß man in vielen Fällen die treibenden Hilfen auf eines der beiden Pferde beschränken, um die Gleichmäßigkeit des Zuges nach Möglichkeit zu erhalten. Jegliche Peitschenwirkung ist in der Regel nur dann als optimal anzusehen, wenn sie ihren Zweck erreicht, ohne den gleichmäßigen Gang der beiden Pferde wesentlich zu stören. Dabei ist einiges zu berücksichtigen:

▌ Scheuklappen sind erforderlich, damit das nicht zu treibende Pferd die Peitscheneinwirkung auf das andere Pferd nicht sieht und auf sich bezieht. Für junge und temperamentvolle Pferde sind sie fast unerläßlich.

▌ Als treibende Einwirkung für das Gespann ist die Peitsche immer an das ruhigere der beiden Pferde anzulegen. Das temperamentvollere könnte dabei heftig werden und die Gleichmäßigkeit des Zuges verlorengehen.

▌ „Faule" Pferde, die öfter mit der Peitsche angetrieben werden müssen, sollte man in den Leinen vorlassen, jedoch schärfer zäumen. Die schärfere Zäumung soll bewirken, daß das „faule" Pferd nach der Peitscheneinwirkung nicht zu heftig vorwärts geht, so daß der Fahrer bei der erforderlichen Reaktion mit der Hand nicht das „fleißige" Pferd im Maul zu stark anfaßt.

▌ Tritt eines der beiden Pferde nicht an das Gebiß heran, so sollte es ebenfalls in den Leinen langgeschnallt und mit der Peitsche angetrieben werden, damit es sich gleich dem anderen am Zuge beteiligt. In diesem Falle sollte man aber auf eine möglichst weiche Zäumung bedacht sein, damit dem Pferd das Herantreten an das Gebiß angenehmer ist. Hin und wieder kann man Fahrer sehen, die gedankenlos und ohne ersichtliches Erfordernis „mal dies, mal das Pferd" mit der Peitsche antippen. Sie verhalten sich genauso falsch wie die, die ständig mit den Leinen zuckeln und damit treiben wollen. Höher im Blut stehende Pferde macht man damit nur nervös, andere werden abgestumpft. Der gute Fahrer erreicht seinen Zweck mit einer genau placierten, wohldosierten Einwirkung mit der Peitsche.

Wenn ein Fahrer stark ermüdete oder gar erschöpfte Pferde mit starkem Peitschengebrauch vorwärts zwingen will, ohne ihnen die Möglichkeit zur Erholung zu geben, hat das mit Treiben bestenfalls den Namen gemein. Hin und wieder kommt das als bedauernswerter Auswuchs maßlosen Ehrgeizes bei Sportfahrern in Gelände- und Streckenfahrten noch vor, besonders, wenn Pferde in unzureichendem Trainingszustand in solche Prüfungen gehen sollen. Erschöpfte Pferde mit Peitscheneinsatz zum Weitergehen zwingen zu wollen ist grobe Tierquälerei, die von den Richtern bereits im Ansatz zu unterbinden ist. Ist jedoch der Tatbestand vollendet, muß ein solcher Fahrer ohne Nachsicht von der Prüfung ausgeschlossen werden, so fordern es die Bestimmungen des Fahrreglements der FEI und auch die der LPO.

Versammelnde Hilfen

So, wie die versammelnden Hilfen des Reiters in einem Zusammenspiel von treibenden Einwirkungen mit Kreuz und Schenkeln und verhaltenden Einwirkungen mit den Zügeln bestehen, setzen sich auch die versammelnden Hilfen für ein Gespann aus den beiden Komponenten „treibende Einwirkung mit der Peitsche" und „Gegenhalten der Hand" zusammen.

Das für die versammelnden Hilfen des Reiters charakteristische Nacheinander dieser beiden Komponenten gilt auch für die versammelnden Hilfen bei Wagenpferden – mit dem Unterschied, daß hier der unmittelbare Kontakt des Reiters mit dem Pferd auf die mittelbare Verbindung durch die Leinen reduziert ist und dieser enge Körperkontakt des Reiters nur unvollkommen durch das scharf beobachtende Auge des Fahrers ersetzt werden kann.

Von einer versammelnden Hilfe sind die Leinen gegebenenfalls etwas zu verkürzen. Darauf ist die Einwirkung mit der Peitsche so auszuführen, daß der Peitschenschlag von dem fast waagerecht liegenden Peitschenstock hinter dem Kammdeckel senkrecht auf den Pferdeleib fällt und sich ihm glatt anlegt. Ganz bedeutsam für die versammelnde Wirkung ist es, daß der Peitschenschlag auf dem Pferdeleib liegenbleibt, während die Hand weich gegenhält. Sieht der Fahrer die Wirkung, wird der Peitschenschlag abgehoben.

Da der Fahrer nur eine Peitsche hat, muß er sie auch zur versammelnden Hilfe an das lässigere der beiden Pferde anlegen in der Hoffnung, daß das temperamentvollere schon daraus den Impuls zum weiteren Vortreten der Hinterbeine unter den Leib erhält. Wenn das nicht der Fall ist, bleibt ihm nichts anderes übrig, als die versammelnde Hilfe mit der Peitscheneinwirkung am anderen Pferd zu wiederholen. Auf dem Dressurviereck würde er dann kurz vor einer Ecke versammelnd auf das innere und nach der Ecke auf das äußere Pferd einwirken.

Für das Bergauffahren wurde an anderer Stelle darauf hingewiesen, daß die Pferde im Zuge den Hals nach vorn strecken und den Rücken aufwölben, um sich so besser gegen die Last stemmen zu können. Dazu wurde das „Verlängern der Leinen um ein größeres Stück" empfohlen. Jetzt ist einschränkend anzumerken, daß dies in erster Linie für schweren Zug gilt, bei dem die maximale Nutzung der Schubkraft der Hinterbeine gefordert ist, und zwar ohne Rücksicht auf Gangart und Tempo.

In Gelände- und Streckenfahrten hingegen, bei denen mit mittlerer Last auch das Überwinden von Steigungen im Trab verlangt wird, bedarf es eines gewissen Schwungs, den die Pferde nur entwickeln, wenn sie sich ein wenig aufrichten können. In einer solchen Situation darf man daher die Pferde nicht „auseinanderfallen" lassen, sondern muß mit versammelnden Hilfen den Schwung zu erhalten suchen.

Strafen mit der Peitsche

Strafen sollte man ein Pferd nur, wenn das unumgänglich ist. Modalität und Dosierung der Strafe müssen ihre erzieherische Wirkung garantieren. Bösartige Widersetzlichkeiten kommen bei richtig ausgebildeten und erzogenen Pferden kaum vor, besonders dann nicht, wenn es der Fahrer verstanden hat, sozusagen ein „Vertrauensverhältnis" zu seinen Pferden herzustellen.

Widersetzlichkeiten haben ihre Ursache oft in falscher Behandlung des Pferdes oder in unerkannten Nachlässigkeiten. Das läßt sich nicht immer sofort – wie es zumeist die Situation erfordert – herausfinden. Mit der gewünschten Wirkung zu strafen setzt daher große Erfahrung voraus, weil man einerseits mit einer energischen Peitscheneinwirkung im richtigen Augenblick und an der richtigen Stelle den beabsichtigten Erfolg dauerhaft erreichen kann, ebenso aber nicht wieder gutzumachenden Schaden anrichtet, wenn die Peitschenstrafe beim Pferd nicht zu der Reaktion führt, die erzeugt werden sollte.

Eine strafende Einwirkung ist nur dann sinnvoll und erfolgversprechend, wenn sie unmittelbar (d. h. mit einer Verzögerung von höchstens 2 bis 3 Sekunden) auf die „Tat" folgt. Bei größerem zeitlichem Abstand kann das Pferd den durch die Strafe erzeugten Schmerz nicht mehr mit dem Anlaß dafür in Verbindung bringen.

Daraus ergibt sich folgender Grundsatz: Kann der Fahrer auf eine Widersetzlichkeit oder andere Unart nicht sofort reagieren (weil er sie nicht vorausgesehen hat und überrascht wurde), darf er nicht mehr strafen. Eine verspätete Strafe ist sinnlos und damit Tierquälerei, sie würde außerdem das Vertrauen des Tieres in den Menschen untergraben. Der Fahrer muß deshalb warten, bis sich dieselbe Unart wiederholt, und zu sofortiger Reaktion bereit sein. Je besser der Fahrer seine Pferde kennt, um so seltener wird er in eine solche Situation kommen.

Häufig sind es kleine Veränderungen oder Nachlässigkeiten, die zu einer unerwünschten Reaktion des Pferdes führen, das Pferd beunruhigen: Ein Riemchen kann verdreht sein und drücken; ein Haar ist in der Schweifmetze eingeklemmt oder hat sich in der Kopfstückschnalle verfangen, ein Geschirrteil reibt u. a. Auch Zahnschmerz, der häufiger vorkommt, als man denkt, ein unerkannter Ladendruck usw. können zu Schmerzäußerungen führen. In solchen Fällen sind Strafen eine Roheit, denn das Pferd kann nicht – wie der Mensch – über den Schmerz hinweggehen. Hier hilft nur Suchen, Erkennen und sofortiges Beseitigen der Ursachen.

Eine strafende Einwirkung mit der Peitsche wird in gleicher Weise ausgeführt wie die versammelnde Hilfe, jedoch wird der Schlag energischer angelegt, und die Hand hält stärker gegen. Nachgeben mit der Hand im Anschluß an die Strafe verbessert deren Wirkung.

Erforderlichenfalls ist der Peitschenschlag auf die Schulter oder den Vorarm zu legen (z. B. als Korrektur für das Ausfallen der Schulter). Niemals dürfen Peitschenstrafen auf die Kruppe oder den Rücken des Pferdes gegeben werden, weil sie dort häufig zu einer falschen Wirkung (z. B. Ausschlagen) führen. Auch darf der Fahrer beim Strafen seinen Oberkörper nicht vorbeugen, weil dabei ein Nachgeben der Leinen kaum zu vermeiden ist.

Strafen müssen unmißverständlich sein. Sie sollen einen deutlichen Schmerz hervorrufen. Dazu bedarf es nur *eines* energischen Schlages. Tritt die Unart nach kurzer Zeit wieder auf, genügt es in den meisten Fällen, mit der Peitsche zu drohen. Serien von Peitschenschlägen gehören in den Bereich der Brutalität und disqualifizieren den Fahrer. Im Zusammenhang mit Pferdeleistungsschauen verübt, führt derartig tierquälerisches Verhalten zum Ausschluß.

In gleicher Weise muß man Peitschenstrafen klassifizieren, die für Streichen, Lahmen, Kopfschlagen, Stolpern, Ausrutschen o. ä. von unausgebildeten Kutschern gegeben werden. Auf Grund seiner Kenntnisse hat ein Fahrer die moralische Verpflichtung, in solchen Fällen einzuschreiten oder Anzeige wegen Tierquälerei zu erstatten, wenn ruhige und sachliche Vorstellungen nichts fruchten.

In der letzten Zeit ist die Öffentlichkeit stärker als je für den Tierschutz sensibilisiert worden. Das ist gut so und auch im Sinne der Reiter und Fahrer, deren Anliegen es sein muß, das Image ihres Sports zu erhalten und aufzubessern. Auch diese Absicht zwingt unnachsichtlich zu strengeren Maßstäben und gründlicher Überlegung, was den Gebrauch der Peitsche betrifft. Unnötiger oder nur aus dem persönlichen Ehrgeiz des Fahrers entspringender Peitschengebrauch schadet dem Ansehen des Pferdesports in der Öffentlichkeit und bringt den Fahrsport in Verruf. Das sollte sich jeder Fahrer in jeder Situation in Erinnerung rufen, wenn er die Peitsche einsetzen will. Damit ist kein Wort gegen Peitschenhilfen als unverzichtbares Mittel des Fahrers zur Führung der Pferde gesagt, und korrekte Peitschenhilfen, die in Stärke und Häufigkeit unabhängig von der Emotion des Fahrers sind, werden auch vom Publikum verstanden.

Für die Akzeptanz des Fahrsports in der Öffentlichkeit ist es auch wichtig, daß die Reiter in Fahrprüfungen wie auch alle anderen verantwortlichen Funktionsträger mit aller Konsequenz einschreiten, wenn ihnen übertriebener Peitschengebrauch bekannt wird. Das sind sie einfach den Pferden und der Zukunft des Fahrsports schuldig.

Die Ausbildung des Wagenpferdes

Schon vor mehr als sechzig Jahren gab es auf ländlichen Turnieren Vielseitigkeitsprüfungen, bei denen Pferde sowohl unter dem Reiter als auch vor dem Wagen vorgestellt wurden. Trotzdem hätte sich wohl damals kaum die Meinung durchsetzen können, daß die ersten Ausbildungsabschnitte des Wagenpferdes denen des Reitpferdes völlig gleichen. Mittlerweile hat sich in unserer Zeit diese Auffassung stabilisiert, ja, unter dem Einfluß der Anforderungen des Fahrsports ist heute die Überzeugung verbreitet, daß ein Wagenpferd – unter Beibehaltung der speziellen Elemente seiner Ausbildung, wie Doppellongenarbeit, Arbeit vor dem Wagen, Entwicklung der Aktion u. a. – zu seiner Entwicklung auch die regelmäßige dressurmäßige Schulung unter dem Reiter nicht entbehren kann. Dazu kommt das in den vergangenen zwei Jahrzehnten rasch angewachsene Wissen um die natürlichen Verhaltensweisen des Pferdes, das es uns jetzt ermöglicht, die Ausbildungsmethoden viel sicherer auszuwählen und zu handhaben.

Wie bei der Ausbildung zum Reitpferd, haben auch bei der Ausbildung zum Wagenpferd diejenigen Methoden ihren Platz behauptet und zunehmend Verbreitung gefunden, die auf der Ausnutzung der dem Pferd angeborenen Eigenschaften und Verhaltensmuster beruhen. Sie heben sich von dem auf Zwang und Unterwerfung beruhenden Vorgehen vergangener Zeiten wohltuend ab.

Herstellung und Bewahrung eines festen Vertrauensverhältnisses zwischen Mensch und Tier sind heutzutage die anerkannten Garanten für den Erfolg der Arbeit mit Pferden.

Sie setzen aber gleichzeitig die intensive Beschäftigung des Ausbilders mit der Tierpsychologie voraus, ohne die eine dem Pferd gemäße Ausbildungsarbeit nicht möglich ist.

Die Gewöhnungsarbeit

Gewöhnung des Pferdes an die unterschiedlichsten Gegenstände und Vorkommnisse, die ihm im Dienste des Menschen begegnen, ist immer zugleich Erziehungsarbeit, welche die psychischen Gegebenheiten des Pferdes zu berücksichtigen hat. Die Elementarschule für alle Pferde beginnt bereits im Fohlenstall. Die in diesem Stadium anzuwendenden Methoden zu beschreiben würde über den Rahmen dieses Buches hinausgehen.[1] So seien hier nur die „Erziehungsziele" dieses ersten Lebensabschnitts angegeben: Erste und wichtigste Aufgabe ist es, das Vertrauen des Pferdekindes zu erwerben, ihm den Menschen als den „Ranghöheren" begreiflich zu machen.

Das Fohlen muß sich anfassen lassen, möglichst auf Zuruf auf den Menschen zukommen. Es muß sich willig alle vier Beine aufheben lassen und alle Pflegehandlungen dulden. Willig muß es sich das Halfter anlegen lassen und auch schon kurze Zeit angebunden stehen bleiben. Schließlich muß es sich am Halfter führen lassen und dabei ruhig neben dem Führenden hergehen.

Gewohnheit von alters her ist wohl der Grund dafür, daß der Betreuer immer von links an das Fohlen herantritt und es auch ausschließlich auf dieser Seite führt. Hierin liegt offensichtlich eine Ursache dafür, daß die meisten jungen Pferde lieber auf der linken als auf der rechten Hand gehen, wenn auch nicht die einzige. Wenn dann später aus arbeitstechnischen Gründen vieles ebenfalls von der linken Seite gemacht wird (Führen, Satteln, Anschirren, Aufsitzen, Absitzen usw.), muß

---

[1] Vgl. dazu die entsprechenden Ausführungen in „Pferdesport", Berlin: Sportverlag.

doch bei der ersten Gewöhnung des Fohlens unbedingt Wert darauf gelegt werden, im Wechsel beide Seiten gleichmäßig auszubilden, d. h. alle Gewöhnungsübungen abwechselnd von links und rechts zu beginnen bzw. auszuführen.

Pferdezüchter und -betreuer, die sich von den ersten Lebenstagen an bemühen, konsequent auf diese Ziele hinzuarbeiten, ersparen sich später manchen Ärger, viel Kraft und Mühe, ja sogar Gefahren.

Die Forderungen, die zur Erfüllung dieser Erziehungsaufgaben an den Ausbilder gestellt werden, heißen: Ruhe, Geduld, Zeit, Regelmäßigkeit.

Ist bei den drei erstgenannten Begriffen sicherlich jedem im Umgang mit Pferden Vertrauten klar, wie erforderlich sie sind, so soll die Forderung nach Regelmäßigkeit, die häufig nur auf die Fütterungszeiten bezogen wird, erläutert werden. Ein hoher Gewöhnungseffekt wird bereits dadurch hervorgerufen, daß die Übungen stets zu bestimmten Zeiten (z. B. am Morgen, bevor die Fohlen auf die Weide gehen, *und* am Abend, wenn sie wieder in den Stall zurückgekehrt sind) oder Anlässen (z. B. immer, wenn der Pfleger die Boxe betritt, u. a.) stattfinden. Solche Regimes sind streng einzuhalten und werden nur in längeren Zeitabständen variiert.

Da an die Konzentrationsfähigkeit der Jungpferde keine großen Anforderungen gestellt werden können, dürfen diese Übungen fünf bis zehn Minuten nicht überschreiten. Wichtig für den Lerneffekt ist jedoch die häufige Wiederholung. Sie sollte wenigstens zweimal, besser dreimal täglich vorgenommen werden, jedoch in ausreichend großen Abständen. Zu rasche Aufeinanderfolge der Übungen macht die Pferde nervös.

Gewöhnungsarbeit mit zweijährigen Pferden

In der Praxis hat es sich als zweckmäßig erwiesen, die ersten Übungen im Ausbildungsverlauf des Pferdes zu beginnen, wenn dieses zweieinhalbjährig ist. Dabei handelt es sich in erster Linie ebenfalls um Gewöhnungsübungen, die keine großen körperlichen Anstrengungen für das noch nicht voll entwickelte Jungpferd mit sich bringen. Die Gewöhnung an Sattel, Geschirr, Zaumzeug gehört in diesen ersten Ausbildungsabschnitt ebenso wie die Gewöhnung an das Longieren unter dem Sattel und im Geschirr. Lernt der Zweijährige dazu noch, einen leichten Reiter aufsitzen zu lassen und – an der Hand des Ausbilders – ein paar Minuten mit der ungewohnten Last spazierenzugehen, ist das Ausbildungsziel fast erreicht. Es bleibt nur noch, das junge Pferd mit der Berührung seiner Beine durch die Stränge und mit dem ruhigen Anziehen vertraut zu machen.

Dieses Verfahren eignet sich allerdings nur für kräftig entwickelte Zweijährige, und behutsames Vorgehen ist dabei oberstes Gebot. Zeitlich schließt sich diese erste Ausbildungsetappe an die Weideperiode an und kann bis zum Beginn der nächsten Weideperiode ausgedehnt werden. Nachdem das angegebene Ausbildungsprogramm zu diesem Zeitpunkt abgeschlossen ist, gehen die Zweijährigen wieder auf die Koppel.

Es gibt zwei wesentliche Gründe dafür, schon zweijährige Pferde eine Ausbildungsetappe durchlaufen zu lassen. Der erste ist der Zeitgewinn in der späteren Grundausbildung, an deren Anfang dann lediglich ein „Auffrischen" des früher Gelernten zu stehen hat. Das wirkt sich – und das ist der zweite Grund – insofern vorteilhaft aus, als die für die Nerven der Pferde höchst unzuträglichen Zweikämpfe mit dem Ausbilder dreijähriger „Kraftprotze" zumeist wegfallen, wenn das Pferd seine Aufgaben bereits kennt.

Dank der Tatsache, daß einmal eingeprägte Handlungsmuster fest im Gedächtnis des Pferdes haften, kann der Ausbilder zu Beginn der

Grundausbildung mit einem nervlich ausgeglichenen Pferd arbeiten, das seine Aufgaben im Vertrauen zu seinem Ausbilder erfüllt. Dazu bedarf es eines systematischen, „pferdegerechten" Vorgehens.

Zunächst muß das junge Pferd mit den Ausrüstungsgegenständen vertraut werden. Dazu gehören in dieser Phase der Ausbildung Decke, Longiergurt, Trense und Kappzaum sowie Longe und Longierpeitsche. Mit Sattel und Geschirr soll das junge Pferd erst zu einem späteren Zeitpunkt Bekanntschaft schließen. An Beinschutz sollte man das Pferd von Anfang an gewöhnen. Es gibt unterschiedliche Meinungen darüber, in welcher Reihenfolge das Pferd diese Gegenstände kennenlernen soll. Es ist jedoch im Grunde gleichgültig, ob man das Pferd zuerst an die Trense oder den Gurt gewöhnt. Entscheidend ist das Wie.

Wichtig ist, daß diese Gewöhnungsübungen von einer Person ausgeführt werden, die dem Pferd vertraut ist. Am besten ist dafür der Betreuer geeignet, der dem Pferd mehrmals täglich das Futter bringt. Sein Erscheinen ist für das Pferd angenehm, und dieses Gefühl wird sich auch auf die unbekannten Gegenstände übertragen, die zugleich mit der Futterschwinge in die Boxe kommen. So wird es kaum unruhig werden, wenn ihm der Betreuer die Decke und danach den Longiergurt vorsichtig auf den Rücken legt. Zuschnallen sollte er allerdings den Gurt in den ersten Tagen noch nicht. Er bleibt auch nur kurze Zeit liegen, weil der Betreuer nicht die Zeit hat, lange in der Boxe stehenzubleiben. Dafür wird er den Vorgang drei bis vier Tage lang zu allen Futterzeiten wiederholen. Am dritten Tag kann er den Gurt zuschnallen, ohne ihn aber anzuziehen. Erst ganz allmählich wird im Verlaufe von mehreren Tagen der Gurt so weit angezogen, daß er nicht mehr vom Widerrist herabrutschen kann.

Etwa im Verlaufe einer Woche wird der Gurt dann allmählich von Loch zu Loch fester angezogen, bis er – für das Pferd unmerklich – seine endgültige feste Lage erhalten hat. Empfehlenswert ist es, das Anziehen des Gurtes jeweils nach der Bewegung des Pferdes im Auslauf vorzunehmen. Dadurch wird vermieden, daß das Pferd das Aufblähen lernt oder gar Sattelzwang bekommt, der manchmal überhaupt nicht mehr zu beseitigen ist.

Das ist auch der Zeitpunkt, zu dem das junge Pferd die Trense kennengelernt haben muß. Manche Fachleute empfehlen, die Gewöhnung an die Trense an den Anfang zu stellen. Das geht natürlich auch. Nur kann das Auftrensen nicht mit dem Vorlegen des Futters verbunden werden. Deshalb ist es wohl besser, erst das Vertrauen des Pferdes in den Betreuer zu festigen. Zu den ersten Übungen im Auftrensen sollte das Reithalfter ausgeschnallt werden. Eine dicke Wassertrense oder ein Gummigebiß sind für die ersten Übungen angebracht. Um dem Hinaufziehen der Zunge von vornherein zu begegnen, versehen viele Ausbilder das Gebiß von Anfang an mit einem Gummizungenstrecker. Oft genügt es auch, das Gebiß vorsichtshalber etwas höher einzulegen, damit das Pferd die Zunge nicht darüberlegen kann. In der Regel kommt es zum Hochziehen der Zunge erst dann, wenn – durch die Ausbinder oder die Hand des Ausbilders verursacht – das Gebiß einen Druck auf die Zunge ausübt. Als Vorsichtsmaßnahme kann man aber den Zungenstrecker auch schon zu den Gewöhnungsübungen verwenden, um zu verhindern, daß das Pferd beim Spielen mit dem eingelegten Trensengebiß die Möglichkeit „entdecken" kann, die Zunge über das Mundstück zu bringen.

Besondere Aufmerksamkeit sollte walten, wenn der Ausbilder das Kopfstück über die Ohren streift. Sie dürfen keinesfalls nach hinten an den Kopf gedrückt werden, sondern müssen einzeln, erst das rechte, dann das linke, vorsichtig von vorn unter dem Kopfstück hervorgeholt werden. Wenn man das junge Pferd bereits vorher dazu gebracht hatte, sich am Kopf und an den Ohren anfassen zu lassen, kann dann das Überstreifen ohne Widerstand des Pferdes geschehen.

Sollte ein junges Pferd mit dem Auftrensen schon schlechte Erfahrungen gemacht haben, so daß es sich dieser Prozedur nur widerwillig unterzieht, ist äußerste Geduld am Platze.

Ungeduld, gar Anwendung von Gewalt verstören das Pferd nur und vergrößern den Widerwillen.

Will ein Pferd das Maul nicht öffnen, um sich das Trensengebiß hineinschieben zu lassen, kann man dies – wenn der Druck des Daumens auf die Laden keinen Erfolg bringt – dadurch erreichen, daß man ein Büschel Gras oder Heu um das Mundstück wickelt.

Hat man das Pferd an den Gurt und die Trense gewöhnt, kann man es so auch eine Zeitlang in der Boxe stehenlassen. Dabei sollte es wenigstens am Anfang unter Beobachtung bleiben. Diese Gewöhnungszeit kann schließlich auf etwa eine halbe Stunde ausgedehnt werden, damit das Pferd Gelegenheit hat, sich mit Trense und Gurt abzufinden. Da das Trensengebiß auf der trockenen Maulschleimhaut scheuert, was dem Pferd unangenehm ist, kann man es ihm „schmackhaft" machen, indem man ihm zum Lohn einige Stücken Zucker gibt, was den Speichelfluß anregt.

Leckerbissen – nicht nur Zucker – und Loben sind in der gesamten Ausbildung des Pferdes von erstrangiger Bedeutung, um so mehr gilt dies für diese Anfangsetappe. Diese Bedeutung wird von vielen Pferdeausbildern unterschätzt. Wenn dies nicht aus Bequemlichkeit geschieht, kann es nur Unwissenheit sein. Deshalb dazu einige erklärende Worte:

Das im Vertrauen zu seinem Ausbilder erzogene Pferd ist für Lob sehr empfänglich. Damit ist in der Ausbildung mehr zu erreichen als mit Strafen, die das Pferd vielleicht nicht einmal versteht. Der Ausbilder muß es sich dazu zum unumstößlichen Grundsatz machen, keine Gelegenheit auszulassen, das Pferd seine Zufriedenheit mit der erbrachten Leistung spüren zu lassen. Unter „Leistung" in diesem Sinne ist schon das geringste Eingehen auf eine neue Forderung des Ausbilders zu verstehen.

Lob – das können Worte, in lobendem Tonfall gesprochen, sein, Streicheln, Klopfen am Hals und anderen Körperteilen, Reichen von Brot, Mohrrüben, Pellets oder anderen Leckerbissen, aber auch Einlegen einer Pause, Beenden der Arbeit für die betreffende Übungseinheit.

Richtiges, zweckmäßiges Loben setzt beim Ausbilder eine entsprechende Einstellung voraus, die Bestandteil seines Gesamtverhaltens gegenüber dem Pferd sein muß. Diese Einstellung veranlaßt ihn, die Gelegenheiten zum Loben bewußt zu suchen. Sie veranlaßt ihn auch, immer eine ausreichende Menge Leckerbissen bei sich zu haben, wenn er den Stall oder den Übungsplatz betritt.

Brot und Mohrrüben sind als Leckerbissen besonders geeignet, auch Pellets, wenn die Pferde an pelletiertes Futter gewöhnt sind. Über das Füttern von Zucker sind die Meinungen geteilt. Im Stall hat das Zuckerreichen (außer in dem oben beschriebenen Beispiel) den Nachteil, daß sich die Pferde leicht das Koppen angewöhnen können, wenn sie süße Speichelreste vom Krippenrand auflecken.

Klopfen, besonders streichelndes Klopfen mit der Handfläche, drückt nicht nur Lob aus, sondern wirkt auch beruhigend. Für einen späteren Zeitpunkt sei hier vorweggenommen: Sitzt ein Reiter im Sattel eines jungen Pferdes, sollte er das Klopfen mit einem Vorneigen des Oberkörpers verbinden, wodurch der Rücken des Pferdes entlastet wird. Das ruft zusätzlich ein angenehmes Gefühl hervor.

Doch nun zurück zum Ausbildungsgang des Zweijährigen. Früher wurden Pferde in der Boxe ausgebunden, um sie an den Druck des Gebisses auf die Zunge zu gewöhnen und sie zum Abkauen zu veranlassen. So ließ man sie längere Zeit stehen. Die Ermüdung der Halsmuskulatur veranlaßte die Pferde häufig, Erleichterung zu suchen, indem sie im Hals abknickten statt im Genick, was eigentlich erreicht werden sollte. Dieser unerwünschte Halsknick führt dazu, daß das Pferd später sehr rasch lernt, wie man überzäumt gehen kann oder sich hinter dem Zügel verkriecht.

Nach dem ersten Auflegen des Longiergurtes, des Sattels oder des Kammdeckels soll das Pferd einige Zeit damit in der Boxe stehen bleiben, um sich daran zu gewöhnen. Manchmal muß man es jedoch daran hindern, den Kopf nach unten zu nehmen, so daß es sich nicht niederlegen kann. Dazu verbindet man die beiden Gebißringe mit einem dünnen und festen Strick, den man durch die Ringe des Longiergurtes oder die Leinenführungsringe am Kammdeckel führt. Er muß so lang sein, daß das Pferd bei Normalstellung von Kopf und Hals zum Nachgeben im Genick veranlaßt wird. Das ist der Vorteil, den man damit erreichen kann. Sollte das Pferd jedoch lernen, sich auf das Gebiß zu legen – weil der Strick zu kurz ist –, das Maul aufzusperren und sich zu überzäumen, ist diese Methode nicht anwendbar. Man muß daher das Verhalten des Pferdes anfangs ausgiebig beobachten und individuell entscheiden.

Jeder Ausbilder scheut Beinschäden des jungen Pferdes, die dessen Wert herabsetzen können, „wie der Teufel das Weihwasser". Da sich aber bei jungen Pferden nun einmal ungeregelte Bewegungen nicht immer vermeiden lassen, muß man unbedingt auf den Schutz der Beine vor Verletzungen bedacht sein. Deshalb sollte man niemals darauf verzichten, dem jungen Pferd wenigstens Streichkappen, vorn und hinten, anzulegen. Gummiglocken zum Schutz der Hufkronen und der Ballen bilden einen zusätzlichen Schutz. Daß in diesem Ausbildungsabschnitt die Pferde noch nicht beschlagen sind, versteht sich von selbst. Wert muß jedoch auf richtig ausgeschnittene Hufe gelegt werden, bei denen der Zehenrand ordentlich berundet ist.

Nach solch gründlicher Vorbereitung kann die Gewöhnung an das Longieren beginnen. Das Vorgehen ist im Lehrbuch „Pferdesport" eingehend beschrieben. [11]

Der Ausbildungsgang für das Wagenpferd ist dem des Reitpferdes auch in diesem Punkt zunächst völlig gleich. Während der Zeit, in der diese Gewöhnungsübungen stattfinden, macht man nach der Arbeit das Pferd im Stall mit dem Geschirr und dem Anschirren vertraut, wozu erst einmal nur der Kammdeckel und der Schweifriemen angelegt werden. Beim Kammdeckel werden sich kaum Schwierigkeiten ergeben, wenn das Pferd den Longiergurt schon kennt. Anders ist es häufig beim Schweifriemen, der nicht drücken oder scheuern darf. Eine große, weiche Schweifmetze ist besser geeignet als eine dünne, harte. Sie sollte sauber und gut gepflegt sein. Eine mit Lammfell oder einer weichen Wollbandage überzogene Schweifmetze kann für die ersten Versuche günstig sein. Auf den Überzug sollte jedoch so bald wie möglich verzichtet werden.

An mehreren aufeinanderfolgenden Tagen kann man das junge Pferd nun immer kurze Zeit (10 bis 15 Minuten) in der Boxe stehen lassen, damit es sich an die Geschirrteile gewöhnt. Ob man dabei gleich die Übungen im Abkauen mit einschließt, wie sie oben beschrieben wurden, richtet sich in erster Linie nach der Zeit, die dem Ausbilder zur Beobachtung des Pferdes zur Verfügung steht.

Hat man das Pferd an Kammdeckel und Schweifriemen gewöhnt, kann es abwechselnd mit dieser Ausrüstung und mit dem Longiergurt longiert werden.

Sofern die Zeit dazu gefunden werden kann, ist es besser, auch ein junges Pferd zweimal am Tage zur Arbeit herauszunehmen als nur einmal. Das Gesamtarbeitspensum eines Tages wird damit erhöht, ohne daß das Pferd überbelastet wird. Der Gesamtumfang der zwei Arbeitsabschnitte des Tages sollte dann etwa das Eineinhalbfache des einfachen Arbeitspensums betragen (Beispiel: einmal 40 Minuten *oder* zweimal je 30 Minuten). Wie man bei gleichzeitiger Vorbereitung auf das Fahren und das Reiten die Verteilung der beiden Übungskomplexe vornimmt, ist nicht von erstrangiger Bedeutung. Es gibt Erfahrungen, nach denen die „Reitübungen" morgens, die „Fahrübungen" nachmittags abgehalten werden sollten. Wichtiger für diese Entscheidung ist aber die Beachtung des artspezifischen Tagesrhythmus des Pferdes, um die für die Lernbereitschaft des Pferdes biologisch günstigste Tageszeit zu wählen. Nach vorliegenden Erkenntnissen liegt diese am Vormittag zwischen 8.00 und 9.00 Uhr, am Nachmittag zwischen 14.00 und 15.00 Uhr.

Die Arbeit an der Longe entspricht ganz der des jungen Reitpferdes. Der Longierzirkel wird sehr groß gewählt (16 bis 20 m Durchmesser), damit die Anforderungen an die Biegung und die Mehrbelastung des inneren Hinterbeines noch gering bleiben. Sehr häufiger Handwechsel ist angezeigt (alle 5 bis 10 Minuten) durch korrekte Vorhandwendung an der Hand. Für das künftige Wagenpferd ist das zugleich Schulung der Beweglichkeit der Hinterbeine.

Hat sich das Pferd an die Geschirrteile gewöhnt, wird das Geschirr weiter vervollständigt. Immer wenn das junge Pferd sich nicht mehr durch das neu hinzugekommene Geschirrteil stören läßt und wieder vollkommen ruhig und taktmäßig an der Longe geht, frühestens also an jedem vierten Tag, kommt ein neues Teil hinzu, an das das junge Pferd – wie oben beschrieben– vorher im Stall gewöhnt wurde. Zunächst legt man das Hintergeschirr an (möglichst auch dann, wenn zu den Geschirren, mit denen das junge Pferd später gefahren werden soll, kein Umgang gehört), damit sich das Pferd an den Druck der Geschirrteile auf die Hinterbacken gewöhnt. Anschließend kommt das Kumt an die Reihe, zu dessen Aufstecken wir in jedem Falle zuerst die Kumtbügel abnehmen. Bei am Kopf sehr empfindlichen Pferden empfiehlt es sich, zunächst mit dem Brustblatt zu üben, bevor man das Kumt aufsteckt. Am Brustblatt kann sich das Pferd nicht stoßen oder eingezwängt fühlen, vorausgesetzt, man hat das Halskoppel vorher ausgeschnallt.

Eine weitere Klippe ist das Umdrehen von Brustblatt bzw. Kumtkissen auf dem Hals. Schwierigkeiten dabei kann man relativ leicht vermeiden, wenn man das Pferd zunächst an die gefüllte Futterkrippe treten läßt und die ersten Übungen während der Futteraufnahme vornimmt.

Beim Longieren muß das Kumt mit dem Kammdeckel verbunden werden, damit es nicht auf den Hals rutschen kann, wenn das Pferd den Kopf herunternimmt. Es würde dadurch heftig erschrecken. Um das zu verhindern, verbindet man die Leinenaugen des Kumts und die Leinenführungsringe des Kammdeckels auf beiden Seiten mit je einem Riemchen. Hat sich das junge Pferd mit diesen Teilen abgefunden, kommen Strangstutzen und kleiner Bauchgurt hinzu. Die Stränge hebt man sich bis zum Schluß auf. Sie werden anfangs kreuzweise über den Rücken gelegt und am Kammdeckelschlüssel so festgebunden, daß sie nicht über die Strangstutzen nach unten durchhängen. Später läßt man sie weiter herab, indem man sie mit den Strangschlaufen am Kammdeckel festbindet. Sie hängen dann im Bogen herab und bewegen sich bei jedem Schritt des Pferdes. Wer will, kann dann noch einen Schritt weitergehen, indem er die Stränge zusammenrollt, um das Pferd auch an deren Bewegung zu gewöhnen. Bei dieser Übung müssen die zusammengerollten Stränge aber für alle Fälle mit einem Strick zusammengebunden sein, so daß sie sich bei heftigeren Bewegungen des Pferdes nicht lösen können. Mittlerweile wurde das junge Pferd auch an den Sattel gewöhnt, zunächst im Stall, dann beim Longieren. Die Sattelblätter wurden anfangs durch einen über den Sattel gelegten Deckengurt an ihrem Platz gehalten, später nur noch von den darauf liegenden, hochgezogenen Steigbügeln. Am Ende der Stunde kann man sogar die Steigbügel herunterziehen, um das Pferd auch daran zu gewöhnen.

Während der Longierübungen legt man das Hauptaugenmerk unablässig auf die Herausarbeitung des taktmäßigen Gehens im Trab, auf einen fleißigen, raumgreifenden Schritt (bei ausgeschnallten Ausbindezügeln) und auf ruhiges, gerades Stehen auf allen vier Beinen. Im Trab soll das junge Pferd Anlehnung genommen haben, und zwar bei ziemlich lang geschnallten, den Hals keinesfalls einengenden Ausbindezügeln.

Die bisher geschilderte Ausbildung wurde ohne Eile in den vier Wintermonaten von November bis Februar – günstigenfalls sogar in einer Halle – absolviert. In den verbleibenden Wochen bis zum Weideaustrieb führt man die tägliche Longenarbeit in bisheriger Weise weiter und bemüht sich, den Gehorsam des Pferdes weiter zu festigen, den Takt des Gangs zu verbessern und das Pferd eine stetige, leichte Anlehnung an das Gebiß finden zu lassen.

Nun ist die Zeit gekommen, da das junge Pferd an den Reiter auf seinem Rücken und an das Aufsitzen des Reiters gewöhnt werden soll. Das legt man selbstverständlich an das Ende der „Reitübungen". Das Vorgehen wurde im Lehrbuch Pferdesport [11] eingehend beschrieben. Das Ziel dieser Übungen ist bei einem zweijährigen Pferd erreicht, wenn es einen leichten Reiter aufsitzen läßt und dabei ruhig stehenbleibt. Da das Stillstehen unter dem ungewohnten Gewicht für das junge Pferd anstrengend ist, soll man es nach kurzer Zeit, etwa einer halben bis einer Minute, ein paar Schritte mit dem Reiter im Sattel führen. Dieser hat sich jedoch ganz auf seinen ruhigen, mitgehenden Sitz zu konzentrieren und sich aller Einwirkungen auf das Pferd zu enthalten. Zweckmäßigerweise übt der das Pferd führende Ausbilder dabei mehrfach das Anhalten, kurzzeitige Stehen und ruhige Wiederangehen. Die Übungen sind mit Belohnungen in Form von Leckerbissen zu verbinden, besonders bei der für das junge Pferd noch schwierigsten Anforderung, dem Stillstehen. Die Gesamtdauer dieser Übungen ist von anfänglich vielleicht nur zwei Minuten bis auf maximal zehn Minuten zu steigern.

Die „Fahrübungen" der letzten Wochen vor dem Weideaustrieb bringen für das junge Pferd mehrere neue Aufgaben. Verbunden mit einigen Übungen im Halten, Stehen und Antreten auf Kommando, führt der Ausbilder das junge Pferd nach der Longenarbeit im Geschirr noch einige Male auf dem Zirkel herum. Dann läßt er das Pferd halten, und ein Helfer legt dem Pferd eine Doppellonge oder eine lange Einspännerleine auf. Der Ausbilder ist vorher an den Kopf des Pferdes getreten und beschäftigt sich mit ihm. Der Helfer zieht die Leine durch Leinenführungsringe und Leinenaugen und befestigt sie in den Trensenringen. Schließlich tritt er mit der Leine in der Hand hinter das Pferd, natürlich außerhalb der Reichweite der Hinterbeine. Das Ende der Leine wird in den weit auseinandergestellten Händen gehalten, damit die Hinterschenkel des Pferdes nicht berührt werden. Unter beruhigendem Zuspruch des Ausbilders läßt der Helfer dann erst eine, später die andere Leine an den Hinterschenkeln auf- und abwärts gleiten, ohne dabei mit der Leine auf das Gebiß einzuwirken. Diese Übung wird einige Male wiederholt, unterbrochen durch Pausen, in denen das junge Pferd wieder Angehen, Anhalten und Stillstehen üben muß. Im Verlaufe dieser Übungen läßt er auch die Leine leicht von außen gegen den Hinterschenkel fallen und tritt zur Seite, so daß sich die Leine um den Hinterschenkel legt.

Bei diesen Übungen im Angehen und Anhalten ist bisher stets die Stimme des Ausbilders, die das Pferd vom Longieren her kennt, mit den ihm bekannten Kommandos der Hauptimpuls gewesen. Nun muß das junge Pferd lernen, die Stimme mit den Leinenhilfen in Verbindung zu bringen. In der Regel lernen die Pferde sehr schnell, das gedehnte „Haaalt!" und die annehmende Leinenhilfe miteinander zu verbinden. Nicht ganz so leicht fällt es in vielen Fällen, die Bedeutung des Nachgebens der Leine als Signal zum Vorwärtsgehen zu erfassen. Das liegt aber wohl offensichtlich daran, daß es nicht so leicht gelingt, dem Pferd diese Hilfe deutlich zu machen. Der Helfer muß auf alle Fälle darauf achten, daß er vor dem Kommando „Marsch!" und dem damit gleichzeitig stattfindenden Nachgeben der Leine die Verbindung zum Pferdemaul ein wenig verstärkt, damit das Nachgeben für das Pferd spürbar wird. Wenn das junge Pferd die Berührungen mit der Leine nach einigen Tagen ohne Erregung duldet, auch wenn der Helfer seine Hände nun nebeneinander stellt, kann er weichen Kontakt mit dem Pferdemaul aufnehmen. Die nächste Aufgabe besteht nunmehr darin, das junge Pferd leinenführig zu machen.

Man kann es auf diese Aufgabe gut vorbereiten, wenn man nach den „Reitübungen" – ohne oder mit Reiter im Sattel – zu den Übungen im Anhalten, Stillstehen und Angehen das Pferd an den Trensenzügeln führt und es dabei – zusammen mit dem entsprechenden Kommando – das Gebiß fühlen läßt. Bisher hatte es ja nur den Druck des Gebisses kennengelernt, mit dem es Anlehnung an die Ausbindezügel genommen hatte. Durch Annehmen beim Kommando „Halt!" sowie leichtes Annehmen mit anschließendem deutlichem Nachgeben beim Kommando „Marsch!" lernt es die Bedeutung der Einwirkungen des Gebisses kennen.

Bei den „Fahrübungen" setzen wir diesen Lernvorgang fort. Nur muß jetzt der Helfer mit der Leine dieses Annehmen und Nachgeben ausführen, wenn der Ausbilder am Kopf des Pferdes das Kommando gibt.

Hat das junge Pferd diese Lektion zur Zufriedenheit begriffen, läßt man nun während des Vorwärtsgehens, zu dem der Ausbilder die Longe etwas länger faßt, den Helfer einen stärkeren Druck auf eine Gebißseite ausüben. In der Regel wird das junge Pferd diesem Druck sofort folgen und eine Wendung ausführen, die dann vom Ausbilder nicht behindert werden darf. Allmählich geht nun die Führung des jungen Pferdes ganz auf den Helfer über. Der verbindet anfangs den Druck auf die innere Gebißseite mit einem entsprechenden Nachgeben der äußeren Leine, um schließlich diesem Nachgeben immer mehr den Vorrang einzuräumen. Schließlich muß das junge Pferd auf das Nachgeben der Leine hin die Wendung beginnen, während die einen Augenblick später einsetzende Wirkung des Annehmens der Innenleine nun die Kopfstellung mit den Leinen ganz bewußt ausbildet, um das junge Pferd von Anfang an den richtigen Gehorsam gegenüber den Leinenhilfen zu lehren. Sicherlich würden weniger Pferde in Dressurprüfungen falsch gestellt durch die Wendungen gehen, wenn sie schon frühzeitig an die Bedeutung des Nachgebens und Annehmens der Leinen gewöhnt worden wären.

Im Verlaufe von etwa zwei Wochen sollte das Pferd diese Übungen richtig und ruhig ausführen können. Der Lernerfolg ist dabei in hohem Grade vom guten Zusammenwirken zwischen Ausbilder und Helfer abhängig. Je besser das Pferd lernt, den Leinenhilfen zu folgen, um so weniger nimmt der Ausbilder Einfluß. Schließlich hält er sich einige Schritte vom Pferd entfernt, neben dem Helfer, auf und wirkt nur noch mit der Stimme ein. Die Longe allerdings behält er auch jetzt noch als Vorsichtsmaßnahme in der Hand. Am Ende übernimmt er die Leinen von dem Helfer und läßt diesen die Longe in die Hand nehmen. Bei den weiteren Übungen geht er dann teils direkt hinter, teils seitlich hinter dem Pferd.

Führt das Pferd diese Übungen am Ende der „Fahrstunde" willig aus, ist die Zeit gekommen, es an die Stränge zu gewöhnen. In den Strangschlaufen werden dazu 2 bis 3 m lange, kräftige Stricke befestigt, mit denen die Stränge verlängert werden. Zunächst lehrt man das Pferd, die Berührung der Stränge zu dulden, so wie es die Berührung der Leinen kennengelernt hat. Das dürfte nach der bisherigen Arbeit problemlos verlaufen. Die Enden der verlängerten Stränge nimmt nun der Helfer in die Hand, während der Ausbilder das Pferd an der Leine führt. (Sollte es jedoch trotz richtigen Vorgehens dabei Unruhe geben, nimmt der Ausbilder das Pferd zunächst wieder am Kopf.) Während der folgenden Übungen läßt der Helfer die Stränge gegen die Hinterbeine des Pferdes „baumeln" und gewöhnt das junge Pferd an ihre Berührungen, oberhalb und auch unterhalb des Sprunggelenkes.

So vorbereitet, soll das junge Pferd nun zum erstenmal kennenlernen, worin seine spätere Arbeit besteht. Dazu hält der Helfer die Stränge etwas straffer, so daß das Pferd einen sehr geringen Widerstand überwinden muß. Der wird von Versuch zu Versuch etwas stärker, setzt aber immer erst ein, wenn das Pferd sich bereits in der Vorwärtsbewegung befindet. Der Widerstand darf niemals so lange aufrechterhalten werden oder so stark sein, daß das Pferd stehenbleibt. Damit würde man einen schweren Ausbildungsfehler begehen. Das junge Pferd soll ja zu diesem Zeitpunkt noch keine Kraftarbeit leisten, sondern nur lernen, daß es beim Vorwärtsgehen einen Widerstand überwinden kann. Gibt es anfangs damit Schwierigkeiten, sollte der Ausbilder seinen Platz am Kopf des Pferdes vorübergehend wieder einnehmen. Mit Lob und Leckerbissen „versüßt", ist jeder gelungene Versuch zu wiederholen.

Als letztes soll der Zweijährige nun noch das ruhige Anziehen lernen. Bei dieser Übung muß besonders vorsichtig vorgegangen werden. Der Helfer muß anfangs die zunächst leicht angespannten Stränge wieder locker lassen, sobald das Pferd antritt. Erst ganz allmählich kann er beim Antreten die Dauer des Widerstands verlängern. Auch jetzt muß das Pferd genau beobachtet werden, damit man den ersten Anzeichen von Unruhe oder Widerwillen durch vorübergehendes Herabsetzen der Anforderungen, d. h. Verkürzen der Dauer des Widerstandes, begegnen kann. Gerade auf diese Übung muß man die allergrößte Sorgfalt verwenden, denn kaum ein anderer Ausbildungsmangel macht ein Pferd für die Verwendung vor dem Wagen so ungeeignet wie das Unvermögen, ruhig anzuziehen.

Mit Erreichen dieser Ausbildungsstufe ist die Vorbereitung des Zweijährigen abgeschlossen. Er geht nun noch einen Sommer lang auf die Weide. Der Ausbilder aber kann davon ausehen, daß er sich sehr gute Voraussetzungen für die Ausbildung im nächsten Winter geschaffen hat.

Gewöhnungsarbeit mit dreijährigen Pferden

Wenn das nunmehr dreieinhalbjährige Pferd im Herbst von der Weide kommt, wird es in der Regel kräftig und übermütig sein. Andererseits ist es körperlich noch nicht voll ausgereift, so daß im Interesse einer langen Nutzungsdauer Überbelastungen vermieden werden müssen. Das ist gar nicht so einfach, weil der Bewegungsdrang des jungen Pferdes der Gehorsamsschulung häufig genug entgegenwirkt.

Es erweist sich als beträchtlicher Vorteil, daß dabei dem Ausbilder das im Vorjahr Gelernte zur Verfügung steht. Er braucht es im Grunde nur aufzufrischen und weiter auszubauen.

Die Reihenfolge der einzelnen Gewöhnungsaufgaben ist in der Regel gleich der, die im Vorjahr bei dem Zweijährigen angewendet wurde; dabei lassen sich die Erfahrungen aus dem Vorjahr am besten nutzen. Der Ausbilder kann sich auf bereits bekannte Reaktionen einstellen.

Der gesamte Gewöhnungsvorgang läuft nun in sehr viel kürzerer Zeit ab. Besonders hierin zahlt sich die Arbeit mit dem Zweijährigen aus.

Für den Dreijährigen ist es noch günstiger, ja wohl auch notwendiger, als für den Zweijährigen, die täglichen Übungen in zwei oder drei Abschnitten zu absolvieren. In Betrieben, die sich mit der Ausbildung mehrerer Pferde des gleichen Jahrgangs beschäftigen müssen, dürfte es dabei oft genug zeitliche oder personelle Probleme geben. In diesen Fällen muß man versuchen, den Aufwand für das einzelne Pferd individuell zu differenzieren: Nervige Pferde brauchen mehr Zeit als solche mit ausgeglichenem Nervenkostüm. Wer in der Ausbildung der Dreijährigen Erfolg haben will, muß viel Ruhe und Geduld aufbringen, sich Zeit nehmen und für Regelmäßigkeit sorgen.

Dreijährige neigen hin und wieder zu dem Versuch, „das Heft in die Hand zu nehmen", d. h. tierpsychologisch gesehen, sich einen höheren Rang zu erkämpfen. In diesen Fällen muß der Ausbilder durch entschiedenes Auftreten seinen Platz als Ranghöherer behaupten. In drohendem Tonfall gesprochene Worte, bei gehobener, also etwas lauterer Stimme, ein nachdrückliches, dem Pferde deutlich spürbares Annehmen der Zügel beim Führen, ein Schlag mit der flachen Hand an den Pferdeleib reichen dazu aus. Am wirkungsvollsten sind sie, wenn es dem Ausbilder dank seiner Erfahrung und Aufmerksamkeit gelingt, solche Durchsetzungsversuche im Ansatz zu erkennen und zu unterbinden. Dazu ist unablässiges Beobachten des Pferdes und Kenntnis seiner Reaktionen unbedingte Voraussetzung. Gewinnen darf diesen Kampf niemals das Pferd. Sieger muß immer der Ausbilder sein. Der umgekehrte Ausgang eines solchen Kampfes kann zu irreparablen Schäden in der Ausbildung des Pferdes führen.

Besondere Hinweise für die Gewöhnungsarbeit mit dem Dreijährigen:

Auftrensen
Falls es während der Weideperiode dazu Gelegenheit gibt, sollte man sie unbedingt

nutzen. Man spart so Gewöhnungszeit. Hat man solche Übungen zuvor nicht machen können, muß man ebenso vorsichtig anfangen wie beim Zweijährigen (s. o.). Das dreijährige Pferd darf den Stall grundsätzlich nur aufgetrenst verlassen. Als Ausnahme kann höchstens zugestanden werden, daß es außerhalb des Stalles zum Putzen am Halfter angebunden wird. Ganz wichtig ist es, die Zunge des Pferdes zu beobachten. Machen sich Anzeichen für das Hochziehen oder gar Herübernehmen der Zunge über das Gebiß bemerkbar, darf man nicht zögern, das Gebiß sofort deutlich höher zu legen oder einen Gummi-Zungenstrecker zu verwenden, um diesen später kaum noch zu korrigierenden Fehler schon im Entstehen zu unterbinden.

An dieser Stelle muß noch einmal ausdrücklich darauf hingewiesen werden, daß beim Überstreifen des Kopfstücks die Ohren nach vorn herausgezogen werden, damit kein Widerwillen gegen das Auftrensen entsteht.

Gurt anlegen
Bei den ersten Versuchen ist sehr vorsichtig vorzugehen. Die Gefahr, daß Gurtenzwang entsteht, ist beim Dreijährigen nicht minder groß.

Abkauen lassen in der Boxe
Die Übung kann allmählich bis zu einer Stunde ausgedehnt werden. Die Ausbindezügel – oder noch besser eine Schnur, die durch den oberen Ring des Longiergurtes oder den Kammdeckel läuft, so daß die Seitwärtsbewegung des Halses nicht behindert wird – müssen dem Pferd eine normale Kopfhaltung gestatten und dürfen nur in Wirkung treten, wenn das Pferd mit dem Kopf auf den Boden will.

Lob und Belohnung
Sie sind für den Dreijährigen ebenso wichtig wie für den Zweijährigen. Man kann immer wieder feststellen, daß mit Lob und Belohnung viel zu sparsam umgegangen wird. Man kann damit viel mehr erreichen, als allgemein angenommen wird, ganz besonders im Lernprozeß. Nur – den Übermut eines Dreijährigen kann man nicht mit Leckerbissen besänftigen. Da muß der Ausbilder entscheiden können, ob – z. B. am Anfang der Arbeit – das junge Pferd erst einmal seinen Bewegungsdrang stillen muß oder ob es eine Unart zeigt, von der es durch strafende Einwirkungen abgebracht werden muß.

Lob und Belohnung richten, auch wenn sie einmal nicht an richtiger Stelle eingesetzt werden, niemals Schaden an. Strafe falsch angewandt hingegen führt immer zu Unsicherheit und Vertrauensverlust auf seiten des Pferdes.

Beinschutz
Für dreijährige Pferde ist der Schutz der Beine während der Arbeit unabdingbare Voraussetzung. Jede Verletzung der Gliedmaßen bringt nicht nur Zeitverlust in der Ausbildung, sie mindert auch den Wert des Pferdes. Es gibt erfahrene Ausbilder, die ihre Pferde niemals ohne Beinschutz auf die Koppel lassen und schon gar nicht beim Longieren darauf verzichten. In Anbetracht des hohen Wertes, den Pferde darstellen, sollte dies die Regel werden.

Auflegen des Geschirrs
Hat man mit dem Zweijährigen in der erläuterten Weise (s. S. 222 ff.) gut geübt, wird nun wahrscheinlich das Auflegen des Geschirrs mit allen Teilen kaum Schwierigkeiten bereiten. Trotzdem muß man die nötige Vorsicht walten lassen, besonders beim Aufstecken des Kumts. Beim geringsten Anzeichen von Widerstand gehe man jedoch auf das für Zweijährige genauer erläuterte Verfahren zurück.

Arbeit an der Longe
Die Arbeit an der Longe führt der Ausbilder so durch, wie das in „Pferdesport" beschrieben ist. Das abwechselnde Longieren mit Gurt bzw. Geschirr wird so beibehalten wie in der Arbeit mit dem Zweijährigen. Beim Longieren der kräftigen Dreijährigen erweist es sich als günstig, daß die Zweijährigen ausgiebig Bekanntschaft mit dem Gehen auf der Kreislinie gemacht haben. Ausbilder und Pferd werden jene unersprießlichen Kämpfe an der Longe

erspart, die die Pferdebeine wie das Vertrauen ruinieren. Keinesfalls darf aber die volle und unablässige Aufmerksamkeit nachlassen, weil das junge Pferd wahrscheinlich als nächstes entdeckt, daß es sich umdrehen und in entgegengesetzter Richtung an der Longe gehen kann, ohne daß der Ausbilder dies verhindern kann, wenn er nicht in Bruchteilen von Sekunden reagiert. Ist der Ausbilder jedoch darauf gefaßt, wird er in dem Augenblick, in dem sich der Ungehorsam zeigt, sofort mit einer deutlichen Sakkade auf den Kappzaum reagieren; danach geht er zum Pferd und läßt es wieder in der gewünschten Richtung auf die Kreislinie stellen und angehen. Danach muß er das Pferd mit größter Aufmerksamkeit beobachten, um beim nächsten Ansatz, noch vor Beginn der Ausführung, mit Stimme und Peitsche eingreifen zu können. Ursache der Unart ist häufig zu langes Longieren auf einer Hand. Rechtzeitiger Handwechsel beugt ihr vor, besonders wenn man von Anfang an darauf achtet.

Gegen Ende der wechselnden Longierübungen nutzt man die „Reitübungen" auch dazu, zunächst das Aufsitzen zu üben, danach das Pferd auch unter einem leichten, geschmeidig mitgehenden Reiter noch einige Minuten zu longieren. Voraussetzung dafür ist, daß das dreijährige Pferd bereits losgelassen an der Longe geht. In einigen Wochen kann dann ein leichter Reiter während der gesamten Longierstunde (etwa 40 bis 45 Minuten) im Sattel bleiben bzw. ein schwererer Reiter einige Minuten aufsitzen.

Geht das junge Pferd unter dem leichten Reiter losgelassen, kann der beginnen, gleichzeitig mit den Kommandos des Longierenden die entsprechenden Hilfen (Angehen, Antraben, später auch Angaloppieren, Anhalten) zu geben.

Fahrübungen
Man beginnt wiederum, wie für den Zweijährigen erläutert (s. o.), das Pferd an der Leine von hinten zu führen und Angehen, Anhalten sowie Stillstehen zu üben, wobei die Stimme recht bald in den Hintergrund tritt. Danach kontrolliert man, ob das Pferd noch die Berührung mit den Strängen gelassen erträgt. Wenn nötig, werden dazu noch einige der Zweijährigen-Übungen wiederholt.

Die Übungen zur Überwindung eines Zugwiderstandes werden ebenfalls wiederholt. Bei dem kräftigeren Dreijährigen wird jedoch dieser Zugwiderstand allmählich gesteigert. Wenn es dem Pferd nach einigen Wochen gelingt, für kurze Zeit den Widerstand zweier sich gegen die verlängerten Stränge stemmender Helfer zu überwinden, haben wir schon einen erheblichen Teil der Gewöhnung an das Ziehen geleistet. Natürlich muß man auch beim Dreijährigen darauf achten, daß keine Überforderungen auftreten, die dazu führen, daß er den Zug verweigert.

Auch die Übungen im Anziehen werden wiederholt. Auf ruhiges Anziehen von ganz allmählich ansteigender Last kommt es an. Jedes ruhige Anziehen muß belohnt werden, bis das Pferd diese Leistung ganz sicher ausführt. Der weitere Ausbildungsgang im Ziehen wird im übernächsten Kapitel besprochen, nachdem zunächst die Doppellongenarbeit behandelt wurde.

Am Schluß des Abschnitts zur Gewöhnungsarbeit soll noch eine Voraussetzung für den Lernerfolg junger Pferde hervorgehoben werden: das Fernhalten von Ablenkungsfaktoren. Man sollte sich deshalb für die Gewöhnungsübungen mit den Zwei- und Dreijährigen möglichst einen abgelegenen Platz (oder gar die Reithalle) wählen. Erst wenn das zu Erlernende durch häufige Wiederholung gefestigt ist, müssen störende Umwelteinflüsse nicht mehr vom Pferd ferngehalten werden. Der Ausbilder soll dies schließlich sogar bewußt unterlassen, damit das junge Pferd der Ablenkung durch äußere Einflüsse widerstehen lernt, wodurch der Gehorsam weiter gefestigt wird.

Das inzwischen angebahnte enge „Vertrauensverhältnis" zwischen Pferd und Ausbilder stellt eine gute Voraussetzung dar, um eventuelle überraschende Reaktionen zu meistern, wenn der Ausbilder, das junge Pferd an der Leine führend, Ausflüge in die Umgebung des Stalles unternimmt und das Pferd dabei Bekanntschaft mit ihm bisher noch unbekannten Erscheinungen machen läßt.

Selbstverständlich wechseln auch in der Gewöhnungsperiode der Dreijährigen und in ihrer weiteren Ausbildung „Reit- und Fahrübungen" miteinander ab. Das dreijährige Pferd muß zuerst seine Erinnerung an das Reitergewicht auffrischen dürfen. Dann läßt man bei den Longierübungen einen leichten Reiter im Sattel Platz nehmen. Einige Wochen später, etwa zu dem Zeitpunkt, da man mit dem Pferd an der Einspännerleine übt, kann mit dem Dreijährigen geradeaus geritten werden, zumal er zu diesem Zeitpunkt schon 3½ Jahre alt ist. Der weitere Ausbildungsverlauf unter dem Sattel folgt dann dem Verfahren, wie es in „Pferdesport" (Sportverlag, 1984) beschrieben ist, allerdings unter Verzicht auf die Ausbildung im Springen. Im Gelände freilich kann man auch mit dem künftigen Wagenpferd reiten. Es entwickelt dabei Gehfreude und Schwung. Außerdem ist das Reiten im Gelände mit seinen sich häufig ändernden Bodenformen eine gute und dabei nervenschonende Beweglichkeitsschulung.

Die Arbeit mit der Doppellonge

Während der Ausbilder mit dem Dreijährigen noch die oben beschriebenen Gewöhnungsübungen absolviert, beginnt er bereits mit der Doppellongenarbeit. Das wird um so weniger Schwierigkeiten bereiten, als das Pferd bereits an die Berührung der Beine durch Leinen und Stränge gewöhnt ist. Es muß nur noch lernen, die um seine Hinterbeine herumlaufende Außenleine zu dulden.

Der Hauptzweck der Doppellongenarbeit besteht darin, das Pferd zu lehren, sich auch entsprechend den Leinenhilfen zu biegen. Insofern ist die Doppellongenarbeit eine zweckmäßige Ergänzung der Ausbildung unter dem Sattel.

Fahrer jedoch, die ihre Wagenpferde nicht unter dem Sattel ausbilden oder ausbilden lassen können, sollten auf diese Arbeit keinesfalls verzichten, um die Pferde Stellung und Biegung zu lehren. (Auch viele Reiter benutzen übrigens die Doppellonge bei der Ausbildung von Reitpferden mit gutem Erfolg.)

Die Ausrüstung zur Doppellongenarbeit

Eingeführt wurde die Doppellonge von Benno v. Achenbach, der sie in seinem Buch „Anspannen und Fahren", dem Standardwerk für den Fahrer, eingehend beschrieben hat.

Wo häufig Pferde eingefahren werden, in Gestüten und größeren Zuchtbetrieben etwa oder auch in Vereinen, die sich dem Fahrsport widmen, sollten ein spezielles Doppellongengeschirr und eine Doppellonge vorhanden sein. Das Geschirr besteht aus einem Brustblatt, einem Halsriemen, der beiderseits relativ große Ringe trägt, einem kräftigen Bauchgurt, auf den etwa 60 cm unterhalb des Widerrists zwei große Ringe aufgenäht sind, und einem Schweifriemen.

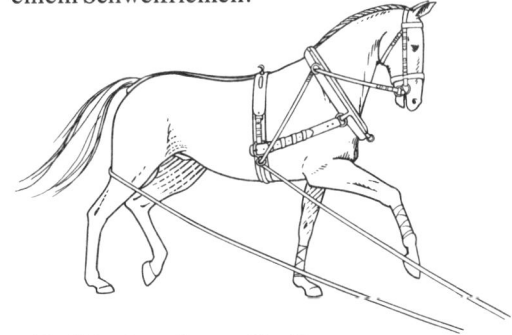

Abb. 194 Doppellongen-Geschirr

Wenn kein spezielles Geschirr für die Doppellongenarbeit zur Verfügung steht, kann ein halbes Sielen- oder Kumtgeschirr dieselben Dienste leisten. Man schnallt aus diesem Geschirr lediglich die Stränge aus. Dann schiebt man Metallringe von der Größe eines Trensenringes auf den kleinen Bauchgurt und befestigt diese Ringe an den Strangstutzen. (Abb. 194)

Die Doppellonge hat eine Länge von 17 m. Sie besteht aus kräftigem Gurt (12 m). An beiden Enden des Gurtes ist ein 2,50 m langes Leinenstück angesetzt, das aus rundgenähtem

Leder besteht und eine Gebißschnalle trägt. Dadurch gleiten die Leinen besser durch die Ringe. Anstelle der rundgenähten Lederteile kann man natürlich auch ein nicht zu starkes Dederonseil verwenden, dessen Gleitfähigkeit die der Lederleinen übertrifft.

Gewöhnung an die Doppellongenarbeit

Wurde das junge Pferd bereits an das Auflegen des Geschirrs gewöhnt, bereitet das Anschirren zur Doppellongenarbeit kaum Schwierigkeiten. Anderenfalls gelten dieselben Grundregeln, die beim Gewöhnen an das Geschirrauflegen zu beachten waren. Selbstverständlich werden – wie auch beim Longieren junger Pferde mit der einfachen Longe – alle vier Beine geschützt. Verfügt man nicht über die rasch anzulegenden und guten Schutz gewährenden Schnallbandagen oder solche mit Klettverschluß, müssen an den Vorderbeinen Wollbandagen, an den Hinterbeinen wenigstens Streichkappen deren Funktion übernehmen.

Als Vorsichtsmaßnahme wird zu den ersten Übungen an der Doppellonge ein Kappzaum aufgelegt, in den eine einfache Longe eingeschnallt ist. Ein Helfer hält diese, um das Pferd auf der Kreislinie halten zu können, falls es unvorhergesehen erschrickt. Damit geht man auch der Gefahr aus dem Wege, daß ein die Doppellonge noch nicht gewöhntes, in Schrecken versetztes Pferd den Doppellongenführer umreißt und fortschleift. Ob diese Vorsichtsmaßregel weiter beibehalten werden muß, zeigt sich schon am Ende der ersten Übungen.

Diese „Sicherungs-Longe" wird nur in seltenen Fällen in Wirkung treten müssen, wenn die Arbeit mit der Doppellonge in der ersten Zeit nicht gleich „vom Stall weg" begonnen wird. Bei mehreren Übungen täglich legt man die mit der Doppellonge an das Ende der Tagesarbeit. Wenn das nicht möglich ist, sollte den Übungen an der Doppellonge zumindest ein ausgiebiger Auslauf vorangehen.

Als Gebiß wird eine dicke Wassertrense verwendet. Schärfere Gebisse, gleich welcher Art, sind vom Übel!

So angeschirrt, wird das Pferd aus dem Stall geführt. Auf dem Übungsplatz (besser noch in der Reithalle) angekommen, wird das Pferd von einem Helfer gehalten, während der Ausbilder die Doppellonge auflegt. Er zieht zunächst auf der linken, danach auf der rechten Seite die Vorderteile der Doppellonge von hinten nach vorn durch den Ring am Bauchgurt, danach durch den Leinenführungsring/ Leinenauge und schnallt sie im Trensenring ein. Kann dies auf der rechten Seite des Pferdes der Helfer tun, so erspart sich der Ausbilder das umständliche Herübernehmen der langen Doppellonge auf die rechte Seite des Pferdes.

Das Berühren der Hinterbeine mit den Leinen hat das junge Pferd bereits ertragen gelernt (s. S. 227 f.). Ist dies nicht der Fall, muß die entsprechende Übung jetzt stattfinden. In der Praxis bedeutet dies jedoch Zeitverlust.

Man läßt nun das Pferd auf dem Zirkel – linke Hand – anführen und wiederholt dabei die Übungen, die es schon kennt: Angehen, Anhalten, Stehen; Stimme und Doppellonge ergänzen sich dabei. Dieselben Übungen werden danach auf der rechten Hand und dem anderen Zirkel der Bahn vorgenommen. Am besten hält man das Pferd dazu im Bahnmittelpunkt an, läßt die einfache Longe in den rechten Kappzaumring schnallen und geht – während der Helfer das Pferd am Kopf hält – mit der Doppellonge hinter ihm vorbei, so daß sich die Leine um den linken Hinterschenkel legt. Dies ist ein Moment, in dem die meisten jungen Pferde zunächst unruhig werden. Deshalb muß das Verfahren ausgiebig durch häufigen Handwechsel geübt werden.

Der mit der Doppellonge Longierende muß sich immer vor Augen halten, daß diese Longe durch ihren zweimal gebrochenen Verlauf eine starke, wenn auch weiche Wirkung besitzt. Er muß daher ständig an das Nachgeben denken, weil er sonst Gefahr läuft, den Hals zusammenzuziehen.

Hat das junge Pferd die Übungen an der Doppellonge zur Zufriedenheit ausgeführt, kann man es einige Runden traben lassen.

Natürlich kommt es auch bei dem bisher beschriebenen Vorgehen darauf an, daß alles in Ruhe vor sich geht und das Vertrauen des Pferdes zum Ausbilder niemals erschüttert wird.

Hin und wieder kommt es aber dennoch vor, daß ein Pferd sich aufregt und losstürmt. Das geschieht nicht selten dann, wenn der um den äußeren Hinterschenkel laufende Longenteil nach oben rutscht und unter den Schweif gerät. In diesem Falle muß der Ausbildende die Doppellonge so lang wie möglich fassen, damit das Pferd auf einen möglichst großen Kreis kommt. Das ist weniger schädlich für Sehnen, Bänder und Gelenke. Gleichzeitig kann er dadurch vermeiden, daß er sich mit den Füßen in herabhängenden Schlaufen der Doppellonge verwickelt.

Wehrt sich das Pferd durch Bocksprünge und Ausschlagen gegen die Berührung durch die Longe, sollte man ihm dies nicht verwehren. Es wird sich von selbst beruhigen, wenn es der unangenehmen Berührung nicht entgehen kann. Immerhin sollte der Ausbildende mit beruhigender Stimme auf das Pferd einwirken und keinesfalls an der äußeren Leine ziehen, sondern das Pferd auf dem Zirkel halten. Passieren kann dabei nicht viel. Allerdings sollte sich nicht gerade jemand hinter dem ausschlagenden Pferd befinden.

Hilfengebung bei der Doppellongenarbeit

Zu Beginn der Doppellongenarbeit läßt man die Peitsche am besten ganz weg. Nur bei übermäßig „faulen" Pferden ist sie angebracht. Solche sind aber für den Fahrsport wenig geeignet.

Wenn das junge Pferd an der Doppellonge sicher geht, kann der Ausbilder auch die Peitsche in die Hand nehmen. Tut er dies jedoch zu früh, eilen viele Pferde mehr, als sie sollen, und das Ergebnis sind aufgerollte Hälse und überzäumte Pferde.

Das Gewicht der Doppellonge stellt die Verbindung zum Pferdemaul gleichsam von selbst her. Ständiges Festhalten der Longe muß daher schon einem Zusammenziehen des Halses gleichkommen. Daraus ergibt sich, daß der Ausbilder dem Nachgeben stets die größte Aufmerksamkeit zu schenken hat.

Bei der Doppellongenarbeit ist mit „Nachgeben aus dem Handgelenk", wie dies der Reiter tut, nichts getan. Hier muß mit dem ganzen Arm nachgegeben werden. Nötigenfalls muß der Longenführer sogar einige kleine Schritte rasch auf das Pferd zugehen, wenn die Gefahr besteht, daß es sich sonst am Gebiß stößt.

Um das Pferd auf die Kreislinie hinauszuweisen, läßt man die Doppellonge eine „schlängelnde Bewegung" ausführen, übrigens genauso wie beim Longieren mit der einfachen Longe. Verstärkt werden kann die entsprechende Einwirkung, wenn der Longierende einen Schritt auf die Schulter des Pferdes zugeht. Voraussetzung für die richtige Wirkung ist allerdings, daß das Pferd korrekt gebogen auf der Kreislinie geht.

Lenkt der Ausbildende seine Schritte beim Nachgeben nicht so sehr nach der Schulter als vielmehr nach der Kruppe des Pferdes, erreicht er eine vortreibende Wirkung.

Gewarnt werden muß davor, auf den Kopf des Pferdes zuzugehen, besonders wenn dieses mit falscher Stellung äußeren Zügel hängen sollte. Damit gibt man ihm die Möglichkeit, nach außen kehrtzumachen.

Um das Nachgeben zu erleichtern, müssen die Vorderteile der Doppellonge leicht in den Ringen gleiten können, durch welche sie geführt sind. Ihre Gleitfähigkeit kann man durch Einreiben mit Talkum noch verbessern.

Vom Ausbilder erfordert das richtige Nachgeben einige Übung, die man erst im Verlaufe längerer Zeit erwirbt. Zum Nachgeben steigen die Hände zunächst nach oben, um dann, nach vorwärts-abwärts gehend, die Doppellonge auf das Pferd zu in eine wellenartige Bewegung zu versetzen, die sie leichter durch die Ringe gleiten läßt („wie man es mit einem Tischtuch macht, das aufgelegt werden soll" – v. Achenbach). Das Pferd soll sich nicht am Gebiß stoßen. Das verlangt vom Ausbilder, daß er die

Longe mit entspannter Armmuskulatur führt, aus dem vollen Arm nachgeben kann, ja nötigenfalls sogar – vorausahnend – einen Schritt auf das Pferd zu machen muß, damit es nicht auf das Gebiß prellen kann, wenn es einmal die Verbindung mit der Hand verloren hat und vorwärts eilt.

Hält man das Pferd an, so sollte man, vor seinen Kopf tretend, die Doppellonge ein Stück nach vorn ziehen, falls sich das Verlängern nicht durch das eben beschriebene Nachgeben erreichen läßt.

Doppellongenarbeit ist von großem Wert für die Verbesserung von Stellung und Biegung des Fahr- (und auch des Reit-) Pferdes, weil mit der Doppellonge die Hinterhand herangehalten werden kann. Deshalb muß auf richtige Stellung und Biegung auf dem Zirkel von vorherein geachtet werden. Sie sind das A und O beim Fahren von Wendungen.

Keinesfalls darf man das Pferd, nach außen gestellt, auf immer enger werdendem Kreis um sich herumlaufen lassen. Die Korrektur besteht im Nachgeben mit dem äußeren Longenteil, während der innere durch stärkeres Annehmen die innere Schulter am Ausfallen hindert.

Die Vervollkommnung von Stellung und Biegung auf dem Zirkel bei taktmäßig und losgelassen gehendem Pferd ist eine permanente Aufgabe, aber auch die Grundvoraussetzung für den Erfolg der Doppellongenarbeit.

Übungen an der Doppellonge

Um die jungen Pferde in Gehorsam, Wendigkeit und Durchlässigkeit zu fördern, sind mehrere Übungen an der Doppellonge geeignet, bei denen das junge Pferd sogar besser beeinflußt werden kann als an der einfachen Longe.

Sehr häufig wird anfangs das Wechseln aus dem Zirkel geübt werden müssen. Zunächst geschieht das immer im Schritt, zumal auch der Longenführer das Verändern der Leinenlänge beim Umstellen erlernen und „sein Tempo" finden muß, mit dem er sich auf einer gebogenen Linie vom Mittelpunkt des einen Zirkels zu dem des anderen bewegt. Mit dieser Übung beginnt man, nachdem das Pferd auf beiden Händen im Trab gelöst worden ist und einige Schrittrunden „am langen Zügel" ruhig absolviert hat.

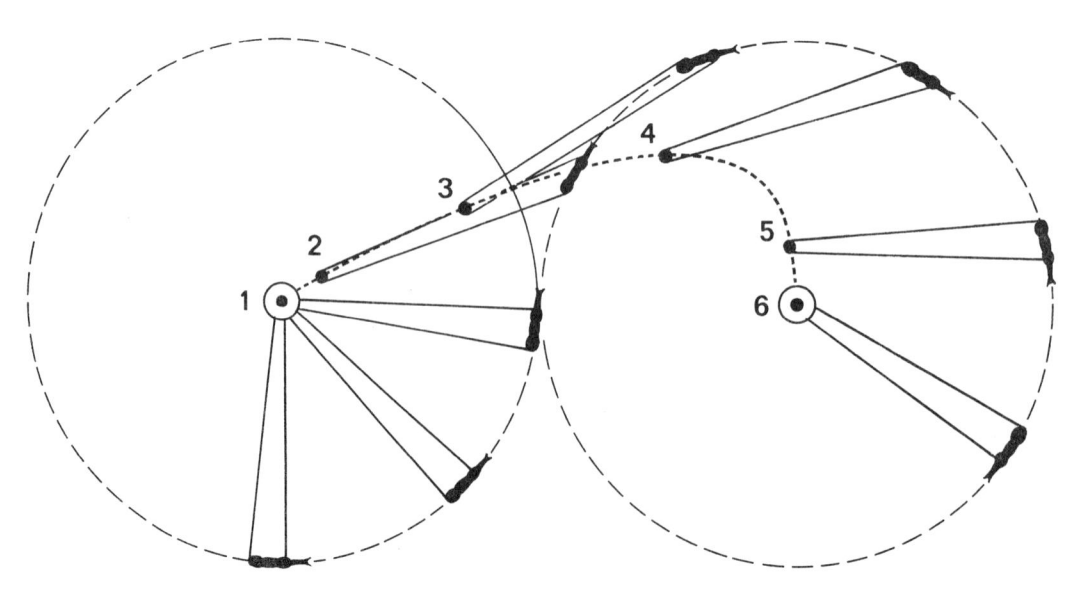

Abb. 195 Wechseln aus dem Zirkel bei der Doppellongen-Arbeit
(1–6 = Positionen des Longenführers)

Wenn das Pferd den Bahnmittelpunkt passiert, begibt sich der Ausbilder in kleinen Seitwärtsschritten, und die Augen dabei unablässig auf das Pferd gerichtet, auf eine Linie (Abb. 195), die es ihm erlaubt, das Pferd auf die neue Zirkellinie zu führen, ohne daß er dabei die Länge der Doppellonge plötzlich verändert. Dabei muß er allerdings den äußeren Longenteil allmählich so viel aus der Hand laufen lassen und gleichzeitig den inneren Longenteil so verkürzen, daß sich die Stellung des Pferdes der neuen Zirkellinie anpassen kann. Dazu und zum Finden der richtigen „Wechsellinie" des Longierenden bedarf es einiger Übung. Ganz wichtig ist es dabei, das Nachgeben der Außenlonge und das Annehmen der Innenlonge so zu koordinieren, daß ein flüssiges Umstellen ermöglicht wird und das Pferd in seiner Längsbiegung parallel zur Zirkellinie bleibt.

Bei den ersten Übungen zieht man am besten einen Helfer hinzu, der das Pferd am Kopf führt und ihm den Weg zeigt. Er wirkt auch in dem Moment beruhigend ein, in dem der Longenführer hinter dem Pferd vorbei auf die andere Seite wechselt und die „neue" Außenleine sich an den Hinterschenkel legt.

Wenn der Longenführer am Mittelpunkt des neuen Zirkels ankommt, hat er den äußeren Longenteil um ca. 3 m verlängert, den inneren um etwa das gleiche Maß verkürzt.

Man achte von vornherein auf korrektes Einhalten der Hufschlaglinie und korrektes Umstellen!

Wenn diese Übung im Schritt gut klappt, wozu auch mehrfaches Wechseln aus einem Zirkel in den anderen gehört, kann sie auch im ruhigen Trab versucht werden.

Sind Stellung und Biegung gefestigt, auch wenn der Zirkeldurchmesser etwas verringert worden ist, werden die Anforderungen an diese mit der Lektion „Wechseln durch den Zirkel" erhöht. Abbildung 196 zeigt die Ausführung der Lektion und den Weg des Longenführers, der dabei besonderes Geschick in der Handhabung der Doppellonge beim Umstellen des Pferdes beweisen muß.

Aus den Zeichnungen läßt sich erkennen, wie der Weg des Longenführers verläuft, wenn er das Pferd auf den vorgesehenen Hufschlaglinien führen und den korrekten Wechsel von Stellung und Biegung des Pferdes herbeiführen will, ohne daß er plötzliche Veränderungen der Länge von Außen- und Innenlonge vornehmen muß.

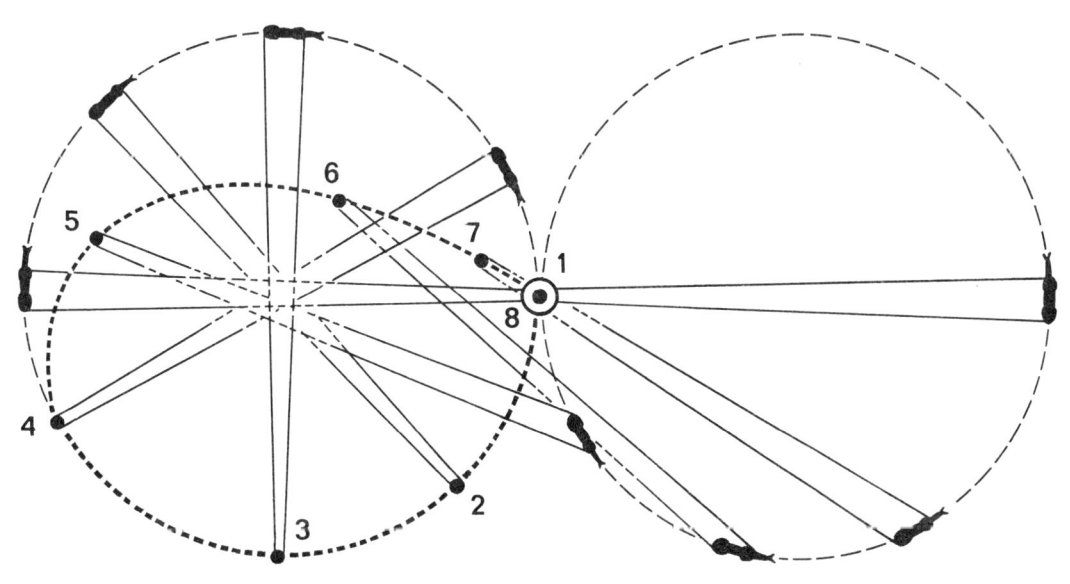

Abb. 196 Wechseln durch den Zirkel bei der Doppellongen-Arbeit
(1–8 = Positionen des Longenführers)

Unter Beachtung dieser Grundforderungen kann der Ausbilder das Pferd an der Doppellonge auch noch weitere Hufschlagfiguren ausführen lassen (im Schritt und auch im Trab), wie z. B. Schlangenlinien, einfache und doppelte, an der langen Seite, Schlangenlinien durch die Bahn, größere Kehrtvolten, Achten, korrektes Passieren der Ecken u. a. Wie weit dies ausgedehnt werden kann, hängt nicht zuletzt von Beweglichkeit und Kondition des Ausbilders ab.

Eine besonders wichtige Übung bei der Doppellongenarbeit sind Tempoübergänge im Trab. Hierbei soll das Pferd auf einem großen Kreis den Raumgriff der Trabtritte bei gleichbleibendem Takt vergrößern und verkleinern lernen. Diese Übung ist auch dazu zu nutzen, beim Pferd den Gehorsam auf die nachgebenden Leinenhilfen zu festigen, die es zum Verlängern der Tritte veranlassen. Annehmenden Leinenhilfen dagegen soll es durch Verkürzen der Tritte folgen. Inwieweit ihm das richtig gelingen kann, ist auch abhängig von der Entwicklung seiner Muskulatur und seines Gleichgewichtsempfindens. Wer das nicht berücksichtigt, läuft Gefahr, den Hals zusammenzuziehen und dem jungen Pferd bei schleppenden Hinterbeinen den Schwung „wegzuarbeiten". Erreichen will man jedoch auch beim Fahrpferd, daß es durch Übernahme von mehr Gewicht auf die Hinterhand bei taktmäßigem, kadenziertem Gang an relativer Aufrichtung gewinnt und infolge ungehinderter Schwungentwicklung seine Kopfstellung sich bei losgelassenem Genick der Senkrechten nähert, wobei es gleichmäßige Anlehnung an beide Gebißhälften nimmt und zum Kauen kommt.

Wenn das Pferd die bisher geschilderten Übungen gut ausführt, kann man zur Verbesserung der Beweglichkeit auch Schultervor, Schulterherein und Travers üben, letztere beiden allerdings nur mit relativ geringer Abstellung. Zu diesen Übungen, wie auch zu den wenig Schwierigkeiten bereitenden Traversalverschiebungen, faßt man die Doppellonge kürzer, um hinter dem Pferd herzugehen. (Abb. 197) Der Ausbildende muß aber darauf achten, daß er nicht in herabfallende Schleifen der Longe tritt. Bei Pferden, die ruhig und zuverlässig an der Doppellonge gehen, schützt man sich davor, indem man das Ende der Doppellonge über den Nacken hängt. Diese Arbeit hat eine gewisse Ähnlichkeit mit den Übungen, die Dressur- bzw. Schulpferde an der langen Leine machen, bleibt aber verständlicherweise in den Forderungen weit darunter. Die höchste Schwierigkeit stellt hier die in kurzen Reprisen vorzunehmende „Arbeit in halben Tritten" dar, durch die der Gehorsam des Pferdes verbessert wird.

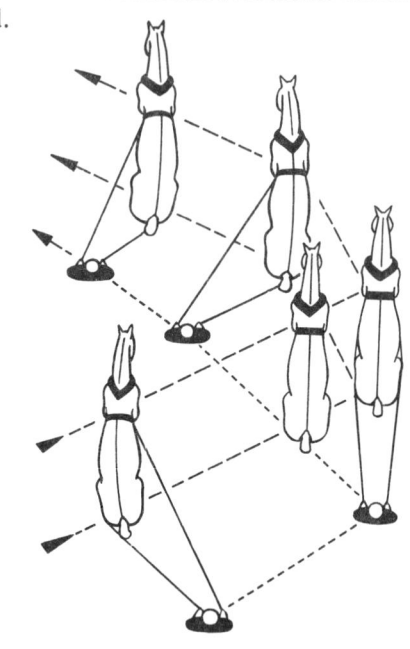

Abb. 197 Traversalverschiebungen an der Doppellonge

Die Doppellonge als Korrekturmittel

B. v. Achenbach legte auf die zwingende Wirkung der Doppellonge großen Wert und sah „den tiefen Sinn der ganzen Doppellongenarbeit" darin, „ohne Peitsche, ohne Rucke ins Maul, mit Ruhe, aber zwingender Hebelkraft den Gehorsam durchzusetzen". Das freilich ist eine Auffassung, die geprägt ist von der zu seiner Zeit gültigen Anschauung, daß sich das

Pferd dem Willen des Menschen unterzuordnen habe. Demgegenüber steht heute die Arbeit mit dem Pferd auf einer Vertrauensbasis.

Gleichwohl muß man v. Achenbach bescheinigen, daß er die Doppellonge als Korrekturmittel in pferdegerechter Weise einsetzte, nämlich so, daß der Ausbilder sich immer als der Stärkere (Ranghöhere) erweist.

Durch die mehrfache „Umlenkung" der Longe wird eine beträchtliche Hebelwirkung erzielt, mit der man ein steigendes Pferd am Hals kräftig abbiegen kann. Damit kann man diese Unart bekämpfen, wenn es sich nicht gerade um einen „notorischen" Steiger handelt (Abb. 198)

Ein an der Doppellonge gehendes Pferd, das nach innen kehrtmachen will, setzt sich einer so starken Gegenwirkung des äußeren Longenteils aus (der Longierende muß natürlich in diesem Fall die Außenlonge festhalten), daß es bald nachgeben wird. (Abb. 199)

Manchmal versuchen Pferde, an der einfachen Longe rückwärts gehend auszubrechen. An der Doppellonge gelingt ihnen das nicht, weil sie von der um die Hinterhand laufenden Außenlonge auf der Kreislinie gehalten werden. (Abb. 200)

Junge Pferde, mit denen umfassende Gewöhnungsarbeiten betrieben und ein Vertrauensverhältnis aufgebaut worden ist, werden in der Regel drastischer Korrekturmaßnahmen nicht bedürfen. Kennen sollte man sie trotzdem, wenn auch nur für den „Notfall", daß das Pferd versuchen sollte, die Oberhand zu gewinnen – und das passiert früher oder später mit jedem jungen Pferd einmal.

Die Arbeit mit der Doppellonge ist mancherorts in den Hintergrund getreten. Das gilt weniger für die Gewöhnungsarbeit mit den jungen Fahrpferden als vielmehr für die dressurmäßigen und gymnastizierenden Übungen. Diese Veränderung wurde besonders augenfällig, seit sich die Auffassung verbreitete, daß Pferde für den Fahrsport auch unter dem Sattel ausgebildet werden sollten. Dort jedoch, wo – aus welchen Gründen auch immer – die Ausbildung unter dem Reiter nicht oder nicht bis zu dem erforderlichen Niveau (versammelte Tempi, Seitengänge) gewährleistet werden kann, kann korrekte und systematische Arbeit mit der Doppellonge ein vollgültiger Ersatz sein.

Das Anlernen zum Ziehen

Die ersten Übungen im Ziehen wurden bereits im Rahmen der Gewöhnungsübungen mit den Zweijährigen und Dreijährigen behandelt. Natürlich müssen sie wiederholt und fortgesetzt werden. Dabei treten einige neue Forderungen an das Pferd heran.

Galt es bislang, äußere Störfaktoren von dem Pferd fernzuhalten, so ist es nun, wenn es sich ruhig und willig mit der Einspännerleine führen läßt, an der Zeit, Spaziergänge mit ihm zu unternehmen, bei denen es Gelegenheit erhält, sich mit allem vertraut zu machen, was ihm in seiner künftigen Arbeit begegnen kann, einschließlich des Verkehrs auf wenig befahrenen Straßen in seinem Einsatzgebiet.

Bei diesen Übungen hakt man vorsichtshalber eine Longe in den Kappzaum, damit man bei unvorhergesehenen, das Pferd erschreckenden Vorkommnissen auf das Pferd einwirken kann, falls es zu einem Fluchtversuch ansetzen sollte. Es versteht sich, daß der Ausbilder von Stimme und Leckerbissen ausgiebig Gebrauch macht und den Vorteil nutzt, häufig das Halten, Stehen und ruhige Angehen üben zu können. Bietet sich bei diesen Spaziergängen die Gelegenheit, so sollte man das Pferd auch zwischen nicht zu nahe aneinander stehenden Bäumen hindurchleiten – eine allererste Vorübung zum Passieren von Hindernissen, wie es später im Leben des Pferdes bei den Geländefahrten gefordert wird.

Am Ende der Übungen an der Doppellonge wie auch nach den Spaziergängen an der Leine muß das junge Pferd nun die Peitsche als Hilfe kennenlernen, falls das nicht schon bei den Gewöhnungsübungen an der einfachen Longe geschehen ist. Relativ leichtes Spiel hat man dabei, wenn das Pferd noch nicht den Schmerz kennt, den eine Peitschenstrafe hervorruft.

237

Abb. 198 Korrektur des Steigens mit der Doppellonge

Abb. 199 Macht ein Pferd an der Doppellonge kehrt, wickelt es sich förmlich ein

Abb. 200 Ein rückwärts eilendes Pferd kann an der Doppellonge nicht ausbrechen

Schon deshalb sollte es die Peitsche so früh wie möglich als ein Instrument erleben, das, mit leichter Hand über Rippen, Rücken, Kruppe, Schenkel bis zu den Hufen, außen und innen an den Hinterbeinen, streichend geführt, absolut nichts Furchterregendes ist.

Als wichtiger Erziehungsgrundsatz bei dieser Arbeit gilt: Wird das Pferd unruhig, dann sofort anhalten und das Pferd beruhigen. Erst wenn völlige Ruhe erreicht ist, kann man die Übungen fortsetzen. Es hängt daher vom Temperament des Pferdes ab, ob der Ausbilder diese Arbeit allein machen kann oder besser einen Helfer heranzieht.

Erfüllt das junge Pferd all diese Anforderungen willig und mit Ruhe, wird es Zeit, es mit den Scheuklappen bekannt zu machen. Das ist ein tiefer Einschnitt in seinem Leben, denn dem Pferd, dessen Gesichtskreis etwa 300° beträgt, wird nun die Möglichkeit genommen, nach der Seite und nach hinten zu sehen. Letzteres gab in seinem Wildleben die Möglichkeit, von der Seite oder auch von hinten kommende Gefahren rechtzeitig zu erkennen und vor ihnen zu fliehen. Diese instinktive Reaktion stellt sich auch ein, wenn beispielsweise die Peitsche von der Seite an das Pferd heranschwingt, der Fahrer den Bock erklettert, ein Kleidungsstück von der Seite heranweht. Scheuklappen dienen also auch dazu, die geschilderten Reaktionen nicht eintreten zu lassen. Daß die radikale Einengung des Gesichtskreises zunächst zur Unsicherheit führen muß, läßt sich leicht denken.

Zu Beginn dieser Übungen ist es deshalb notwendig, im Ausbildungsprogramm wieder einen Schritt zurückzugehen und an das Pferd Forderungen zu stellen, die es schon sicher erfüllen kann (Longieren mit der einfachen Longe, besser noch mit der Doppellonge). Nachdem sich der Ausbildende noch einmal davon überzeugt hat, daß das Pferd ruhig und nervlich entspannt ist, tauscht er die bisher benutzte Reittrense gegen den Fahrzaum aus, behält jedoch das dicke Trensengebiß bei.

Während die Arbeit mit dem auf Trense gezäumten Pferd fortgesetzt wird, muß der Ausbildende die Zeit finden, alle die Lektionen, die das Pferd bisher gelernt hat, mit dem mit Fahrzaum und Scheuklappen ausgerüsteten Pferd zu wiederholen. Nach der anfänglichen Unsicherheit wird sich das Pferd bald daran gewöhnen. Im Hinblick darauf, daß Zweispänner im Gelände häufig ohne Scheuklappen gefahren werden, sollte das Pferd alle Aufgaben sowohl mit als auch ohne Scheuklappen erfüllen lernen. Vor allem bei den ersten Übungen muß der Ausbilder in jedem Augenblick berücksichtigen, daß dem Pferd der größte Teil seines Gesichtsfeldes genommen ist. Er muß unbedingt verhindern – besonders, nachdem er wieder zu Spaziergängen an der langen Leine übergegangen ist –, daß das Pferd wegen der eingeschränkten Sicht irgendwo anstößt. Um das Pferd zu beruhigen und ihm Vertrauen einzuflößen, sollte er ständig mit ihm sprechen; denn es kennt seine Stimme, wenn es ihn auch nicht mehr sehen kann.

Als nächstes gilt es, das Pferd daran zu gewöhnen, daß es längere Zeit ziehen muß. Dazu hängt man einen Holzklotz oder kurzen Balken an die verlängerten Stränge (verlängert deshalb, damit ihm der Klotz nicht an die Hinterbeine gerät) und führt es an der langen Leine über den Reitplatz, die Koppel, ebene Wege. Dabei übt man – nicht zu lange – wiederum Anhalten, Stehen und Anziehen zwischen den nicht zu langen Reprisen im ruhigen Schritt. Die Flächen, auf denen diese Übungen stattfinden, müssen so eben sein, daß sich die „Last", die im Verlaufe des Übens schrittweise erhöht wird, keinesfalls an einer Stelle festhaken kann. Dadurch würde das Pferd erschrecken, und ein großer Teil der mühsam erarbeiteten Ausbildungsergebnisse wäre zunichte gemacht.

Da die Schultern des jungen Pferdes noch nicht an das Kumt gewöhnt sind und sich in diesem Stadium leicht Druckstellen und Muskelschmerzen einstellen, muß man die Schultern nach jeder dieser Übungen untersuchen und prophylaktisch mit Essigwasser abreiben.

Die nächste Ausbildungsstufe ist das Ziehen einer richtigen Schleppe. Neben der Festigung des ruhigen und sicheren Anziehens einer etwas schwereren Last soll die Entwicklung der Muskulatur gefördert werden, die beim Zuge besonders beansprucht wird. Entsprechend diesem Ziel muß das Anziehen am Beginn dieses Ausbildungsabschnittes häufiger geübt werden. Das ist schon deshalb erforderlich, weil die Zeitabschnitte, in denen das Pferd mit der Last vorwärtsgeht, noch kurz sind. Im Einklang mit den Fortschritten, die das Pferd im ruhigen Anziehen macht, werden diese Abschnitte dann verlängert, bis das Pferd schließlich die Schleppe etwa zehn Minuten lang gleichmäßig ziehen kann.

Früher, als in größerem Umfang noch Feldarbeiten mit Pferden ausgeführt wurden, ließ man das junge Pferd zur Gewöhnung einen Tag lang neben den alten Arbeitspferden gehen und spannte es dann bei leichten Arbeiten an. Das war für Arbeitspferde sicher eine probate Methode, die allerdings für Pferde mit lebhafterem Temperament auch ihre Nachteile hatte. Dieses Verfahren war zugleich ein gutes Mittel zur Entwicklung von Kraft und Ausdauer.

Einfahren vor dem Wagen

Bis zu diesem Zeitpunkt gab es im Ausbildungsverlauf des Fahrpferdes keinen Unterschied zwischen Pferden, die zum Einspännigfahren ausgebildet werden sollen, und solchen, die ausschließlich für Zwei- und Mehrspänner vorgesehen sind. Dieser Unterschied tritt erst in Erscheinung, wenn die auszubildenden Pferde vor den Wagen gespannt werden.

In Großbritannien und den USA ist das Einspännigfahren sehr viel weiter verbreitet als auf dem europäischen Kontinent. (Auf der britischen Insel werden 96 Prozent der Turniergespanne als Einspänner vorgestellt.) Auch in anderen englischsprachigen Ländern, wie Australien und Neuseeland, ist der Fahrsport mit Einspännern traditionell stärker entwickelt als der mit Zwei- und Mehrspännern, wobei für Einspänner in der Regel zweirädrige Wagen im Sport Verwendung finden.

Auf dem europäischen Festland ist das Einspännigfahren seit eh und je nicht so stark verbreitet gewesen, mit Ausnahme der Lastfuhrwerke in westeuropäischen Ländern. Im Fahrsport wurden Einspänner immer seltener eingesetzt. Allerdings zeigen sich unter dem Einfluß der günstigeren ökonomischen Bilanz und der Durchführung von Pferdeleistungsprüfungen und Championaten für Einspänner Anzeichen für eine Wende.

Entsprechend der Anspannungsart unterscheiden sich die Methoden des Einfahrens vor dem Wagen, die natürlich von ihrem Ziel bestimmt werden. Während das einspännig gefahrene Pferd im vollen Vertrauen zu seinem Fahrer, den es nicht sehen kann, nur von den Leinen geführt gehorsam überall hingehen muß, hat der Ausbilder eines jungen Pferdes im Zweispänner die Möglichkeit, neben das junge Pferd ein schon erfahrenes Fahrpferd zu spannen, das dem Neuling als „Schulmeister" dient.

Für die Ausbildung von Pferden für den Fahrsport, von denen der Fahrer „Mitarbeit" in den Prüfungen erwarten muß, empfiehlt sich daher eine Vorbereitung im Einspänner, ehe später das Pferd neben ein anderes gespannt wird.

Auf das Pferd kommen in diesem Ausbildungsabschnitt neue, oft überraschende und zuweilen erschreckende Eindrücke zu. Das sind zum einen die Rollgeräusche der Räder, zum anderen ist es das Erscheinen eines Lebewesens hinter und über dem Pferd, wenn der Fahrer den Bock besteigt.

In Gegenden, in denen ländliche Pferdezucht betrieben wird, findet man auch heute noch, daß Fohlen schon in sehr jungem Alter neben der eingespannten Mutterstute angebunden werden und auf diese Weise die Geräusche des Wagens und die Bewegungen des Fahrers als ungefährlich kennenlernen. Das ist eine ausgezeichnete Methode, sofern das Fohlen am Halfter so angebunden ist, daß es geradeaus gestellt gehen kann. Beim Einfahren im Einspännerwagen kommt noch hinzu, daß die starren Gabelbäume bei dem jungen Pferd Angstreaktionen hervorrufen können. Deshalb sollte man zuerst zwei Stangen von etwa 2½ m Länge an den Trageösen des Geschirrs befestigen. Sie laufen durch den Scherenriemen des Hintergeschirrs, der sie am Pferd hält. Nun führt oder longiert man das Pferd, bis es sich an die Stangen gewöhnt hat. Danach tauscht man diese gegen stärkere Stangen aus, deren Gewicht dem der Scherbäume entspricht. Sie müssen aber so lang sein, daß sie vorn einige Zentimeter über das Kumt hinausragen, damit die Enden nicht unter das Kumt geraten können. Ihre hinteren Enden müssen am Boden schleifen, und zwar so, daß sie kurz unterhalb der Sprunggelenke an den Hinterbeinen vorbeilaufen. Die Gewöhnungsarbeit mit den Stangen kann man nach den ersten Übungen durchaus mit der muskelbildenden Arbeit vor der Schleppe verbinden.

Bevor man das junge Pferd jedoch anspannt, muß man es noch daran gewöhnen, daß die Deichseln von oben herunterkommen, gleich ob es sich um die starren Scherbäume eines zweirädrigen oder die beweglichen eines vierrädrigen Wagens handelt. Dazu hat man ohne zusätzlichen Zeitaufwand ausreichend Gelegenheit, wenn man zu den Übungen mit den Stangen einen Helfer heranzieht, der durch gleichzeitiges Senken der Stangen das Herablassen der Gabeldeichsel imitiert.

Das erste Anspannen ist für das Pferd ein großes „Ereignis". Deshalb sollte man alle Vorsichtsmaßregeln treffen: Der Helfer muß dem Pferd bekannt sein; das Geschirr ist vorher aufzulegen und das Pferd damit zu bewegen, bis es den Stallmut herausgetrabt hat; es ist Vorsorge zu treffen, daß von außen keine Störungen auftreten können (andere Pferde, hupende Autos, quietschende Schubkarren u. a.); an jeder Seite sind Sicherheitslongen zu befestigen.

Unabhängig davon, ob dieses erste Einfahren mit zwei- oder vierrädrigen Einspännerwagen erfolgt, wird das Fahrzeug etwa 3 m vor einer Wand oder Barriere aufgestellt, die eine ungehinderte Vorwärtsbewegung des Pferdes bremsen würde, sollte es von sich aus fortstürmen wollen. Dann wird das Pferd, nachdem es ablongiert und schon etwas müde ist, völlig angeschirrt an das Fahrzeug geführt. Dort läßt man ihm reichlich Zeit, sich durch Beriechen davon zu überzeugen, daß von diesem Gegenstand nichts Unangenehmes oder Gefährliches ausgehen kann. Erst wenn dies geschehen ist und das Pferd seine Nase von dem Fahrzeug abwendet, stellen wir es mit dem Kopf zur Wand. Der Helfer schiebt möglichst geräuschlos das Fahrzeug heran. Der Ausbilder hält dabei das Pferd an der Longe und faßt mit der freien rechten Hand die sich senkende Gabeldeichsel, welche er durch die Trageöse führt, wie dies gleichzeitig der Helfer auf der rechten Seite des Pferdes auch tut.

Junge Pferde, die diese Anspannungsprozedur zum erstenmal über sich ergehen lassen, werden leicht unruhig, wenn sie dabei zu lange stehenbleiben sollen. Deshalb müssen die erforderlichen Handgriffe rasch und ohne Fehler ausgeführt werden. Alles muß also so vorbereitet sein, daß dieser rasche Ablauf ermöglicht wird.

Wichtig: Während des ganzen Vorganges das Pferd genau beobachten!

Der Ausbilder beruhigt das Pferd mit der Stimme. Wird es unruhig, unterbricht man das Anspannen und fährt erst damit fort, wenn sich das Pferd völlig beruhigt hat.

Ist das Anspannen beendet (Stränge mit Schnur und Sicherheitsknoten befestigt, Bauchgurt zugeschnallt), wird das Pferd angeführt. Da es dazu von der Wand abgewendet werden muß, helfen Ausbilder und Helfer beim Herumdrücken der Gabel. Nun geht es auf den Zirkel, und dort werden die dem Pferd schon lange bekannten Übungen Anfahren – Halten – Stehen – Anfahren erst auf der linken, dann – wenn es dabei keine Unruhe gibt – auch auf der rechten Hand ausgeführt, ehe man das Pferd wieder vor die Wand führt, um es mit gleicher Ruhe und Sorgfalt auszuspannen.

Das An- und Ausspannen übt man einige Tage lang wenigstens zwei- bis dreimal täglich im Anschluß an die anderen Lektionen (Doppellonge, Schleppe), bis das Pferd völlig ruhig bleibt, auch wenn der Ausbilder im Verlaufe der Übungen den ganzen Vorgang etwas verlangsamt und damit steigende Anforderungen an die Geduld des Pferdes gestellt hat.

Selbstverständlich werden auch jetzt alle Übungen zunächst mit dem Trensenzaum ausgeführt, und erst wenn das damit verbundene Ausbildungsziel erreicht ist, legt man dem Pferd den Fahrzaum mit Scheuklappen an. In bewährter Weise belohnt der Ausbilder jeden, auch den kleinsten Fortschritt mit Lob und Leckerbissen.

Bei den An- und Ausspannübungen achtet er darauf, daß das Pferd konsequent zum ruhigen Stehen erzogen wird – beim Anspannen und danach bis zum Anfahren wie auch vom Halten bis zum Wegführen vom Fahrzeug –, ohne daß es ständig am Kopf gehalten werden muß. Schläge, Reißen im Maul oder lautes Schimpfen sind dazu die am wenigsten geeigneten Erziehungsmittel. Die beruhigende, vielleicht auch warnende Stimme des Ausbilders, ergänzt höchstens durch eine dem Pferd schon bekannte leichte Sakkade mit der Longe auf den Nasenriemen, reicht zu diesem Zweck völlig aus. Um so wichtiger ist es hingegen, mit Lob und Belohnung unverzüglich zur Hand zu sein, wenn das junge Pferd der Stimme Folge leistet.

Bleibt das Pferd bei all diesen Anforderungen ruhig und zuverlässig, kann man die Spaziergänge an der langen Leine wieder aufnehmen. Vor dem Anspannen sollte es jedoch ausgiebig longiert werden. Es muß nun an das Rollgeräusch der Räder gewöhnt werden.

Ein zweirädriger Wagen ist für diesen Zweck besser als ein vierrädriger, weil ersterer in engen Wendungen oder wenn das junge Pferd unvermutet kehrtmacht, weniger leicht kippt. Aber dazu sollte es bei konsequentem Vorgehen nicht kommen. Muß man aber mit einem vierrädrigen Wagen vorliebnehmen, sollte dieser für den Anfang möglichst leicht sein, so daß das Pferd beim Anziehen nicht mehr Zugwiderstand zu überwinden hat als bei den Übungen an der Schleppe. Anderenfalls könnte es sich dadurch das sogenannte „Geigen" angewöhnen, worunter man ein mehrfaches Vor- und Zurückspringen beim Anziehen versteht, eine unangenehme Angewohnheit, die Pferd und Geschirr vorzeitig ruiniert.

Bei den Spaziergängen geht der Ausbilder anfangs noch neben dem Pferd her, der Helfer kann die einfache Longe in die Hand nehmen. Nun kann es – wie vorher ohne Wagen – über den Hof, durch Feld und Wald gehen, doch sollten Bergauf- und Bergabfahren noch vermieden werden – ersteres, weil stärkeres Ziehen noch Muskelschmerzen verursacht, letzteres, weil ein dem Pferd in die Hinterbeine rollender Wagen es in Panik versetzen kann, was den ganzen Ausbildungserfolg zunichte machen würde. Auch zwischen genügend weit auseinander stehenden Bäumen kann hindurchgefahren werden, vorausgesetzt, daß nicht die geringste Gefahr des Hängenbleibens besteht, denn der Schaden wäre unabsehbar.

Wer über die Möglichkeit verfügt, die Spaziergänge mit Pferd und Wagen über das erforderliche Mindestmaß hinaus auszudehnen und diesen Ausbildungsabschnitt um einige Tage zu verlängern, kann dann in aller Ruhe versuchen, kleine Bodenunebenheiten, wie etwa eine flache Spurrinne, einen größeren Stein oder ein am Boden liegendes Brett, zu überfahren, um das junge Pferd zu lehren, im Schritt darüber hinwegzutreten (Wiederholung einer Übung, die es schon kennt) und dabei den wechselnden Zugwiderstand ohne Aufregung auszugleichen.

Ist die Ausbildung so weit fortgeschritten, kann der Ausbilder dazu übergehen, das Pferd vom Wagen aus zu führen. Es war schon davon die Rede, daß es das Pferd erschrecken kann, wenn der Fahrer aufsitzt. Deshalb sollte dies erst einmal im Halten geübt werden, wobei der Helfer das Pferd am Kopf hält. Viel Beruhigung, Lob und Leckerbissen sorgen dafür, daß sich beim Pferd angenehme Eindrücke mit dem Aufsitzen verbinden.

Ganz wichtig ist es, von vornherein dafür Sorge zu tragen, daß das Pferd während des Aufsitzens *und danach* ruhig stehenbleibt. Es ist eine äußerst unangenehme Angewohnheit, wenn ein Pferd nach dem Aufsitzen ohne Aufforderung vorwärts geht. Das gilt für das Fahren im gleichen Maße wie für das Reiten und ist nichts anderes als ein Erziehungsfehler, der seine Ursache in Nachlässigkeit des Fahrers/Reiters hat.

Pferden, die das ruhige Anziehen der Schleppe und eines mit etwa 100 kg Gewicht beschwerten Wagens während der bisherigen Übungen erlernt haben, wird das Anfahren mit dem Fahrer auf dem Bock keine Schwierigkeiten bereiten. Trotzdem sollte während der ersten Versuche auf den Helfer mit der Longe, der zu Fuß nebenher geht, nicht verzichtet werden. Erst wenn das Pferd den Wagen mit dem Fahrer ruhig anzieht und im Schritt und Trab auf dem Übungsplatz gefahren werden kann, ist dieser Ausbildungsabschnitt beendet.

Von nun an kann man mit dem jungen Pferd im Anschluß an die Longierstunde täglich eine kleine Ausfahrt unternehmen – zunächst auf den Wegen, die das Pferd schon bei den Spaziergängen kennengelernt hat. Dabei darf man jedoch keinesfalls das Pferd so fest an eine bestimmte Streckenführung gewöhnen, daß es sich den Weg selbst sucht und dem Versuch des Fahrers, einen anderen Weg zu nehmen, Widerstand entgegensetzt. Daher muß man für genügend Abwechslung in der Streckenwahl sorgen. In gleicher Weise wäre es falsch, immer an den gleichen Stellen die Gangart zu wechseln: Für die täglichen Ausfahrten sind drei Regeln zu beachten:

O Jede dieser Fahrten beginnt und endet mit einer Schrittstrecke von etwa 10 Minuten Dauer. Das Pferd lernt dabei, ruhig vom Stall wegzugehen und nach dem Stall nicht zu drängen. Die Schrittreprise am Beginn der Übung fördert überdies die Entspannung der Muskulatur.

O Die Länge der Strecken und das Gewicht des Wagens dürfen nur ganz allmählich erhöht werden; abrupte Steigerung der Belastung führt zu Muskelschmerzen in Hals und Schultern, die dem Pferd das Ziehen verleiden können. Aus diesem Grund ist auch tiefer Sand kein geeigneter Boden für diese Übungen.

O Bergaufziehen und Bergabaufhalten dürfen, und zwar nur im geringsten Maße, erst dann gefordert werden, wenn sich die Ausbildungsfortschritte im Ziehen über Bodenunebenheiten gefestigt haben. Obwohl das Aufhalten des Wagens immer vom Fahrer mit der Bremse bewirkt werden soll, muß das Pferd dies lernen, damit ihm im Notfall der Wagen nicht in die Hinterbeine läuft.

Schließlich muß das junge Pferd – als erste Vorbereitung auf die spätere Teilnahme an Turnieren – noch lernen, auch dann ruhig zu bleiben, wenn andere Gespanne in der Nähe sind. Wenn an einem Ort dazu nicht mehrere Gespanne zur Verfügung stehen, sollten in der Nachbarschaft wohnende Fahrer sich zu diesen Übungen zusammenfinden.

Zuerst läßt man ein anderes Gespann vorausfahren und fährt hinterher, damit das junge Pferd sich an den Anblick und die Geräusche vor ihm gewöhnt. Danach fährt man vor einem zweiten Gespann her und schafft damit eine weitere Gewöhnungsanforderung. Als nächstes wird man im Schritt an einem haltenden und im Trab an einem im Schritt befindlichen Gespann vorbeifahren. Die schwierigsten Übungen für das junge Pferd bestehen darin, daß ein anderes Gespann, welches es wegen der Scheuklappen ja nicht sehen kann, auf gleicher Höhe mit ihm fährt bzw. es überholt.

Auf diese Weise vorbereitete Pferde werden sicherlich für ihr erstes Auftreten auf einem Turnier besser gerüstet sein als solche, die nicht nur die vielen neuen Eindrücke der fremden Örtlichkeit verarbeiten müssen, sondern auch noch durch das Gewimmel der anderen Gespanne nervlich strapaziert werden.

In Fahrställen und Zuchtbetrieben, in denen ältere, zuverlässige Fahrpferde zur Verfügung stehen, bietet sich ein anderer Weg des Einfahrens an, nämlich das Einfahren im Zweispänner neben dem erfahrenen Pferd als „Schulmeister".

Früher legte man es einfach darauf an, daß das ältere, sichere Fahrpferd den Neuling auf Gedeih und Verderb – je nach Temperament – festhielt oder mitschleifte, bis dieser verstanden hatte, was man von ihm wollte. Dieses brutale Vorgehen hat der Methode manche Gegner geschaffen. Richtig angewandt, spart die Methode jedoch gegenüber der zuvor beschriebenen viel Zeit, weil sich der Ausbilder das Beispiel des ausgebildeten Pferdes zunutze machen kann, und zwar ohne die Rucke im Maul und auf den Schultern, denen die Pferde früher von Ausbildern ausgesetzt wurden, die mehr mit Kraft und Härte denn mit Überlegung, Geschick und Eingehen auf die Psyche des Pferdes ans Werk gingen – und damit irreparable Ausbildungsfehler begingen, die die Pferde für die heutigen Anforderungen verdorben hätten.

Zunächst soll das Pferd mit seinem Partner im Gespann ausgiebig Bekanntschaft schließen. Stehen die beiden Pferde im Stall nebeneinander, läßt sich gut beobachten, welches von ihnen das ranghöhere ist. Der „Schulmeister" sollte nach Möglichkeit gegenüber dem Neuling höher im Rang stehen.

Man kann die Pferde auch aneinander gewöhnen, während das junge Pferd an der Schleppe übt. Dazu läßt man das ältere Pferd in der Kreuzleine neben dem Jungpferd gehen; es darf jedoch nicht mit ziehen, weil die Schleppe keine fest stehende Bracke hat.

Vor dem ersten Anspannen soll das junge Pferd den Wagen kennenlernen, auf dem es vielleicht sogar noch einen Leckerbissen findet. Ist es mit dem Rollen des Wagens noch nicht vertraut, muß man es zunächst hinter einem fahrenden Wagen, danach nebenher und schließlich neben den Pferden führen, bis die Wagengeräusche und Personen, die sich eventuell auf dem Wagen befinden, keinerlei Unruhe mehr hervorrufen. Das muß mehrfach ausprobiert werden, denn Pferde reagieren nicht an jedem Tag in der gleichen Weise.

Sind diese Vorbereitungen zur Zufriedenheit abgeschlossen, beginnt man mit den ersten Anspann- und Ausspannübungen in der Art, wie dies oben beschrieben wurde, nachdem das Tagespensum an Longierarbeit absolviert ist. Ob man diese Übungen mehrfach wiederholen muß oder gleich die erste Fahrübung vor dem Wagen anschließen kann, ist von Temperament und Vorbereitungsstand des jungen Pferdes abhängig. Bleibt es nach dem Anspannen mehrere Minuten ruhig an der Deichsel stehen, kann mit den Fahrübungen begonnen werden.

Doch zuvor einige Bemerkungen zur Vorbereitung des ersten Anspannens.

Der zum Einfahren vorgesehene Wagen, der einen relativ hohen Bock besitzen und leicht laufen soll (Räder und Drehkranz gut geschmiert), wird an einem ebenen, vielleicht sogar ganz leicht abschüssigen Platz aufgestellt. Die Deichsel trägt für alle Fälle auf ihrem hinteren Drittel ein Schutzbrett (vgl. Abb. 125). Besonders wichtig ist es, daß der Wagen eine feste Bracke und bewegliche Ortscheite besitzt. Die Spielwaage ist zum Einfahren junger Pferde völlig ungeeignet, weil der Neuling einen Schlag auf die Brust erhält, wenn der ältere Partner anzieht.

Ist der Wagen so vorbereitet, spannt man den „Schulmeister" an und stellt das junge Pferd an die Deichsel. Es ist mit Trense und Kappzaum gezäumt, ohne Scheuklappen. Der Helfer führt das Pferd an der Longe. Dem Pferd ist die linke Hälfte der Kreuzleine aufgelegt und deren Ende im Kammdeckelschlüssel befestigt. Die Stränge sind etwa 20 cm länger als die des Schulmeisters.

Bei den ersten Versuchen geht es nur darum, daß das junge Pferd ruhig an der Deichsel stehenbleibt, ohne daß es noch angespannt wird. Nun folgen ausgiebige Übungen zur Gewöhnung an das Anspannen: Zusammenschnallen und wieder Lösen der Kreuzteile der Leinen, Ein- und Ausschnallen der Aufhalter, Herabnehmen des äußeren Strangs und leichtes Anziehen dieses Strangs nach hinten, danach dasselbe mit dem inneren Strang (von der Seite des „Schulmeisters" her), Herüberwerfen der rechten Leine in Höhe des Widerristes, Zusammenschnallen der Leinen und Einlegen unter die Oberblattstrippe, Aufnehmen der Leinen und schließlich Aufsitzen auf den Bock, Aufnehmen und Ablegen der Peitsche, Eindecken, Niedersetzen und Aufstehen des Fahrers auf dem Bock, Platzwechsel von einer Bockseite auf die andere, Aufstellen auf das Trittbrett, Einsteigen und Aussteigen von der Seite. Ein zweiter Helfer am Kopf des „Schulmeisters" ist bei diesen Übungen zu empfehlen.

Alle diese Vorkommnisse muß das junge Pferd ohne Aufregung über sich ergehen lassen. Das sind sehr hohe Anforderungen an die Psyche des Pferdes, und es ist nicht in jedem Falle zu erwarten, daß sich alles auf einmal üben läßt. Deshalb sollte man diese Übungen über mehrere Tage verteilen und das vorher Geübte im Anschluß an die Longierstunde bzw. die Übungen an der Schleppe täglich wiederholen und festigen. Wenn der „Schulmeister" ein sehr zuverlässiges Pferd ist, das längere Zeit ruhig steht, wird das junge Pferd nach diesen Übungen aufs beste für die nun folgenden Fahrübungen vorbereitet sein.

Bleibt das junge Pferd mehrere Minuten an der Deichsel ruhig stehen und läßt Anspannen und Aufsitzen ruhig über sich ergehen, nimmt der Fahrer auf dem Block Platz und stellt die Leinen leicht an. Danach gibt er das Kommando zum Anfahren („Marsch!"), und der Helfer führt das junge Pferd am Kopf an. Die längeren Stränge des jungen Pferdes sorgen dafür, daß der „Schulmeister" die Hauptarbeit übernimmt.

Während der ersten Fahrversuche im Schritt geht der Helfer neben dem jungen Pferd her und beruhigt es durch Zureden und Klopfen auf den Hals, denn ganz ohne Aufregung wird es diese neue Erfahrung, die es machen muß, nicht verkraften. Die wirksamste Unterstützung für den Ausbilder geht jedoch von einem unerschütterliche Ruhe ausstrahlenden „Schulmeister" aus, dessen gutes Beispiel geradezu Wunder vollbringen kann.

Anfangs fahre man im Schritt soviel wie möglich geradeaus. Der Helfer geht neben dem Kopf des jungen Pferdes, hindert es aber keinesfalls im Vorwärtsgehen, selbst wenn es angaloppieren sollte, beruhigt er es nur. Lediglich, wenn es Miene macht zu schlagen, folgt sofort ein kräftiger Ruck auf die Nase. Je besser das junge Pferd seine Aufgabe begreift, um so mehr bleibt der Helfer mit der Longe zurück, bis er neben dem Vorderrad geht oder auch auf das Trittbrett des Wagens steigt.

Während einiger dieser Fahrübungen im Schritt wird wieder der Fahrzaum mit den Scheuklappen aufgelegt. Sie rufen, bedingt durch ihre häufige Verwendung in den vergangenen Wochen, kaum noch Unruhe hervor. Die Longe, die nun immer seltener in Aktion treten muß, wird in einen Verbindungsriemen zwischen den beiden Trensenringen eingeschnallt, damit eine Parade – sollte sie erforderlich werden – auf beide Maulseiten wirkt. (Noch besser wäre es ohne Zweifel, wenn in Betrieben, in denen häufig Pferde einzufahren sind, sowohl Kappzäume ohne als auch mit Scheuklappen vorhanden wären.)

Hat sich die anfängliche Aufregung des jungen Pferdes bei diesen Fahrübungen im Schritt völlig verloren, ist der Zeitpunkt gekommen, zu dem angetrabt wird, und zwar unter Verwendung der dem jungen Pferd schon bekannten Hilfen (Stimme, Nachgeben der Leinen). Der Helfer nimmt dazu seinen Platz neben dem Kopf des jungen Pferdes wieder ein und läuft zunächst neben ihm her. Danach zieht er sich ebenso wie vorher bei den Schrittübungen zurück, so daß er sich schließlich auf das Trittbrett stellen kann. Erfüllt das junge Pferd die Anforderungen zur Zufriedenheit, wird die Hilfsleine durch den Kammdeckelschlüssel gezogen, und der Helfer nimmt neben dem Fahrer auf dem Bock Platz.

Die Dauer dieser ersten Fahrübungen sollte eine halbe Stunde nicht überschreiten. Im Laufe der nächsten Wochen, in denen täglich Fahrübungen stattfinden, kann der Gesamtumfang der Übungen auf eine Stunde anwachsen, wobei auch die Trabreprisen allmählich länger werden.

Während der gesamten Ausbildungsabschnitte „Gewöhnung an den Zug" und „Einfahren vor dem Wagen" ist der systematische Wechsel zwischen Longieren mit der einfachen Longe, Ausbildung unter dem Sattel, Doppellongenarbeit, Übungen an der langen Leine und vor der Schleppe beizubehalten. Durch diese Art der Ausbildung werden muntere und ausgeglichene Pferde herausgebildet, die sich neuen Forderungen des Ausbilders voller Vertrauen stellen, vorausgesetzt, dieser hat die Anforderungen immer maßvoll an den Fortschritten des Pferdes orientiert und keine Überforderungen zugelassen.

Der weitere Ausbildungsverlauf
Belastungsgestaltung

Die Vielseitigkeit der Ausbildung des Fahrpferdes birgt die Gefahr körperlicher wie psychischer Überbelastung in sich. Zwar wurde auf diese Gefahr mehrfach hingewiesen, jedoch erlangt diese Frage in der weiteren Ausbildung zunehmend an Bedeutung, so daß an dieser Stelle auf einige **Grundsätze der Belastungsgestaltung** noch besonders eingegangen werden soll.

Allgemein ist die Wirkung der Belastungen im Training von den Möglichkeiten der biologischen Anpassung des Organismus abhängig. Aus den Gesetzmäßigkeiten der Anpassungsvorgänge und den Erfahrungen guter Pferdeausbilder lassen sich Belastungsgrundsätze ableiten, die in der Ausbildung des einzelnen Pferdes unter Berücksichtigung seiner individuellen Besonderheiten anzuwenden sind.

Das Prinzip der mehrjährigen kontinuierlichen Belastung

Ein sorgfältiger und erfolgversprechender Ausbildungsgang bedarf mehrerer Jahre, ehe das Pferd zu Höchstleistungen in der Lage ist. Eine so langfristig angelegte Ausbildung kann ohne Planung nicht erfolgreich verlaufen. Das Konzept muß den Inhalt des Ausbildungsprozesses von dessen Beginn bis zum Erreichen der angestrebten Höchstleistung umfassen. Legt man die Ziele, Aufgaben und Maßnahmen nur für ein Ausbildungsjahr fest, ergibt sich aus der Summe mehrerer solcher Jahrespläne immer noch kein systematisch aufgebautes Mehrjahresprogramm. Die Vielgestaltigkeit der Ausbildung des Fahrpferdes erschwert das planvolle Vorgehen zweifellos noch. Sollen alle erforderlichen Bestandteile der Ausbildung im richtigen Verhältnis Berücksichtigung finden, muß man sie über einen Mehrjahreszeitraum zweckmäßig verteilen, sonst kommt der eine oder andere zu kurz.

Treten in der Ausbildung längere Unterbrechungen auf, z. B. durch das Fehlen einer Reithalle, hat das zur Folge, daß das Ausbildungsziel nicht rechtzeitig erreicht wird.

Wenn die Trainingsbelastungen nicht in optimalen Zeitabständen aufeinanderfolgen, kann sich der Trainingszustand nicht in der vorgesehenen Weise verbessern, er wird sich unter Umständen sogar verschlechtern.

Die Beachtung des Prinzips der Kontinuität erfordert daher auch Überlegungen, wie die Belastung dann zu gestalten ist, wenn aus irgendeinem Grund das geplante Programm nicht verwirklicht werden kann.

Das Prinzip des planmäßigen Wechsels von Belastung und Erholung

Die Steigerung der körperlichen Leistungsfähigkeit ist nicht nur das Ergebnis hoher Trainingsbelastungen. Für die notwendige Erholung muß gleichermaßen gesorgt werden. Beide Seiten – Belastung und Erholung – sind in unlösbarer Einheit zu sehen. Da neue Trainingsbelastungen erst dann sinnvoll sind, wenn der Organismus bzw. seine jeweils beanspruchten Systeme ausreichend erholt sind, ist auch der inhaltlichen Gestaltung der Erholungsphase mehr Beachtung zu schenken, als das bisher im allgemeinen der Fall war. Damit, daß das Pferd sich die längste Zeit des Tages im Stall „erholen" kann, ist es nicht getan. Koppelaufenthalt, Wechsel der Trainingsanforderungen u. ä. dagegen bieten wirksame Möglichkeiten der aktiven Erholung.

In der pferdesportlichen Ausbildung muß vor allem die konditionelle Leistungsfähigkeit erhöht werden. Dazu müssen die Strukturen und Funktionen des Bewegungssystems sich an die Belastungen anpassen. Dem bereits an anderer Stelle besprochenen Ausbildungsweg mit mehreren Übungseinheiten am Tag und dem ständigen Wechsel der Ausbildungsbestandteile liegt das Prinzip des planmäßigen Wechsels von Belastung und Erholung zugrunde. Es gilt gleicherweise innerhalb einer Übungsstunde wie auch für jeden einzelnen Abschnitt (Woche, Monat, Mehrmonatsperiode, Jahr). Das bedeutet z. B., daß sich nach Tagen mit ansteigender Belastung ein Tag mit niedriger Belastung anschließen sollte. Die Anwendung dieses Prinzips führt zu einem wellenförmigen, zyklischen Belastungsverlauf, wie er schematisch in Abbildung 201 dargestellt ist.

Das Prinzip der individuellen Belastung

Dieses Prinzip besagt, daß der Ausbilder stets die individuellen Besonderheiten des Pferdes berücksichtigen muß. Dazu gehören sein Lebensalter, die Dauer und Art der bereits erfolgten Ausbildung (Trainingsalter) und – ganz besonders wichtig – der Konstitutions- und Nerventyp des Pferdes. Der Organismus des Zweijährigen, dessen Wachstum noch nicht abgeschlossen ist, darf nicht so hoch belastet werden wie der dreijähriger und älterer Pferde. Aber auch gleichaltrige Pferde dürfen nicht in gleicher Weise belastet werden, wenn sie auf stark verschiedenem Ausbildungsstand stehen. Sie verlangen nicht selten nach individuell unterschiedlichem Vorgehen. Auch Abwechslung in den Belastungsinhalten gehört dazu – Monotonie stumpft auch junge Pferde ab.

Werden Pferde in der Gruppe trainiert – für das Fahrpferd gilt dies gleichermaßen, wenn ein junges Pferd neben einem bereits mehrere Jahre im Training stehenden „Schulmeister" angespannt wird –, können Überlastungsschäden bei dem Pferd mit noch zurückgebliebenem Trainingszustand provoziert werden, falls die individuellen Besonderheiten der Pferde unberücksichtigt bleiben.

Ohne das ausdrücklich zu erwähnen, wurden bei der Besprechung der Vorbereitung des Pferdes immer wieder unterschiedliche Konstitutions- und Nerventypen berücksichtigt. Gerade in dieser Beziehung gibt es gravierende Unterschiede zwischen den Pferden – wie ja auch zwischen den Menschen.

Das Prinzip der steigenden Trainingsbelastung

Vor allem zwei Gesetzmäßigkeiten sind es, die die Notwendigkeit steigender Trainingsbelastungen bedingen: Erstens läßt sich eine hohe konditionelle und technische Leistungsfähigkeit nur allmählich, durch langfristigen, schrittweisen Leistungsaufbau erzielen. Zweitens hat das grundlegende Prinzip, wonach der Organismus sich an steigende Anforderungen anpaßt, nicht nur Bedeutung für die Erhöhung der Leistungsfähigkeit. Diese Anpassung hat auch zur Folge, daß gleichbleibende, wenn auch hohe Belastungen schließlich nur den Erhalt der erworbenen Leistungsfähigkeit sichern, nicht aber zu weiterer Leistungssteigerung führen.

Im Pferdesport hat es sich bewährt, nicht gleichzeitig die Anforderungen in mehreren oder gar allen Bestandteilen des Trainings zu erhöhen. Das würde zu Übertrainingserscheinungen führen. Man sollte immer nur einen der Bestandteile verändern, die übrigen unverändert lassen.

Bei der Beschreibung des Vorgehens in der Gewöhnungsarbeit wurde dieses Prinzip beachtet. Auf einen Abschnitt der „Erarbeitung" folgte ein Abschnitt der „Festigung durch Wiederholung", wie das für das „technische" Training allgemein erforderlich ist.

Bei der Herausbildung bestimmter Bewegungsfertigkeiten, beispielsweise des ruhigen Anziehens, darf man nicht gleichzeitig neue, höhere Belastungsreize setzen, z. B. durch Vergrößern des Zugwiderstandes, Anziehen in der Wendung.

Bei der Gestaltung der Belastung zur Verbesserung der Kondition gilt als Faustregel: Erst den Umfang, dann die Intensität erhöhen! Erhöhung der Intensität wird vom Organismus besser vertragen, wenn zuvor die betreffende „Arbeit" mit immer größerem Umfang gemeistert wurde. Beispiel: Hat das junge Pferd gelernt, den nur leicht belasteten Wagen über eine größere Strecke zu ziehen, so daß sich Kraft und Ausdauer den Anforderungen angepaßt haben, darf die Last erhöht oder bergauf gefahren werden. Je länger zunächst nach dem Prinzip „lange und langsam" belastet wurde, um so stabiler wird die dadurch erworbene höhere Leistungsfähigkeit sein.

Aus der Erörterung der anderen Belastungsprinzipien ergibt sich, daß das Prinzip der steigenden Belastung nicht die Forderung nach einer ständigen, gleichmäßigen Erhöhung der Anforderungen einschließt. Die Kurve des Belastungsverlaufs soll vielmehr einer leicht ansteigenden Wellenlinie entsprechen (vgl. Abb. 201).

Die Belastungsprinzipien werden in der Ausbildung und im späteren Training komplex wirksam. Wird gegen einen dieser Grundsätze verstoßen, verringert sich die Gesamtwirkung der Trainingsbelastung, auch wenn die übrigen richtig angewendet wurden.

Weitere Ausbildungsaufgaben

Die folgende Ausbildungszeit, die verbleibt, bis das Pferd vierjährig ist, wird – unter Beibehaltung der Vielgestaltigkeit der Ausbildung und unter Berücksichtigung der angegebenen Belastungsgrundsätze – den folgenden Aufgaben gewidmet:
○ Verbesserung des Ganges und der Haltung an der Doppellonge. Die Ausbildung an der Doppellonge hat den Vorteil, daß man das Pferd von der Seite beobachten und erforderlichenfalls korrigieren kann.
○ Verbesserung der Wendigkeit durch Fahren von Volten, Achten, Schlangenlinien (erst größer, dann allmählich enger werdend); Passieren der Ecken usw. auf dem Fahrplatz.
○ Verbesserung der Übergänge, einschließlich halten und Anfahren im Schritt, auf dem Fahrplatz und auf Wegen.

○ Verbesserung des Gehorsams auf Stimme und Leinen durch Üben von Übergängen, vor dem Wagen und auch an der Doppellonge.
○ Verbesserung des Gehorsams beim Passieren von Hindernissen, dazu gehören z. B. Fahren durch Hohlwege, Straßenunterführungen, Eisenbahnübergänge, Halten an Kreuzungen und Einmündungen, vor Eisenbahnschranken usw.
○ Üben des Stillstehens. Diese für das Wagenpferd sehr wichtige Forderung muß gründlich gefestigt werden. Die schon bei den Gewöhnungsarbeiten ausgeführten Übungen werden zeitlich ausgedehnt, bis das Pferd längere Zeit (etwa 10 Minuten) ruhig steht. Es soll diese Übung sowohl ohne als auch mit Scheuklappen, am Gebiß aber auch mit hingegebenen Leinen ausführen. Dabei muß es Störungen unterschiedlichster Art (knatternde Motorräder, vorüberbrausende Lastzüge, Lokomotive und Anwesenheit anderer Pferde) ungerührt ertragen.
○ Rückwärtsschieben. Das Rückwärtstreten kann man dem jungen Pferd leicht begreiflich machen, wenn man sich vor den Kopf des Pferdes stellt, die Hände auf dessen Brust und Nase legt und auf das Kommando „Zurück!" gegen das Pferd drückt. Folgt es dem nicht, klopft man mit der Gerte an das Vorderbein, mit dem es antreten soll. Anfangs kann man mit einem oder zwei Tritten zufrieden sein.

Danach wird man, immer noch vor dem Kopf des Pferdes stehend, auf das Kommando „Zurück!" einen leichten Druck auf das Gebiß ausüben (Annehmen der Leinen).

Sollte das Pferd zurückeilen wollen, wird die Übung sofort unterbrochen („Haaalt!") und erst fortgesetzt, wenn das Pferd nach einer Vorwärtsreprise wieder angehalten worden ist.

Als nächste Übung läßt man das Pferd einige Tritte an der langen Leine zurücktreten. Dabei muß sich die Aufmerksamkeit besonders auf schnurgerades Rückwärtstreten richten. Das wird später dringend benötigt.

Erst wenn diese Übungen sicher beherrscht werden, übt man das Rückwärtstreten auch vor dem Wagen, der bei den ersten Versuchen leicht bergan gestellt sein sollte, damit er von selbst zurückrollt, wenn er von dem zurücktretenden Pferd einen leichten Stoß erhält. Später übt man das auch auf ebener Straße.

Rückwärtsschieben des Wagens *gegen* den Hang braucht man nicht besonders zu üben. Wenn es sich nicht vermeiden läßt, so meistert ein gut ausgebildetes Pferd diese Aufgabe dank des ihm anerzogenen unerschütterlichen Gehorsams.

○ Seitwärtstreten, ohne den Wagen vor oder rückwärts zu bewegen, ist beim Wenden durch Einschlagen und Zurücksetzen erforderlich, eine Forderung, die heute seltener im Straßen-

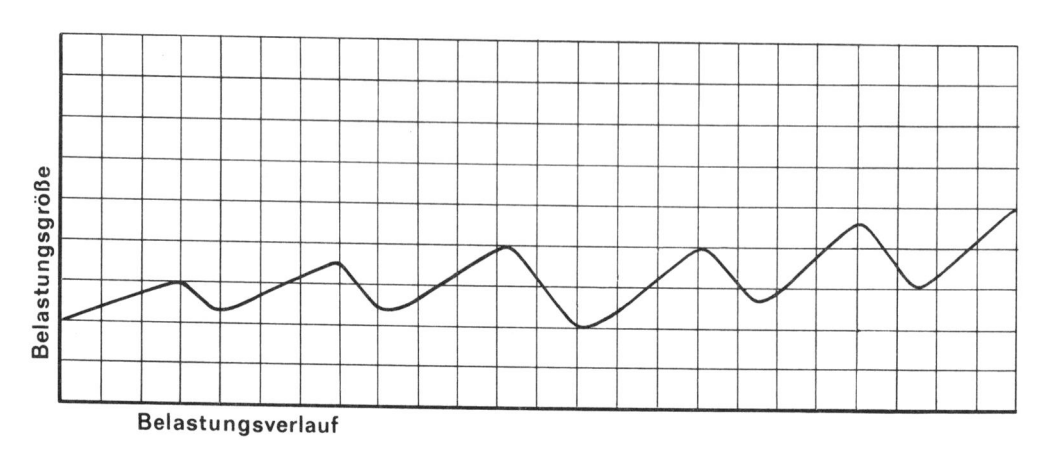

Abb. 201 Belastungsstruktur

verkehr als in Hindernissen der Geländestrecke gefragt ist.

○ Fahren in tiefem Sand, durch bergiges Gelände und durch Furten, auf engen Waldwegen; schräges Durchfahren von flachen Gräben; Kennenlernen aller anderen Erscheinungen, die dem Pferd bei seiner Verwendung begegnen können, z. B. Lautsprecher, Fahnen.

○ Anfahren und Anhalten bergan und bergab.

○ Umspannen. Das junge Pferd, das bisher stets an einer bestimmten Deichselseite ging, muß nun lernen, an der anderen Seite der Deichsel zu gehen. Das ist auch wichtig, damit das Pferd „gerade bleibt". Bei Pferden die ständig an derselben Deichselseite gehen, bildet sich die Muskulatur ungleichmäßig aus: Das Pferd wird schief. Spannt man erst danach um, bereitet dies dem Pferd Schmerzen, und es kommt zu Widersetzlichkeiten. Häufiges Wechseln der Deichselseite erhält das Pferd geschmeidig und fördert eine gleichmäßige Entwicklung beider Körperseiten. Deshalb beginnt man mit dem Umspannen bereits in der zweiten Woche der Übungen vor dem Wagen, spannt das Pferd von diesem Zeitpunkt an zwei Wochen lang bei allen Fahrübungen abwechselnd an die eine und die andere Seite der Deichsel und wechselt in den folgenden zwei Monaten wöchentlich. Später genügt es, wenn das Pferd zweimal monatlich einen oder zwei Tage an der anderen Deichselseite geht.

Da das junge Pferd auch unter dem Sattel weiter ausgebildet werden soll, muß man in diesem Ausbildungsabschnitt die Übungen besonders sorgfältig planen, denn erfahrungsgemäß kommt man kaum öfter als 3- bis 4mal je Woche dazu, das Pferd vor dem Wagen zu fahren.

Die Gesundheitspflege während der Ausbildung

Richtige Maultätigkeit bildet eine wichtige Voraussetzung für die Arbeit des Pferdes. Es muß lernen, im Verlaufe der Ausbildung Anlehnung an das Gebiß zu nehmen. Dies soll eine leichte Verbindung zwischen dem Maul des Pferdes und der Hand des Fahrers sein. Zunge und Laden bleiben dadurch empfindlich, und der Fahrer kann dem Pferd seinen Willen mit weichen Einwirkungen der Leinen verdeutlichen.

Dazu gehört aber ein gesundes Maul, denn bei Verletzungen der Maulschleimhaut oder gar der Laden wird das Pferd diese nun schmerzhafte Anlehnung zunächst nicht suchen („es geht nicht an das Gebiß") und später, bei wachsender Erregung, gegen den Schmerz angehen („gegen das Gebiß gehen"). Besonders in letzterem Falle wird sich die Verletzung verschlimmern. Bei heftigen Pferden besteht die Gefahr, daß Verletzungen der Maulschleimhaut (Quetschungen), besonders über den scharfkantigen Laden, entstehen, wenn der Fahrer mit harter Hand einwirkt und festhält.

Solche Wunden, die oft schwer heilen und besonders gefährlich sind, wenn sie mit Quetschungen der Knochenhaut unter den Auflagestellen des Gebisses verbunden sind, können den Erfolg der Ausbildung in Frage stellen und das Pferd für längere Zeit dienstuntauglich machen.

Unerklärliche Widersetzlichkeiten des sonst gutmütigen Pferdes haben häufig ihre Ursache in nicht erkannten Maulverletzungen.

Nach jeder, aber auch jeder Ausbildungsstunde müssen daher die Lefzen, besonders die Lefzenwinkel, die Zunge, die Laden und auch die übrigen Bezirke der Maulschleimhaut, die mit dem Gebiß in Berührung kommen können, sorgfältig untersucht werden. Das muß besonders eingehend geschehen, wenn auf Kandare gefahren wird.

Wunde Lefzen sind mit Essigwasser zu kühlen und danach mit Vaseline einzureiben, um sie geschmeidig zu erhalten. Bis zum Abheilen darf das Pferd nicht aufgezäumt werden. Ruhige und auf Stimme gehorsame Pferde können gegebenenfalls longiert werden, wozu man den Kappzaum auflegt und die Doppellonge in die seitlichen Ringe des Kappzaumes schnallt. Sicherheitshalber benutzt man zu dieser Arbeit die Reithalle oder wenigstens einen umfriedeten Longierzirkel.

Ladendrücke, die sich als gerötete oder – in schweren Fällen – auch blutunterlaufene Stellen im Bereich der Maulschleimhaut der Ladenregion zeigen, sind außerordentlich schmerzhaft. Eine Fortsetzung der Ausbildung kann auch hier bestenfalls an der Doppellonge und ohne Gebiß erfolgen.

Um den Heilungsprozeß zu unterstützen, sollte Weichfutter verabreicht werden. Liegen offene Verletzungen der Maulschleimhaut vor, gehört die Behandlung sofort in die Hand des Tierarztes.

Werden Pferde auf Kandare gefahren, so können Verletzungen auch in der Kinnkettengrube auftreten. Deshalb ist diese in die Untersuchung einzubeziehen.

Es gibt nur eine Prophylaxe: eine weiche Fahrerhand. Die Fahrerhand läuft Gefahr, hart zu werden, wenn man sich nicht ständig vor Augen hält, daß das Stahlmundstück Quetschungen verursachen kann. Der Fahrer muß daher immer nach einer leichten Verbindung zwischen sich und den Pferden streben. Ellbogen- und Schultergelenke müssen dazu beweglich sein, und auch die Beinmuskulatur des Fahrers darf nicht krampfhaft angespannt, sondern muß elastisch „losgelassen" sein.

Dazu ein Zitat von Achenbach: „Das beste Mittel ist, den Gedanken immerzu durch die Hand leiten: Ob meine Hand das rohe Ei (sprich: Pferdemaul, d. Verf.) noch vorsichtiger halten kann? Ladendruck! Ladendruck! Ladendruck!"

Ähnlich wie dem Maul des Pferdes muß seinen Beinen nach jeder Ausbildungsstunde Aufmerksamkeit gewidmet werden. Die Kontrolle der Beine beginnt eigentlich schon während der Arbeit, wenn der Ausbilder die Schenkelführung des Pferdes beobachtet. Besonders bei jungen Pferden und während der ersten Übungen kann es infolge der ungewohnten Anstrengung und beginnender Ermüdung zum Streichen der Hinterbeine kommen. Dadurch entstehen Wunden, die bei Vernachlässigung zu Gewebeveränderungen, den Streichballen, führen, die den Wert des Pferdes herabsetzen. Auch bei abdeichselnden Pferden kommt es häufig zu Streichverletzungen. Bei letzteren kommen auch häufig noch Kronentritte vor. Die Beine müssen daher täglich auf Streichverletzungen und Kronentritte untersucht werden.

Prophylaxe: Beinschutz (Streichkappen oder Streichgamaschen) beim Longieren und bei den Fahrübungen, bis sich das Pferd an diese Arbeit gewöhnt hat.

Schließlich sind die Schultern bzw. bei Brustblattanspannung Vorder- und Seitenbrust nach jeder Fahrübung auf Druckstellen zu 'untersuchen. Sie treten hier häufig auf, beispielsweise wenn das Kumt nicht richtig paßt. Waschungen mit Essigwasser sind nach jeder Fahrübung zu empfehlen. Bis zur Abheilung der Druckstellen sollte die Ausbildung ausschließlich unter dem Sattel erfolgen.

Prophylaxe: Sorgfältiges Verpassen des Kumts, Verwendung einer weichen Kumtunterlage, Sauberhalten des Geschirrs (Entfernen von Schweiß).

Nicht selten treten nach neuen Anforderungen mit hoher Belastung Muskelschmerzen auf, der sogenannte „Muskelkater". Er zeigt sich an einer gewissen Steifigkeit der Bewegungen des Pferdes. Vorbeugen kann man diesen Muskelschmerzen durch ausgedehnte langsame Bewegung im Anschluß an die Belastung, wobei die in der vorhergehenden Muskelarbeit entstandene Milchsäure in der belasteten Muskulatur wieder abgebaut wird.

Aber auch Einreibung der besonders angestrengten Körperpartien mit Kampferspiritus oder Präparaten wie „Radiol" fördern den Abtransport der Stoffwechselschlacken aus der Muskulatur.

Vor dem nächsten Einsatz des Pferdes ist es in jedem Falle erforderlich, die lösende Arbeit besonders ausgiebig vorzunehmen. Die dauert in diesem Fall wesentlich länger als sonst üblich.

Fahrprüfungen und ihre Anforderungen

Ziel der Ausbildung von Fahrer und Pferd ist die Teilnahme an fahrsportlichen Wettkämpfen. Andererseits sind diese Wettkämpfe Zwischenziele auf dem Weg zur fahrsportlichen Meisterschaft. Wettkämpfe kennzeichnen Abschnitte im Gesamtprozeß des langjährigen Trainings.

Wie überall im Turniersport hängen auch bei den Fahrprüfungen die Trauben hoch. Die Teilnahme bedarf daher gründlicher, allseitiger Vorbereitung. Wer die Absicht hat, an Fahrprüfungen teilzunehmen, tut gut daran, rechtzeitig mit der Vorbereitung zu beginnen.

Grundsätzliches

Die in diesem Abschnitt dargelegten Grundsätze gelten für alle Fahrprüfungen in gleicher Weise.

O Fahrprüfungen sind Pferdeleistungsprüfungen, in denen Pferde vor einem Wagen und – sofern aus der Beurteilung nicht ausdrücklich ausgeschlossen – Fahrer unter verschiedenen Bedingungen im Wettkampf nach bestimmten Kriterien beurteilt werden.

In diesen Prüfungen sollen die Pferde ihre Ausbildung als Fahrpferd unter Beweis stellen und die Fahrer ihre Fahrkunst demonstrieren.

Um die Qualität der Teilnehmer (Pferde und Fahrer) vergleichen zu können, werden bestimmte Merkmale beurteilt (in Eignungs- und Gebrauchsprüfungen, Gespannkontrollen, Dressurprüfungen) und/oder bestimmte Vorkommnisse als Fehler bewertet (in Gelände- und Streckenfahrten, im Hindernisfahren). Fahrprüfungen sollen nicht nur dazu beitragen, die Leistungsfähigkeit der Fahrpferde weiter zu verbessern, sondern auch dazu,
– eine zweckmäßige und einem anerkannten Stil zugehörige Anspannung,
– die ordnungsgemäße und funktionsgerechte Beschaffenheit der Geschirre,
– die Betriebs- und Verkehrssicherheit der Gespanne,
– die Zweckmäßigkeit und Schönheit der Wagen und ihrer Ausrüstung sowie
– die Entwicklung der Fahrtechnik der Fahrer zu fördern.

O Die Mannigfaltigkeit der Fahrprüfungen ist sowohl von kulturhistorischem Wert als auch von Bedeutung für die vielseitige Überprüfung der Ausbildung von Pferden und Fahrern. Sie sorgt für Abwechslung im sportlichen Wettkampf. Deshalb sollte von den Veranstaltern die ganze Palette der Möglichkeiten bei der Ausschreibung berücksichtigt und von den Fahrern zur Teilnahme genutzt werden.

O Fahrprüfungen sind sportliche Wettkämpfe, sie müssen allen Teilnehmern gleiche Chancen bieten. Um das zu gewährleisten, gibt es relativ exakte Regeln, an deren Weiterentwicklung die Fahrkommission der Fédération Equestre Internationale (FEI) sowie der Fahrausschuß der Deutschen Reiterlichen Vereinigung e.V. ständig arbeiten. Zweck dieser Regeln, die streng und konsequent angewendet werden sollen, ist die Schaffung gleicher Bedingungen für alle Teilnehmer bei gleichzeitiger Berücksichtigung der Verschiedenartigkeit von Geschirren, Wagen, Pferden und sonstigen Bedingungen.

Bestimmungen für die Ausrüstung von Gespannen in Pferdeleistungsprüfungen

Die nachstehenden Hinweise gelten sowohl für Prüfungs- als auch für Vorbereitungsplätze

Allgemeine Bestimmungen

Für die Ausrüstung der Wagenpferde und Gespanne sind die Richtlinien des Achenbach-Systems maßgebend.

Die Anspannung muß in erster Linie zweckmäßig, betriebs- und verkehrssicher sein.

Sauberkeit des Wagens, der Geschirre und Gebisse ist selbstverständliche Voraussetzung.

Einheitlichkeit des Bildes und Reinheit des Anspannungsstils sind bei jedem Gespann anzustreben.

Wenn durch die Ausschreibung nicht anders vorgeschrieben, ist immer Sportanspannung obligatorisch. Dazu gehören sowohl die landesübliche Anspannung vor Kutschwagen (Landanspannung) als auch die verschiedenen Anspannungsstile (englische Anspannung, ungarische Anspannung usw.)

Wagen

Für die Landanspannung sind (außer ausgesprochenen Stadtwagen) alle Wagen geeignet, deren Fahrersitz hoch genug ist, um die Pferde und den Weg vor ihnen überblicken zu können. Sie müssen den nachstehenden *Bestimmungen* entsprechen: Ein- und zweispännig vorgefahrene Wagen müssen wenigstens zwei, mehrspännig vorgefahrene wenigstens vier feste Sitzplätze aufweisen (einschließlich Fahrersitz). Notsitze zählen nicht. Ausnahme: Buggys sind ein- und zweispännig in Eignungs- und Gebrauchsprüfungen (national) zugelassen.

Sofern in der Ausschreibung nichts anderes festgelegt ist, müssen vierrädrige Wagen verwendet werden.

Werden Prüfungen für Tandems oder Randoms ausgeschrieben, dürfen diese Gespanne nur vor einer Tandemcart gefahren werden.

Für zwei- und mehrspännig zu fahrende Wagen ist feste Bracke in allen Prüfungen vorgeschrieben.

Der Wagen muß mit einer feststellbaren Bremse ausgerüstet sein. Zusätzliche Fußbremsen sind zulässig. Drehkranzbremsen, Geschwindigkeits- und Entfernungsmesser (letztere beiden nur international) sind nicht erlaubt.

Wagenlaternen sind in Prüfungen auf dem Dressurviereck und beim Hindernisfahren vorgeschrieben. Im Gelände kann auf sie verzichtet werden.

Runde Rückleuchten oder Rückstrahler sind in allen Prüfungen obligatorisch.

Räder mit Eisen- oder Hartgummibereifung sind zugelassen. Luftgefüllte Bereifung, jedoch nicht auf Scheibenrädern, sind für Ein- und Zweispänner in Eignungs- und Gebrauchsprüfungen (national) erlaubt.

Die Spurbreite des Wagens, gemessen von Außenkante zu Außenkante der Hinterräder, unterliegt in internationalen Prüfungen den nachstehenden Festlegungen, die über kurz oder lang auch in alle nationalen Reglements Eingang finden werden: Bei Wagen, die zu Gelände- und Streckenfahrten verwendet werden, darf kein Bauteil des Wagens die Spurbreite des Wagens überschreiten mit Ausnahme der Radnaben und der Ortscheide.

Nur in internationalen Prüfungen ist für Gelände- und Streckenfahrten ein Gewicht des Wagens vorgeschrieben. (Tab. 7) Der Wagen muß mit Deichsel (bei Mehrspännerwagen mit Vorhang), Ortscheiten und Ersatzteilen gewogen werden. Die Teilnehmer können verlangen, daß ihnen Gelegenheit zum Wiegen ihrer Wagen vor Beginn der Marathonfahrt gegeben wird. Aufgabe des Vorsitzenden der Richtergruppe ist es, zu entscheiden, ob nach Beendigung der Prüfung alle oder nur beliebig ausgewählte Wagen gewogen werden müssen.

In Dressurprüfungen und Hindernisfahren wird kein Mindestgewicht des Wagens vorgeschrieben. In nationalen wie internationalen Prüfungen ist dem Fahrer das Mitführen von Ersatz- und Reserveteilen überlassen. Es wird nicht mehr bewertet, wahrscheinlich weil man annimmt, daß der bisherige Regelzwang entsprechende Gewohnheiten erzeugt hat (vgl. S. 192).

Die vorgeschriebene Anzahl von Personen, die bei den einzelnen Prüfungsarten mitgenommen werden dürfen, ist in Tabelle 8 angeführt.

Tabelle 7: Maße und Gewichte der Wagen

		Dressurprüfung/Hindernisfahren Spurbreite		Marathonfahrt Spurbreite	
		maximal	minimal	minimal	Gewicht
Einspänner/Tandems	Pferde	160 cm	–	–	150 kg
	Ponys	160 cm	–	–	90 kg
Zweispänner	Pferde	150 cm	148 cm	125 cm	350 kg
	Ponys	140 cm	138 cm	120 cm	225 kg
Vierspänner	Pferde	160 cm	158 cm	125 cm	600 kg
	Ponys	140 cm	138 cm	120 cm	300 kg

Tabelle 8: Besetzung des Wagens in Fahrprüfungen

In Prüfungen	Einspännig Tandems	Zweispännig	Vierspännig sechsspännig Random
Gespann-kontrollen	mindestens 2 Personen: 1 Fahrer 1 Beifahrer	mindestens 2 Personen: 1 Fahrer 1 Beifahrer (zusätzliche Personen nach Wunsch des Fahrers)	mindestens 3 Personen: 1 Fahrer 2 Beifahrer (zusätzliche Personen nach Wunsch des Fahrers)
Dressur-prüfungen	mindestens 2 Personen: 1 Fahrer 1 Beifahrer	mindestens 2 Personen: 1 Fahrer 1 Beifahrer; muß hinter dem Fahrer sitzen (zusätzliche Personen sind nicht erlaubt)	mindestens 3 Personen: 1 Fahrer 2 Beifahrer (zusätzliche Personen sind nicht erlaubt)
Gelände-fahrt, Gelände- und Strecken-fahren, Marathon-fahrten*	mindestens 2 Personen: 1 Fahrer 1 Beifahrer	mindestens 3 Personen: 1 Fahrer 1 Beifahrer 1 Hilfsrichter	mindestens 4 Personen: 1 Fahrer 2 Beifahrer 1 Hilfsrichter (zusätzliche Personen nach Wunsch des Fahrers)
Hindernis-fahren	1 Fahrer 1 Beifahrer	1 Fahrer 1 Beifahrer; muß hinter dem Fahrer sitzen (zusätzliche Personen sind nicht erlaubt)	1 Fahrer 2 Beifahrer (zusätzliche Personen sind nicht erlaubt)

* Kein Beifahrer und keine andere Person darf in einer Marathonfahrt auf mehr als einem Wagen mitfahren. Kein Fahrer bei einer Marathonfahrt darf während derselben Prüfung als Beifahrer oder Mitfahrer auf einem anderen Gespann teilnehmen. Ein Fahrer, der einen Beifahrer oder eine andere Person mitnimmt, der/die zuvor im gleichen Wettbewerb die Strecke bereits durchfahren hat, wird ausgeschlossen.

In einem mehrteiligen Fahrwettbewerb muß für Gespannkontrolle, Dressurprüfung und Hindernisfahren derselbe Wagen eingesetzt werden. Zur Marathonfahrt darf ein anderer Wagen benutzt werden, der jedoch den vorstehenden Bestimmungen entsprechen muß.

Während einer Prüfung oder Teilprüfung darf der Wagen nicht ausgetauscht, jedes beschädigte Teil jedoch ersetzt werden.

In einer Prüfung ist der Wagen mit einer 25 bis 30 cm großen Nummer versehen, die der im Programm ausgewiesenen Nummer des Gespanns entspricht. Je nachdem, ob vom Veranstalter ein größeres oder zwei kleinere Nummernschilder zur Verfügung gestellt werden, sind diese entweder an der hinteren Tafel des Wagenkastens oder zu beiden Seiten des Fahrerbocks anzubringen. Der Marathonwagen hat die gleiche Nummer. Dieses Nummernschild muß sich während, aber auch außerhalb der Prüfungen bis zum Ende des Turniers jederzeit am Wagen befinden.

Ein Gespann, dessen Wagen am Ende einer Marathonfahrt nicht vier funktionstüchtige Räder besitzt bzw. bei dem nicht alle Stränge und Aufhalter ordnungsgemäß befestigt sind oder das (nur national) nicht alle Leinen und Deichseln in korrekter Anspannung aufweist, wird ausgeschlossen.

Beschirrung
Die Geschirre müssen sich in gutem, sicherem Zustand befinden, auch vom optischen Eindruck zueinander passen und einem anerkannten Stil zugehören. „Landanspannung" gilt als anerkannter Stil.

Haltbarkeit und Verschnallbarkeit der Leinen sind besonders wichtig.

Bei Gelände- und Streckenfahrten sind Geschirre jeden Stils zugelassen.

In allen Prüfungen sind nur Verbindungsriemen zwischen den Kumten bzw. Brustblättern gestattet. Die Vorderpferde von Mehrspännern dürfen auf keine andere Weise, außer durch die Leinen, miteinander verbunden sein.

Hilfszügel sind nicht erlaubt. Als verbotene Hilfszügel gelten auch alle zusätzlichen Verbindungen zu den Fahrzäumen, den Gebissen (Aufsatzzügel), den Leinen oder zu den Kumten.

Das Anbinden der Schweife an Geschirre oder Wagen ist bei Strafe des Ausschlusses nicht gestattet. Scheuklappen sind in Leistungsprüfungen auf dem Prüfungsplatz durch die LPO vorgeschrieben! Für internationale Prüfungen gilt diese Bestimmung nicht!

Gebisse mit unterschiedlichen Mundstükken, jedoch von gleichartigem Aussehen, sind in internationalen Prüfungen zulässig. Bei Landanspannung werden Kandaren, gegebenenfalls mit Kinnkettenunterlagen, zu Kumtgeschirren, Doppelringtrensen bzw. Postkandaren zu Sielengeschirren durch die LPO verlangt.

Sind Gespannkontrolle und Dressurprüfung Teil eines Kombinierten Fahrwettbewerbs, darf zwischen beiden kein Geschirrteil ausgetauscht werden.

In Vielseitigkeits-/Kombinierten Prüfungen verlangt die LPO die Verwendung derselben Geschirre in Dressurprüfung und Hindernisfahren. Das internationale Fahrreglement ist da nicht so streng, fordert aber, daß die Geschirre in beiden Teilprüfungen sicher und sauber sind, sich in gutem Zustand befinden, ein gleichförmiges Aussehen besitzen und einem bestimmten Stil angehören.

In Dressurprüfungen und im Hindernisfahren müssen die Pferde vollständig, d. h. mit Leinen, Aufhaltern und Strängen, angespannt sein. Reißt oder löst sich ein Teil des Geschirrs, wird das Gespann durch Glockenzeichen von den Richtern angehalten. Ein Beifahrer muß den Schaden beheben. Dafür erhält er die Strafpunkte für Absitzen des Beifahrers.

Bandagen
Bandagen, Streichkappen, Gamaschen und anderer Beinschutz sind in Gelände- und Streckenfahrten und im Hindernisfahren erlaubt, in allen anderen Prüfungsarten verboten.

Peitsche
Die Peitsche muß dem Anspannungsstil entsprechen und eine ausreichende Länge haben.

Fahrgerten ohne Schlag sind nur bei amerikanischer Anspannung zulässig.

Bei Vier- und Mehrspännern muß eine Vierspännerpeitsche verwendet werden.

In Gespannkontrollen und Dressurprüfungen als Teilen von Kombinierten Fahrwettbewerben muß die gleiche Art von Peitsche verwendet werden.

Der Fahrer muß die Peitsche ständig in der Hand führen. Es ist ihm freigestellt, den Schlag der Viererpeitsche zu befestigen. (Das ist im Grunde eine ganz unsinnige Bestimmung, denn damit wird der Gebrauch der Peitsche auf die Stangenpferde beschränkt.)

Lediglich während Gelände- und Streckenfahrten darf die Peitsche (bei letzteren nur außerhalb der Strafzone) unter besonderen Umständen zeitweilig aus der Hand gelegt werden. Sie darf jedoch keiner anderen Person übergeben werden, es sei denn, sie soll gegen die Reservepeitsche ausgetauscht werden.

Beschlag
Der Hufbeschlag muß korrekt, zweckdienlich und in ordentlichem Zustand sein.

Zugelassen sind Hufeisen jeder Art, jedoch sind doppelte, untergeschraubte, untergeschweißte Hufeisen, Bleiplatten, Bleifüllungen oder Gewichte, ob sichtbar oder unsichtbar, verboten.

Wechsel eines Eisens während einer Prüfung ist nicht erlaubt, jedoch darf ein verlorenes, verbogenes oder beschädigtes Eisen ersetzt werden.

Werbung
Werbung ist an keinem Teil des Gespannes erlaubt. Das gilt auch für die Pferdedecken während der Prüfung, einschließlich der Zwangspausen, Siegerehrungen usw.

Der Name des Wagenproduzenten ist nur auf einem Schild in der Größe von höchstens 50 cm^2 (national 100 cm^2) auf einem Wagen zulässig. Der Name des Geschirrherstellers kann auf jedem Satz von Geschirren einmal erscheinen; wobei das Schild nicht breiter (höchstens 10 cm) sein darf als die Unterlage, auf der es angebracht ist.

Werbung für den persönlichen Sponsor eines Teilnehmers darf an beiden Seiten des Wagens, nicht aber vorn und hinten, angebracht werden, jedoch die Fläche von 100 cm^2 nicht überschreiten.

Tabelle 9: Alter/Mindestalter der Pferde und Ponys in Fahrprüfungen

Bezeichnung der Prüfung	Kat.	Klasse	Alter	
			Pferde	Ponys
Eignungsprüfung für Fahrpferde und/oder -ponys	C		4-6	4-6
	B		4-7	4-7
	A		4-7	4-7
Eignungschampionate für Fahrpferde oder -ponys	B		4-7	4-7
	A		4-7	4-7
Gebrauchsprüfungen (1- und 2-Spänner)	C	E	4	4
Gebrauchsprüfungen (1-, 2-, 4- und Mehrspänner)	B	A, L, M	4	4
	A	M	4	4
Dressurprüfungen (1- und 2-Spänner)	C	E	4	4
Dressurprüfungen (1-, 2-, 4- und Mehrspänner)	B	A, L, M	4	4
	A	M	4	4
	A	S	5	5
Internationale Dressurprüfungen	–	–	4	4
Internationale Championate	–	–	5	5
Standard- u. Stilhindernisfahren (1- und 2-Spänner)	C	E	4	4
Standard- u. Spezialhindernisfahren (1-, 2-, 4-, Mehrspänner)	B	A, L, M	4	4
	A	M	4	4
	A	S	5	5
Internationale Hindernisfahren	–	–	4	4
Internationale Championate	–	–	5	5
Geländefahrten sowie Gelände- u. Streckenfahrten (1- u. 2-Spänner)	C	E	5	5
Geländefahrten sowie Gelände- u. Streckenfahrten (1-, 2-, 4-, Mehrspänner)	B	A, L, M	5	5
	A	M	5	5
	A	S	5	5
Internationale Prüfungen	–	–	4	4
Internationale Championate	–	–	5	5

International ist es Teilnehmern, Beifahrern und auch Hilfsrichtern nicht erlaubt, Werbung des Sponsors auf der Kleidung oder Kopfbedeckung zu tragen. Während einer Marathonfahrt ist nur die Länderbezeichnung zugelassen. Verstöße gegen diese Festlegungen werden mit einer Mindeststrafe von 1 000 Schweizer Franken geahndet. Da die LPO Werbung nur an den Wagen gestattet, gelten die vorstehenden Bestimmungen sinngemäß auch für nationale Prüfungen.

Pferde
In Fahrprüfungen ist für Pferde ein Mindestmaß von 148 cm (Stockmaß) ohne Eisen und 149 cm mit Eisen vorgeschrieben. Pferde, die dieses Maß nicht erreichen, sind nur in Prüfungen für Ponys zugelassen. Nach der LPO werden die Ponys in drei Größengruppen eingeteilt: K-Ponys bis 127 cm Stockmaß, M-Ponys 128-137 cm, G-Ponys 138-148 cm. Die Größe ist im Ponypaß eingetragen, wobei die letzte Messung erfolgt, wenn das Pony 6 Jahre alt ist.

Sofern die Ausschreibung nichts anderes bestimmt, gelten für die Teilnahme an Prüfungen die in Tabelle 9 genannten Festlegungen.

Jede Prüfung muß mit der gleichen Anzahl von Pferden beendet werden, mit der sie begonnen wurde.

Zur Teilnahme an einer Vielseitigkeits- oder Kombinierten Prüfung für Fahrpferde (Combined Driving Event) dürfen jeweils zwei Pferde mehr genannt werden, als in den Prüfungen angespannt werden müssen, jedoch darf nur ein Pferd mehr zur Prüfung mitgebracht werden.

Dieses Reservepferd kann vor Beginn jeder Teilprüfung einer Vielseitigkeits- oder Kombinierten Prüfung „eingewechselt" werden, jedoch niemals während einer Teilprüfung.

Anforderungen an die Pferde

Zur Teilnahme an Fahrprüfungen bedarf es eines ausgebildeten Gespannes. Dieses soll die nachstehenden Merkmale aufweisen:

O Die Pferde müssen gehorsam, auf beiden Seiten gleichmäßig ausgebildet und gerade gerichtet sein.

O Die Pferde sollen angenehm in der Hand des Fahrers sein und bei ruhiger Kopfhaltung in sicherer Anlehnung allen Leinenhilfen willig und ohne zu zögern folgen. Auf nachgebende Leinenhilfen sollen sie gehorsam vorwärts gehen, indem sie die Anlehnung nach vorn suchen.

O Die Pferde müssen in allen Gangarten und Tempi sowie bei allen Lektionen und sonstigen Anforderungen in Selbsthaltung gehen und dabei Losgelassenheit, Durchlässigkeit und Schwung zeigen.

O In den verkürzten und versammelten Tempi dürfen Schwung und Vorwärtsdrang nicht verlorengehen. Der Vorwärtsdrang zeigt sich in Eifer und Takt der Fußfolge. Mängel im Takt werden als schwere Fehler angesehen.

O Bei Zwei- (und natürlich auch Mehr-) Spännern soll der Gang weitestgehend Übereinstimmung zeigen, so daß das Zusammenspiel von Vor- und Hinterhand harmonisch wirkt. Das geht – im Idealfall – bis zum Gleichtritt der Pferde.

O Bei Zwei- (und Mehr-) Spännern müssen Temperament und Leistungsfähigkeit der Pferde mit Hilfe der Kreuzleine so ausgeglichen werden, daß sowohl Durchlässigkeit und Maultätigkeit als auch die Harmonie des ganzen Gespannes unterstützt werden.

O Der Hals des Fahrpferdes soll – außer im schweren Zug – eine schöne Aufrichtung zeigen, ohne daß er zu kurz wird. Er muß vor dem Widerrist fest gestellt sein. Wie beim Reitpferd, muß auch beim Fahrpferd das Genick den höchsten Punkt bilden.

Müssen die Pferde schwer ziehen, so soll sich der Hals nach vorwärts-abwärts strecken.

O Schlagen mit dem Kopf wird als schwerer Fehler angesehen. Die Kopfhaltung des Fahrpferdes ist korrekt, wenn die Stirnlinie in der Senkrechten oder wenig davor ist. Auch Fahrpferde dürfen nicht überzäumt werden, jedoch wird es nicht als Fehler betrachtet, wenn sie gelegentlich für Augenblicke hinter die Senkrechte kommen, solange sie am Gebiß bleiben.

Die Anlehnung an das Gebiß soll leicht sein, und das Pferd soll sie stets von sich aus nach vorn suchen. Es soll bei geschlossenem Maul am Gebiß kauen.

Als schwere Fehler gelten: ständig offenes Maul, Gegen-das-Gebiß-Gehen, eventuell sogar mit heraushängender Zunge, dauerndes Hinter-dem-Gebiß-Sein.

Als leichte Fehler werden bewertet: Bewegungen mit den Lippen, gelegentliches und vorübergehendes Heraushängenlassen der Zunge, gelegentliches Knirschen mit den Zähnen. Diese Erscheinungen sind äußere Kennzeichen noch vorhandener Spannungen. Deshalb werden bei ihrem Auftreten die Richter die Note für Losgelassenheit herabsetzen.

O In Wendungen und auf gebogenen Linien müssen alle Pferde des Gespannes nach der Wendungsseite gestellt und parallel zur Krümmung der Hufschlaglinie gebogen sein.

O Alle Pferde eines Gespannes müssen gleichmäßig im Zuge stehen und beim Anfahren gleichmäßig ins Geschirr treten.

Anforderungen an den Fahrer

Leinenführung

In allen Fahrprüfungen wird korrekte Leinenführung nach dem Achenbach-System verlangt. Nur bei stilgerechter ungarischer Anspannung ist ungarische (Wiener) Leine und damit ungarische Fahrweise berechtigt.

Zur korrekten Hilfengebung gehört auch die richtige Handhabung der Peitsche; an ihr erkennt man bereits den guten Fahrer.

Als leichte Fehler werden betrachtet: Oberflächlichkeiten bzw. Nachlässigkeiten in der schulmäßigen Ausführung der Leinengriffe, wenn dadurch die Pferde nicht gestört werden und der beabsichtigte Zweck erreicht wird. Auch nicht ganz genaues Treffen mit der Peitsche wird so bewertet.

Schwere Fehler in der Leinen- und Peitschenführung sind: Durchrutschenlassen von Leinen durch die Hand; Einleiten von Wendungen durch Ziehen an der inneren Leine; Fahren mit geteilten Leinen; Peitsche aus der Hand legen (außer bei Gelände- und Streckenfahrten, wo es dafür besondere Bestimmungen gibt, s. S. 301); Peitschenhilfe, ohne die Leinen loszulassen; Peitschenhilfe aus dem Handgelenk; Knallen mit der Peitsche und Schwirrenlassen des Peitschenschlages; Peitschenhilfe am äußeren Pferd in Wendungen und auf Bögen.

Sitz und Haltung des Fahrers und Beifahrers

Der Fahrer sitzt auf der rechten Seite des Bocksitzes auf einem genügend hohen Bockkissen, das ihm einen uneingeschränkten Überblick über das Gespann gewährleistet.

Der Oberkörper des Fahrers ist gerade aufgerichtet, linke Schulter und linke Hüfte sind etwas vorgenommen. Die Knie sind geschlossen und leicht angewinkelt. Die Füße stehen so nahe wie möglich an der rechten Seite des Spritzbrettes. Die linke Fußspitze weist in Fahrtrichtung, der rechte Fuß bildet mit dem linken einen Winkel von 30°. Der Fahrer hat diese Haltung in allen Phasen der Fahrt beizubehalten. Abweichungen von dieser Haltung, z. B. in Hindernissen, unter herabhängenden Ästen, dürfen nur vorübergehend auftreten und die Leinenführung nicht beeinflussen.

Ellbogen und Schulter des Fahrers müssen beweglich bleiben. Die Oberarme liegen in der Regel dicht am Oberkörper, ohne jedoch angepreßt zu werden. Die linke Hand (Fahrhand) wird so vor dem Oberkörper gehalten, daß sie sich genau vor der Knopfreihe befindet, wobei die Finger nach rechts weisen und der Handrücken dem Gespann zugewandt ist. Sie darf ihren Platz nur verlassen, um eine Leinenhilfe zu unterstützen oder durch eine Stellungsänderung eine Leinenhilfe zu bewirken. Die rechte Hand hält die Peitsche schräg nach links vorn.

Als schwere Fehler des Fahrers werden bewertet: Vor- oder Rückwärtswerfen des Oberkörpers bei Leinengriffen, Spreizen oder Durchdrücken der Knie, Abspreizen der Ellbogen, Stellung der Fahrhand vor der linken

Körperseite; Stören von Mitfahrenden mit der Peitsche; Wippen mit der Peitsche; ständiges „Pinseln" mit dem Peitschenschlag auf den Pferderücken.

Leichte Fehler sind: zu niedriger Sitz, geringfügiges Vorbeugen des Oberkörpers bei Leinengriffen, verdrehte Hände, zu flache Peitschenhaltung.

Der Platz des Beifahrers ist links neben dem Fahrer. Er sitzt aufrecht in gerader Haltung. Die Knie sind geschlossen. Die Hände liegen mit den Handflächen auf den Oberschenkeln. Vor der Brust gekreuzte und untergeschlagene Arme sind verpönt. Nur wenn, z. B. bei Gelände- und Streckenfahrten, ein Bockrichter mitgenommen werden muß oder bei Auffahrten eine Dame zur Eleganz des Gespannes beitragen soll, nimmt der Beifahrer auf einem der Hintersitze Platz. Letzteres ist in Dressurprüfungen, die ja in aller Regel aus dem Gedächtnis zu fahren sind, und Hindernisfahren obligatorisch. Hält das Gespann an, so begibt sich der Beifahrer (außer wenn in Eignungs- oder Dressurprüfungen das Stillstehen der Pferde bewertet werden soll) rasch vor die Pferde und stellt sich, das Gesicht den Pferdeköpfen zugewandt, vor ihnen auf. So bleibt er stehen, bis ihn der Fahrer zum Aufsitzen auffordert, selbst dann, wenn bei einer offiziellen Zeremonie sich alle anderen Anwesenden der Fahne zuwenden oder die Kopfbedeckung abnehmen. Unruhig werdende Pferde faßt er an den inneren Backenstücken an, niemals an den Leinen, weil er diese sonst vorziehen würde und der Fahrer beim Anfahren die Pferde nicht mehr an den Gebissen hätte.

Der Anzug von Fahrern und Beifahrern

Viele Anforderungen an die Anzugsordnung beruhen auf Traditionen. Die im ersten Viertel unseres Jahrhunderts spezifizierten Regeln gelten im wesentlichen auch heute noch, soweit nicht die seit dieser Zeit vollzogenen gesellschaftlichen Veränderungen über sie hinweggegangen sind.

Wegen der Vielschichtigkeit dieser Regeln sollen hier nun die wichtigsten, heute noch anwendbaren, in knapper Form zusammengefaßt werden, soweit sie für den Fahrsport unserer Tage von Bedeutung sind.

Die *FEI-Vorschriften*, die für alle internationalen Prüfungen verbindlich sind, haben relativ allgemeinen Charakter: In Dressurprüfungen und beim Hindernisfahren muß die Bekleidung von Fahrer, Mitfahrenden und Beifahrer(n) mit dem Stil von Wagen und Geschirren übereinstimmen. Kniedecke, Kopfdeckung und Handschuhe sind für den Fahrer vorgeschrieben, ebenso, daß er die Peitsche in der Hand hält. Beifahrer müssen Handschuhe tragen, wo sie zum Anzug gehören.

Bei Marathonfahrten ist ein weniger formeller Anzug zulässig, wenn er ordentlich und sauber ist. Kopfbedeckung ist obligatorisch, Kniedecken und Handschuhe sind hier freigestellt.

Zu den FEI-Vorschriften kommen in verschiedenen Ländern noch besondere nationale Bestimmungen, die dem Landesüblichen angepaßt sind.

So ist in der Leistungsprüfungsordnung auch der Reitanzug (schwarzer Reitrock, weiße Hose, schwarze Reitkappe) ohne Sporen zugelassen. Polizei- und Militärangehörige sowie Gestütsangestellte fahren in ihren vorgeschriebenen Uniformen.

Generell gilt für die Ausrüstung der Fahrer und Beifahrer, daß sie den Regeln der Fahrlehre, den Grundsätzen der Unfallverhütung und des Tierschutzes entsprechen muß. Auch müssen sich Anzug und Ausrüstung der Fahrer und Beifahrer nach der Art des Wagens und dem Anspannungsstil richten.

Kumtanspannung

In den zwanziger Jahren sind von Achenbach feste Regeln aufgestellt worden, die der damals geltenden Tradition entsprachen. Sie werden heute im Fahrsport nur als Richtlinien angesehen, von denen mancherlei Abweichungen möglich sind. Als Grundforderungen gelten: Sauberkeit und gute Paßform, insgesamt solides und gepflegtes, zur Person des

Trägers passendes Aussehen der Kleidung.
Fahrer
- Mittelhoher Zylinder in mittleren bis hellen Grautönen mit breitem schwarzem Band oder grauer Bowler
- Jackett und Hose einfarbig grau, auch dunkelgrau mit weißem Nadelstreifen; wo es farblich zur Polsterung des Wagens paßt, auch dunkelblaues Jackett und graue Hose oder auch dunkelblauer Anzug mit weißen Nadelstreifen (in den beiden letzteren Fällen auch schwarzer Bowler)
- Krawatte in den Farben zur Kleidung und zu den Farben des Wagens passend
- Schuhe zur Kleidung passend, möglichst Gummisohlen mit Profil
- Kniedecke bis etwa 25 cm über die Schuhe; kariert oder auch einfarbig, wenn sie genau zur Farbe von Polster und Wagen paßt; beigefarbene Kniedecken passen fast zu jedem Wagen. Monogramme, Initialen, Embleme in der rechten unteren Ecke der Kniedecke sehen gut aus, wenn sie nicht zu groß und bunt sind. Die Einfassung von einfarbigen dunklen Kniedecken soll zur Farbe der Geschirr- und Wagenbeschläge passen; die von karierten und hellen Kniedecken zur Farbe der Polsterung.
- Handschuhe müssen aus Naturleder sein (Wildlederhandschuhe nur zu Gelände- und Streckenfahrten bei trockenem Wetter) und nicht zu klein, damit sie bequem sitzen. Sie sollen die Nähte möglichst außen haben; Handschuhe mit gestrickten Rücken und gefärbte Handschuhe sind ebenso stillos wie weiße Stoffhandschuhe.

Fahrer im Auftrag
- Hoher, schwarzer Zylinder
- zur Farbe des Polsters passender Gehrock, dunkle Hose, Ausstattung des Wagens wie zuvor besprochen, jedoch anstelle von Deichselketten Lederaufhalter und feste Deichselbrille.

Beifahrer
(wenn zwei Beifahrer, sind diese immer gleich angezogen)
- Schwarzer, ¾ hoher Zylinder mit leicht geschwungenen Seitenkrempen und schmalem Band (Rips), seltener schwarzer Bowler
- gutsitzender Gehrock in schwarzer Farbe oder zur Farbe des Wagens passend (z. B. weinrot mit schwarzem Samtkragen), eine Handbreit über dem Knie endend; keine hellen Farben, Knöpfe aus Metall zur Farbe der Beschläge von Geschirr und Wagen passend, Rock einreihig (4 bis 6 Knöpfe) oder zweireihig (6 Knöpfe), auf der hinteren Rockseite 4 bis 6 Knöpfe, 2 bis 3 Knöpfe an den Ärmeln
- weiße Hose
- weißes Hemd mit Kragen
- weiße oder silbergraue Krawatte oder weißer Plastron (gleiche Krawattennadeln und Manschettenknöpfe, wenn zwei Beifahrer)
- schwarze Lederstiefel mit naturfarbenen Lederstulpen (Plaststulpen entsprechen nicht gutem Stil, ebenso gefärbte Stulpen)
- Handschuhe zur Farbe der Stulpen passend; Handschuhe aus gefärbtem Leder, Wildlederhandschuhe, schwarze Handschuhe, weiße Stoffhandschuhe und Lederhandschuhe mit gestrickten Rücken gelten als stilwidrig
- gepflegter Haarschnitt verbessert das Bild; Beifahrerinnen – für die ansonsten die vorstehenden Hinweise ebenso gelten wie für ihre männlichen Kollegen – sollten das Haar in einem Netz tragen.

Sielenanspannung
Die in sehr vielen Variationen gebräuchliche Sielenanspannung, die – älter als die Kumtanspannung – sich landestypisch entwickelt hat, läßt auch landestypische Bekleidung von Fahrern und Beifahrern zu (z. B. Volkstrachten, wo diese noch im täglichen Leben oder als Festkleidung getragen werden).

Stilvoll kann nur sein, was auch zweckmäßig ist. Aus dieser Sicht soll die Bekleidung ein ungehindertes und rasches Ausführen der Tätigkeiten von Fahrer und Beifahrer gestatten. Dazu gehören eine gut sitzende, taillierte, jedoch nicht zu enge Oberbekleidung und enge Beinkleider verschiedener Art.

Bei Sielenanspannung ist dem guten Geschmack in der Bekleidung von Fahrern und Beifahrern im Rahmen einer eleganten, aber dezenten Sport- oder Straßenbekleidung brei-

ter Raum gelassen.
Fahrer
- Hut, farblich zum Anzug passend, der dem Fahrer zu Gesicht steht, jedoch kein zu weicher Hut, kein Schlapphut
- Sport- oder Straßenanzug in der Farbe zum Wagen passend, meist Grau- oder Brauntöne
- weißes oder zum Anzug passendes einfarbiges Hemd mit Umlegekragen, keine dunkle oder zu kräftige Farbe
- alle anderen Gesichtspunkte wie bei Kumtgeschirren

Beifahrer
(wenn zwei, dann gleich gekleidet)
- Reitkappe, gegebenenfalls farblich mit dem Anzug bzw. dem Kragen abgestimmt; auch andere Kopfbedeckungen zulässig, sofern sie sich von Straßenhüten unterscheiden; keine weiche Mütze
- „pferdesportgerechte Bekleidung", z. B. Reitrock oder reitrockähnliches Sakko, in der Farbe mit dem Anzug des Fahrers harmonierend
- einfarbige, jedoch nicht weiße enge Hose (z. B. Jodhpurs) mit Steg (bei Stiefeletten)
- weißes oder einfarbiges Hemd, zum Anzug passend
- weiße Krawatte bei weißem Hemd, sonst zu Hemd und Anzug passend
- einfarbige Reitstiefel oder Lederstiefeletten, möglichst keine Schnürschuhe
- naturfarbene Handschuhe; die Beifahrer können auf Handschuhe verzichten, wenn diese (z. B. bei Czikos-Bekleidung) nicht zu der betreffenden Tracht gehören.

Die Bekleidung der Fahrerin
Obwohl für Fahrerinnen grundsätzlich die gleichen Regeln gelten, nach denen sich ihre männlichen Kollegen richten sollen, sind für sie die vom persönlichen Geschmack bestimmten Möglichkeiten noch vielfältiger. Praktisch, dezent, elegant sind die Hauptkriterien, nach denen sich die Fahrerin kleidet. Sie kann ein sportliches Kostüm oder ein Jackenkleid tragen. Auch ein farblich passender Hosenanzug ist angebracht. Für Fahrerinnen in Gestütsuniform gelten die dafür zutreffenden Regeln.

Zu englischer Anspannung ist auch ein dunkelblauer Blazer und dazu passende Beinbekleidung möglich.

Als feste Regel gilt, daß die Arme der Fahrerin bedeckt sein sollen, damit der Übergang vom Arm zum Handschuh eine elegante Form behält.

Von größerer Bedeutung ist die Wahl des richtigen Hutes. Hier gibt es keinerlei einschränkende Regeln, und vom weitausladenden Florentiner bis zur Kappe sind alle Designs und Accessoires erlaubt, wenn sie nur der Trägerin stehen. Wenn eine „Bockdame" mitfährt, sollte sie eine Kniedecke nur dann überlegen, wenn dadurch das Gesamtbild nicht beeinträchtigt wird.

Regenschutzbekleidung
Zweckmäßig sind Reiter-Regenmäntel oder Lodenmäntel mit Gürtel. Regenumhänge schränken oft die Bewegungsfreiheit ein.

Bekleidung für Gelände- und Streckenfahrten
Die Bekleidung von Fahrern und Beifahrern kann einfacher und legerer gehalten werden als die für Dressurviereck und Schauplatz.

Für alle zum Gespann gehörenden Personen sollte eine gleichartige und gleichfarbige sportliche Bekleidung angestrebt werden. Das unterstreicht auch äußerlich, daß die Wagenbesatzung ein Team darstellt.

Auf den Streckenabschnitten, in denen Hindernisse zu überwinden sind, sollten alle Wageninsassen (einschließlich Bockrichter) einen Kopfschutz (splittersichere Reitkappe) tragen, für die anderen Streckenteile genügt eine Sportmütze.

Arbeitsbekleidung
Um die Anzüge der Fahrer und Beifahrer beim Anspannen und Ausspannen sowie bei unterwegs notwendig werdenden Arbeiten zu schonen, sind für die Mitglieder der Wagenbesatzung Arbeitskittel oder große Arbeitsschürzen ordentlich zusammengelegt im Bockkasten mitzuführen.

Eignungsprüfungen für Fahrpferde und -ponys

Eignungsprüfungen für Fahrpferde und -ponys gehören zu den Basisprüfungen. Sie dienen dem Erkennen und dem Vergleich der physischen und psychischen Eigenschaften sowie des Ausbildungsstandes des Fahrpferdes/-ponys im Hinblick auf seine Eignung zum sofortigen Gebrauch.

Bei den Eignungsprüfungen für Fahrpferde/-ponys unterscheidet die LPO:

in Kat. C – Eignungsprüfungen für Einspänner ohne Mindestleistung

in Kat. B – Eignungsprüfungen für Einspänner mit oder ohne Mindestleistung, Pferde

in Kat. B – Eignungsprüfungen für Einspänner mit oder ohne Mindestleistung, Ponys

in Kat. A – Eignungschampionate für Einspänner mit Mindestleistung, Pferde

in Kat. A – Eignungschampionate für Einspänner mit Mindestleistungen, Ponys.

Die angeführten Eignungschampionate besitzen einen besonders hohen Stellenwert. Das ergibt sich sowohl aus der Einordnung in die Kat. A als auch besonders durch die Beschränkung auf die Ebene der Landesreiterverbände, der Landeszüchterverbände und der Deutschen Reiterlichen Vereinigung, die jährlich nur ein derartiges Championat ausrichten dürfen.

Das zulässige Alter der Pferde, die an Eignungsprüfungen teilnehmen sollen, geht aus Tabelle 9 hervor.

Ein Veranstalter kann für die verschiedenen Altersgruppen getrennte Abteilungen ausschreiben, wenn genügend Zuspruch zu erwarten ist oder Anfänger besonders ermutigt werden sollen. Für die Teilung der Prüfungen enthält die LPO Vorgaben, nach denen diese sowohl aufgrund der Nennungszahl als auch der Anzahl der Starter erfolgen kann. (Übersicht 1)

Übersicht 1

Teilung in:	bei Nennung	bei Startern
2 Abteilungen	51–80	31–50
3 Abteilungen	81–120	51–70
4 Abteilungen	121–160	71–90

Andererseits gilt es, daß die Teilung unterbleiben muß, wenn die Zahl der Nennungen/Starter nicht wenigstens 70% der für die Teilung erforderlichen Zahl erreicht. Demnach muß, kann oder darf geteilt werden, wie Übersicht 2 zeigt.

Für diese Basisprüfungen werden die festgelegten Teilungsrichtlinien sicherlich erst bei weiterer Breitenentwicklung des Fahrsports Bedeutung gewinnen: Gerade aus diesem Grunde ist es wichtig, daß die LPO den

Übersicht 2

Teilung von Teilnehmerfeldern	Es muß geteilt werden bei Nennungen/Startern	Es kann geteilt werden bei Nennungen/Startern	Es darf nicht geteilt werden bei Nennungen/Startern
in:			
2 Abteilungen	ab 51/ab 31	36–50 /22–30	35/21 u. weniger
3 Abteilungen	ab 81/ab 51	57–80 /36–50	56/35 u. weniger
4 Abteilungen	ab 121/ab 71	85–120/50–70	84/49 u. weniger

Veranstaltern und den Richtern erlaubt, nach eigenem Ermessen eine Teilung nach dem Alter vorzunehmen.

Die Bestimmungen des § 50 der LPO über die Teilung von Prüfungen in Abteilungen gelten auch für alle anderen Fahrprüfungen, wobei ein Unterschied zwischen Ein-/Zweispännern und Mehrspännern gemacht wird.

Fahrponys sind in den Eignungsprüfungen der Kat. C und B gemeinsam mit Pferden zugelassen, wenn die Ausschreibung dies nicht ausdrücklich ausschließt. Die Schwierigkeiten, die im Vergleich von Pferden und Ponys auftreten, lassen einen solchen Ausschluß jedoch geraten erscheinen.

Eignungsprüfungen für Fahrpferde und -ponys der Kat. B können mit und ohne Mindestleistungen ausgeschrieben werden, Eignungschampionate (Kat. A) müssen immer mit einer Prüfung auf Mindestleistung durchgeführt werden.

Die Bahn für die Durchführung von Prüfungen auf Mindestleistungen soll mindestens 5 m breit sein. Sie kann aus einer geraden Strecke bestehen oder als Oval angelegt sein. Im letzteren Falle darf eine Runde nicht kürzer als 400 m und die kürzeste Gerade nicht kürzer als 100 m sein. Auf entsprechende Bodenbeschaffenheit ist Wert zu legen.

Die geforderten Mindestleistungen sind für Fahrpferde und Fahrponys der Größen K, M und G unterschiedlich. (Tab. 10)

Für die Erfüllung der Prüfung auf Mindestleistung entscheidet sowohl die gebrauchte Zeit als auch sich darauf auswirkende Gangartfehler, da diese für jeden angefangenen Zeitabschnitt von 5 Sekunden mit 5 Strafsekunden belegt werden, die zur gemessenen Zeit hinzugezählt werden. Überschreiten der so ermittelten Zeit führt zum Ausschluß.

Neben der Prüfung auf Mindestleistung bestehen die Anforderungen einer Eignungsprüfung im Fahren einer Aufgabe gemäß dem Aufgabenheft zur LPO und dem sich unmittelbar anschließenden Fahren einer Hindernisbahn. Beurteilt wird dabei das Gefahrensein, einschließlich Temperament und Gesamteindruck.

Für die Aufgabe im dressurmäßigen Fahren auf dem Viereck mit den Abmessungen von 40 m × 80 m werden Gebrauchstrab und Schritt sowie die entsprechenden Übergänge verlangt, auf der Wechsellinie der ganzen Bahn sind die Tritte zu verlängern. Auch die im Gebrauchstrab zu fahrenden Lektionen sind recht einfach: außer zwei Diagonalen durch die ganze Bahn sind lediglich Zirkel von 40 m Ø auf der rechten und der linken Hand

Tabelle 10: Geforderte Mindestleistungen bei Eignungsprüfungen für Fahrpferde und -ponys

| | Pferde | | Ponys | | K-Ponys | M-Ponys | G-Ponys |
	Streckenlänge	Zeit	Streckenlänge	Zeit			
Trab	1 000 m	3,5 min	750 m	4 min	3,5 min	3 min	
Schritt	300 m	3,0 min	300 m	4 min	3,5 min	3 min	

sowie eine Schlangenlinie durch die Bahn mit vier Bogen gefordert. Der Schritt wird durch die Breite der Bahn gefahren.

Unmittelbar im Anschluß an das dressurmäßige Fahren ist auf einem gleich großen Viereck der Hindernisparcours zu absolvieren, der insgesamt 8 Tore enthält und in 90 Sekunden zu beenden ist. Die Torbreiten ergeben sich aus der Spurbreite plus 40–50 cm bei Kat. C, 30–40 cm bei Kat. B und 20–30 cm bei Kat. A. Der Verlauf der Hindernisbahn ist aus Abb. 202 erkennbar.

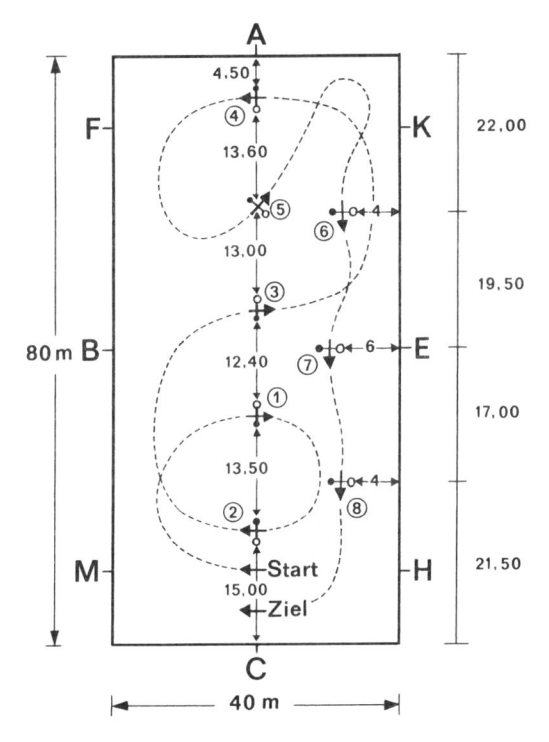

Abb. 202 Fahrviereck mit Hindernisbahn für Eignungsprüfungen

Dressurmäßiges Fahren und Hindernisfahren werden mit einer Gesamtnote zwischen 0 und 10 bewertet (Dezimalstellen sind zulässig), von der gegebenenfalls für das Hindernisfahren abgezogen werden bei:
- Umwerfen eines Hindernisses/Abwerfen
  eines Balles   0,5 Punkte
- Erster Ungehorsam   0,5 Punkte
- Zweiter Ungehorsam   1,0 Punkte
- Erstes Absteigen des Fahrers/Beifahrers
                              0,5 Punkte
- Zweites Absteigen des Fahrers/Beifahrers
                              1,0 Punkte
- Überschreiten der erlaubten Zeit
  pro angefangene Sekunde   0,1 Punkte

Der dritte Ungehorsam, das dritte Absteigen des Fahrers/Beifahrers und das Überschreiten der Höchstzeit führen zum Ausschluß.

Aus den Anforderungen und Bewertungsmaßstäben läßt sich erkennen, daß ein an Eignungsprüfungen teilnehmendes Fahrpferd oder -pony nicht ohne entsprechende Ausbildung sein darf. Es muß in schwungvollem und raumgreifenden Trab sowie in lebhaftem, geräumigem Schritt vor dem Wagen gehen. Auch muß es, ohne zu eilen, die Trabtritte verlängern können. Das Pferd muß am Gebiß stehen, in den Wendungen korrekt gebogen sein, die Paraden durchlassen und auf nachgebende Leinenhilfen vorwärts gehen. Für die Beurteilung werden diese Ausbildungsergebnisse entscheidend sein.

Obwohl die Fahrkunst des Fahrers und die Anspannung des Pferdes in einer Eignungsprüfung für Fahrpferde/Ponys nicht direkt bewertet wird, kann der ausgebildete Fahrer mit richtig angespanntem Pferd auch in dieser Prüfung Vorteile gegenüber dem schlechter fahrenden Teilnehmer mit nachlässiger Anspannung haben, weil er den Gang des Pferdes besser entwickeln kann.

Nicht ganz außer acht gelassen werden darf auch der Einfluß, den die Wirkung des gut herausgebrachten und vorgestellten Gespannes bei der Beurteilung des Gesamteindruckes ausübt. Deshalb ist in Eignungsprüfungen auch ein vorbildlicher Pflegezustand des Pferdes vom Hufschlag bis zur richtigen Frisur des Langhaares ein „taktisches" Erfordernis.

Gebrauchsprüfungen für Fahrpferde und -ponys

Gebrauchsprüfungen für Fahrpferde und -ponys gehören zu den Fahrprüfungen. Sie haben sich aus den früher üblichen Eignungsprüfungen für Wagenpferde/Gespanne entwickelt und dienen dem Vergleich des Ausbildungsstandes der Pferde sowie des Gesamtzustandes des ganzen Gespannes im Hinblick auf den sofortigen Gebrauch.

Bei den Gebrauchsprüfungen unterscheidet die LPO:

Kat. C – Gebrauchsprüfungen für Ein- und Zweispänner Kl. E. (Pferde und Ponys)

Kat. B – Gebrauchsprüfungen für Ein-, Zwei- und Vierspänner Kl. A (Pferde und Ponys)
– Gebrauchsprüfungen für Ein-, Zwei- und Vierspänner Kl. L und M (Pferde)
– Gebrauchsprüfungen für Ein-, Zwei- und Vierspänner Kl. L und M (Ponys)

Kat. A – Gebrauchsprüfungen für Ein-, Zwei- und Vierspänner Kl. M (Pferde)
– Gebrauchsprüfungen für Ein-, Zwei- und Vierspänner Kl. M (Ponys).

Pferde, die an Gebrauchsprüfungen teilnehmen, müssen mindestens vier Jahre alt sein.

Zur Teilung der Prüfungen in mehrere Abteilungen enthält die LPO auch für die Fahrprüfungen Vorgaben, die sich nicht völlig mit denen für die Eignungsprüfungen decken und daher angeführt werden, wobei auch hier auf der Grundlage der Anzahl der Nennungen bzw. der Starterzahl unterteilt wird. (Übersicht 3)

Wenn nach der Anzahl der Starter geteilt werden soll, muß das in der Ausschreibung besonders vermerkt sein.

Da auch für die Fahrprüfungen die Regel gilt, daß die Teilung unterbleiben muß, wenn die Anzahl der Nennungen bzw. Starter nicht wenigstens 70% der für die Teilung erforderlichen Anzahl erreicht, ergibt sich auch hier, daß geteilt werden muß, kann oder daß auch nicht geteilt werden darf. (Übersicht 4)

Weitere Teilungsmöglichkeiten sind den Veranstaltern nicht gegeben. Sollte es im Interesse des Veranstalters liegen, Beschränkungen hinsichtlich des Alters der Pferde, aber auch hinsichtlich des Anspannungsstils (englische Anspannung, ungarische Anspannung u. a.) vorzunehmen, was sicherlich bei vielen Teilnehmern auf Gegenliebe stoßen würde, so müßte er dafür schon spezielle Gebrauchsprüfungen ausschreiben. Empfehlenswert wäre dies besonders im Hinblick auf den Anspannungsstil, da ja Pferde und Wagen mit zu beurteilen sind.

In Gebrauchsprüfungen werden Prüfungen auf Mindestleistung nicht verlangt.

In Gebrauchsprüfungen werden beurteilt:

in Klassen E und A   **in Klassen L und M**
– der Gebrauchstrab   der Gebrauchstrab
– der Schritt   – der Schritt
   – der starke Trab
– die Ausbildung   – die Ausbildung
– der Gesamteindruck   – der Gesamteindruck
des Gespannes, einschließlich des Herausgebrachtseins von Pferden und Wagen   des Gespannes, einschließlich des Herausgebrachtseins von Pferden und Wagen.

Übersicht 3

Teilung in:	bei Nennungen Ein-/Zweisp.	Mehrsp.	bei Startern Ein-/Zweisp.	Mehrsp.
2 Abt.	41–60	31–50	30–45	20–35
3 Abt.	61–80	51–70	46–60	36–50
4 Abt.	81–100	71–90	61–75	51–65

Übersicht 4

	Geteilt werden muß				Geteilt werden kann				Geteilt werden darf nicht	
	Nennungen		Startern		Nennungen		Startern		Nennungen	Startern
bei: in:	1/2-Sp.	Mehrsp.	1/2-Sp.	Mehrsp.	1/2-Sp.	Mehrsp.	1/2-Sp.	Mehrsp.	1/2-Sp. Mehrsp.	1/2-Sp. Mehrsp.
2 Abt.	ab 41	ab 31	ab 31	ab 20	29–40	22–30	22–30	14–19	28/21 u. weniger	21/13 u. weniger
3 Abt.	ab 61	ab 51	ab 46	ab 36	43–60	36–50	32–45	28–35	42/35 u. weniger	31/27 u. weniger
4 Abt.	ab 81	ab 71	ab 61	ab 51	57–80	50–70	43–50	36–50	56/49 u. weniger	42/35 u. weniger

Die Prüfung des Gangwerkes erfolgt in der Abteilung nach Weisung der Richter. Dabei werden Gebrauchstrab, Schritt und (bei Kl. M) starker Trab verlangt. Maßgebend für die Beurteilung sind die „Anforderungen an das Fahren auf Pferdeleistungsschauen", die im Aufgabenheft zur LPO und in Band V der „Richtlinien für Reiten und Fahren" niedergelegt sind. Wir werden bei der Besprechung der Dressurprüfungen näher darauf eingehen.

Es ist vorgeschrieben, daß der Schritt stets nach dem Gebrauchstrab verlangt werden muß. Der starke Trab muß von jedem Gespann einzeln verlangt werden, da sich in der Abteilung die Gespanne gegenseitig in der Entfaltung des starken Trabes behindern können.

Der Schritt wird besonders hoch bewertet, denn das Fahrpferd erledigt einen großen Teil seiner Arbeit im Schritt. Zudem sind die Anforderungen in den Schrittphasen der Geländefahrten sowie Gelände- und Streckenfahrten hoch (etwa 117 m/min). Im Schritt sollen die Pferde entschlossenes Antreten aus der Hinterhand mit energischem und weitem Vortritt in Richtung Schwerpunkt sowie raumgreifendes Vorschwingen der Vorderbeine aus beweglichen Schultern zeigen. Bevorzugt werden bei Fahrpferden (außer bei speziellen Rassen, wie Hackneys) ein nicht zu hoher Kniebug und gleich lange Schritte im sauberen Viertakt. Im Trab wird ebenfalls eine korrekte Fußfolge im Zweitakt gefordert. Der besonders bewertete starke Trab (in Klasse M) soll die Entwicklung höchstmöglichen Schwunges und Raumgriffs bei Erhalt taktmäßiger Bewegungen zeigen. Hinsichtlich der Wahl des Tempos gilt jedoch, daß auch das langsamere, bei Mehrspännern das langsamste Pferd des Gespannes noch taktmäßig gehen muß.

Als eine andere Grundregel für Zweispänner gilt: Außer in Prüfungen, in denen das erforderlich ist (Hindernisfahren in den Strafzonen der Geländehindernisse), wird mit dem Zweispänner niemals im Galopp gefahren, auch nicht bei einer Ehrenrunde! Das wäre einfach stillos!

Zur Beurteilung des Ausbildungsstandes schreibt die LPO lediglich vor, daß die Richter dazu Weisungen geben. Bei Klasse E beschränken sich diese Anforderungen auf das Fahren von Zirkeln, das Anhalten und Wiederanfahren. In den Klassen A, L und M haben sich die Weisungen der Richter an den Anforderungen der jeweiligen Klasse zu orientieren.

Um die Ausbildung der Pferde als Fahrpferde beurteilen zu können, begnügte man sich früher oft damit, einmal den Wagen mit angezogener Bremse anziehen und den Wagen einige Tritte zurückschieben zu lassen. Diese Beurteilung war nicht nur ungerecht gegenüber den besser ausgebildeten Pferden, sondern ließ auch nur eine sehr unzureichende Einschätzung zu. Deshalb stellt man heute Aufgaben, die eine fundiertere Beurteilung der Qualität der Ausbildung gestatten. Im Aufgabenheft der LPO zum Beispiel sind Aufgaben für Gebrauchsprüfungen für Zwei- und Vierspänner enthalten, die auf einem Dressurviereck (40 m × 80 m oder 40 m × 100 m) zu fahren sind und die Grundanforderungen an ein Fahrpferd zum Inhalt haben: Schritt, Gebrauchstrab, starker Trab und Halten, Stillstehen (10 Sekunden), Anfahren aus dem Halten im Schritt oder Gebrauchstrab, Übergänge zwischen den Gangarten, Anfahren im Schritt, Zurückschieben des Wagens um 3 m oder eine Wagenlänge, Rechts- und Linkswendungen, Zirkel, durch den Zirkel wechseln und Achten auf beiden Händen.

Welcher Ausbildungsstand wird erwartet? Die Pferde müssen an den Hilfen stehen, in den Wendungen korrekt gebogen sind, die Paraden durchlassen und auf nachgebende Leinenhilfen vorwärts gehen. Es gelten dafür im einzelnen die Forderungen, die auch in Dressurprüfungen gestellt werden.

Das harmonische Zusammenpassen der Pferde, das von den Richtern während der gesamten Prüfung beobachtet wird, ist für Zwei- und Mehrspänner ein wichtiges Kriterium. Die Bewertung bezieht sich dabei in erster Linie auf Exterieur und Gangwerk, erst in zweiter Hinsicht auf die Übereinstimmung in Farbe und Abzeichen.

Was die Fahrkunst des Fahrers sowie den Pflegezustand der Pferde anbetrifft, so gelten auch in Gebrauchsprüfungen die „taktischen" Hinweise, die für die Eignungsprüfungen gegeben worden sind (vgl. S. 263).

Darüber hinaus werden beurteilt: Konstruktion, Beschaffenheit und Sauberkeit von Geschirren und Wagen sowie die Einheitlichkeit des Stils und der Gesamteindruck des Gespannes.

Die Vielfalt der Möglichkeiten und Regeln, die für Wagen, Beschirrung und Anspannungsstil in den vorangegangenen Kapiteln beschrieben wurde, bildet die Grundlage der Beurteilung. Einige spezielle Gesichtspunkte müssen noch hinzugefügt werden:

In einer Gebrauchsprüfung können alle Wagentypen benutzt werden, sofern in der Ausschreibung keine Einschränkungen vorgesehen sind. Bei der Beurteilung der Wagen steht das Kriterium der Zweckmäßigkeit für den fahrsportlichen Gebrauch im Vordergrund. Danach finden die Qualität der Konstruktion und die Beschaffenheit der Teile, schließlich auch deren Sauberkeit Bewertung. Am vorteilhaftesten sind Wagen, die leicht laufen, also kurze Wagen mit hohen Rädern. Der Bock des Wagens muß so hoch sein, daß der Fahrer den Überblick über die Pferde behält. Feste Sprengwaage mit losen Ortscheiten ist obligatorisch. Bei Kumtanspannung vor einem Stadtwagen ist die Befestigung der Stränge an den Docken zulässig. Lose Spielwaage ist untersagt. Im übrigen gelten die Regeln, die als Allgemeine Voraussetzungen für Fahrprüfungen genannt werden (s. S. 251 bis 256).

Die Richter haben bei Gebrauchsprüfungen zuweilen kein leichtes Amt, wenn sie die Unterschiede zwischen den Gespannen gegeneinander abwägen müssen. Für sie gilt der Grundsatz: Wie schwer ein Fehler oder eine Regelabweichung wiegt, ist immer abhängig von deren Einfluß auf den Gebrauchswert des Gespannes. Je mehr der Gebrauchswert herabgesetzt wird, um so niedriger wird die Wertnote.

Gespannkontrollen

Über den Wert von Gespannkontrollen als Leistungsprüfung und besonders über deren Bewertung im Rahmen von Vielseitigkeitsprüfungen und Kombinierten Fahrprüfungen wurde im internationalen Fahrsport lebhaft diskutiert. Die „reinen" Leistungssportler wollten diese Prüfung am liebsten ganz abschaffen oder wenigstens ihren Einfluß auf das Ergebnis einer Vielseitigkeitsprüfung bzw. einer Kombinierten Fahrprüfung verringern. Das ist ein einseitiger und höchstens für internationale Wettkämpfe akzeptabler Gesichtspunkt, denn Fahrsport ist ohne Fahrkultur zum Niedergang verurteilt. Pflege der Fahrkultur heißt aber in erster Linie, das historisch Entstandene zu erhalten und es mit der Entwicklung des Fahrsports zu verbinden. In Vielseitigkeitsprüfungen und Kombinierten Fahrprüfungen auf nationaler Ebene läßt daher die LPO in den Klassen L und M (Kat. B) die Beibehaltung der Gespannkontrolle zu.

Bei Gespannkontrollen erstreckt sich die Beurteilung der Richter auf:

▎ Fahrer, Beifahrer und Passagiere; bei ihnen werden Sitz und Haltung, Anzug, Kopfbedeckung, Handschuhe, die Haltung der Peitsche und die Behandlung der Pferde bewertet;

▎ die Pferde, ihre Kondition, den Pflege- und Putzzustand, einschließlich der Frisur, sowie den Beschlag; die Beurteilung muß sich stets auf das gesamte Gespann, nicht auf einzelne Pferde beziehen;

▎ das Geschirr; beurteilt werden der Zustand, das Passen und die Sauberkeit des Geschirrs, die Einhaltung der Beschirrungsgrundsätze, die Einheitlichkeit der Geschirre eines Gespannes und überhaupt der Stil der Geschirre;

▎ den Wagen; geprüft und bewertet werden Betriebs- und Verkehrssicherheit, Zustand, Sauberkeit, Deichselstand, Vollzähligkeit und Zustand der Ersatzteile (letztere ohne Bewertung);

▎ den Gesamteindruck des Gespannes; bewertet wird die Einhaltung der Grundsätze für die Zusammenstellung von Gespannen sowie die Einheitlichkeit des Stils.

Die Beurteilung erfolgt am angespannten und haltenden Gespann durch drei oder fünf voneinander unabhängig arbeitende Richter, deren Punkturteil in die Gesamtbeurteilung eingeht. Wenigstens drei von ihnen müssen anerkannte Richter sein.

Zum Richten von Gespannkontrollen muß der Richter über profunde Kenntnisse der Geschirr-, Wagen- und Stilkunde verfügen sowie einen entwickelten Sinn für Harmonie, Zusammenpassen in Form und Farbe besitzen.

Dressurprüfungen für Fahrpferde

Allgemeine Zielstellung

Die harmonische Entwicklung der natürlichen Anlagen und Fähigkeiten der Pferde und die Verbesserung ihrer Eignung zur Nutzung durch den Menschen ist die Aufgabe der Dressur. Angestrebt werden ruhig, gehorsam und schwungvoll gehende Pferde, die sich vom Fahrer unter allen Bedingungen leicht führen lassen.

Die Dressurausbildung der Fahrpferde steht in Wechselbeziehung mit der Kunst des Fahrers. Daher ist der Entwicklungsstand beider in Dressurprüfungen Gegenstand der Bewertung.

Die Beurteilung in Dressurprüfungen erstreckt sich auf die Ruhe, die Losgelassenheit, die Regelmäßigkeit der Gangarten und Tempi, die Harmonie zwischen den Pferden des Gespannes wie auch zwischen ihnen und dem Fahrer, den Schwung, den Gehorsam, die Leichtigkeit der Bewegungen und die korrekte Stellung und Biegung der Pferde in den Wendungen.

Der Fahrer wird in bezug auf seine Fahrtechnik, die Genauigkeit der Ausführung der

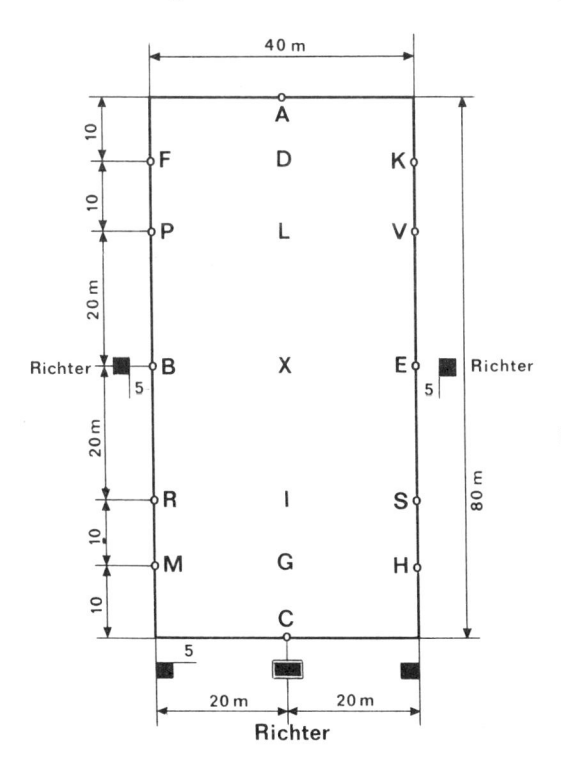

Abb. 203 Dressurviereck – Maße, Linien, Buchstabenkennzeichnung

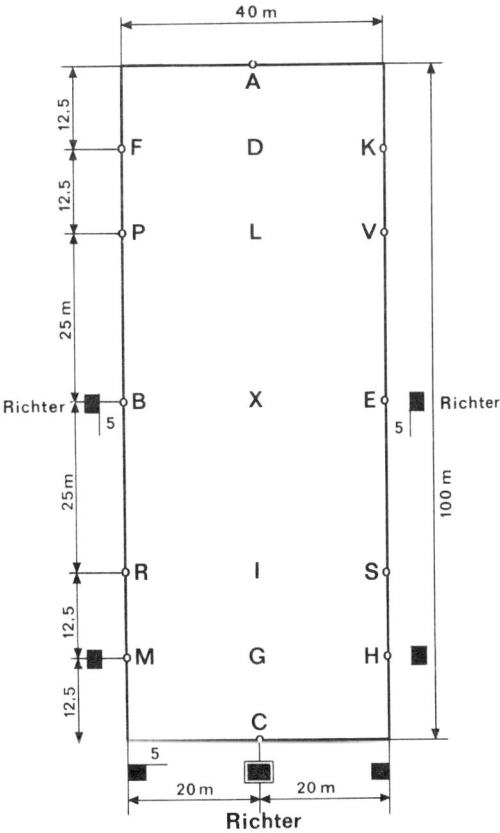

Aufgabe und in bezug auf seine allgemeine Fahrfertigkeit beurteilt.

In Dressurprüfungen werden die Pferde stets als Gespann, niemals einzeln beurteilt.

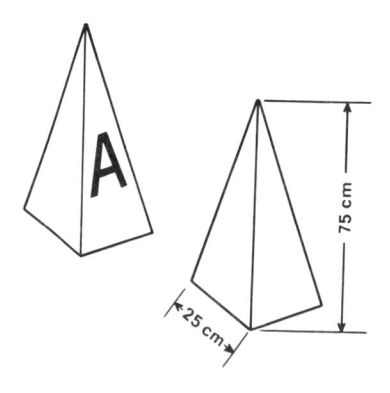

Abb. 204 Buchstabenkegel für Dressurviereck

Der Wettkampfort

Dressurprüfungen für Fahrpferde finden auf einem völlig ebenen Platz mit den Maßen 40 m × 100 m oder 40 m × 80 m statt. Für nationale Prüfungen werden Platzgrößen von 40 m × 80 m oder 40 m × 100 m nach Wahl zugelassen. Die kleinere Platzgröße darf international auch für Zwei- und Einspänner verwendet werden, wobei die Bögen der Schlangenlinien von 5 auf 3 reduziert werden. Für Tandems wird allerdings ein Platz von 40 m × 100 m verlangt.

Von besonderer Bedeutung ist die Bodenbeschaffenheit des Dressurvierecks. Der Boden muß völlig eben sein und darf keine Löcher oder weiche Stellen aufweisen. Er muß den Pferden an allen Stellen sicheres Fußen gewährleisten, den Rädern des Wagens genügend Halt gegen seitliches Wegrutschen bieten und darf eher etwas zu fest als zu tief sein. Ein völlig ebener Rasenplatz bzw. ein nicht zu harter Schlackeplatz können als geeignet angesehen werden. Sandplätze sind denkbar ungeeignet.

Der Dressurplatz muß an allen Seiten lückenlos geschlossen sein. Die Begrenzung besteht in der Regel aus 25 bis 40 m hohen Barrieren oder Zäunen. Die Begrenzungsteile müssen sich in der Farbe gut vom Boden abheben. Zwischen der Umgrenzung des Dressurvierecks und den Zuschauern muß ein Streifen von 5 m Breite (international: 10 m) frei bleiben. Die Größe der Fahrfläche wird innerhalb der Begrenzung gemessen. Die Breite des Viereckeingangs sollte 3 bis 4 m betragen.

Das Dressurviereck ist mit den vorgeschriebenen Buchstaben (Abb. 203) zu kennzeichnen. Sie müssen für den Fahrer deutlich erkennbar sein und sollten sich daher mindestens 80 cm über dem Boden befinden. Die in Abbildung 204 dargestellte Form hat sich dafür bewährt. Die Buchstaben werden etwa 1 m von der Umgrenzung außerhalb des Vierecks aufgestellt. Nur Buchstabe A sollte so weit vom Eingang entfernt aufgestellt werden, daß das einfahrende Gespann zwischen Eingang und Buchstaben in korrekter Wendung auf die Mittellinie kommen kann (5 m). Für die Beurteilung durch die Richter sind die durch Buchstaben gekennzeichneten Stellen an der Innenseite der Umgrenzung durch einen 5 cm breiten roten Strich zu markieren.

Die Mittellinie und die Punkte D, X und G sollten deutlich mit Kreide oder Sägespänen gekennzeichnet, bei Rasenplätzen ausgemäht sein. Den Teilnehmern an einer Dressurprüfung muß ein Übungsplatz zur Vorbereitung ihres Gespannes zur Verfügung stehen, dessen Bodenbeschaffenheit der des Wettkampfvierecks gleichen muß. Nach Möglichkeit soll dieses Viereck die Abmessungen des Wettkampfvierecks haben. Es muß nicht unbedingt lückenlos geschlossen sein, sollte aber die üblichen Buchstabenmarkierungen aufweisen. Bei internationalen Prüfungen ist ein dem Wettkampfviereck weitestgehend ähnliches Übungsviereck einzurichten.

Weil das Wettkampfviereck von den Teilnehmern unter keinen Umständen (bei Strafe der Disqualifikation) vor Beginn der Prüfung benutzt werden darf, muß das Übungsviereck drei Tage vor Beginn der Prüfung zur Verfügung stehen.

Für die Richter sind 5 m von der Außenkan-

te des Hufschlags entfernt Plätze (Richterhäuschen) einzurichten, und zwar für
- den Vorsitzenden der Richtergruppe in Höhe des Punktes C
- einen Richter in Höhe des Punktes S
- einen Richter in Höhe des Punktes R
- einen Richter in Höhe des Punktes V
- einen Richter in Höhe des Punktes P.

Besteht die Richtergruppe nur aus drei Personen, haben diese ihre Plätze in Höhe der Punkte B, C und E. Für nationale Prüfungen gibt es auch andere Verfahren, die den entsprechenden Reglements zu entnehmen sind.

Ausrüstung, Zäumung, Vorbereitung

Die Regeln für die Anspannung und das Herausbringen der Gespanne müssen auch von den Teilnehmern an Dressurprüfungen sorgfältig eingehalten werden. Dabei ist zu beachten, daß nach einer Gespannkontrolle keine Veränderung an der Anspannung mehr vorgenommen werden darf, wenn ihr eine Dressurprüfung folgt. Ein Gespann, das in der Gespannkontrolle wegen zu scharfer Zäumung, schlechter Anspannung oder Unsauberkeit zurückgewiesen worden ist, darf deshalb auch an der folgenden Dressurprüfung nicht teilnehmen.

Ist die Dressurprüfung ohne Gespannkontrolle ausgeschrieben, muß die Einhaltung der entsprechenden Bestimmungen (s. S. 251 ff.) von einem sachkundigen Beauftragten der Turnierleitung bzw. durch den Vorsitzenden der Richtergruppe festgestellt werden, bevor das Zeichen zum Beginn der Prüfung (Glocke) gegeben wird. Nichtübereinstimmung mit den gültigen Bestimmungen führt zum Verlust der Teilnahmeberechtigung. Um Verzögerungen im Ablauf der Prüfungen zu vermeiden, hat es sich als zweckmäßig erwiesen, daß der Aufsichtführende auf dem Vorbereitungsplatz die Kontrollaufgaben übernimmt und gegebenfalls auch darüber wacht, daß zwischen Gespannkontrolle und Dressurprüfung kein Austausch von Geschirrteilen vorgenommen wird. Weicher- oder Schärferschnallen der Leinen, Verlängern oder Verkürzen der Aufhalter und Stränge u. a. sind jedoch erlaubt.

Die Dressuraufgabe und ihre Ausführung

Die Aufgaben, die in internationalen Dressurprüfungen für Fahrpferde zu erfüllen sind, werden – ähnlich denen in Dressurprüfungen für Reitpferde – von der Fahrkommission der FEI festgelegt und gegebenenfalls im Rhythmus von vier Jahren verändert. Es werden jeweils vier Aufgaben in verschiedenen Schwierigkeitsgraden herausgegeben. Darüber hinaus gibt es noch Aufgaben für nationale Prüfungen. Verlangt werden: Schritt, Schritt am Gebiß; verkürzter und versammelter Trab, Gebrauchstrab, Gebrauchstrab mit Zulegen, verstärkter bzw. starker Trab und die entsprechenden Übergänge.

An Lektionen und Hufschlagfiguren sind in den Aufgaben enthalten: ganze Bahn, halbe Bahn, Zirkel (20 m, 30 m und 40 m Durchmesser), Mittelzirkel; Schlangenlinien an der langen Seite, Schlangenlinien durch die ganze Bahn, Achten, Volten, Kehrtwendungen verschiedenen Durchmessers; Stillstehen, Rückwärtstreten.

Die Bewertung der Aufgaben erstreckt sich auf Takt, Losgelassenheit, An-den-Hilfen-Stehen, Schwung, korrekte Stellung in den Wendungen, Stellung und Biegung auf gebogenen Linien, gleichmäßige Arbeitsleistung der Pferde, richtige Arbeitseinteilung, Präzision der Hufschlagfiguren, Sitz und Haltung des Fahrers, Leinen- und Peitschenführung (auch Leinenführung mit einer Hand).

Abweichen von der vorgeschriebenen Reihenfolge der Lektionen oder von dem festgelegten Verlauf der Aufgabe sowie das Auslassen von Lektionen werden mit Strafpunkten geahndet (5, 10 und 15 Punkte, beim viertenmal Ausschluß). In gleicher Weise werden bestraft: Fehler in der Ausführung (z. B. Leinenführung mit zwei Händen, wenn Führung mit einer Hand verlangt wird), offensichtlicher Ungehorsam oder Widersetzlichkeit und Absitzen eines oder beider Beifahrer.

Wird bei einer Kür eine verlangte Lektion oder Gangart nicht gezeigt, werden dem Teilnehmer 1,0 Punkte von der Gesamtnote oder der Wertnote für den Inhalt abgezogen.

Alle Aufgaben müssen aus dem Gedächtnis vorgefahren werden.

Die Aufforderung zum Beginn der Aufgabe wird vom Vorsitzenden der Richtergruppe durch ein Glockenzeichen gegeben. Einfahren vor Ertönen des Glockenzeichens führt zum Ausschluß; ebenso wird der Teilnehmer ausgeschlossen, der nicht innerhalb von 90 Sekunden nach dem Glockenzeichen in das Viereck eingefahren ist. Der Vorsitzende der Richtergruppe oder sein Sekretär sind verpflichtet, dies mit der Uhr bei jedem Gespann zu kontrollieren.

Die Bewertung der Teilnehmer in Dressurprüfungen beginnt, wenn die Pferdeköpfe den Viereckeingang passieren, und endet nach dem Gruß.

Fahrer erweisen den Gruß am Beginn und am Ende der Aufgabe durch Abnehmen der Kopfbedeckung, Leinen und Peitsche dabei in der linken Hand führend. Fahrerinnen grüßen, indem sie die Peitsche mit senkrecht gehaltenem Stock vor die Brust führen und durch leichtes Neigen des Kopfes oder nur durch Kopfneigen.

Gangart- und Tempowechsel wie auch Beginn und Ende von Hufschlagfiguren werden dann ausgeführt, wenn die Pferdeköpfe den in der Aufgabe bezeichneten Punkt (Markierung an der Innenseite der Umgrenzung) erreicht haben.

Der Beifahrer muß auf dem vorgeschriebenen Platz sitzen. Stehen des Beifahrers hinter dem Fahrer bzw. Hinweise von ihm an den Fahrer in bezug auf die Ausführung der Aufgabe gelten als unerlaubte Hilfe und führen zum Ausschluß des Gespanns.

Verläßt das ganze Gespann infolge eines Ungehorsams das Dressurviereck, wird es ausgeschlossen. Geraten hingegen nur einzelne Teile des Gespanns über die Begrenzung, werden Strafpunkte für Ungehorsam gegeben.

Bewertung der Lektionen

Das Tempo

Das Tempo muß immer so gewählt werden, daß auch das langsamste Pferd des Gespanns im Takt geht.

Schwere Fehler sind die Wahl eines zu hohen Tempos, so daß eines oder gar beide Pferde den Takt verlieren (eilig werden) oder die Gangart wechseln; mehrfacher kurzzeitiger Wechsel der Gangart (z. B. mehrfaches Zakkeln im Schritt, mehrfaches Angaloppieren); Dreischlag.

Geringfügige Fehler sind einmaliger, kurzzeitiger Wechsel der Gangart mit sofortiger Korrektur, leichte Korrekturen des Tempos.

Halten und Stillstehen

Die Pferde müssen gerade gerichtet, das Gewicht gleichmäßig auf alle vier Beine verteilt, unbeweglich und aufgerichtet an den Gebissen stehen, die Hinterbeine nebeneinander (geschlossen). Sie müssen aufmerksam und bereit sein, auf die leiseste Andeutung des Fahrers anzutreten. In den Dressuraufgaben wird das Stillstehen über eine bestimmte Zeit (10 Sekunden) verlangt. Der Fahrer muß diese Zeit einhalten, der Richter mißt sie mit der Uhr.

Schwere Fehler sind Zurückkriechen im Geschirr, Zur-Seite-Treten, unruhiges Stehen, nicht geschlossenes Stehen, Losmachen vom Gebiß, Wehren gegen das Gebiß (Kopfschlagen), nur kurzzeitiges Stehen.

Geringfügige Fehler sind nicht genaues Nebeneinanderstehen der Hinterbeine, zu lose oder zu straffe Stränge, kurzzeitige, geringfügige Unruhe.

Der Schritt

Verlangt wird ein freier, regelmäßiger, fleißiger und ungebundener Schritt von mittlerem Raumgriff. Die Pferde müssen energisch, jedoch ruhig und mit gleichmäßigen und bestimmten Tritten vorwärts schreiten. Sie nehmen dabei weiche und sichere Anlehnung an die Gebisse. Verringerung bzw. Vergrößerung der Halsfreiheit führt zum Verkürzen bzw. Verstärken des Schritts.

In Eignungs-, Gebrauchs- und Dressurprüfungen ist stets der den Pferden eigene Schritt mit größtem Raumgriff am Gebiß zu zeigen.

Schwere Fehler: wiederholter Verlust der Regelmäßigkeit des Schritts (Anzackeln, paßartige Tritte), zu eiliger Schritt, zu stark gebundener Schritt (zu geringer Raumgriff).

Geringfügige Fehler: einmaliger Verlust der Regelmäßigkeit, Verlangsamung des Schritts bei gleichzeitiger Steigerung des Raumgriffs.

Der Trab

Der Trab soll bei taktmäßiger, diagonaler Fußfolge schwungvoll sein, in harmonischem Zusammenwirken von Vor- und Hinterhand, wobei das energische Antreten der Hinterhand mit freiem, raumgreifendem Vortritt aus der Schulter verbunden sein soll, je nach dem geforderten Tempo. Völlige Losgelassenheit im Trab bei schwungvollem Gang ist anzustreben. In Dressurprüfungen werden verlangt: Gebrauchstrab, versammelter Trab, starker Trab.

Der *Gebrauchstrab* (Mitteltrab) ist ein Trab, der im Tempo zwischen dem starken und dem versammelten Trab liegt. Er weist erhabenere Tritte auf als der starke Trab. Die Pferde gehen frei und gerade gerichtet vorwärts. Die Hinterfüße treten bei guter Hankenbeugung genügend weit unter den Körperschwerpunkt. Die Anlehnung am Gebiß ist sicher bei guter Selbsthaltung. Die Tritte müssen so gleichmäßig wie möglich sein. Die Hinterfüße fußen in die Hufspuren der Vorderfüße, beim *Gebrauchstrab mit Zulegen* treten sie über die Hufspuren der Vorderfüße hinaus.

Aus dem Schwung und dem energischen Ausdruck des Gebrauchstrabes läßt sich der von den Pferden erreichte Grad der Losgelassenheit und der Selbsthaltung erkennen.

Der *versammelte Trab* zeichnet sich durch Aufrichtung des Halses aus, die den Schultern gestattet, sich nach allen Richtungen freier zu bewegen. Die gut untertretenden Hinterfüße halten trotz des verkürzten Tempos einen energischen Schwung aufrecht. Die Tritte der Pferde sind kürzer, jedoch leichter und lebhafter. Je kürzer der Trab, um so erhabener und kadenzierter müssen die Tritte, um so stärker muß die Aufrichtung sein.

Im *starken Trab* gewinnen die Pferde bei jedem Tritt soviel Boden wie möglich. Sie verlängern die Trabtritte, ohne sich vom Gebiß loszumachen oder eine Stütze in der Hand des Fahrers zu suchen. Der Hals ist mehr gestreckt. Im Ergebnis des größeren Schubs aus der Hinterhand gewinnen die Schultern mehr Bewegungsfreiheit und die Tritte mehr Raumgriff, ohne daß ihre Erhabenheit zunimmt.

Der starke Trab ist übrigens das Höchstmaß an Trabverstärkung, das nach der Verkehrsordnung zugelassen ist.

Beim Anfahren zum Trab soll das Gespann (beide Pferde gleichzeitig) entschlossen vorwärtstreten. Das Anfahren erfolgt ohne Benutzung der Peitsche, nur durch Nachgeben der Leinen nach einer die Aufmerksamkeit verstärkenden halben Parade. Korrektes Anlegen der Peitsche an das ruhigere Pferd ist dabei kein Fehler. Gleiches gilt auch für eine nur von den Pferden, nicht aber von Richtern und Zuschauern wahrzunehmende Stimmhilfe.

Schwere Fehler: Auf-die-Hand-Legen bei gespannter Halsmuskulatur, gefühlloses Maul, verkrampfte Hals- und Rückenmuskulatur bei „strampelnden" Tritten der Vorhand und schleppender Hinterhand, Renntrab mit seitlich an den Vorderfüßen vorbeigreifenden Hinterbeinen, Verlust der Haltung (Auseinanderfallen) und Vorwärtsstürmen mit vorgestrecktem Hals, matte, schleppende Tritte im verkürzten bzw. versammelten Trab, gespannte Tritte.

Geringfügige Fehler: etwas stärkere Anlehnung im starken Trab, geringe Verlangsamung der Bewegungsfrequenz im verkürzten bzw. versammelten Trab.

Der Galopp

Galopp wird in Dressuraufgaben nicht verlangt, jedoch muß er zur Vorbereitung von Geländefahrten und Hindernisfahrten in das Trainingsprogramm aufgenommen werden. Aus diesem Grunde wird er hier erwähnt (vgl. S. 318 f.).

Der Galopp soll taktmäßige Sprünge in korrekter Fußfolge (Dreitakt) aufweisen. Völlige Losgelassenheit bei leichter Anlehnung ist anzustreben. In Fahrprüfungen werden folgende Galopptempi verlangt: Gebrauchsgalopp (Mittelgalopp), versammelter Galopp und starker Galopp.

Im *Gebrauchsgalopp* müssen die Pferde in regelmäßigen und gleichmäßigen Galoppsprüngen, leicht am Gebiß stehend, vorwärts gehen. Die Stirnlinie soll etwas vor der Senkrechten sein. Die Pferde sollen das Bestreben zeigen, die Gebisse in der Tiefe zu suchen.

Im *versammelten Galopp* weisen die Pferde einen höheren Aufrichtungsgrad auf. Die Galoppsprünge sind erhabener und weniger raumgreifend, nicht aber langsamer als im Gebrauchsgalopp.

Im *starken Galopp* werden die Bewegungen gestreckter und der Raumgriff größer als im Gebrauchsgalopp, ohne daß sich der Takt wesentlich ändert. Die Pferde müssen frei vorwärts gehen, jedoch stets an den Hilfen bleiben und in jedem Augenblick leicht zu parieren sein. Das Angaloppieren soll aus dem Trabtempo durch nachgebende Leinenhilfen erfolgen, im Idealfall ohne Peitsche. Jedoch ist der Gebrauch der Peitsche durch Anlegen an das ruhigere Pferd ebensowenig ein Fehler wie das nur für die Pferde wahrzunehmende Kommando des Fahrers. Das Angaloppieren soll gleichzeitig, ruhig und flüssig erfolgen.

Die Übergänge

Die Übergänge von einer Gangart in die andere bzw. von einem Tempo in das andere sollen sich bei weicher Einwirkung immer rasch, deutlich und flüssig vollziehen.

Die Kadenz einer Gangart muß bis zu dem Augenblick aufrechterhalten bleiben, in dem der Übergang erfolgt oder die Pferde zum Halten kommen. Sie müssen dabei leicht am Gebiß bleiben und die richtige Kopfstellung beibehalten. Sie sollen aus den kürzeren in die freieren Tempi die gute Haltung, aus den freieren in die kürzeren den Schwung mit hinübernehmen.

Die Parade darf nicht ruckartig und plötzlich erfolgen. Der Gebrauch der Bremse ist gefordert. Ihre Wirkung muß so zeitig einsetzen, daß sie allein den Wagen aufhält, damit die Pferde die Parade durchlassen können, ohne die Halsmuskulatur anzuspannen.

Die Pferde müssen die Parade mit gesenkter Hinterhand ausführen und nach erfolgtem Halten an den Gebissen stehen.

Die Übergänge zeigen am deutlichsten den Gehorsam auf annehmende und nachgebende Leinenhilfen, und bei letzteren den Vorwärtsdrang der Pferde.

Schwere Fehler: Übergänge in die niedrigere Gangart und zum Halten ohne Gebrauch der Bremse, ruckartiges Halten, Sperren der Pferde im Genick bei der Parade, ruckartige Übergänge in höhere Gangart, ungleichmäßiges Mitgehen der Pferde, Hineinspringen ins Geschirr beim Anfahren.

Geringfügiger Fehler: leichtes Nachlassen des Schwungs bei den letzten Tritten vor dem Übergang.

Wendungen in der Bewegung

Als Wendungen in der Bewegung sind Kreisbögen, Ecken, Achten, Kehrtwendungen, Schlangenlinien zu fahren. Alle Wendungen müssen fließend und ohne die geringste Veränderung des Tempos gefahren werden, wobei die Pferde in Genick, Hals und Rippen in die Richtung der Wendung gestellt und gebogen sein müssen, so daß die Hinterfüße den Vorderbeinen auf der gebogenen Linie in Spurdeckung folgen.

Das äußere Pferd muß die Wendung einleiten, ohne daß das innere Pferd zurückhängt.

Beim Fahren auf solchen gebogenen Linien, die einen Wechsel von Stellung und Biegung erforderlich machen (Achten, Schlangenlinien), sollen die Pferde vor dem Eingehen in die neue Stellung und Biegung einen Augenblick geradeaus gestellt sein (2 bis 3 Tritte).

Es ist darauf zu achten, daß die Hufschlagfiguren exakt ausgefahren werden. Zirkel, Achten, Volten müssen kreisrund sein.

Schwere Fehler: fehlerhafte Kopfstellung eines oder beider Pferde, Werfen über die Schulter in die Wendung, Abdeichseln, fehlerhafte Hufschlagfiguren, mangelhaftes Durchziehen des inneren Pferdes.

Geringfügige Fehler: zu frühes oder zu spätes oder undeutliches Umstellen der Pferde, nicht ganz genaues Ausfahren der Hufschlagfiguren.

Rückwärtstreten

Rückwärtstreten ist die von den Pferden verlangte Art der Rückwärtsbewegung. Die diagonalen Füße werden gleichzeitig aufgehoben und niedergesetzt. Die Hinterfüße bleiben in Spurdeckung mit den Vorderfüßen, und die Beine werden während des Zurücksetzens deutlich angehoben.

Das Rückwärtstreten muß willig, gleichmäßig und ohne Stocken erfolgen. Die Pferde müssen dabei am Gebiß stehend Tritt für Tritt den Wagen um die geforderte Strecke gerade zurückschieben. Aus dem Rückwärtstreten sollen sie auf nachgebende Leinenhilfen willig wieder antreten.

Schwere Fehler sind: Zurückdrücken mit hochgestelltem Hals (über dem Gebiß) und weggedrücktem Rücken; Zurückeilen mit dem Maul auf der Brust; plötzliches Zurückstoßen des Wagens; Verweigern des Zurücktretens.

Geringfügige Fehler: kurzes Zögern beim Einleiten der Rückwärtsbewegung; kleinere Mängel im Bewegungsfluß, geringe Ungleichmäßigkeit in der Arbeit beider Pferde.

Hindernisfahren
Allgemeines

Hindernisfahren ist eine Fahrprüfung, in welcher ein Gespann eine Hindernisbahn auf einem Platz durchfahren muß. (Tab. 11)

Im Hindernisfahren werden Gehorsam, Wendigkeit und Geschmeidigkeit der Pferde und ihr Galoppiervermögen geprüft. Der Fahrer muß seine Fahrfertigkeit, sein Reaktionsvermögen sowie seine taktischen Fertigkeiten unter Beweis stellen.

Um die Qualität der teilnehmenden Gespanne und Fahrer vergleichen zu können, werden gewisse Vorkommnisse, wie das Umwerfen von Hindernissen, zu langsames Fahren u. a., als Fehler bewertet. Ähnlich den Springprüfungen werden solche Fehler, je nach Richtverfahren der Prüfung, entweder mit Strafpunkten oder Strafsekunden bewertet. Welches der beiden Richtverfahren (vgl. S. 282)

Tabelle 11: Die für die Platzgröße von Hindernisfahren vorgeschriebenen Mindestmaße

	In der Halle				Im Freien			
	Kat.	Kl.	Fläche	Mindestbreite	Kat.	Kl.	Fläche	Mindestbreite
Internationale Prüfungen	–	–	–	–	–	–	8 400 m²	70 m
Nationale Prüfungen	C	E	800 m²	20 m	C	E	4 000 m²	50 m
	B	A	800 m²	20 m	B	A	4 000 m²	50 m
	B	L	800 m²	20 m	B	L	4 000 m²	50 m
	B	M	1 200 m²	20 m	B	M	4 000 m²	50 m
	A	M	1 200 m²	20 m	A	M	5 000 m²	50 m
	A	S	1 200 m²	25 m	A	S	5 000 m²	50 m

angewendet wird, ist in der Ausschreibung festzulegen, jedoch wird bei Meisterschaftsprüfungen, internationalen Fahrturnieren und Championaten immer das Richtverfahren nach Fehlerpunkten und Zeit benutzt.

Die Hindernisbahn

Bei beiden Richtverfahren darf die Anzahl der Hindernisse im Höchstfall 20 betragen. Im Sinne einer Steigerung der Anforderungen schreibt die LPO die Anzahl der Hindernisse vor. (Tab. 12) Die Länge der Fahrbahn muß zwischen 500 m und 800 m liegen.

Die LPO schreibt für die verschiedenen Klassen auch unterschiedliche Bahnlängen vor. (Tab. 13)

Das Messen der Bahn sollte nicht zu knapp geschehen, besonders wenn mehrere Abschnitte enthalten sind, die genügend langsames Fahren erfordern, wobei die Messung dem Wege folgt, den man von einem Gespann, das korrekt vorgestellt wird, erwarten kann.

Es gilt die Regel, daß auf 100 m Parcourslänge höchstens drei Hindernisse verteilt werden.

Für Zweispänner wird eine erlaubte Zeit (Mindestzeit) auf der Grundlage des Tempos von 220 m/min festgelegt. Bei einem Stechen oder einer zweiten Runde beträgt die vorgeschriebene Geschwindigkeit 230 m/min (Vierspänner: 200 m/min bzw. 220 m/min i. St.; Pony-Vierspänner: 220 m/min bzw. 230 m/min i. St.; Pony-Zweispänner: 230 m/min bzw. 240 m/min i. St.; Einspänner: 220 m/min bzw. 230 m/min i. St.; Tandem: wie Vierspänner)

Die Startlinie darf nicht weniger als 20 m und nicht weiter als 40 m vom ersten Hindernis entfernt sein. Die Ziellinie muß sich mindestens 20 m und darf sich nicht mehr als 40 m hinter dem letzten Hindernis befinden. Die Hindernisbahn soll die gesamte Fläche des Platzes ausnutzen, damit die Zuschauer die Gespanne aus möglichst geringer Entfernung sehen können.

Die Bahn nur aus einzelnen Toren aufzubauen ist nicht sehr attraktiv. Es sollten vielmehr, z. B. unter Verwendung von Teilen der Hindernisse für Springprüfungen, spezielle Fahrhindernisse – L- und U-förmige Hindernisse, Zick-Zack-Passagen u. a. – gebaut werden. Die Ausschmückung kann wie bei Springbahnen mit Blumen, Grünpflanzen und Bäumen geschehen. Künftig wird man durch attraktive Gestaltung von an die Tore anschließenden Seitenteilen zur Verschönerung des Gesamtbildes der Hindernisbahnen beitragen. (Abb. 206 d) Einige Veranstalter haben für die speziellen Fahrhindernisse besondere Stangen und Böcke.

Die Fänge gelten nicht als Teil des Hindernisses. Bei der Gestaltung von Hindernissen kann man durchaus die Phantasie bemühen, um dem Platz ein entsprechendes Aussehen zu verleihen. Es können dazu Jubiläen und andere festliche Anlässe ebenso Anregungen vermitteln wie architektonische oder Naturdenkmäler oder Symbole von Sponsoren.

Die Hindernisse dürfen auch nicht in glei-

Tabelle 12: Anzahl der Hindernisse nach der LPO

	Kl. E. u. A	Kl. L	Kl. M Kat. A u. B	Kl. S
Mindestzahl der Hindernisse	12	15	15	18
Höchstzahl der Hindernisse darunter:	16	20	20	20
Mindestzahl der Mehrfachhindernisse	–	2	2	2
Höchstzahl der Mehrfachhindernisse	2	3	3	3

Wassergraben und Holzbrücke sind außer in den Klassen E und A in allen Klassen erlaubt. Bei Hindernisfahren in der Halle ist nur ein Mehrfachhindernis erlaubt. Außerdem darf die Anzahl der Hindernisse gegenüber den vorstehenden Angaben verringert werden.

chem Abstand zueinander angeordnet sein. Befinden sich jedoch zwischen mehreren dicht aufeinander folgenden Hindernissen (Mindestabstand 15 m) längere gerade Abschnitte der Bahn, dann führt das zu deutlicheren Unterschieden in Gangart und Tempo. Das ist für die Zuschauer interessant, ebenso wenn den Teilnehmern Gelegenheit gegeben wird, die Pferde nach dem letzten Hindernis über die Ziellinie galoppieren zu lassen. In diesem Fall muß jedoch berücksichtigt werden, daß die Gespanne ungehindert aus dem Platz ausfahren können. Anderenfalls ist es immer richtiger, im Interesse sachgemäßen und kultivierten Fahrens auf die „Rennstrecke" zu verzichten.

Der Parcourschef sollte vielmehr in seine Überlegungen zum Aufbau der Springbahn auch die Vorstellungen zur Fahrbahn mit einbeziehen, damit letztere nicht Stückwerk und Notlösung wird.

Auf der Parcoursskizze müssen die Hindernisse laufend in der Reihenfolge numeriert werden, in der sie zu durchfahren sind. Mehrfachhindernisse erhalten nur eine Nummer, jedoch werden ihre einzelnen Elemente mit Buchstaben (z. B. 4 A, B, C) bezeichnet. Weitere erforderliche Angaben auf der Parcoursskizze sind im § 726 der LPO festgelegt.

Die Teilnehmer müssen Gelegenheit erhalten, vor Beginn der Prüfung die fertig aufgebaute Bahn zu besichtigen. Diese Gelegenheit

Tabelle 13: Bahnlängen nach der LPO

	Kl. E u. A	Kl. L	Kl. M Kat. A u. B	Kl. S
Mindestlänge der Hindernisbahn	500 m	500 m	500 m	600 m
Höchstlänge der Hindernisbahn	700 m	800 m	800 m	800 m

Die Hindernisbahn muß so angelegt sein, daß ein Hindernis nur einmal durchfahren wird, damit keine Verzögerungen oder Mißverständnisse eintreten. Die Richter müssen alle Hindernisse einsehen können. Das gilt auch für die roten und weißen Flaggen, mit denen sowohl die äußere Begrenzung der für die Bewertung maßgebenden Teile der Hindernisse als auch evtl. Wendepunkte sowie die Start- und Ziellinie gekennzeichnet sind.

Größeren Problemen sieht sich der Parcoursgestalter beim Aufbau von Hindernisbahnen in Hallen gegenüber. Da aber Hindernisfahren „unter Dach" zunehmen, sollen dafür zwei Muster angeführt werden, die in der LPO enthalten sind. (Abb. 205)

Wie bei Springprüfungen muß auch beim Hindernisfahren vor der Parcoursbesichtigung eine Parcoursskizze ausgehängt werden (bei internationalen Prüfungen 48 Stunden vor Beginn der Prüfung). Die häufig anzutreffende Praxis, nach der die Hindernisbahn dann zu Papier gebracht wird, wenn die Hindernisse für die Springprüfungen des Tages aufgebaut sind, führt nicht zu optimalen Ergebnissen.

gut zu nutzen bedeutet, sich beim Abgehen der Bahn nicht nur deren Verlauf und die Reihenfolge der Hindernisse einzuprägen. Die Teilnehmer sollten vielmehr dabei ihren taktischen Plan machen. Fragen, die sich aus den Besonderheiten der Hindernisbahn ergeben, müssen während des Abgehens gedanklich verarbeitet und gelöst werden. Wie groß muß der Bogen sein? Wo ist Galopp angebracht, wo Trab? Kann ich durch mehrere Hindernisse auf einer Geraden im Galopp hindurchfahren? Wo spare ich Zeit durch kurze Wendungen? Die für das Springreiten gültige Erfahrung, daß ein wohldurchdachter Reitplan, der nach sorgfältiger Analyse der Springbahn ausgearbeitet wurde, wesentlich zum Erfolg beitragen kann, gilt auch für das Hindernisfahren. Die früher übliche Begleitung der Fahrer durch ihre Beifahrer beim Abgehen der Bahn ist nach dem internationalen Fahrreglement neuerdings nicht mehr zulässig, jedoch dürfen Equipechefs und Trainer an der Besichtigung teilnehmen. Für die Fahrer ist dabei der vollständige Fahranzug vorgeschrieben.

Wie in den Springprüfungen gilt auch beim

Hindernisfahren die Regel, daß ein Gespann innerhalb von 60 Sekunden nach Ertönen der Startglocke die Startlinie passieren muß, sonst erfolgt Ausschluß. Auch um die Pferde auf den Wettkampfplatz führen zu lassen, bedarf der Fahrer – ebenso wie der Springreiter – in jedem Falle der Erlaubnis der Richtergruppe.

Schlägt ein Fahrer eine falsche Bahn ein und korrigiert diesen Fehler nicht, bevor er das nächste Hindernis passiert, hat der Richter ein Glockenzeichen zu geben, und der Teilnehmer wird eliminiert.

Daneben wird das Glockenzeichen – ähnlich wie in den Springprüfungen – verwendet zum Anhalten eines Teilnehmers, als Signal zum Weiterfahren nach einer Unterbrechung und, bei zweimaligem Ertönen, zur Mitteilung des Ausschlusses.

Vor Beginn der Prüfung kündigt ein einmaliges Glockenzeichen den Beginn der Parcoursbesichtigung an, ein zweimaliges fordert zu ihrer sofortigen Beendigung auf. Letzterem müssen die Teilnehmer unverzüglich Folge leisten. Betreten des Prüfungsplatzes außerhalb des Besichtigungszeitraumes zu Fuß (auch durch Beifahrer) führt zum Ausschluß des Gespannes.

Sollte ein Hindernis durch einen Teilnehmer

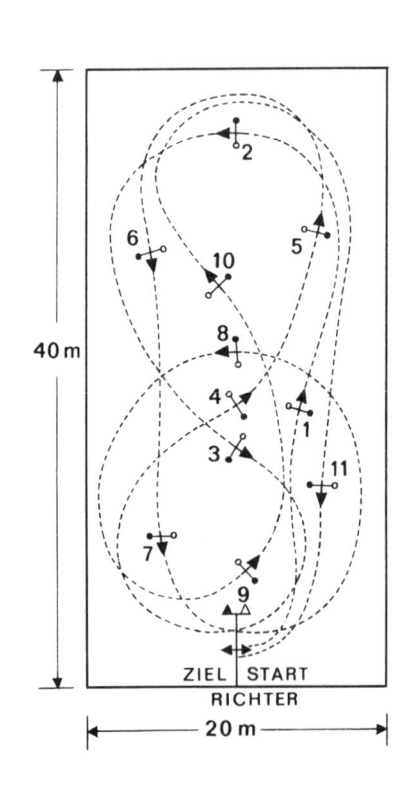

Abb. 205 Muster für Hindernisbahnen in der Halle
a 20 m × 40 m, b 20 m × 60 m

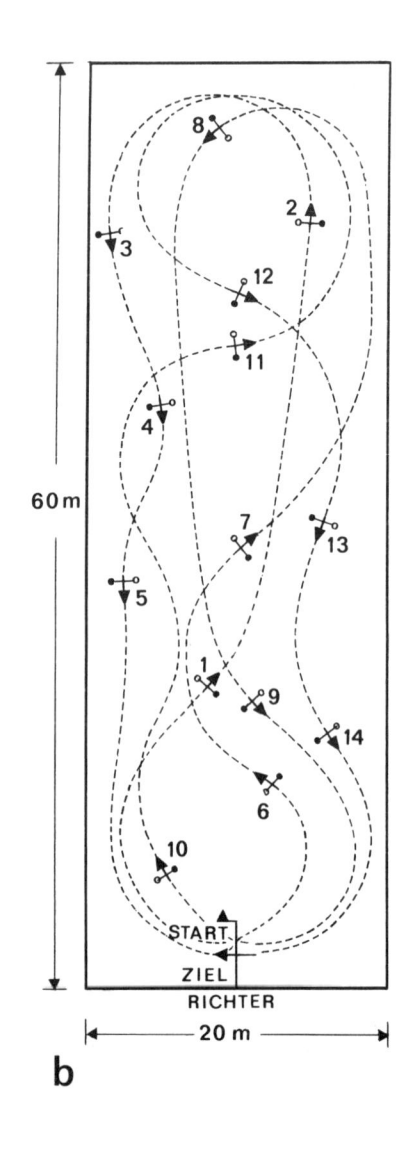

so stark beschädigt worden sein, daß es nicht in einer angemessenen Zeit repariert werden kann, muß es durch ein annähernd gleichwertiges ersetzt werden.

Vor Beginn des Umlaufs müssen die Fahrer den Richtern den Gruß erweisen (s. S. 270), wozu sie in Richtung auf den Richterturm halten.

Die Hindernisse

Es gibt eine Anzahl von *Regeln für die Konstruktion der Hindernisse,* die auch Fahrer und Trainer kennen müssen, damit sie sie in der Vorbereitung des Gespanns auf Hindernisfahren berücksichtigen können. Die wichtigsten sind:

O Hindernisse, die ein Zurücksetzen des Gespannes erfordern, sind unzulässig.

O Jedes Hindernis muß deutlich mit einem Paar Begrenzungsflaggen (rot und weiß) versehen sein. Die Flaggen müssen die Nummer des Hindernisses tragen und dürfen auf jeder Seite des Hindernisses nicht mehr als 20 cm von den Hinderniselementen entfernt sein.

O Alle Hindernisse, die aus einem Paar Markierungen bestehen, bilden ein einfaches Hindernis. Als Markierungen werden Kegel oder andere, die Durchfahrt seitlich begrenzende Elemente bezeichnet. (Abb. 206)

O Alle Hindernisse, die aus mehr als einem Paar Markierungen bestehen, sind Mehrfachhindernisse. In einer Hindernisbahn sind nicht mehr als drei Mehrfachhindernisse zulässig.

O Hindernisse, in denen der Abstand zwischen ihren Elementen weniger als 15 m beträgt, z. B. bei Slalomhindernissen oder Serpentinen (Schlangenlinien), müssen als Mehrfachhindernisse betrachtet werden. Sie dürfen aus nicht mehr als vier Paaren von Markierungen bestehen.

O Die Markierungen von Hindernissen (Tore) müssen wenigstens 30 cm hoch und aus unzerbrechlichem Material, auch Gummi, sein. Es gibt spezielle Plastkegel für Hindernisfahren (vgl. Abb. 206), die so gestaltet sind, daß keine Radnabe das Hindernis eher treffen kann als der Reifen des Rades. Verkehrsleitkegel mit abgeschnittener Spitze sind gut geeignet, müssen jedoch an ihrer Basis einen Ring von 7 cm Breite aufweisen, da sie sonst von der Radnabe getroffen werden können, ohne daß der Reifen sie berührt (vgl. Abb. 206 b). Günstiger ist es noch, die Unterkante des Verkehrsleitkegels schräg abzuschneiden (vgl. Abb. 206 b), so daß seine Außenwand senkrecht steht. Als sehr zweckmäßig haben sich Markierungen erwiesen, wie sie in der Abbildung 206 c dargestellt sind. Sie bestehen aus einem Vierkantholz, einer eisernen Befestigungsspitze und einer trapezförmig geschnittenen, starken Gummiplatte (Matten in Rinderställen, kräftiges Förderband u. a.). Sie sind relativ leicht und billig in größerer Anzahl herzustellen.

Auf jede der Markierungen (die rechten Torbegrenzungen sind rot, die linken weiß gestrichen) wird in eine kleine Vertiefung ein Ball (Holz, Hartgummi) gelegt, der herabfällt, wenn die Markierung verschoben wird. Wenn der Ball herabfällt oder die ganze Markierung umgeworfen wird, bestraft man dies wie „Umwerfen eines Hindernisses" beim Springreiten.

Der Spielraum zwischen den Markierungen und dem Wagen muß mindestens 20 cm bei allen Zweispännern, Einspännern und Tandems (30 cm bei allen Vierspännern) betragen. Der maximale Spielraum ist bei allen Wagen auf 60 cm festgelegt. Die Durchfahrbreite eines Hindernisses ergibt sich aus diesem Spielraum und der vorgeschriebenen Spurbreite des Wagens (s. S. 252 f.). Als zulässiger Maximalabstand zwischen den Markierungen, die Durchfahrbreite des Hindernisses, gilt bei einem Zweispänner: 150 cm Spurbreite + 60 cm Spielraum = 210 cm Durchfahrbreite.

Für die verschiedenen Anspannungen schreibt die LPO Spielräume vor. (Tab. 14)

Sollen andere als die besprochenen Markierungen verwendet werden, müssen bei internationalen Turnieren die betreffenden nationalen Föderationen der Teilnehmerländer wenigstens vier Wochen vor dem Beginn der Veranstaltung – am besten mit Abbildungen – informiert werden.

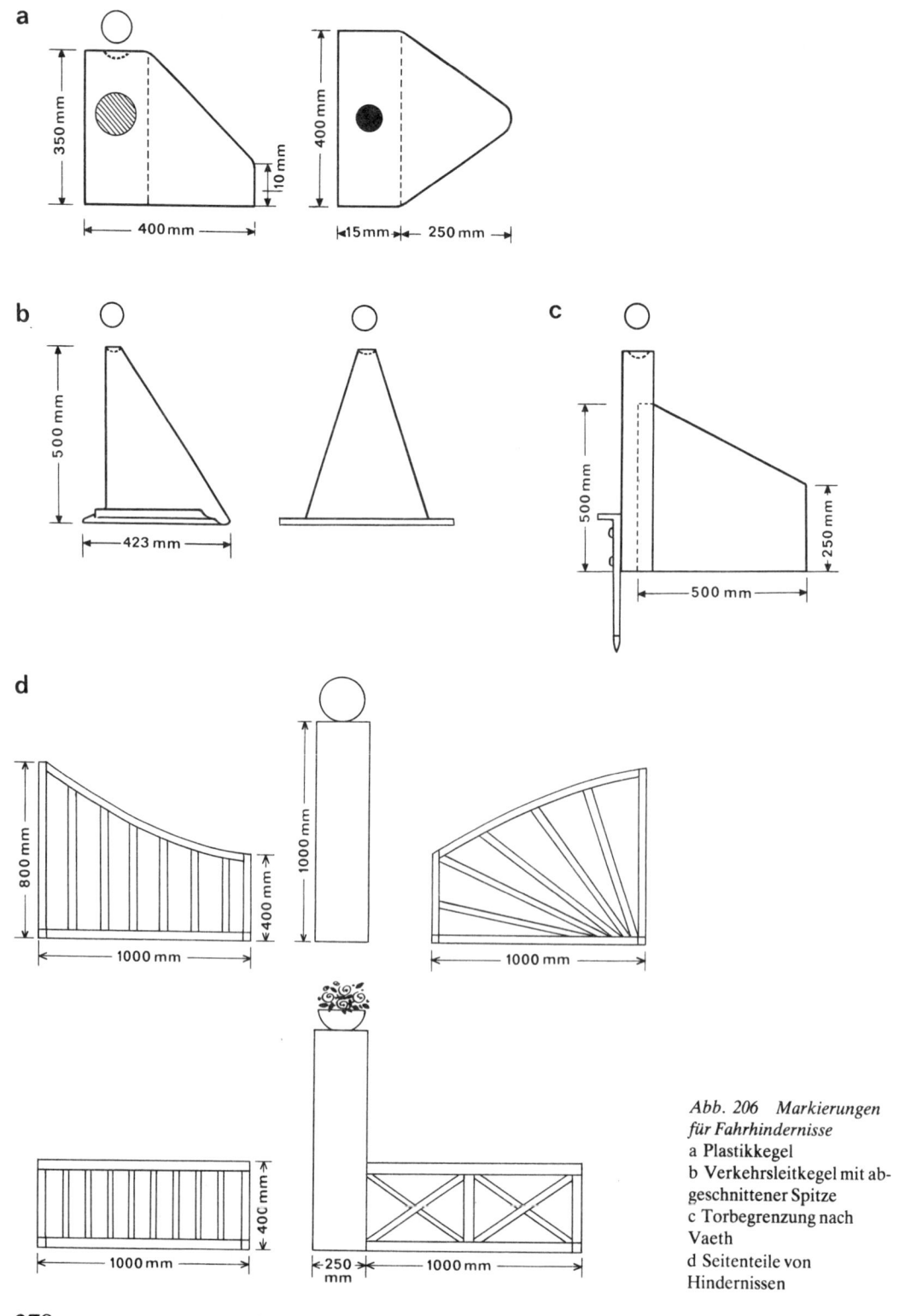

Abb. 206 Markierungen für Fahrhindernisse
a Plastikkegel
b Verkehrsleitkegel mit abgeschnittener Spitze
c Torbegrenzung nach Vaeth
d Seitenteile von Hindernissen

Neben den einfachen Hindernissen werden im Hindernisfahren Mehrfachhindernisse verlangt, die in besonderem Maße das Interesse der Zuschauer finden. Deshalb sollen sie auch in allen Arten von Hindernisbahnen aufgebaut werden.

Zu den Mehrfachhindernissen gehören Wasserhindernisse, Holzbrücken, Slalomstrecken, Serpentinen sowie die L- und U-förmigen Hindernisse mit ihren Varianten. Für sie gibt es besondere Regeln:

Wasserhindernisse müssen mindestens 3 m breit sein, schräg abfallende Seiten besitzen, nach der Mitte sanft abfallen und eine Wassertiefe von 20 cm bis höchstens 40 cm aufweisen. Einfahrt und Ausfahrt müssen mit umwerfbaren Markierungen (z. B. Kegeln mit Bällen) versehen sein. Diese müssen mit den Buchstaben A und B gekennzeichnet sein und eine Durchfahrbreite von mindestens 2,5 m haben.

Holzbrücken oder Brücken vergleichbarer Konstruktion, die vom Technischen Delegierten abgenommen sein müssen, dürfen eine maximale Länge von 10 m haben. Der Fahrweg, mit einer Mindestbreite von 3 m, darf sich nicht mehr als 20 cm über dem Erdboden befinden. An der Auffahrt zur Brücke können sich fächerförmige Fänge befinden. Geländer sind erlaubt, aber nicht vorgeschrieben.

Eine Serpentine (Schlangenlinie) besteht aus vier in gerader Linie aufgestellten Pfosten (Ständern) von 1,60 bis 2,00 m Höhe. Der Abstand zwischen ihnen beträgt für alle Zweispanner 8 m (desgleichen für Einspänner; 10 m für Pony-Viererzüge und -Tandems; 12 m für Viererzüge und Tandems). Abwechselnd zu beiden Seiten der Pfosten werden umwerfbare Markierungen aufgestellt, die mit den Buchstaben A bis D gekennzeichnet sind. Die Durchfahrbreite wird wie bei einem einfachen Hindernis für jedes der Markierungspaare berechnet.

Eine Serpentine kann auch so aufgebaut werden, daß die Markierungen außen umfahren werden müssen, z. B. die rechts neben dem ersten Pfosten stehende weiße Markierung ist rechts zu umfahren (Markierung bleibt links), die links neben dem Pfosten stehende Markierung (rot) ist links zu umfahren usw. In diesem Falle werden keine Tore aufgestellt, und Fehler können jeweils nur an der Innenseite des Gespannes entstehen.

Eine Slalomstrecke besteht aus vier Paaren von Markierungen. Auf einer geraden Linie werden abwechselnd rote und weiße Markierungen im Abstand von 11 m (desgleichen für Einspänner; 10 m für Pony-Viererzüge, Pony-Zweispänner, Pony-Einspänner und Pony-Tandems; 12 m für Viererzüge und Tandems) aufgestellt. Mit den übrigen roten und weißen Markierungen werden die auf der geraden Linie stehenden jeweils auf der entsprechenden Seite zu Toren ergänzt, die dann jeweils um die Torbreite gegeneinander versetzt sind. Die Tore sind mit den Buchstaben A bis D zu kennzeichnen. (Abb. 207)

Für die L- und U-förmigen Hindernisse gelten besondere Bestimmungen in bezug auf die Durchfahrbreite der Einfahrt, der Wendung und der Ausfahrt, die in Tabelle 15 angeführt sind.

Darüber hinaus gelten für die Mehrfachhindernisse noch folgende Bestimmungen:

Außer Serpentinen und Slalomhindernissen dürfen Mehrfachhindernisse aus nicht mehr als 3 mit Buchstaben versehenen Paaren von Markierungen bestehen. Das bedeutet, daß ein Teilnehmer in einem Hindernis mit zwei Markierungspaaren nicht mehr als 10 Strafpunkte, in einem Hindernis mit drei Paaren

Tabelle 14: Spielräume für verschiedene Anspannungen nach der LPO

In Prüfungen	Kat. C	Kat. B	Kat. A
Ein- und Zweispänner	40 – 50 cm	30 – 40 cm	20 – 30 cm
Vier- und Mehrspänner	–	40 – 50 cm	30 – 40 cm
Tandems	–	30 – 60 cm	30 – 60 cm

von Markierungen nicht mehr als 15 Strafpunkte erhalten kann.

Ein Mehrfachhindernis kann aus einer beliebigen Anzahl von Kegeln oder Teilen von Springhindernissen aufgebaut sein. Werden Teile von Springhindernissen verwendet, müssen sie umwerfbar sein und eine Höhe von 40 bis 60 cm aufweisen.

Mehrfachhindernisse dürfen nicht länger als 30 m sein. Die Länge wird in der Mitte der Hindernisse gemessen. Jede Gruppe von Kegeln oder Hindernisteilen muß deutlich mit einem der mit Buchstaben versehenen Markierungspaare in Verbindung stehen. In den Abbildungen 208 und 209 wurde das veranschaulicht.

b

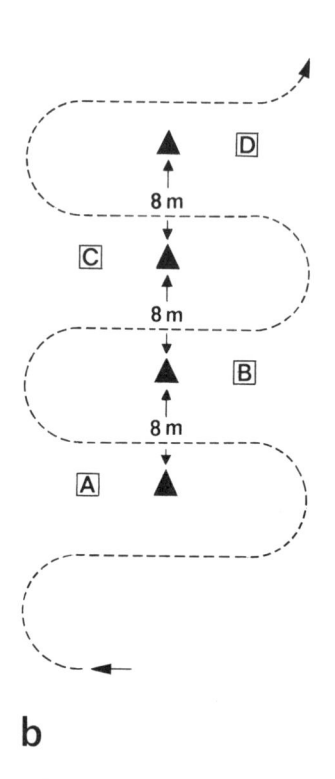

Abb. 207 Hindernisse
a Slalomstrecke
b Schlangenlinie/Serpentine

a

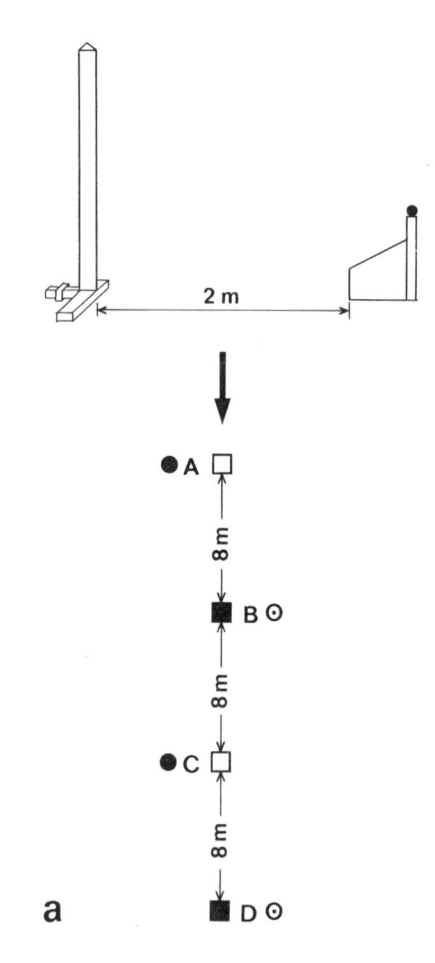

Tabelle 15: Abmessungen von L- und U-förmigen Hindernissen

| | L-förmige Hindernisse | | | | | | U-förmige Hindernisse | | | | | |
| | Pferde | | | Ponys | | | Pferde | | | Ponys | | |
	E	W	A	E	W	A	E	W	A	E	W	A
Vierspänner	4 m	4 m	4 m	3 m	3 m	3 m	4 m	5 m	5 m	3 m	4 m	4 m
Zweispänner	3 m	–	3 m	2,5 m	–	2,5 m	4 m	4 m	4 m	3 m	4 m	4 m
Einspänner	3 m	–	3 m	2,5 m	–	2,5 m	3 m	4 m	4 m	2,5 m	–	4 m
Tandems	4 m	5 m	5 m	3 m	3 m	3 m	4 m	4 m	4 m	2,5 m	3 m	3 m

E = Einfahrt; W = Wendung; A = Ausfahrt

Abb. 208 L-förmige Hindernisse (Zweispänner)

Abb. 209 U-förmige Hindernisse (Zweispänner)

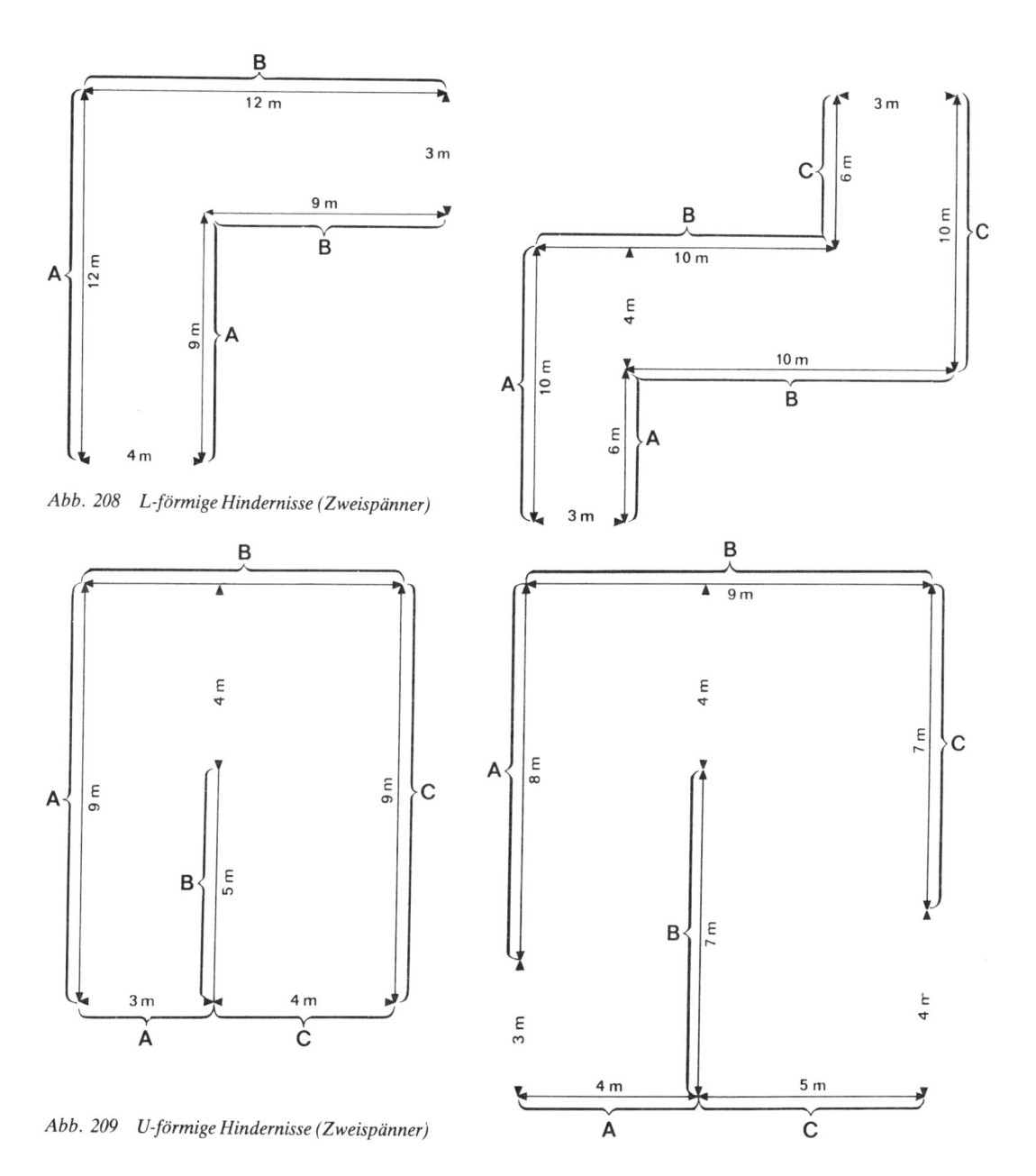

Werden mehrere Einzeltore zu Zirkeln oder Achten zusammengestellt, muß deren Durchmesser 15–18 m betragen (Ponys 12–15 m; Viererzüge 20–25 m; Pony-Viererzüge 17–20 m; Abb. 210).

Bei einer Acht müssen am Schnittpunkt zwei Paare von Markierungen aufgestellt werden, sonst besteht die Gefahr, daß ein umgefahrenes Tor nicht wieder aufgebaut ist, bevor das Gespann zum zweitenmal hindurchfahren muß.

Die Position des inneren Kegels sollte auf dem Boden markiert sein, damit die Tore im Verlauf einer Prüfung ihre Position nicht ändern können.

281

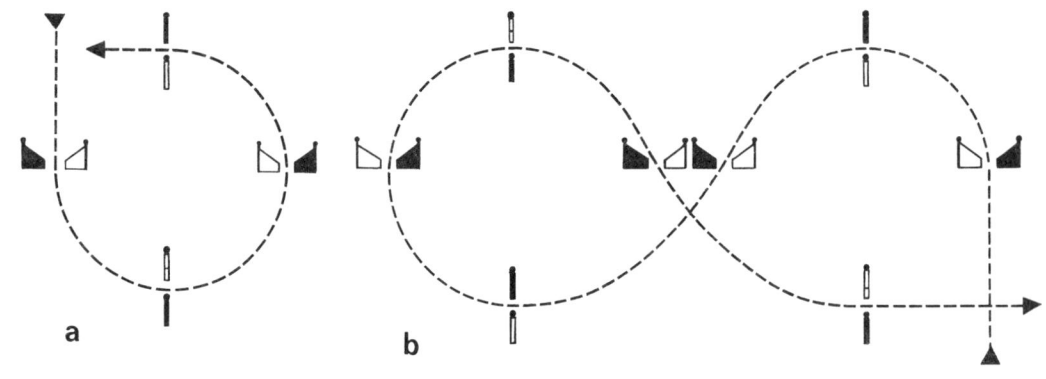

Abb. 210 Folgen von Hindernissen
a auf einem Zirkel
b auf einer Acht

Bewertungsverfahren

Hindernisfahren kann nach Fehlerpunkten und Zeit oder – mit Umrechnung der Fehlerpunkte in Strafsekunden – nur nach der Zeit bewertet werden.

Beurteilt wird dabei die Leistung von Fahrer und Pferden zwischen Start und Ziellinie der Hindernisbahn.

Der Start ist fliegend. Die Gangart in der Hindernisbahn ist dem Fahrer freigestellt.

Die LPO unterscheidet zwei Richtverfahren, die den Richtverfahren in Springprüfungen ähnlich sind: die Richtverfahren A und C. Beim Richtverfahren A wird noch unterschieden, ob die Prüfung mit oder ohne Stechen durchgeführt wird.

Beim Richtverfahren A mit Zeitwertung ergibt sich die Placierung der Gespanne durch Addition der Strafpunkte an den Hindernissen und der Strafpunkte für die Überschreitung der erlaubten Zeit. Bei gleicher Strafpunktsumme werden die Teilnehmer nach der Zeit placiert, die für sie zwischen Start- und Ziellinie gemessen wurde. Sind Strafpunkte und Zeit mehrerer Teilnehmer gleich, erfolgt auch gleiche Placierung.

Dieses Richtverfahren entspricht auch den Bestimmungen des FEI-Reglements für „Fault Competition".

Nur für Hindernisfahren der Kat. B und A (Klassen A, L, M, S) darf ein Stechen ausgeschrieben werden, um bei Punktgleichheit mehrerer Teilnehmer auf dem ersten Platz eine Entscheidung herbeizuführen. Dazu haben die zum Stechen qualifizierten Teilnehmer entweder über den gleichen oder maximal um die Hälfte der Hindernisse reduzierten Kurs anzutreten. Da auch das internationale Reglement ein Verringern der Hinderniszahl gestattet, wird in der Regel die verkürzte Stechbahn vorgeschrieben. Damit ist die Notwendigkeit der Neuberechnung der erlaubten Zeit auf der Grundlage der für die Stechbahn festgestellten Parcourslänge und der für das Stechen vorgeschriebenen Geschwindigkeit (vgl. S. 274) gegeben.

Das internationale Fahrreglement gestattet es, im Stechen die Durchfahrbreiten der Hindernisse um 10 cm zu erweitern. Damit soll das Stechen flüssiger gemacht werden. In der LPO ist dies nicht vorgesehen. Letztere ist offensichtlich die konsequenter auf die Beurteilung der Gesamtleistung orientierte Bestimmung. Für die Leistung des Gespannes in der Hindernisbahn ist nun einmal die Genauigkeit *und* das Tempo entscheidend, wobei die Forderung nach ersterer nicht vernachlässigt werden darf, auch nicht um der Wirkung der Rasanz auf die Zuschauer willen. Da letztere aber für das Image des Fahrsports in der Öffentlichkeit von Bedeutung ist, wird vom Parcoursgestalter gefordert, eine Stechbahn zu konzipieren, die auch dem Wunsch des Publikums nach einer spannungsgeladenen Prüfung gerecht wird.

Ein Stechen muß immer in der Ausschreibung vorgesehen sein. Wenn in einer Kombi-

Tabelle 16: Bestrafung von Fehlern im Hindernisfahren

Fehler	Fehlerpunkte	Strafsekunden
– Überschreiten der Mindestzeit – für jede begonnene Sekunde	0,5	0,5
– Umwerfen oder Verschieben eines Hindernisses bzw. Abwerfen eines Balles	5	5
– Umwerfen oder Verschieben jedes Elements eines Mehrfachhindernisses – je Element	5	5
– Bei Wiederaufbau eines Hindernisses (der zum Durchfahren der Hindernisbahn benötigten Zeit hinzuzurechnen)	10	10
– Erster Ungehorsam oder erstes Absitzen des Beifahrers	10	10
– Zweiter Ungehorsam oder zweites Absitzen des Beifahrers	20	20
– Dritter Ungehorsam oder drittes Absitzen des Beifahrers	Ausschluß	
– Einschlagen einer falschen Bahn	Ausschluß	
– Überschreiten der Höchstzeit	Ausschluß	
– Start vor dem Glockenzeichen	Ausschluß	
– Auslassen einer Start- oder Zielflagge	Ausschluß	
– Fremde Hilfe	Ausschluß	
– Eingreifen des Beifahrers in die Leinenführung, Betätigung der Bremse oder Benutzung der Peitsche, bevor das Gespann die Ziellinie passiert hat	Ausschluß	
– Beifahrer steht hinter dem Fahrer oder gibt ihm Hinweise	Ausschluß	
– Fahren ohne Peitsche	Ausschluß	

nierten Fahrprüfung für das Hindernisfahren eine Einzelplacierung vorgesehen, jedoch kein Stechen ausgeschrieben ist, erfolgt die Placierung nach Strafpunkten und Zeit.

Das Richtverfahren C kommt ebenfalls nur für Hindernisfahren der Kat. A und B in Betracht. Bei diesem Verfahren werden die Fehler an den Hindernissen als Strafsekunden ausgedrückt (s. Tab. 16) und den Strafsekunden für das Überschreiten der erlaubten Zeit wie auch der zum Durchfahren der Bahn benötigten Zeit hinzugezählt. Sollte es im Ausnahmefall mehrere Teilnehmer mit gleicher Gesamtzeit als Anwärter auf den Sieg geben, findet ein einmaliges Stechen statt. Dies führt – im Unterschied zum Richtverfahren A – stets über die unveränderte Fahrbahn, für die allerdings eine neue erlaubte Zeit zu berechnen ist.

Das Richtverfahren C darf nur bei Hindernisfahren als Einzelprüfung angewendet werden, nicht jedoch bei einem Hindernisfahren, das Teil einer Kombinierten Fahrprüfung ist.

Übrigens sollten zu einem Stechen über eine verkürzte Hindernisbahn die nicht mehr benötigten Hindernisse vom Platz entfernt werden, zumindest von den Stellen, wo sie Teilnehmer in der Wahl ihres Weges behindern könnten.

Neben den in Tabelle 16 angeführten Fehlern, die mit Strafpunkten oder Strafsekunden geahndet werden, gelten für Hindernisfahren noch eine Anzahl weiterer Regeln, die von den Fahrern beachtet werden müssen:

▌ Start- und Ziellinie dürfen vor dem Start und im Verlaufe der Prüfung beliebig oft und in beliebiger Richtung durchfahren werden, ohne daß dafür Strafpunkte angerechnet werden. Nach Ertönen des Startsignals darf daher die Startlinie ebenfalls überfahren werden, allerdings nicht in der Richtung, in welcher der Start zu erfolgen hat.

▌ Die Start- und Ziellinie müssen mit vollständigem Wagen, d. h. bei zweiachsigen Wagen mit vier, bei einachsigen Wagen mit zwei Rädern, passiert werden.

▌ Wenn während der Fahrt zwischen Start- und Ziellinie ein Geschirrteil, wie Leine, Strang, Aufhalteriemen oder -kette, reißt oder sich löst, geben die Richter ein Glockenzeichen zur Unterbrechung des Parcours und halten die Uhren an. Daraufhin muß der Fahrer oder ein Beifahrer den Schaden beheben. Dem Fahrer werden in diesem Fall 10 Strafsekunden zu seiner Fahrzeit addiert. Mußten er oder der Beifahrer jedoch zur Beseitigung des Schadens vom Wagen absteigen, erhalten sie dazu die in Tabelle 16 vorgesehenen Strafpunkte bzw. Strafsekunden.

▎ Die Fahrzeit jedes Gespannes zwischen Start- und Ziellinie wird gemessen, wozu in Prüfungen der Kat. B mindestens zwei von Hand zu betätigende Adddtions-Stoppuhren zu verwenden sind. Eine automatische Zeitmeßanlage ist für Prüfungen der Kat. A vorgeschrieben und wird für Kat. B empfohlen.

Die Zeitmessung beginnt in dem Augenblick, in dem die Pferdeköpfe des Gespannes die Startlinie passieren, und endet, wenn sie die Ziellinie passieren. Das ist der gleiche Zeitpunkt, zu dem auch eine automatische Zeitmeßanlage ausgelöst wird. Während die gemessene Zeit bei letzterer jedoch in vollen und Zehntelsekunden ausgedrückt wird, muß bei Handstoppung jede angefangene Sekunde als volle gezählt werden. Das ist so in der LPO vorgeschrieben, obwohl z. B. in der Leichtathletik auch mit der Hand gestoppte Zehntelsekunden anerkannt werden. Erklärlich wird dies allerdings, wenn Unterschiede in der Zeitmessung einkalkuliert werden, wie sie bei einer Start- und Ziellinie entstehen können, die von den Richtern nicht zu überblicken ist, bzw. zu langsamem Senken der Flagge durch den Hilfsrichter.

▎ Bei jeder durch die Richter veranlaßten Unterbrechung der Fahrt wird auch die Zeitmessung unterbrochen. Das geschieht z. B. sofort bei einem Ungehorsam (s. S. 285), der den Wiederaufbau eines oder mehrerer Hindernisse erforderlich macht, d. h. wenn der Teilnehmer bei einem Ungehorsam ein Hindernis umwirft, dieses aber nicht vollständig durchfährt. Das trifft zu, wenn die Pferde aus einem Mehrfachhindernis ausbrechen oder vor einem Kegelpaar scheuen und dabei das Hindernis umwerfen.

Ist bei einem solchen Ungehorsam jedoch auch der Wagen umgeworfen worden, so darf die Uhr erst angehalten werden, wenn der Fahrer wieder aufgesessen ist. Vergütet wird ihm also nur die Zeit, die er nach dem Aufsitzen bis zur Wiederfreigabe des Parcours warten muß.

Haben die Richter ein Gespann angehalten, um nach einem Ungehorsam ein Hindernis wieder aufbauen zu lassen, so werden dem Teilnehmer 10 Strafsekunden zu seiner Fahrzeit hinzugezählt (vgl. Tab. 16).

▎ Solange die Zeitmessung unterbrochen ist, kann sich der Teilnehmer frei auf dem Platz bewegen. Er darf in dieser Zeit allerdings nichts tun, was zum Ausschluß führen würde, z. B. seinen Pferden ein Hindernis „zeigen", ein Hindernis durchfahren, das nicht zur Hindernisbahn gehört, ein Hindernis durchfahren, bevor es wieder aufgebaut ist, ein Hindernis von der falschen Seite durchfahren u. a. Wenn der angehaltene Fahrer aber seine Fahrt fortsetzt, ohne dazu durch ein Glockenzeichen vom Richterturm aufgefordert worden zu sein, wird er ausgeschlossen.

▎ Strafpunkte bzw. Strafsekunden werden angerechnet, wenn ein Ball herunterfällt oder ein umwerfbares Teil eines aus Springhindernisteilen gebauten Hindernisses umgeworfen oder verschoben wird. In einer Hindernisbahn können auch andere Markierungen, Wendezeichen und Behinderungen vorhanden sein, z. B. Hindernisse einer Springbahn für die nachfolgende Prüfung. Sollten diese umgeworfen, verschoben oder berührt werden, bleibt dies ohne Bestrafung.

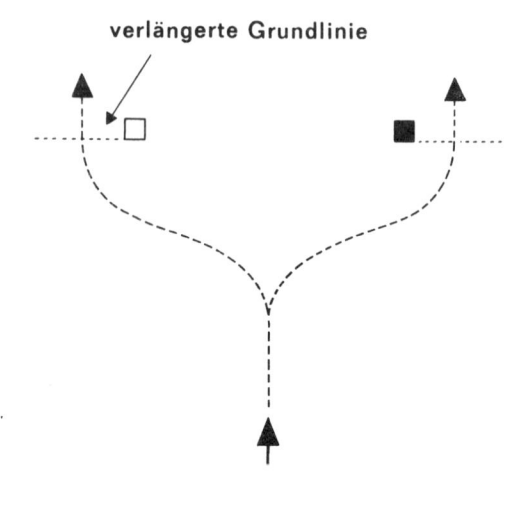

Abb. 211 Ausbrechen (Passieren der verlängerten Grundlinie des Hindernisses)

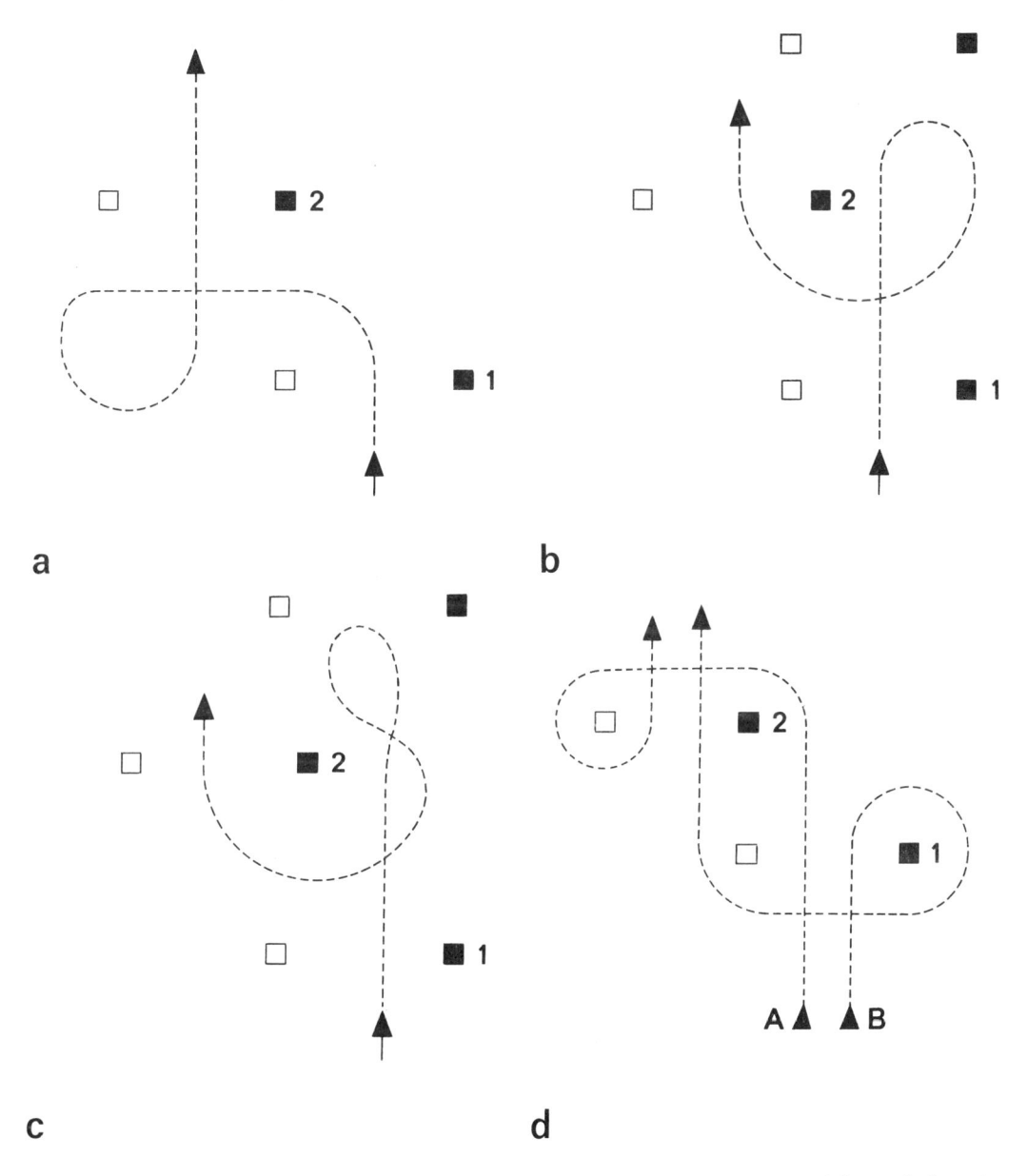

Abb. 212 Volten/Erlaubte Volten bei zwei versetzt zueinander aufgestellten Hindernissen

Unter dem Begriff „Ungehorsam" werden folgende Vorkommnisse erfaßt und bestraft: Stehenbleiben, Widersetzlichkeit, Volten und korrigiertes Verfahren.

Die für „Ungehorsam" erteilten Strafpunkte werden sowohl an einem Hindernis als auch für die ganze Hindernisbahn addiert, d. h., ein Teilnehmer scheidet beim dritten Ungehorsam aus, unabhängig davon, ob die drei Fälle von Ungehorsam am gleichen oder drei verschiedenen Hindernissen passiert sind.

Auf „Stehenbleiben" werden die Richter erkennen, wenn ein Gespann vor einem zu durchfahrenden Hindernis anhält, gleichgültig, ob das Hindernis dabei unberührt bleibt, verschoben oder umgeworfen wird. Wird das

Hindernis umgeworfen oder verschoben, muß das Gespann angehalten werden (s. o.).

Wird das Hindernis jedoch nicht umgeworfen und das Gespann steht nur einen Augenblick vor dem Hindernis, ohne daß ein Pferd zurücktritt, und passiert unmittelbar darauf das Hindernis, werden dem Fahrer keine Strafpunkte angelastet.

Verlängert sich jedoch das Stehenbleiben oder tritt eines der Pferde auch nur einen einzigen Tritt zurück, gleichgültig, ob dies auf Veranlassung des Fahrers geschieht oder nicht, werden Strafpunkte für Ungehorsam gegeben.

Wenn ein Gespann in einem offenen Mehrfachhindernis (Slalomstrecke, Serpentine) stehenbleibt, muß es dieses Hindernis noch einmal von Anfang an durchfahren. Das führt immer zur Anrechnung von Ungehorsam.

Als *Ausbrechen* bezeichnet man es, wenn sich ein Gespann vor dem zu durchfahrenden Hindernis der Einwirkung des Fahrers entzieht und das Hindernis nicht zwischen den Begrenzungsflaggen passiert. Als Ausbrechen wird auch ein Überfahren der seitlich verlängerten Grundlinie eines Hindernisses angesehen (Abb 211).

Als *Widersetzlichkeit* wird angesehen, wenn sich ein Pferd oder die Pferde an irgendeiner Stelle der Hindernisbahn – aus welchem Grund auch immer – der Vorwärtsbewegung entzieht bzw. entziehen, und zwar mit oder ohne Rückwärtstreten, Umdrehen, Steigen u. a.

Bei hartnäckiger und/oder längerer Widersetzlichkeit können die Richter nach der LPO entscheiden, ob ein- oder mehrfacher Ungehorsam anzurechnen ist. Im FEI-Reglement ist dies nicht vorgesehen.

Für eine *Volte* werden die Richter Strafpunkte erteilen, wenn das Gespann vor einem Hindernis oder vor der Ziellinie seinen eigenen Weg kreuzt, d. h. an irgend einer Stelle der Hindernisbahn einen geschlossenen Kreis beschreibt, ohne daß eine besondere, in der Parcoursskizze ausgewiesene Erlaubnis dafür besteht. Verschiedene Möglichkeiten des Vorkommens von Volten sind in Abb. 212 dargestellt.

Da *Korrigiertes Verfahren* nur dann bestraft wird, wenn der Teilnehmer bei der Korrektur seinen Weg kreuzt, wird diese Form des Ungehorsams im Fahrreglement der FEI unter den Volten erfaßt.

Nach der LPO gilt als „Verfahren" allgemein die Nichteinhaltung der Parcoursskizze. Dies kann geschehen durch Nichtbeachtung der eingetragenen Richtungs- und Wendezeichen, durch Nichteinhaltung der vorgeschriebenen Reihenfolge der Hindernisse, durch Auslassen eines in der Parcoursskizze und zum Parcours gehörenden Hindernisses sowie durch das Passieren eines nicht zum Parcours gehörenden Hindernisses. Ohne Korrektur führen die genannten Fehler zum Ausschluß.

Will der Fahrer einen der vorgenannten Fehler korrigieren, muß er den Parcours an der Stelle wieder aufnehmen, an der er den Fehler gemacht hatte, und zwar bevor er das nächste (oder ein falsches) Hindernis durchfahren hat. Gelingt ihm die Korrektur, ohne daß er seinen bisherigen Weg kreuzt, wird er nicht bestraft. Kreuzt er jedoch bei der Korrektur seine Fahrspur, wird er für Ungehorsam bestraft.

Als Korrigiertes Verfahren gilt es auch, wenn ein Fahrer so von dem in der Parcoursskizze vorgesehenen Bahnverlauf abweicht, daß er nur durch Wenden oder Zurücksetzen das Hindernis, den Wendepunkt oder die Ziellinie zwischen den Flaggen passieren kann. Auch in diesem Falle erhält der Fahrer keine Strafpunkte für den Fahrfehler, verliert aber sehr viel Zeit, was ihm in den meisten Fällen Strafsekunden für Überschreiten der erlaubten Zeit einbringen wird.

▎Auch für das Hindernisfahren gelten die Bestimmungen über **verbotene „Fremde Hilfe",** deren Definition in vielen Fällen die Beurteilung nicht gerade erleichtert. Als verbotene „Fremde Hilfe" wird angesehen: jede Einmischung eines Dritten auf dem Prüfungsplatz, die in der Absicht geschieht, dem Fahrer und/oder den Pferden die Aufgabe zu erleichtern. Dabei ist es gleichgültig, ob der Fahrer diese Hilfe wünscht oder dazu aufgefordert hat oder ob sie von Außenstehenden ohne oder gar gegen seinen Wunsch geleistet wird. Die Richter müssen dies bei ihrem Urteil nach Möglichkeit berücksichtigen.

Es gibt auch **erlaubte „Fremde Hilfe"**. Dafür sind die Bestimmungen genauer. Diese fremde Hilfe ist zulässig, wenn ein Wagen umgeworfen worden ist. In diesem Falle darf beim Wiederaufrichten des Wagens/Wiedereinfangen von Pferden, beim Ordnen des Geschirrs, beim Wiederanspannen und Ordnen der Ausrüstung geholfen werden. Auch die verlorengegangene Peitsche darf dem Fahrer gereicht werden. Sobald allerdings der Fahrer wieder auf den Wagen aufgesessen ist, gilt die geschilderte Unterstützung nicht mehr als erlaubte „Fremde Hilfe". Da die Uhren zur Zeitvergütung erst angehalten werden dürfen, wenn der Fahrer seinen Platz auf dem Wagen wieder eingenommen hat, wird ihm daran liegen, die Wiederherstellung seines Gespannes zur Weiterfahrt so schnell wie möglich zu erreichen.

In einem Fall ist Hilfe jederzeit erlaubt, nämlich wenn der Fahrer seine verlorengegangene Brille wieder gereicht bekommt.

An verschiedenen Stellen des vorstehenden Textes ist auf Fehler hingewiesen worden, die zum Ausschluß des Fahrers aus der Prüfung führen können. Es gibt 25 Gründe für den Ausschluß, die nachstehend zusammengefaßt sind. Ausgeschlossen wird:

(1) das Gespann, das nicht binnen 60 Sekunden nach Aufruf zum Start über den Platzlautsprecher auf den Prüfungsplatz eingefahren ist. Im Sinne der Gleichbehandlung aller Teilnehmer muß ein Richter beauftragt werden, bei jedem Teilnehmer diese Zeitspanne zu kontrollieren;

(2) das Gespann, das ohne Sondergenehmigung der Richter auf den Prüfungsplatz geführt wird;

(3) das Gespann, das nicht innerhalb von 60 Sekunden nach Ertönen des Startsignals die Startlinie passiert hat;

(4) das Gespann, das die Startlinie in der richtigen Richtung durchfährt, bevor das Startsignal gegeben worden ist;

(5) der Fahrer, der seinen Pferden ein Hindernis auf dem Prüfungsplatz „zeigt", gleichgültig, ob das Hindernis zum Parcours gehört oder nicht. Der Ausschluß gilt in gleicher Weise, wenn das „Zeigen" nach einem Ungehorsam erfolgt;

(6) der Fahrer, der vor dem Start oder nach Passieren der Ziellinie ein Hindernis auf dem Prüfungsplatz vorsätzlich durchfährt. Nach dem FEI-Reglement ist das Durchfahren eines Hindernisses vor dem Start als „Durchfahren des Hindernisses außerhalb der vorgeschriebenen Reihenfolge" zu betrachten und führt demzufolge zum Ausschluß. Für das Durchfahren eines Hindernisses nach Durchfahren der Ziellinie kann der Teilnehmer vom Schiedsgericht mit einer Geldstrafe zwischen 100 und 500 Schweizer Franken belegt werden.

(7) der Fahrer, der auf dem Prüfungsplatz ein nicht zur Hindernisbahn gehöriges Hindernis durchfährt (das besser dort gar nicht vorhanden wäre!);

(8) der Fahrer, der ein Hindernis nicht in der vorgeschriebenen Reihenfolge durchfährt;

(9) der Fahrer, der ein verändertes Hindernis durchfährt, ehe es wieder in ordnungsgemäßen Zustand versetzt worden ist. Wenn z. B. bei einem Ausbrechen das Hindernis berührt wurde, ohne daß es dabei in seiner Form wesentlich verändert wurde, kann leicht ein Mißverständnis auftreten. Deshalb muß der Hauptrichter, wenn er der Auffassung ist, das Hindernis sei verändert worden, den Fahrer sofort durch ein Glockenzeichen anhalten. Wird dieses Glockenzeichen nicht gegeben, darf sich der Fahrer darauf verlassen, daß der Hauptrichter das Hindernis in ordnungsgemäßem Zustand sieht;

(10) der Fahrer, der sich verfährt, indem er die der Parcoursskizze entsprechende Bahn nicht einhält, ohne diesen Fehler zu korrigieren;

(11) das Gespann, das länger als 60 Sekunden benötigt, um ein Hindernis zu durchfah-

ren. Das gilt auch im Falle des Umwerfens des Wagens. Die Sonderuhr muß deshalb bei einem Ungehorsam (auch ohne Umwerfen des Wagens) stets in Gang gesetzt werden, um diese Zeitspanne korrekt zu messen. Wird die Uhr zu spät in Gang gesetzt, kann das anderen Teilnehmern zum Nachteil gereichen;

(12) der Fahrer, der ein geschlossenes Mehrfachhindernis an falscher Stelle verläßt;

(13) der Fahrer, der nach einem Ungehorsam in einem Mehrfachhindernis dieses nicht von Anfang an wiederholt;

(14) der Fahrer, der nach einer Unterbrechung weiterfährt, ohne das Glockenzeichen abzuwarten;

(15) der Fahrer, der Veränderungen am Parcours oder dessen Einzelteilen vornimmt;

(16) der Fahrer, der ein Hindernis auf dem Prüfungsplatz von der falschen Seite durchfährt;

(17) das Gespann, das sich in der Hindernisbahn länger als 60 Sekunden hintereinander widersetzt. Auch Widersetzlichkeit ist ein Vorkommnis, bei dem die Sonderuhr anlaufen muß, sobald der Beginn der Widersetzlichkeit erkennbar wird;

(18) der Fahrer, der unerlaubte Ausrüstungsgegenstände benutzt. Für ein Gebot der Fairneß sollte allerdings ein entsprechender Hinweis des aufsichtführenden Richters auf dem Vorbereitungsplatz gelten, der es dem Fahrer gestattet, die erforderlichen Veränderungen noch vor dem Einfahren auf den Prüfungsplatz zu treffen;

(19) der Fahrer, dem verbotene „Fremde Hilfe" erwiesen worden ist;

(20) das Gespann bzw. der Fahrer, der nach dem Start und vor Erreichen der Ziellinie den Prüfungsplatz verläßt;

(21) der Fahrer oder Beifahrer, der nach Beginn der Prüfung den Prüfungsplatz ohne Genehmigung der Richter zu Fuß betritt (z. B. um ein verlorenes Eisen zu suchen);

(22) der Fahrer oder Beifahrer, der ein Pferd auf dem Prüfungs- oder Vorbereitungsplatz offensichtlich mißhandelt. Im Interesse der Pferde aber auch zur Wahrung des Ansehens des Fahrsports kann in einem Falle von Mißhandlung der Pferde von den Richtern gar nicht rasch und konsequent genug reagiert werden. Der Ausschluß wegen Mißhandlung eines Pferdes ist von den Richtern dem Veranstalter und von diesem dem Beauftragten der Landeskommission sofort mitzuteilen (LPO, § 924, Ziff. 4), die ihrerseits weitergehende Folgerungen zieht;

(23) der Fahrer, der Vorschriften, Gebote und Verbote der LPO nicht beachtet;

(24) das Gespann, dessen Beifahrer hinter dem Fahrer steht, bzw. der Fahrer, der von seinem Beifahrer Hinweise auf den Parcoursverlauf erhält, bevor die Ziellinie passiert ist;

(25) das Gespann, dessen Beifahrer vor dem Verlassen des Prüfungsplatzes (international: vor dem Passieren der Ziellinie) die Handhabung von Leinen, Bremse und Peitsche übernimmt.

Die Verbreitung des Fahrsports hat den Wunsch aufkommen lassen, die vorhandenen Prüfungsarten abwechslungsreicher zu gestalten.

In die LPO wurden daher fünf neue Austragungsarten von Hindernisfahren aufgenommen, die zu einer Belebung des Fahrsportprogramms eines Turniers beitragen können. Im Gegensatz zu den Standard-Hindernisfahren werden sie als Spezialhindernisfahren bezeichnet. Dazu gehören: Stilhindernisfahren, Stafettenhindernisfahren, Glückshindernisfahren, „Jagd um Punkte" und Wahlhindernisfahren.

Stilhindernisfahren werden nur in der Kat. C und B ausgetragen. Die Anforderungen entsprechen den Klassen E, A, L und M/B (s. S. 274, 275 und Tab. 12). In dieser Prüfung wird vorrangig der Fahrstil bewertet, wobei der Fahrtechnik des Fahrers besonderes Augenmerk gebührt. Korrekte Leinenführung und richtige Verwendung der Peitsche sind neben der zweckmäßigen Einwirkung auf die Pferde Hauptkriterien der Beurteilung. Fahrerisches Vorbedenken ist ebenfalls in die Beurteilung einzubeziehen, die sich vom Gruß bis zum Verlassen des Prüfungsplatzes erstreckt.

In der Hindernisbahn werden für Fehler Punktabzüge ähnlich wie in Standardhindernisfahren vorgenommen, jedoch nur mit einem Zehntel des in diesem vorgeschriebenen Maßes. Damit wird das Überwiegen der Stilnote im Endresultat gesichert.

Abgezogen werden für:
- Umwerfen eines Hindernisses/ Hindernisteiles oder Abwurf eines Balles — 0,5 Punkte
- den ersten Ungehorsam — 0,5 Punkte
- den zweiten Ungehorsam — 1,0 Punkte
- das erste Absteigen von Fahrer/Beifahrer — 0,5 Punkte
- das zweite Absteigen von Fahrer/Beifahrer — 1,0 Punkte

Für den Ausschluß eines Teilnehmers gelten die Gründe auf Seite 287 f.

Die Prüfung kann „ohne Erlaubte Zeit" und „mit erlaubter Zeit" durchgeführt werden. In der Ausschreibung ist das anzugeben. Wird die Prüfung „mit Erlaubter Zeit" ausgetragen, so wird diese aus der Bahnlänge und der vorgeschriebenen Geschwindigkeit von 220 m/min für Zweispänner (Pferde) bzw. 230 m/min für Zweispänner (Ponys) errechnet. Für das Überschreiten der Erlaubten Zeit werden pro angefangene Sekunde 0,1 Punkte abgezogen.

In Kat. B kann auch vorgesehen werden, die Prüfung „ohne Erlaubte Zeit" durchzuführen, danach aber die für die Placierung qualifizierten 25 % der Teilnehmer ein Stechen über den gleichen oder einen verkürzten Parcours fahren zu lassen (vgl. S. 283 f.).

Zur Ermittlung des Endergebnisses werden die Fehlerpunkte von der Stilnote abgezogen und die so ermittelte Wertzahl der Placierung zugrunde gelegt. Die größere Wertzahl ist die bessere.

Die LPO läßt auch zu, die Stilnote von drei getrennt wertenden Richtern geben zu lassen, von denen einer auf dem Wagen mitfahren kann. Die drei Stilnoten werden addiert und durch die Anzahl der Richter dividiert. Von der so ermittelten Durchschnittsnote für den Stil werden die Punktabzüge vorgenommen.

Dieses Richtverfahren, das in seiner Anlage dem getrennten Richten in Dressurprüfungen entspricht, findet erfahrungsgemäß bei Teilnehmern und Zuschauern Beifall.

Um ein **Stafettenhindernisfahren** durchführen zu können, müssen mehrere Gruppen aus zwei oder drei Teilnehmern vorhanden sein. Die Stafetten können beliebig zusammengesetzt sein, aber natürlich kann die Ausschreibung auch vorsehen, daß die Stafetten, Vereine, Kreisreiterbünde o. ä. vertreten.

Ein- und Ausfahrt der Mitglieder einer Stafette in den Prüfungsplatz erfolgt gemeinsam. Die Bewertung der Stafette erfolgt vom Passieren der Startlinie durch das erste Stafettenmitglied bis zum Durchfahren der Ziellinie durch den letzten Teilnehmer der Stafette. Der Wechsel findet jeweils nach Durchfahren der Ziellinie durch den vorhergehenden Fahrer statt. Der nachfolgende Starter braucht die Startlinie nicht zu durchfahren.

Die Bewertung erfolgt nach Richtverfahren C (s. S. 283). Der Ausschluß eines Teilnehmers bzw. der dritte Ungehorsam im Verlauf der Prüfung führt zum Ausschluß der Stafette.

Glückshindernisfahren werden analog zu Glücksspringen durchgeführt. Je nach Aufbau der Hindernisbahn können sie für die Zuschauer recht spannend sein, besonders dann, wenn sich die Schwierigkeiten des Parcours im letzten Viertel befinden.

In dieser Prüfung werden für jedes fehlerfrei durchfahrene Hindernis zwei Pluspunkte gegeben, bei einem Hindernisfehler nur ein Pluspunkt. Gleichzeitig ist aber der Parcours beim ersten Fehler, gleich welcher Art, beendet, und der Teilnehmer wird abgeläutet. Er muß dann noch, um die Zeitmessung zu ermöglichen, das nächste Hindernis durchfahren. Die Uhr wird gestoppt, wenn die Hinterachse des Wagens dieses Hindernis passiert.

Wird der Parcours aufgrund eines anderen Fehlers beendet, kann keine Fahrzeit ermittelt werden. In diesem Falle wird der Fahrer als letzter der Teilnehmer mit gleicher Punktzahl placiert. Dasselbe gilt auch, wenn an einem Hindernis, das zur Zeitmessung durchfahren werden muß, ein Ungehorsam auftritt.

Bei Glückshindernisfahren wird ein Parcours festgelegt, und die Hindernisse müssen in der vorgeschriebenen Reihenfolge, entsprechend ihrer Numerierung, durchfahren werden.

Die Prüfung kann auf zweierlei Weise ausgeschrieben und durchgeführt werden, entweder
a) mit einer festgesetzten Höchstzahl von Hindernissen oder
b) mit einer festgesetzten Zeitspanne, in der möglichst viele Hindernisse durchfahren werden müssen.

Wenn bei der Durchführungsart nach a) der Fahrer alle Hindernisse fehlerfrei durchfahren hat, wird seine Zeit beim Passieren der Ziellinie gestoppt.

Für die Durchführungsart nach b) wird eine Zeit festgelegt, z. B. 150 Sekunden. Der Ablauf dieser Zeitspanne wird dem Fahrer durch ein Glockenzeichen mitgeteilt. Er muß danach das nächste Hindernis durchfahren, an dem die Zeit gestoppt wird. Ertönt das Glockenzeichen, wenn sich die Pferde (beim Vierspänner: die Vorderpferde) ganz oder teilweise in einem Hindernis befinden, erhält er für dieses Hindernis noch Gutpunkte, und die Zeit wird am nächsten Hindernis gestoppt.

Hat ein Gespann alle Hindernisse des Parcours passiert, bevor die vorgesehene Zeitspanne abgelaufen ist, beginnt der Fahrer den Parcours wieder von Hindernis 1 an, bis er abgeläutet wird.

Bei beiden Durchführungsarten ist der Teilnehmer mit der höchsten Zahl an Gutpunkten Sieger. Haben mehrere Teilnehmer gleiche Gutpunktzahl, entscheidet die bessere Zeit. Nur wenn Punkt- und Zeitgleichheit auftritt, muß ein Stechen um den Sieg stattfinden, und zwar bei der Durchführungsart a) mit einer verringerten Anzahl von Hindernissen. Bei der Durchführungsart b) wird im Stechen die Zeitspanne reduziert, z. B. auf 100 Sekunden.

Das Hindernisfahren „Jagd um Punkte" kann auch seine Herkunft von ähnlich durchgeführten Springprüfungen nicht verleugnen. Die einzelnen Hindernisse werden, abhängig von ihrem Schwierigkeitsgrad, mit Punkten zwischen 10 und 100 ausgezeichnet. Dem Parcoursgestalter ist die Verteilung der Punkte überlassen, jedoch sollte er eine Konzeption der Linie haben, bei deren Einhaltung eine Maximalzahl an Punkten erreichbar ist. Bei 20 Hindernissen werden in der Regel 2 Hindernisse mit 10 Punkten, 2 Hindernisse mit 20 Punkten, 2 Hindernisse mit 30 Punkten usw. ausgezeichnet. Bei fehlerfreiem Durchfahren eines Hindernisses werden dem Fahrer die entsprechenden Punkte zuerkannt. Im Falle eines Fehlers erhält der Fahrer an dem betreffenden Hindernis keine Gutpunkte.

Eines der Hindernisse kann als „Joker" mit 200 Punkten bewertet werden. Man kann aber den Joker auch weglassen. Wird der „Joker fehlerfrei" passiert, werden 200 Gutpunkte zur Gutpunktsumme des Fahrers addiert. Bei einem Fehler am „Joker" werden 200 Punkte von der Gutpunktsumme abgezogen.

Für den Parcours wird eine Zeit festgesetzt, z. B. 180 Sekunden. Der Fahrer kann nur innerhalb dieser Zeitspanne alle Hindernisse in beliebiger Richtung und Reihenfolge beliebig oft durchfahren, jedoch wird jedes Hindernis nur zweimal gewertet.

Ungehorsam wird nicht bewertet und bestraft sich nur durch die dabei verlorene Zeit. Nach einem Ungehorsam ist der Fahrer auch nicht verpflichtet, das Hindernis noch einmal anzufahren, an dem der Ungehorsam eingetreten ist.

Ist ein Hindernis umgeworfen worden, wird es nicht wieder aufgebaut. Ist die festgesetzte Zeitspanne abgelaufen, wird dies dem Fahrer durch ein Glockenzeichen bekanntgegeben.

Für die Bewertung gibt es zwei Varianten, eine ohne Zeitwertung und eine mit Zeitwertung bzw. eine mit Stechen und eine ohne Stechen. Bei der ersten Variante (Richtverfahren A) ist der Parcours mit dem Abläuten beendet. Es braucht kein weiteres Hindernis durchfahren zu werden, da keine Zeitwertung erfolgt. Sieger ist der Teilnehmer mit der größten Punktsumme. Haben mehrere Teilnehmer jedoch mit der gleichen Gutpunktsumme Anspruch auf den Sieg, findet zwischen ihnen ein Stechen nach dem gleichen Richtverfahren statt. Für das Stechen wird eine kürzere Zeitspanne festgesetzt.

Bei der zweiten Variante (Richtverfahren B) muß der Teilnehmer nach dem Abläuten bei Ablauf der festgesetzten Zeit noch ein weiteres Hindernis durchfahren, das zur Zeitmessung dient. Die Uhr wird angehalten, wenn der Wagen dieses Hindernis mit der Hinterachse passiert. Punkte erhält der Teilnehmer für dieses Hindernis nicht mehr.

Sieger ist auch hier der Teilnehmer mit der höchsten Punktzahl. Im Falle der Punktgleichheit jedoch entscheidet die kürzere Zeit für den besseren Platz. Bei gleicher Punktzahl und gleicher Zeit erfolgt gleiche Placierung.

Soll ein Hindernisfahren als **Wahlhindernisfahren** durchgeführt werden, so ist das Richtverfahren A mit Zeitwertung anzuwenden (s. S. 382).

Die Fahrer müssen alle Hindernisse des Parcours einmal durchfahren, jedoch ist die Reihenfolge und Richtung jedem Fahrer überlassen. Auch Start- und Ziellinie sind in beliebiger Richtung zu passieren. Eine erlaubte Zeit wird errechnet.

Die Placierung erfolgt nach der Summe der Strafpunkte für Zeitüberschreitung. Im Falle der Punktgleichheit entscheidet die kürzere zwischen Start- und Ziellinie gemessene Zeit.

Geländefahrten, Gelände- und Streckenfahrten
Allgemeines

Zweck der Gelände- und Streckenfahrten (international: Marathonfahrten) ist es, die Ausdauer, den Gehorsam und die Gewandtheit der Gespanne sowie die Kenntnisse und Fähigkeiten der Fahrer beim Einsatz ihrer Pferde auf längeren Strecken zu prüfen.

Abgeleitet aus Tradition und Erfahrung im Einsatz von Gespannen über längere Distanzen, sind Gelände- und Streckenfahrten vorrangig eine Prüfung der Gleichmäßigkeit. Die Anforderungen und Regeln unterstützen diese Forderung, indem sowohl zu langsames als auch zu schnelles Fahren bestraft wird.

Die Gesamtstrecke einer Marathonfahrt besteht aus fünf Teilstrecken, von denen zwei im Trab und zwei im Schritt zurückgelegt werden müssen. Lediglich in der ersten Teilstrecke ist die Gangart freigestellt. Die Teilstrecken folgen in der Praxis unmittelbar aufeinander. Lediglich nach beiden Schrittstrecken wird eine Pause von je 10 Minuten eingelegt, in welcher Richter und Tierarzt entscheiden, ob die Gespanne sich weiter an der Prüfung beteiligen dürfen oder ob ihr Zustand dies nicht gestattet. Das kommt allerdings nur bei ungenügend trainierten Gespannen vor.

Die Anforderungen in den Teilstrecken gehen aus Tabelle 17 hervor. Außer bei internationalen Fahrturnieren (CAI) kann die Marathonfahrt auch mit nur drei Phasen (A, B, E) ausgeschrieben werden.

Die Phasen der Gesamtstrecke müssen in der vorgeschriebenen Reihenfolge und Gangart durchfahren werden. (Tab. 18) In der LPO werden fünfphasige Marathonprüfungen als „Gelände- und Streckenfahrten", dreiphasige nur als „Geländefahrten" bezeichnet.

Gestaltung der Strecke und Ablauf der Prüfung

Die einzelnen Streckenabschnitte müssen sorgfältig ausgesucht und vermessen werden. Nach Möglichkeit sollte man die Streckenlänge so festlegen, daß sich für die Fahrzeit jeweils volle Minuten ergeben (z. B. Phase A: 10 km = 40 min, Phase B: 1170 m = 10 min). Das ist zwar recht praktisch für die Ausrechnung, wird aber nicht überall möglich sein. In letzterem Falle sollte man eher der Rechenstelle zumuten, mit Teilen von Minuten zu rechnen, als daß man die Anforderungen verwässert, so daß am Ende die Streckenlänge oder die geforderte Geschwindigkeit nicht mehr dem Reglement entspricht.

Welche Durchschnittsgeschwindigkeit für eine Teilstrecke zu fordern ist, wird maßgeblich vom Geländeprofil und von den natürlichen Hindernissen bestimmt, die eine Verringerung des Tempos bewirken können. So muß

Tabelle 17: Streckenlänge, Gangart und Tempo in den Phasen von Marathonfahrten für Ein-, Zwei-, Vier- und Mehrspänner – Pferde und Ponys

Anspannung	Anforderungen	Phase A	Phase B	Phase C	Phase D	Phase E
Vier-spänner	Strecke	10 km	1 200 m	5 km	1 200 m	10 km
	Gangart	frei	Schritt	Trab	Schritt	Trab
	Tempo	15 km/h	7 km/h	19 km/h	7 km/h	15 km/h
		(250 m/min)	(117 m/min)	(317 m/min)	(117 m/min)	(250 m/min)
Zwei-spänner	Strecke	10 km	1 200 m	5 km	1 200 m	10 km
	Gangart	frei	Schritt	Trab	Schritt	Trab
	Tempo	15 km/h	7 km/h	19 km/h	7 km/h	15 km/h
		(250 m/min)	(117 m/min)	(317 m/min)	(117 m/min)	(250 m/min)
Einspänner	Strecke	8 km	1 200 m	4 km	1 200 m	8 km
	Gangart	frei	Schritt	Trab	Schritt	Trab
	Tempo	15 km/h	7 km/h	19 km/h	7 km/h	15 km/h
		(250 m/min)	(117 m/min)	(317 m/min)	(117 m/min)	(250 m/min)
Tandem	Strecke	10 km	1 200 m	5 km	1 200 m	10 km
	Gangart	frei	Schritt	Trab	Schritt	Trab
	Tempo	15 km/h	7 km/h	19 km/h	7 km/h	15 km/h
		(250 m/min)	(117 m/min)	(317 m/min)	(117 m/min)	(250 m/min)
Pony-Vier-spänner	Strecke	10 km	1 200 m	5 km	1 200 m	10 km
	Gangart	frei	Schritt	Trab	Schritt	Trab
	Tempo	14 km/h	6 km/h	17 km/h	6 km/h	14 km/h
		(233 m/min)	(100 m/min)	(283 m/min)	(100 m/min)	(233 m/min)
Pony-Zwei-spänner	Strecke	10 km	1 200 m	5 km	1 200 m	10 km
	Gangart	frei	Schritt	Trab	Schritt	Trab
	Tempo	14 km/h	6 km/h	17 km/h	6 km/h	14 km/h
		(233 m/min)	(100 m/min)	(283 m/min)	(100 m/min)	(233 m/min)
Pony-Einspänner	Strecke	8 km	1 200 m	4 km	1 200 m	8 km
	Gangart	frei	Schritt	Trab	Schritt	Trab
	Tempo	14 km/h	6 km/h	17 km/h	6 km/h	14 km/h
		(233 m/min)	(100 m/min)	(283 m/min)	(100 m/min)	(233 m/min)
Ponytandem	Strecke	10 km	1 200 m	5 km	1 200 m	10 km
	Gangart	frei	Schritt	Trab	Schritt	Trab
	Tempo	14 km/h	6 km/h	17 km/h	6 km/h	14 km/h
		(233 m/min)	(100 m/min)	(283 m/min)	(100 m/min)	(233 m/min)

man in bergigem Gelände davon ausgehen, daß die Pferde langsamer sind als auf ebenen Wegen. Eine Herabsetzung der Geschwindigkeit muß sich jedoch immer an der vorgeschriebenen Gangart orientieren. Beispiel: Wenn der normale Gebrauchstrab bei einer Geschwindigkeit von 240 bis 260 m/min geleistet wird, so kann man nicht eine wesentlich niedrigere Durchschnittsgeschwindigkeit veranschlagen. Es besteht dann die Gefahr, daß die Pferde schließlich nicht mehr traben können. Eine Geschwindigkeit von 12,5 km/h stellt hier die untere Grenze (225 m/min) dar. Die obere Grenze in der Schnelltrabphase C (19 km/h = 317 m/min) wird von leistungsstarken Gespannen nur erreicht, wenn gute Streckenverhältnisse gegeben sind.

Die beiden Schrittphasen werden häufig auf derselben Strecke absolviert, besonders dann, wenn Anfang und Ende aller fünf Phasen auf einen Ort gelegt werden können. Ist der dazu verwendete Platz groß genug, so daß selbst mehrere wartende, abfahrende und ankommende Gespanne einander nicht stören, ist diese Lösung ideal, weil sie einen guten Überblick erlaubt. Außerdem kann eine korrekte Zeitmessung erfolgen, und man kommt sogar noch mit weniger Mitarbeitern aus (z. B. kann ein Tierarzt für beide Zwangspausen zuständig sein).

Der Start zu jeder Phase erfolgt aus dem Halten. Dazu ist es erforderlich, die Startlinie mit weißer und roter Tafel zu kennzeichnen. Eine weitere Tafel zeigt das Wort „Start" und

Tabelle 18: Streckenlänge und Geschwindigkeit in den Phasen von Gelände- sowie Gelände- und Streckenfahrten in den verschiedenen Leistungsklassen für Einspänner bzw. Zwei-, Vier- und Mehrspänner – Pferde und Ponys

Art der Teilstrecke	Länge der Teilstrecke				Maximale Geschwindigkeit	
	Kl. E. u. A	Kl. L	Kl. M	Kl. S	Pferde	Ponys
1. Geländefahrten (drei Phasen)						
Einspänner						
A) Wegstrecke (Gangart beliebig) ca.	2 km	3 km	3 km	3 km	15 km/h (250 m/min)	14 km/h (233 m/min)
B) Schrittstrecke ca.	←—— 0,8–1,2 km ——→				7 km/h (117 m/min)	6 km/h (100 m/min)
E) Geländetrabstrecke ca.	2 km	2–3 km	3–4 km	5–8 km	15 km/h (250 m/min)	14 km/h (233 m/min)
mit Hindernissen: Anzahl	3–4	4–5	5–6	6–8		
Zwei-, Vier- und Mehrspänner						
A) Wegstrecke (Gangart beliebig) ca.	2 km	2–5 km	5–8 km	8–10 km	15 km/h (250 m/min)	14 km/h (233 m/min)
B) Schrittstrecke ca.	←—— 0,8–1,2 km ——→				7 km/h (117 m/min)	6 km/h (100 m/min)
E) Geländetrabstrecke ca.	2 km	2–3 km	3–5 km	5–8 km	15 km/h (250 m/min)	14 km/h (233 m/min)
mit Hindernissen: Anzahl	3–4	4–5	5–6	6–8		
2. Gelände und Streckenfahrten (fünf Phasen)						
Einspänner						
A) Wegstrecke ca. (Gangart beliebig)	2–4 km	3–5 km	4–6 km	5–8 km	15 km/h (250 m/min)	14 km/h (223 m/min)
B) Erste Schrittstrecke ca.	←—— 0,8–1,2 km ——→				7 km/h (117 m/min)	6 km/h (100 m/min)
C) Schnelltrabstrecke ca.	–	–	2–3 km	3–4 km	19 km/h (317 m/min)	17 km/h (283 m/min)
D) Zweite Schrittstrecke ca.	←—— 0,8–1,2 km ——→				7 km/h (117 m/min)	6 km/h (100 m/min)
E) Geländetrabstrecke ca.	2 km	2–3 km	3–5 km	5–8 km	15 km/h (250 m/min)	14 km/h (233 m/min)
mit Hindernissen: Anzahl	3–4	4–5	5–6	6–8		
Zwei-, Vier- und Mehrspänner						
A) Wegstrecke ca. (Gangart beliebig)	2–4 km	4–5 km	5–8 km	8–10 km	15 km/h (250 m/min)	14 km/h (233 m/min)
B) Erste Schrittstrecke ca.	←—— 0,8–1,2 km ——→				7 km/h (117 m/min)	6 km/h (100 m/min)
C) Schnelltrabstrecke ca.	–	2 km	3–5 km	5 km	19 km/h (317 m/min)	17 km/h (283 m/min)
D) Zweite Schrittstrecke ca.	←—— 0,8–1,2 km ——→				7 km/h (117 m/min)	6 km/h (100 m/min)
E) Geländetrabstrecke ca.	2 km	2–3 km	3–5 km	5–10 km	15 km/h (250 m/min)	14 km/h (233 m/min)
mit Hindernissen: Anzahl	3–4	4–5	5–6	6–8		

den Buchstaben der Phase. An jeder Teilstrecke muß ein etwa 10 m langer Startraum vorhanden sein. Er reicht bis unmittelbar an die Startlinie heran und wird von etwa 1 m hohen Barrieren gebildet. Vordere Begrenzung ist die Startlinie, hinten ist er offen, um den Gespannen das Einfahren zu ermöglichen. Sobald ein Gespann eingefahren ist, steht es unter der Aufsicht des Starters, der auch darüber zu wachen hat, daß kein Fehlstart erfolgt.

Jede Teilstrecke, mit Ausnahme der Schrittstrecken, kann natürliche Hindernisse aufweisen, welche die Fahrgeschwindigkeit beeinflussen. Solche Hindernisse sind z. B. enge Kurven, scharfe Wendungen bei Wegeinmündungen, steile Anstiege, starkes Gefälle, Furten, Koppeltore u. a.

Die Schrittstrecken müssen völlig eben sein. Sie dürfen weder Anstiege noch zu tiefen Boden aufweisen. Auch Spurrinnen oder Querrinnen, welche die Deichsel zum Schlagen bringen, sollten fehlen, weil sie leicht die Ursache für Antraben sein können.

In der Schnelltrabstrecke sind nach den Wettkampfbestimmungen natürliche Hindernisse erlaubt. Sie sollten jedoch nicht zu einer länger dauernden Verringerung des Tempos zwingen. In der letzten Phase, die wieder im Gebrauchstrab zu fahren ist, müssen künstliche Hindernisse errichtet sein.

gelben Richtungsweisern zu versehen ist. In vielen Fällen behilft man sich mit Holzpfeilen, praktischer sind quadratische gelbe Tafeln von etwa 40 cm Seitenlänge, auf welche ein schwarzer Pfeil in entsprechender Stärke aufgemalt ist. Diese Tafeln werden an drei Seiten mit einer Aufhängevorrichtung versehen und sind dann universell einsetzbar. (Abb. 213) Sie sind gut sichtbar und können je nach Möglichkeit an Bäumen befestigt oder an besonderen Pfosten aufgehängt werden. Dabei werden sie an zwei Seiten befestigt, so daß Unbefugte sie nicht umdrehen können. Im Idealfall sollen diese Tafeln so aufgestellt werden, daß der Fahrer beim Passieren einer Tafel die nächste bereits deutlich sehen kann. Bei kleineren Veranstaltungen genügt es, die Tafeln dort aufzustellen, wo Richtungsänderungen bzw.

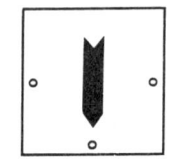

Abb. 213 Hinweistafel für Marathonstrecke

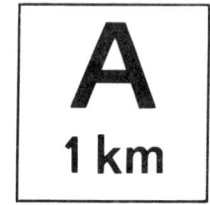

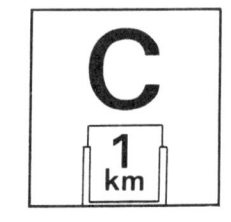

Abb. 214 Tafel mit Phasenbezeichnung und Entfernungsangabe

Am Ende jeder Teilstrecke befinden sich die Ziellinie (rot, weiß) und die Tafel „Ziel" mit dem jeweiligen Buchstaben. Zwischen dem Ende einer Teilstrecke und dem Beginn der nächsten sollen etwa 50 m Abstand sein. Im Anschluß an die oder beide Schrittstrecken ist ein Zwangshalt von 10 Minuten vorgesehen. In dieser Zeit werden die Pferde versorgt, und die Veterinärkontrolle findet statt. Da sich meist mehrere Gespanne an diesem Ort aufhalten, muß ausreichender Platz vorhanden sein, damit die Beifahrer die Pferde ungehindert versorgen können und die Gespanne sich nicht gegenseitig stören. An diesem Platz muß sowohl Tränk- als auch Waschwasser reichlich zur Verfügung stehen.

Bei zahlreichen Marathonfahrten zeigen sich Mängel hinsichtlich der Kennzeichnung der Strecke. Das FEI-Reglement wie die LPO schreiben vor, daß die gesamte Strecke mit

Verlassen einer Straße angezeigt werden müssen. In den Strecken A, C und E müssen sich bei jedem vollen Kilometer Entfernungsangaben befinden. Dazu verwendet man weiße Tafeln der gleichen Größe, auf denen mit schwarzer Schrift die Strecke benannt (A oder C) und die Entfernung vom Start angezeigt ist. (Abb. 214) Auf den anderen Teilstrecken sind Entfernungsangaben nicht erlaubt.

Wie bei Geländeritten, so ist auch bei Marathonfahrten eine korrekte Zeitbewertung nur möglich, wenn alle Teilnehmer die gleiche Strecke absolvieren müssen. Wo es aber möglich ist, Abkürzungen zu wählen, ist diese Gleichheit nicht mehr gesichert. Deshalb müssen alle Stellen einer Strecke, von denen aus eine Abkürzung möglich sein könnte, so ausgeschildert sein, daß sie nicht benutzt werden können. Man verwendet dazu rote und weiße Tafeln der erwähnten Größe. Diese werden als Tore oder auch einzeln aufgestellt, und der Fahrer ist bei Strafe des Ausschlusses verpflichtet, an den weißen Tafeln rechts vorbeizufahren und die roten Tafeln zu seiner linken zu lassen. Die Bockrichter haben dies zu kontrollieren und auf ihren Richterprotokollen zu vermerken. Um zu sichern, daß keine dieser Tafeln übersehen wird, werden sie numeriert. Im Generalreglement heißt es: „Es sind so viele Tafeln oder Tafelpaare aufzustellen, daß alle Teilnehmer auf der Strecke bleiben müssen und es keine Zweifel über Abweichungen vom richtigen Kurs geben kann." In der Praxis bedeutet dies, daß die Anzahl solcher Tafeln eher etwas größer gewählt werden sollte als zu klein.

Gleichartige Tafeln sind aufzustellen, um Streckenteile auszuschildern, die obligatorisch passiert werden müssen, zum Beispiel Pflichttore.

kleinere Tafeln (etwa 12 cm × 30 cm) mit Nummern in laufender Folge verwenden, die man in entsprechende Rähmchen auf den großen Tafeln einsteckt. (Abb. 215) Diese kleineren Nummerntafeln können auf einer Seite weiß, auf der anderen Seite rot gestrichen sein und somit für jede Tafel verwendet werden.

Der Bockrichter ist verpflichtet, auf seinem Richterzettel zu vermerken, daß alle diese Tafeln auf der richtigen Seite und in der richtigen Reihenfolge regelgerecht passiert worden sind.

Ein Plan mit der ausgelosten Startfolge und den Start- und Zielzeiten aller Phasen ist aufzustellen (Beispiel s. Tabelle 19). Dieser

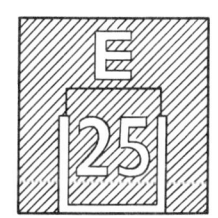

Abb. 215 Kombinierte Richtungs- und Nummerntafeln

Tabelle 19: Startliste und Zeitplan für Gelände- und Streckenfahrten

Lfd. Nr.	Wagen-Nr.	Name des Fahrers	Progr.-Nr. d. Pferde	Name des Bockrichters	Phase A 10 000 m 40 min Start	Ziel	Phase B 1 170 m 10 min Start	Ziel	Phase C 4 750 m 15 min Start	Ziel	Phase D 1 170 m 10 min Start	Ziel	Phase E 10 000 m 40 min Start	Ziel
1	13	Herbert Schulze	37,64	Lehmann	8.00	8.40	8.40	8.50	9.00	9.15	9.25	9.35	9.50	10.30
2	14	Christian Müller	19,56	Schwarzl	8.10	8.50	8.50	9.00	9.10	9.25	9.35	9.45	10.00	10.40
3	15	Eckhardt Osterloh	43,71	Hilbert	8.20	9.00	9.00	9.10	9.20	9.35	9.45	9.55	10.10	10.50
4	16	Rainer Christoph	22,73	Schröder	8.30	9.10	9.10	9.20	9.30	9.45	9.55	10.05	10.20	11.00
5	17	Norbert Meier	11,57	Güske	8.40	9.20	9.20	9.30	9.40	9.55	10.05	10.15	10.30	11.10

muß am „Schwarzen Brett" ausgehängt werden. Wichtiger aber ist, daß Teilnehmer und auch Bockrichter eine Kopie der für sie zutreffenden Zeiten bekommen müssen, während die Richter/Zeitnehmer am Start und Ziel der Phasen sowie die Hilfsrichter an den Hindernissen den ganzen Plan benötigen. Führt man auf dieser Zeitliste die Gespann-Nummer sowie den Namen des Fahrers, die Programm-Nummern der angespannten Pferde und den Namen des eingeteilten Bockrichters an, spart man sich eine spezielle Startliste.

Theoretisch ist es möglich – wenn auch in der Praxis ungewöhnlich –, auf die gelben Hinweisschilder fast völlig zu verzichten, wenn statt dessen in ausreichender Menge rote und weiße Tafeln zur Verfügung stehen. Diese müssen allerdings alle numeriert sein. Für jede Teilstrecke werden die Tafeln gesondert numeriert. Um Irrtümern vorzubeugen, sollte man den die Phase bezeichnenden Buchstaben ebenfalls anbringen. (Abb. 215) Auf der Wegskizze des Marathons müssen die Tafeln in richtiger Reihenfolge eingetragen sein. Die Strecke muß den Teilnehmern offiziell gezeigt werden. Das geschieht in der Regel am Vortag, nach der Einweisung, die der Bahngestalter unter der Leitung des Technischen Delegierten für die Teilnehmer, Trainer, Delegationsleiter, Richter, Hilfsrichter und Bockrichter vornimmt. An Hand einer Karte sollen die Besonderheiten der Strecke erläutert werden. Bei internationalen Prüfungen sind den Teilnehmern Wegepläne (großer Maßstab) zu übergeben, auf denen für die Streckenführung wesentliche Einzelheiten, die Lage der Hindernisse u. a. genau eingezeichnet sind. Zum Zeitpunkt der offiziellen Besichtigung der Strecke müssen sich alle Einzelheiten, die von den Teilnehmern zu beachten sind, genau an den für sie vorgesehenen Stellen befinden. Danach sind Veränderungen nur noch in nationalen Prüfungen mit Genehmigung der Richter und des LK-Beauftragten zulässig. In einem solchen Fall sind alle Teilnehmer von der Änderung vor Beginn der Prüfung zu unterrichten. Ein Aushang am „Schwarzen Brett" genügt nicht.

Bei internationalen Prüfungen muß die Besichtigung sogar 48 Stunden vor dem Beginn der Prüfung stattfinden. Erst danach ist es den Teilnehmern gestattet, sich individuell mit der Strecke vertraut zu machen. Dabei dürfen sie die Straßen und Wege nicht verlassen. Selbstverständlich müssen dabei Verkehrsverbote beachtet werden. Motorfahrzeuge dürfen in die Strafzonen der Hindernisse nicht einfahren. Verstöße gegen diese Bedingungen führen ebenso zum Ausschluß wie das Fahren mit dem Gespann auf einem Teil der Strecke.

Die Hilfsrichter an den Hindernissen (Hindernisrichter) und die mitfahrenden Hilfsrichter (Bockrichter) müssen mit ihren Aufgaben genau vertraut gemacht worden sein. Das kann nicht erst am Tage vor der Prüfung erfolgen. Die Hindernisrichter sollten unmittelbar an „ihrem" Hindernis eingewiesen werden. Während der Prüfung müssen sie mit Stoppuhr und Trillerpfeife ausgerüstet sein. Zur Beschleunigung der Ergebnisermittlung werden die Hilfsrichterzettel mit den gemessenen Durchfahrzeiten und festgestellten Fehlern sowie die erwähnten Zeichnungen von Zeit zu Zeit durch Kuriere zu Pferd – Ponyreiter freuen sich über eine solche Aufgabe – oder mit dem Motorrad abgeholt und zur Rechenstelle gebracht. Ist eine Lautsprecheranlage zur Information der Zuschauer vorhanden, sollten die Zeiten in den Hindernissen per Funk an die Ansagezentrale durchgegeben werden. Nach Abschluß der Marathonfahrt finden sich Hindernisrichter und Bockrichter beim Hauptrichter ein und halten sich dort zu Rückfragen bereit.

Hindernisse der Geländetrabstrecke

Eine Geländetrabstrecke muß mehrere künstliche oder natürliche Hindernisse (Brücken, scharfe Wendungen, Tore, Tunnel u. a.) enthalten. Ihre Anzahl ist aus Tabelle 18 zu ersehen, in internationalen Prüfungen sind 5 bis 8 Hindernisse zu planen. Bei Meisterschaften muß die Anzahl mindestens 7 betragen.

Die Hindernisse müssen fest, fair und dem Gelände angepaßt sein. Sie dürfen keine scharfen oder vorstehenden Kanten oder Spitzen aufweisen. Die einzelnen Hindernisse sind mindestens 200 m voneinander entfernt. Das letzte Hindernis muß sich wenigstens 0,5 km von der Ziellinie der Phase E befinden.

Die zu durchfahrende Länge eines Hindernisses darf 350 m nicht überschreiten.

In den Hindernissen darf keine Durchfahrt weniger als 2,5 m Breite haben. Mindestens eine Anfahrmöglichkeit an jedes Tor muß eine Breite von 2,5 m aufweisen.

Für Wasserhindernisse ist eine maximale Wassertiefe von 40 cm und selbstverständlich fester Untergrund vorgeschrieben. Mit Genehmigung des Technischen Delegierten darf die Wassertiefe auf 60 cm vergrößert werden. Die Hindernisse müssen so mit Barrieren gesichert sein, daß kein Pferd in tieferes Wasser geraten kann.

Nicht mehr als zwei ab- oder umwerfbare Hindernisse oder Hindernisteile dürfen in einer Marathonstrecke bei einer internationalen Prüfung enthalten sein (s. Abb. 216). Die LPO schreibt eine zahlenmäßige Begrenzung nicht vor. Zur Förderung pferde- und materialschonenden Fahrens in den Hindernissen sollte die Anzahl der um- bzw. abwerfbaren Hindernisteile eher höher als zu niedrig sein. Der Hauptrichter hat im Einvernehmen mit dem Beauftragten der Landeskommission festzulegen, wieviel Strafpunkte beim Umwerfen des Hindernisses anzurechnen sind. Maximal dürfen dafür 5 Punkte gegeben werden. Diese 5 Punkte pro Durchfahrt gelten generell für nationale Prüfungen nach der LPO.

Jedes Hindernis der Phase E ist von einer Strafzone umgeben. Sie beginnt 20 m vor dem Hindernis, endet 20 m hinter dem Hindernis und erstreckt sich auch 20 m zu jeder Seite von den Begrenzungstafeln des Hindernisses. Abbildung 217 gibt Beispiele für Strafzonen. Diese Zonen werden markiert, damit der Hindernisrichter feststellen kann, ob das Gespann innerhalb der Strafzone geblieben ist. Die Markierung darf unter keinen Umständen den Teilnehmer behindern, aber für den Hindernisrichter deutlich erkennbar sein. Breite, farbige Plastbänder, Sägespäne, Kreide, Tannennadeln oder ähnliche Materialien sind dafür geeignet. Wo natürliche oder künstliche Hindernisse die Kennzeichnung der vollen Ausdehnung der Strafzone nicht gestatten, kann der Technische Delegierte Ausnahmen zulassen.

Ein- und Ausgang eines Hindernisses sind mit unnumerierten roten und weißen Tafeln, ersterer außerdem mit der Nummer des Hindernisses zu versehen. Die Hindernisse sollen der Natur angepaßt sein. Da jedoch nur selten natürliche Gegebenheiten vorhanden sind, die den Anforderungen genügen, muß die Mehrzahl künstlich errichtet oder ergänzt werden.

Für den Bau von Marathonhindernissen gibt es zwei Grundsätze. Erstens: Sie müssen außerordentlich fest gebaut sein. Hindernisse, die von Gespannen umgefahren werden, lassen sich nur unter größten Schwierigkeiten so reparieren, daß der folgende Teilnehmer völlig gleiche Bedingungen vorfindet. Diese Schwierigkeit nimmt bei jedem weiteren Einreißen zu. Weil dies noch nicht völlig auszuschließen ist, gibt es für diesen Fall Vorschriften: Ist ein Hindernis nur vorübergehend unbrauchbar geworden und kann von den mit entsprechendem Werkzeug bereitstehenden Hilfskräften wieder aufgebaut werden, so sind die folgenden Teilnehmer anzuhalten. Die Zeit bis zur Wiederfreigabe des Hindernisses ist ihnen zu vergüten. Danach dürfen sie „einzeln" im Abstand von wenigstens zwei Minuten die Fahrt fortsetzen. Ist das Hindernis jedoch vollkommen unpassierbar geworden, wird es aus der Wertung genommen, und die Strecke wird so nahe wie möglich daran vorbei geführt.

Zweitens: Alle Hindernisse sollten eine „Alternative" ermöglichen, d. h., sie müssen für die besseren Gespanne einen kurzen, aber schwierigen Weg zulassen, für die weniger guten einen längeren und leichteren ohne enge Wendungen.

Folgende von Auguste Dubey, dem ersten Weltmeister im Fahren, formulierte Grundforderung ist nach wie vor gültig: „Ein Hindernis soll in erster Linie ein Test für die Fähigkeiten

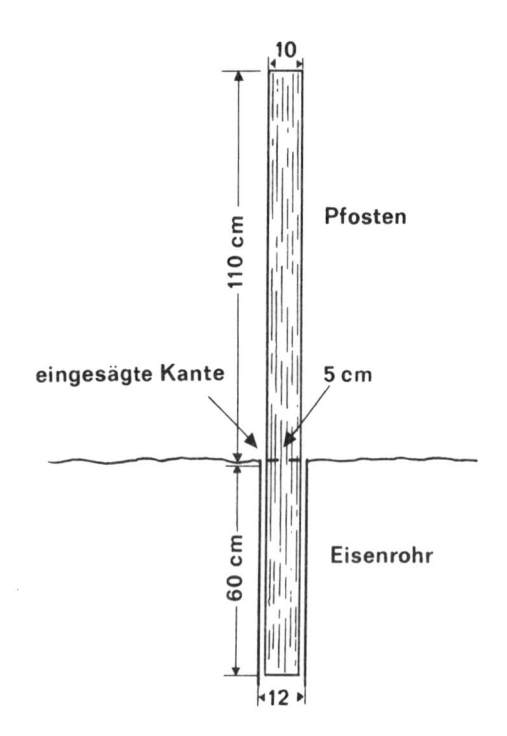

Abb. 216 *Umwerfbares Hindernis*

des Fahrers, in zweiter Linie ein Test für die Pferde, deren Arbeitsbereitschaft, Gehorsam und Manövrierfähigkeit sein." Daneben sind zu berücksichtigen:

▌ Gegebene natürliche Hindernisse sollten – falls erforderlich – mit zusätzlichen technischen Elementen versehen werden.

▌ Bei den „Alternativen" ist genügend Platz einzurechnen und die Strafzonengröße zu berücksichtigen.

▌ Zu geringer Schwierigkeitsgrad von Hindernissen ist gefährlich, weil er zu schnellem Fahren verleitet, wodurch es zum Umkippen des Gespannes und in der Folge zu Schäden an Pferden und Material kommen kann.

▌ Es muß die Möglichkeit gegeben sein, bei Unfällen mit Kraftfahrzeugen (Krankentransportfahrzeuge, Pferdetransporter) an das Hindernis heranzufahren.

▌ Das Hindernis soll für die Zuschauer leicht erreichbar und gut zu übersehen sein. Gleichzeitig ist jedoch Vorsorge zu treffen, daß die Teilnehmer von Zuschauern nicht behindert werden können (Absperrung!).

Einige wesentliche Erfahrungen zum Hindernisbau im Gelände seien hier kurz angeführt:

○ Die Einfahrt in das Hindernis und die Ausfahrt sollten an der gleichen Stelle liegen und mindestens 3 m Durchfahrbreite aufweisen.

○ Wo rechtwinklige Wendungen erforderlich sind, muß die Torbreite wenigstens 3,30 m (in Kl. E), 3,10 (in Kl. A) und 2,90 m (in Kl. L) und der Abstand von Tor zu Tor 8 bis 9 m betragen (bei Vierspännern); bei Zweispännern genügt ein Abstand von 6 bis 8 m.

○ Bei Hindernissen auf ansteigendem Gelände können diese Maße etwas überschritten, in abfallendem Gelände dagegen etwas unterschritten werden.

○ Der für Wendungen beanspruchte Platz und auch die Durchfahrbreite der Hindernisse werden in besonderem Maße von der Deichsellänge bestimmt, d. h., begrenzender Faktor ist der Bogen, den die Deichselspitze beschreibt, wenn der Wagen, „ohne anzuecken", das vorhergehende Tor passiert.

Zu einem Hindernis dürfen nicht mehr als 6 Tore von mindestens 1,10 m Höhe gehören. Mehr Tore machen die Aufgabe für Fahrer und Hindernisrichter unübersichtlich. Die einzelnen Tore werden mit roten und weißen Begrenzungstafeln sowie Buchstaben gekennzeichnet, sie müssen in alphabetischer Reihenfolge passiert werden. Sind die einzelnen Tore nicht numeriert, bleibt es dem Fahrer überlassen, in welcher Reihenfolge er die Hindernisse durchfährt (Alternativhindernis). Hat ein Teilnehmer ein Tor in der richtigen Reihenfolge und Richtung passiert, so kann er dieses Tor in beliebiger Richtung beliebig oft wieder durchfahren.

Als „durchfahren" gilt ein Tor allerdings erst dann, wenn das ganze Gespann (Pferde und Wagen) das Tor vollständig passiert hat. Unterläuft dem Fahrer in dieser Beziehung ein Fehler, bleibt ihm also die Möglichkeit einer Korrektur durch Zurücksetzen des Wagens.

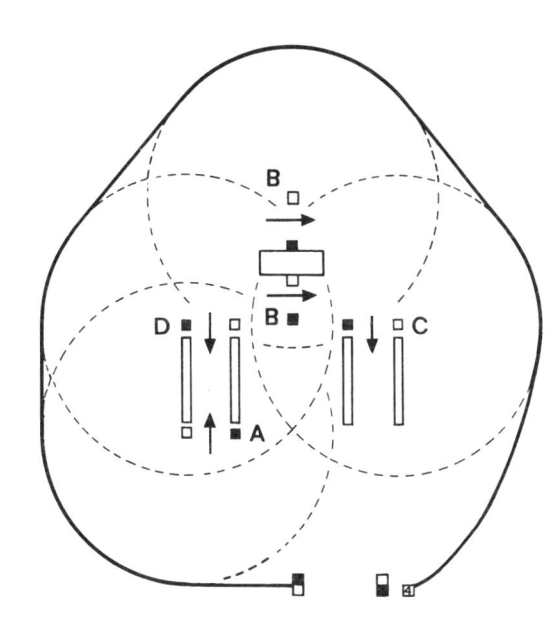

Zeitwertung in einer Gelände- oder Gelände- und Streckenfahrt

Zu jeder der fünf Phasen wird eine „erlaubte Zeit" aus der Streckenlänge und der verlangten Geschwindigkeit errechnet:

$$\text{Erlaubte Zeit} = \frac{\text{Streckenlänge (in m)} \times 60}{\text{Geschwindigkeit (in m/h)}}$$

Gemessen wird für den Teilnehmer in jeder Phase die Zeit vom Start aus dem Halten bis zum Ziel. Die Zeitmessung beginnt in dem Augenblick, in dem das erste Pferd des Gespannes die Startlinie passiert, und endet mit dem Passieren der Ziellinie der betreffenden Phase, wobei angefangene Sekunden stets als volle Sekunden gewertet werden. Korrekterweise muß die Zeitmessung vom Boden aus erfolgen. Die vom Bockrichter gemessene Zeit darf nur zur Kontrolle verwendet werden,

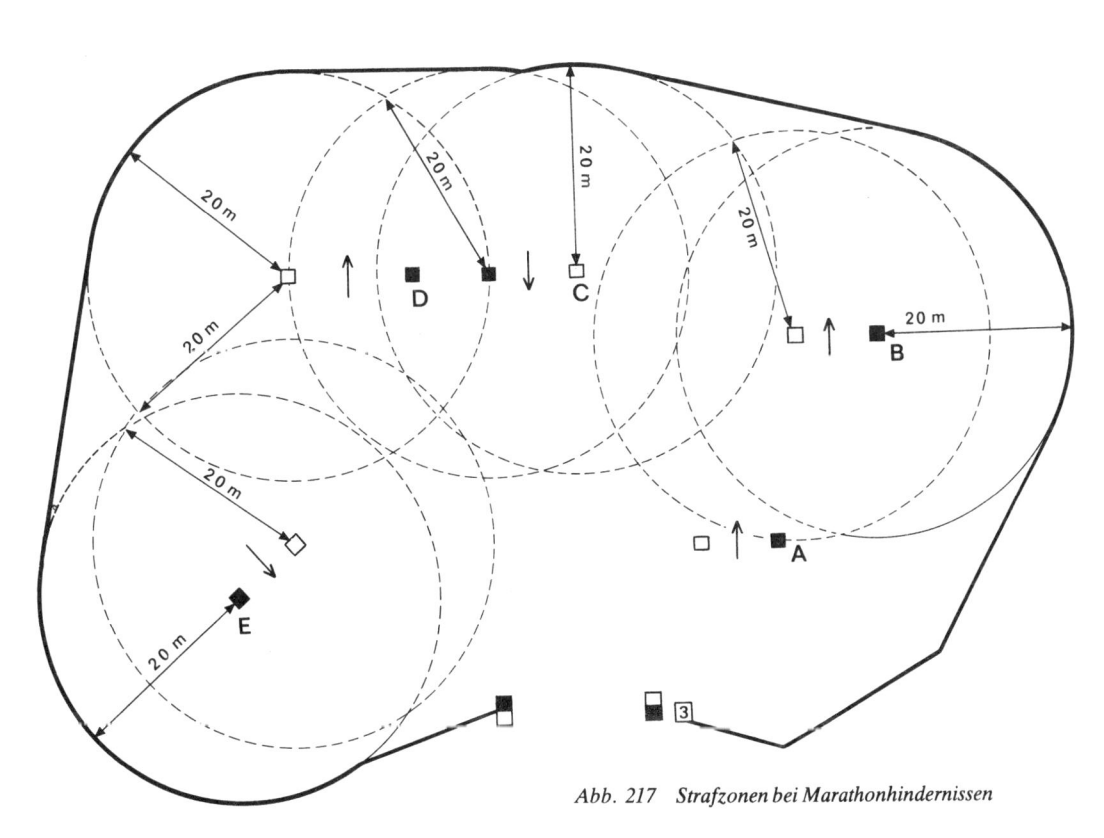

Abb. 217   Strafzonen bei Marathonhindernissen

zumal gar nicht allzu selten die Stoppuhr des Bockrichters bei starker Wagenbewegung versehentlich angehalten wird.

Können Start und Ziel der Teilstrecken nicht an die gleiche Stelle gelegt werden, ergeben sich für die Zeitmessung vom Boden aus Schwierigkeiten, die allerdings durch den Einsatz von Funk leicht zu überwinden sind.

Ein Teilnehmer, der nicht zu dem im Zeitplan aufgeführten Zeitpunkt am Start der Phase A erschienen ist, kann ausgeschlossen werden. Ein Fahrer, der vor der Aufforderung zum Start die Startlinie überfährt (Fehlstart), muß zurückgerufen werden und noch einmal aus dem Stand starten. Die Zeitmessung für diesen Fahrer läuft allerdings zu der vorgesehenen Zeit an.

Zu spätes wie zu frühes Eintreffen am Ziel wird bestraft, letzteres, weil es auf Kosten der Pferde ginge. In den Phasen A und C gibt es deshalb eine Bestzeit (Minimalzeit), deren Unterschreiten ebenfalls bestraft wird. In Phase A beträgt diese Minimalzeit zwei Minuten weniger als die erlaubte Zeit, in Phase C ist sie um eine Minute geringer als diese. In den Schrittphasen B und D sowie in Phase E wird keine Minimalzeit festgesetzt.

Eine Höchstzeit, deren Überschreitung zum Ausschluß führt, gibt es für jede Phase. Sie entspricht immer dem Doppelten der erlaubten Zeit.

Überschreiten der erlaubten Zeit wird in allen Phasen mit 0,2 Strafpunkten je angefangene Sekunde bestraft. Unterschreiten der erlaubten Zeit bleibt bis zum Erreichen der Bestzeit unbestraft. Unterschreiten der Minimalzeit in den Phasen A und C wird mit 0,1 Strafpunkten je angefangene Sekunde geahndet.

Als Verstoß gegen die Regelmäßigkeit wird es auch angesehen, wenn ein Gespann in den Phasen A, C oder E (außerhalb der Strafzonen) ohne zwingenden äußeren Anlaß, wie ihn z. B. ein Unfall, ein zerrissenes Geschirrteil oder auch eine geschlossene Eisenbahnschranke darstellen, angehalten wird. Der Fahrer wird dann für je 10 Sekunden, die das Gespann hält, mit 1 Strafpunkt belegt.

Außerhalb der Strafzonen wird das Anhalten zum Zweck von Reparaturen an Wagen oder Geschirren nur durch die verlorene Zeit bestraft.

Fehlerwertung in einer Geländeoder Gelände- und Streckenfahrt

Vom Grundsatz der Regelmäßigkeit leitet sich auch die Forderung nach Beibehaltung der vorgeschriebenen Gangart ab. In den Phasen C und E (mit Ausnahme der Strafzonen und gegebenenfalls bestimmter natürlicher Hindernisse, in denen die Gangart freigestellt ist) muß Trab, in den Phasen B und D muß Schritt gefahren werden. In Phase A ist die Gangart freigestellt.

Verlassen der vorgeschriebenen Gangart durch ein oder beide Pferde des Gespannes führt zu Strafpunkten, wenn das/die Pferd(e) nicht innerhalb von 5 Sekunden in die vorgeschriebene Gangart wieder übergegangen ist/sind. Gelingt die Korrektur nicht, erhält der Fahrer für diesen und jeden weiteren 5-Sekunden-Abschnitt einen Strafpunkt. Um eine korrekte Bewertung zu gewährleisten, bedarf es ununterbrochener Aufmerksamkeit des Bockrichters, der die Pferde ständig beobachten muß.

Dem Bockrichter ist zu empfehlen, bei Gangartwechsel in jedem Falle sofort die Uhr in Gang zu setzen und bei Rückkehr in die vorgeschriebene Gangart unverzüglich zu stoppen. Danach erst sollte er die Uhr ablesen und die Strafpunkte anschreiben.

Sollten allerdings alle Pferde des Gespanns auf der Schrittstrecke traben oder galoppieren, kann das Urteil nur „Ausschluß" heißen. Wenn in der Schrittstrecke ein Beifahrer oder Mitfahrer absteigt (Fuß am Boden), werden in jedem Falle 20 Strafpunkte angerechnet.

In den Hindernissen der Phase E wird die Zeit vom Hindernisrichter mit einer Stoppuhr gemessen, und zwar – ähnlich wie in Springprüfungen oder beim Hindernisfahren – von dem Augenblick an, in dem der erste Teil des Gespannes in die Strafzone einfährt, bis zu dem Augenblick, in dem der erste Teil des Gespannes die Strafzone verläßt.

Für jede angefangene Sekunde, die sich das Gespann im Hindernis aufhält, werden dem Fahrer 0,2 Strafpunkte angerechnet. Für alle Hindernisse ist eine Höchstzeit von 5 Minuten festgesetzt. Hat der Fahrer das Hindernis in dieser Zeitspanne nicht passieren können, wird er ausgeschlossen, was ihm der Hindernisrichter durch zwei Pfiffe auf seiner Trillerpfeife mitteilt.

Innerhalb einer Strafzone ist dem Fahrer die Gangart freigestellt, er erhält deshalb keine Strafpunkte für Gangartwechsel.

Sobald sich ein Gespann in der Strafzone befindet, kann der Fahrer Strafpunkte erhalten für
- Ab- oder Umwerfen eines ab- oder umwerfbaren Hindernisses (auch eines Balles) pro Durchfahrt (5 Strafpunkte)
- Ablegen der Peitsche (10 Strafpunkte)
- Absteigen eines Beifahrers (Fuß am Boden – 10 Strafpunkte)
- Absteigen auch des zweiten Beifahrers (10 Strafpunkte), d. h. beide Beifahrer am Boden (20 Strafpunkte)
- Absitzen des Fahrers (30 Strafpunkte)
- Umwerfen des Wagens (dabei sind die Strafpunkte für die zuvor aufgeführten Fehler enthalten – 60 Strafpunkte)
- Korrektur eines Verfahrens, in jedem einzelnen Fall (20 Strafpunkte)

(Als Verfahren werden gewertet:
- das Einfahren in die Strafzone, ohne die Flagge am Hinderniseingang zu durchfahren
- das Auslassen eines Hindernisteiles/Tores
- das Durchfahren eines Hindernisteiles in falscher Richtung
- das Durchfahren eines Hindernisteiles in falscher Reihenfolge
- das Verlassen der Strafzone, ohne die Flaggen am Hindernisausgang zu durchfahren.
Ein Verfahren kann korrigiert werden, wenn nach dem Fehler die Hindernisteile von der Stelle aus korrekt durchfahren werden, an welcher der Fehler aufgetreten ist, z. B. der Hinderniseingang korrekt durchfahren wird, das in der falschen Richtung passierte Tor in richtiger Richtung durchfahren wird usw.

Der Weg zu der Stelle, von der aus die Korrektur erfolgen soll, ist dem Fahrer freigestellt. Er kann dazu alle Hindernisteile in beliebiger Richtung und Reihenfolge durchfahren.)
- Verlassen der Strafzone mit den Pferden oder dem Wagen an anderer Stelle als durch den mit roter und weißer Tafel gekennzeichneten Ausgang des Hindernisses (20 Strafpunkte)
- Auslassen eines Tores oder Hindernisses (auch eines Pflichttores außerhalb von Strafzonen) führt zum Ausschluß.

Ein Ausschlußgrund ist auch gegeben, wenn der Fahrer das Hindernis durch die Ausgangsflaggen verläßt, bevor er alle Hindernisteile/Tore durchfahren hat.

Ausspannen und Herausführen eines oder mehrerer Pferde durch einen Teil des Hindernisses oder aus diesem heraus zieht Ausschluß nach sich. Ausschluß wird auch verfügt, wenn das Gespann nicht mit allen Pferden und der Wagen nicht auf allen vier Rädern die Ziellinie der E-Phase passiert. Zwar kann ein gerissener oder verlorener Reifengummi von den Richtern noch toleriert werden, wenn jedoch ein Rad verlorengegangen oder zerbrochen ist, auch wenn ein Strang oder Aufhalter sich gelöst hat oder zerrissen ist, wird das Gespann ausgeschlossen.

Nicht zu selten gibt es Meinungsverschiedenheiten darüber, ob ein Fahrfehler in einem Hindernis berechtigt angerechnet worden ist oder nicht. Um solchen Streitfällen aus dem Weg zu gehen und ein korrektes Urteil zu sichern, empfiehlt es sich, einen zweiten Hilfsrichter an jedem Hindernis mit der Aufzeichnung der Fahrstrecke jedes Teilnehmers zu beauftragen. Der Hilfsrichter erhält dazu vom Veranstalter vorbereitete Skizzen des Hindernisses entsprechend der Anzahl der Teilnehmer, die alle erforderlichen Einzelheiten enthalten (s. Abb. 218). Während der Durchfahrt eines Gespannes zeichnet er einfach den Weg des Gespannes genau nach.

Abschließend soll hier noch erwähnt wer-

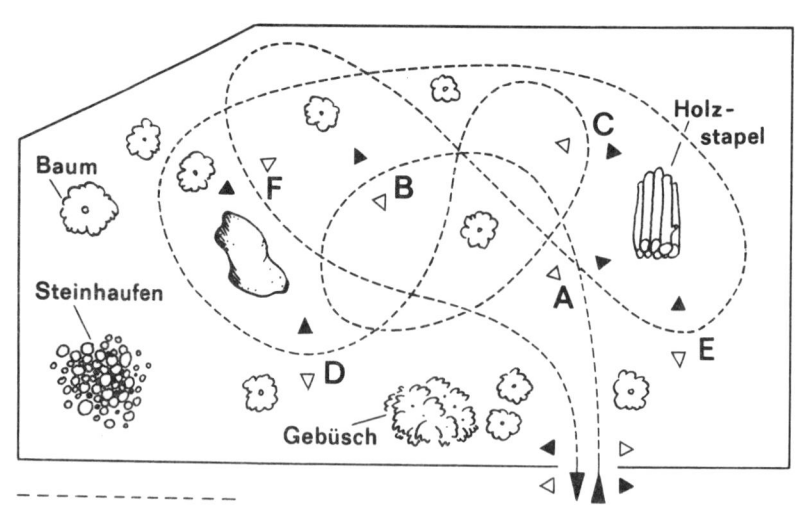

vom Hindernisrichter eingezeichnete Linie,
die vom Fahrer gewählt wurde

Abb. 218 Skizze für Hindernisrichter

den, daß nur die Jury entscheiden darf, ob ein Teilnehmer ausgeschlossen wird. Eine Ausnahme bildet die Eliminierung bei Erreichen der Höchstzeit in einem Hindernis (2 Pfiffe). Jeder andere Vorfall, der Grund für einen Ausschluß sein könnte, muß zunächst an die Jury gemeldet werden. Diese kann nach Anhören des Bockrichters den Ausschluß aussprechen oder nicht. Daraus folgt, daß ein Teilnehmer in jedem – außer dem oben genannten – Fall berechtigt ist, die Marathonfahrt zu Ende zu fahren.

Die Placierung in einer Gelände- oder Gelände- und Streckenfahrt ergibt sich aus der Addition der Strafpunkte. Im Falle der Strafpunktgleichheit entscheidet die geringere Strafpunktzahl in Phase E (Geländetrabstrecke mit Hindernissen). Ist auch dann noch Punktgleichheit vorhanden, wird zur Entscheidung zunächst das bessere Ergebnis in der Schnelltrabstrecke (Phase C) und schließlich die geringere Strafpunktsumme aus den beiden Schrittstrecken (Phasen B und D) herangezogen.

Bei einer dreiphasigen Geländefahrt entscheidet bei Punktgleichheit ebenfalls zuerst das bessere Ergebnis der Geländestrecke mit Hindernissen, danach das bessere Ergebnis in der Schrittstrecke.

Vielseitigkeitsprüfungen und Kombinierte Fahrprüfungen

Vielseitigkeits- und Kombinierte Fahrprüfungen können in den Kat. B und A für Ein-, Zwei- und Vierspänner sowie Tandems ausgeschrieben werden, und zwar sowohl für Pferde als auch für Ponys. In den Prüfungen der Kat. B sind Ausschreibungen in den Klassen A, L und M, in Kat. A für die Klassen M und S zulässig.

Diese Prüfungen setzen sich jeweils aus einer Dressurprüfung mit oder ohne Gespannkontrolle, einer Gelände- und Streckenfahrt und einem Standardhindernisfahren der betreffenden Klasse zusammen. Prüfungen mit fünfphasiger Gelände- und Streckenfahrt müssen an drei aufeinanderfolgenden Tagen durchgeführt werden. Unter Umständen genügen auch zwei Tage für die leichteren Klassen. Vielseitigkeits- und Kombinierte Prüfungen mit einer kurzen, dreiphasigen Geländefahrt können auch an einem Tag durchgeführt werden.

Das Ergebnis der Vielseitigkeits- oder Kombinierten Prüfungen wird durch Addition der Punktergebnisse der drei Teilprüfungen ermittelt. Dazu werden verwendet:

a) in der Dressurprüfung
   - entweder die Wertnote zwischen 0 und 10 mit der Anzahl der Lektionen multipliziert und danach von der erreichbaren Maximalpunktsumme (Anzahl der Lektionen × 10) abgezogen (Richtverfahren A)
   - oder die Summe der Einzelnoten aller Richter addiert, durch die Anzahl der Richter geteilt und danach von der Maximalpunktsumme abgezogen (Richtverfahren B).
b) in der Gespannkontrolle
   - (nur in Kat. B) die Wertnoten der einzelnen Richter addiert, durch die Anzahl der Richter geteilt und von der Maximalpunktzahl 5 abgezogen, so daß sich daraus Strafpunkte ergeben;
c) die Strafpunkte aus der Gelände- und Streckenfahrt und
d) die Strafpunkte des Hindernisfahrens. Der Teilnehmer mit der geringsten Strafpunktsumme ist Sieger. Bei Punktgleichheit – ein außerordentlich seltenes Vorkommnis – entscheidet die bessere Leistung in der Gelände- und Streckenfahrt. In dem unwahrscheinlichen Falle, daß auch dann noch Punktgleichheit besteht, entscheidet die bessere Dressurleistung (ohne Gespannkontrolle). Lassen sich auch dann noch keine Punktunterschiede finden, erfolgt gleiche Placierung.

Veterinärkontrollen und Verfassungsprüfungen

Die erheblichen körperlichen Belastungen, denen die Pferde in Vielseitigkeits- bzw. Kombinierten Prüfungen ausgesetzt sind, erfordern eine sorgfältige und umfassende tierärztliche Kontrolle. Deshalb sind sowohl für internationale als auch für nationale Prüfungen bestimmte Veterinärkontrollen und Besichtigungen der Pferde vorgeschrieben bzw. empfohlen.

Erste Veterinärkontrolle: Sie findet nach Ankunft der Pferde an der Turnierstallung statt. Sie wird von einem behandelnden Tierarzt durchgeführt, der den allgemeinen Gesundheitszustand der Pferde feststellt. (Bei internationalen Fahrprüfungen hat er zugleich die Identität des Pferdes und den Impfstatus anhand des Pferdepasses zu kontrollieren.) Zweifelhafte Fälle sind je nach Vorhandensein dem Veterinärdelegierten, dem Turniertierarzt, dem Beauftragten der Landeskommission bzw. dem Vorsitzenden der Richtergruppe zu melden. Für nationale Prüfungen, bei denen die erste Veterinärkontrolle nicht vorgeschrieben ist, läßt die LPO sie aber zu. Im Sinne des Beschlusses des FN-Präsidiums über die Verbesserung der Überwachung auf Turnieren kann die Durchführung der ersten Veterinärkontrolle als empfohlen betrachtet werden.

Erste Pferdebesichtigung: Sie ist bei internationalen Prüfungen vor der Dressurprüfung vorzunehmen und wird vom Vorsitzenden der Jury zusammen mit dem Veterinärdelegierten oder dem Vorsitzenden der Veterinärkommission durchgeführt. Die Pferde werden dazu an der Hand vorgestellt und beim Vorführen im Schritt und Trab auf festem Boden besichtigt. Aus Sicherheitsgründen muß dazu ein Gebiß eingelegt werden.

Die besichtigenden Offiziellen haben uneingeschränkte Vollmacht, Pferde auszuschließen, die sich wegen Lahmheit, wegen Verletzungen oder eines schlechten Allgemeinzustandes für die Teilnahme an der Prüfung als ungeeignet erweisen.

Diese Pferdebesichtigung ist in nationalen Prüfungen ebenfalls nicht vorgeschrieben, jedoch empfiehlt es sich, die Pferde auf dem Vorbereitungsplatz zu beobachten, um ihre Eignung zur Teilnahme an der Prüfung festzustellen. Im Zweifelsfall sollte das Urteil des Turniertierarztes gefordert werden.

Zweite Pferdebesichtigung: Dies ist eine der wichtigsten Kontrollen zur Verhinderung gesundheitlicher Schäden für das Pferd. Sie findet während der 10minütigen Zwangspause nach der zweiten Schrittstrecke (Phase D) einer Gelände- und Streckenfahrt statt. Sie ist in internationalen Prüfungen durch einen Richter und den Veterinärdelegierten durchzuführen; bei nationalen Prüfungen sind ein Richter und der Turniertierarzt für diese Besichtigung verantwortlich, die bei Geländefahrten ab Kl. L obligatorisch ist.

Diese Besichtigung muß sorgfältig, aber rasch durchgeführt werden, um dem Teilnehmer die erforderliche Zeit zur Wartung seiner Pferde zu lassen. Bei dieser Besichtigung können lahme, verletzte oder offensichtlich erschöpfte Pferde ausgeschlossen werden.

Zweite Veterinärkontrolle: Sie findet am Ende der Gelände- und Streckenfahrt statt. Sie wird von einem vom Veranstalter bestellten Tierarzt vorgenommen, der notwendige Erstversorgung durchführt. Zwar hat er nicht die Befugnis, Pferde auszuschließen, aber er muß seine Feststellungen dem Veterinärdelegierten oder dem Turniertierarzt mitteilen.

Dritte Pferdebesichtigung: Sie findet vor dem Hindernisfahren statt und wird von dem Veterinärdelegierten oder dem Vorsitzenden der Veterinärkommission bzw. dem Turniertierarzt durchgeführt. Mindestens ein Richter muß daran teilnehmen. Die Pferde können an der Hand oder angespannt vorgestellt werden, entsprechend den Festlegungen der Ausschreibung. Ausschluß von Pferden kann nur in einer der drei Pferdebesichtigungen verfügt werden. Dagegen ist kein Einspruch zulässig, jedoch müssen die Gründe für den Ausschluß mitgeteilt werden.

Unabhängig von den vorgenannten Veterinärkontrollen und Pferdebesichtigungen können Dopinguntersuchungen vorgenommen werden. Bei internationalen Prüfungen gelten dafür die Bestimmungen des Veterinärreglements der FEI, bei nationalen Prüfungen können sie von der FN, der Landeskommission oder dem LK-Beauftragten angeordnet werden. Die Entnahme der Proben und die Einsendung an das festgelegte Untersuchungsinstitut sind in von der FN erlassenen Ausführungsbestimmungen geregelt.

Distanzfahren

Distanzfahren ist eine Disziplin, die sich in den letzten Jahren, nachdem das Distanzreiten in die Obhut der FEI übernommen und bis zu Weltmeisterschaften geführt wurde, in Deutschland erfreulich entwickelt hat.

Da die sporttechnischen Anforderungen sowohl an die Gespanne als auch an die Fahrer niedriger liegen als bei den bisher erläuterten Prüfungen, hat das Distanzfahren für die Entwicklung des Breitensports besondere Bedeutung.

Die konditionelle Vorbereitung der Teilnehmer, Pferde wie Fahrer, allerdings erfordert sorgfältige und intensive Vorbereitung. Um die aus der hohen physischen Belastung der Pferde entstehenden Risiken zu begrenzen bzw. auszuschalten, spielt die Mitarbeit von Tierärzten bei der Durchführung von Distanzfahrten eine große Rolle. Damit werden vor allen Dingen die Forderungen des Tierschutzes berücksichtigt.

Für das Distanzfahren hat der Verein Deutscher Distanzreiter und -fahrer e. V. (VDD) ein Reglement für das Distanzfahren herausgegeben.

Fahrerwettbewerbe

Die Überprüfung des Ausbildungsstandes im Fahren in Form eines Leistungsvergleiches ist für in der Anfangsausbildung stehende, besonders jüngere Fahrer von großer Bedeutung, weil dadurch die Motivation zur Aneignung von Kenntnissen und Fertigkeiten angeregt wird. Gleichzeitig bilden solche Überprüfungen ein Mittel, um das Achenbach-System zu verbreiten und damit die erforderlichen Grundlagen für die Weiterentwicklung des Fahrsports zu schaffen.

Deshalb ist unter den Angeboten der LPO für die breitensportlichen Wettbewerbe auch ein Fahrwettbewerb vorgesehen, der über den Entwicklungsstand der Fahrtechnik der Teilnehmer Auskunft geben soll.

Beurteilt werden in diesem Wettbewerb ausschließlich die technischen Fertigkeiten des Fahrers, seine Haltung, die Korrektheit und Flüssigkeit der Leinenführung sowie die Fertigkeiten in der Verwendung der Peitsche –

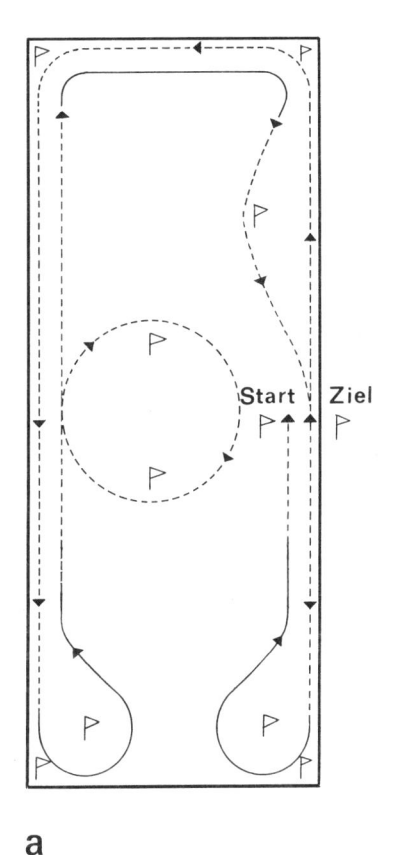

a

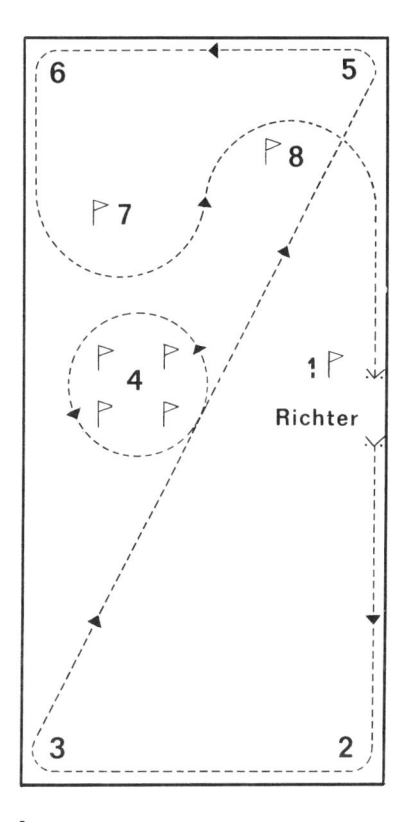

b

Abb. 219 Gestaltung von Vierecken für Fahrwettbewerbe

Grundlagen, die in den vorangegangenen Kapiteln dieses Buches ausführlich dargestellt worden sind.

Bei der Durchführung eines solchen Fahrwettbewerbs, der für Einspänner oder Zweispänner ausgetragen wird, können die Richter die Fahrer einzeln oder auch in der Abteilung prüfen, wobei ersteres vorzuziehen ist. Die Richter können von den Fahrern verlangen, Lektionen und Figuren in Anlehnung an die Anforderungen der Kl. E vorzuführen. Sie können aber auch – das ist das bei weitem Bessere – das Vorfahren einer der beiden im Aufgabenheft enthaltenen Aufgaben FW 1 und FW 2 fordern. (Abb. 219)

Außerdem wird das Durchfahren einiger Hindernisse (Kegelpaare) mit einer Durchfahrbreite entsprechend der Spurbreite plus 50 cm verlangt werden. Dabei bleiben allerdings die aus dem Hindernisfahren bekannten Fahrfehler (Um- oder Abwerfen eines Hindernisses, Ungehorsam, Absteigen des Fahrers/Beifahrers) unberücksichtigt. Die beiden letztgenannten führen nur beim dritten Mal zum Ausschluß. Die Bewertung erfolgt mit einer Wertnote zwischen 0 und 10. Entsprechend werden die Teilnehmer placiert.

Deutsches Fahrerabzeichen

Von mindestens ebenso großem Wert für die Entwicklung des Fahrens wie die Fahrwettbewerbe, jedoch bei noch gründlicherer Überprüfung des Ausbildungsstandes ist das Deutsche Fahrerabzeichen, das in vier Stufen vergeben wird, als Kleines Fahrerabzeichen (DFA IV), in Bronze (DFA III), in Silber (DFA II) und in Gold (DFA I). Letzteres wird nur aufgrund von Turniererfolgen vergeben.

Mit dem Deutschen Fahrerabzeichen ist die Absicht verbunden:
- die Vermittlung praktischer und theoretischer Kenntnisse und Fähigkeiten im Fahren zu überprüfen,
- dadurch eine sinnvolle, an den Ausbildungsrichtlinien orientierte Fahrausbildung zu fordern und
- einen Anreiz für die weitere Verbesserung der fahrerischen Leistungen zu geben.

Die Prüfungen können von Reitvereinen und Ausbildungsstätten mit dem Niveau eines FN-gekennzeichneten Betriebes durchgeführt werden. Sie müssen von der Landeskommission genehmigt sein. Untersagt wird durch die Bestimmungen der Ausbildungs- und Prüfungsordnung der FN die Abhaltung von Abzeichenprüfungen in Verbindung mit Turnieren. Abgenommen werden die Prüfungen durch je zwei Richter, von denen mindestens einer von der Landeskommission berufen wird. Sie müssen die Richterqualifikation FM besitzen und dürfen nicht befangen sein. Die Prüfungen finden in zwei Teilen, einem theoretischen und einem fahrpraktischen Teil statt, die jeweils an einem oder zwei aufeinanderfolgenden Tagen abzulegen sind. Die Anforderungen gehen aus Übersicht 5 hervor. Der Antrag auf Zulassung zu einer Prüfung ist vom Bewerber an den Veranstalter der Prüfung zu stellen. Fahrer, die das DFA III erwerben wollen, müssen im Besitz des DFA IV sein.

Übersicht 5

In der theoretischen Prüfung werden verlangt:

für DFA IV	für DFA III	für DFA II
- Grundkenntnisse im sachgemäßen Aufschirren und Anspannen, Ausschirren und Abspannen eines Ein- und Zweispänners	Kenntnisse im sachgemäßen Aufschirren und Anspannen, Ausschirren und Abspannen eines Ein- und Zweispänners	Kenntnisse im sachgemäßen Aufschirren und Anspannen, Ausschirren und Abspannen eines Vierspänners und Beherrschung der Arbeit mit der Doppellonge
- Grundkenntnisse auf dem Gebiet der Fahrlehre und Pferdehaltung	Kenntnisse auf dem Gebiet der Fahrlehre, der Pferdehaltung sowie des Leistungsprüfungswesens	Umfassende Kenntnisse auf dem Gebiet der Fahrlehre, der Pferdehaltung sowie des Leistungsprüfungswesens
- Kenntnis der einschlägigen Bestimmungen des Tierschutzgesetzes, des Straßenverkehrsrechts und des umweltverträglichen Verhaltens beim Fahren im Gelände	Kenntnis der einschlägigen Bestimmung des Tierschutzgesetzes, des Straßenverkehrsrechts und des umweltverträglichen Verhaltens beim Fahren im Gelände	Kenntnis der einschlägigen Bestimmungen des Tierschutzgesetzes, des Straßenverkehrsrechts und des umweltverträglichen Verhaltens beim Fahren im Gelände

In der praktischen Prüfung werden verlangt:

für DFA IV	für DFA III	für DFA II
- Richtiges Auf- und Absteigen mit vorschriftsmäßigem Abmessen der Leinen beim Zweispänner	Richtiges Auf- und Absteigen mit vorschriftsmäßigem Abmessen der Leinen beim Zweispänner	Richtiges Auf- und Absteigen mit vorschriftsmäßigem Abmessen der Leinen beim Vierspänner
- Leinenverschnallen bei Zweispännern	Leinenverschnallen bei Zweispännern	Leinenverschnallen bei Vierspännern
- Fahren und Beherrschen eines Zweispänners im Schritt und Trab mit vorschriftsmäßiger Leinen- und Peitschenführung geradeaus, in Wendungen auf einem Platz und im Verkehr	Fahren und Beherrschen eines Zweispänners im Schritt und Trab mit vorschriftsmäßiger Leinen- und Peitschenführung geradeaus, in Wendungen auf einem Platz und im Verkehr und Fahren einer Prüfung in Anlehnung an eine Dressurprüfung Klasse A	Fahren und Beherrschen eines Zweispänners im Schritt und Trab mit vorschriftsmäßiger Leinen- und Peitschenführung geradeaus, in Wendungen auf einem Platz und im Verkehr und Fahren einer Prüfung in Anlehnung an eine Dressurprüfung Klasse L

Das DFA II kann erst erworben werden, wenn der Fahrer wenigstens ein Jahr im Besitz des DFA III ist.

Der Besitz des entsprechenden DFA (III bzw. II) ist Voraussetzung für die Teilnahme an Turnierprüfungen.

Fahren außerhalb von Wettkämpfen

Gespanne werden nicht selten herangezogen, wo es Historisches darzustellen gilt. Im Prinzip sind, was die Anspannung betrifft, auch hier die in den vorangegangenen Kapiteln dargelegten Richtlinien zu beachten.

Ohne auf die Vielzahl der Möglichkeiten eingehen zu können, die in diesem Falle für Beschirrung, Anspannung, Wagen usw. bestehen, muß als Grundsatz das Bemühen um historische Treue beachtet werden. Außer vielleicht bei Karnevalsumzügen dürfen die prinzipiellen Stilregeln auch bei solchen Auftritten nicht außer acht gelassen werden. Ein „Römerwagen", dessen Pferde in englischen Kumten gehen, ist schlechterdings eine Unmöglichkeit.

Es gibt mannigfache Gelegenheiten, Gespanne als Schaubilder herauszubringen – bei Turnieren, bei Festumzügen anläßlich von Jubiläen, für die Gäste einer Reitjagd oder bei anderen Anlässen. Bei solchen Auftritten in der Öffentlichkeit muß das Bemühen zuerst auf Verkehrssicherheit und Sauberkeit, danach aber auch auf stilrichtige Anspannung und zeitentsprechende Kostümierung der Fahrer und Beifahrer gerichtet werden.

Für Schaubilder auf Turnieren gilt: Sie dürfen niemals zu lang ausgedehnt werden. Wenn alle Zuschauer gesehen haben, was sie sehen sollten, und ein sachkundiger Kommentar dazu gesprochen ist, sollte das Schaubild beendet werden.

Bei kleineren Veranstaltungen, vereinsinternen Wettkämpfen und ähnlichen Gelegenheiten, können auch, besonders für in der Ausbildung befindliche Jugendliche, kleine Wettbewerbe ausgeschrieben werden, die fahrerische Kenntnisse verlangen: Wettbewerb im Anschirren, Wettbewerb im Anspannen, wobei z. B. die korrekte Ausführung der Aufgabe und die dazu benötigte Zeit bewertet werden. Stets sollte man die Fahraufgaben entsprechend dem Ausbildungsstand der Teilnehmer ausarbeiten.

Wo sich vier oder acht Fahrer mit Gespannen gleicher oder unterschiedlicher Anspannung zusammenfinden können, läßt sich eine Fahrquadrille aufbauen. Man findet dabei zum Nutzen für Fahrer und Pferde ein Übungsziel und fördert dabei das dressurmäßige Fahren. Mit leichten Figuren beginnend, kann über mehrere Wochen oder Monate ein anspruchsvolles Programm gestaltet werden, mit dem die Fahrer auch bei öffentlichen Veranstaltungen aufwarten können. Beim Quadrillenfahren spielt neben dem fahrpraktischen Aspekt auch die Freude am gemeinsamen Üben eine motivierende Rolle. Außerdem kann man durch Kostüme und Figuren eindrucksvolle Schaueffekte erzielen. Lustig wird es auch, wenn die Wagen „vollgeladen mit jungen Mädchen" nach der Melodie dieses Volksliedes hübsche Figuren in den Sand des Platzes zeichnen. Fachliche Anregungen zur Gestaltung von Fahrquadrillen finden sich in dem Buch „Quadrillenreiten – Idee–Gestaltung–Präsentation" (E. Oese, FN-Verlag Warendorf, 1991).

Die Romantik des Reisens mit Pferd und Wagen läßt sich auf längeren Wanderfahrten erleben, an denen am besten mehrere Gespanne im Treck teilnehmen. Zwar bedarf es längerer Vorbereitungen, um beim Besteigen der Wagen aller Sorgen um Fahrtroute, Quartiere und Verpflegung ledig zu sein, doch können die Teilnehmer volle Entschädigung dafür erhoffen, wenn sie auf holpernden Planwagen hinter zufrieden schnaubenden Pferden durchs Land zu fahren, seine Schönheiten genießen, um danach an traumhaft warmen Sommerabenden in der freien Natur zu sein, dem Mahlen der Pferde in den Krippen zu lauschen und den vielfältigen Geräuschen der Waldnacht. Wer wollte sich wohl solchem Zauber entziehen und gefangen bleiben von der Hektik des Alltags? Auch das kann Fahren sein.

Training von Fahrern und Pferden

Training der Fahrer

In den ersten Kapiteln dieses Buches sind in großer Anzahl Hinweise zur Ausbildung des Fahrers gegeben. Es genügt jedoch nicht, dieses Wissen „im Kopf" zu haben, um einen Fahrer auszubilden. Dazu braucht man auch einen Ausbildungsplan, nach welchem sowohl die theoretischen Kenntnisse vermittelt als auch die praktischen Fähigkeiten erworben werden, und zwar systematisch und in konsequenter Verbindung von Theorie und Praxis.

Bevor man mit dem Unterricht im praktischen Fahren beginnt, muß der Lernende ausreichende Fertigkeiten in der Leinen- und Peitschenführung erworben haben. Die langen Winterabende bieten ausreichend Gelegenheit zum Üben am Fahrlehrgerät.

Im Ausbildungsgang bedürfen die Grundlagen der Technik – beim Reiter Sitz und Einwirkung, beim Fahrer Leinen- und Peitschenführung – der ständigen Aufmerksamkeit. Zu leicht schleichen sich im täglichen Training Ungenauigkeiten ein, die am Anfang vielleicht unbeachtet bleiben, sich dann leicht verfestigen und schließlich zu einem leistungsmindernden Faktor werden. In Fahrprüfungen kann man dies leider immer wieder bestätigt finden. Gut beraten ist deshalb der Ausbilder, der von Anfang an ständig auf die Korrektheit der Fahrtechnik achtet.

Man weiß, daß sich auch hochqualifizierte Reiter zur Erhaltung des korrekten Sitzes häufig longieren lassen (z. B. Reiter der Spanischen Hofreitschule in Wien, US-amerikanische Springreiter). Es würde den Fahrern nicht weniger gut anstehen, wenn sie ihre Fahrtechnik durch Kontrollübungen am Fahrlehrgerät in kürzeren Zeitabständen immer wieder korrigierten, bevor sich Fehler einschleichen.

Die Fahrerhand

Gefordert werden muß eine *stillstehende Hand*, die stets zum Nachgeben bereit ist. Das wiederum bedingt einen aufmerksamen, die Reaktion der Pferde auf seine Führung unablässig beobachtenden Fahrer.

Unruhige Hände stumpfen die Empfindlichkeit des Pferdemauls ab. Im Maul empfindliche Pferde werden dabei heftig und gewöhnen sich an, gegen die Gebisse zu gehen. Das aber veranlaßt den unerfahrenen Fahrer zum Gegenhalten. Bei diesem Wechselspiel sind am Ende die Pferde die Stärkeren.

Vom Fahrer wird eine *„weiche Hand"* gefordert. „Weiche Hand" hat hier jedoch eine andere Bedeutung als beim Reiten. Die Hand des Fahrers kann nicht – wie die des Reiters – aus dem Handgelenk nachgeben. Das feste Schließen der Finger um die Leinen schränkt die Lockerheit der das Handgelenk bewegenden Muskulatur ein. Zum anderen würde ein Nachgeben aus dem Handgelenk in vielen Fällen, besonders aber bei hohen Wagen, kaum ausreichen, um die gewünschte Wirkung zu erzielen, weil sich die Pferde beim Vorgehen vom Fahrer entfernen, so daß die Fahrerhand beim Annehmen der Leinen oft bis zur Brust steigen, beim Nachgeben bis auf den Oberschenkel sinken müßte. Das kann ein Weg von mehr als einem halben Meter sein (bei niedrigeren Wagen entsprechend weniger).

Annehmen und Nachgeben der Leinen hat daher aus beweglichem Ellbogen- und Schultergelenk zu erfolgen.

Der Reiter weiß, daß seine Hand nur augenblickweise fest werden darf und er jedes Schließen der Hand oder Annehmen der Zügel mit einem Nachgeben beenden muß. Für Fahrer gelten die gleichen Grundsätze – denn schließlich wirken Reiter und Fahrer auf das Pferdemaul ein, dessen Empfindlichkeit unter dem Reiter und vor dem Wagen die gleiche ist. Da der Fahrer aber nicht ein so fein differenziertes Empfinden in der Hand entwickeln kann wie der Reiter – fest geschlossene Leinenhände, Gewicht der Leinen und Verbindung der Leinen zu zwei Pferdemäulern verhindern das –, muß er sich um so mehr bemühen, die weiche Führung mit seinem Verstand zu steuern. Das gelingt ihm, wenn er stets daran denkt: Das Mundstück quetscht – bei Kandaren noch durch die Hebelwirkung verstärkt – Nerven, Zahnfleisch und Knochenhaut, und zwar schmerzhaft, wenn die Führung nicht weich ist. Also muß der Fahrer unablässig danach trachten, dem Pferdemaul so oft wie möglich Erleichterung zu geben.

Ein Fahrer, der in dieser Weise seinen Willen in die Hand leitet, wird vor jeder Ecke und nach jeder Parade auf gerader Linie die Pferde zum Loslassen der Gebisse bringen können. Und das gibt dem Maul jedesmal Gelegenheit, sich von dem schmerzenden Druck zu erholen. Ein Fahrer, der in diesem Sinne mit „denkender Hand" fährt, wird merken, daß auch seine Pferde mit der Zeit eine *weiche* Verbindung mit seiner Hand halten und er ein weit angenehmeres Gefühl beim Fahren hat.

Zum Erlernen dieser weichen Führung spielt das *Nachgeben* eine bedeutende Rolle. Man kann diesen Lernprozeß unterstützen, indem man vor jeder Ecke das Tempo so rechtzeitig verkürzt, daß Pferde und Fahrer ganz losgelassen in die Wendung gehen. Zu Beginn der Wendung im versammelten Trab gibt man dann erst mit der Außenleine vorsichtig nach, anschließend, soweit erforderlich, mit beiden Leinen – so lernen die Pferde, ihr Tempo allmählich wieder zu erhöhen. Auf diese Weise werden sie feinfühliger und aufmerksamer gegenüber der Hand.

Haben sie gelernt, dem Gebiß nachzugeben, werden sie auch auf gerader Linie der nachgebenden Hand sofort folgen, zumal sie ja die Bedeutung des Nachgebens in der Ausbildung gründlich kennengelernt haben.

Auch bei stärker an die Gebisse tretenden Pferden und solchen, die sich förmlich „aufs Gebiß legen", muß der Fahrer ständig nachzugeben suchen, so daß die Führung schließlich von Mal zu Mal ein wenig leichter wird, ohne daß die Pferde schneller werden. Voraussetzung beim Fahrer ist, daß sowohl Ellbogen- und Schultergelenk als auch die Beinmuskeln „losgelassen" sind. Verkrampft die betreffende Muskulatur, wird auch die Hand hart.

Training der Pferde

Entwicklung der Aktion
Der Entwicklung der Aktion ist bei der Ausbildung der Fahrpferde ausreichend Aufmerksamkeit und Zeit zu widmen. Bei der in den vorangegangenen Kapiteln geschilderten Ausbildungsmethode kann diese Arbeit schon von Anfang an systematisch eingefügt werden, und zwar ohne Bedenken von der Periode des Longierens an.

Schon beim Herausarbeiten von Takt, Losgelassenheit und Schwung an der Longe und Doppellonge läßt man das Pferd über Stangen treten, denen später Bodenricks von etwa 15 cm Höhe folgen.

Die für das Treten über Stangen und Bodenricks üblichen Abstände von 0,80 bis 1,10 m für den Schritt und 1,30 bis 1,70 m für den Trab – in allmählicher Steigerung, versteht sich – sollten unbedingt eingehalten werden. Wenn mehrere Pferde eines Gespannes gleichzeitig ausgebildet werden, sollte man die Anforderungen nicht nur so steigern, daß jedes einzelne Pferd optimale Fortschritte macht, sondern möglichst auch die gleichmäßige Ausbildung aller für das Gespann bestimmten Pferde beachten.

Was die Anzahl der Stangen betrifft, so fängt man mit einer dicken Stange an und steigert allmählich – in Übereinstimmung mit der Entwicklung der gewünschten Gangqualität – auf acht bis zehn Stangen.

Legt man die Stangen auf die Zirkellinie, müssen die Abstände zwischen ihnen an den zur Zirkelmitte weisenden Enden *geringer*, an den nach außen weisenden *größer* als das beabsichtigte Maß sein. Man hat auf diese Weise die Möglichkeit, durch Verkleinern oder Vergrößern des Zirkels kürzere bzw. längere Tritte zu fordern.

Die Anzahl der Wiederholungen ist mit Bedacht zu dosieren. Die Übung ist doch relativ anstrengend, so daß man am Anfang mit 5 bis 6 Wiederholungen in der Übungseinheit zufrieden sein muß. Mit zunehmender Kraft und Beweglichkeit kann man die Anzahl der Wiederholungen vergrößern, solange die Losgelassenheit erhalten bleibt. Auch Variieren der Belastung durch Verkleinern und Vergrößern des Zirkels ist wirksam. Zur Entwicklung der Aktion tragen auch – in Maßen betrieben – Longieren in tiefem Sand oder auf einem Strohzirkel sowie Reiten im flachen Wasser (40 cm) bei.

Etwas in Vergessenheit geraten sind zwei Hilfsmittel, mit denen früher auf die Entwicklung der Aktion Einfluß genommen wurde. In dem Buch „Bearbeitung des Reit- und Kutschpferdes zwischen den Pilaren" von B. M. Holleufer (Hannover 1896) findet sich dazu folgender Absatz:
Ein Paar Korallen
Jede Koralle besteht aus sechs hölzernen Kugeln, von denen die einzelne 4,5 cm im Durchmesser hat; sämtliche werden durchlöchert und mit einem rundgenähten Riemen miteinander verbunden, der mit Schnalle und Strippe versehen wird. Man schnallt die Korallen entweder über das Fesselgelenk oder um die Fesseln. Das Gewicht und das bei der Bewegung der Füße entstehende Klappern regt die Pferde an, lebhafter und aktiver zu treten. Bei Pferden, welche durch Lahmheiten, Muskelschwäche oder Muskelschwund mit dem leidenden Schenkel kürzer oder weniger erhaben als mit dem gesunden Schenkel treten, wird nur eine Koralle an den kranken Fuß gelegt. (Abb. 220)

Letzteres bezieht sich selbstverständlich auf das Vorgehen nach Beseitigung der Lahmheit. Und weiter nach Holleufer:
Ein Paar Schrotbeutel
Der Schrotbeutel ist aus weichem Leder angefertigt, mit Rehfell ausgefüttert, 36 cm lang und 6,5 cm breit. Auf der vorderen Fläche ist in der Mitte ein Einschnitt, in dessen Ränder auf jeder Seite Ösen geschlagen sind, durch die, nachdem der Beutel mit Schrot gefüllt ist, ein Riemchen gezogen und die Öffnung zugeschnürt wird. An einem Ende des Beutels befindet sich eine Schnalle, am anderen Ende eine Strippe. Die Anwendung geschieht aus gleichen Gründen wie bei den Korallen; das stärkere Gewicht von ein bis zwei Pfund Schrot bewirkt einen noch kräftigeren Gebrauch der Hebemuskeln. Sie bewähren sich auch während des Reitens bei denjenigen Pferden, die im Gang sich übereilen, tausend Beine haben, sie treten sofort ruhiger. In diesem Falle legt man sie an allen vier Füßen an. Man muß Geduld haben und abwarten, bis die Kräftigung der Hebemuskeln eingetreten ist. (Abb. 221)

Abb. 220 Koralle

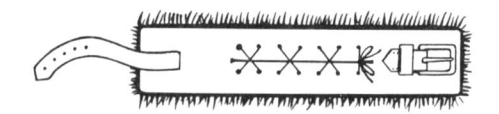

Abb. 221 Schrotbeutel

Mit gleicher Absicht werden auch doppelte Hufeisen verwendet, die unter das aufgenagelte Eisen untergeschraubt oder untergeschweißt werden. Sie haben den Nachteil, daß sie durch ihr Gewicht die Hufnägel lockern und – sofern sie untergeschweißt sind – einen Wechsel des Beschlags erfordern, wenn sie nicht mehr benötigt werden.

In Fahrprüfungen dürfen alle diese Hilfsmittel natürlich nicht benutzt werden.

Hinweise zur Vorbereitung auf Fahrprüfungen

Vorbereitung der Gespannkontrolle

Die *langfristige Vorbereitung* beginnt mit dem Zusammenstellen eines Gespannes, das – unter Berücksichtigung der vorhandenen materiellen Möglichkeiten – weitgehend den Grundsätzen für Beschirrung, Anspannung und Stil entspricht, wie sie an anderer Stelle bereits erläutert wurden. Die Pferde müssen in guter Verfassung sein (Futterzustand, Kondition) und gelernt haben, längere Zeit (etwa 5 Minuten) auf allen vier Beinen und an den Gebissen stehend stillzustehen und danach ruhig im Schritt anzuziehen. Das ist für den Zeitraum der Besichtigung des Gespannes durch die Richter und für den Wechsel von Richterposition zu Richterposition erforderlich. Schließlich kann sich ein Richter auch einmal den Hufbeschlag ansehen wollen. Die Pferde müssen sich also auch die Beine ohne Schwierigkeiten aufheben lassen.

Selbstverständlich gehört zur langfristigen Vorbereitung auch, daß der Wagen in den optimalen Zustand der Betriebs- und Verkehrssicherheit gebracht wird. Nach Bedarf sind Wartungs- und Instandsetzungsarbeiten auszuführen. Für die Geschirre gilt dies analog. Auch der Bockkasten muß sauber aufgeräumt werden. Die Bekleidung von Fahrer, Beifahrer und gegebenenfalls Bockdame muß ausgewählt, vielleicht sogar angefertigt oder geändert werden. Das ist frühzeitiger Überlegung wert, wenn auch diese Äußerlichkeiten korrekt und zum Gespann passend sein sollen. Es empfiehlt sich, am Ende einer Turniersaison aufzuschreiben, welche Arbeiten bis zum Beginn der nächsten Saison ausgeführt werden sollen, damit man weder etwas vergißt noch in Zeitnot gerät.

Zur *unmittelbaren Vorbereitung* gehören:
▌ Gründliches Säubern des Wagens, wobei das Wageninnere nicht vergessen werden darf. Frische Kerzen in die Laternen stecken! Ein Richter kann sehr wohl unterscheiden zwischen einer Verschmutzung, die bei der Anfahrt zum Turnierplatz entstanden ist, und „altem Dreck". Vor dem Einfahren sollte aber mit Wasser und Schwamm der gröbste Schmutz von der Anfahrt entfernt werden. Trittplatten, von denen die Farbe abgerieben ist, sollten am Vortage noch einmal nachgestrichen werden.

▌ Wurden die Geschirre am Tag vor der Prüfung gründlich gesäubert, bedarf es nur noch des Staublappens und des Schwammes (für bei der Anfahrt aufgeflogene Schaumflocken).

▌ Vor dem Anspannen ist viel Sorgfalt auf die *Vorbereitung der Pferde* zu verwenden. Die Frisur des Langhaares ist schon vorher in Ordnung gebracht worden. Jetzt muß alles in sauberen Zustand gebracht werden. Die Hufe sind außen und innen gründlich zu waschen und, wenn gewünscht, mit farblosem Hufffett einzufetten, keinesfalls mit der schwarzen Hufschmiere, die den Verdacht erweckt, daß sie nur den Schmutz verdecken soll. Ein altes, probates Hausmittel zum Herstellen eines schönen Glanzes der Hufe ist das Einreiben mit der Schnittfläche einer halbierten Zwiebel. Abschließend wird die Mähne gebürstet und der Schweif verlesen. Kurz vor dem Einfahren werden die Pferde noch einmal mit dem Tuch abgewischt.

▌ Zweckmäßigerweise haben die Beifahrer bei den letzten Arbeiten am Gespann einen Arbeitskittel getragen. Vor dem Aufsitzen wird die Kleidung der Wagenbesatzung noch einmal überprüft. Eine hübsche Sitte ist es, wenn die Bockdame einen Strauß frischer Blumen erhält. Er muß ebenso zum Gespann passen wie ihre Kleidung.

Ist das Gespann am ersten Richter vorgefahren, erweist der Fahrer den Gruß, der Beifahrer verläßt schnell seinen Platz und begibt sich vor die Pferde, wo er ruhig stehenbleibt. Werden die Pferde unruhig, faßt er sie an den inneren Backenstücken. Während der Weiterfahrt zum nächsten Richter geht der Beifahrer am Kopf des Stangenpferdes mit.

Vorbereitung auf Dressurprüfungen

Langfristige Vorbereitung

Dressurmäßiges Fahren ist nicht Selbstzweck. Es ist Grundlage guten Fahrens, ebenso wie dressurmäßiges Reiten dazu dient, die Leistungen des Reitpferdes in allen Disziplinen zu verbessern. Ausgehend von dieser Auffassung, beginnt die Dressurausbildung sehr früh, nämlich wenn das Pferd an seine Aufgaben gewöhnt worden ist, und bleibt Bestandteil der Ausbildung und des Trainings, solange das Pferd im Gebrauch des Menschen verbleibt. Dressurprüfungen (s. S. 267 ff.) dienen lediglich dem Nachweis des erreichten Ausbildungsstandes.

Gute Fahrpferde werden unter dem Sattel aus- und ständig weitergebildet. In aller Regel erreichen Fahrpferde, die in nationalen Meisterschaften und internationalen Fahrprüfungen eingesetzt werden, das Niveau von M-Dressurpferden, wenigstens sind sie in den Lektionen der Klasse M ausgebildet. Solche Pferde sind ausreichend gymnastiziert, um auch die Anforderungen an Gangarten und Tempi, wie sie in den Dressurprüfungen gefordert werden, zu erfüllen. Auch haben sie gelernt, in korrekter Stellung und Biegung durch die Wendungen zu gehen bzw. sich auf gebogene Linien einzustellen. Legt man bei gerittenen Fahrpferden die Peitsche an die Stelle an, an welcher der Reiterschenkel wirkt, also kurz hinter dem Kammdeckel, und läßt den Schlag dort einige Sekunden liegen, so wirkt die Peitschenhilfe nicht vorwärts-, sondern seitwärtstreibend. Das ist besonders wichtig, wenn man Pferde in den Wendungen an der Deichsel halten muß, weil sie dazu neigen, sich über die Schulter in die Wendung zu werfen.

Während der bisherigen Arbeit mit dem jungen Pferd hat die Stimme des Ausbilders große Bedeutung gehabt. Das bleibt im Grunde auch weiterhin so, wenn auch mit fortschreitender Sicherheit die Stimme in den Hintergrund treten kann, und zwar in dem Maße, wie das Pferd auf die anfangs mit der Stimme verbundenen Leinen- und Peitschenhilfen auch ohne ihr Zutun reagiert. Bei den Fahrpferden macht es sich jedoch notwendig, daß die Pferde eines Gespannes einzeln angesprochen werden können. Dazu müssen sie ihren Namen (oder ein anderes Lautzeichen, das immer nur bei ein und demselben Pferd angewendet wird) kennen und darauf reagieren lernen. Man muß dazu jede Stimmhilfe mit dem Namen des Pferdes verbinden, z. B.: „Rando! Komm!" Das Pferd lernt das am besten, wenn man den Namen auch schon bei der Longenarbeit konsequent benutzt und dann auch bei den Einspännerübungen verwendet.

Es empfiehlt sich, neben der Ausbildung unter dem Sattel die Fahrpferde auch im Einspänner auf die Dressurprüfung vorzubereiten. Da man hier nur auf ein Pferd einzuwirken hat und abweichende Reaktionen des zweiten Pferdes nicht stören, trägt das Einspännigfahren außerordentlich zur Schulung des Gehorsams bei. Man kann auf diese Weise auch Lektionsfolgen und Teilaufgaben für die Dressurprüfungen üben.

Die gesamte Dressuraufgabe zu fahren, vielleicht sogar als ständigen Teil der Trainingsstunden, ist grundfalsch. Bei gleichbleibender Lektionsfolge lernen die Pferde, dem Fahrer und seinen Hilfen zuvorzukommen. Die geforderten Lektionen sollen daher nicht öfter als zweimal in der gleichen Reihenfolge oder an derselben Stelle des Fahrplatzes geübt werden.

Pferde, die im Training für Fahrprüfungen stehen, können nicht an jedem Wochentag ausschließlich auf dem Fahrplatz trainiert werden. Ihr Gang und ihr Vorwärtsdrang würden leiden. Mit viel Abwechslung – durch Fahren im Gelände, durch Hindernisfahren u. a. – wird der Eintönigkeit der Dressurarbeit begegnet. Man achte aber darauf, daß auch in der einzelnen Dressur-Übungseinheit keine Monotonie aufkommt. Dazu sind im Rahmen des Möglichen die Anforderungen zu variieren.

Im Wochenzyklus sollte man zwei Dressur-Übungseinheiten bei einmaligem Training am

Tabelle 20: Vorschlag für die Gestaltung eines Wochenzyklus in der Vorbereitung auf eine Große Vielseitigkeitsprüfung

Wochentag	Trainingshäufigkeit		
	1 TE/Tag	2 TE/Tag	
		vormittags	nachmittags
Montag	Dressurfahren	Dressurreiten	Dressurfahren
Dienstag	Fahren im Gelände	Dressurfahren	Fahren im Gelände
Mittwoch	Dressurreiten	Dressurfahren	Fahren im Gelände
Donnerstag	Dressurfahren	Dressurfahren	Hindernisfahren
Freitag	Fahren im Gelände	Dressurreiten	Dressurfahren
Sonnabend	Dressurreiten	Fahren im Gelände	Dressurfahren
Sonntag	Hindernisfahren	Hindernisfahren	Koppelgang

Tag vorsehen, wenigstens vier sollten es bei zwei Trainingseinheiten (TE) je Tag sein. Einen Vorschlag für die Gestaltung eines Wochenzyklus zeigt die Tabelle 20.

Bei intensiver Trainingsarbeit empfiehlt es sich allerdings, in Abhängigkeit vom Ermüdungsgrad der Pferde den zur Beruhigung der Nerven außerordentlich wirksamen Koppelaufenthalt stärker zu berücksichtigen. Das gilt auch für die zwei oder drei Tage nach einem Wettkampf.

Stellung und Biegung in den Wendungen und auf allen gebogenen Linien werden vom Fahrpferd ebenso verlangt wie vom Reitpferd. Es gilt der Grundsatz, daß die äußere Leine bestimmend für die Größe der Wendung ist, die innere für die Kopfstellung. Durch Nachgeben und Aushalten der äußeren Leine führt der Fahrer das Gespann auf der gebogenen Linie. Beide Pferdeköpfe müssen ganz gleichmäßig in die Wendung gestellt sein. Wenn das gelingen soll, müssen die beiden Pferde bei richtig verschnallten Leinen gleichmäßig ziehen. Häufig hängt das innere Pferd etwas zurück. Es muß mit der Peitsche oder auch – beim Training – durch treibende Stimmhilfe (mit Namen) wieder vorgetrieben werden.

Gleichmäßige Arbeit beider Pferde des Gespannes ist ein wichtiges Bewertungskriterium für die Richter und demnach auch eine Forderung an den Fahrer.

In den Dressuraufgaben sind mehrere *Hufschlagfiguren* enthalten, die an verschiedenen Stellen des Vierecks auszuführen sind. Sie müssen auf exakt bestimmten Linien gefahren werden (Ecken, Volten, Kehrtvolten, Zirkel, Acht, Schlangenlinien). Da die Präzision der Figuren von den Richtern hoch bewertet wird, liegt in ihrer korrekten Ausführung eine wichtige Gutpunktreserve. Dazu muß besonders das Augenmaß des Fahrers geübt werden, denn Nichteinhalten der vorgeschriebenen Figurengröße wird ebenso negativ bewertet wie Verletzung ihrer Form. Als ein zweckmäßiges Mittel zur Unterstützung des Fahrers hat es sich bewährt, die Hufschlagfiguren in ihrem Verlauf auf dem Viereck kenntlich zu machen. Das kann sowohl mit einer Harke auf dem Sandviereck oder mit Sägespänen, Baumnadeln, Kreide oder hellem Sand geschehen. Volten, Achten, Zirkel müssen kreisrund gefahren werden. Will man den Kreisbogen kenntlich machen, benutzt man zweckmäßig einen „Gärtnerzirkel" (Holzpflock im Mittelpunkt, Strick von entsprechender Länge, am äußeren Ende ist eine Harke befestigt). Bei den einfachen und doppelten Schlangenlinien, bei denen der Abstand vom Hufschlag der ganzen Bahn in der Aufgabe festgelegt ist, sollte man sich wenigstens die Punkte markieren, bis zu denen vom Hufschlag abgewichen werden muß. Den Verlauf von Serpentinen kennzeichnet man sich ebenfalls durch Punkte an der Mittellinie.

Es ist von großer Bedeutung, ob ein Gespann schnurgerade *auf der Mittellinie fahren* kann, denn das wird in jeder Aufgabe mehrmals verlangt. Am allerwichtigsten ist es jedoch beim Einfahren zur Prüfung. Erfahrungsgemäß wirkt sich die erste Note oft auf die weitere Bewertung im Verlauf der Prüfung aus. Aus alldem ergibt sich für den Fahrer, daß es angebracht ist, sich auf diese einfach erscheinende Lektion besonders gründlich vorzubereiten.

Sie muß so gefahren werden, daß die Pferde genau geradeaus gestellt den Viereckeingang passieren, und zwar so, daß die Mittellinie genau unter der Deichsel verläuft. Das kann man nur selten ganz korrekt ausgeführt sehen.

Beim Üben der Figuren, deren Ausführungsort auf dem Viereck ständig wechseln muß, sollte im ruhigen Arbeitstrab gefahren werden. Auf den Zirkeln oder auch auf großen Volten (Ø 20 m) kann das Tempo bis zum Mitteltrab gesteigert werden.

Entwicklung und Erhaltung des Schwungs bei taktmäßig und losgelassen gehenden Pferden ist eine der wichtigsten Aufgaben des Dressurtrainings. Deshalb sollte man auch die „Übungen im versammelten Trab" mit Zurückhaltung betreiben, damit der Schwung nicht verlorengeht. Das gilt ganz besonders für die Dauer solcher Reprisen. Genügend häufig fahre man jedoch Übergänge zwischen Gebrauchstrab und versammeltem Trab, indem man die Pferde bei gegenhaltender Hand mit der Peitsche zu energischen, wenn auch etwas kürzeren Tritten anregt.

Fährt man im versammelten Trab eine Figur (Acht, Schlangenlinie), so müssen auch dabei Lebhaftigkeit der Tritte und Schwung erhalten bleiben. Lassen sie nach, geht der Fahrer – ebenso wie es der Reiter tut – auf eine gerade Linie und stellt erst den Schwung wieder her. Das gleiche gilt, wenn beim mehrmaligen Fahren einer Volte, einer Acht oder einer anderen Figur der Schwung nachläßt.

Ein weiteres Problem sind die *Übergänge*, die weich und flüssig gefahren werden müssen. Muß man zum Beispiel starken Trab auf der Diagonalen zeigen, kann man bei Fahrpferden nicht die Trittlänge von einem zum anderen Tritt auf das gewünschte Maß steigern, wie dies beim Reitpferd möglich wäre. Vielmehr muß der Raumgriff über eine Anzahl von Tritten kontinuierlich größer werden und erreicht erst ein bis zwei Pferdelängen nach dem Wechselpunkt seine höchste Entwicklung. Wichtig ist jedoch, daß er dann bis zum nächsten Übergang möglichst unverändert erhalten bleibt.

Beim *Halten* müssen die Pferde auf allen vier Beinen ruhig stehen. Die geforderte Zeitspanne ist nicht sehr lang. Übt man das Halten stets an der gleichen Stelle des Vierecks und schließt vielleicht gar noch jedesmal das Rückwärtstreten an, so werden die Pferde bald von sich aus nach wenigen Sekunden mit dem Zurücktreten beginnen oder zumindest unruhig werden. Dem kann man entgehen, indem man erstens das Halten stets an anderer Stelle des Vierecks und auch jedesmal mit unterschiedlicher Dauer (bis zu fünf Minuten) übt und zweitens beim Halten auf der Mittellinie das Rückwärtstreten meist ausläßt. Das Üben muß also ganz darauf gerichtet werden, die Pferde stets vor neue Aufgaben zu stellen, so daß der Gehorsam gegenüber den Hilfen des Fahrers gefestigt wird. Es ist zu verhindern, daß die Pferde ihnen zuvorkommen.

Neben dem ruhigen Stehen wird auch geschlossenes Stehen verlangt, d. h., Vorder- und Hinterbeine sollen nebeneinandergestellt und letztere nicht hinten hinausgestellt sein. Das kann man den Pferden in kurzer Zeit beibringen, wenn man sie jedesmal beim Halten durch leichtes Anklopfen mit einer Gerte (macht der Beifahrer) veranlaßt, die Hinterbeine nebeneinanderzustellen. Daß dabei stets das weiter hinten stehende Bein zum Vortreten veranlaßt wird, ist selbstverständlich.

Viele Fahrer haben mit dem geraden *Zurücksetzen des Wagens* Probleme. Die Kriterien für die korrekte Ausführung wurden auf Seite 210 f. bereits dargelegt. Exakt gerades Fahren auf der Mittellinie ist zwar erste Voraussetzung für das Gelingen, doch sollte man das Zurücksetzen nicht nur auf der Mittellinie üben, sondern auch – wie alle anderen Lektionen – an den verschiedensten Stellen des Vierecks. Übt man das Rückwärtsschieben an der Bande, hindert man das äußere Pferd gleichzeitig daran, mit der Hinterhand auszufallen. Bevor man mit dem Üben des Rückwärtstretens im Zweispänner beginnen kann, muß jedes der beiden Pferde unter dem Sattel, an der langen Leine und auch im Einspänner gelernt haben, auf das anfangs mit dem Kommando „Zuuurück!" verbundene Annehmen der Leinen zurückzutreten. Das ist die Voraussetzung. Bei den ersten Übungen im Einspänner sollte man dem Pferd die Aufgabe auch dadurch erleichtern, daß man den Wagen leicht bergan stellt, damit er von selbst zurückrollt. Sollte so eine Möglichkeit nicht zu finden sein, kann auch der Beifahrer helfend in die Speichen eines Hinterrades greifen und es zurückdrehen, so daß dem Pferd anfangs das Schieben erspart wird. Allmählich wird man dann die Hilfe immer weiter verringern.

Rückwärtstreten vor dem Wagen sollte man niemals in tiefem Boden üben. Das führt zu Widersetzlichkeiten, die man gerade am Anfang nicht gebrauchen kann.

Beendet wird das Rückwärtstreten mit einem Nachgeben der Leinen, das das Pferd als Signal zum Vorwärtsgehen kennt. Die Vorwärtsbewegung allerdings wird durch ein Gegenhalten der Hand aufgefangen. Schwierigkeiten stellen sich manchmal erneut ein, wenn das Zurücksetzen mit dem Zweispänner geübt wird. Treten die Pferde nämlich nicht gleichmäßig zurück, besteht die Gefahr, daß die Deichsel aus ihrer Stellung gebracht wird und das gerade Zurückschieben des Wagens mißlingt. Das gleichmäßige Zurücksetzen übt man vorsichtig und geduldig, Schritt für Schritt. Dabei sollte die Länge der Strecke, um die zurückgesetzt werden soll, ständig verändert werden, damit auch in dieser Beziehung keine Gewohnheit erzeugt wird.

Ungleichmäßiges Zurücktreten läßt sich im Zweispänner nur schwer korrigieren. Gleichgültig, ob ein Pferd zu schnell zurücktritt oder den Beginn des Rückwärtstretens verzögert – man sollte es zunächst wieder an der langen Leine und im Einspänner korrigieren, ehe man erneut mit den Zweispännerübungen beginnt.

In einer Reihe von Aufgaben wird das *Anfahren im Gebrauchstrab aus dem Halten* gefordert. Da es hierbei besonders auf das vollkommen gleichmäßige und gleichzeitige Anziehen ankommt – wobei der erste Tritt beider Pferde ein Trabtritt sein soll –, ist auch diese Lektion ein Trainingsschwerpunkt. Vorausgesetzt wird, daß die Pferde gelernt haben (an Longe, Doppellonge und gegebenenfalls im Einspänner), auf Kommando aus dem Halten anzutraben. Man übt diese Lektion, indem man die Pferde durch Nachgeben der Leine zum Vorwärtsgehen auffordert und in dem Augenblick, da sie an die Kumte bzw. Brustblätter herangetreten und die Stränge gestrafft sind, mit dem ihnen bekannten Kommando „Trab!" zum Antraben bringt. Die Hand, die zunächst nach dem ersten Nachgeben stehengeblieben ist und den Pferden gestattet hat, deutlichere Anlehnung an das Gebiß zu nehmen, gibt bei dem Kommando noch einmal nach, um die Trabtritte herauszulassen. Beim Hindernisfahren und in den Strafzonen der Geländehindernisse wird oft *Galopp* gefahren. Die Pferde müssen lernen, möglichst gleichmäßig anzugaloppieren. Kurzes Annehmen beider Leinen und deutliches Nachgeben der Innenleine, anfangs verbunden mit Stimmhilfe: „Gaaa – lopp!", macht den Pferden verständlich, was von ihnen verlangt wird, zumal sie das Angaloppieren auf Kommando von der Longe her noch kennen. Bei diesen Übungen muß der Fahrer von Anfang an versuchen – nötigenfalls unter Zuhilfenahme der Peitsche –, aus dem Arbeits- oder Mitteltrab anzugaloppieren und zu verhindern, daß die Pferde in den Galopp hineingejagt werden. Das macht sie nur nervös.

Abschließend soll noch einmal darauf hingewiesen werden, daß die Kunst des Fahrers in der Dressur nicht zuletzt darauf beruht, daß er in der Lage ist, jede Hilfe zum gleichen Zweck in der gleichen Weise zu wiederholen. Dieses exakte „Reproduzieren" der Hilfen erleichtert es dem Pferd, richtig darauf zu reagieren.

Es ist eine bekannte Erfahrung, daß Pferde auf dem Wettkampfviereck ohne treibende Einwirkung mit der Peitsche im Laufe der Zeit immer matter gehen, obwohl sie auf dem Trainingsplatz zuvor einen guten Vorwärtsdrang entwickelten. Um dieser Gefahr zu begegnen, muß man dem Pferd die Erfahrung vermitteln, daß auf jedem Viereck die Peitsche respektiert werden muß. Das kann man am besten erreichen, indem man das Training nicht nur auf dem gleichen Viereck fährt. Das wird meist nur möglich sein, wenn man einen oder mehrere fahrsportbeflissene Nachbarn hat. Aber auch Versetzen des eigenen Vierecks hat schon positive Wirkung, die ja insgesamt davon abhängt, wie stark man sich an die äußeren Bedingungen einer Dressurprüfung annähern kann.

Unmittelbare Wettkampfvorbereitung

Will man mit den so ausgebildeten Pferden an einer Dressurprüfung teilnehmen, wird man in den letzten zwei Wochen die geforderte Dressuraufgabe in Teilen (Teilaufgaben, d. h. einer Reihe von Lektionen mit den sie verbindenden Elementen – Übergängen) am Ende der Dressur-Trainingseinheit üben. Die Teilaufgaben wählt man so aus, daß sie sich überlappen, damit auch alle Übergänge erfaßt werden. Zweimal sollte man in diesem Zeitraum auch die ganze Aufgabe fahren. Das hilft auch dem Fahrer sehr, der in jedem Falle in der Lage sein muß, sie aus dem Gedächtnis zu fahren.

In der Phase der unmittelbaren Wettkampfvorbereitung gilt das besondere Augenmerk von Fahrer und Trainer bestimmten taktischen Fragen: Ist die Ecke genügend tief ausgefahren? Kann diese oder jene Hufschlagfigur noch präziser sein? Gelingt es schon, die verschiedenen Übergänge genau an den vorgeschriebenen Punkten auszuführen? Wie weit kann der Arbeitstrab vor dem starken Trab verkürzt werden, ohne an Schwung und Lebhaftigkeit zu verlieren, um den Übergang besonders eindrucksvoll herauszufahren.

Wie gestaltet sich die unmittelbare Wettkampfvorbereitung am Tage der Prüfung? Im Verlaufe des Dressurtrainings hatte der Fahrer erkannt, in welchem Tempi und mit welchen Übungen er seine Pferde am besten zur Losgelassenheit und an die Gebisse bringt. Diese Erfahrungen bestimmen den ersten Teil seines „Aufwärmprogramms auf dem Vorbereitungsplatz" (Abfahrplatz). Im zweiten Teil muß er dann, ohne die Pferde zu ermüden, sich über den Tageszustand seines Gespannes informieren und daraus letzte taktische Schlußfolgerungen für die Prüfung ziehen. So wird er durch Tempo- und Gangartwechsel die Durchlässigkeit der Pferde kontrollieren, nicht zuletzt, um zu erkennen, ob er mit seinen Paraden früher einsetzen muß oder später einsetzen kann, wenn er seine Lektion „am Punkt" ausführen will. Ein- oder zweimal wird er die Pferde auch zum starken Trab antreten lassen, denn er muß wissen, wie weit er die Pferde fordern darf, ohne daß sie angaloppieren. Und er wird auch nötigenfalls ein Pferd, das sich über die Schulter wirft, mit einem strafenden Peitschenschlag auf die Schulter verwarnen in der Hoffnung, daß dessen Wirkung bis zum Ende der Prüfung vorhält.

Glaubt der Fahrer, daß sein Gespann ausreichend auf die Prüfung vorbereitet ist, beendet er die Übungen auf dem Vorbereitungsplatz, hält aber sein Gespann so lange in Bewegung, bis die Aufforderung zum Einfahren gegeben wird.

Vorbereitung auf das Hindernisfahren

Das Hindernisfahren als letzter Teil einer Kombinierten Prüfung für Fahrpferde wird von manchem Fahrer gefürchtet, denn durch das Umwerfen oder auch nur Berühren weniger Kegel kann man sein in den drei vorangegangenen Teilprüfungen mit Anstrengung errungenes gutes Ergebnis nur zu leicht aufs Spiel setzen. Das Wissen um die nicht mehr kompensierbaren Folgen von Fehlern in dieser Teilprüfung führt zur Nervosität, die man gerade dabei am wenigsten gebrauchen kann. Wettkampffestigkeit als Resultat im Training gewonnener Ruhe und Sicherheit sind gefragt, beim Fahrer wie bei den Pferden.

Langfristige Vorbereitung

Mit der Vorbereitung auf das Hindernisfahren beginnt man, wenn die Pferde im Zweispänner an den Gebissen stehend geradeaus und in Wendungen gefahren werden können. Dabei können die ersten Übungen im Durchfahren von Toren durchaus am Ende einer Trainingseinheit im dressurmäßigen Fahren angeschlossen oder auch in einer Pause zwischen zwei verschiedenen Lektionsfolgen eingefügt werden.

Zweierlei sollten die Pferde lernen: erstens, daß sie immer zwischen zwei Kegeln hindurchgehen sollen, und zweitens, daß die Kegel respektiert werden müssen.

Was die erste Lernaufgabe betrifft, so übe man von vornherein mit relativ engen Toren. Tore mit den Maßen „Spurbreite plus 10 cm (maximal 20 cm)" lehren die Pferde, schnurgerade durch das Tor zu gehen. Wer so übt, wird später im Vorteil sein, wenn er bei den ersten Prüfungen größere Toleranzen antrifft.

Bei diesen Übungen achte man anfangs darauf, daß die Pferde im ruhigen Trabtempo, weit genug vor dem Tor geradeaus gestellt, herankommen. Erst wenn die Pferde das sicher können, sollte man die Tore auch aus Wendungen heraus anfahren, jedoch immer so, daß Pferde und Wagen die Torlinie zwischen den Kegeln senkrecht passieren.

Hinsichtlich der zweiten Lernaufgabe muß bei den Pferden der Eindruck erweckt werden, daß ein Kegel fest ist und nicht umgeworfen werden kann. Es ist das ein ähnliches Problem wie das, vor dem der Springreiter steht, wenn er sein Pferd das berührungsfreie Springen lehren will: Wenn sich ein Pferd durch eigene Unachtsamkeit an einem nicht nachgebenden Gegenstand stößt, wird es sich danach Mühe geben, diesen Gegenstand nicht mehr zu berühren. Zweckmäßig scheint es, den Pferden diese Lehre zu erteilen, bevor sie die Erfahrung gemacht haben, daß die Kegel leicht umfallen. Hat man also den Pferden den Weg durch die Kegel gezeigt und sie ihn einige Male machen lassen, sollten die Kegel beschwert werden. Dazu gibt es unterschiedliche Methoden. Manche Fahrer verwenden feste Holzblöcke, andere setzen mehrere Kegel übereinander, um einen größeren Widerstand zu erzeugen. Sicherlich sind auch andere Lösungen möglich, wie z. B. das Füllen der Kegel mit Sand o. ä., ohne daß dadurch eine Verletzungsgefahr heraufbeschworen wird. Stößt ein Pferd an einen solchen Kegel an, wird es das unangenehm spüren und in der Zukunft vorsichtiger sein. Läßt später dennoch die Vorsicht nach, greife man, wenn nötig, auf die schweren Kegel zurück. Erforderlich für die wirksame Korrektur ist es allerdings, daß leichte wie schwere Kegel in Form und Farbe identisch sind.

Ähnlich wie beim Springtraining muß der Ausbilder die Anforderungen allmählich, jedoch kontinuierlich erhöhen. Nachdem einzelne Tore auf der Geraden sicher durchfahren wurden, wird er zwei oder mehr in kurzen Abständen und auf gleicher Linie stehende Tore aufbauen. Dem folgen mehrere Tore auf sanfter Krümmung, bis schließlich ein Zirkel mit 18 m Durchmesser durchfahren und schließlich von diesem auf einen gleich großen der anderen Hand gewechselt werden kann. Später kann man auch langgezogene Schlangenlinien und Wendungen zwischen nicht in Flucht stehenden Toren fahren.

An Fahrhindernisse, die aus Teilen der Springhindernisse bestehen, müssen die Pferde systematisch gewöhnt werden, und zwar möglichst an alle Typen solcher Hindernisse.

Bei all diesen im ruhigen Trab ausgeführten Übungen müssen die Pferde lernen mitzuarbeiten, d. h., die Hindernisse, zu denen ihnen der Weg gewiesen wird, gleichsam von selbst aufsuchen. Dazu muß sie der Fahrer jeweils frühzeitig auf das Hindernis aufmerksam machen und danach mit ruhiger Hand die Pferde ihren Weg finden lassen. Auf diese Weise bleiben sie in der Regel ebenfalls ruhig. Das ist meist nicht der Fall, wenn der Fahrer beim Heranfahren an das Hindernis mit hektischen Leinenhilfen zu korrigieren versucht.

Deshalb sollte man auch die Hindernisse so bauen, daß man sie in ruhigem Trab durchfahren kann und nicht etwa zum Schritt parieren muß. Das heißt, sie sollten zunächst dort etwas weiter sein, wo Wendungen oder Kehren erforderlich sind (U-, L-, doppel-L-förmige und Slalomhindernisse), nicht jedoch bei den Toren.

Gleichlaufend mit diesem Hindernis-Fahrtraining – es kann sicherlich nicht öfter als zweimal in der Woche stattfinden und soll jedesmal andere Aufgaben entsprechenden Schwierigkeitsgrades stellen – wird der Fahrer bei den Dressurübungen dem Galoppieren mehr Raum geben. Für die Leistung in der Hindernisbahn ist es am besten, wenn die Pferde gleichmäßig durchgaloppieren. Dazu müssen sie aber in allen Galopptempi gefahren werden können, d. h. gehorsam und durchlässig sein, so daß der Fahrer vom starken bis zum versammelten Galopp alles ohne Widerstand und ohne zuviel Gewicht in der Hand verlangen kann, bei bestausgebildeten Pferden bis hin zu Passaden in relativ engen Wendungen. Daß diese Forderung ausdauerndes und geduldiges Training voraussetzt, bedarf keiner Betonung.

Schließlich geht man auch dazu über, die Tore und Hindernisse im Galopp zu fahren, wobei besonders darauf geachtet werden sollte, daß die Pferde ständig gut an den Gebissen stehen.

An den Fahrer werden beim Hindernisfahren erhebliche Anforderungen hinsichtlich der Technik seiner Leinenführung gestellt. Von Anfang an sollte er sich davor hüten, die Grundsätze der Leinenführung aufzugeben. Mit geteilten Leinen kann man vielleicht ein leichtes Hindernisfahren gewinnen, „Fahren" kann man das jedoch nicht nennen.

Unmittelbare Vorbereitung

Die Vorbereitungen auf die Teilnahme am Hindernisfahren betreffen zunächst Wagen und Geschirre. Alles muß so in Ordnung sein, daß es bei der größeren Belastung, die ein Hindernisfahren mit sich bringt, keine Defekte geben kann. Ein brüchiger Aufhalter oder ein sich lösender Strang können den Fahrer um alle Chancen bringen.

Nachdem die Fahrbahn vor Beginn der Prüfung zur Besichtigung freigegeben wurde, sieht man nicht selten Fahrer rasch und miteinander schwatzend über den Platz laufen, so daß sie sich gerade die Reihenfolge der Tore einprägen können. Das heißt aber, die vom Veranstalter eingeräumte Möglichkeit schlecht zu nutzen. Sinnvoll ist es hingegen, wenn der Fahrer, wenn möglich in Begleitung seines Trainers, den Weg von Hindernis zu Hindernis so abschreitet, wie er ihn dann mit seinem Gespann zurücklegen will. Begonnen wird mit dem Auffahren zum Gruß. Wie fährt man danach zur Startlinie, um den Weg zum ersten Hindernis abzukürzen? Wie groß muß man den Bogen bei einer Wendung zwischen zwei Hindernissen fahren? An welchen Stellen muß das Tempo verkürzt, wo kann zugelegt werden? An welcher Stelle soll die Ziellinie passiert werden? Fragen über Fragen, auf die der Fahrer während des Besichtigungsganges Antworten suchen und finden muß. Am Ende der Besichtigung muß der Fahrer seinen taktischen Plan fertig haben. Und wenn er kurz vor Verlassen des Platzes noch einmal den Bahnverlauf rekapituliert, muß er auch die taktischen Konsequenzen noch einmal an seinem geistigen Auge vorüberziehen lassen, um sie sich fest einzuprägen.

Nach dem Aufsitzen wird er auf dem Vorbereitungsplatz seine Pferde zunächst lösen und an die Gebisse stellen. Danach wird er, ohne die Pferde zu ermüden, einige Übungen ausführen, mit denen er die Durchlässigkeit und Wendigkeit der Pferde sowie ihren Antrittswillen kontrolliert. Obwohl jeder Fahrer im Verlaufe des langfristigen Leistungsaufbaus erkennt, wie er sein Gespann am besten auf die Aufgabe vorbereitet, und daraus sein „Abfahr-Programm" entwickelt, muß er doch den aktuellen Zustand am Prüfungstag noch einmal überprüfen, denn auch Pferde sind nicht an jedem Tag in gleicher Verfassung. Ganz besonders wichtig ist das nach anstrengenden Marathonfahrten, nach denen die Vorbereitung besonders sorgfältig erfolgen muß, um unter Schonung der Kräfte die wahrscheinlich vorhandenen Muskelschmerzen und Steifheiten zu beseitigen. Das nimmt in der Regel weit mehr Zeit in Anspruch als die normale Vorbereitung.

Der Zeitpunkt für das Abfahren sollte nach Möglichkeit so gewählt werden, daß der Start unmittelbar danach erfolgt. Entsteht noch eine kurze Pause vor dem Start, wird das Gespann im ruhigen Trab in Bewegung gehalten, dauert die Pause länger, kann man die Pferde im Schritt ein wenig ausruhen lassen, bis man sie sich in den letzten Minuten vor dem Start wieder „in die Hand fährt".

Natürlich hat jeder Fahrer, zumal wenn er nicht unter den ersten auf der Startliste steht, das Bestreben, einige seiner Konkurrenten bei der Lösung der Aufgabe zu beobachten. Das sollte er auch tun, wenn er die Zeit dazu vor dem Abfahren erübrigen kann. Ist sein Beifahrer so weit ausgebildet, daß er das Lösen der Pferde besorgen kann, gewinnt der Fahrer für diese Beobachtung mehr Zeit. Die letzte Vorbereitung des Gespannes sollte er jedoch auf alle Fälle selbst übernehmen. Das Einfahren auf den Platz – wie auch das Ausfahren nach Beendigung des Parcours – hat im Trab zu erfolgen. (Auch die Ehrenrunde wird mit dem Zweispänner im Trab gefahren!)

Zum Gruß fährt der Fahrer so vor dem Richterturm auf, daß sein Gespann, in sich gerade gestellt, in Richtung auf den Richterturm zuhält und so zum Stehen kommt. Fährt der Fahrer von der Seite vor oder hält nicht mit geradegerichtetem Gespann, so wird das von den Richtern zu Recht als Unhöflichkeit betrachtet werden. Daß die Pferde während des Grußes ebenso stillstehen wie am Beginn einer Dressuraufgabe, ist eine Erziehungsfrage. Wird auch während des Trainings immer darauf Wert gelegt, wird es in dieser Beziehung keine Mängel geben. Beim Halten vor dem Richterturm sitzt der Beifahrer nicht ab. Er behält vielmehr seinen Platz so lange, bis das Gespann den Schauplatz verlassen hat. Aufstehen des Beifahrers im Parcours führt zum Ausschluß.

Vorbereitung auf die Marathonfahrt

Marathonfahrten sind Leistungsfahrten, die oft die Kräfte der Pferde vollständig in Anspruch nehmen. Sie stellen hohe Anforderungen an ihre Ausdauer und Kraft, aber auch Beweglichkeit und Gewandtheit. Daran hat sich die Vorbereitung von Fahrer und Pferden im langfristigen Trainingsprozeß zu orientieren. Die einzelnen Phasen der Marathonfahrt stellen an diese Leistungsfaktoren unterschiedliche Anforderungen. Das Training für diese Prüfung muß daher – auf der Grundlage hervorragender dressurmäßiger Ausbildung – entsprechend vielseitig gestaltet werden. Für die Trainingsplanung ist wichtig, zu bedenken, daß sich bestimmte Anforderungen – sie können auch andere Leistungprüfungen betreffen – teilweise ergänzen. So kann man z. B. mit der Entwicklung der Trabausdauer durch das Dressurtraining diese konditionelle Eigenschaft natürlich auch für die Marathonfahrt mit entwickeln.

Konditionelle Vorbereitung

Muskeln ermüden, wenn sie Arbeit leisten. Je länger sie arbeiten können, ohne daß man einen Leistungsabfall erkennt oder die Muskeln gar ihre Arbeitsfähigkeit einbüßen (lokale Erschöpfung), um so besser ist die Ausdauer entwickelt. Der Leistungsabfall der Muskeln kann hinausgeschoben werden, wenn durch systematische Ausdauerbelastungen, die bis zur Ermüdung führen, Herz-Kreislauf-System und Muskulatur zur besseren Anpassung an solche Belastungen angeregt werden.

Die Anforderungen an die Ausdauer sind in den verschiedenen Phasen der Marathonfahrt unterschiedlich. So ist Schrittausdauer eben nicht gleich der Ausdauer im ruhigen Trab und im Schnelltrab.

Jedes Training soll durch seine Belastungsgestaltung letztlich zu einer Anpassung des Organismus an die Wettkampfbelastung führen. Der Weg dorthin führt in jedem Fall über die Herausbildung der Grundlagenausdauer. Sie ist das Ergebnis lang anhaltender Belastungen in einem niedrigen bis mittleren Intensitätsgrad (lange Strecken im ruhigen Trab). Auf dieser breiten Ausdauergrundlage können die spezifischen Ausdauerformen für den Schritt und den Schnelltrab systematisch ausgebildet werden.

In der Praxis ist die Herausbildung der Grundlagenausdauer kein Problem. Schon von langen Trabreprisen auf dem Dressurviereck geht eine entsprechende Wirkung aus. Kommen noch ein- oder zweimal in der Woche längere Ausfahrten auf Wald-, Wiesen- oder Sandwegen dazu, wurden schon wesentliche Reize für die Ausprägung der Grundlagenausdauer gesetzt. Methodisch geht man dabei am besten nach dem Fahrtspielprinzip vor, indem man lange Trabstrecken mit kürzeren Schrittstrecken abwechseln läßt. Anfangs (z. B. nach der Winterpause) fährt man insgesamt 30 bis 40 min: 5 min Gebrauchstrab, 5 min Schritt, 6 min Gebrauchstrab, 5 min Schritt, 6 min Gebrauchstrab, 4 min Schritt, 5 min Gebrauchstrab, 4 min Schritt o. ä.

Allmählich wird die Länge der Teilstrecken im Trabe erhöht, später die Dauer der Schrittstrecken bis auf 3 min verkürzt. Am Ende des Trainingsabschnitts zur Herausbildung der Grundlagenausdauer erreicht die Summe der Teilstrecken im Trabe etwa das Eineinhalbfache der Wettkampfstrecke, immer vorausgesetzt, daß die Bodenverhältnisse dies gestatten und die Beine frisch bleiben. Die Schrittpausen werden so lange ausgedehnt, bis – für das Auge des Fahrers – Atem und Herzschlag der Pferde vollständig beruhigt sind. Mit zunehmender Ausdauer wird dieser Zeitpunkt früher eintreten.

Wer sich entschließen kann, den Trainingszustand genauer zu kontrollieren, verwendet dazu Herz- und Atemfrequenz. Erstere wird entweder an der Unterkieferarterie oder mit einem Phonendoskop in der Herzgegend festgestellt, letztere durch Beobachtungen der Nüstern oder der Bauchwand. Zunächst sind die Stallruhewerte festzustellen, die als Vergleichswerte von Bedeutung sind. Sie sinken mit wachsendem Trainingszustand etwas ab. Die beste Aussage erhält man aus der Dauer der Beruhigungszeit, die in gleichbleibenden Abständen mehrmals nach dem Ende der Belastung kontrolliert werden soll. Die Verbesserung des Trainingszustandes läßt sich am Kürzerwerden der Zeitspanne bis zum Erreichen des Stallruhewertes erkennen.

Die individuellen Unterschiede der Pferde lassen es geraten erscheinen, zu den genannten Werten keine Zahlen anzugeben. Empfehlenswert ist es jedoch, daß vom Ausbilder darüber Buch geführt wird. Neben diesen „unblutigen" Methoden gibt es auch genauere Verfahren zur Feststellung des Trainingszustandes durch Blutuntersuchungen. Diese können nur von Tierärzten angewendet werden.

Eine hohe Belastung für die Pferde bringen die *Schrittstrecken* mit sich. Die Bewältigung dieser Anforderung setzt ein spezielles Training voraus. Zunächst beginnt man damit, die Pferde im Schritt das ihnen angenehme Tempo finden zu lassen, damit sie sich völlig entspannen und an den Gebissen loslassen. In dieser Zeit sind lange Schrittreprisen im Wechsel mit wesentlich kürzeren Trabreprisen angebracht. Ein- bis zweimal in der Woche können diese Übungen bis zu drei Stunden ausgedehnt werden. Erst wenn die völlige Losgelassenheit erreicht ist und die Pferde an langen Leinen stehend einen lebhaften, taktmäßigen und ruhigen Schritt gehen, kann mit der Vorbereitung auf die konditionellen Anforderungen der Schrittphasen begonnen werden. Aber auch wenn man beginnt, die Pferde im Schritt zu treiben, damit sich der Raumgriff der Tritte verlängert, muß man ständig darauf achten, daß die Losgelassenheit erhalten bleibt, so daß sich der Rücken dehnt und die Hinterbeine tatkmäßig und entspannt nach vorn schwingen. Stellen sich Verkrampfungen ein oder ermüden die Pferde im Schritt – man erkennt das auch daran, daß sie die Gangart wechseln, um andere Muskeln zur Arbeit heranzuziehen –, sollte man entweder den Schritt zurücknehmen oder in ruhigem Trab die Losgelassenheit wiederherstellen. Auf diese Weise erfolgt auch das Schritttraining nach der Fahrtspielmethode.

Haben die Pferde ihren Raumgriff im Schritt im Rahmen ihrer Möglichkeiten verbessert, erreichen dabei aber das geforderte Tempo von 7 km/h (= 117 m/min) noch nicht, so muß man vorsichtig versuchen, die Schrittfrequenz bei gleichbleibendem Raumgriff zu erhöhen. Aber auch hierbei ist der Erhalt der Losgelassenheit der Pferde von erstrangiger Bedeutung.

Als Ziel für das Konditionstraining im Schritt sollte das Zurücklegen einer Strecke von 1500 m im Tempo 116 m/min (=13:00 min) genügen, um die Anforderungen (1200 m in 10:20 min) zu erfüllen.

In Wettkämpfen hört man oft, wie Fahrer auf der Schrittstrecke mit lauten Anfeuerungsrufen ihre Pferde antreiben. Das sind „Kutschermanieren". Viel besser ist es, die Pferde so auszubilden, daß der Fahrer sie an den Gebissen hat und durch Anlegen der Peitsche treiben kann, ohne daß dadurch Unruhe entsteht. Selbstverständlich ist gegen leise, den hervorragenden Pferdeohren jedoch verständliche Stimmhilfen nichts einzuwenden.

Neben dem Gebrauchstrab, der in den Phasen A und B in einem Tempo von 15 km/h (= 250 m/min) verlangt wird, muß auf der C-Strecke eine Geschwindigkeit von 18 bis 19 km/h über eine Strecke von 5000 m (=300 bis 317 m/min) entwickelt werden. Das ist ein sehr hohes Tempo, das auch Pferde mit gutem Trabvermögen oft nur schwer erreichen. So ist die Gefahr groß, daß bei Übungen im *Schnelltrab* die Pferde aus dem Takt kommen, Dreischlag gehen oder angaloppieren. Es gibt erfahrene Fahrer, die wegen dieser Gefahr Schnelltrab überhaupt nicht trainieren. Die Richtigkeit dieser Anschauung ist im Lichte der Erkenntnisse der Trainingslehre sicherlich zu bezweifeln. Recht haben sie nur insofern, als sie die Gefahr des Taktverlustes im Training weniger zu befürchten haben.

Bekennt man sich jedoch zu der Auffassung, daß jede Wettkampfanforderung auch ihren Platz im Trainingssystem haben muß, und will den Schnelltrab entwickeln, muß man über 8 bis 10 Wochen sehr, sehr systematisch und sorgfältig vorgehen. Zunächst ermittelt man mit der Stoppuhr die Geschwindigkeit der Pferde im Gebrauchstrab auf einer Meßstrecke von 500 m. Nachdem man sich auf diese Weise Gewißheit über das Ausgangsleistungsniveau des Pferdes verschafft hat, steigert man bei zwei- bis dreimaligem Training je Woche unter Beachtung der Belastungsgrundsätze die einzelnen Belastungskomponenten Tempo und Streckenlänge abwechselnd und allmählich. Nach wie vor gilt der Grundsatz, daß die Losgelassenheit stets erhalten bleiben muß.

Der Fahrer sollte dieses Training unbedingt dazu nutzen, die Möglichkeiten seines Gespanns genau zu ergründen, um danach den taktischen Plan für die Phase C des Wettkampfes auszuarbeiten. Unter Umständen muß für einen kurzen Streckenabschnitt das Tempo herabgesetzt werden, bis die Pferde sich etwas erholt haben. Es kann auch angezeigt sein, einige Strafpunkte für Zeitüberschreitung in Kauf zu nehmen, um sich nicht durch Aufgeben der reinen Gangart den Weg zu weiterer Leistungssteigerung in künftigen Jahren zu verbauen.

Abschließend soll noch darauf hingewiesen werden, daß beide Pferde auch bei der Arbeit im Gelände immer gleiche Teile der Last ziehen sollen. Der Fahrer hat das ständig zu überwachen.

Technische Vorbereitung

Das technische Training, das in der langfristigen Vorbereitung auf die Teilnahme an Marathonfahrten ebenfalls eine große Rolle spielt, erstreckt sich im wesentlichen auf
– die Gewöhnung an alle Erscheinungen, die im Gelände vorkommen können, einschließlich des Überwindens von Geländeunebenheiten, und
– das Hindernistraining.

Der Schwerpunkt des technischen Trainings fällt in die Zeit der Entwicklung der Grundlagenausdauer.

Oberstes Gebot bei dieser Arbeit ist es, niemals die Ruhe zu verlieren. Der Fahrer muß vielmehr seine Sicherheit und Ausgeglichenheit auf die Pferde übertragen.

Mit nervösen und aufgeregten Pferden kann man in den Marathonhindernissen verloren sein. Pferde mit sehr heftigem Temperament sind deshalb als Fahrpferde zum sportlichen Fahren ungeeignet, wenn sich dieser Fehler auch durch Üben nicht korrigieren läßt.

Zur Gewöhnung an die verschiedenen Umwelterscheinungen, bei denen ein Pferd erschrecken oder ängstlich werden kann, muß man während des Übens im Gebrauchstrab bewußt solche Stellen suchen, die dem Pferd unangenehm sein können. Hierbei bewährt es sich in der Regel, wenn man ein älteres, ruhiges Pferd als „Schulmeister" neben das junge Pferd spannt. Erweist sich am Anfang der Übungen ein zu starker Temperamentsunterschied als störend, kann man das junge Pferd entweder in der ersten Trainingseinheit des Tages etwas stärker ermüden oder vor Beginn der Gewöhnungsarbeit longieren.

Wenn während der Spaziergänge an der langen Leine oder beim Fahren mit dem Einspänner schon ein festes Vertrauensverhältnis zwischen Ausbilder und Pferd hergestellt worden ist, wird man nicht mehr mit ernsten Schwierigkeiten rechnen müssen. Aber sicher ist sicher, und so kann es nicht falsch sein, das junge Pferd mit einer zusätzlichen Einspännerleine zu versehen, die man nur im Notfall benutzt.

So müssen die Pferde den Straßenverkehr in der Stadt und auf dem Land kennenlernen, den Wagen bergauf ziehen und bergab zur Unterstützung der Bremse aufhalten lernen. Sie müssen ruhig in jedes Wasser gehen und ebenso ruhig wieder heraustreten. Weder vom Wind aufgewirbelte Papierschnitzel noch wehende Wäsche auf der Leine, weder enge Passagen noch schmale Brücken dürfen sie beunruhigen, nicht einmal hupende Autos oder zischende Lokomotiven.

Wenn es bei diesen Übungen einmal Schwierigkeiten gibt, gehört der Beifahrer augenblicklich an den Kopf des unruhig werdenden Pferdes. Er versucht es zu beruhigen und danach anzuführen. Mit Geduld, Lob und auch Leckerbissen, unterstützt durch die Stimme des Fahrers und gegebenenfalls Anlegen der Peitsche, sucht man das Pferd zur Ausführung der Forderung zu bewegen. Wenn aber das Pferd zu diesem Entschluß kommt, darf man dessen Ausführung nicht stören und muß es vielmehr mit viel Leckerbissen belohnen. Danach und am nächsten Tag wird der Gehorsam gefestigt.

Manchmal kommt es vor, daß ein Pferd die Wiederholungen immer schlechter ausführt. Dann darf man nicht weiter exerzieren. Der Ausbilder sorgt jedoch dafür, daß der Abschluß der Trainingseinheit für das Pferd angenehm ist, und bringt es dann in den Stall. Es ist eine bekannte, wenn auch eigenartige Erscheinung, daß manche Pferde am folgenden Tage eine Aufgabe gut ausführen können, bei der sie am Vortag Schwierigkeiten gehabt haben.

Wenn man das Durchfahren von Hindernissen übt, so hat das über lange Zeit zunächst im ruhigen Schritt zu geschehen. Wie beim Hindernisfahren müssen die Pferde auch bei den Geländehindernissen lernen, durch ein Tor, eine Passage zwischen Bäumen o. ä. ruhig hindurchzugehen, wenn ihnen der Weg gezeigt worden ist. Deshalb wähle man am Anfang diese Durchfahrten nicht zu schmal. Um die Ruhe zu erhalten und zu fördern, soll man in den Hindernissen auch anhalten, die Pferde loben und ihnen Leckerbissen reichen lassen, bevor man ebenso ruhig weiterfährt.

Bevor die Pferde nicht die verschiedenen Hindernisse ruhig im Schritt passieren, darf man keinesfalls versuchen, das Tempo zu steigern. Das kann dazu führen, daß sich die Pferde erregen und der Fahrer sie nicht voll in der Kontrolle behält. Das Anhalten im Hindernis, von dem eben gesprochen wurde, fördert den Gehorsam und hilft, Panik zu vermeiden, wenn einmal etwas schiefgegangen ist.

Einem unerfahrenen Fahrer kann es leicht passieren, daß er sich in einem Hindernis festfährt. Das ist für das junge Fahrpferd ein ähnlich einschneidendes Erlebnis wie das Verweigern für ein junges Springpferd: Das Vertrauen des Tieres in den Menschen erhält einen Schock. In unserem Fall sollte man sofort anhalten, die Pferde beruhigen, danach den Beifahrer – wenn möglich – den Wagen befreien lassen und erst danach wieder anfahren. Für den Fahrer ist das wesentlichste: Ruhe bewahren, einen günstigen Ausweg suchen, erst dann weiterfahren. Sind die Pferde zugfest, kann man sie sich auch einmal anstrengen lassen, wenn das Gelingen dieses Versuches sicher ist. Auf gar keinen Fall darf dabei die Peitsche gebraucht werden. Das würde die Pferde ängstlich machen.

Ein solches Festfahren darf bei jungen Pferden nicht mehrmals in kurzen Abständen hintereinander geschehen. Sie würden dadurch demoralisiert („sauer") werden und aufstecken.

Was für das Verhalten beim Festfahren gilt, muß auch als probate Regel bei sonstigen Schwierigkeiten angesehen werden, sei es, daß sich ein Strang gelöst hat oder ein Pferd über einen Strang getreten ist, sei es, daß an Geschirren oder Wagen etwas in Unordnung geraten ist: Man halte an und lasse die Pferde ruhig stehen. Danach behebe man – ebenfalls in aller Ruhe – den Fehler, und erst dann fahre man weiter.

Im Laufe des Hindernistrainings, das man zwei- bis dreimal je Woche im Rahmen anderer Trainingseinheiten durchführen sollte, müssen die Pferde lernen, daß auch hier die rote Tafel rechts, die weiße links zu bleiben hat. Dazu müssen die Hindernisse mit den Tafeln versehen sein. Die Pferde sollen außerdem lernen, daß sie immer gemeinsam durch ein solches Tor zu gehen haben. Das bedeutet, daß beide einen Baum z. B. an der gleichen Seite passieren müssen. Man kann das üben, indem man die Pferde frontal auf einen Baum zufährt, so daß normalerweise eines rechts, das andere links davon vorbeigehen würde. Nun nimmt man kurz vor Erreichen des Baumes die Leine der Seite an, nach der beide Pferde ausweichen sollen, und ruft das Pferd, das seine Richtung ändern muß, beim Namen, vorausgesetzt, es hat darauf zu reagieren gelernt. Manche Fahrer verwenden dabei auch die Kommandos „Links" oder „Rechts", auf die in früheren Zeiten alle Arbeitspferde reagierten.

Erst wenn die Pferde mit allen Hindernissen in ruhigem Schritt fertig werden und dabei keine Erregung mehr zeigen, beginnt man, dazu geeignete Hindernisse im Trab zu durchfahren. Auch dabei ist größter Wert auf Ruhe und Flüssigkeit zu legen. Gelegentlich sollte man aber auch in solchen Hindernissen an passender Stelle anhalten, um immer wieder den Gehorsam der Pferde zu verbessern und ihre Erregung zu dämpfen, die bei dem höheren Tempo leicht wieder zum Ausbruch kommt.

In der Folge erschwert man die Bedingungen bis auf das Niveau der Wettkampfanforderungen, indem man zunehmend kompliziertere Hindernisse übt, die schmalere Durchfahrten aufweisen, engere Wendungen erfordern oder mit Geländeschwierigkeiten verbunden sind. Auch dabei sollte man immer langsam beginnen und erst dann, wenn die Pferde ruhig bleiben, das Tempo steigern. Bei diesen Übungen lernt auch der Fahrer mit: Der nämlich hat die größeren Chancen auf eine geringere Strafpunktzahl, der sein Gespann an den Hilfen hat, in ruhigem Tempo in ein Hindernis einfährt, glatt und flüssig hindurchkommt und im Hindernis wieder an Geschwindigkeit zulegen kann.

Im Wettkampf können durch Galoppieren im Hindernis wertvolle Sekunden gespart werden. Die Pferde müssen deshalb gelernt haben:
– auf Leinen- und Stimmhilfe gleichmäßig anzugaloppieren,
– enge Wendungen im versammelten Galopp auszuführen und
– auf Zuruf in starken Galopp überzugehen.

Während der Übungen in zunächst leichten Hindernissen müssen immer wieder Durchlässigkeit und Gehorsam verbessert werden. Können Paraden zum Halten, Seitwärtstreten der Pferde und Zurückrichten des Wagens auf dem Viereck flüssig, die Übergänge zwischen ihnen weich und schnell ausgeführt werden, müssen diese Übungen auch in Hindernissen stattfinden. Der Fahrer darf dabei die Pferde auch mit der Stimme unterstützen, aber nicht zu laut. Pferde haben ein feines Gehör.

Jedwede Hektik muß vermieden werden. Die angeführten Übungen müssen in unterschiedlicher Reihenfolge mit allmählich zunehmender Geschwindigkeit absolviert werden.

Übrigens: Lautstarke Einmischung des Beifahrers verwirrt nur die Pferde. Nur der Fahrer darf mit den Pferden sprechen, falls er nicht ohne Worte auskommt.

Schlußwort

Es ist gerade 100 Jahre her, da bevölkerten noch zweispännige Lastfuhrwerke die Landstraßen, da beherrschten Arbeits- und Gewerbegespanne das Bild der Städte, fuhren Höhergestellte mit glänzenden Equipagen durch die Prunkstraßen und schattigen Alleen der Zentren des gesellschaftlichen Lebens, zogen Millionen von Pferden die Geschütze und Bagagewagen der Armeen in aller Welt. Und es ist ebenso lange her, da fanden sich die schönsten dieser Gespanne an hervorragenden Plätzen zu ersten Fahrkonkurrenzen zusammen. Der Fahrsport der Neuzeit war ins Leben getreten.

Vieles hatte er aus den vergangenen Jahrhunderten mitgebracht in sein neues Dasein: prachtvolle Wagen, hergestellt von wahren Künstlern ihrer Zeit, elegante Geschirre, die das überragende Können der Sattlermeister jener Tage dokumentierten, spezielle Pferderassen schließlich, die als hochnoble Karrossiers vor den Kutschen der Oberen trabten, schwere Arbeitspferde zudem, die tagaus, tagein im Dienst für den Menschen ihre Schultern in die schweren Kumte stemmten und die Last hochbepackter Fracht- und Arbeitswagen schleppten in Wind und Regen, unter glühender Sonne und in eisigen Winterstürmen.

Das Jahrhundert, an dessen Ende wir leben, ist aber auch der Zeitraum, aus dem Wissen und Erfahrung von Meistern, die uns heute noch Lehrmeister für das Fahren sind.

Gegründet auf diese großen, in ihren Anfängen mehr als 300 Jahre zurückliegenden Traditionen, ist das Fahren mit Pferden, die Gestaltung von Geschirren und der Bau von Wagen zu einem Teil des kulturellen Erbes der Menschheit geworden, auf dessen Bewahrung unser Bemühen gerichtet sein muß.

Erleichtert wird dem Fahrenthusiasten diese Aufgabe durch das steigende Interesse vieler Menschen an den Schönheiten der wiederbelebten Tradition, wie sie uns durch historische Darstellungen in Festumzügen, Schaubilder auf zahlreichen Turnieren und Fahrquadrillen im Programm der jährlich von Hunderttausenden besuchten Hengstparaden der deutschen Landgestüte vor Augen geführt werden.

Erkannt wurde der Reiz der Wiedererweckung des Fahrens für die körperliche Erholung und geistige Besinnung des in Streß und Hektik der Gegenwart gefangenen Menschen. Romantische Reisen mit Postkutsche oder Planwagen rücken wieder ins Bild.

Aus dem kulturellen Erbe entwickelte sich auch der Fahrsport, der in den zwanziger Jahren unseres Jahrhunderts starke Impulse erhielt und sich in den folgenden 50 Jahren weltweit zu einer interessanten und attraktiven Sportart entwickelte. Von Wanderungen mit Pferd und Wagen bis zu Weltmeisterschaften reicht die Palette.

Mit der Darstellung der Grundlagen und Prinzipien versucht dieses Buch der Entwicklung zu folgen. Die Zukunft wird unseren Erkenntnissen viele neue Details hinzufügen, ohne an ihrem Fundament rütteln zu können.

Deshalb stehe am Schluß die Empfehlung: Wer immer in der praktischen Arbeit bei der Ausbildung seiner Pferde oder im fahrsportlichen Training Wege sucht, auf denen er vorankommen kann, der messe an den grundlegenden Erkenntnissen und den von ihnen abgeleiteten Richtlinien, ob sie gangbar sind und zum Ziele führen! Wer immer einen Umweg geht, um Schwierigkeiten zu überwinden, der verliere den klassischen Weg nicht aus den Augen – im Interesse der Vervollkommnung des Fahrsports, der den Menschen Freude schenken soll an vollendeten Leistungen schöner Gespanne!

Literatur

1. ACHENBACH, B. v.: Anspannen und Fahren. Berlin: Selbstverlag, 1925
2. BÖTTICHER, H.: Fahren mit dem Zweispänner. Berlin: Sankt Georg, 1938
3. BUHLE, P.: Das Zugpferd und seine Leistungen. Stuttgart, 1923
4. EHRENBERG, P.: Die Fütterung des Pferdes. Radebeul/Berlin: Neumann, 1954
5. FELLGIEBEL, H.: Die Fahrschule. Verlag für Landwirtschaft, Gartenbau und Forstwesen, Berlin: 1930
6. FELLGIEBEL, H.: Die Fahrausbildung. Düsseldorf: Sankt Georg, 1949
7. GAUGER, Gerd-D.: Fahrsport. Warendorf: FN-Verlag der Deutschen Reiterlichen Vereinigung GmbH, 1984
8. HAMELMANN, F.: Die Fahrkunst. Leipzig, 1875
9. HEINZE, Th.: Pferd und Fahrer. Leipzig, 1876
10. KRANE, Fr. v.: Pferd und Wagen. Münster, 1860
11. NORMAN, sen., Graf v.: Unser Pferd. Berlin: Limpert, 1938
12. OESE, E., u. a.: Pferdesport. Berlin: Sportverlag, 1984
13. PLESSING, F. W. K.: Leinenführung. Stuttgart, 1927
14. ROCH, O.; OESE, E.: Zweispännigfahren. Berlin: Sportverlag, 1962
15. RYDER, T.: On the Box Seat. Gawsworth-Macclesfield-Cheshire, 1972
16. SCHOENBECK, R.: Fahr-ABC. Berlin: Paul Parey, 1921
17. TARR, L.: Karren, Kutsche, Karosse. Berlin: Henschelverlag, 1978
18. WOLFF WIETZOW, R.: Land-Anspannung. Berlin 1923
19. WRANGEL, Graf C. G.: Das Luxusfuhrwerk. Stuttgart, 1898
20. ZÜRN, F. A.: Geschirrkunde oder Beschirrungslehre. Leipzig 1897
21. FEI-Manual Fahren. Bern, 1985
22. FEI-Reglement Fahren. Bern, 1988
23. FEI-Veterinärreglement. Bern, 1990
24. Ausbildungs- und Prüfungsordnung. Warendorf: FN-Verlag der Deutschen Reiterlichen Vereinigung GmbH, 1989
25. Richtlinien für Reiten und Fahren. Band 5. Warendorf: FN-Verlag der Deutschen Reiterlichen Vereinigung GmbH, 1989
26. Leistungsprüfungsordnung. Warendorf: FN-Verlag der Deutschen Reiterlichen Vereinigung GmbH, 1989
27. Aufgabenheft gem. LPO. Warendorf: FN-Verlag der Deutschen Reiterlichen Vereinigung GmbH, 1990

Sachwortverzeichnis

A

Abdeichseln 98, 119, 139
–, Bekämpfung 119
Ablegen (der Leinen) 87
Abmessen (der Leinen) 31, 199
Absitzen 87, 193, 206, 220
Abspannen, Handlungsablauf 198
Abstellen (des Gespanns) 207
Achenbach, Benno v. 116
Achenbach-Leine 11, 83 ff., 89, 91, 92, 96, 98, 99, 100, 180, 202
Achenbach-System 10, 83
Achsen 174, 175, 176
–, Mail-Patent-Achsen 174, 175, 176
–, Stummelachsen 175, 176
–, Pflege 175, 176
Ackerleine 98
Aktion, Entwicklung 220, 309
Anfahren 206, 208, 211, 241, 242, 247, 249, 257, 271, 315
Angaloppieren 270, 272
Anhalten 208, 209, 226, 239, 249
Anlehnung 119, 120, 124, 208, 225, 226, 236, 249, 256, 257, 315
Annehmen (der Leinen) 54, 55 ff., 209, 227
–, mit der linken Hand 55
–, mit der rechten Hand 56
Anschirren, Handlungsablauf 141, 183, 184, 185, 187, 189, 191, 198, 220, 224, 232
–, Kumtgeschirr 184, 188, 189, 192, 194, 198
–, Sielengeschirr 188, 192, 194, 198
Anspannen 141, 192, 194, 195, 198, 241, 244, 269, 251
–, Handlungsablauf 194, 195
Anspannungsarten 102/103, 198, 240
Anstellen (der Leinen) 47, 49 f.
Antraben 315
Anzug (von Fahrer und Beifahrer in Prüfungen) 258, 275
Arbeitsanspannung 103
–, Leinen für 96, 99
–, Verschnallen der Leinen für 99 f.
Arbeitsgeschirr 102, 124, 131, 136, 137, 141
Arbeitshaltung 38
Arbeitskumtgeschirr s. Kumtgeschirr 125, 137, 138, 139
Arbeitssielengeschirr s. Sielengeschirr 138
Aufhalten (des Wagens) 63, 102, 127, 131, 132, 136, 137, 138, 139, 140, 141, 192, 197, 243
Aufhalter 85, 95, 122, 123, 133, 134, 179, 180, 192, 196, 197, 198, 207, 301, 244, 254, 269, 283, 318
Aufhalteriemen 134

Aufhaltering 123, 134/135, 196
Auflegen (der Leinen) 188
Aufnehmen (der Leinen) 199 ff., 244
–, Üben an der Attrappe 22
–, am Fahrlehrgerät 18
–, Handlungsablauf, von links und rechts 199 f., 202
Aufsatzhaken 127
Aufsatztrense 119
Aufsatzzügel 104, 111, 113, 114, 118, 119, 254
Aufsitzen (des Fahrers) 87, 192, 193, 198, 199, 201, 203, 204, 220, 226, 230, 242, 244
–, Handlungsablauf von links und rechts 204 f.
Aufzieheder 127
Ausbildung, Aufgaben bei der A. des jungen Fahrpferdes 247
Ausbindezügel 97, 118, 119, 225, 226, 229
Ausdauer, Entwicklung 239, 319
Ausgleich (verschiedenartiger Pferde) 94
–, durch Leinenverschnallen (3. Hauptgrundsatz) 28 f., 88
–, durch Zäumung 116
Ausrüstung von Gespannen 251
Außenleine 82, 83, 84, 85, 86, 87, 88, 89, 90, 92, 95, 98, 99, 100, 101, 190, 191, 231

B

Backenstück 104, 105, 106, 107, 108, 111, 180, 186, 187, 194, 198, 206, 258, 311
Backenstückstrupe 104, 105
Bandagen s. Beinschutz
Bankwagen s. Char-à-bancs 151, 152, 175
Barouche 105, 133
Bauchgurt 124, 128, 139, 140, 143, 186, 225, 231, 241
Beibindezügel 93, 94, 98, 99
Beifahrer 119, 151, 171, 187, 194, 197, 198, 199, 206, 207, 216, 254, 258, 260, 270, 275, 300, 311, 319, 322
Beinschutz 224, 229, 232, 250, 254
Beipferd 97, 99, 181
Belastungsgrundsätze 245, 321
–, Kontinuität im Mehrjahresaufbau 245
–, Verhältnis Belastung – Erholung 246
–, individuelle Belastungsgestaltung 246
–, Steigerung der Trainingsbelastung 247
Berline 105, 133, 163, 165
Besatz (des Genickstückes) 104
Beschirrung 102
–, Grundsätze 102 f.
–, in Fahrprüfungen 254

Beschläge 105, 146
Blendriemen 104, 105, 106, 107, 179
Blendriemenschnalle 104, 105, 107, 180
Bockrichter 170, 206, 258, 295, 296, 299, 300, 302
Bockschürze 193, 204
Bodenrick 309
Bogenpeitsche 103, 143, 180, 215, 216
Bogenwendung 60
Bracke, feste, s. Sprengwaage, feste 94, 243, 352
Break 152, 167, 178, 201
Bremse 34, 43, 63, 64, 103, 133, 137, 192, 209, 243, 252, 272
–, Arten 149
–, Betätigung 63
Brezel 83
Brustblatt 120, 127, 134, 135, 138, 139, 181, 183, 188, 197, 207, 225, 231, 250, 315
Buchstabenmarkierung (für Dressurviereck) 268
Buggy 130, 179, 252
Buxton-Kandare 110, 111, 118

C

Cap-Geschirr 132
Char-à-bancs 151, 152, 178
–, Char-à-bancs Guiet 152, 201
Coach 150, 151, 152, 175, 178
–, Mail Stage Coach 151
–, Mail Coach 151, 154
–, Public Coach 151
–, Road Coach 151
–, Park Coach 151
Coupé 133, 163, 165, 166
–, Coupé d'Orsay 105, 133
–, Dreiviertel-Coupé 165, 166
Curricle-Geschirr 132

D

Deichsel 119, 126, 134, 136, 139, 160, 168, 170, 172, 174, 192, 194, 195, 198, 211, 214, 240, 244, 249, 252, 254, 314
–, Einschlagwinkel beim Wenden 210, 211, 212, 214
Deichselkette 134, 178, 180
Deichselbrille 111, 134, 178, 192
Deichselkreis 58 f.
Deichselspitze 118, 139, 194, 195, 213
Deutsche Kreuzleine s. Kreuzleine 80 ff., 96
Deutsches Fahrerabzeichen 305
Distanzfahrt 304
Dog Cart 130, 158, 161, 163, 166, 167, 171, 178
–, Maße 168
–, Bent-sided Dog Cart (Battenberg, Phaeton, Road Phaeton, Four Wheeled Ratti Cart) 159
–, Dos-à-Dos 159
–, Lancer Cart 159
–, Slat-side Dog Cart 160
–, Cut-under Dog Cart (Dog Cart Phaeton) 160
–, Six Place Dog Cart (Beaufort Phaeton) 160
–, Shooting Drag (Scotch Phaeton) 161

Donau-Alpen-Pokal 8
Doppellonge 143, 226, 231, 232, 233, 234, 236, 237, 241, 247, 248, 250, 309, 315
Doppellongenarbeit 208, 220, 230, 231, 232, 233, 234, 236, 237, 245
–, Gewöhnung 232
–, Hilfengebung 233
–, Übungen 232, 234, 237
–, zur Korrektur 236, 237
Doppellongengeschirr 131, 231
Doppelringtrense 103, 107, 108, 111, 114, 115, 136, 180, 254
Drag 150
–, Park Drag 151
–, Private Drag 151
Drehkranz 170, 174, 192, 244
Drehkranzbremse 170, 252
Dreischarleine 98
Dreischeerleine 98
Dressuraufgabe 269
Dressurhaltung 38
Dressurprüfung (für Wagenpferde) 144, 168, 206, 208, 227, 253, 254, 258, 267, 268, 269, 270, 302, 303, 312, 316
–, Vorbereitung 312
–, Anforderungen und Bewertung 210, 211, 267, 269, 270
Dressurviereck 102, 218, 252, 268, 270
Druckbremse s. Bremse 149, 201
„Druckpunkt nehmen" 77
Duc 156, 178
Duga 181
Durchgehen (des Gespanns) 106
Durchgleiten (der Leinen) 31

E

Eignungsprüfung 251, 252, 261, 262, 263, 270
Eindecken (des Fahrers beim Aufsitzen) 204, 205, 244
Einfahren (des jungen Pferdes) 106, 239, 240, 244
Einfahrwagen 152
Einhorn-Anspannung 152, 158
Einspänner 108, 110, 129, 131, 132/133, 137, 180, 239, 240, 312
–, Stilregeln (Wagen, Pferde, Beschirrung) 180
–, traditionelle Verbreitung 239
–, Ausbildung 239
Einspännergeschirr 133, 138, 179
–, Arbeitskumtgeschirr 138
–, Arbeitssielengeschirr 138
Einspännerkumt 122, 123
Einspännerleine 87
Einspännerwagen 240
Ellbogenkandare 103, 110, 111, 118, 136, 180
Ersatzstrang 127

F

Fahrer (Haltung) 32 f.
–, Hände 32 f., 95, 114, 308

327

Fahrerschürze s. Bockschürze 193, 204
Fahrgebisse s. Gebisse
Fahrgerte 180, 254
Fahrhalfter 112
Fahrlehrgerät 15, 308
–, Bauweise 16 ff.
–, Verwendung 19 ff.
–, Vorteile 15 ff.
Fahrleinen, s. Leinen
Fahrprüfungen 102, 114, 251, 302
–, Definition, Ziel 251
–, Anforderungen 251
–, Wagen 252
–, Beschirrung 254
–, Bandagen 254
–, Peitsche 254
–, Beschlag 255
–, Pferde 255
–, Fahrer 257
Fahrwettbewerb, mehrteiliger, kombinierter 254, 266, 302, 303, 304
Fahrzaum 103, 104, 105, 108, 111, 113, 114, 136, 137, 143, 184, 186, 187, 188, 238, 239, 241, 245
Fallring 128, 138
Familiensport 8
Federung (des Wagens), Arten 148, 154, 162, 170
Fehlerpunkte, s. Strafpunkte
Festfahren (im Hindernis) 322
Fohlen, Ziele der Gewöhnungsarbeit 220
Fröschl 82
Fußbremse 51, 149, 209, 252

G

Gabeldeichsel 138, 240
Gabelanspannung 103
Galopin 181
Galopp 265, 271, 315
–, Anforderungen im Hindernisfahren 271
–, Gebrauchs-/Mittelgalopp 271
–, verkürzter/versammelter 271
–, verstärkter/starker 271
Gamaschen 254
Gangwerk (Anforderungen) 265
Gebisse 90, 91, 95, 99, 103, 108, 110, 111, 112, 113, 115, 116, 119, 135, 143, 144, 178, 183, 186, 187, 195, 208, 222, 226, 227, 229, 233, 250, 254
Gebißschnalle 80, 81, 82, 84, 85, 86, 97, 99, 100, 105, 107, 111, 115, 143, 232
Gebißweite, richtige 112
Gebrauchshaltung 36 ff., 66
Gebrauchsprüfung 92, 168, 208, 251, 263, 264, 266, 271
Gelände- und Streckenfahrten 108, 112, 144, 206, 217, 218, 251, 252, 254, 258, 291, 302, 303, 304
Genickstück 104, 105, 108, 136, 186
Geschirrhalter 141
Geschirrkammer, Anforderungen 87, 96, 141, 142, 143, 144, 183, 186, 188, 189, 192, 216

Geschirrpflege 143
Gespann
–, Anforderungen in Fahrprüfungen 251 ff.
Gespannattrappe 15, 21, 87
Gespannkontrolle 92, 127, 136, 148, 171, 192, 251, 253, 254, 266, 269, 302, 311
–, Vorbereitung 311
Gesundheitspflege 194, 249
Gewöhnungsarbeit 221
–, mit dem Fohlen 221
–, mit 2- und 3jährigen Pferden 221, 228
–, Beinschutz 222
–, Decke und Longiergurt 222, 224
–, Trense 221, 222
–, Longieren 221, 222, 224
–, Geschirr und Anschirren 221, 222, 232
–, Sattel 221, 222, 223
–, Reiter 225
–, Doppellonge, Einspännerleine 226
–, Leinengehorsam 227
–, Stränge 227
–, Anziehen, Bergwiderstand 221, 227, 230, 239, 241, 242, 243
–, Peitsche 227
–, Einflüsse der Umgebung, Straßenverkehr 237
–, Scheuklappen 239
–, Gabeldeichsel 240
–, Stillstehen beim An- und Ausspannen 241
–, Aufsitzen des Fahrers 242
–, fremde Gespanne 243
Gig 130
Grundhaltung 32 ff., 200, 204
Grundlagenausdauer 320, 321
Grundschnallung 89 f., 92, 94, 95, 203, 319
Gruß 34, 270, 277, 311, 319
Gummischeiben (für Gebisse) 112

H

Halbgala-Anspannung 103, 133
Halskoppel 135, 136, 188, 189, 225
Halsriemen 135, 138, 139, 179, 181, 231
Halten (des Gespanns) 265, 270, 314
Haltung (des Fahrers) 257, 304
Handstück 80, 81, 82, 84, 87, 89, 97, 99, 100
Handstutzen 81
Hauptgrundsatz des Achenbach-Systems 24 ff.
–, Erster Hauptgrundsatz 24 f.
–, Zweiter Hauptgrundsatz 25 f.
–, Dritter Hauptgrundsatz 28 f., 88
Hilfen (des Fahrers)
–, treibende 217
–, versammelnde 217, 218, 219
Hilfszügel 93, 114, 118, 254
Hindernisbahn 274, 282, 286
Hindernisfahren 108, 112, 151, 168, 252, 253, 258, 273, 275, 276, 284, 302, 304, 315
–, Vorbereitung 318

–, Anforderungen und Bewertung 282, 283
Hindernisrichter (Marathon) 296, 297, 300, 301
Hindernisse 170, 248, 275, 277, 284, 286, 297, 301
–, der Hindernisbahn 274, 275
–, der Marathonstrecke 127, 210, 211, 249, 291, 296, 297
Hindernistraining 321
Hinterbracke 94, 204, 207, 225
Hintergeschirr 127, 131, 132, 133, 138, 139, 140, 179, 240, 254
Höchstzeit (Marathon) 300, 301, 302
Holzleine 15, 23 f.
Howlett-Gebiß 110
Hufbeschlag (in Fahrprüfungen) 255
Hufeisen, doppelte 310
Hufschlagfiguren 236, 269, 270, 273, 313, 316
–, an der Doppellonge 236
–, in Dressurprüfungen 269

I

Innenausstattung (des Wagens), Pflege 172
Innenleine 82, 83, 84, 85, 86, 87, 89, 90, 95, 98, 99, 100, 101, 134, 190, 194, 195, 196, 227, 315

J

Jagdwagen 150, 157, 167, 178
Juckergeschirr 136
Juckerpeitsche 215
Juckerwagen 167, 178

K

Kammdeckel 81, 86, 104, 113, 114, 119, 125, 126, 127, 128, 129, 130, 131, 133, 135, 136, 143, 179, 183, 184, 188, 189, 196, 197, 199, 202, 206, 215, 216, 218, 223, 224, 225, 229
Kammdeckelbauchgurt 126, 127, 128, 129, 137, 143, 144, 183, 186, 187, 189
Kammdeckeleisen 127, 128, 130
Kammdeckelkissen 128, 138
Kammdeckeltasche 128, 129
Kammkissen 138, 140
Kandare 103, 108, 109, 111, 112, 113, 114, 115, 116, 117, 118, 137, 180, 183, 187, 190, 250, 254
Kandarenanzüge 109
Kandarenaugen 105, 109
Kandarenbäume 109, 110, 112, 115, 116, 187, 190
Kandarenmundstück 115
Kappzaum 232, 244, 245, 249
Kehlriemen 104, 108, 136, 143, 184, 186, 187, 189, 190, 194, 195
Kennzeichentafeln (für Geländestrecke) 294
Kinnkette 108, 109, 115, 116, 118, 147, 183, 187
Kinnkettenhaken 109, 115, 187

Kinnkettenunterlage 109, 116, 254
Kinnriemen 109, 112
Knebeltrensengebiß 112
Knick (Leinen) 44
Knick, falscher 223
Knute 181
Kombinationswagen 170, 171
Konditionstraining 319
Kopfschlagen 118
Kopfstellung (in Wendungen) 90, 91, 92, 227, 272
–, Ursache für fehlerhafte 93
Kopfstück 103, 222, 229
Kopfzeug 103
Korallen 310
Korrekturmaßnahmen
–, an der Doppellonge 236
–, durch Gebißwahl 116
Kreuzleine 80 ff., 99, 243, 244, 256, 257
–, alte deutsche 80 ff., 96, 100
–, nicht verschnallbare 98 f.
Kreuzriemen 133, 138, 139, 140
Kreuzschnalle 81, 82, 86, 87, 88, 89, 90, 95, 100, 101, 200, 201, 203
Kreuzstück 81, 84, 98, 99, 100, 195
Kronentritte 250
Kumt 98, 116, 120, 121, 122, 123, 124, 125, 127, 129, 134, 138, 139, 143, 144, 179, 184, 185, 186, 189, 195, 197, 207, 225, 229, 239, 240, 249, 250, 254, 315
–, Sitz 123, 124
Kumtanspannung 103, 120, 258, 259, 266
Kumtauge 116
Kumtbügel 122, 123, 180, 184, 185, 225
Kumtgeschirr 103, 109, 110, 115, 120, 127, 134, 136, 179, 180, 183, 188, 231
–, Arbeitskumtgeschirr für Einspänner 138
–, Arbeitskumtgeschirr für Zweispänner 139
Kumtgürtel 122, 123, 180, 185, 192
Kumtkappe 122
Kumtkissen 124, 179, 184, 185, 225
Kumtleib 121, 124
Kumtpolster 122, 185
Kumtschloß 118, 122, 138, 183
Kumtunterlage 124, 250

L

Ladendruck 93, 219, 250
Landanspannung 103, 105, 110, 124, 128, 133, 134, 166, 167, 178, 179, 193, 252, 254
–, Wagen 166, 178
Landauer 163, 179
–, Sefton-Landauer (Canoe shaped Landau, Landau forme bâteau) 163
–, Ascot Landau 164
–, Shelburne-Landauer (square shaped Landau, Landau forme carrée) 163, 164
–, Glaslandauer 164
Landaulette 163, 165

329

–, Dreiviertellandaulette 165
Landratswagen 167
Landwagen 150, 163, 166, 167, 168, 174, 178, 179
Langbaum 151, 153, 154, 159, 161, 162,. 164, 165, 166, 167, 174, 198, 212
Langring 123
Lastfuhrwerke 13
Laufzügel 93, 94
Leinen 109, 110, 117, 131, 134, 143, 145, 146, 156, 181, 183, 184, 189, 196, 197, 199, 201, 209, 226, 231, 237, 239, 248, 254, 283, 308
–, auflegen 189 ff., 194
–, aufnehmen und abmessen 87, 199 ff., 200, 201, 202, 204, 244
–, ablegen 87
–, anstellen 47, 49 ff.
–, annehmen 54 ff., 209, 227, 308, 314, 315
–, verlängern 44 ff., 66
–, verkürzen 44 ff.
–, nachgeben 54 ff., 208, 219, 308, 315
–, verschnallen 87 ff., 179, 217
–, anpassen an die Wagenart 200, 203, 204
–, „abgemessen" heißt 31, 199
–, Veränderung der Länge 31, 44
–, Durchgleiten 31
–, Schnallung (weich/scharf) 96, 100, 109 f., 111, 115, 116, 189, 269
–, selbstregulierende 99
–, für Arbeitsanspannung 96 ff.
–, fehlerhafte und ihre Verbesserung 100 f.
Leinenauflage 156, 189, 191
Leinenaugen 116, 118, 122, 180, 189, 190, 195, 225, 226, 232
Leinenfänger 131
Leinenführung 207, 257, 304, 318
–, Erlernen der Technik am Fahrlehrgerät 15
–, in einer Hand (1. Hauptgrundsatz) 24 f.
–, in den Wendungen (2. Hauptgrundsatz) 58 ff.
–, Fehler 57 f.
–, Anforderungen in Fahrprüfungen 251
–, Vervollkommnung der Technik 14
Leinenführungsringe 125, 127, 128, 130, 135, 138, 189, 190, 223, 225, 226, 232, 308
Leinengriffe 199, 209
Leinenhaltungen 31 ff.
Leinenhaltung in der rechten Hand 31, 42
Leinenkreis 58 f.
Leinenpferd 97, 98
Leinenschnallung 110, 111
–, Trense 111
–, Kandare 110
Leinenverkürzen 44 ff.
–, beider Leinen 47 ff.
–, um ein kleines Stück 47, 48
–, um ein bestimmtes Stück 47, 48 f.
–, um ein größeres Stück 47, 49, 51, 63, 75, 209
–, scherenartig 49 f.
–, einzelner Leinen 53 ff.
–, der rechten Leine 54

–, der linken Leine 54
Leinenverlängern 44 ff., 66
–, beider Leinen 45 ff.
–, um ein kleines Stück 46
–, um ein größeres Stück 46 f., 218
–, einzelner Leinen 53 ff.
–, der rechten Leine 54
–, der linken Leine 54
Leinenverschnallen 81, 86, 87, 90, 92, 94, 101
–, Achenbach-Leine 87 ff.
–, Ringleine 96 f., 99, 100, 101
Leitzügel 97, 99, 100, 101
Lektionen (in Dressurprüfungen) 270 ff.
Linksumkehrwendung
–, mit beiden Händen 72 ff.
–, mit einer Hand 77
–, mit Schleife 78
Linkswendung 60
–, mit beiden Händen 60 ff., 265
–, mit einer Hand 69 f.
Liverpoolkandare 109, 110, 180
Lob 223, 227, 229, 241, 242, 322
Longieren 224, 226, 229, 230, 232

M

Marathonfahrt 102, 106, 120, 168, 170, 253, 254, 258, 291, 302, 319
Marathongeschirr 140
Marathonhindernisse 169
Marathonstrecke 291
Marathonwagen 124, 148, 169, 170, 294
Markierungen (für Hindernisbahn) 277, 278, 279, 281, 284
Maulverletzungen 117
Mehrfachhindernisse 275, 277, 279, 286
Mindestalter 255, 261
Mindestleistung 262, 264
Minimalzeit (Bestzeit) 300
Mittelgalopp 272
Mittelloch 84, 85, 86, 88, 89, 100, 101
Mitteltrab 271
Mundstück 110, 111, 113, 115, 116, 186, 187, 190, 223, 254
Mylord 161, 162, 167, 178

N

Nachgeben (der Leinen) 54 ff., 209, 217, 226, 227, 232, 233, 234, 236, 245, 271, 309, 315
–, mit der linken Hand 55
–, mit der rechten Hand 55
Nasenriemen 107, 108, 111, 112, 115, 116, 118, 124, 143, 180, 181, 184, 186, 187, 189

O

Oberbaum (Kandare) 109, 113, 115
Oberblattstößel 125, 128, 186

Oberblattstrupfe 119, 128, 129, 183, 186, 197, 199, 202, 206, 233
Ohrbügelriemen 104, 113, 118
Ohrbügelring 104, 113
Omnibus 178
Ortscheit 126, 127, 128, 138, 168, 170, 178, 196, 244, 252, 266

P

Paraden 47 f., 50 f., 209
–, halbe 47, 50 ff., 209
–, ganze 48, 50, 52 f., 209
–, scharfe, durchgehende 48, 50, 52 f., 209
Parcoursskizze 275
Parkwagen 150, 178, 179, 180
Passer 28
Peitsche 94, 95, 108, 116, 181, 192, 193, 204, 206, 208, 209, 215, 216, 217, 233, 236, 237, 238, 244, 254, 271, 312, 321, 322, 323
–, Haltung 215 f.
–, Gebrauch 66, 93, 95, 106, 119, 215, 216 ff., 304
–, Aufbewahrung und Pflege 142
Peitschenköcher 193, 216
Pferde 256
–, Anforderungen 256
Phaeton 153, 156, 157, 158, 161, 166, 171, 201
–, Maße 168
–, Crane Neck Phaeton 153
–, Highflyer 153
–, Perch High Phaeton 153
–, Mail Phaeton 153, 155, 161, 175, 178, 198
–, Demi Mail Phaeton 154, 157, 167, 178
–, Stanhope Phaeton 154, 155, 167, 178
–, T Cart Phaeton 155
–, Klapp-Phaeton 155
–, Spider Phaeton 148, 155, 156, 178
–, Show Phaeton 156
–, Lady's Phaeton (Damen-Phaeton) 156, 161, 178
–, Park Phaeton 156
–, Peter Phaeton 156
–, Georg-IV-Phaeton 156
–, Siamesen-Phaeton 157
–, Kutschier-Phaeton 157
–, Sporting Phaeton 157, 158
–, Phaeton Dog Cart 160, 168, 171
Pillangos 136
Postkandare 103, 110, 136, 254
Pullerriemen 111, 115, 116
Pumpgebiß 110, 116
Pürschwagen 167

Q

Querriegel 139, 140

R

Räder 150, 155, 157, 158, 160, 166, 168, 174, 175, 176, 192, 204, 240, 244, 252, 254, 266, 301
Radwippe 172, 174
Rechtsumkehrwendung
–, mit beiden Händen 74
–, mit Schleife 79
–, mit einer Hand 77
Rechtswendung 95, 265
–, mit beiden Händen 63
–, mit einer Hand 70
Reibegriff 54
Reiter 124
Reserveteile 159, 175, 192, 255
Richterplätze 269
Ringleine 96 f., 99, 100, 101
Road Coaches 134
Roadster 181
Rosette 104, 133
Rückwärtsschieben (des Wagens) 210, 248, 314
Rückwärtstreten 119, 210, 248, 273, 286, 314, 315
Runabout 178, 179

S

Schalanken 136
Schaubilder 307
Schaumbügel 110, 118, 189, 190
Schaumloch 117, 189
Schaumring 109, 115, 116, 190
Scheibenbremse 168, 170
Scherbaum 129, 130, 133, 138, 181, 240
Scheuklappen 104, 105, 106, 107, 179, 217, 238, 239, 241, 243, 245, 248, 254
Schiefe, natürliche 117, 119, 249
Schlagriemen 132, 133, 179
Schleife (in Umkehrwendung) 78
Schlitz (im Kandarenbaum) 112, 117, 189
Schlüsselring 86, 135, 146, 189, 190, 191, 195, 196, 197, 199, 225, 244
Schlußkette 123
Schmuckkette 104
Schnallung (der Leinen) s. Leinenschnallung
Schnelltrab 292, 321
Schritt 225, 265, 270
–, Anforderungen in Dressurprüfungen 265, 270
–, Anforderungen in Gelände- und Streckenfahrten 320
Schrotbeutel 310
Schutzbrett auf der Deichsel 152, 244
Schweifmetze 131, 143, 144, 180, 186, 189, 219, 224
Schweifriemen 127, 128, 130, 131, 136, 143, 144, 180, 183, 186, 188, 224, 231
Schweifträger 131
Segundogebiß 110, 116
Seitenblätter 128, 129, 138, 139
Seitengänge (an der Doppellonge) 236

331

Seitenzügel 118, 119
Seitwärtstreten 195, 212, 248
Selbstfahrer 150, 153, 156, 161, 162,
–, Herren 156
–, Damen 156
Sellette 129, 130, 138, 179
Serpentine 279, 285
Sielenanspannung 103
Sielengeschirr 103, 110, 115, 120, 134, 135, 136, 179, 180, 182, 188, 190, 195, 231, 254
–, Arbeitssielengeschirr für Einspänner 138 f.
–, Arbeitssielengeschirr für Zweispänner 140
Sitz (des Fahrers) 19, 58
Slalomstrecke 279, 285
Sperriemen zwischen den Gabelbäumen 133
Spieler 105, 107, 124
Spielwaage 93, 94, 99, Abb. 8 c, 244
Spindelbremse 149, 170
Sportanspannung 103
Sprengwaage, feste 126, 127, 168, 266
Spritzbrett 152, 156, 168
Spritzleder 155, 161, 162
Sprungriemen 123, 124
Sprungzügel 118, 124
Spurbreite (des Wagens) 103, 169, 170, 252, 277, 317
Stadtanspannung 102, 178
Stadtwagen 150, 178, 179, 180, 266
Stechen 282, 283
Stilkunde, Grundregeln 178
Stillstehen 226, 230, 239, 241, 248, 265, 270
–, Üben 226
–, Anforderungen in Dressurprüfungen 248, 270
Stimme, Einsatz 208, 228, 312
Stirnband 104, 105, 133
Stirndeckchen (Kopfdeckchen) 114
Stirnriemen 104, 105, 179, 186
Stockpeitsche 103, 143
Strafen (mit der Peitsche) 215, 218, 219, 237, 238
Strafpunkte 282, 283, 284, 286, 297, 301, 321
–, in Dressurprüfungen 269
–, beim Hindernisfahren 282
–, in Gelände- und Streckenfahrten 301
Strafsekunden (Hindernisfahren) 283, 284, 286
Strafzone 255, 300, 301, 315
Strang 63, 95, 122, 125, 126, 127, 133, 134, 138, 139, 143, 179, 180, 183, 184, 185, 186, 188, 189, 192, 196, 197, 207, 225, 228, 231, 241, 244, 254, 266, 269, 283, 301, 315, 318
Strangbürste 119
Strangring 127
Strangschnalle 93, 97, 119, 128, 180
Strangstutzen 98, 119, 122, 125, 126, 128, 129, 134, 144, 180, 183, 185, 186, 191, 196, 225, 231
Strangträger 133, 138, 144, 186
Streichkappen 224, 232, 250, 254
Streichverletzungen 250
Strippe 84
Strupfe 84
Szecheni-Leine 82

T

Tandemcart 130, 175
Techniktraining (Marathon) 321
Teilung von Prüfungen 264
Tempo 270
Tempoübergänge 236
Tierquälerei 119, 217, 218, 219
Tierschutz 94, 136, 141, 258, 304
Tilbury 130
Tilbury-Kandare 110, 111, 118
Trab 225, 270
–, Anforderungen in Dressurprüfungen 270
–, Gebrauchstrab/Mitteltrab 265, 270, 292, 321, 322
–, verkürzter/versammelter 270
–, verstärkter/starker 270
–, Schnelltrab 292, 321
–, Tempoübergänge (an Doppellonge) 236
Tragauge 130, 138
Tragegurt 129
Trageöse 130, 138, 240
Trageriemen 126, 129, 135, 136, 138
Trainingsbelastung 246
Trainingszustand, Kontrolle 217, 246, 320
Trense 222, 223, 244
Trensengebiß 98, 105, 111, 112, 223, 226, 231, 232, 239
Trensenringe 98, 105, 111, 112, 223, 226, 231, 232, 245
Troika 181
Turnierwagen 166

U

Übergänge 209, 211, 247, 248, 265, 272, 314, 316
Übergreifen (auf den Leinen) 57, 76
Umgang 127, 131, 132, 138, 139, 188, 189
Umkehrwendung 72 ff.
Umschnallstrippe 80, 81, 82, 84, 85, 86, 100, 101, 105, 107, 189, 190, 195
Umspannen 129, 249
Umwegstückchen 37, 51
Ungarische Beschirrung s. Juckergeschirr 136
Ungarische Leine 82, 96, 101
Unicorn-Anpannung s. Einhorn-Anspannung
Unterbaum (Kandare) 109
Untergestell (Wagen), Pflege 149, 155, 157, 158, 160, 161, 162, 173, 174
Unterkumt 124
Unterlegtrense 114
Unterschied zwischen Links- und Rechtswendung 59 f.
Unterschied zwischen Reiten und Fahren 9

V

Verdeck (Wagen), Pflege 155, 156, 157, 162, 163, 172, 173
Verkürzen (der Leinen) 44 ff.
Verlängern (der Leinen) 44 ff.

Verletzungen
-, Maul 249, 250
-, Lefzen 249
-, Laden 250
-, Kinnkettengrube 250
-, Beine 229, 250
-, Schultern 250
-, Brust 250
Verschnallen (der Leinen) 84, 85, 87 ff., 92
Verschnallstück 81, 84, 86, 87, 100, 101
Veterinärkontrolle 294, 303, 304
Victoria 105, 156, 161, 162, 167, 178
-, Victoria à deux sièges mobiles 162
Vielseitigkeitsprüfungen 220, 254, 266, 302, 303
Vielseitigkeitswagen 170
Vis-à-vis 163, 167

W

Wagen 252, 266
-, für Stadtanspannung 103, 178
-, für Landanspannung 166, 178
-, Klassifizierungsgesichtspunkte 150
-, Typen, Arten 150 ff.
-, Maße 253
-, Betriebssicherheit 192
-, Anforderungen in Fahrprüfungen 252
-, Besetzung in Fahrprüfungen 253
-, Beurteilung in Eignungsprüfungen
Wagengewicht (in Prüfungen) 252, 253
Wagenkasten, Pflege 151, 152, 154, 155, 156, 157, 158, 160, 161, 162, 163, 164, 165, 167, 168, 170, 171, 173, 212
Wagenpflege 172
Wagenremise 171, 172, 173, 176, 192
Wagonette 153, 167, 178, 201
Wagonette Phaeton 168
Walzengebiß 110, 113, 117
Wechselgriff 43
Wegskizze (Marathon) 296
Wenden (durch Zurücksetzen mit Einschlagen der Deichsel) 211, 213, 214
Wendigkeit, Verbesserung 234, 247
Wendungen 272
-, Fahren von (2. Hauptgrundsatz) 25 f.
-, Leinenführung 58 ff.
-, Stellung und Biegung 234, 235, 257, 265, 272, 312, 313
-, Werfen der Pferde 26, 61, 65, 66, 95, 117
-, Anforderungen in Dressurprüfungen 272
Werbung 255, 256
Wettkampfviereck 267
Wettkampfvorbereitung 251
-, langfristige, 312, 316
-, auf Gespannkontrollen 311
-, auf Dressurprüfungen 316
-, auf Hindernisfahren 316
-, unmittelbare 316
-, auf Gelände- und Streckenfahrten 319
-, konditionell 319

-, technisch 321
Widersetzlichkeit 215, 218
-, Ursachen 218
Wiener Leine 180
Winkelwendung 60
Winkerkelle 60 f., 193, 208, 209, 216
Wirtschaftswagen (Technik der Leinenführung bei Linkssitz des Fahrers) 85

Y

Yoke 181

Z

Zackeln 270
Zaum s. Fahrzaum
Zäumungslehre 114, 116
Ziehen, Anlernen 237
Ziele für die Grundausbildung des Fahrers 11
Zirkel (an der Doppellonge) 265, 281, 310
-, Wechseln aus dem 234
-, Wechseln durch den 235, 265
Zug, gebrochener 129
Zugbremse 149, 170
Zughaken 138
Zugkrampen 122, 125, 128, 183
Zugösen 122, 125, 127, 138
Zunge hochziehen 116, 119, 120, 222, 229
Zungenband 119
Zungenfreiheit 110, 113, 116
Zungenstrecken 93
Zungenstrecker 115, 120, 222, 229
Zurücksetzen (des Gespanns) 132, 136, 137, 139, 141, 167, 210, 211, 213, 214, 265, 286, 314
-, auf gerader Linie 210, 211
-, in eine Parklücke 211
-, mit Einschlagen der Deichsel 210, 212, 214, 249
Zusammenstellung von Gespannen 180, 182
Zweispänner (Stilregeln: Wagen, Pferde, Beschirrung) 110, 134, 148, 239, 240, 316
-, Englischer Stil 252
-, Ungarischer Stil 252
-, Amerikanischer Stil 181
-, Russischer Stil 181
-, Deutsche Landanspannung 182
Zweispännerarbeitsgeschirr 139, 140
-, Arbeitskumtgeschirr 139
-, Arbeitssielengeschirr 140
Zweispännerkumt 123
Zweispännerpeitsche 215 ff.
Zwischenstück 39

333

Hellmut Helwin

Reiten für Ein- und Aufsteiger

128 Seiten, ca. 50 Zeichnungen, Pappband, ISBN 3-328-00516-1

erscheint Frühjahr 1992

Hier findet der Einsteiger alles, was er zur Grundausbildung an Wissen braucht; anwendungsgerecht, praxisbezogen. Ob Satteln, Zäumen und Auf- oder Absitzen, die Gangarten, die Pflege und das Führen des Pferdes, die Zügelwirkungen, das Überwinden von Hindernissen, das Geländereiten – mit alldem kann sich der Reit-Eleve vertraut machen.
Aber auch versierte Reitfreunde und Reitlehrer finden viel Wissenswertes und Anregendes, um sich oder andere gut auf den Ausritt in Wald und Flur und andere Reitfertigkeiten vorzubereiten.

Bestellungen richten Sie bitte an Ihre Buchhandlung.

Sportverlag GmbH
Neustädtische Kirchstraße 15
O-1080 Berlin

Erich Oese

PFERDESPORT (2 Bände)

640 Seiten, ca. 290 Zeichnungen, Pappband, ISBN 3-328-00518-8

erscheint Frühjahr 1992

Das zweibändige Standardwerk „Pferdesport" ist bisher in sieben Auflagen, zwei davon als Lizenz in den alten Bundesländern, mit einer Gesamtauflage von weit mehr als 100 000 Exemplaren erschienen. Mit diesem einzigartigen Kompendium erhalten Reiter und Fahrer Antwort auf unzählige fachliche Fragen. Ausbildern und Trainern wird die systematische Ausbildung von Reiter und Pferd in hohem Maß erleichtert.
Im Band I stehen Pferdekunde, Grundausbildung von Reiter und Pferd sowie der Breitensport im Mittelpunkt.
Im Band II werden vorrangig Kenntnisse vermittelt zur Trainings- und Wettkampflehre in der Dressur, im Springen, im Gelände- und Vielseitigkeitsreiten, im Fahren, Voltigieren und Distanzreiten. Für die Bearbeitung und Aktualisierung dieser Ausgabe wurden auch Autoren aus den alten Bundesländern gewonnen. Damit ist „Pferdesport" zu einem echten Standardwerk für ganz Deutschland geworden.

Bestellungen richten Sie bitte an Ihre Buchhandlung.

SPORT
VERLAG

Sportverlag GmbH
Neustädtische Kirchstraße 15
O-1080 Berlin